万榕

传播新知 优美表达

梦的解析

Die Traumdeutung

［奥］弗洛伊德—著
朱更生—译

北方联合出版传媒（集团）股份有限公司
万卷出版公司

图书在版编目（CIP）数据

梦的解析 /（奥）弗洛伊德著；朱更生译 . — 沈阳：万卷出版公司，2022.1

ISBN 978-7-5470-5699-8

Ⅰ . ①梦… Ⅱ . ①弗… ②朱… Ⅲ . ①梦—精神分析 Ⅳ . ① B845.1

中国版本图书馆 CIP 数据核字（2021）第 162594 号

出版发行：北方联合出版传媒（集团）股份有限公司
万卷出版公司
（地址：沈阳市和平区十一纬路 25 号　邮编：110003）
印 刷 者：天津创先河普业印刷有限公司
经 销 者：全国新华书店
幅面尺寸：145mm × 210mm
字　　数：510 千字
印　　张：17.5
出版时间：2022 年 1 月第 1 版
印刷时间：2022 年 1 月第 1 次印刷
选题策划：王会鹏
责任编辑：李　明
版式设计：任展志
封面设计：任展志
责任校对：高　辉
ISBN 978-7-5470-5699-8
定　　价：78.00 元

联系电话：024-23224481
邮购热线：024-23224481
E-mail：wanrongbook@163.com

目　录

德文编者关于本卷的话

对本版次纲要与宗旨及编辑方法的详细阐述见第 1 卷前的“版本说明”，因而只在此再次简要概括这些想法要点；同时，我们想借助一些解释给读者提供对本书的指南。

此次版次按主题划分，宗旨是，比起一些单行本著作的袖珍版来，主要使来自与精神分析相邻的知识领域——社会学、政治科学、社会心理学、教育学等——的学生，还有感兴趣的非专业人士容易较系统、较大范围地接近装帧物美价廉、带有详细注释资料的西克蒙特·弗洛伊德的主要著作。初衷是把关于治疗技巧与疗法理论的著作收入本版中。根据多方愿望，在第 1 卷不编号的增补卷中补齐弗洛伊德的这部分工作。

编委会元老詹姆士·斯特雷奇去世后，发行了研习版，1967 年 4 月故去之前，他都在参与准备工作，尤其是内容计划与评注的指导方针。

本版次所用的文本一般是弗洛伊德尚在世时发表的最后几个德文版文本，多数情况下就是先在伦敦出版的全集（多为还在维也纳刊印的全集的影印版）。若非如此，会在相关著作开首的“编辑前言”中提及来源。编者删去了弗洛伊德对较早的且如今几乎无法找到的版次的页码提示，取而代之增加描述性脚注，使读者可能在如今可用的版本中找到相应之处。为避免不必要的重复，通常在研习版各卷末尾的书目中指明曾包含在较早版本中的弗洛伊德对一些著作及对其他著作者著作的详细书目说明。除了这些无关紧要的改动与统一使用“S.”来代表页码提示（还有在弗洛伊德主要在早期著作中写成“p.”之处），以及一些少量的正字法、标点符号与版式的现代化之外，对原始资料文本所做任何变动都在“编辑序言”或者脚注中做了说明。

收入研习版的版本资料取自《西克蒙特·弗洛伊德心理学著作全集标准版》，也就是在詹姆士·斯特雷奇领导下编成的英文版；在这点上得到精神分析研究所（伦敦）与霍加斯出版社（伦敦）的允许，以译文重现材料。在本版次宗旨所需之处缩简并改编这一材料，同时做了少量订正并增添了补充注释。

编者应该感谢 S. 菲舍尔出版社的伊尔莎·格鲁布里希－西米蒂斯。没有她的倡议，就不会着手编纂此研习版；在各个准备阶段，她提供了无可估量的帮助与知识渊博的建议。凯尔特·许格尔把版本材料译成德文，英格博格·迈尔－帕米尔多细心校对并编制目录，也应得到大力感谢。

本卷中所用特别缩写在简缩列表中得到解释。文本中或者脚注中偶尔提及未收入研习版的弗洛伊德著作。每卷末尾的书目（其中包含所有提及的弗洛伊德与其他著作者的专业论文）告知读者，相关论文是否收入研习版。

编者

释梦

（1900 年）

Flectere si nequeo superos, Acheronta movebo

如果我不能让上界的威力屈服，我就推动下界。

德文出版者前言

一、书目

1900 年莱比锡与维也纳，弗朗茨·多伊蒂克出版社（1899 年发行）。4+375 页。

1909 年第 2（增补修订）版，同一出版社。7+389 页。

1911 年第 3（增补修订）版，同一出版社。10+418 页。

1914 年第 4（增补修订）版，同一出版社。10+498 页。

1919 年第 5（增补修订）版，同一出版社。9+474 页。

1921 年第 6 版（第 5 版重印，不过有新前言与修订的书目），同一出版社。7+478 页。

1922 年第 7 版（第 6 版重印），同一出版社。

1925 年全集，第 2 卷与第 3 卷一部分（增补修订）。莱比锡、维也纳与苏黎世，国际精神分析出版社。543 页与 1—185 页。

1930 年第 8（增补修订）版，莱比锡与维也纳，弗朗茨·多伊蒂克出版社。10+435 页。

1942 年全集，双卷第 2 卷第 3 卷（第 8 版重印）。页数为 15+1—642。

尽管扉页上事先标明为新世纪，1899 年 11 月初，《释梦》就已经出版了。它是弗洛伊德每次新版时都或多或少系统性地使之达到最新知识水平的两本书之一，另一本是《性学三论》（1905 年）这篇论文。本书第 3 版后，却不再标出弗洛伊德每次所作改动；而这在以后版本的读者那里导致一些困惑，因为新材料间或假定人们熟悉弗洛伊德在本书出现很久之后观点上的那些更改。弗洛伊德著作（全集）初版的编者尝试过控制这种困难，他们在第 1 卷中重印原初形式的《释梦》初版，在第 2 卷中集聚后来逐渐增添的一切。可惜当时没有系统性地实施这项工作，增补本身没有注明日期，由此牺牲了这种版本方案的许多益处。在后续的版本中，于是复归单卷的、未区分不同阶段的版本旧稿。

多数增补所包含的单项主题是“梦象征”。弗洛伊德在本书第六章戊节开头解释，他后来才完全明了问题的这一方面的意义。

在初版中，对象征的探讨限于第六章关于“顾及可表现性”那一节末尾的少数几页。在第 2 版（1909 年）中，对这一节没有增补什么；而弗洛伊德在第 5 章关于“典型梦”那一节末尾插入了关于“性象征”的几页。这几页在第三版（1911 年）中还明显扩展，而第 6 章原初的段落又保持不变。无疑，重新编排被耽误了，所以，弗洛伊德在第 4 版（1914 年）中把关于象征的全新一节（戊节）插入第 6 章，他把当时收集在第五章中的属于该主题的材料转到这一节，还通过其他全新的材料来补充。在所有后来的版本中，本书的这种总体结构不再有什么改动，虽然还增加了许多新材料。在第 8 版（1930 年）之后，在关于“典型梦”的一节中重新收录了先前删去的一些段落。

在第 4、第 5、第 6 与第 7 版（也就是自 1914 年至 1922 年）中，在第六章末尾可以找到奥托・兰克的两篇文章（《梦与创作》，1914 年；《梦与神话》，1914 年；在《释梦》中首次发表），以后却又付诸阙如。

关于书目：初版包含约 80 种书的一份清单，多为弗洛伊德在文本中涉及的那类著作。它未做变动也包含在第 2 与第 3 版中，不过，在第 3 版中，增加了自 1900 年起出版的约四十种书的第二份书单。此后，两份书目迅速增加，直至在第八版中，首份书单包括逾 260 种，第二份包括逾 200 种。在此阶段，1900 年前出版的各种著作的首份书单中只有很小一部分确实在弗洛伊德的文本中被提及；另一方面，涉及 1900 年之后刊行的文献的第二份书单（从弗洛伊德自己在其不同前言的说明中可以获悉）不能与关于梦这一主题的分析性论文或者准分析性论文的迅速产生保持同步。最后，弗洛伊德在本文中引用的大量书籍在两份书单中都找不到。从弗洛伊德致安德烈・勃勒东[①]（《致安德烈・勃勒东的三封信札》，1933 年）可以获悉，从第 4 版起，奥托・弗兰克单独负责这些书目。

二、本版次

本版次基于全集的双卷第 2、第 3 卷的文本，与第 8 版（1930 年）即弗洛伊德在世时最后一版的文本相应。同时，本版次在很重要一点上有别于所有早先的德文版：它顾及在不同版次中包含的异文。本版次试着标明自本书首次刊行以来所作任何重大改动并注明日期。在一版接一版中，对弗洛伊德而言，重要的始终是补充材料多于删除的材料。删去的段落以及弗洛伊德后来付诸阙如或者大加改动的先前版本的材料通常不收入本版次。构成例外的是我们看来具有特别意味的一些少量例子；它们放在编者注释中。删去了兰克对第 6 章的补遗：两篇文章完全独立成篇，与弗洛伊德的书没有直接关系；此外，它们可能会再占去 50 页。

① 安德烈・勃勒东（1896—1966），法国作家。——译注

书目得到完全修改；它们在此根据弗洛伊德著作的英文标准版第五卷再现，带有附加的订正与补充。首份书目包含确实在文本中或者在脚注中提及的全部论文。第二份列举1900年之前的所有那些论文，弗洛伊德在收入全集的书目中举出它们，而在弗洛伊德的文本中没有引用它们。刊印这份清单之所以让我们觉得富有价值，是因为无法轻易得到关于较早的梦文献的类似全面书目。除了确实在文本中提及，因而被收入首份书目外，不考虑1900年之后出版的论文。然而必须就这两份目录提出警告。探究表明，在先前德文版的书目中包含许多错误。只要可能，已经在标准版中纠正了这些错误，其他一些错误在本版次中得到修正。数量并非微不足道的条目却至今没有被证明为可以核实；这些带有星号的书籍不得不被视为有疑问。

三、历史

正如我们从致弗利斯的信札（《精神分析肇始》，1950年）中得知，弗洛伊德从1897年至1899年秋写作《释梦》，其间有过中断。该著作中所阐述的理论在他那里却很久以前就开始形成了，材料收集也是如此。

除了零星分散提及此题目，这在弗洛伊德的信札中可以追溯至1882年，在布罗伊尔[①]与弗洛伊德的《癔症研究》（1895年）中，在他对其首个病史（埃米·冯·N女士的病例，日期为5月15日）的一个长长的脚注中可以找到首个重要的、在出版物中出现的出处，它提供了弗洛伊德对梦感兴趣的消息。他在彼处探讨该事实，即神经症患者似乎需要把偶然同时闪过的想象彼此联系起来。他继续说道："我早就通过在其他领域的观察能够

① 约瑟夫·布罗伊尔（1842—1925），奥地利医生。——译注

确信这样一种强迫联想的威力。我不禁持续几周混淆了我惯常的床铺与一张更硬的卧榻，我在后者上面很可能或多或少显得做梦更强烈，或许只是不能达到正常的睡眠深度。我苏醒后头一刻钟知道夜里所有的梦，努力写下它们并尝试解梦。我成功地把它们全部归因于两个因素：（1）归因于要完善此类想象的那种强迫，我在日间只是匆忙地停留于这些只是触及而未了结的想象；（2）归因于那种强迫，要把在同一意识状态中存在的事物彼此联系起来。梦的无意义与充满矛盾应归因于后一种因素的自由主宰。”

同年（1895 年）9 月，弗洛伊德写作其《心理学纲要》第一部分（作为弗利斯信札的附录发表）；该“纲要”的第 19 段、第 20 段与第 21 段首次接近连贯的梦理论。它们已经包含在本著作中再度出现的许多要素，如：（1）梦的遂愿特征；（2）梦的幻觉特征；（3）精神在幻觉与梦中的退行性作用方式；（4）睡眠状态暗含运动麻痹；（5）梦中移置的机制；（6）梦的机制与神经症病征机制之间的相似性。比所有这些更重要的却是：该“纲要”已经明确暗示在《释梦》里给予世界的发现中可能是最本质的发现——区分两种不同的心灵作用方式——初级过程与次级过程。

这样却绝非穷尽该“纲要”和与之相连的 1895 年年末致弗利斯信札的意义。可以不夸张地断言，通过该“纲要”的发表，《释梦》第七章，甚至弗洛伊德后来的“元心理学”研究的一大部分变得完全可以理解。

虽然不可能在此个别探讨问题，但还可以相当简单地概述诊断的基本特征。弗洛伊德在其“纲要”中本质上追求的目标是，把不同起源的两种理论合并成一个统一的整体。第一种理论最后溯源的赫尔姆霍兹①的生理学学派，弗洛伊德的老师、生理学家恩斯特·冯·布吕克②属于该学派，

① 海尔曼（·路德维希·费迪南特）·冯·赫尔姆霍兹（1821—1894），德国物理学家兼生理学家（1882 年受封为贵族）。——译注

② 恩斯特·威廉·里特尔·冯·布吕克（1819—1892），德裔奥地利生理学家。——译注

是主要代表之一。根据这种理论，神经生理学，因而还有心理学听从纯粹化学—物理学的规律。例如“恒定原则”是这样一种规律，无论是弗洛伊德还是布罗伊尔都频繁提及，1892 年（在身后发表的概要中，布罗伊尔与弗洛伊德，《关于癔症发作的理论》，1940 年）描述如下：“神经系统力求………在人们可能称为‘刺激总量’的机能情况上保持恒定。”由弗洛伊德在其“纲要”中牵扯进来的第二种理论是神经元的解剖学说，19 世纪 80 年代末开始在神经元解剖学家那里得到认同（“神经元”这一名称却于 1891 年才由瓦尔代尔[①] 新造出来）。据此，中枢神经系统的机能单位是一个特定细胞，与邻接细胞没有直接的解剖学上的关联。“纲要”开篇几句清晰地表明，它基于这两种理论的组合。弗洛伊德写道，它的宗旨是“把心理过程展示成可指明的物质部分在数量上确定的状态”（弗洛伊德，《精神分析肇始》，1950 年，第 378 页）。他随后假设，这些“物质部分”是神经元；使其活动状态有别于静止状态的是“服从普遍运动规律的”的一个“数量”。所以，神经元既可能是“空的”，也可能“充满某个数量”，亦即“被占的”[②]。可以把神经兴奋解释成流经神经元系统的一个量；根据神经元之间“接触栅栏”的状况，这样一种流动可能遇上一种“阻抗”或者一种“铺平”（“突触”这个术语 1897 年才由与福斯特[③] 与谢灵顿[④] 采用）。整个中枢神经系统的活动受制于一项普遍的“惰性”原则，神经元据此始终力求摆脱充满它们的“数量”——一项与“恒定原则”相关的原则。以这些概念与类似概念

① （海因里希·）威廉（·高特弗里特）·冯·瓦尔代尔（1836—1921），一译瓦尔得耶，德国解剖学家。——译注

② 读者可在所提及的书信卷（弗洛伊德，《精神分析肇始》，1950 年）以及恩斯特·克里斯富于启示的引言中找到更详细的情况。连西格弗里德·贝恩菲尔德关于“弗洛伊德早期理论”的论文（《弗洛伊德早期理论与赫尔姆霍兹学派》，1944 年）在此关联中也有兴味。

③ 迈克尔·福斯特爵士（1836—1907），英国生理学家和教育家。——译注

④ 查尔斯·谢灵顿爵士（自 1922 年起）（1857—1952），英国生理学家。——译注

作为元件，弗洛伊德建立起他那高度错综复杂、极其富于创造性的心灵作为一个神经病学系统的工作模式。

但很快，不明之处与困难就开始积聚，在写下“纲要”后的几个月里，弗洛伊德总是忙于改善其理念。随着时间的推移，其兴趣却从神经病学问题与理论问题转移到心理学与临床问题上；最后，他放弃了整个项目。他于几年后在本书第七章中重拾理论问题时，显然不再力求有神经—生理学基础——尽管他肯定从未不再相信有朝一日会为心理学建立物理学基础①。虽然如此，还是有早先模式的许多普遍性结构标志与众多个别特征进入在《释梦》中生发的新模式，而这是为何“纲要”对后一部著作的读者而言具有意义的理由。弗洛伊德先前假设的神经元系统就由**心理**系统或者审查机构代替了；代替物理“数量”而出现的是假设性“投注”心理能量；惰性原则成为愉悦（或者如弗洛伊德在此所称的无趣）原则的基础。此外，在第七章可以找到的一些对心理过程的详细阐述也多应归功于那些生理学先驱，回顾他们，这些阐述能够得到更好的理解。例如，这适用于“回忆系统”中对回忆痕迹中断的描写，适用于探讨何谓愿望以及遂愿的不同种类，也适用于强调言语性思维过程在适应现实要求时的作用。

所有这些在很大程度上足以证明弗洛伊德的断言是正确的，即《释梦》“基本上于1896年初完成”（弗洛伊德，《精神分析运动史》，1914年，临近第一节末）。（弗洛伊德后来才发现三点理论意义，即俄狄浦斯情结的存在最先导致正确评价梦作为根据的潜意识愿望的**幼儿期**根源——主宰所有梦的睡眠愿望和“继发性整合”的作用）

弗洛伊德不仅把手稿而且把校样不断寄给弗利斯供其评价。后者似乎

---

① 比较弗洛伊德在他讨论初级过程与次级过程时的评论：“我完全不知这些过程的机理；有谁要认真实施这些想象，就得找出物理上的类似性并开辟通往在神经元兴奋时形象说明运动过程的道路。”

对本书的最后成形有过显著的影响并负责出于保密考虑删去一些段落。但最严厉的批评来自著作者本人，主要针对风格与文学表现形式。“……我相信，”成书后，他于 1899 年 9 月 21 日写道，“我的自我批评并非完全无理。在我身上某处也蕴含着一丝审美感、鉴赏作为一种完美的美，而我的梦著作里拐弯抹角，用并非直截了当的言辞扬扬自得、着眼于意念的句子严重伤害了我心中的理想。如果我把这种形式缺陷理解成缺乏对材料的控制，也几乎不冤枉。”（《精神分析肇始》，1950 年，信札第 119 号）

尽管有这种自我批评，虽然有一阵子弗洛伊德苦于情绪低落，当时本书几乎完全被公众忽略——出版后 6 年里售出 351 册——他还是始终把《释梦》视为其最重要的著作。“像这样的顿悟，”他在英文第三版的前言中写道，“一生却注定只有一次。”

序 言

我在此尝试阐述解梦，相信并没有逾越神经病理学关注的周边范围。因为在心理测验时，梦被证明是一系列异常心理产物的首个环节，出于实际原因，在这些产物的其他环节中，癔症恐惧症、强迫观念和妄想必定让医生潜心研究。就像会显示的那样——梦不会有资格获得类似的实际意义；但其理论价值作为范式更加重大，而不会解释梦意象如何形成的人，要试图理解恐惧症、强迫观念与妄想，可能还要理解其在治疗上的影响，也将会徒劳。

但我们的主题要将其重要性归功于同一关联，这种关联也要对这本著作的缺陷负责。在这样的阐述中，将会如此大量地发现断面，这些断面同样与许多接触点相应，在这些接触点上，成梦这个问题介入精神病理学更广泛的问题，在此无法处理，如果时间和力量够用，又出现其他材料，以后的研究会致力于这些问题。

我借以阐明解梦的材料有特点，这些特点也给我出版本书造成困难。本书会让人明白，为何就我的目的而言，所有在文献中讲述过的或者有待从陌生人处收集的梦必定不适用；我只能在自己的梦和我那些在接受心理分析治疗的病人的梦之间选择。此处，梦的过程决定于由神经质性格混合而引起的一种不受欢迎的并发症，这一情况阻止我使用那些病人的梦材料。

被证明与讲述我自己的梦相连、不可分离的是，我呈现给他人窥视的自己精神生活的隐私超出我所能够乐见的程度，超出了其他情况下作为任务落在一名著作者身上的程度，这名著作者并非诗人，而是自然研究者。这很尴尬，但不可避免；为了不必放弃论证我的一般心理结论，我就迁就了。当然，我还是不能抵御诱惑，即通过省略和替代来消除某些泄密；只要发生这事，就肯定不利于我所用例证的价值。我只能表示期望，但愿这本著作的读者会设想置身于我的困境，予我以宽容；此外，发现自己在讲述的梦中以某种方式被涉及的所有人，但愿他们至少不会拒绝给梦样状态以思想自由。

第 2 版前言

这本难读的书还在满第一个十年之前就需要出第二版，我不把它归功于专业圈子对此有兴趣，我在前文中以他们为对象。我的精神病学同事似乎不曾费力摆脱起初的诧异，这种诧异能够激起我对梦的新型见解，而职业哲学家就习惯于把梦样状态的问题当作意识状态的附件而用若干大多同样的语句来论述，他们显然没有注意到，人家恰恰可以在此结局上得出各色结论，这必定导致彻底改造我们的心理学学说。学术书评的态度只能使人预料，变得死寂必定是我这本著作的命运；小批较正直的支持者依照我在把心理分析用于医疗中的表现，按我的范例解梦，为的是在治疗神经机能病患者时利用这些解析，连他们也不会使本书的第一版售罄。所以我就觉得自己应当感谢另外那个圈子里的有教养者和有求知欲者，他们的关注要求我，要在九年之后重新着手就如此多方面而言都是基础性的这项困难工作。

我很高兴可以说，我发现鲜有可改之处。我在一些地方插入新材料，由于我经验增多而添加个别认识，在少数几点上尝试修改；关于梦及其解析以及关于由此可以导出的心理原理的一切本质事物却依旧未变；至少在主观上通过了时间的检验。有谁了解我（关于精神神经机能病的病因与机制）的其他著作，就知道，我从未把不成熟之作冒充为成熟，始终努力根据我认识的进展而略为改动我的说法；在梦样状态领域，我可以止步于我最初的陈述。在我从事神经机能病问题的长年工作中，多次陷入动摇，在某些问题上变得困惑；随后一再是《释梦》让我重获自信。我的众多学术对手如果恰恰不愿紧跟我的梦研究领域，就表现出更加求稳的本能。

本书的材料大部分是因结论而贬值或者过时的自己的梦，我借助这些梦来阐明解梦的规律，在修订时，连这种材料也证明了一种坚持能力，这种能力反对作重大的改动。因为对我而言，本书还有另一种主观意义，在本书完成后，我才能够理解这种意义。本书对我表明，它是我自我分析的一部分，是我对家父之死的反应，也就是对一个男人生活中最意味深长的事件、最深刻之丧的反应。我认清这点后，觉得自己无法抹去这种影响的痕迹[①]。借助何材料学会评价梦、解梦，对读者而言，却可能无所谓。

1908 年夏于贝希斯特加登

---

① 弗洛伊德的父亲 1896 年去世。在弗洛伊德 1896 年致弗利斯的信中可以找到对当时让他激动的感情的提示（弗洛伊德，《精神分析起源》，信函第 50 号）。

第 3 版前言

本书初版和第二版之间过去了九年的时光，而刚过一年多之后已经使人觉得需要第三版了。我可以对这种变化感到高兴；但如果我以前不愿承认，读者对我著作的冷落是著作无价值的证明，那现在也不能把显露出来的兴趣用作著作优秀的证明。

学术认识的进步也并未让《释梦》不受影响。我于 1899 年写下它时，《性学三论》尚不存在，对精神神经机能病复杂形式的分析尚在肇始阶段。释梦应是一种辅助手段，以促成对神经机能病的心理分析；此后，对神经机能病的理解加深，反作用于对梦的见解。解梦的学说本身朝着一个方向继续发展，本书第一版对这个方向强调得还不够。我通过自身的经验与威·施特克尔和他人的著作，自此学会了更正确地评价梦中（或者不如说无意识思维中）象征的范围和意义。所以，这些年里有了很多需要重视的积累。我试着通过大量插入文本与加入脚注来顾及这些更新。如果这些补充现在偶尔会突破阐述的框架，或者如果确实并非在各处都成功地把先前的文本提升到我们当今认识的水平，则我请求谅解本书的这些缺陷，因为它们只是我们的知识从现在起加速发展的后果与迹象。我也斗胆预言，如果会有再版的需要，《释梦》的以后版次会朝着哪些方向偏离本版。以后的版次想必一方面寻求更密切地结合文学创作、神话、语言惯用法与民间创作的丰富素材；另一方面，比起此时此地的可能性来，要更深入地探讨梦与神经机能病、与精神错乱的关系。

奥托·兰克先生在选择附注时给我提供了宝贵的帮助，独力完成了校样的复校。我感谢他和其他许多人的贡献和更正。

1911 年春于维也纳

第 4 版前言

去年（1913 年），亚·A. 布里尔博士在纽约完成了本书的一个英译本。奥托·兰克博士此次不仅完成了校对，还充实了两篇独立的稿件。

1914 年 6 月于维也纳

第 5 版前言

即使在世界大战期间，对《释梦》的兴趣也不曾停息，还在战争结束之前，就有必要出新版。在这一新版中，却不能完全顾及自 1914 年以来的新文献；只要新文献是外文的，就根本不为我和兰克博士所知。

《释梦》的一个匈牙利文译本，由霍洛什博士和费伦茨博士完成，即将出版。在我于 1916—1917 年发表的《心理分析入门讲座》（维也纳 H. 海勒出版社）中，包含十一次讲座的核心部分用于阐述梦，这种阐述力求更简易，旨在建立与神经机能病的更密切联系。这种阐述在整体上具有《释梦》节选的性质，尽管它在个别之处提供了更详细的东西。

彻底改写本书将会把它提升到我们当今心理分析观点的水平，但为此将毁掉其历史特性，我下不了决心。我却认为，本书会在将近二十年的存在中完成其任务。

1918 年 7 月于布达佩斯—施泰因布鲁赫

第 6 版前言

目前书业所处的困境后果是，比起满足需求来，这一新版出得晚了许多；还有，它首次以原样重印前版的形式出现。只有书末的参考书目由奥·兰克博士充实并接续。

本书会在将近二十年的存在中完成其任务，我的这一猜测就没有得到证实。我其实该说，它该履行新任务了。如果先前关键在于对梦的本质做些澄清，则现在变得同样重要的是，应对这些澄清所遭受的顽固误解。

1921 年 4 月于维也纳

第 8 版前言

位于维也纳的国际心理分析出版社操办了我的全集的发行，时间在本书上一版、第七版（1922 年）与现今新版之间。在全集中，首版的复原文本构成第二卷，所有日后的补充都汇集在第三卷中。在同一段时间里出版的译文都依据本书的单行本，如 I. 梅耶松 1926 年的法文译本题为《梦的科学》，永恩·兰德奎斯特 1927 年的瑞典文译本《解梦》，路易斯·洛佩斯－巴列斯特罗斯－德特里斯的西班牙文译本（1922 年），这个译本放在全集的第六和第七卷中。我 1918 年就认为匈牙利文译本即将来临，至今都还没有出版①。现在的《释梦》修订版中，我也基本上把这部著作当作历史文献来处理，对它做的改动只是因澄清与深化我自己的意见而让我想到的那些改动。与这种态度相关，我最终放弃把自《释梦》初版以来关于梦问题的文献收入本书，并删除了先前版本的相应段落。同样取消的有奥托·兰克为先前版本贡献的两篇文章《梦与文学创作》和《梦与神话》。

1929 年 12 月于维也纳

---

① 它出版于 1934 年。——除了这些前言中提及的译文外，弗洛伊德在世时，1913 年发行了一个俄文版，1930 年发行了一个日文版，1938 年发行了一个捷克文版。

第 3 版（修订）英文版前言[①]

1909 年，格·斯坦利·霍尔邀请我前往位于伍斯特的克拉克大学作关于精神分析的最初讲座[②]。同年，布里尔博士出版了他翻译的我的著作的首个译本，紧接着是其他各个译本。如果精神分析如今在美国智力生活中扮演重要角色，或者如果将来确实如此，这种结果的一大部分应归功于布里尔博士的这项活动和其他活动。

他的《释梦》首个译本问世于 1913 年。自那时起，世界上发生了许多事，我们对神经症的观点改变了许多。本书连同它出版时震惊世界的对心理学的新贡献在本质上保持不变。甚至根据我现时的判断，它包含着我最有价值的发现。像这样的顿悟一生却注定只有一次。

1931 年 3 月 15 日于维也纳

---

① 在迄今为止出版的德文版中找不到此前言，没有德文原文。此处刊登的文本未经改动，取自 1932 年英文版。

② 《论心理分析》，1910 年。

第一章 梦问题的学术文献

在以下几页里，我会证明存在能够使人解梦的一种心理技巧，在应用此种操作方法时，任何梦都被证明是富有意义的心理产物，在可说明之处，可以把这种产物列入清醒时的内心活动。我还将尝试阐明那些过程，梦的奇特性与面目全非起因于它们，我还将从这些过程中推断心理力量的性质，梦来自这些心理力量的共同作用或相互作用。只要到了那一步，我的阐述就会中止，因为它将到达一点，在这点上，做梦的问题必将融入更广泛的问题，必须借助别的材料来开始解决后者。

我先概览先前诸位著作者的功绩及学术界中解梦问题的现状，因为在论述过程中，我将不会常有契机回到这点上来。因为尽管有几千年的努力，对梦的科学理解仍鲜有进展。这点被著作者们公认，所以，列举各种意见就显得多余。我在书末附上了著作的目录，在那些著作里，可以找到许多对我们的主题有启发性的评论与极有意思的材料，但没有什么或者少有什么涉及梦的本质或者最终解开梦的一个谜团。当然更少有什么变成受过教育的非专业人士的知识。

在人类的原始时代，梦在原始民族那里可能得到何种理解，它对原始民族关于世界和心灵观念的形成可能发生何种影响，这是具有高度趣味的主题，我只好不情愿地把它从这个语境的探讨中排除。我提请注意卢伯克爵士、赫·斯宾塞[①]、爱·伯·泰勒[②]等人的知名著作，我只补充说，在我们完成呈现在眼前的“解梦”任务后，我们才能把握这些问题与推测的影响程度。

史前对梦的见解的余音显然是古典时期各民族评价梦的根据。[③]在他们那里的假设是，梦与他们所相信的超人性质的世界有联系，会从诸神与魔鬼方面带来启示。此外，他们不禁想到，对做梦者而言，梦会有意味深长的意图，通常要对他预示未来。然而，梦在内容与印象上的迥异却使人难以对它做统一的理解，而迫使人根据梦的价值与可靠性做形形色色的区分与分类。在古典时期的各个哲学家那里，对梦的评价当然并非不依赖他们一般说来愿意承认的**占卜术**的地位。

在亚里士多德两部探讨梦的著作里，梦已经成为心理学的客体。我们听说，梦并非神赐，没有神性，却可能具有魔性，因为自然的确有魔力，而非神性；即梦并非源于超自然的启示，而是产生于当然与神性有亲缘的人的精神规律。梦被界定成睡眠者只要睡眠就有的心灵活动[④]。亚里士多德了解梦样状态的若干特点，如梦把睡眠期间出现的小刺激重新解释成大事（“人们相信，哪怕只有这个或那个关节发生微不足道的升温，蹈火就会变热”[⑤]），他从这种特性中得出结论，即梦很可能把白天未曾注意到的体内

---

① 赫伯特·斯宾塞（1820—1903），英国哲学家、教育家、社会学家和心理学家，早期进化论者。——译注

② 爱德华·伯内特·泰勒（1831—1917），英国人类学家、文化人类学创始人。——译注

③ （1914 年附注）以下根据比克森许茨的仔细描述（《古典时期的梦与解梦》，柏林，1868 年）。

④ 《论解梦》，第 2 章，由 H. 本德尔德译，1855—1897 年，第 73 页。还有《论梦与解梦》，第 3 章，出处同上，第 69 页。

⑤ 《论解梦》，第 1 章，出处同上，第 72 页。

开始变化的先兆泄露给医生。[①] 众所周知，亚里士多德之前的古人认为梦不是正在做梦的心灵的产物，而是来自神灵的灵感。而我们在估价梦样状态时会发现随时存在的这两种对立的潮流，在他们那里已经产生作用。人们区分出真正的、宝贵的梦，把它们赐予睡眠者，是为了警告他或者对他预示未来，人们把这些梦与空洞、虚幻与虚无的梦区分开来，后者的意图是把睡眠者引入歧途或者使他陷入沉沦。

格鲁佩(《希腊神话与宗教史》, 1906 年，第 2 卷，第 930 页）[②] 复述了依据马克罗比乌斯[③] 与（出自达尔迪斯的）阿特米多鲁斯[④] 的这样一种划分：“人们把梦分成两类。一类应该只受当前（或者往昔）影响，对未来却无关紧要；它包括失眠，直接再现已有的想象或者其对立物，如饥饿或者解饿，包括幻象，幻想般地扩展已有的想象，如梦魇。另一类却被视为决定未来；属于这一类的有：（1）在梦中接受的直接预言（神的回话、神示）；（2）对面临事件的预报（视力）；（3）象征性的、需要解释的梦。该理论历经许多个世纪得以保存。”

与这种对梦的易变估价[⑤] 相关的是解梦的任务。因为人们一般期待梦有重要的启迪，但并非直接理解所有的梦，无法知道，一个特定的费解的梦是否确实预示着意味深长之事，启发人去努力，这种努力可能用一种明晰又意味深长的内容来代替梦的费解内容。在古典后期，出自达尔迪斯的阿特米多鲁斯被视为解梦最大权威，其详尽的著作（《解梦》）必定把内容

① （1914 年附注）古希腊医生希波克拉底在其名著的一章中论及梦与疾病的关系。（德译本，《论梦》，1962 年；亦见《古老的治疗学》）

② 此段 1911 年作为脚注附上，1914 年收入文本。

③ 马克罗比乌斯，约公元 400 年前后的拉丁作家、语法学家与哲学家。——译注

④ 阿特米多鲁斯，公元 2 世纪罗马帝国占卜家。——译注

⑤ 本段于 1914 年添加。

相同的散失著作补偿给我们[1]。在近代科学出现之前，古人对梦的见解必定与其全部世界观完全一致，其世界观惯常作为现实投射到外界，这只在内心生活内部有现实性。这种对梦的见解还考虑主要印象，清醒状态通过早晨剩余的对梦的回忆得到主要印象，因为在这种回忆中，梦装扮成陌生之事，仿佛源自另一个世界，跟其余的心理内容相反。此外，如果认为关于梦的超自然来源的学说在我们的时代缺乏拥护者，那就错了；所有虔信派与神秘主义作家除外——他们的确做对了的是，只要以前扩展的超自然领域的剩余部分未被自然科学的解释占领，就占据它们，人们还遇上了感觉敏锐、对一切冒险离奇之事反感的男人，在宗教上，他们信仰超人精神力量的存在与介入，试图将其宗教信仰恰恰依托在睡梦现象的不可解释性上（哈夫讷，《睡眠与做梦》，1887 年）。某些哲学家学派，如谢林追随者重视梦样状态[2]，这是梦在古典时期没有争议地具有神性的一种清晰余音，关于梦的预知性力量、预示未来的力量，探讨也未结束，因为心理学的解释尝试不足以解决积累的材料，尽管每个致力于科学思想方法者有同感，明确倾向于驳回此类说法。

要写作我们对睡梦问题的科学认识的历史，之所以如此困难，是因为这种认识尽管在个别处可能变得富于价值，但在这种认识中，却觉察不出

① （1914 年附注）中世纪解梦的进一步命运见迪普根（《中世纪作为医学——自然科学问题的梦与解梦》，1912 年）处与 M. 弗尔斯特、戈特哈特（《中世纪梦书》，1912 年）等人的特别研究。述及犹太人解梦的有阿尔莫里尔、阿姆兰、勒温厄（《犹大文献中的梦书》，1908 年）以及新近顾及心理分析观点的劳厄（《在塔木德与拉比文献评价中梦的本质》，1913 年）。传授阿拉伯解梦认识的有德莱克斯尔（《艾哈迈德的梦书：对一篇校勘文本的序言与验证》，1909 年）、F. 施瓦茨和传教士特芬克德伊，传授日本解梦认识的有三浦（《论日本的解梦》，1906 年）与井蕙（《日本的解梦》，1902 年），传授中国解梦认识的有塞克（《关于梦的中国观点》，1909—1910 年），传授印度解梦认识的有内格莱因。

② 弗里德里希・谢林是 19 世纪流行于德国的泛神论“自然哲学”的主要代表。——弗洛伊德常常回到梦的神秘意义这个问题上。尤其比较《讲座新系列》，第三十次讲座。

沿着某些方向有进展。没有形成可靠结果的基础，下一个研究者本来可以在此基础上继续建设，而每个新的著作者都重新并且如同从源头再度着手同样的问题。如果我想遵循著作者们的时间顺序，摘录报告各个著作者对做梦问题表达过哪些观点，那我就得放弃勾画对睡梦认识现状的明了全貌；我因此宁可把描述与主题而非与著作者相连，我会在每个睡梦问题上列举文献中用来解决睡梦问题的材料中记下了什么。

但因为我未能成功地掌握这个题目上如此分散并且蔓延到其他事物上的文献，只要我的描述中没有丢失基本事实、没有丢失重要观点，我就不得不请我的读者满足于此。

直到不久前，多数著作者都发现自己有理由在同一关联中论述睡眠与做梦，通常也要补充对相似情形的评价，这些情形延展到精神病理学里，著作者们还补充与梦类似的事件（诸如幻觉、幻视等）。而在最近的著作中，表现出的追求是保持对主题的限制，比如把出自梦样状态领域的一个单独问题作为对象。我愿把这种变化看成一种信念的流露，即在如此模糊的事物中，只能通过一系列细节研究获得澄清与一致。我在此能够提供的不过是这样一种细节研究，别无他物，而且特别具有心理学性质。我鲜有契机致力于睡眠问题，因为该问题本质上是个生理学问题，虽然在睡眠状态的特性中必定同时包含了针对心理系统的机能条件的变化。那就是说，连睡眠文献在此也不在考虑之列。

对睡梦现象本身的学术兴趣导致以下在有些情况中是混合的问题。

甲　梦与清醒状态的关系

苏醒者的质朴判断假设，梦——就算它并非源自另一个世界——还是使睡眠者神游了另一个世界。我们要感谢旧日的生理学家布尔达赫[①]对睡梦现象细致而感觉细腻的描写，他用一个常说的句子表达了这种信念（《作为经验科学的生理学》，1838 年，第 499 页）："……白天的生活连同其努力与享受、喜悦与痛楚从不重复，不如说，做梦意在让我们摆脱它们。即使我们整个心灵被一个对象充满，即便深切的痛楚撕裂我们的内心或者一项任务占用了我们全部的精神力量，梦或者给我们全然异样之事，或者它从现实中只把个别要素取到其组合中，或者它只步入我们情绪的调子并象征现实。"——伊·哈·费希特[②]（《心理学：关于人自觉精神的学说》，1864 年，第 1 卷，第 541 页）在同一意义上直接言说**补充梦**并称它们是精神的自愈特性的神秘善事之一。[③]——在有理由被各方尊重的关于梦的本性与形成的研究中，L. 施特吕姆普尔也在相似意义上发表意见（《梦的本性与形成》，1887 年，第 16 页）："有谁做梦，就背离了清醒意识的世界……"（出处同上，第 17 页）："在梦中，就清醒意识有秩序的内容及其正常状态而言，记忆差不多完全消失了……"（出处同上，第 19 页）："心灵在梦中几乎无回忆地和清醒状态的常规内容与过程离析……"

绝大多数著作者却对梦与清醒状态的关系持相反的见解。哈夫讷如是说（《睡眠与做梦》，1887 年，第 245 页）："首先，梦延续清醒状态。我们的梦始终衔接着不久前曾在意识中的想象。仔细观察将几乎总会发现一条

---

① 卡尔·弗里德里希·布尔达赫（1776—1847），德国生理学家。——译注

② 伊曼努埃尔·哈特曼（·海尔曼）·费希特（1796—1879），德国哲学家，约翰·戈特利普·费希特（1762—1814）之子，思辨有神论代表。——译注

③ 此句于 1914 年添加。

线索，梦在其中与前日的经历挂钩。”魏刚特（《梦的形成》，1893 年，第 6 页）直接反驳上面引述的布尔达赫的说法：“因为可以经常、似乎在绝大多数梦里观察到，它们把我们恰恰带回习惯的生活，而非让我们摆脱它。”莫里用一种简明扼要的表达方式言说：“我们梦见我们所见、所言、所愿或所作所为。”耶森在其 1855 年出版的心理学（《试论心理学的学术根据》，第 530 页）中说得更详细：“梦的内容或多或少始终取决于个性，取决于年龄、性别、地位、教育程度、惯常的生活方式并取决于整个迄今为止生活的事件与经验。”

哲学家 J. G. E. 马斯（《试论热情》第 1 卷，第 168 页与第 173 页）最不模棱两可地对此问题表态①：“我们最炽热的热情指向我们最常梦见的那些事物，经验证实我们的这种说法。由此看出，我们的热情必定影响我们梦的产生。好胜者（或许只在其想象中）梦见争得的或者尚待争得的桂冠，而热恋者在其梦中忙于其甜蜜希望的对象……如果被随便一个理由激发，潜藏于心的所有感官欲望与厌恶就可能导致与它们结伴的想象成梦，或者这些想象介入已有的梦。”（由温特施泰因告知，《梦中遂愿的两个例证》，1912 年）

关于梦境对生活的依赖性，古人想得没有二致。我引述拉德施刀克（《睡眠与梦》，1879 年，第 134 页）：薛西斯②在其远征希腊之前被好主意分散了他的这个决心，却一再被梦激励做此事，明事理的老解梦者、波斯人阿尔班达就中肯地告诉他，梦象大多包含人清醒时就思考之事。

在卢克莱修③的教喻诗《物性论》中，可以找到这一处：

---

① 此段于 1914 年添加。

② 薛西斯（约公元前 519—前 465 年），波斯阿契美尼王朝国王（公元前 485—前 465 年）。——译注

③ 卢克莱斯（公元前 1 世纪），古罗马诗人和哲学家。——译注

精神上最热心致力于何种事务，

或者之前情感在何事上停留最多，

理智在此上面花费更勤，

同样之事惯常在让我们在梦中遇见。

法学家撰写法律并实施诉讼；

统帅们治军血战……[①]

西塞罗[②]（《论占卜》）与晚得多的莫里所言很相似：“……但尤其在心灵中，我们醒着时想过、干过的那些对象的残余辗转嬉闹。”[③] 关于梦样状态与清醒状态关系的这两种观点的矛盾似乎确实不可解决。因此，回想起 F. W. 希尔德布朗特的阐述（《梦及其用于生活》，1875 年，第 8 页以下）是适宜的，他认为，梦的特性除了用“一系列（三种）表面激化为矛盾的对立”外根本无法做别的描写。“构成这些对立的**首个**对立的一方面是梦与现实的、真正生活的**极端离析或隔绝**，而另一方面是一个始终**伸入**另一个、一个始终依赖另一个。——梦是与清醒地经历的现实彻底分离之事，可以说是一种自身密封的实存，被一条无法逾越的鸿沟与现实生活隔开。梦使我们脱离现实，抹去对我们身上现实的正常回忆，把我们置于另一个世界、置于一段截然不同的生活经历，后者其实与现实生活经历毫无瓜葛……”希尔德布朗特随后详尽阐明，我们整个存在连同其生存形式如何随着入睡“如同在一扇不可见的升降门后面”消失。比如人家在梦里航行前往圣海伦

① K. L. 冯・克内贝尔译成德文，1831 年，第 2 版，第 142 页。

② 西塞罗（公元前 106—前 43 年），罗马演说家、雄辩家、政治家、作家、哲学家、古典学者。——译注

③ G.H. 莫泽译成德文，1828 年，《论占卜》，第 2 篇，第 67 页。

娜，为的是给在那里被囚禁的拿破仑用摩泽尔葡萄酒提供点美味。人家将会受到这位前皇帝最亲切的接待，几乎很遗憾看见这有趣的错觉因醒来而受干扰。现在，人家却把梦境与现实相比较。人家从未是葡萄酒商，也从未想成为葡萄酒商。人家从未航行过，绝少会把圣海伦娜作为这样一次航行的目的地。对拿破仑，人家绝不抱有同情之意，而是怀有爱国主义的深仇大恨。而且尽管如此，拿破仑死在岛上时，做梦者还根本不在生者之列；与拿破仑建立个人关系在可能性范围之外。所以，梦中经历似乎是在两个完美相配又相互延续的生活阶段之间插入的陌生之事。

“而尽管如此，”希尔德布朗特继续阐述道（出处同上，第 10 页），“同样真实、正确的是表面上的**对立物**。我的意思是，与这种隔绝或者离析携手而行的却还有最密切的关系与联系。我们简直可以说：不管梦提供什么，它取材于现实与精神生活，精神生活借助此现实而展开。……无论梦以此做得多奇特，它其实还是从不能脱离现实世界，而其最精深、最滑稽的产物所借用的原料必定总是或者来自感性世界中在我们眼前出现之事，或者在我们清醒的思路中以某种方式已经找到其位置，换言之，来自我们在外部或者内心已经经历之事。”

乙　梦的材料——梦中记忆

组成梦境的一切材料，以任一方式源自所经历之事，也就是在梦中被再现、**回忆**，这点至少对我们而言，可以被看作没有争议的认识。不过，如果假设，作为所作比较的显而易见的结果，必定毫不费力地产生梦境与清醒状态的这样一种关联，就会是一种迷误。不如说，必须注意寻找这种关联，它会长期隐藏在一连串情况中。缘由在于一些特性，记忆力在梦中表现出这些特性，尽管普遍得到注意，它们迄今为止还是避开了任何解释。

值得费力深入估价这些特点。

首先发生的是，在梦境中出现一种材料，人们在清醒时就不承认它属于其知识与经历。人们清楚地回忆起梦见过相关之事，但回忆不起来经历过它、又是何时经历过。于是人们一直不清楚梦汲取了何种源泉，而可能试着相信，梦有独立所作的活动，直到很长时间后，一种新经历带回对先前经历已经不抱希望的回忆，进而揭示梦的来源。于是，人们就得承认，在梦里知道、回忆过的事，避开了清醒时的记忆力。[①]德尔伯夫出于其自己的睡梦经验讲述了一个这类印象特别深刻的例子。他在梦中见到其宅院被雪覆盖，发现两只小蜥蜴半僵地埋在雪下，他这个动物之友拾起它们、焐热并送回它们所住的断壁残垣里的小洞。此外，他给它们塞了几片小蕨的叶子，蕨长在墙上，据他所知，它们很喜欢小蕨。在梦里，他了解了植物的名字：Asplenium ruta muralis。梦于是继续，在一个插曲后回到蜥蜴身上，让德尔伯夫吃惊的是，梦显示了两个新的小动物，它们到剩余的蕨上大吃。于是他把目光转到旷野上，看见第五只、第六只蜥蜴走上通往墙上孔洞的路，最终，整条道路布满一列蜥蜴，都朝同一方向移动。

德尔伯夫的学识在清醒时只包括少量拉丁文植物名，不包含Asplenium的知识。令他大为吃惊的是，他不得不确信，这种名字的一种蕨类确实存在，卵羽铁角蕨[②]是其正确的名称，梦对此名称稍作变形。人们可能不会想到是偶然的重合；但对德尔伯夫来说仍然莫名其妙的是，他在梦里从何得知铁角蕨属[③]这个名字。

这个梦发生于1862年；十六年后，这名哲学家在他探望的一个友人

① （1914年附注）瓦希德还声称，常常被注意到的是，在梦里比醒着时说外语更流利、更纯正。

② Asplenium ruta muraria。——译注

③ Asplenium。——译注

处看见带有干花的一本小纪念册，在瑞士某些地区，这些花作为纪念品出售给异乡人。一种回忆涌上他的心头，他打开植物标本，在其中发现了他梦里的 Asplenium 并认出了所附拉丁文名字里他自己的手迹。现在可以建立关联了，这位友人的一个姐妹于 1860 年——做蜥蜴梦两年前——在结婚旅行时拜访了德尔伯夫。她当时把给她兄弟的这本纪念册带在身边，而德尔伯夫花气力在一名植物学家口授下给每种弄干的小植物加写拉丁文名字。

偶然事件的眷顾使这个例子如此值得告知，这种眷顾使德尔伯夫有可能再把此梦内容的另一部分追溯到它被遗忘的来源上。1877 年的一天，有一册旧画报落到他手里，他看见其中描摹着整队蜥蜴，就像他 1862 年梦见的那样。这本画册的年份是 1861，而德尔伯夫记得，从杂志出版时起，他就属于其订户之列。

梦支配清醒时所不可企及的回忆，这是个如此值得注意而理论上意味深长的事实，使我想通过讲述别的“记忆增强的”梦来加强对它的注意。莫里讲述道，有段时间，他白天经常想到 Mussidan 一词。他知道，那是一座法国城市名，但别的一无所知。一天夜里，他梦见与某个人闲聊，此人告诉他，来自米西当，对他提出这座城市在何处的问题，给出的回答是米西当是多尔多涅省的一座县城。醒来后，莫里不相信梦里得知的情况；地理词典却告诉他情况完全正确。此事例证实了梦知道得更多，却未追踪到这种学识被遗忘的来源。

耶森讲述了（《试论心理学的学术根据》，1855 年，第 551 页）出自更古时候的一个完全相似的做梦事件：“属于此类的还有更老的斯卡利杰尔的梦（海宁斯，《论梦与夜游者》，1784 年，第 300 页），他写了一首诗称赞维罗纳的名人，有个自称布鲁尼奥卢斯的人在他梦中出现，抱怨被遗忘了。尽管斯卡利杰尔想不起来曾经听说过此人，他还是为此人作了诗，而其子后来在维罗纳获悉，以前有这么个布鲁尼奥卢斯作为批评家就在那里出名。”

德埃尔韦·德圣德尼侯爵讲述了一个记忆增强的梦[①]，此梦的特性异常突出，在随后的一个梦里完成对起初未被认清的记忆的验明（据瓦希德）：“我有一次梦见一个有金黄色头发的少妇，我看见她一边与我姐妹闲聊，一边给后者看她的刺绣品。在梦里，她让我觉得很面熟，我甚至以为见过她多次。苏醒后，这张脸还鲜活地在我面前，我却绝对无法认出它。我就又入睡，梦象重复了。在这个新的梦里，我就与金发少妇攀谈，问她，我是否已经有幸在某处遇见过她。‘当然’，少妇答道，‘您只要回忆波尔尼克海滨浴场。’我马上又醒过来，知道自己肯定会想起与这张妩媚的梦中脸庞相连的细节。”

同一作者（在瓦希德处）告知：一名他熟悉的音乐家一次在梦里听到一段觉得全新的旋律。若干年后，这名音乐家才发现它记在一本旧乐曲集里，他依旧记不得以前手里有这本乐曲集。

据说迈尔（《记忆增强的梦》，1892 年，《心灵研究会公报》，第 8 卷，第 362 页）在一处发表过此类记忆增强睡梦的汇编，可惜我无法见到（《心灵研究会公报》）。我以为，每个研究梦的人都必定会承认一个相当寻常的现象是，梦为知识与记忆做证，清醒者臆想不拥有这些知识与记忆。我以后会报告对神经质者的心理分析工作，在这些工作中，我每周多次能够用患者的梦向他们证明，他们相当了解引文、污言秽语之类，尽管他们在清醒状态时忘却了，他们在梦里使用它们。我还想在此告知一个睡梦记忆增强的无伤大雅的事例，因为在此事例中，可以很容易找到只有梦可以接近的认识的来源。

---

① 此段和下一段于 1914 年添加。

一名患者在一个较长久的背景中梦见，他在一家咖啡屋里买了Kontusz ó wka，讲述后却问，这可能是什么；他说从未听说过这名字。我可以回答，Kontusz ó wka是一种波兰烧酒，他在梦里不可能虚构这种酒，因为我从招贴画上早就知道这名字。此人起先不愿意相信我。若干天后，他让其在咖啡屋里的梦成了现实后，他注意到一张招贴画上的名字，而且在一处街角，他几个月来白天必定至少两次经过此街角。

我本人在一些梦里体验到[①]，就揭示梦的各要素的来源而言，人们依旧多么强烈地依赖偶然事件。比如在我撰写本书之前的岁月里，一幅构造相当简单的教堂塔楼的图景缠绕着我，我想不起来见过这座教堂塔楼。后来我突然在萨尔茨堡与赖兴哈尔之间的一个小站上认出它，而且完全肯定。那是19世纪90年代后期，而我1886年首次驶过这一路段。后面几年里，当时我已经深入研究梦，某处奇怪场所的梦象经常重现，对我而言变得简直讨厌。我在与我本人有关、我左面的特定地点看见一个阴暗的房间，有若干怪诞的砂岩雕像从里面闪现出来。我不愿真正相信的一丝记忆告诉我，这是进入啤酒馆的入口；我却没有成功地澄清，这幅梦象会意味着什么，它又来自何处。1907年，我偶然前往帕多瓦，我很遗憾，自1895年以来，没能再度游览该地。我对这座美丽大学城的首次访问一直不令人满意，我没能参观阿雷纳圣母院里乔托的湿壁画，在通向那里的街道上中途折回，当时人家通知我，当天小教堂关门。十二年后，第二次访问时，我想着补偿自己，就首先寻找前往阿雷纳圣母院的道路。在通向它的街道旁，在我行路方向的左手边，很可能在我1895年折回之处，我发现了自己在梦里如此频繁见到的地方，连同包含在其中的砂岩雕像。那确实是进入啤酒馆花园的入口。

---

① 该段于1909年添加。

睡梦从来源之一取得用于再现的材料，有时是在清醒的思维活动中记不起来、未被使用的这种材料，来源之一是童年生活。我只列举若干著作者，他们注意到并且强调这点。

希尔德布朗特（《梦及其用于生活》，1875 年，第 23 页）："已经明确得到承认的是，睡梦间或以奇妙的再现力把出自遥远时光的非常久远、甚至被遗忘的事情经过忠实地送回我们的心灵前面。"

施特吕姆普尔（《梦的本性与形成》，1877 年，第 40 页）："如果注意到，梦如何时而仿佛从最深广的湮没中把各场所、事情、人员的图景完好无损、带着原初的新鲜再度抽出来，这些湮没把后来的时光存放到最早的青年经历上，事情还会加剧。这不仅仅限于此类印象，它们在其产生时赢得鲜活的意识或者与强烈的心理价值相连，后来在梦中作为真正的回忆重现，苏醒的意识对这些回忆感到高兴。更确切地说，睡梦记忆的深度也包含最早时光的人员、事情、场所与经历这些图景，它们或者只具有些微的意识，或者没有心理价值，或者早就失去了这样那样，因而无论在梦里还是在苏醒后都显得全然陌生而不熟悉，直至发现其早先的起源。"

伏尔盖特[①]（《梦幻想》，1875 年，第 119 页）："尤其值得注意的是，童年与青年回忆多么愿意入梦。我们早就不再想起之事，早就对我们失去了一切重要性之事：梦不倦地提醒我们这些。"

众所周知，童年材料大多是有意识的记忆力的空白之处，梦控制童年材料，提供契机形成有趣的记忆增强的梦，我又想告知这些梦的若干例子。

莫里讲述道，他孩提时，经常从其故乡莫城（Meaux）前往位于附近的特里尔波，其父在那里主持建造一座桥梁。一天夜里，梦中把他调向特里

---

① 约翰讷斯·伊曼努埃尔·伏尔盖特（1848—1930），德国哲学家，"批判性理想—现实主义"与批判性形而上学的代表。——译注

尔波，让他又在城里的街道上玩耍。一个穿着一种制服的男人靠近他。莫里问其名字；他自我介绍他叫 C……是守桥人。醒来后，莫里对记忆的真实性仍在怀疑，就问自他童年时起就在他身边的一名女仆，能否记起叫这名字的一个男人。“当然，”回答是，“他是令尊当时所造桥的看守人。”

莫里报告了一个例子，同样很好地证实了梦中出现的童年回忆很可靠。他说有一名 F 先生，孩提时在蒙布里松长大。此人在外出二十五年后，决定访问家乡和从那时起未曾见过的家族老友。启程前夜，他梦见自己在目的地，在蒙布里松附近偶遇一名从外貌上看他不认识的先生，这名先生告诉他，自己是 T 先生，是其父执。做梦者知道，他孩提时认识叫这名字的一名先生，清醒时却再也记不起这名先生的外貌。若干天后，他就真正抵达目的地，重新找到他曾认为不熟悉的梦中场所，邂逅一名先生，他马上认出后者是梦里的 T 先生。真人只是比梦象所显示的老多了。

我可以在此讲述一个自己的梦，其中能够回忆的印象由一种关系来代替。我在梦里看见一个人，我在梦里知道，那是我乡地的医生。他的脸不清晰，形象却与我对一名在文理中学的老师的想象混合起来，我如今还偶尔遇见这名教师。何种关系把这两人联系起来，我清醒时就无法找出来。但我向家母询问那些我最初那几年儿童岁月时的医生时，我获悉他独眼，而那名文理中学教师也是独眼，后者的形象覆盖了梦中医生的形象。有三十八年了，我再也没见过那名医生，而据我所知，我在清醒状态时从未想到过他[①]，尽管颏上一块疤可能让我想起他提供的帮助。

① 该句逗号后最后部分于 1909 年添加，包含在直到 1922 年的所有后来版本中，此后却再度删去。后面涉及的同一人只有暗指这句话略去的末尾才有意义。可能是弗洛伊德在后面描写的后果为落下疤的那场事故。此梦还在弗洛伊德 1916—1917 年第十三次讲座中提及（研习版，第 1 卷，第 206 页）。

若干著作者声称，在多数梦里可以证明出自最近时日的因素，听上去好像会创造出一种均势来对抗梦样状态中童年印象过大的作用。罗伯特（《被解释成自然必然性的梦》，1886 年，第 46 页）甚至表示：平常的梦一般只忙于刚过去的时日。我们却会体验到，由罗伯特构建的梦的理论命令似的要求这样一种对最久远印象的抑制与对最近印象的前移。但罗伯特所表达的事实合理，我自己考察后可以保证。一名美国作者纳尔逊（《梦研究》，1888 年，第 380 页及下页）以为，在梦里，最常见做梦前一天或者三天前的印象得到利用，似乎就在做梦前一天的印象削弱得不够——不够遥远。

若干著作者不想怀疑梦境与清醒状态的亲密关联，引起他们注意的是，使清醒思维深入思考的印象有点被日间脑力劳动挤到边上后，才在梦中出现。比如，只要活得更长久者充满悲哀，通常最初不会梦见受喜爱的死者（据德拉热[①]）。而最近的女观察者之一哈勒姆小姐也收集了相反行为的例子，在这点上维护心理个性的权利（哈勒姆与威德，《梦意识研究》，1896 年，第 410—411 页）。

梦中记忆的第三个特性最值得注意、最令人费解，表现在对所再现材料的选择上，不像在清醒时只保留最意味深长的材料，而是相反，也保留最无关紧要、最不显著值得记忆的材料。我让那些著作者就此发言，他们最有力地表达了惊讶。

希尔德布朗特（《梦及其用于生活》，1875 年，第 11 页）："因为最值得注意之事是，梦的组成部分通常不取自深刻的大事件，不取自逝去的一天中强大的驱动性兴趣，而是取自次要的附加物，可以说取自最近度过的

---

① 伊夫·德拉热（1854—1920），法国动物学家。——译注

或者远在身后的往昔中的那些无价值碎块。我们家族内有令人震惊的丧事，在丧事的印象伴随下，我们后来入睡，这一丧事依旧从我们的记忆中抹去，直到最初清醒瞬间以使人忧郁的威力让这一丧事回到我们的记忆中。我们偶遇一个陌生人，从他身边走过后，我们再也没有片刻想起他，而他额头上的疣在我们的梦里起作用……”

施特吕姆普尔（《梦的本性与形成》，1877 年，第 39 页）：“……有这类情况，对梦的分解发现梦的组成部分，后者虽然源自昨日或者前日的经历，但对清醒的意识而言，还是如此无关紧要、无价值，使得它们在被经历后不久就归于遗忘。此类经历是比如偶然听到的别人的言论或者被浮光掠影注意到的行为、对事物或人瞬息即逝的感知、一篇读物的各个小部分等等。”

哈夫洛克・霭理士[①]（《成梦素材》，1899 年，第 727 页）：“清醒状态的深切情绪、我们把自己主要的自决心理能量展开至其上的疑问与问题，它们并非通常将自己一起呈现给梦意识的那些情绪、疑问与问题。至于最近的过去，多为微不足道、次要、‘被遗忘的’对再现于我们梦中的日常生活的印象。最为清醒的精神活动是那些睡得最熟的。”

宾茨（《论梦》，1878 年，第 44—45 页）恰恰以有争论的梦里记忆的特性为契机，道出他不满于自己所支持的对梦的解释：“而自然的梦给我们提出类似疑问。为何我们并非总是梦见最近度过时日的记忆印象，而是经常沉入没有任何可辨认动机、远在我们身后、几乎消失的往昔？为何在梦里，意识如此频繁地接受**无关紧要的**回忆象的印象，而脑细胞在承载对所经历之事最敏感的记录之处，多处于缄默、僵硬，除非清醒时的一种急性重温于此前不久刺激它们？”

---

① 哈夫洛克・霭理士（1859—1939），英国散文家、医生。——译注

很容易看清，睡梦记忆特别偏爱日间经历中无关紧要，因而未被注意之事，这种偏爱多半必定导致错误估计梦对日间生活的依赖，于是至少在每个个案中会妨碍证明这种依赖。所以可能的是，惠顿·卡尔金斯小姐[①]（《梦的统计》第 315 页，1839 年）在对她（及其伴侣）的梦做统计处理时还是保留了十一个百分点的数目，在这些梦里，与日间生活的关系不明显。很可能希尔德布朗特的论断有道理（《梦及其用于生活》，1875 年，第 12 页及下页），即如果我们每次都把时间和专心充分用在探究所有梦象的来历上，这些梦象就会在生物起源学上对我们说清楚。他却称此为“一项极其辛苦、吃力不讨好的事务。因为它大多的确会导致在记忆斗室里最偏僻的角落里搜寻出各种精神上毫无价值的事物，让早就消逝的时光中各种完全不令人感兴趣的因素从或许下个小时就给它们造成的湮没中重见天日”。我却还是不禁遗憾，感觉敏锐的著作者谋求如此不显眼地开始的途径，这妨碍了他；这条途径本该直接把他引向解梦的中心。

睡梦记忆的特性肯定对任何一般记忆理论都非常重要。它表明，“没有什么我们在精神上曾经拥有之事会完完全全失落”（肖尔茨，《睡眠与梦》，1887 年，第 34 页）。或者，如德尔伯夫所表述的，“每个印象，甚至最微不足道的，也留下一个不易变的痕迹，白天隐约再现”，内心生活中如此众多的其他病理学现象同样催人下此结论。现在就得牢记梦里记忆的这种不同寻常的能力，为的是生动地感受到那种矛盾，以后会提及的某些睡梦理论必定提出这种矛盾，那些理论想通过局部遗忘我们日间熟悉之事来解释梦的怪诞与不连贯。

要把一般的做梦现象缩减为回忆现象，人们可能突然闪念，把梦看成

---

① 惠顿·卡尔金斯（1863—1930），美国心理学家。——译注

哪怕夜间也不休息的再现活动的表现，这种再现活动是目的本身。像皮尔茨那样的报告（《论梦中的某种规律性》，1899 年）可能与此相符，根据那些报告，可以证明做梦时间与睡梦内容之间的固定关系。方式是在深度睡眠时，梦再现出自最久远时光的印象，将近早晨时，梦却再现最近印象。但从一开始，由于梦处理有待回忆的材料这种方式，这样一种见解就变得几乎不可能。施特吕姆普尔（《梦的本性与形成》，1877 年，第 18 页）不无道理地促请注意，梦中经历不会重复出现。梦可能对此提供开端，但未出现随后的环节；它改变模样登场，或者代替它现身的是另一个完全陌生的环节。梦只带来再现的碎片。只要有可能做理论上的利用，这很可能是常规。然而出现了例外，在这些例外中，就像我们的回忆在清醒时能做到的，一个梦同样完整地重复一次经历。德尔伯夫讲述了他的一个大学同事，后者在一次危险的乘车出行时，像是由于奇迹才逃脱一场事故，他在梦里再度经历了这次出行连同所有细节。卡尔金斯小姐提及（《梦的统计》，1893 年）两个梦，它们以准确再现前一日一次经历为内容，而我本人将在以后找机会告知我已经熟悉的一个事例，睡梦未做变动地重现一次儿童经历。[①]

丙　睡梦刺激与睡梦的根源

对睡梦刺激与睡梦源头该做何理解，这可以通过引用民间说法“梦来自胃”得到说明。提出这些概念背后隐藏的是一种理论，后者把梦领会成睡眠受干扰的后果。如果不是有什么干扰之事在睡眠中活动，就不会做梦，

① （1909 年附注）出于后来的经验，我补充道，日间无关紧要和不重要的活动根本绝非罕见地得到重复，如打点行装、在厨房烹调菜肴，诸如此类。在这种梦里，做梦者本人强调的却不是回忆性质，而是“现实”性质。“我日间确实做了这一切。”（在第五章头两段再度提及该段和前一段里探讨的主题）

而梦是对这种干扰的反应。

在著作者们的阐述中，关于梦的诱因的探讨占据了最广的篇幅。梦成为生物学研究对象后，问题才会产生，这理所当然。古人把梦视为神授，他们无须寻找梦的刺激源头；梦源自神威或者魔力的意志，梦的内容源自神威或者魔力的知识或者意图。对科学而言，随即提出疑问，对做梦的刺激是同一个还是可能是多重的，进而考虑对梦因的解释归于心理学还是生理学。多数著作者似乎假设，睡眠障碍的原因、亦即做梦的根源可能多种多样，躯体刺激就像心灵激动一样获得梦激发者的角色。偏爱一个或另一个睡梦根源，在梦根源中依其对成梦的重要性建立等级，在这些方面，观点大有分歧。

在悉数梦根源之处，最终得出四种梦的根源，它们也被用于划分梦。1. **外部（客观）感官刺激**。2. **内部（主观）感官刺激**。3. **内部、器质性躯体刺激**。4. **纯粹精神刺激**。

1. 外部（客观）感官刺激

哲学家之子小施特吕姆普尔关于梦的著作已经多次被我们用作睡梦问题的指南，众所周知，他报告了对一名病人的观察（《内科疾病的特殊病理学与疗法教科书》，1883—1884 年，第 2 卷），后者患有全身真皮感觉缺失与若干高级感官麻痹。如果在此人身上把少数尚开放的感官门户与外界隔绝，他就陷入睡眠。如果我们想入睡，我们大家惯于追求一种情境，与施特吕姆普尔实验中的那种相似。我们锁上最重要的感官门户、眼睛，试图挡住来自其他知觉的任何刺激，或者阻挡对作用于这些知觉的刺激做任何改变。尽管我们的打算从未完全成功，我们随后还是入睡了。我们既不能使刺激完全远离感官，亦无法完全消除我们感官的兴奋性。通过较强的刺激，随时可以唤醒我们，这向我们证明，“心灵即使在睡眠时也在与体外世界持续的联系中”停留。我们在睡眠期间得到的感官刺激，很可能成为梦的根源。

此类刺激中就有一大系列，从睡眠状态带来的或者只是偶尔不得不允许的不可避免的刺激，直到偶然地唤醒刺激，后者适合于或者准备用于结束睡眠。可能是较强的光线穿入眼睛，耳闻嘈杂声，一种有气味的材料刺激鼻黏膜。我们可能在睡眠中因无意的活动而裸露身体各部分，这样就遭受冷却感，或者因位置变化而给我们自己制造触压觉。可能是苍蝇叮我们，或者是一次夜间小事故可能同时冲击若干知觉。观察者专心收集了大批梦，其中在苏醒时察觉的刺激与一部分梦境如此广泛一致，可以看出刺激是梦的根源。

我在此根据耶森（《试论心理学的学术根据》，1855 年，第 527 页及下页）引用一种汇编，它汇编了此类溯源于客观的（或多或少偶然的）感官刺激的梦：“任何被模糊察觉到的嘈杂声都唤起相应的梦象，雷声滚滚把我们置于一场战役中，雄鸡打鸣可能变为一个人的惊叫，一扇门嘎吱作响可能引起强盗闯入的梦。”

“夜里，如果我们被子掉了，那我们或许梦见自己赤身走来走去或者落水。如果我们斜躺在床上，脚离开床沿，那我们或许梦见自己立于一处可怕的深渊边上或者直坠而下。如果我们的头偶然到了枕头下，那就会有一块巨石悬在我们上面，正要把我们埋藏在其重压之下。精液聚积产生肉欲的梦，局部疼痛引起受到虐待、有敌意的攻击或者身体遭到伤害这种想法……”

“迈尔（《梦游试析》，1758 年，第 33 页）有一次梦见他被一些人袭击，他们把他直挺挺地仰面放倒在地，在他的拇趾和二趾之间把一根桩打入地里。他在梦里想象到此事时，醒了过来，感觉有一根秸秆插在他脚趾之间。根据海宁斯的说法（《论梦与梦游者》，1784 年，第 258 页），迈尔另外有一次把衬衫紧紧拢在脖子上，他梦见自己被绞死。霍夫鲍尔(《心灵的自然概论》，1796 年，第 146 页）在其青年时代梦见从一堵高墙落下，醒来时发觉，床架散了，而他确实掉下去了……格雷戈里报告道，他有一次上床时把一瓶热水放在脚边，因而在梦里旅行上了埃特纳火山顶，他在那里发现地面的高温几乎无法忍受。另外一个人在头上放了发泡膏后，梦见自己被一群印第安人剥去头皮；第三个人穿着湿衬衫睡觉，梦见自己被水流吸走。睡眠时出现的足痛风发作让病人以为他在宗教法庭手中忍受刑讯的折磨”（麦克尼什《睡眠的基本原理》，1835 年，第 40 页）。

如果成功地在一名睡眠者身上通过按计划安排感官刺激而产生与刺激相应的梦，就可以加强基于刺激与梦境之间有相似性这一论据。照麦克尼什看来（前引书，耶森《试论心理学的学术根据》，1855 年，第 529 页），吉鲁·德别沙连格早就做过此类试验。“他让其膝盖不盖东西，就梦见他夜里坐在一辆邮车上旅行。他注意到，旅行者会很清楚地知道，在一辆马车里，夜里膝盖会有多冷。另一次，他让头后面光着，就梦见他出席户外的一个宗教仪式。因为在他生活的乡间，习俗是始终把头蒙上，除非有如刚才所述的这类理由。”

莫里通报了对在他自己身上产生的梦的新观察（一系列其他试验没有带来成果）。

（1）在嘴唇和鼻尖上用羽毛给他搔痒。——他梦见一次可怕的刑讯；一副树脂面具放到他脸上，随后揭掉，皮肤就一同脱落。

（2）人家用镊子磨剪刀。——他听见钟响，然后是鸣警钟，他被置于 1848 年的 6 月。

（3）人家让他闻科隆香水。——他在开罗位于约翰 · 马里亚 · 法里纳的店铺中。接着是难以置信的奇遇，他无法复述。

（4）人家轻轻拧捏他的颈项。——他梦见人家给他贴上发泡膏，想到孩提时给他治疗过的一名医生。

（5）人家把一块热铁挨近他的脸。他梦见“烧火工[①]”，他们潜入宅子，把住户的脚塞进炭盆，强迫住户交出钱。随后露面的是阿布朗泰斯公爵夫人，他在梦里是她的秘书。

（6）人家把一滴水浇到他额头上。——他在意大利，猛出汗，喝着奥尔维耶托的白葡萄酒。

（7）人家重复透过一张红纸让烛光落到他身上。——他梦见暴风雨、火热，又处于海上风暴中，他曾经在拉芒什海峡遭遇海上风暴。

通过实验产生梦的其他尝试来源于德埃尔韦、魏刚特（《梦的形成》，1893年）等。

若干方面都“注意到梦那种引人注目的能力，把来自感官世界的突然印象如此交织到其产物中，使得这些印象在梦的产物中逐渐形成得到酝酿并且开始的灾难”（希尔德布朗特，《梦及其用于生活》，1875年，第36页）。“近年”，这名著作者讲述道，“为了有规律地在限定的早晨时光起床，我使用了众所周知、大多安装在钟表机构上的闹钟。可能有成百次，我遇到的情况是，这种器械的声音如此适合臆想有关联的长梦，似乎这整个梦同样只是在意这种声音，而在这种声音里会发现其真正在逻辑上不可缺少的预期效果、其自然被指明的终极目标。”（出处同上，第37页）

我引用这些闹钟梦中的三个，还另有意图。

伏尔盖特（《梦幻想》，1875年，第108页及下页）叙述道：“一名作曲家曾经梦到，他在教课，正想给其学生说明什么，他就已经做完了，转向一名男童问道：‘你懂我的意思了吗？’这名男童像个着魔者狂叫：‘哦，是的（Oh ja）。’他对此怒不可遏地斥责男童喊叫。可全班就喊起来了：‘喔，

① （法国大革命时）旺代省的强盗团体叫司炉，他们使用这种酷刑。

是（Orja）。’然后是：‘哇，是（Eurjo）。’最后是：‘失火啦！（Feuerjo）。’他就因街上真正的救火叫喊而苏醒了。”

在拉德施刀克的书里，加尼耶报告，拿破仑一世在车上睡着时做梦，被定时炸弹的爆炸从梦中唤醒，梦让他重新经历了越过塔利亚门托河和奥地利人的连续炮击，直到他喊着“我们中了地雷阵了”惊醒。

出名的有莫里报告的一个梦。他患着病，在自己房间里躺在床上；其母坐在他边上。他就梦见革命时期的恐怖统治，经受了令人毛骨悚然的凶杀场景，最后自己被传唤出庭。在那里，他见到了罗伯斯庇尔、马拉、富基埃－坦维尔和那个可怕时代的所有悲剧性英雄，在他们面前答辩，在经历了在他记忆中没有固定下来的各种各样插曲之后被判决，随后，由望不到边际的人群陪着，被带到刑场。他登上断头台，刽子手把他缚在木板上；木板翻倒；断头刀落下；他感到自己的头与躯干分离，在至为恐惧中醒来——发现床头板掉了下来，而真的像断头刀一样击中他的颈椎。

与此梦相连的是由勒洛兰与埃热在《哲学评论》上开始的一场有趣的讨论，在觉察到梦的刺激与苏醒之间消逝的短暂时段里，做梦者是否、如何可能压缩看来如此极其丰富的大量梦境。

这类例子使人觉得睡眠期间的客观感官刺激是梦的源头中得到最好确证的。它们也是在非专业人士的认识中唯一起作用的。如果问一个以前对睡梦文献一直陌生的受过教育者，梦如何形成，他的回答无疑就会引用一个他熟悉的情况，在此情况中，苏醒后得到识别的一种客观感官刺激来澄清梦。科学观察无法止步于此；它从这种观察中汲取契机继续提问，即睡眠期间作用于知觉的刺激在梦里的确并非以其真正的形态出现，而是由与它有某种关系的某种其他想象来代表。但把梦的刺激与梦的成效联结起来的关系，按莫里的话说**“却是既非唯一亦非排他的一种关系”**。比如听说希尔德布朗特闹钟梦中的三个（《梦及其用于生活》，1875 年，第 37 页及下页）；人家于是就会提出问题：为何同样的刺激引出如此迥异的梦的成效，而且为何恰恰是这一刺激引出这些梦的成效？

“于是我就在一个春天的早晨去散步，溜达着穿过正在变绿的田地，直到邻村。在那里，我看见居民穿着节日服装，腋下夹着圣歌集，人数众多地漫步走向教堂。对！的确是周日，而晨祷马上就要开始。我决定参加这次晨祷，但在此之前，因为我有些激动，就决定在环绕教堂的公墓里让自己冷静下来。我在这里读着不同的墓志铭时，听到敲钟人登上钟楼，就看见钟楼高处的小型村钟，它将给出礼拜开始的信号。还有好一会儿，它一动不动地挂在那里，然后开始摆动——突然它的敲击声嘹亮而刺耳地响起——如此嘹亮而刺耳，结束了我的睡眠。钟声却来自闹钟。”

“第二个组合。那是晴朗的冬日；街道被深雪覆盖。我答应参加一次乘雪橇，但不得不等了很久，直到有人报信说雪橇就在门前。现在实行上橇的准备——铺上毛皮，取出脚套筒——而我终于坐在我的位置上了。但出发还在延迟，直到缰绳对企盼的骑乘骏马给出明显的信号。现在这些骑乘骏马拉动起来；强力振动的铃铛开始熟悉的土耳其军乐，有一种威力，它瞬间扯断了梦的蜘蛛网。无非又是尖厉的闹铃声。”

“还有第三个例子！我看见一个厨娘拿着几十只摞起的盘子沿着走廊缓步走向餐室。我觉得她怀里的那堆瓷器处于要失去平衡的危险中。‘留神，’我告诫道，‘东西全都快落地了。’当然不会缺了必不可少的矛盾：人家已经习惯了诸如此类的事，而我还用担忧的目光陪送那个漫步者。对，在门槛上绊了一下——易碎的餐具落下，噼里啪啦碎成百块，四散在地面上。可是——我很快发觉，这没完没了延续的鸣响可不是真正的丁零当啷，而是正儿八经的铃响；——现在醒来者辨别出来，只是闹钟用这种响铃在尽责。”

为何心灵在睡梦中错误估计客观感官刺激的性质，施特吕姆普尔（《梦的本性与形成》，1877 年，第 103 页）——而且冯特几乎同样（《生理心理学基本特征》，1874 年，95 页及下页）——对此疑问的回答到了这一步，即在构成错觉的条件下，心灵对这类在睡眠中进攻性的刺激做出判断。如果一种感官印象足够强烈、清晰、持久，如果有所必要的时间供我们做这种考虑，这种印象就被我们**认识、正确解释**，即列入回忆组，根据各种以前的经验，它属于这些回忆组。如果这些条件得不到满足，那我们就错误估计印象所起源的客体；我们根据这种印象形成错觉。“如果某人在旷野散步，模糊地觉察到一个遥远的对象，可能他起先把这个对象当作一匹马。”留神细看，可能不禁解释为一头在休憩的奶牛，而最终这一想象可能明确化为一群坐着的人。心灵在睡眠中通过外部刺激而接受的印象就具有类似不确定性质；心灵根据这些印象构成错觉，通过印象唤醒数量或大或小的回忆象，印象通过回忆象得到其心理上的价值。从众多可以考虑的回忆范围中的哪个范围唤起相关的图景，可能的联想关系中哪些在此时生效，即使按施特吕姆普尔的说法，这点也依然不可确定，仿佛听凭心灵生活恣意妄为。

我们在此面临选择。我们可以承认确实无法继续追踪成梦的规律性，因而放弃询问，对因感觉印象而引起的错觉的解释是否还决定于其他条件。或者我们可以猜测，作为梦的根源，在睡眠中攻击性的客观感官刺激只起微不足道的作用，而其他因素决定着选择有待唤醒的回忆像。我在此意图上如此详细地告知过莫里通过实验制造的梦。实际上，如果检验这些梦，则人们可以试着说，按来源看，所作实验其实只涵盖了梦的因素之一，而其余的梦境其实显得过于独立、过于详细确定，无法通过那种要求得到澄清，即它必须与通过实验引入的因素协调。如果人们获悉，塑造梦的客观印象偶尔在梦中得到最特别、最怪僻的解释，人们甚至自己开始怀疑错觉理论、怀疑客观印象塑造梦的威力。比如西蒙讲述了一个梦，他在其中看见巨人坐在桌旁，清晰地听到他们上下相碰的颌骨在咀嚼时制造的可怕咯咯声。他醒来时，听见在他窗前疾驰而过的马蹄声。我想在没有著作者帮助的情况下大约解释如下，如果此处马蹄的噪声恰恰唤醒来自《格列佛游记》的回忆范围的想象、在大人国的巨人处与在有德行的马匹处逗留，难道在此之外，其他动机没有使选择这个对刺激如此不同寻常的回忆范围变得方便些吗？①

2. 内部（主观）感官刺激

尽管有各种异议，人们还是不得不承认，客观感官刺激在睡眠期间作为梦的激发者的角色肯定没有争议，而如果这些刺激根据其性质与频度似乎不足以解释所有梦象，则表明要去寻找其他的、但所起作用与之类似的梦的根源。除了外部感官刺激外，还需要感觉器官中的内部（主观）刺激，我就是不知道，何处首先冒出这个意念；但事实是，在梦病因学所有较新的描述中均或多或少地强调发生此事。冯特说（《生理心理学基本特征》，1874 年，第 363 页）："此外，我相信，在梦的错觉中，扮演重要角色的是那些主观的视力感受、听力感受，在清醒状态时，它们作为模糊视野的噪光，作为耳鸣、耳朵嗡响等为我们所熟悉，其中尤其是主观视网膜兴奋为我们所熟悉。这就解释了梦的那种奇怪倾向，要把多数类似或者完全一致的客体展现到眼前。我们看见无数鸟、蝴蝶、鱼、五彩珍珠、花等等展现在自己面前。在此，模糊视野的发光粉尘呈现了离奇的形态，而梦以同样多的单幅图景代表构成发光粉尘的众多光点，因为噪光的活动性，这些单

---

① （1911 年附注）梦中巨人让人猜测，涉及做梦者童年的一个场景。

（1925 年附注）上面指向来自《格列佛游记》的记忆恢复还是一种解释不该是什么样的极好例证。解梦者不该让其自己的才智起作用而把对做梦者闪念的借鉴置于一旁。

幅图景而被看作**活动的**对象。——梦容易有最多种多样动物形象的巨大倾向，根源也可能在此，这些动物形象的多种形式容易接近主观相片的特别形式。”

作为梦象的源头，主观的感官刺激显然有优先权，它们不像客观感官那样刺激依赖外部偶然性。每当解释时需要它们，它们就可以说是供解释支配。它们落后于客观感官刺激的一点是，它们很难或者根本不可能证实它们作为梦激发者的作用，观察与实验在客观感官刺激处证实了这种作用。主观的感官刺激有激发梦的神秘力量，为此提供主要证据的是所谓入睡前幻觉，被约翰内斯·穆勒（《论神奇的视力现象》，1826 年）描写成“离奇的视力现象”。这常常是相当鲜活、多变的图景，在入睡期、在许多人身上完全有规律地出现，也可能在睁眼后继续存在一会儿。莫里高度服从这些图景，使它们得到深入的估价，声称它们与梦象有关联、甚至不如说同一性（正如约翰内斯·穆勒已经做过的那样，出处同上，第 49 页及下页）。莫里说，就其形成而言，需要某种心灵的被动性、一种注意力紧张的减退。但足够的是，人家有片刻陷入这种昏睡，由于惯常的素质而看见一种入睡前幻觉，此后，人家或许又醒来，直到这种多次重复的游戏以入睡而终止。根据莫里的说法，如果人家过后不算太久就苏醒，就经常成功地在梦里证明同样的图景，它们作为入睡前幻觉在入睡前浮现出来。比如莫里有一次面对有着扭曲表情与奇怪发型的一系列怪诞人物，他们难以置信地在入睡期纠缠他，他苏醒后记起梦见过他们。另外一次，因为他强迫自己节食，正在忍受饥饿感，在催眠状态中看见一只碗，一只配备叉子的手从碗里的食物中取点什么。在梦中，他身处丰盛的宴席，听见用膳者使用叉子发出的噪声。另外一次，他眼睛受刺激、发痛入睡，他的入睡前幻觉有用显微镜才能看见的小符号，他不得不大为努力地一一辨认；一小时后从睡眠中被唤醒，他记起一个梦，其中出现一本打开的书，用很小的印刷字母印制，他不得不费力地读完。

与这些图景完全相似的可能还有对话语、名字等的幻听半梦半醒地出现，随后在梦中重复，仿佛是序曲，预示以它开始的歌剧的主导动机。

在与约翰内斯·穆勒和莫里相同的道路上，徜徉着一名新进的入睡前幻觉观察者乔·特朗布尔·莱德[①]（《视觉梦心理学论稿》，1892年）。他通过练习做到，逐渐入睡2—5分钟后，能够不睁眼而突然挣脱睡眠，于是就有机会把刚刚消失的视网膜感觉与回忆中残存的梦象相比较。他保证，每次都可以看出两者之间的一种紧密关系，方式是，视网膜自感光的发光点与线条仿佛带来精神上察觉到的梦意象的轮廓图、示意图。比如有个梦，他在其中看见面前有印得清晰的字行，他一边读一边细看它们，与这样一个梦相应的是把视网膜中的发光点编排成平行线。用他的话来说：他在梦中读过的印得清楚的那一面化为一个客体，让他清醒的知觉觉得像实实在在印刷过的一页的一部分，人家从过大的距离来看，为了看清些，就通过一张纸上的一个小孔来看。莱德还没有低估这个现象的中心（大脑）部分，他认为，发生在我们身上的视觉梦几乎没有一个不依据视网膜内部兴奋状态的材料。这点尤其适用于黑暗房间中入睡不久后的梦，而对早晨临近苏醒的梦而言，在亮堂起来的房间里刺入眼睛的客观光线是刺激源。自感光刺激的多变、有无限改动能力的特性正好符合我们的梦在我们面前展示的不安定组图。如果赋予莱德的观察以意义，就不会低估这些主观刺激源对梦的能产性，因为众所周知，面相构成我们梦的主要组成部分。除听觉以外的其他感觉区域的贡献比较微小而且不稳定。

---

① 乔·特朗布尔·莱德（1842—1920），美国心理学家。——译注

3. 内部、器质性躯体刺激

如果我们正想不在机体之外、而在机体之内寻找梦的根源，就必定想起，几乎我们所有的内脏在健康状态时几乎不给我们提供它们存在的消息，处于刺激状态时（我们这样称呼它）或者有病时，就成为我们多为不快感受的一个源头，这个源头必定被等同于从外部抵达的疼痛刺激与感受刺激的激发者。有很古老的体验，促使人像施特吕姆普尔这样陈述（《梦的本性与形成》，1877年，第107页）："比起清醒时来，心灵在睡眠中获得对其身体方面深刻、广泛得多的感受意识，它被迫接受某些刺激印象并让它们对自己起作用，这些刺激印象源自其身体的各部分与变化，心灵在清醒时对它们一无所知。"亚里士多德就宣称很可能的是，在梦中会被提醒注意正在开始的疾病状态，清醒时对这些疾病状态尚无觉察（由于梦让印象得到放大，见上）。还有医生作者，其观点必定远非相信梦的预言秉受，至少就预示疾病而言，他们承认梦的这种意义①（参见M. 西蒙，1888年，第31页，还有许多更古老的著作者）。

梦的此类诊断成就得到证明，似乎即使在新近也不乏例证。比如，蒂谢根据阿蒂格的博士论文报告了一名四十三岁妇女的故事，她整整几年在

① （1914年附注）除了对梦的这种诊断性利用（如在希波克拉底处），必须回想起梦在古典时期的治疗意义。

在希腊人处，有占梦者，寻求痊愈的病人通常探访他们。病人进入阿波罗或者阿斯克勒庇俄斯的庙，在那里，他经受若干仪式，沐浴、按摩、熏香，这样就被置于激越状态，人家把他放在庙里献祭的公羊皮上。他入睡，梦见药物，或者以自然形态或者以象征和图景对他展现出来，祭司就解释这些象征与图景。

关于希腊人治疗用的梦的其他情况，见雷曼（《从最古老时代至今的迷信与巫术》，1908年，第1卷，第74页）、布谢－勒克莱尔、海尔曼（《希腊人的礼拜古物教科书》，1858年，第263页以下，还有《希腊私人古物教科书》，1882年，第356页）、伯廷格（《医学史文集》，1795年，第163页以下）、劳埃德（《古代的磁力与催眠术》，1877年）、德林格（《异教与基督教》，1857年，第130页）。

表面完全健康状态中受梦魇侵袭，在医学检查时就显出开始有心脏病，她旋即死于此。

作为梦的激发者，形成的内脏紊乱显然在一大串人身上而起作用。人家一般都指明焦虑梦在心肺病人身上的频度，甚至梦样状态的这种关系被许多著作者极力推到前台，我在此只能满足于单纯指点文献（拉德施刀克，《睡眠与梦》，1879 年，第 70 页；施皮塔，《人类心灵的睡眠状态与梦状态》，1882 年，第 241 页及下页；莫里、M. 西蒙、蒂谢）。蒂谢甚至认为，患病的器官给梦境打上了表示特性的印记。心脏病人的梦通常很短，以惊醒结束；在这些梦的内容中，在可怕情况下的死亡情境几乎总是扮演角色。肺病患者梦见窒息、拥挤、逃跑，他们经受的已知噩梦数量引人注目，伯尔讷（《焦虑梦、其成因与预防》，1855 年）还可以通过俯卧、通过掩住呼吸口实验性地引起噩梦。遇有消化障碍时，梦包含来自品尝与恶心反胃的想象。最后，对每个个人的经验而言，性兴奋对梦境的影响都足够明显，给予因器官刺激而激发梦的整个学说以最强有力的支持。

如果钻研梦的文献，也完全明白无误的是，个别作者（莫里、魏刚特，《梦的形成》，1893 年）通过其自身病况对其梦境的影响而被引向研究梦问题。

出自这些确认无疑事实的梦根源在增加，还不如人们愿意以为的那样意味深长。梦确实是一种现象，在健康人处——或许在所有人处，或许夜夜——出现，这种现象显然不把器质性病症算作其不可或缺的条件。对我们而言，关键却并非特别的梦源自何处，而是对正常人的寻常梦而言，刺激源会是什么。

而现在只消再走一步，就撞上一个梦的根源，它比先前任何一个梦根源流淌得都充裕，其实无论如何都看不出会枯竭。如果确证身体内部在患病状态下变成梦刺激的根源，如果我们承认，心灵在睡眠状态中被外界分心，能够对躯体内部投注较大的注意力，就显然会认为，器官无须先患病，以便让以某种方式成为梦象的兴奋到达睡眠的心灵。我们清醒时模糊地只按其性质作为一般肌体觉来察觉之事，还有，按医生的意见，所有器官系统都做出其贡献，它在夜里会形成有力的作用，用其各组成部分活动，这些组成部分为唤起梦想象而提供最强大同时是最寻常的根源。感官刺激根据哪些规律转化成梦想象，这种调查就省去了。

我们在此触及了那种成梦的理论，它在所有医生著作者那里都成为受偏爱的理论。我们本质的核心、如蒂谢所称的“内脏的本性”，就我们的知识而言，包裹在这种模糊中，这种模糊与成梦的模糊彼此太相符了，无法不把它们联系起来。把植物性肌体觉作为梦的形成者，这种思路对医生还有别的刺激，梦与精神障碍在其表象上显示出如此多一致，他同意在病因学上也把它们合并起来，因为一般肌体觉的变化与起因于内脏的刺激也被指责对精神病形成具有深远的意义。因而，如果躯体刺激理论可以溯源于独立说明它的不只有一个首创者，就不足为奇。

对一系列著作者而言，哲学家叔本华于 1851 年阐明的思路是权威性的。我们的理智把由外部击中它的印象重铸成时间、空间与因果关系的形式，由此在我们身上形成世界观。出自肌体内部的刺激，由交感神经系统而来，在日间至多对我们的情绪表现出一种无意识的影响。但夜间，如果日间印象停止抵制性作用，那些从内部钻上来的印象却能够谋得注意——就像日间的噪声使泉水无法耳闻，我们夜间听见泉水潺潺流动。但理智执行其独有的功能时，对这些刺激的反应会有多么不同呢？它就会把刺激改型成充满空间与时间的形态，这些形态在因果关系的主线上活动，这样就形成了梦（参见叔本华，《试论见鬼与相关之事》，1862 年，第 1 卷，第 249 页以下）。舍讷（《梦的寿命》，1861 年）还有在他之后的伏尔盖特（《梦幻想》，1875 年）就尝试探究躯体刺激与梦象之间更详细的关系，对这种关系的评价，我们留到关于梦理论的章节。

在一项实施得特别合理的调查中，精神病学家克劳斯（《精神错乱中的知觉》，1859 年，第 255 页）由同样的因素、**受制于机体的感受**中导出梦的形成及谵妄[①]和妄想的形成。肌体的一个部位不会成为一个梦或者妄想的出发点，几乎想不出这样一个部位。受制于肌体的感受“却可以分为两个系列：一、分成总体状况（一般肌体觉）系列；二、分成专属的、植物性机体主系统固有的感觉。其中，我们区分出五个类别：（甲）肌觉；（乙）呼吸的感觉；（丙）胃的感觉；（丁）性感觉；（戊）末梢的感觉”。

克劳斯猜测基于躯体刺激形成梦象的过程如下：被激醒的感受根据某种联想规律唤醒一个与其相近的想象，跟它结合成一个有机的产物，意识对这个产物却表现得异于平常。因为意识并不注意感受本身，而是把注意力完全转投到伴随的想象上，这同时是为何这个真相会如此长期被错误估计的原因（出处同上，第 233 页及下页）。克劳斯也找到了感受**化体成**梦象这个特别的术语用于此过程（出处同上，第 246 页）。

器质性躯体刺激对成梦的影响如今几乎被普遍接受，对两者之间关系规律的疑问得到迥异的回答，常常是模糊作答。在躯体刺激理论的基础上就产生了解梦的特殊任务，要把梦境溯源至引起梦的器质性刺激，而如果不承认由舍尔讷（《梦的寿命》，1861 年）找到的解释规则，就常常面临尴尬的事实，即器质性刺激源就无非通过梦境暴露自己。

但对不同的梦的形式的解释却变得相当一致，人们把这些梦的形式称为“典型的”，因为它们在如此多人身上以非常相似的内容重复出现。这是熟悉的关于从高处落下、关于牙齿脱落、关于飞翔与关于裸体或者穿着糟糕这种窘境的梦。最后那种梦应该就是源自睡眠中觉察到甩掉了被子，就

① 可能是“幻觉”。

光身躺着。牙齿脱落的梦溯源于“牙刺激”，却无须以此指牙齿的病变兴奋状态。依施特吕姆普尔看来（《梦的本性与形成》，1877 年，第 119 页），飞翔的梦是由心灵使用的相应的图景，如果同时胸的皮肤感觉已经下降到丧失知觉，心灵以此解释由起伏的肺翼发出的刺激量。通过后面一种情况，传递了受制于漂浮的想象形式的感受。从高处落下的诱因应该在于，在丧失皮肤压觉时，或者是一条手臂从身体落下，或者是一个缩进的膝盖突然伸展，由此又意识到皮肤压力的感觉，关于下落的梦却在心理上体现出过渡到有意识（施特吕姆普尔，出处同上，第 118 页）。这些可信的解释尝试的弱点显然在于，它们没有进一步的根据而让这类或那类肌体觉从心灵知觉中消失或者强加于它，直到确立对解释有利的局面。我以后还会有机会回到典型的梦及其形成上来。

M. 西蒙尝试过，从对一系列相似梦的比较中导出若干规则，适用于感官刺激对确定其梦的效果的影响。他说：某个感官系统通常参与情感的表达，如果它在睡眠中由于某个其他契机而处于那种兴奋状态，它往常在那种情感下被置于兴奋状态，此时产生的梦就含有适应这种情感的想象。

另一条规则内容：如果一个感官系统在睡眠中处于活动、兴奋或者障碍之中，则梦会带来想象，这些想象涉及行使那个感官所履行的感官功能。

通过实验证明由躯体刺激理论假定的产生梦对单个领域的影响，毛尔吕·沃尔做到了。他做过试验，改变睡眠者肢体的位置，把梦的效果与其略微改动做比较。他告知如下定律作为结果。

一个肢体在梦里的位置大致符合现实中的位置，即梦见肢体的静态状况与实际状况相应。

如果梦见一个肢体在运动，则这种运动总是如此，即在实施运动时出现的位置之一符合现实的位置。

也可以把梦中自己肢体的位置移到陌生人身上。

也可能梦见有关运动受阻。

处于有关位置的肢体可能在梦里作为动物或者怪物出现，在此情况下可确立两者的相似。

梦中肢体的位置可能激起与此肢体有某种关系的意念，例如遇上使用手指时就梦见数字。

我会从此类结果中推断，即使躯体刺激理论也不能完全消除那种表面自由，来确定可唤起的梦象。①

4. 纯粹精神刺激

我们处理梦与清醒状态的关系和梦的材料的来历时，获悉最古老与最近的梦研究者的观点都是，人梦见他们日间所从事之事与醒着时让他们感兴趣之事。这种从清醒状态延续至睡眠的兴趣就会不仅是把梦与生活连接起来的心理纽带，也给我们提供了一个不可低估的梦根源，除了睡眠中变得有意思之物（睡眠期间起作用的刺激）之外，这个梦根源应足以澄清一切梦象的来历。我们却也听说了对上述主张的异议，即梦把睡眠者从日间兴趣上拉走，日间最感动我们的事物只有对清醒状态失去现实性的刺激时，我们（大多）才梦见它们。所以，在分析梦样状态时，我们每一步都得到的印象是，如果不通过“经常”“通常”“大多”拟定限制并对例外的有效性做准备，就不可以列出普遍规则。

如果清醒兴趣连同内外部睡眠刺激足以覆盖梦的病因，则我们必定能够令人满意地解释梦的所有因素的来历；梦根源之谜就会解开，还剩下的任务是划清各个梦里心理与躯体的梦刺激的部分。现实中，尚未在任何情况下成功地对梦做这种完全分解，而给每个尝试过此事的人（大多相当充

---

①（1914 年补充）关于此后在两卷书（《论梦》，1910 年与 1912 年）中公布的该研究者的梦记录的详情见后面。

裕地）余下了梦的组成部分，他说不出这些梦的组成部分的来历。要人们根据这些可靠的论断来期待，人人会在梦中继续从事其事务，日间兴趣作为心理上的梦根源显然传不了那么远。

其他心理刺激源不详。也就是说，涉及从想象图景中导出对梦而言最典型的材料时，所有在文献中存在的梦的解释（以后要提及的舍讷的解释例外）都留下一大空缺。在这种尴尬中，多数著作者显示出的倾向是尽可能缩小如此难以对付的梦的激发里面的心理部分。作为主要划分，他们虽然区分**神经刺激梦**与**联想梦**，后者只在（对业已经历的材料的）再现中找到其根源（冯特，《生理心理学基本特征》，1874 年，第 657 页及下页），但他们无法摆脱怀疑，“它们是否没有推动性身体刺激而出现”（伏尔盖特，《梦幻想》，1875 年，第 127 页）。连纯粹的联想梦的特征也失灵了：“在真正的联想梦中，再也谈不上一个此类坚固的（来源于身体刺激的）核心。此处，松散的排列组也闯入梦的中心。本来被理性与理智释放的想象活力在此也不再受那些更有分量的身体与心灵兴奋固着，就这样听凭其自己横冲直撞、听凭其自己洒脱不拘地翩翩飞舞”（伏尔盖特，出处同上，第 118 页）。冯特就尝试（《生理心理学基本特征》，1874 年，第 656—657 页）缩小梦激发里面的心理部分，他阐明，人们“可能不公地把梦的幻想看成纯粹的幻觉。很可能多数梦想象确实是错觉，它们从轻微的感官印象出发，这些印象从未在睡眠中消失”（第 359 页及以下）。魏刚特汲取了这种观点并将其一般化（《梦的形成》，1893 年，第 17 页）。针对所有的梦想象，他声称“它们最直接的起因是感官刺激，再现性联想才与此相连”。蒂谢在对心理刺激源的排斥上走得更远——**“绝对心理起源的梦不存在”**，还有别处——**“我们梦的思维来自外部……”**

那些像有影响的哲学家冯特一样采取中间立场的著作者不忘说明，在多数梦里，躯体性刺激与未知或者被识别为日间兴趣的梦的心理诱因共同起作用。

我们以后会获悉，通过揭示一个出乎意料的心理刺激源，可以解开成梦之谜。对过高估计并非源自心灵生活的成梦刺激，我们暂时不该觉得奇怪。不仅可以轻松地单独找到，甚至可以通过实验证实这些刺激；对成梦的躯体性见解也完全符合如今在精神病学中占统治地位的思潮。大脑对肌体的统治虽然得到最着重的强调，但心灵生活不依赖可以证明的肌体变化或者心灵生活在其表现中有一种自发性，可以证明这些的一切如今使精神病学家如此害怕，似乎承认这一切必定会把人带回自然哲学和形而上学心灵的时代。精神病学家的怀疑仿佛把精神置于监护之下，就要求精神的任何激动都不透露其自身能力。不过，这种举止证明的无非是甚少信任扩展至身体与心灵之间的因果连接的可靠性。在研究时，精神可以被认定为一种现象的首要诱因，甚至在这种地方，一种更深刻的探究有朝一日会发现把道路延续至心灵的机体根据。但在精神对我们现时的认识而言必定意味着终点站之处，就无须否认精神。①

丁　为何苏醒后遗忘梦

常言说，梦在早晨“化为乌有”。当然，梦能够回忆。因为我们的确只是从苏醒后对梦的回忆了解它；但我们常常相信，我们只是不完整地忆起梦，而夜间有关梦的东西更多；我们可以观察，除了小碎片，早晨还鲜活的梦的回忆在白天就消逝；我们常常知道，我们做了梦，但不知道梦见什么，而梦服从于遗忘，我们如此习惯这样的经验，不会当作荒诞而摒弃的可能性是，夜间也可能做过梦的人，早晨无论对做梦的内容还是对做梦的

---

① 此段主题在第五章丙节再度提及。

事实都无所知。另一方面，出现的情况是梦在记忆中展现出非同寻常的持久性。我在我的患者身上分析过那些梦，它们发生在他们身上超过二十五年，我能够忆起自己的一个梦，它与今日至少相隔三十七年，仍不失其记忆的新鲜劲儿。这一切相当值得注意，而起先不易理解。

施特吕姆普尔最为详尽地论述了对梦的遗忘（《梦的本性与形成》，1877 年，第 79 页及下页）。这种遗忘显然是个错综复杂的现象，因为施特吕姆普尔并非把它归因于一个缘由，而是一大串理由。

首先，就遗忘梦而言，在清醒状态中招致遗忘的所有那些缘由都起作用。作为清醒者，我们惯于即刻遗忘无数感受与知觉，因为它们太弱，因为与之相连的心灵兴奋程度太小。在许多梦象上，情况与此相同；它们被遗忘，因为它们太弱，而其近旁较强的图景被忆起。此外，强度本身这个因素对梦象的保持肯定并非决定性的；施特吕姆普尔（《梦的本性与形成》，1877 年，第 82 页）也像别的作者（卡尔金斯，《梦的统计》，1893 年，第 312 页）一样承认，人们常常迅速遗忘梦象，知道它们很生动，而在保持在记忆中的许多梦象中，有许多影影绰绰、知觉较弱的图景。另外，人们惯于在清醒时遗忘只是发生过一次之事，而较好地记住能够重复觉察之事。多数梦象却是一次性经历①；这种特性会均等地促成遗忘所有的梦。遗忘的第三个理由就意味深长得多。为了让感受、想象、意念等达到某种记忆值，有必要不让它们保持零散，而是建立适当种类的联系与结合。如果把一首小诗分解成词句，把这些词句抖乱，就会很难记住诗。“一句话很有条理并且顺序恰当，就会有助于另一句话，而整体合理在回忆中容易被长久地固定下来。我们一般难以记住、难得记住悖理之事，就像难以记住、难得记住混乱无章之事一样。”（施特吕姆普尔，《梦的本性与形成》，1877

① 周期性再现的梦被反复注意到，参见沙巴内的文集。

年，第 83 页）梦在多数情况下就缺乏易懂性与条理。梦的构成本身缺乏其自身记忆的可能性，会被遗忘，因为它们多数已经在紧接着的时刻就瓦解了——然而，与这些论述并非完全相称的是拉德施施刀克（《睡眠与梦》，1879 年，第 168 页）声称发觉之事，即我们恰恰最好地记住了最特别的梦。

就遗忘梦而言，施特吕姆普尔（《梦的本性与形成》，1877 年，第 82 页及下页）觉得更卓有成效的是其他因素，它们由梦与清醒状态的关系导出。就清醒意识而言，梦的易遗忘性显然只是先前提及的事实的相应物，这个事实是，梦（几乎）从未从清醒状态汲取有条理的回忆，而只是从清醒状态汲取那些细节，梦让那些细节脱离习惯的心理联系，在那些联系中，细节在清醒时得到回忆。梦的构成在心理系列圈子里就没有位置，心灵充满这些心理系列。心灵缺乏一切对回忆的帮助。“以此方式，梦的产物仿佛从我们心灵生活的底部起来，在心理空间飘浮，像天空中的一朵云，复苏的气息迅速吹散了它（《梦的本性与形成》，1877 年，第 87 页）。”朝着这个方向起作用的是此情况，即随着苏醒，挤过来的感官世界立即给注意力配上了护片，在此威力面前，极少的梦象能够顶住。这些梦象让位于新的一天的印象，就像星辰的光辉让位于阳光。

最后，应作为促成遗忘梦而回想起来的是此事实，即多数人对其梦根本就很少表示兴趣。比如有谁作为研究者有一段时间对梦感兴趣，在此期间做梦也多于平常，这可能意味着他更容易、更频繁回忆其梦。

博纳泰利（《梦》，1880 年）（在贝尼尼处）在施特吕姆普尔的理由之外增添了另两个遗忘梦的理由，可能已经包含在施特吕姆普尔的理由里面，即睡眠与清醒之间一般肌体觉的变动不利于相互再现，还有对清醒意识而言，梦中对想象材料的其他安排使梦可以说不可翻译。

正如施特吕姆普尔（《梦的本性与形成》，1877 年，第 6 页）本人强调的，根据所有这些遗忘理由，将变得更加值得注意的是，有如此多的梦还是在回忆中得到保留。著作者们继续努力，要用规律来表达对梦的回忆，这些努力等于承认，此处也仍然有些令人困惑不解。对梦的回忆的特性新近不无道理地得到了特别注意，如早晨认为遗忘了的梦，日间出于一种知觉的诱因而能够得到回忆，这种知觉偶然触及——确实被遗忘了的——梦的内容（拉德施刀克，《睡眠与梦》，1879 年，第 169 页）。对梦的整个回忆却遭受异议，这种异议适合于以批判性眼光相当可观地降低回忆的价值。可以怀疑，我们的回忆略去了这么多梦的内容，是否歪曲回忆所留存之事。

施特吕姆普尔就道出对梦的再现准确性的这种怀疑（《梦的本性与形成》，1877 年，第 119 页）：“于是就容易发生，清醒的意识不由自主地把某些东西插入对梦的回忆中：想象梦见过去的梦里未曾包含的一切。”

耶森特别坚决地表示（《试论心理学的学术根据》，1855 年，第 547 页）：“此外，在探究并解释相关联与合乎逻辑的梦时，看来却应把迄今甚少注意的情况考虑在内，即此时几乎总是在真相上磕磕绊绊，因为如果我们把一个曾有过的梦唤回记忆中，我们不知不觉或者无意中就填补了梦象的空缺。难得或许从未有一个连贯的梦曾经连贯得像我们在回忆中觉得的那样。连最热爱真相的人也几乎不可能不做任何添加、没有任何润饰地讲述一个曾有过的怪梦：要在关联中发现一切，人的这种精神追求如此巨大，使他在回忆一个相当不连贯的梦时不由自主地补足关联上的缺陷。”

V. 埃热确凿无疑独立构想的意见听上去几乎像耶森这些话的翻译：“……对梦的观察有其特殊困难，而在此类事宜上避免所有错误的唯一方法是毫不拖延地把刚刚经历与注意之事写到纸上；否则，梦很快会全部或部分被遗忘；全部遗忘不严重；可部分遗忘靠不住：因为，如果随后开始陈述未被遗忘之事，就容易从想象中补充回忆所提供的无条理、不连贯的碎片……无意中就成了艺术家，而间或重复的故事使著作者相信，著作者善意地把它**当作可靠的事实来讲述，这种事实常常根据适当的方法而**

确立……”

十分相似的是施皮塔（《人类心灵的睡眠状态与梦状态》，1882 年，第 338 页），他似乎认为，我们一般在尝试再现梦时才把条理引入松散的、彼此联想的梦组成部分中——“把**并行**变成**相继、相隔**，也就是增添了梦中缺乏的逻辑联系的过程”。

因为我们现在并非不客观地控制我们记忆的忠实度，在做梦时却不可能有这种控制，梦是我们自身的经历，就梦而言，我们只了解回忆是根源。那就我们对梦的回忆而言，还剩下什么价值呢？[①]

戊　梦的心理学特性

我们在对梦的学术观察中由此假设出发，即梦是我们自身心灵活动的经历；不过，我们觉得完成的梦是陌生之事，鲜有什么催逼我们承认是其创作者，使得我们同样愿意说“我做梦”以及“我梦见”。何来这种梦的“心灵陌生”？根据我们对梦的根源的探讨，我们会认为，它不受制于到达梦境中的材料；这种材料的确绝大部分为梦样状态与清醒状态所共有。人们可能自问，梦中心理过程是否略有变动，这些变动引起这种印象，人们可能就试图对梦做心理学刻画。

无人比古·特·费希纳[②]在其《心理物理学原理》的若干评论中更强调梦样状态与清醒状态的本质差异并用于更广泛的结论（《心理物理学原理》，1889 年，第 2 卷，第 520—521 页）。他认为，“无论简单地把自觉的心灵生活压到主阈限之下”，还是把注意力从外界影响移开均不足以澄清

---

① 此段中提出的问题在第七章甲节中继续得到关注。

② 古斯塔夫·特奥多尔·费希纳（1801—1887），德国物理学家、心理学家、哲学家。——译注

梦样状态与清醒状态相比的特性。他其实猜测，连**梦的活动场所也是异于清醒的想象状态活动场所的一个场所**。“如果睡眠与清醒期间心理物理活动的场所是同一个，则在我看来，梦可能只是在一种较低强度上保持对清醒想象状态的延续，还必定分享清醒想象状态的材料与形式。但情况完全不同。”

费希纳所说一种此类心灵活动的迁移指什么，可能不曾变得清楚；据我所知，也无其他人继续循此途径，他在那则评论中指明了此途径的印迹。可能要杜绝在生理学大脑定位意义上或者甚至基于对大脑皮质的组织学分层而做一种解剖学解释。但如果把这个意念与心灵结构联系上，这个结构由若干相继连通的审查机构建成，或许这个意念有朝一日被证明富于机巧而且富有成果①。其他著作者满足于突出梦样状态的这一个或者另一个可把握的心理学特性，比如作为广泛的解释尝试的出发点。

说得不无道理的是，梦样状态的一种主要特性在入睡状态中就已经出现，可以被称作导入睡眠的现象。按施莱尔马赫②的说法（《心理学》，1862 年，第 351 页），清醒状态的特征是思维活动以**概念**而非以**图景**展开。梦就主要以图景来思考，并且人们可以观察到，随着接近睡眠，显现出**非人所愿的想象**，其程度与如人所愿的活动显得难办的程度相同，非人所愿的想象均属于图景这一类。无力作我们感受为如人所愿的这一类想象活动，还有与这种**分散**经常相连而显露出图景，这是两个特征，它们对梦而言保持不变，而我们在对梦作心理分析时必须承认它们为梦样状态的本质特征。我们从图景——入睡前幻觉——体验到，按内容看，它们自身与梦象

① 此观念在第七章乙节中得到进一步发展。

② 弗里德里希·达尼尔·恩斯特·施莱尔马赫（1768—1834），德国神学家、哲学家与教育家。——译注

同一[①]。梦就偏重以视觉表象来思考，但还并非排他。它也以听觉表象并在较小程度上以其他知觉的印象来工作。许多事也就在梦中得到思考或者想象（很可能也由此想象残余来代表），完全像平素在清醒时一样。就梦而言，典型的却还只是那些内容要素，它们表现得像图景，就是说与知觉的相似胜过与回忆想象的相似。精神病学家熟知关于幻觉本质的讨论，跳过所有这些讨论，我们可以用所有内行著作者的话说，梦**致幻**，它用幻觉代替意念。在这方面，视觉想象与声学想象无异；需要说明的是，对人们伴之入睡的音列的回忆，在陷入睡眠时转变成同样音调的幻觉，在与打盹儿可能多次交替的苏醒时，再度给较轻微并且质量上异类的回忆想象让位。

想象转为幻觉并非梦对一个比如与它相应的清醒意念的唯一偏离。梦用这些图景布置了一个情境，梦把某事表现为临在，如施皮塔（《人类心灵的睡眠状态与梦状态》，1882 年，第 145 页）所表述的那样，梦把一个想法**戏剧化**。做梦时（通常，例外情况要求特别澄清）并非臆想思考，而是臆想经历，也就是尽信无疑地接受幻觉，但只有人们再补充这一点，梦样状态这方面的特征才变得完整。什么也未经历过，而只是以奇特的形式思考过——做过梦——苏醒时才激起这种批评。这种特征把真正的睡梦从白日梦中剔出来，后者从未被与现实混淆。

布尔达赫以如下定律概括迄今为止得到观照的梦样状态的性质（《作为经验科学的生理学》，1838 年，第 502 页及下页）：“属于梦的本质标志的有（1）我们心灵的主观活动显得是客观的，感知力如此把握想象的产物，似乎后者是感动……（2）睡眠是取消专横。因而某种被动性归于入睡。……微睡图景受制于专横的减轻。”

---

① （1911 年附注）海·西尔伯勒借助良好的例证表明，在瞌睡状态，甚至抽象的意念如何转化成直观——形象的图景，这些图景会表示相同之事（《关于引起并观察某些象征性幻觉现象的一种方法的报告》，（1909 年）。1925 年附注）我会在其他关联中回到这些结论上。

现在关键在于尝试解释心灵对梦幻觉的笃信，这些幻觉在停止某种专横活动后才可能出现。施特吕姆普尔（《梦的本性与形成》，1877 年）阐述道，心灵此时行为正确并且符合其机制。梦要素绝非单纯想象，而是**心灵真正**与**实际的经历**，正如它们在清醒时通过知觉的中介而出现（出处同上，第 34 页）。心灵醒着时以言语图像和语言来想象并思考，而在梦中用实际的感受图景来想象并思考（出处同上，第 35 页）。此外，在梦里增添了一种空间意识，就像在清醒时一样，感受与图景被置于一个外部空间（出处同上，第 36 页）。那就得承认，心灵在梦中面对其图景和知觉时所处位置与醒着时相同（出处同上，第 43 页）。如果心灵此时仍然迷路，这就起因于它在睡眠状态时缺乏标准，只有这种标准能够区分由外部和内部提供的感官知觉。心灵无法让其图景经受检验，只有这些检验会证明这些图景的客观现实性。心灵**还**忽略**任意**可交换的图景与取消这种任意之处的其他图景之间的差异。心灵迷路，因为它无法把因果规律应用于其梦境上（出处同上，第 50—51 页）。简而言之，心灵摒弃外界，也包含它相信主观梦世界的缘由。

在做了部分不一致的心理学解释后，德尔伯夫达致同一结论。我们相信梦象的现实性，因为我们在睡眠中没有其他印象可比，因为我们与外界脱节。但我们之所以相信我们幻觉的真实性，绝非因为我们在睡眠中被抽走了做检验的可能性。梦可能对我们佯作所有这些考验，比如对我们表明，我们触摸了看见的玫瑰，而我们此时还是在做梦。据德尔伯夫的说法，除了——而这只在实际的一般性中——苏醒这个事实，没有无懈可击的标准适用于某事是梦还是清醒的现实。如果我因苏醒而注意到，我脱衣躺在自己床上，我就把入睡与苏醒之间经历的一切宣布为错觉。要接受我把我的自我与之对照的外界，由于这种无法麻痹的**思维习惯**，我在睡眠期间曾把梦象看作是真实的。[①] 如果对造就梦样状态最引人注目特征而言，这样把回避外界抬升为决定性因素，就值得引用老布尔达赫若干感觉细腻的评语，它们阐明睡眠的心灵与外界的关系并适于阻止高估前面的推导。“睡眠只在此条件下发生，”布尔达赫说，“即心灵并非受感官刺激激发……但不仅缺乏感官刺激不是睡眠的条件，而且缺乏兴趣在这方面更不是[②]；某些感官印象只要它有助于安慰心灵，它本身就是必要的，就像磨坊主只有听见其磨臼咯吱作响才睡，而出于谨慎认为有必要点夜灯者在黑暗中无法入睡。”(《作为经验科学的生理学》，1838 年，第 482 页)

“心灵在睡眠中与外界隔离，从外围……退回……而关联并未完全中断；如果不是在睡眠本身中，而是苏醒后才听见并感觉，则根本不可能被唤醒。感觉的延续更多由此得到证明，即并非总是通过印象的单纯感官强度，而是通过印象的心理关系唤醒人；一句无关紧要的话唤不醒睡眠者，但如果叫他名字，他就苏醒……可见，心灵在睡眠中分辨感觉。……因而，如果缺乏感官刺激涉及对想象而言重要之事，也可以因这种缺乏感官刺激

① 用略微变动来解释梦活动，这种略微变动造成的后果必定是在平素完好无损的心灵结构的功能上异常地引入一项条件，哈夫讷(《睡眠与做梦》，1887 年，第 243 页)像德尔伯夫那样进行了一种类似的尝试，却以有所不同的语言描述了这种条件。据他说，梦的首个标记是无地点与无时间，这就是，想象脱离个人在地点与时间顺序中应有的位置。与此标记相连的是梦的第二个基本性质，把幻觉、想象和幻想组合与外部知觉相混淆。“因为较高级精神力量的整体，尤其是概念形成、判断与推论为一方面，而自由的自决为另一方面，与感性幻象相连并随时以它们为基础，所以连这些活动也参与梦想象的无规律。我们说，它们参与，因为本来我们的判断力就像我们的意志力，在睡眠中不以任何方式交替。根据活动看来，我们与在清醒状态时同样感觉敏锐与自由。人即使在梦中也不可能违背本身的思维规律，即不可能把对他显示为对立之事设定为同一等等。他在梦中也只能渴求他设想为善之事。但在对思维与意愿规律的这种应用中，把一种想象与另一种想象相混淆在梦中就误导了人的精神。所以出现的情况是，我们在梦中设定并犯了最大的矛盾，而另一方面，我们能够完成最敏锐的判断形成与最符合逻辑的推断，做出最有德行、最神圣的决定。缺乏定位是飞翔的全部秘密，我们的想象借此活动，而缺乏批判性反思以及缺乏与他人的相互理解是梦中我们的判断及我们的希望与愿望放肆无度的主要根源。”(“现实性检验”问题以后又得到探讨)

② (1914 年附注)对此参照“无兴趣”，克拉帕雷德在其中发现了入眠的机理。

而被唤醒；所以人家因夜灯熄灭而苏醒，磨坊主因其磨臼停顿而苏醒，也就是因感觉活动停止而苏醒，而这设定的前提是感觉到这种感觉活动，但被假设为无关紧要，或者不如说令人满意，未惊动心灵。”（出处同上，第485—486页）

如果我们自已想不考虑这些不容轻视的异议，那还得承认，迄今为止得到评价并从对外界的摒弃而导出的梦样状态特性无法完全覆盖梦样状态的异样。因为在其他情况下，必定可能的是，把梦的幻觉回转成想象、把梦的情境回转成意念，进而完成解梦的任务。如果我们苏醒后从回忆里再现梦，我们行事就不会不同，无论我们这种回忆是全部还是部分成功，梦都丝毫不少地保持其捉摸不定。

著作者也都毫无疑虑地假定，清醒时的想象材料在梦中发生其他更深刻的变化。施特吕姆普尔试图在如下探讨中选取这些变化之一（《梦的本性与形成》，1877年，第27—28页）：“随着感性地活动的直觉停止和正常生命意识停止，心灵也失去根据，心灵的感情、渴望、感兴趣之事与行动根植于此根据。在清醒时，那些精神状况、感情、感兴趣之事、尊重，附着于回忆象，连它们也遭受……一种掩盖性的压力，它们与图景的联系因此解除，对清醒状态的物、人、地方、事情与行为的感觉象各自大量再现，但这些感觉象没有一个带来其**心理值**。这种心理值脱离感觉象，而感觉象因此在心灵中依其特有的媒质而犹疑不定……”

剥夺图景的心理值，这种剥夺本身又溯源于对外界的回避，按施特吕姆普尔的说法，这种剥夺应在异样印象中占主要部分，凭借这种印象，梦在我们的回忆中与生活相对照。

我们听说，入睡就导致放弃心灵活动之一，即放弃对想象过程的任意引导。所以，我们不禁产生本来就明摆着的猜测，即睡眠状态也可能在心灵工作期间延续。这些工作的一项或者另一项或许被完全取消；剩余的是否不受干扰地继续工作，它们是否能在此类情况下完成正常工作，现在值得考虑。出现的观点是，可能用睡眠状态中心理的较低效率来解释梦的特性，而梦给我们清醒的判断留下的印象就迎合这样一种见解。梦不连贯，毫无反感地汇集最严重的矛盾，允许不可能之事，把我们日间富有影响的知识置于一旁，显示出我们在伦理与道德上的迟钝。有谁在醒着时举止会如梦在其情境中所展示的那样，我们会认为此人荒唐；有谁在醒着时像在梦境中出现的那样说话或者想告知此类事情，他就会给我们留下语无伦次者和弱智者的印象。因此，如果我们对梦里心理活动只是评价甚低，尤其是宣布较高的智力功能在梦中被抵消或者至少严重受损，我们相信只让事实情况说话。

著作者以不同寻常的一致（例外情况将在别处谈到）做出了对梦的此类判断，它们也直接导向对梦样状态的一种特定理论或者解释。是时候了，我用汇集若干著作者——哲学家与医生——关于梦的心理性质的格言来代替我刚才的概括：

根据勒穆瓦纳的说法，梦象的**无条理**是梦的唯一本质特征。

莫里赞同此人，他说：**“没有梦绝对合情合理、不包含一些无条理、一些怪诞。”**

根据施皮塔处（《人类心灵的睡眠状态与梦状态》，1882 年，第 193 页）黑格尔的说法，梦缺乏一切客观理智的关联。

迪加说：**“梦是心理无序，在情感与智力上起作用，解放自己，无控制、无尽地再现；在梦中，灵魂是精神自动化。”**

甚至连伏尔盖特也承认“清醒时通过中心自我的逻辑威力而固着的想象状态放松、松懈、混杂”（《梦幻想》，1875 年，第 14 页），根据他的学说，睡眠期间的心理活动绝非显得无目的。

几乎不可能比西塞罗（《论占卜》）更严厉地谴责梦中出现的想象联系

的**怪诞性**：“想不出什么我们不能梦见的如此颠倒、如此无规律、如此非凡之事。”（由 G. H. 莫瑟尔译成德文：《论占卜》，II，第 71 页）

费希纳说（《心理物理学原理》，1889 年，第 2 卷，第 522 页）：“似乎心理活动从一个明智者的大脑移入一个蠢材的大脑。”

拉德施刀克（《睡眠与梦》，1879 年，第 145 页）：“事实上显得不可能的是，在这种放纵的活动中认清固定的规律。摆脱明智的、引导清醒想象过程的意志与注意力这种严厉的警察，梦在放纵游戏里把一切都搅得光怪陆离。”

布尔德布朗特（《梦及其用于生活》，1875 年，第 45 页）：“比如在理智推论上，做梦者允许自己有何等奇异的跳跃！他以何种无拘无束看见最熟悉的经验定律简直颠三倒四！如人家所说，对他而言，在事情变得过分而过度荒唐导致苏醒之前，他能在自然与社会的秩序中忍受何等可笑的矛盾！我们偶尔毫无恶意地做乘法：三乘三等于二十；根本不让我们惊奇的是，一条狗给我们背诵一节诗，一名死者拔脚走向其坟墓，一块岩石在水上漂浮；我们非常严肃地受重托前往贝恩堡公国或者列支敦士登公国，以观察该国的海军舰队，或者让自己被卡尔十二世①在波尔塔瓦附近战役前夕征募为志愿兵。”

宾茨（《论梦》，1878 年，第 33 页）提示由这些印象中得出的梦理论：“在十个梦中，至少有九个内容怪诞的梦。我们在这些梦里把彼此毫无关系的人与事挂钩。就在下一瞬间，如在万花筒中，排列就变成另外一种，可能比先前更无意义、更放纵；这样，未完全睡眠的大脑变易不定的游戏继续下去，直到我们苏醒，手伸向额头，自问我们是否确实还拥有理性想象与思维的能力。”

---

① 卡尔十二世（1682—1718），瑞典国王（1697—1718 年在位）。——译注

莫里为梦象与清醒时意念的关系找到了一个对医生而言印象十分深刻的比喻：**“那些想象在清醒者身上常常刺激意志，就智力而言，这些想象的产生符合就运动力而言使舞蹈病和瘫痪出现的某些运动……”**

几乎不必引用那些著作者的言论，他们重复莫里就各项较高心灵功能所说的定律。

照施特吕姆普尔看来，在梦中——理所当然也在荒诞不经、不引人注目之处——全部符合逻辑、基于情况与关系的心灵行动退居其次（《梦的本性与形成》，1877 年，第 26 页）。依施皮塔看来（《人类心灵的睡眠状态与梦状态》，1882 年，第 148 页），在梦中，想象好像完全摆脱了因果律。拉德施刀克（《睡眠与梦》，1879 年，第 153—154 页）和其他人强调梦所特有的在判断与结论上的弱点。按约德尔的说法（《心理学教科书》，1896 年，第 123 页），梦里没有批评，不会通过全体意识的内容纠正一个知觉系列。同一著作者表示：“各类意识活动在梦中出现，但不完整、受阻、彼此隔离。”施特里克（连同其他许多人）由此来解释梦违反我们清醒时的知识而置身于其中的矛盾，即梦中事实被遗忘或者想象之间符合逻辑的关系失落了（《对意识的研究》，1879 年，第 98 页）等等。

那些著作者一般对梦里心理成果的判断如此不利，得到他们承认的却是，心灵活动有某种残余留给梦。冯特明确承认这点，其学说对梦问题如此众多的其他处理者变得具有权威性。人们可以询问梦中表现出来的正常心灵活动残余的种类与性质。现在得到相当普遍承认的是，尽管梦的一部分怪诞性就应由这种梦样状态的易忘性来解释，再现力、记忆在梦中显得最少受苦，甚至能够显示对清醒时相同功能的某种优势。按施皮塔的说法，正是心灵的**情感生活**不受睡眠侵袭，于是指挥梦。他称为“情感”的是“恒常地把感情概括为人最内在主观的本质”（《人类心灵睡眠状态与梦状态》，1882 年，第 84 页及下页）。

肖尔茨（《睡眠与梦》，1887 年，第 37 页）把梦的材料所经受的“**寓意性新解**”看成梦中表现出来的心灵活动之一。西拜克也断言在梦中有心灵的“**补充性解释能力**”（《心灵的梦样状态》，1877 年，第 11 页），心灵违背一切感知与直观而行使这种能力。就梦而言，有一项特别难处在于评断所谓最高心理机能、意识的机能。因为我们只是通过意识知道一点梦，不可能怀疑意识的保持；不过，施皮塔认为（《人类心灵睡眠状态与梦状态》，1882 年，第 84—85 页），在梦中只有意识得到保持，并非**自我**意识也得到保持。德尔伯夫承认，他无法把握这种区分。

想象据以相连的联想律也适用于梦象，甚至其统治地位在梦中更纯粹、更强烈地表现出来。施特吕姆普尔（《梦的本性与形成》，1877 年，第 70 页）：“梦或者只是看来按照赤裸裸的想象或者带有想象的感官刺激的规律而进展，这就是说，反思与理智、美学品位与道德判断此时无能为力。”我在此复述那些著作者的观点，他们设想梦的形成方式如下：睡眠中起作用的感官刺激来源不同、在别处（见丙节，上面）列举过，这些感官刺激的总和在心灵中首先唤起一些想象，显示为幻觉（按冯特看来更准确地说是错觉，因其来源于外部与内部的刺激）。这些幻觉按已知的联想律相连，根据同样的规律唤醒一个新的想象系列（图景）。整个材料就由正在整理并思考的心理能力尚在活动的残余尽可能来处理（参见冯特《生理心理学基本特征》，1874 年，第 658 页；魏刚特，《梦的形成》，1893 年）。只是尚未成功地看清那些动机，它们决定按这条或者那条联想律激发并非源自外界的图景。

但反复得到说明的是，把梦想象相连的联想具有很特别的性质并且不同于在清醒思维中活动的联想。比如伏尔盖特说（《梦幻想》，1875 年，第 15 页）：“在梦中，想象给自己追逐、攫取偶然的相似性和几乎不可察觉的关联。所有的梦都贯穿着此类漫不经心、不受拘束的联想。”莫里最注重想象联系的这种特征，这种特征使他有可能把梦样状态与某些精神障碍作更密切的类比。他承认“**谵妄**”的两种主要特征:（1）**精神的一项自发行动就像是自动的**;（2）**思想的一种有缺陷、不规则联想**。由莫里本人引起了两个极好的梦例，其中言辞的单纯同音促成梦想象的联系。他有一次梦见前往耶路撒冷或者麦加做了一次朝圣之旅[①]，经历许多奇遇后，他身处化学家佩尔蒂埃[②]处，后者在一场谈话后给了他一铲[③]锌，而这把铲子在紧接着的一段梦里成了一把大砍刀（出处同上，第137页）。另一次，他在梦中行走于公路上，在里程碑上读取公里数[④]，此后，他身处一个调料贩处，后者有台大秤，而一个男人把成千克的秤砣[⑤]放到秤盘上，以称量莫里；于是调料贩告诉他:“您不在巴黎，而是在吉洛洛[⑥]岛上。”接着是若干图片，他在其中看见半山莲[⑦]花，然后见到洛佩斯[⑧]将军，他不久前读到过其死讯；最后他苏醒了，在玩一局盖牌游戏[⑨]（出处同上，第126页）。[⑩]我们却做好了准备，这种对梦的心理功效的轻视不会依旧没有其他方面的异议。虽然异议在此显得困难。如果梦样状态的贬低者之一保证（施皮塔，《人类心灵的睡眠状态与梦状态》，1882年，第118页），在清醒时占统治地位的相同心理学规律也驾驭梦，或者如果另一人（迪加）说出“**梦既非不合理亦非纯粹**

① pélerinage——译注

② Pelletier——译注

③ pelle——译注

④ Kilometer——译注

⑤ Kilogewichte——译注

⑥ Gilolo——译注

⑦ Lobelia——译注

⑧ Lopez——译注

⑨ Lotto——译注

⑩（1909年附注）在后面，我们会容易理解此类梦的意义，这些梦充满具有相同起始字母与相似开头音的话语。

无理性”，只要两人不费力地把这种估计与他们描写的梦里心理无序和机能瓦解一致起来，也没有多大意义。但对其他人而言，似乎这种可能性受阻，即梦的荒唐或许还并非无条理，或许只是像丹麦王子的荒唐之举一样是佯装，此处引用的明智判断涉及他的荒唐之举。这些著作者想避免按照表象判断，或者梦给他们提供的表象是另外一个表象。

所以，哈夫洛克·霭理士（《成梦素材》，1899 年，第 721 页）不愿意耽于梦在表面上的怪诞性，而把梦估价为“**具有大量情感与不完整思想的一个无序世界**”，对这个世界的研究可能教我们了解精神生活的原始发展阶段。

詹·萨利（《作为革命的梦》，1893 年，第 362 页）以一种铺陈更远、更深究的方式持有同样的见解。[①] 如果我们再设想，或许没有一个别的心理学家像他确信梦被遮蔽的深意，他的格言就更加值得重视：“**现在，我们的梦是保存这些相继性个性的一种手段。睡着时，我们回到看待事物与摸索它们的旧途径，回到长久以前支配我们的冲动与活动**。”

像德尔伯夫这样一名思想家声称（不过没有举出不利于矛盾性材料的证据，因而其实不公平）：“**睡眠时，除了知觉外，精神、智力、想象、记忆、意志、道德的所有官能本质上都未受触动；只是，它们专注于想象和活动之事的对象。做梦者是一名演员，随意扮演疯子和有理智者、刽子手与受害者、矮子和巨人、魔鬼和天使。**”最坚决否认梦里心理功效的似乎是德埃尔韦侯爵，莫里与他激烈论战，我尽管做了一切努力也无法获得他的文章。[②] 莫里说：“**德埃尔韦侯爵归因于睡眠期间智力的是其所有的行动与注意自由，而他似乎让睡眠只由感觉的闭合、由对外界关闭而组成；除了视觉方式，睡着的人几乎无异于在阻塞其感觉时允许其思想漫游的人；于**

① 此段于 1914 年添加。

② 出自这位著名汉学家之手的这部著作匿名出版。

是，在普通思想与睡眠者思想之间全部的差异就是，在后者那里，观念有客观与可见的形态，就外表看来，类似于由外部对象决定的感觉；记忆采取了当前事实的外表。”

莫里却补充道：“**有一项更深的重要差异在于，睡眠者的心理官能不提供其在清醒状态时所保持的平衡。**”

瓦希德促成我们较好地认识德埃尔韦之书，在他那里[①]，我们发现，这名著作者以如下方式对梦的表面不连贯发表意见。“**梦中表象是观念的一份复本。关键是观念；视觉只是附件。确认了这点，就有必要知道如何跟随观念的进展，如何分析梦的构成；就可以理解不连贯，最古怪的想法就成了简单而完美地符合逻辑的现象。**”还有：“**如果知道如何分析最奇怪的梦，即使它们也会得到最符合逻辑的解释。**”[②] 施塔克（《与新旧梦理论相关的梦实验》，1913 年，第 243 页）提醒人注意，我不熟悉的一名老著作者沃尔夫·戴维森于 1799 年为对梦的不连贯性做类似破解做了辩护（《试论睡眠》，第 136 页）：“我们梦中想象的奇怪跳跃所有根据都在于联想律，只是这些联系有时十分模糊地在心灵中发生，使得我们常常在不存在之处却相信观察到想象的跳跃。”

把梦估价成心理产物，这种标度在文献中范围很大；表现我们已经了解了轻视的表现，这种标度从最深的轻视，经过对尚未揭示的价值的预感直到高估，这种高估把梦远置于清醒状态的功效之上。正如我们所知，希尔德布朗特在二律背反中勾画了梦样状态的心理学特征，在这些对立的第三组中概括了这个系列的终点（《梦及其用于生活》，1875 年，第 19 页及下页）：“那是介于一种**抬升**、一种并非罕见地突起至**高超**的**提高**与另一方

---

① 此段与下一段于 1914 年添加。

② 实际上这并非对埃尔韦·德圣德尼的逐字引文，而是瓦希德的改写。

面一种断然的、常常引向低于人性水平的对心灵生活的**贬低**与**削弱**之间的对立。”

“至于前者，谁不能出于自身经验证实，在梦天才的创造与活动中偶尔显露出一种情感的深度与真挚、一种温柔的感受、一种直觉的清晰性、一种观察的细腻性、一种风趣的应付自如，就像我们该会谦恭地否认把一切都作为清醒状态时恒定的所有物来占有？梦有一种神奇的诗意、一种出色的寓意、一种无与伦比的幽默、一种滑稽的讽刺。它用一种特有理想化之光来看世界，常常本着对以世界现象为基础的本质的深思熟虑的理解而扩大世界现象的效应。它以真正上天的光辉把尘世之美以至高的庄严把崇高之事、以最恐怖的形态把按经验可怕之事、用强烈得无法描述的诙谐把可笑之事置于我们眼前；而有时我们苏醒后，这些印象中的某一个还如此完整，会让我们觉得，现实的世界尚未并且永远不会提供给我们同样的事。”

人家可能自问：难道这确实是同一个对象，那些轻视的意见和这种热情的称赞都针对它？一些人忽略了无意义的梦，别的人忽略了有深意而感觉细腻的梦？而如果两类都出现，理应得到此类与那种评价的梦，那寻求梦的一种心理学特性难道不显得多余？在梦中一切都可能，从最深地贬低心灵生活直到清醒时不寻常地抬升心灵生活，这么说难道不够吗？尽管这种解决之道会如此方便，它有这样一点违背自己，即所有梦研究者的努力似乎都以这个前提为基础，即存在这样一种在其本质特征上普遍有效的梦的特性，这种特性必定帮助摆脱那些矛盾。

无可争辩的是，在那个现在置于我们身后的有理智的时期，梦的心理功效得到更乐意、更热烈的承认，因为哲学而非精密的自然科学主宰着英才。比如舒伯特[①]的格言（《梦的象征》，1814 年，第 20 页及下页），说梦是精神摆脱外部自然的威力、心灵脱离感性的桎梏，还有更年轻的费希特（《心理学：关于人自觉精神的学说》，1864 年，第 1 卷，第 143 页及下页）[②]以及其他人的类似判断，他们都把梦描述成心灵生活上升至一个较高的阶段，这些让我们如今觉得几乎不可理解；他们在当代也只是在神秘主义者和假虔诚者处得到重复。[③]随着自然科学思维方式的渗入，对梦的评价中有一种反应随之而来。恰恰是医生著作者最容易倾向于把梦里心理活动定调为微不足道、无价值，恰恰在此领域不可忽略哲学家而非业内观察家（业余心理学家）的贡献，他们较好地与大众的预期一致，大多坚持梦的心理价值。有谁倾向于轻视梦的心理功效，就可以理解地在梦病因学上偏爱身体性刺激源；对让做梦的心灵保持其较大部分清醒时能力者而言，当然缺乏任何动机不承认心灵哪怕有导致做梦的独立刺激。

即使在比较清醒时也可能把超级功效归因于梦样状态，在这些超级功效中，记忆的超级功效最引人注目；我们详细讲述过证明这些超级功效、根本不罕见的经验（参见丙节）。被过去的著作者经常赞美的梦样状态的另一个优越性是，梦样状态能够独立跨越时间与地点距离，这种优越性很容易被断定为错觉。如希尔德布朗特（《梦及其用于生活》，1875 年，第 25 页）所说明的那样，这种优越性同样是虚幻的优越性；做梦无视时空，无异于清醒的思维，就因为做梦只是一种思维的形式。梦在涉及时间性方面应该

---

① 高特希尔夫·海因里希·冯·舒伯特（1780—1860），德国医生、自然研究者与哲学家。——译注

② 参见哈夫讷（《睡眠与做梦》，1887 年）与施皮塔（《人类心灵的睡眠状态与梦状态》，1882 年，第 11 页及下页）。

③ （1914 年附注）我想为本书先前版次中忽略少数著作者而表示歉意，富有才智的神秘主义者迪普雷尔是这些著作者之一，他表示，只要形而上学涉及人，通往形而上学的入口就并非清醒而是梦（《神秘主义哲学》，1885 年，第 59 页）。

还享有另一种优越性，还在别的意义上不依赖时间的经过。像上面告知的莫里关于他被断头台处死这样的梦似乎证明，梦能挤入一段相当短暂的时间的知觉内容，远多于我们清醒时的心理活动能够解决的思考内容。这种结论却以多种多样的论据遭反驳；自勒洛兰和埃热《论梦的表面持续时间》的文章起，对此展开了一场有趣的讨论，在这个棘手、深广的问题上很可能尚未达致最终的澄清。[①] 梦能够开始日间的智力工作并结束日间未及结束的工作，它能够解决怀疑与问题，在作家与作曲家那里能够成为新灵感的源泉，根据多次报告并根据沙巴内所做的汇集，这些似乎无可辩驳。但即使不是这种事实遭受许多近乎原则性的怀疑，对其解释也还遭受许多近乎原则性的怀疑。[②] 最后，所声称的梦的预知力也构成一个争议对象，在这个对象上，难以克服的疑虑与顽固重复的保证相遇。人们避免（而且可能不无道理地）否认此题目上的一切事实性，因为就一系列情况而言，一种自然的心理学解释可能性或许近在眼前。

己　梦中的伦理感情

在注意到我自己对梦的研究之后，那些动机才可能变得可以理解，出于这些动机，我从梦的心理学题目中分离出那个分支问题，即清醒时的道德素质与感受是否并在何种程度上延展至梦样状态。我们因所有其他内心功效而必定诧异地注意到那些著作者阐述中的同一种矛盾，这种矛盾在此也使我们吃惊。一些人坚定地保证，梦对道义要求一无所知，就像其他人坚定地保证，即使在梦样状态期间，人的道德天性也得以保持。

---

① （1914 年附注）这些问题的其他文献和批判性探讨在托博沃尔斯卡的巴黎博士论文里（1900 年）。

② （1914 年附注）参见哈·霭理士处的批评（《梦的世界》，1911 年，第 265 页；德译第 268 页）。

引证每夜的梦体验似乎使前一种论断的正确性摆脱了任何怀疑。耶森说（《试论心理学的学术根据》，1855 年，第 553 页）："人在睡眠中也不会变得更好、更有德行，不如说良知似乎在梦中沉默，人们感受不到同情，会以完全的无所谓而且不后悔地犯最重的罪——盗窃、谋杀与故意杀人。"

拉德施刀克（《睡眠与梦》，1879 年，第 146 页）："应顾及的是，联想在梦中展开，想象相互联系，而反思与理智、审美品位与道义判断此时无能为力；判断至为软弱，而**伦理上的无所谓**占上风。"

伏尔盖特（《梦幻想》，1875 年，第 23 页）："正如人人所知，梦中在性关系上特别无约束。正如做梦者本人极其无耻并且丧失任何道义感情和判断，他也看见其他所有人、甚至最受尊敬的人正在行事，他清醒时哪怕只是在意念里也会害怕把他们与这些行为扯到一起。"

对此构成最尖锐对立的是诸如叔本华的言论（《试论见鬼和与此相关之事》，1862 年，第 1 卷，第 245 页），即任何人在梦中的言行都完全与其性格相应。菲舍尔[1]声称，主观感情与努力，或者情感与热情在梦样状态中的任意性显示出，人的道德特性在其梦中反映出来。

哈夫讷（《睡眠与做梦》，1887 年，第 251 页）："除去罕见的例外……有德行的人即使在梦中也会是有德行的；他会顶住诱惑，与憎恨、忌妒、恼怒和所有恶习绝缘；罪孽之人却即使在其做梦时通常也会发现他清醒时面临过的图景。"

肖尔茨（《睡眠与梦》，1887 年，第 36 页）："梦中有真相，尽管戴着各种高贵或者贬抑的面具，我们还是重新认出我们自己的自我……诚实的人即使在梦中也不会犯损害名誉之罪，或者如果确实有此情况，则他惊愕于此，惊愕于其天性陌生之事。罗马皇帝让人处决其臣仆之一，因为后者

① 《人类学体系的基本特征》，1850 年，第 72 页及下页，据施皮塔《人类心灵的睡眠状态与梦状态》，1882 年，第 188 页。

梦见他让人砍掉皇帝的头，皇帝因而也不那么不公，如果他以此为这么做辩解，即谁做这样的梦，也必定在清醒时有类似意念。对在我们的内心不可能有空间之事，我们因此也典型地说：我即使在梦中也想不起此事。”

与此相反，柏拉图认为，那些人只在梦中想起其他人清醒时所做之事，他们是最好的人①。普法夫②直率地以一句略作改动的知名谚语说：“给我讲一会儿你的梦，我就告诉你，你内心如何。”

我已经从希尔德布朗特的小论文中摘引了如此众多的引文，它是我在文献中发现的研究梦问题形式最完美、思想最丰富的文章，恰恰把梦中道义性问题置于其关注的中心。即使对希尔德布朗特而言（《梦及其用于生活》，1875 年，第 54 页），确定为规律的是：生活越纯洁，梦就越纯洁；前者越不纯洁，后者就越不纯洁。

人的道义天性即使在梦中也保留下来：“但当尚无如此明显的计算错误、尚无如此浪漫的科学的逆转、尚无如此风趣的不合时宜之事伤人或者哪怕只是令我们起疑，则对我们而言，善恶、公正与不公、德行与恶习之间的差异还是从未消失。无论日常与我们同行之事中有多少可能避入小睡时分——康德的绝对命令作为不可分的陪伴者如此跟随我们，我们即使睡眠时也甩不掉它。……但（此事实）却就只能由此来解释，即人性的基础、道义本质安排得过于固定，无法参与形形色色的振荡的作用，想象、理智、记忆与其他同等官能在梦中均经受此振荡的作用。”（出处同上，第 45 页及下页）

在进一步讨论对象时，就有值得注意的推移与不一致在两类著作者处出现。严格来说，对以为人的道义品格在梦里瓦解的所有那些人而言，对

① 此句于 1914 年添加。提示无疑涉及柏拉图《国家篇（理想国）》IX 起始段。

② 《梦样状态与根据阿拉伯人、波斯人、希腊人、印度人和埃及人的原则对其的解释》，1868 年，第 9 页。据施皮塔《人类心灵的睡眠状态与梦状态》，1882 年，第 192 页。

非道德梦的兴趣会随着这种解释而结束。要让做梦者为其梦负责，要从其梦的恶劣推断出其天性中的恶冲动，他们可能同样平静地拒绝这种尝试，就像拒绝那种看样子等值的尝试，即要从做梦者梦的怪诞性来证明其清醒时智力的无价值。对其他人而言，“绝对命令”也延展至梦中，他们会无保留地接受对不道德梦的责任；但愿他们自己这类可鄙的梦不必让他们怀疑平素坚持的对自身道义性的尊重。

但现在看来，无人如此相当肯定地知晓自己善恶到何种程度，而且无人能够否认对自身不道德梦的回忆。因为超越在梦的道德性评判上的对立，在两类著作者处都显示出努力，要澄清不正派梦的来历，于是依据在精神生活的功能中还是在受制于身体的对精神生活的影响中寻找不正派梦的起源，就发展出一种新的对立。在承认梦的不道德性有一个特别心理来源这点上，事实性令人信服的威力就让认为梦样状态有责任的代表与认为梦样状态不负责任的代表重合。

让梦中道义性持存的所有那些人却谨防承担对其梦的完全责任。哈夫讷说（《睡眠与做梦》，1887 年，第 250 页）：“我们对梦不负责任，因为我们的思维与意愿脱离了基础，在这种基础上，我们的生活才有真实性与现实性……就因此，做梦意愿与做梦行动不可能有德行或者罪孽。”不过，只要人间接引起邪恶的梦，就对它负责。对他来说，产生了义务，正如在清醒时一样，尤其就寝前要在道义上纯洁其灵魂。

拒绝与承认对梦的道义内容的责任，在希尔德布朗特处，对这种混合所做的分析展开得深刻得多（《梦及其用于生活》，1875 年，第 48 页及下页）。他详述道，梦的戏剧性表现方式、把最错综复杂的考虑过程压缩入最小的时段，还有他也承认的梦中想象成分对梦的不正派表象的贬值与混杂都必须除去，之后，他承认，遭受最严重疑虑的还是，干脆否认对梦罪孽与过错的一切责任。

“如果我们想相当坚决地反驳某一项不公的谴责，即涉及我们的意图与信念的这样一项谴责，则我们可能使用俗语：我们在梦里没想到这个。然而，这样我们一方面表示，我们把梦领域看作最遥远、最后一个，在此之中，我们该为我们的意念担责，因为在彼处，这些意念与我们真实的本质只是如此松散地相连，它们几乎不能还被视为我们的意念；但我们恰恰也在此领域觉得有理由明确否认此类意念的存在，则我们还是间接地与此同时承认，如果我们的辩解不一直伸展到那边，就会不完美。而我相信，即使不自觉，我们在此也说了真话。”（出处同上，第 49 页）

“因为推想不出梦的行为，其最初动机不会以某种方式作为愿望、欲望、冲动而事先穿过清醒者的心灵。”关于这种最初冲动，必须说：梦未曾发明它——梦只是复制它并扩展它，梦只是以戏剧化的形式处理它在我们这里碰上的一点历史材料；梦把使徒的话搬入场景：有谁憎恨其兄弟，他就是杀人犯（《约翰一书》，Ⅲ，15）。而人在苏醒后意识到自己的道义强势，可能哂笑放荡梦的整个得到详述的产物，那种原初的构成材料就找不出可笑的方面。人家觉得自己对做梦者的迷失有责任，并非对整体有责任，但还是对某个百分比有责任。“简而言之，我们在此难以在挑战的意义上理解基督之言：歹念出自心里（《马太福音》，XV，19）——于是我们也几乎难以抗拒这种信念，即梦中所造的每个孽都至少带来模糊不清的最低量罪错。”（出处同上，第 51 页以下）

恶冲动作为诱惑意念日间穿过我们的心灵，希尔德布朗特就在恶冲动的萌芽与苗头中发现了梦的不道德性的源头，而在道义上重视个性时，他毫不犹豫地把这种不道德因素算在内。如我们所知，那是同一些意念与对这些意念相同的估计，这种估计让虔诚者与圣人任何时候都抱怨说他们是邪恶的罪人。[①]

可能不会有疑问的是，这些**对照性的**想象（在多数人身上、也在不同于伦理领域的领域）普遍出现。对这些想象的评判偶尔成为一种不那么严肃的评判。在施皮塔处，可以发现 A. 策勒（《疯子》，1818 年，第 120—121 页）应归入此处的如下言论得到引用（《人类心灵的睡眠状态与梦状态》，1882 年，第 194 页）："难得有一个英才如此幸运地得到安排，使他在任何时候都会具有完全的威力，而非不仅有非本质的，还有非常滑稽可笑、悖理的想象会一再打断他持续清晰的思路，甚至最伟大的思想家都抱怨过这种似梦、逗人、尴尬的想象无赖，因为它干扰了他们最深刻的观察和他们最神圣、最严肃的脑力劳动。"

梦可能让我们间或瞥见我们本质的深处与曲折，它们在清醒状态时大多一直把我们拒之门外，出自希尔德布朗特的这条意见使这些对照性意念的心理学地位更加清晰（《梦及其用于生活》，1875 年，第 55 页）。康德在《人本学》的一处表露出同样的认识（《从务实角度拟定的人本学》，1798 年）[②]，他认为，梦的存在可能是为了给我们透露隐藏的素质并向我们披露，并非我们成为什么，而是如果我们有过不同的教养，我们可能成为什么；拉德施刀克（《睡眠与梦》，1879 年，第 84 页）的话是，梦常常只是向我们披露我们不愿承认之事，而我们不公地把梦斥为说谎者和骗子。约·爱·爱尔特曼[③]表示："从未有梦向我披露，该对一个人做何评价，不过，我对他

---

① （1914 年附注）神圣异端裁判所对我们的问题取何态度，获悉这点并非没有意思。在托马斯·卡雷尼亚的《关于神圣异端裁判所和信仰问题的论文》（1659 年）中有如下一段："如果某人在梦中说出异端邪说，异端裁判所审讯官们就该以此为契机调查其生活方式，因为在睡眠中惯常再现白天某人从事之事。"（见凯撒·卡雷尼亚《关于神圣异端裁判所和信仰问题的论文》，1631 年）

② 显然未包含在那部著作中。

③ 约翰·爱德华·爱尔特曼（1805—1892），德国哲学史家、宗教哲学家。——译注

做何评价还有我对他态度如何，我已经有几次令我自己大为惊讶地从梦里学到了这点。”而伊·哈·费希特意见相似（《心理学：关于人自觉精神的学说》，1864 年，第 1 卷，第 539 页）：“比起我们通过醒着时自我观察对总体情绪所获悉之事来，我们梦的性质依旧是我们总体情绪一面忠实得多的镜子。”[①] 对我们的道义意识而言，这些驱动很生疏，它们的出现只类似于我们已经熟悉的梦对其他想象材料的支配，这种想象材料为清醒时所缺乏或者在清醒时起微不足道的作用，一些意见、如贝尼尼的意见提醒我们注意此事：“我们压抑了一段时间并且满以为破灭的某些愿望再度醒来；早就被埋葬的旧热情得到新生；我们记起我们不再想的事与人。”还有伏尔盖特的意见：“那些想象几乎不被觉察地进入清醒意识，或许再也不会被后者遗忘，连这些想象也惯于十分频繁地向梦表明它在心灵中的存在。”（《梦幻想》，1875 年，第 105 页）最后，此处是适当的场合，提醒我们，据施莱尔马赫看来，入睡就伴随着**非人所愿**想象（图景）的显现。

我们就可以把这全部想象材料概括成“**非人所愿的想象**”，这种想象材料出现于不道德与怪诞的梦里，激起我们的诧异。一项重要的差异只在于，非人所愿的想象在道义领域让人看出与我们平素感受的对立，而其他想象只让我们觉得异样。迄今为止没有实施步骤，促成我们通过更深刻的认识来消除这些差别。

非人所愿的想象显现于梦中有何意义？对清醒的与做梦的心灵的心理学而言，从这种夜间冒出对照性伦理冲动可以推导出哪些结论？此处应该录下著作者们的一处新分歧与再次对他们做不同的分类。不道德冲动即使在清醒时也包含一种虽然不能付诸行动的威力，在睡眠中略去某事，这件事同样如障碍般起作用，妨碍我们注意到这种冲动的存在，除了以上两点，

① 最后两句于 1914 年添加。

可能无法把希尔德布朗特及其基本观点的维护者的思路延续到别处。梦也就这样展现出人真实的、即使并非全部的本质，它属于那些手段，让我们的认识进入隐藏的内心。希尔德布朗特（《梦及其用于生活》，1875 年，第 56 页）只有从此类前提出发才能给梦指派一个**警告者**的角色，它让我们注意我们心灵隐藏的道义损伤，据医生承认，它也能向意识宣布迄今为止未被觉察的身体疾病。连施皮塔也不可能受其他见解引导，他指出在例如青春期时流向心灵的兴奋源（《人类心灵的睡眠状态与梦状态》，1882 年，第 193 页及下页），并安慰做梦者说，如果后者在清醒时生活作风严格有德行，罪孽意念一来就努力压抑它们，不让它们成熟、成为行动，做梦者就做了一切力所能及之事。根据这种见解，我们可以把“**非人所愿的**”想象称作日间“**受压抑的**”，必定把它的浮现视为一种真正的精神现象。

据其他著作者看来，我们本无权得出后一个结论。对耶森来说，无论在梦中还是在清醒时还是在发热性谵妄与其他谵妄时，非人所愿的想象都“是得到平息的一种意志活动的特点，还构成图景与想象因内心激动而是**几分机械性**过程的特点”（《试论心理学的学术根据》，1855 年，第 360 页）。对做梦者的心灵生活而言，一个不道德的梦证明的无非是此人以某种方式了解了相关想象内容，肯定不是他自己的心灵冲动。在另一名著作者莫里那里，人家可能怀疑，是否他也把这种能力归因于梦样状态，即把心灵活动按其组成部分来分解，而不是无计划地摧毁它们。他讲述人在其中超脱了道德心限制的那些梦：“**我们的倾向表达出来并让我们行动，不受我们意识的限制，尽管它有时警告我们。我有过错和邪恶的倾向；清醒时，我试着与它们斗争，而我足够经常地不屈服于它们。但在我的梦中，我总是屈服于，或者不如说，我按它们的指引行动，没有恐惧或者悔恨……显然，展现在我思想中还有组成梦的幻象，受刺激暗示，我感觉到这种刺激而且我不在场的意志不会试着排斥它。**”

如果想到梦的这种能力，即揭露做梦者的一种确实存在但被压抑或者隐藏的不道德素质，用莫里的话来表达此意见再尖锐不过了："**在一个梦里，一个人完全以其赤裸裸和极差的状态展现给他自己。因为他暂停行使其意志，他变成所有那些激情的玩物，清醒时，我们的意识、憎恶与恐惧保护我们免受那些激情的伤害。**"在另一处，他找到了恰当的言辞："**在一个梦里，首要的是本能的陶醉者……可以说，做梦时回归自然状态；但习得的观念越少涌入其精神，他不同意这些观念的倾向在其梦里越是对他保持影响。**"他举例，他在其著作中最激烈地反对那种迷信，而他的梦并非罕见地把他当作恰恰是那种迷信的受害者展示出来。

从心理学上认识梦样状态而言，所有这些意见都感觉敏锐，其价值却在莫里处由此受影响，即他不愿意把他正确地观察过的现象中的任何一种看作对**心理自动机制**的证明，据他看，这种机制统治梦样状态。他把这种自动机制领会成与心理活动完全的对立。

施特里克的《对意识的研究》中有一处是（《对意识的研究》，1879 年，第 51 页）："梦并非仅仅由错觉组成；假如在梦中害怕强盗，则强盗虽然是想象的，恐惧却是现实的。"所以人家得到提醒，梦中的情感生发不允许评判其余梦境，而在我们面前展开的问题是，在梦中心理过程中什么可能是现实的，就是说有资格列入清醒时的心理过程？[①]

庚　梦理论与梦的功能

试图从一个视角出发来解释梦得到观察的尽可能多的特性，同时决定梦对一个更广泛的现象领域的态度，关于梦的这样一种说法可以称作梦理

---

① 梦中情感问题在第六章辛节中得到探讨。对梦的道德责任的整个主题在后面会有所涉及。

论。各种梦理论将在这点上有别，即它们把梦的这个或者那个特性抬升为本质特性，让各种解释和各种关系与它相连。未必可从理论中导出一种功能，就是梦的一种效用或者一种其他功效，但我们的期望按习惯集中于目的论，这些期望还会迎合那些理论，它们联系着对梦的一项功能的洞察。

我们已经了解了若干对梦的见解，它们或多或少配得上在此意义上的梦理论这个名字。梦是神赐，以驾驭人的行为，古人的这种信仰是梦的一种完整理论，对值得知晓的关于梦的一切提供情况。自从梦成为生物学研究的一项对象，我们了解了更多数量的梦理论，但其中也有某些相当不完整的。

如果放弃齐全性，按照作为基础的对梦里心理活动的程度和方式的猜测，可以尝试对梦理论做如下较为松散的分类：

（1）让清醒时完整的心理活动延续到梦中的那些理论，如德尔伯夫的理论。这时心灵没有睡觉，其结构保持正常，但被带入与清醒时不一致的睡眠状态条件下，心灵在正常运转时肯定提供不同于清醒时的结果。在这些理论中，成问题的是，它们是否能够完全从睡眠状态的条件导出梦与清醒思考的差异。此外，它们还缺乏通往梦的一项功能的可能通道；人家不明了为何做梦，即使被置于似乎不曾估计到的状况中，为什么心灵结构错综复杂的机制也继续起作用。无梦睡眠，或者如果出现干扰性刺激而醒来，依旧是唯一相宜的反应，而不是第三种反应——做梦的反应。

（2）与前面的理论相反，此类理论把梦假定为降低心理活动、放松关联、使要得到的材料贫乏化。依据这些理论，必定产生睡眠的一种截然不同的心理学特性，不同于比如根据德尔伯夫的理论而产生的特性。睡眠远远超出心灵，其内容不仅在于把心灵与外界隔绝，不如说它侵入心灵的机制，使这种机制暂时无用。如果我可以提出精神病学材料的比喻，那我想说，第一类理论把梦建构得像偏执狂，第二类提及的理论使梦成为智障或者精神错乱的样板。

梦样状态中，因睡眠而瘫痪的心灵活动只有一小部分表示出来，这种理论是在医生著作者那里并在学术界广受偏爱的理论。只要假定对释梦有较为普遍的兴趣，人家大概就可以把它称作**占统治地位的**关于梦的理论。应该强调，恰恰这种理论多么轻而易举地避免了任何对梦的解释的最严重的障碍，即败于由梦代表的对立之一。因为对这种理论而言，梦是一种局部清醒的结果（“一种逐渐、局部、同时相当不正常的清醒”，赫尔巴特的《心理学》这样说梦，出自《心理学作为基于经验、形而上学与数学的新科学》，1892 年，第 307 页），通过从总是继续的唤醒直到完全清醒这一系列状况，这种理论就可以涵盖从通过荒诞性而透露出来的梦的低效直到完全集中的思考效率这整个系列。

有谁觉得生理学的表现方式变得不可或缺，或者进行比较学术性的思考，就会发现这种梦的理论在宾茨的描述中得到表达（《论梦》，1878 年，第 43 页）：

“这种（麻木的）状况在早晨时光却只会逐渐走向其终结。在脑蛋白中积存的疲劳材料变得越来越少，它们越来越多地被分解或者被不停飘动的血流冲走。有些地方已经有个别细胞团变得清醒而出众，而周围一切还在麻木中休憩。于是**单独类群的孤立工作**出现在我们迷离恍惚的意识面前，而这种工作缺乏对主管联想的大脑其他部分的控制。因此，所塑造的图景大多符合并不遥远的往昔中的实际印象，这些图景狂乱而无规则地接合起来。游离出来的脑细胞数量越来越大，梦的非理性越来越少。”

把做梦理解成一种不完全、局部的清醒，在所有现代生理学家和哲学家那里，人们肯定会找到这种见解或者受这种见解影响的痕迹。这种见解在莫里那里得到最详细的阐释。那里常有这样的印象，好像这个著作者按解剖区域把清醒或者入睡想象成可以移置，然而他似乎觉得一个解剖范围和一种特定心理功能彼此联系。我在此却只想略提一下，如果局部清醒的理论得到证实，对这种理论做更精细的改善就会有许多可商榷之处。

在这种对梦样状态的见解中，当然不会突出梦的一项功能。不如说，通过宾茨的表示，合乎逻辑地给出对梦的地位与意义的判断（《论梦》，1878 年，第 35 页）："正如我们所见，所有事实都敦促人把梦标记为一个**身体的**，在所有情况下无益，在许多情况下简直病态的过程……"

突出"身体的"这种表达要归功于著作者本人，这种表达连同与梦的联系可能指向不止一个方向。它首先涉及梦的病因，宾茨研究通过给毒药来实验性地制造梦，他就的确容易想到梦的病因。原因在于这类梦理论的关联，这类理论甚至只让人从身体方面发出做梦的刺激。用最极端的形式来阐述，就是这样：我们通过去除刺激把我们置于睡眠中，那就没有需要、没有诱因去做梦，直至早晨，那时，通过新到达的刺激，在做梦的现象中可能反映出渐渐苏醒迹象。现在却不能成功地让睡眠保持无刺激；类似梅菲斯特抱怨生命的萌芽[①]，到处有刺激靠近睡眠者，从外部、内部，甚至从清醒者从未关心过的所有那些身体区域。睡眠就这样被干扰了，心灵忽而被这一边，忽而被那一边摇醒，然后有一会儿用被唤醒的部分运转，庆幸又入睡了。梦是对由刺激引起的睡眠障碍的反应，还是一种纯粹多余的反应。

梦总还是心灵器官的一项功用，把梦称作身体过程，却还有另一种意义。这样就会否认梦有心理过程的**地位**。"一个完全不晓音乐者的十指在乐器的键上跑"（施特吕姆普尔，《梦的本性与形成》，1877 年，第 84 页），

① 在歌德的《浮士德》上部第三幕中。在《文化中的不适》（1930 年）第六章一个脚注中，弗洛伊德详细逐字引用了这些诗行。

这个比喻应用到梦上已经相当古老，它或许最佳地说明，在精密科学的代表那里，梦功用大多获得何种估价。梦在此见解中成为完完全全不可解释之事；因为不懂音乐的演奏者的十指怎么会产生一段音乐呢？

对局部清醒理论，早就不乏异议。布尔达赫认为（《作为经验科学的生理学》，1838 年，第 508 页及下页）：“如果说，梦是一种局部清醒，则首先无论清醒还是睡眠均未得到解释，其次无非是说，心灵的一些力量在梦中活动，而其他力量在休憩。可一生当中都在发生此类不同……”

把梦看作一种“身体”过程，这是占统治地位的梦理论，依据它的是对梦的一种相当有趣的见解，1886 年才由罗伯特说出，令人信服，因为它善于说明梦的一种功能、一种有益的成果。罗伯特用作其理论基础的是两个观察到的事实，在估价梦材料时，我们已经在这些事实那里停留过了，也就是人们如此频繁地梦见日间最为无关紧要的印象，如此难得把日间的巨大兴趣带过去。罗伯特声称唯一正确的是：人们完全臆想出来的东西绝不会成为梦的激发者，永远只有那些事物才会成为梦的激发者，它们不完善地存在于感官中或者匆匆掠过想象（《被解释成自然必然性的梦》，1886 年，第 10 页）——“因此人们大多无法对自己解释梦，因为梦的原因就是**在消逝的日间没有得到做梦者足够认识的感官印象**。”（出处同上，第 19—20 页）一种印象入梦，条件或者是对这种印象的处理受干扰，或者它过于微不足道，无权得到此类处理。

对罗伯特而言，梦就构成“一个身体上的排除过程，在其精神的反应现象上得到认识”（出处同上，第 9 页）。**梦是从被扼杀在萌芽中的意念中排除**。“一个人若被夺走做梦的能力，必定在适当的时候精神错乱，因为他脑中会集聚不完善、未想好的意念和浅浅的印象，在它们的重压下，那些东西必定被扼杀，它们会被并入作为不完美的整体的记忆。”（出处同上，第 10 页）梦给负担过重的大脑提供安全阀门的服务。**梦有治愈、减负的力**

量。（出处同上，第 32 页）

对罗伯特提问，究竟如何通过在梦中想象能促成心灵的减负，这就易被误解。著作者显然从梦材料的那两种特性中推论出，睡眠期间，作为身体过程，**以某种方式**如此排出无价值印象，而做梦并非特殊的心理过程，而只是我们从那种剔除中得到的音信。此外，一种剔除并非夜间在心灵中发生的唯一事情。罗伯特自己补充，另外还加工日间的刺激，“未及消化地留在精神中的意念材料不能排除之事，通过**从想象中借用的意念线索联成一个完善的整体**，这样就作为一幅无伤大雅的想象绘画列入记忆”。（出处同上，第 23 页）

在对梦来源的评价上，罗伯特的理论却与占统治地位的理论鲜明对立。在后者处，如果不是外部与内部的感官刺激一再唤醒心灵，就根本不会做梦，而根据罗伯特的理论，做梦的驱动力在于心灵本身，在于其负担过重，它要求减负，而罗伯特完全合乎逻辑地判断，在身体状况中存在的制约梦的原因占据了次要空间和一种精神，这些原因无论如何不可能促使人做梦，在这种精神中，没有一种取自清醒意识的材料会成梦。得到承认的只是，梦中由心灵深处生发的幻象可能受神经刺激影响（出处同上，第 48 页）。所以，据罗伯特看来，梦还不那么完全依赖身体，它虽然并非心理过程，在清醒时的心理过程中没有位置，但它是心灵活动系统中一个夜间身体过程，要履行一项功能，即保护这个系统免遭过大压力，或者如果可以换个比喻的话：要清理心灵。

在选择梦的材料时，梦的这些特性变得清晰，另一名著作者伊夫·德拉热以梦的这些特性作为自己理论的依托，可以颇有教益地观察到，在对相同事物的见解中，如何通过稍作转变获得影响范围截然不同的最终结果。

德拉热因死神而失去了他珍爱的一个人之后，他在自己身上体会到，**不**会梦见让一个人日间全神贯注的事，或者只有当它开始让位于其他兴趣时，才会梦见。他在其他人那里所做的探询对他证明了此种事态的一般性。德拉热评论年轻夫妇做的梦，这样一种评论如果被证明是普遍正确的，德拉热所做的就是妙论：**“如果他们非常相爱，他们婚前或者蜜月期间几乎从未相互梦见过；而如果他们梦见过爱，跟不重要或者讨厌的人在一起就是不忠。”**那人家梦见了什么呢？德拉热认定，我们梦里出现的材料由过去几天和先前时光的碎片和残余组成。在我们梦里露面的一切，我们起先可能愿意看作梦样状态的创造，如果细究，这一切就被证明是未被识别的再现，是“**无意识记忆**”。但这种想象材料显示出一种共同特性，这种材料源自那些印象，那些印象对我们感官的震动很可能强于对我们精神的震动，或者那些印象出现后，注意力很快就又被它们引开了。一种印象越不怎么自觉，同时越强烈，就越有望在下一个梦里扮演角色。

正如罗伯特所强调的，基本上有同样两种印象范畴，次要的和未及处理的，但德拉热转换了关联，他认为，这些印象变得会让人做梦，不是因为它们无关紧要，而是因为它们未及处理。连次要印象在某种程度上也并非完全未及处理，作为新印象，它们按其本性也是“**那么多绷紧的弹簧**”，睡眠期间会放松。比起微弱而几乎不受重视的印象来，更有权要求得到梦中角色的将会是一种强烈印象，对它的处理偶然受阻，或者它被有意遏制。日间因抑制与压抑而积聚的心理能量在夜间成为梦的动力。心理受压抑之事在梦中显露出来[①]。可惜，德拉热的思路在此处中断；他只能承认梦中独立心理活动有微小作用，这样，他以其梦理论突然又与占统治地位的局部睡眠学说相连：**“总之，梦是游移不定思想的产物，没有终结或者方向，连续集中于记忆，这些记忆保留了足够的强度给自己机会，中断通道，在记忆之间建立一种联系，根据大脑当前的工作受睡眠抑制的程度，有时弱而**

---

① （1909 年补充）诗人阿纳托尔·法朗士表态很相似（《红百合》）：“我们夜间所见是我们清醒时忽略之事的不幸残余。梦常常是被鄙视之事的报复或者遭弃存在物的责备。”

松散，有时更强更紧密。”

（3）可以把那些梦的理论合并成第三类，它们把特殊心理功效的能力与倾向记在做梦的心灵名下，心灵在醒着时或者根本不能或者只能以不完善的方式实施这些功效。使用这些能力大多产生梦的一种有益功能。在较老的心理学著作者那里，梦得到重视，这些重视大多属于此列。我却愿意满足于引用布尔达赫的表示取而代之，据他表示，梦“是心灵的自然活动，不受限于个性的威力，不受自我意识干扰，不受自决的调整，而是在自由活动中散发出来的敏感中心点的活力”。（《作为经验科学的生理学》，1838年，第512页）

布尔达赫和其他人显然把这种沉醉于自由使用自身力量想象为一种状态，心灵在其中恢复精神，积聚新的力量用于日间工作，也就是大约像一次休假。布尔达赫（出处同上，第514页）因此也引用并接受那些可爱之词，诗人诺瓦利斯[①]在其中赞扬梦的主宰：“梦是对生活规律性和庸常性的防备、受束缚的想象的一种自由恢复，在梦中，想象混淆生活的所有图景，通过愉快的儿戏中断成人持续的严肃性；没有梦，我们将肯定早老，所以，即使不能把梦看作直接由上面所给，倒还可以把梦看成一项逗人的任务，视为到坟墓朝圣途中一个友好的陪伴者。”[②]浦肯野[③]更加透彻地描绘梦的恢复和治愈活动（《清醒、睡眠、梦与相近状态》，1846年，第456页）：“尤其是创造性的梦会促成这些功能。那是轻松的想象游戏，与日间事件无关。

---

① 诺瓦利斯（1772—1801），德国诗人，本名格奥尔格·菲利普·弗里德里希·莱奥波德·冯·哈登贝格。——译注

② 《海因里希·冯·奥弗特丁根》（1802年），第一部，第一章。

③ 约翰内斯·埃万给利斯塔·里特尔·冯·浦肯野（1787—1869）（捷克语为扬·埃万给利斯塔·浦肯野，又译普肯野、普尔基涅、普尔金耶，捷克生理学家、组织学及显微解剖学的创始人之一）。

心灵不愿延续清醒状态的紧张，而是要解除它们，从它们中恢复。它首先制造与清醒时的紧张相反的状态。它通过喜悦治愈悲伤，通过希望与开朗散心的图景治愈忧虑，通过爱与友善治愈憎恨，通过勇气与信心治愈恐惧；通过信念与坚定的信仰来平息怀疑，通过实现来平息徒劳的期待。性情的许多伤口，白昼会持续让它们保持不收口，睡眠治愈它们，方法是遮住它们，保护它们免遭新的刺激。时间的疗伤作用有一部分基于此。”我们大家都感受到，睡眠是对心灵状态的善事，而民众意识的模糊预感显然不能夺走这种先入之见，即梦是睡眠施以善事的途径之一。

由在睡眠状态才能自由展开的一种心灵特别活动来解释梦，这种最独特、最广泛的尝试，是舍讷 1861 年所做的。舍讷的书以沉闷而浮夸的风格写成，具有对对象几乎陶醉的热情，如果这种热情不能吸引人，就必定显得令人讨厌，该书针对分析提出此类困难，即我们甘愿运用更清晰、更简短的描述，哲学家伏尔盖特用这种描述给我们阐明舍讷的学说。“可能从神秘的聚焦、从一切壮丽辉煌的波动中闪耀出意义的一种充满预感的表象，不过不会经哲学家的小径而变得豁亮。”舍讷的描述即使在其拥护者那里也会得到此类评价。（伏尔盖特，《梦幻想》，1875 年，第 29 页）

舍讷不属于那些著作者，他们允许心灵将其能力不加减少地带入梦样状态。他自己阐明（据伏尔盖特，出处同上，第 30 页），在梦中，自我的中心、自发能量如何筋疲力尽，如何由于这种脱中心性而改变认识、感觉、意愿与想象，这些心灵力量的剩余部分如何没有得到真正的精神特性，而只是得到一种机制的性质。但为此，在梦中，可以被命名为**幻想**的心灵活动摆脱一切理智统治，进而不受严格尺度的约束，跃升为不受限制的统治。它虽然接收来自清醒时记忆的最后组成部分，但用它们修建与清醒时的形象有天壤之别的建筑，它在梦中不仅表现得有再现性，而且**有创**

造性（出处同上，第 31 页）。它的特性赋予梦样状态以特点。它表现出偏爱**不当、过分、非凡**。同时，它却通过摆脱碍事的思维范畴而赢得较大的伸缩性、灵活性、乐于转变；对性情最柔和的情绪刺激、对翻来覆去的情感，它感觉最敏锐，马上把内心生活塑造成外部生动形象。梦幻想**缺乏概念语言**；它想说之事，就必须直观地描摹，而因为概念在此并不产生削弱性影响，梦幻想就以充分、有力与厉害的直观形式来描摹。其语言虽然如此明晰，由此仍变得详尽、迟钝、不灵巧。其语言的明晰性尤其因此受妨碍，即梦语言反感用本来的图景表示一个客体，而宁可选择一幅**陌生的图景**，只要这幅图景只能通过自己来表现客体的那种要素，梦语言看重对这种要素的表现。这是想象的**象征性活动**……（出处同上，第 32 页）非常重要的还有，梦想象并非穷尽对象，而只是粗略地并且以最自由的方式仿制对象。其绘画因而似乎散发着天才的气息。梦想象却并不止步于单纯放置对象，而是内心被迫或多或少把梦——自我与对象缠绕起来，这样就产生一种行动。例如脸部刺激梦把金币画到街上；做梦者把它们收集起来，感到高兴，带着它们走了。（出处同上，第 33 页）

梦想象借以完成其艺术活动的材料，据舍讷看来主要是日间如此模糊、器质性的躯体刺激的材料，使得在对梦来源与梦激发者的假设中，舍讷过分幻想的理论与冯特和其他生理学家或许过于清醒的学说在此完全重合，他们在其他情况下彼此态度像针锋相对者。但按照生理学理论，心灵对内部躯体刺激的反应因唤醒与这些刺激相称的想象而穷尽，这些想象于是通过联想的途径召来若干其他想象来帮忙，在这个阶段，对梦的心理过程的追踪似乎结束了，而按舍讷看来躯体刺激只给了心灵一种材料，心灵能够把这种材料用于自己的幻想意图。对舍讷而言，在就别人的眼光来说完结之处，才开始成梦。

人们当然不会觉得梦想象对躯体刺激所做之事合乎目的。梦想象逗弄躯体刺激，以某种形象的象征来设想器官来源，相关梦里的刺激源出自这种器官来源。的确，舍讷认为，梦想象对整个肌体有一种特定的最喜爱的表现，伏尔盖特(《梦幻想》，1875 年，第 37 页)和其他人在这点上不同意他。这种表现就是**房屋**，但幸亏梦想象似乎就其表现而言不受制于这种材料，它也可以反过来利用整排房屋，以标明单个器官，如很长的住房街道代表内脏刺激。其他几次，房屋的各部分确实表示各个身体部位，如在头痛梦里，房顶（做梦者看见它布满令人恶心的蟾蜍状蜘蛛）表示头。（出处同上，第 33 页及下页）

完全撇开房屋象征，其他任意的对象被用来表现发出梦刺激的身体部位。“所以，呼吸的肺在气状翻腾、充满火焰的炉子里找到其象征，心在空箱与空篮里找到其象征，膀胱在圆形、袋状或者哪怕只是挖空的对象里找到其象征。男人的性刺激梦让做梦者发现一支单簧管的上部，还有是一支烟斗的相同部分，此外再有街上的一张毛皮。单簧管与烟斗构成与男性阴茎接近的形状，毛皮表现阴毛。在女性的性梦中，联成一体的大腿的步伐狭小可能由狭窄、被房屋包围的院子来象征，女性阴道由通过中庭、滑溜柔软、相当狭窄的小路来象征，做梦者必定漫步小路，比如把一封信送给一名先生。”（伏尔盖特，出处同上，第 34 页）尤其重要的是，在一个此类躯体刺激梦的结尾，梦想象可以说取下面具，它把使人兴奋的器官或者其功能不加掩饰地标出来。所以，“牙刺激梦”通常以此结束，即做梦者把一颗牙齿从嘴里取出来。（出处同上，第 35 页）

梦想象却不仅能将其注意力转向让人兴奋的器官的形状，它能同样好地把其中包含的物质用作象征的客体。比如内脏刺激梦穿过污秽的街道，膀胱刺激梦通到冒泡的水边。或者刺激本身、其受激的方式、它所渴求的客体得到象征性的表现，或者梦——自我与对自身状况象征有具体联系，比如倘若我们遇到疼痛刺激时，看见自己绝望地跟咬人的狗或者疯牛扭打在一起，或者女性做梦者在性梦中看见自己被一个裸身男人追逐（出处同上，第35页及下页）。撇开所有可能的丰富论述，有一种象征性想象活动作为每个梦的中心力量继续存在（出处同上，第36页）。深究这些梦的特性，指定这样得到识别的心理活动在一个哲学观念体系中的地位，伏尔盖特就在其漂亮而热情地写就的书中尝试如此，但如果不是经过先期训练而准备充满预感地把握哲学概念模式，对任何人而言，此书都依然太难理解。

一项有益的功能与舍讷所说梦中开动象征性想象没有联系。心灵做梦时戏弄呈献给它的刺激。人家可以猜想，它不听话地在游戏。人家却也可以对我们提问，我们深入研究舍讷的梦理论是否能够导致什么有益之事，这种理论的任意性和脱离一切研究规则可是显得太引人注目了。觉得在任何检验之前就摈弃舍讷的学说过于高傲，对此投反对票，那就该是适宜的。此学说基于某人从其梦中接受的印象，他给予梦以巨大的关注，自己显得很有天资去探究模糊的心灵事物。此学说还涉及一个对象，让人历经成千上万年觉得虽然这个对象成谜，但同时内容与内涵丰富，对澄清这个对象，严格的科学自己承认贡献无多，无非是与流行的感受完全对立，试图否认客体的内容与意义。最后，我们想诚实地说，好像我们在尝试澄清梦时不可能轻易躲开幻象。也有神经节细胞幻象；前文有一处引用了像宾茨这样冷静而严谨的研究者，那一处描述，苏醒的曙光如何移过大脑皮质入睡的细胞团，在幻象和不可能性上不亚于舍讷的解释尝试。我希望能够表明，在舍讷的解释尝试后面隐含着可靠之事，然而只得到模糊的认识，不具有梦理论有资格得到的普遍特性。舍讷的梦理论暂时能以其与医学理论的对立让我们大致看清，对梦样状态的解释如今还在哪些极端之间摇摆不定。

辛　梦与精神病之间的关系

有谁说到梦与精神障碍的关系，可能指三点：（1）病因学的关系和临床的关系，如一个梦代表、引入一种精神病的状态或者在这种状态之后留存下来；（2）梦样状态在精神病情况下经受的变化；（3）梦与精神病之间的内在关系，类似之处表明了本质亲缘关系。在施皮塔（《人类心灵的睡眠状态与梦状态》，1882 年，第 77 页及下页和第 319 页及下页）、拉德施刀克（《睡眠与梦》，1879 年，第 217 页）、莫里和蒂谢处收集的该题目的文献表明，两个系列的现象之间这些多种多样的关系在医学的较早时期曾是——当代重又是——医学著作者一个喜爱的主题。最近，圣德桑克蒂斯将其注意力转向这种关联①。只要略微提及这个重要题目，就会满足我们阐述的兴趣。

对梦与精神病之间的临床和病因学关系，我想告知如下观察作为范例。霍恩鲍姆报告（在克劳斯处，《精神错乱中的知觉》，1858 年，第 619 页），妄想的首次发作常常起源于一个令人胆怯、可怕的梦，占统治地位的观念与这个梦有联系。圣德桑克蒂斯带来对偏执狂的类似观察，在各项观察中把梦解释为“**发疯的真正决定性原因**”。精神病可能随着起作用的、包含妄想般解释的梦一下子出世，或者通过尚须与怀疑抗争的后续的梦缓慢发展。在德桑克蒂斯的一个病例中，一个袭人的梦之后，接着是轻微的癔症发作，随后是胆怯——伤感的状况。费利（在蒂谢处）报告了一个梦，具有癔症

① （1914 年补充）后来讲述此类关系的著作者有：费利、伊德勒（《论由梦形成神经错乱》，1862 年）、拉塞格、皮雄、雷吉斯、韦斯帕、吉斯勒（《梦样状态现象学文集》，1888 年，与其他著作）、考佐夫斯基（《探问梦与妄想观念的关联》，1901 年）、帕尚托尼（《梦作为酒精中毒性谵妄患者身上妄想观念的起源》，1909 年）与其他人。

瘫痪的后果。我们陈述，精神障碍最初表现在梦样状态上，在梦中首先爆发，尽管我们同样顾及该事实，此处，梦被作为精神障碍的病因展现给我们。在其他例子中，梦样状态包含病症或者精神病依旧限于梦样状态。例如，托迈尔提醒人注意**焦虑梦**，它们必须被理解成癫痫发作的等位症。阿利森描写了夜间精神病（《梦中精神错乱》，1868 年。据拉德施刀克《睡眠与梦》，1879 年，第 225 页），遇有此病时，个体在日间看来完全健康，而夜间常常出现幻觉、暴怒发作，诸如此类。在德桑克蒂斯处（一个酒徒身上偏执的梦等位症，指责妻子不忠的声音）、在蒂谢处有类似的观察。蒂谢新近带来大量观察结果，其中，病理学特性的行为（出于妄想前提、强迫冲动）从梦中派生出来。吉斯兰描写了一个病例，在此病例中，睡眠被间歇性精神错乱代替。

可能毫无疑问，有朝一日除了梦的心理学之外，梦的心理病理学会让医生忙碌。

在患精神病后痊愈的病例中，常常尤其明显的是，在日间功能健康情况下，梦样状态仍可能属于精神病。据说，格雷戈里最先提醒人注意有此现象（据克劳斯，《精神错乱中的知觉》，1859 年，270 页）。马卡里奥（在蒂谢处）说到一个躁狂者，此人在复原一周后在梦中再度经历了意念飘忽和其疾病的狂热推动力。

对梦样状态在长期精神病人身上经历的变化，迄今只做过很少探究。[①] 而梦与精神障碍之间有内在的亲缘关系，表现在两者的现象如此广泛的一致，这种亲缘关系早就得到重视。据莫里说，首先是卡巴尼斯[②] 在其《关

---

① 弗洛伊德后来自己探究过此问题（《论忌妒、偏执狂与同性恋的一些神经症机制》，1922 年，B 章末尾）。

② 皮埃尔·让·乔治·卡巴尼斯（1757—1808），法国医生、生理学家、哲学家。——译注

于身心的报告》(1802 年)中指明了这种亲缘关系，他之后是莱吕、J. 莫罗，尤其是哲学家迈内·德比朗[1]。这种比较肯定还要久远。拉德施刀克（《睡眠与梦》，1879 年，第 217 页）在讲述这种亲缘关系的章节中以把梦与妄想类比的格言汇编开篇。康德有一处说（《试论脑疾》，1764 年）：“疯子是清醒时的做梦者。”克劳斯(《精神错乱中的知觉》，1859 年，第 270 页)：“妄想是感官清醒时的一个梦。”叔本华（《试论见鬼和与此相关之事》，1862 年，第 1 卷，第 246 页）称梦为一次短暂的妄想，而妄想是一个长梦。哈根（《心理学与精神病学》，1846 年，第 812 页）把谵妄叫作梦样状态，不是由睡眠而是由疾病招致的。冯特在《生理心理学》中表示（1874 年，第 662 页）：“事实上，我们在梦中可能自己经历我们在疯人院中遭遇的几乎所有现象。”

基于各项一致，这样一种等量齐观有利于判断，施皮塔(《人类心灵的睡眠状态与梦状态》，1882 年，第 199 页）(还与莫里很相似）以如下顺序列举这些一致：“(1）取消自我意识或者自我意识仍然迟缓，因此对这种状况本身不了解，也就是不可能惊讶，缺乏道德意识；(2）感官知觉得到矫正，而且在梦中减弱，在妄想中一般得到剧烈抬升；(3）想象彼此只按照联想与再现的规律联系，也就是自动形成系列，因而想象(夸张、幻觉)与由此产生的一切之间的关系不成比例；(4）个性、偶尔有性格特性的变化及颠倒(反常)。”

拉德施刀克还补充一些特征、材料中的类似（《睡眠与梦》，1879 年，第 219 页）：“在视觉、听觉和一般肌体觉领域，找得到多数幻觉和错觉。就像在做梦时一样，嗅觉和味觉提供的要素最少。——对发烧病人而言，就像对做梦者一样，回忆从长久的往昔中升入谵妄；清醒者与健康者似乎

---

① 迈内·德比朗(1766—1824)，亦译芒·德毕朗，法国哲学家、政治家。——译注

忘却之事，睡眠者与病人回忆起来。”——梦与精神病的类似由此才得到其完全的价值，即它像家族相似之处一样伸入较细微的神情，延至面部表情的各种显眼之处。

“对身心受疾病折磨者，梦提供了现实不给予他之事：健康与幸福；所以即使在精神病人身上，也升起关于幸福、伟大、崇高和财富的光明图景，臆想占有财产和想象中遂愿，它们被拒绝或者毁灭就是精神错乱的一个心理原因，常常构成谵妄的主要内容。妇人失去一个珍爱的孩子，在做母亲的喜悦中说胡话，有谁遭受了财产损失，自认为异常富有，受骗的姑娘感觉自己被人温柔地爱恋。”

拉德施刀克的这一段是对格里辛格[①]构思精巧的论述（《精神疾病的病理学与疗法》，1861 年，第 106 页）的缩写，这一论述极其清晰地揭示**遂愿**是梦和精神病共同的一个想象特性。我自己的探究对我证明，此处可以找到通向梦和精神病的一种心理学理论的钥匙。

“奇异的联想和判断的弱点正刻画了梦和妄想的主要特征。”（拉德施刀克继续论述道）对冷静的判断而言，自己的精神功能显得无意义，在有些地方能够发现对这些功能的**高估**；精神病的**意念飘忽**与梦的**迅速想象过程**相应。在两者处，缺乏任何**时间的尺度**。梦中有**人格分裂**，如把自己的认识分到两个人身上，其中陌生人纠正梦中个人的自我，这种梦中的人格分裂与已知的遇有幻觉妄想时的人格分裂完全等值；连做梦者也听到自己的意念由陌生的声音说出来。甚至对恒定的妄想而言，在刻板重复的病态梦之中，可以找到一种类似。——从谵妄中痊愈后，病人并非罕见地说，对他们而言，患病的整段时间像一个常常并非不惬意的梦，他们甚至告诉我们，他们偶尔还在患病期间就预感到，他们只是囿于一个梦，就像常常

① 威廉·格里辛格（1817—1886），德国精神病科医生。——译注

在睡梦中出现的那样。

根据所有这些，不足为奇的是，拉德施刀克把他的意见像其他许多人的意见一样概括成这些话，“妄想、一种异常的病态现象，可以看作周期性再现的正常睡梦状态的加剧”。（出处同上，第 228 页）

克劳斯（《精神错乱中的知觉》，1859 年，第 270 及下页）想用病因学（不如说用刺激源）来说明梦与妄想的亲缘关系，比起由于表现出来的现象中的这种类似而可能之事，或许还要密切。正如我们听说过的，按他的说法，两者共同的基本因素是**受制于肌体的感受**、躯体刺激感觉、通过所有器官的贡献而完成的一般肌体觉（参见佩斯，在莫里处）。

梦与精神障碍之间有无可否认、直至典型细节的一致性，这种一致性属于梦样状态医学理论的最强大支柱，根据这种理论，梦表现为无益、干扰性过程和一种被贬低的心灵活动的表示。然而，人们不能期待从心灵障碍那里得到对梦的最终定局澄清，此处众所周知，我们对心灵障碍经过的认识处于何种不令人满意的状况。但很可能的是，变化了的对梦的见解必定影响我们对精神障碍内部机制的意见，而这样我们就可以说，如果我们努力弄清梦的秘密，我们就在着力澄清精神病。①

1909 年补充

在本书初版直至第二版这段时间，我没有把梦问题的文献继续下去，需要申辩一下。读者可能觉得这种辩解不那么令人满意；我却还是受制于它。根本促使我阐述文献中对梦的处理的那些动机，随着前面的引子已经

① 在《心理分析入门讲座新系列》（弗洛伊德，1933 年，研习版，第 1 卷，第 458 及下页）可以找到对梦与精神病之间关系的讨论。

详尽阐明；继续这项工作将会让我异乎寻常费力而且很少带来益处或者教益。因为所言九年的时间既没有在实际材料上也没有在视点上给对梦的见解带来新意或者宝贵之事。在多数从那时起公开的出版物中依旧未提及、顾及我的这部著作；当然在那些所谓“梦研究者”那里，它得到的重视最少，他们以此给学术人特有的对学会新东西的反感提供了一个出色的例子，**“学者不好奇”**，嘲讽者阿纳托尔·法朗士[①]这样认为。如果学术上有报复权，那我可能有权也忽略自从本书出版以来的文献。出现在学术期刊上的少量报道充满不解与误解，我对批评者能回应的无非是要求再读一遍本书。或许这一要求也可以是：确实去读。

在那些决定应用心理分析疗法的医生和别人的著作中，大量公布了梦，并按我的指南做了解释。只要这些著作超越对我的立论的证实，我就将其结果记入我的阐述的上下文中。书后的第二份文献目录汇编了本书初版以来的最重要出版物。圣德桑克蒂斯关于梦的书内容丰富，发表后很快就有德译本，该书与我的《释梦》在时间上交叉，使得我很少能注意他，就像这名意大利著作者很少能注意我一样。我后来不得不遗憾地判断，他勤奋的工作缺乏想法，如此贫乏，使得人家从中根本无法预感到在我这里处理的问题的可能性。

我只能回想起两本出版物，它们接近我对梦问题的处理。一名较年轻的哲学家 H. 斯沃博达，他做到了把源于威廉·弗利斯（《生命的过程》，1906 年）[②]对生物周期性（连续 23 至 28 天）的发现扩展到心理事件上，在一部富于想象力的著作（《人类有机体周期的心理学与生理学意义》，1904

① 阿纳托尔·法朗士（1844—1924），原名雅克－阿纳托尔－弗朗索瓦·蒂波，法国作家。——译注

② 在恩斯特·克里斯对弗洛伊德致弗利斯信件的导言 IV 段中，可以找到对弗利斯的理论和他与斯沃博达的关系的阐述（弗洛伊德，《精神分析肇始》，1950 年）。

年）中借助这把钥匙也想解开梦之谜。梦的意义这时就会打折扣；梦的内容材料会通过所有那些回忆的重合而得到解释，那些回忆在那个夜里恰恰初次或者不知第几次完成一个生物周期。该著作者的自述让我首先猜想，他本人不再愿意认真地支持这种学说。似乎我在这一推论上弄错了①；我会在别处告知对斯沃博达立论的若干观察，它们却未给我带来令人信服的结果。在意想不到之处找到对梦的一种见解，与我的见解的核心完全叠合，这一偶然事件让我喜悦得多。时间状况排除了那种可能性，即那种言论受阅读拙著的影响；我就必须在其中欢迎唯一在文献中可以证明的一名独立思想家与我的梦学说本质上一致。那本书中可以找到我着眼的关于做梦的一处，该书于 1900 年以《一名实在主义者的幻想》为题由林考伊斯出第二版。（初版于 1899 年）②

1914 年补充

前面的辩解于 1909 年写就。自那以来，实际情况却改变了；我对“解梦”的贡献在文献中不再被忽视。只是新的形势使我更加不可能继续前面的报告。《释梦》带来了一整个系列新的命题与问题，现在著作者们以迥异的方式探讨它们。在我发展作者们所提及的我自己的观点之前，我还不能阐述这些著作。因而，在我以下的论述上下文中，我评价了我觉得这一最新文献中的宝贵之处。

---

① 刚才两句以现有形式注明出自 1911 年；此句紧接着的部分于 1911 年添加。

② （1930 年补充）参见《约瑟夫·波佩尔——林考伊斯和梦理论》（1923 年）。弗洛伊德还写过关于梦的第二篇论文（《我与约瑟夫·波佩尔——林考伊斯的切合之处》，1932 年）。在后面很远，在一处脚注中全文引用上面文中暗指的段落。

第二章 解梦的方法：对一个梦模式的分析

我给自己论文起的标题可以让人看出，在关于梦的见解上，我想继承何种传统。我打算指出，梦可以解释；而对澄清恰好处理过的梦问题做贡献，只能是在尽我的本分时可能带给我的附带收获。由于假设梦可以解释，我立即违背占统治地位的梦学说甚至所有梦理论，舍讷的梦理论例外；因为“解释一个梦”意味着说明其“意义”，用某事作为分量十足、等值的环节插入我们心灵行动的关联来代替它。正如我们已经获悉的，梦的学术理论却不为解梦问题留下空间，因为对这些理论而言，梦根本不是心灵行动，而是通过征兆在心灵系统上显示出来的躯体过程。非专业人士的意见向来不一样。这种意见有权不合逻辑地行事，尽管它承认梦令人费解而怪诞，它还是无法断然否认梦的任何意义。这种意见由一种模糊的预感引导着，它似乎还是猜测，梦有种意义，虽然是一种隐蔽的意义，梦被确定代替另一种思维过程，关键只在于以正确方式揭示这种替代，以获得梦的隐蔽意义。

非专业人士圈子因此历来努力“解释”梦，同时尝试两种本质上不同的方式。这些做法的第一种把梦境作为整体纳入眼界，试图用另一种容易理解的而且在某些方面类似的内容来代替它。这是**象征性**解梦；它当然从一开始就因为那些显得不仅不可理解而且混乱的梦而失败。比如，《圣经》

里的约瑟夫给法老解梦，就给非专业人士的做法提供了一个例证。七头肥奶牛，它们之后来了七头较瘦的，把前者都吃尽了，这是象征性替代埃及大地上有七个荒年这一预言，这些荒年耗尽了七个丰年所创造的所有丰裕。由作家创造的多数人工梦用于此类象征性解释，因为这些梦以一种伪装再现了由作家表达的意念，这种伪装被认为适合从经验得知的我们做梦的特性[①]。梦主要关心未来，它预感到对未来的塑造——这是曾经判定梦有预言意义的一点残余——这种意见就成为动机，要通过“将要”把通过象征性解释而发现的梦的意义置于将来。

当然不可能指导人们如何找到通往此类象征性解释的道路。成功依旧是奇思妙想、突然间的直觉才能做到的事情，因而解梦不能借助象征而上升为似乎受制于一种特殊天赋的技巧练习[②]。另一种流行的解梦方法完全避开了此类要求。人家可以把它称为“译码法”，因为它把梦当作一类密码文字来对待，在这种文字中，每个字符都根据固定的密码译成具有已知意义的另一个字符。比如我梦见过一封信，也梦见过一次葬礼，诸如此类；我就在“梦书”中查阅，发现“信”可以用“烦恼”“葬礼”可以用“订婚”来翻译。于是只有让我用我破译的关键词建立一种关联，我又把这种关联当作将来的而接受。在出自达尔迪斯的阿特米多鲁斯关于解梦的著作里(《解梦》)[③]，颇有意味地略微改动这种译电法，通过这种改动，这种方法作为机

---

① （1909 年补充）在作家威·延森的中篇小说《格拉迪瓦》里，我偶然发现若干人工梦，塑造得完全正确，可以解释得好像它们不是虚构的，而是由真人梦见的。作家对我的询问证实道，他对我的梦学说依旧陌生。我把我的研究与作家的创作之间的一致用来证明，我的梦分析是正确的。(《威·延森的〈格拉迪瓦〉中的妄想与梦》，弗洛伊德，1907 年）

② （1914 年补充）亚里士多德(《论解梦》，II；H. 本德尔译成德文，1855—1897 年，第 74 页及下页）在此意义上表示，最佳的解梦者是最佳地把握类似性者：因为梦象正如水中的图景，因运动而扭曲，而在扭曲的图景中能够认清真相者最为剀切（比克森许茨，《古代的梦与解梦》，1868 年，第 65 页）。

③ （1914 年补充）出自达尔迪斯的阿特米多鲁斯，很可能生于公元 2 世纪初，把希腊—罗马

械翻译的特性在某种程度上得到纠正。此处不仅顾及梦境，而且顾及做梦者本人与生活状况，使得相同的梦因素对富人、已婚者、演讲者的意义不同于对穷人、单身者还有比如商人的意义。这一做法的本质就是，解梦工作不集中于梦的整体，而是集中于梦境的单独每一块，似乎梦是一块砾岩，其中每一碎块岩石都需要有特别用途。创造译码法的原动力肯定就是起因于无关联和杂乱无章的梦。① 就对该主题的学术处理而言，片刻都毋庸置疑，两种流行的梦的解法无用。象征法在其应用上受限，无法普遍阐述。

世界里最完整、最细致的对解梦的处理留传给我们。正如特·贡珀茨（《解梦与巫术》，1866 年，第 7 页及下页）所强调的，他注重把解梦建立在观察与经验的基础上，把他的艺术与其他骗术严格分离。根据贡珀茨的描述，他的解梦术原则与魔术同一，是联想原则。梦的事物意味着它回忆什么。应该强调，它让解梦者回忆起什么！有一个任意与无把握的来源，它无法得到控制，这个来源就由这样一种情形产生，即梦因素可能让解梦者回忆起不同的事情，并让每个人回忆起不同的事。我在下面要分析的技巧，在一个根本点上偏离古典的技巧，即它让做梦者本人担负起解释工作。它不愿顾及解梦者对相关因素想起什么，而想顾及做梦者对相关因素想起什么。根据传教士特芬克德伊最近的报告，东方的现代解梦者却也尽量利用做梦者的协助。消息提供者讲述美索不达米亚的阿拉伯人那里的解梦者："为了准确地解梦，多数能干的解梦者向找他们咨询的人了解自己认为对做出良好解释必要的各种情形……一句话，我们的解梦者不允许一种情形被忽略，在完满的谈话与领会之前不给出人们所渴望的解释。在这些问题中，常常有此类问题围绕对最亲近的家人的详细说明，还有典型的套话："你梦前或者梦后跟你妻子性交了吗？""解梦的支配想法在于由其反面来解梦。"

①（1909 年补充）阿尔弗雷德·罗比切克博士提醒我注意，我们的梦书是东方梦书可怜的仿制品，东方梦书大多根据言辞的一致和类似来解释梦因素。因为这些亲缘关系在译成我们的语言时必定失落，缘此，我们流行的"梦书"中那些替代品就会无法领会。——关于古代东方文化中双关语和文字游戏不同寻常的意义，可以从（著名考古学家）胡戈·温克勒的著作中获悉。——（1911 年补充）从古典时期给我们留传下来的解梦最美的例子，基于一种文字游戏。阿特米多鲁斯讲述道（IV，第 24 章，由克劳斯翻译，1881 年，第 255 页）："我却觉得连阿里斯坦德罗斯也给了马其顿的亚历山大一种相当幸福的解释，当时后者对特罗（提尔）保持包围并围困之，因为巨大的时间损失而郁郁不乐，感觉他看见萨梯在其盾牌上跳舞；阿里斯坦德罗斯偶然位于特罗附近，陪伴对叙利亚人作战的国王。他就把 Satyros 一词拆成 σά 和 τνρος，导致国王更坚决地开始围困，成为城市的主人（Σà-Túρος= 特罗是你的）。——此外，梦如此紧密地有赖于语言表达，使得费伦茨（《对梦的精神分析》，1910 年）会不无道理地注意到，每门语言都有其自己的梦语言。一个梦通常无法译成另一种语言，我认为，像本书这样的一本书，因而也是如此。（1930 年补充）尽管如此，首先是纽约的亚·A. 布里尔博士，他之后再是其他人成功完成了《释梦》的翻译。

在译码法上，关键是“密码”、梦书要可靠，而在这方面缺乏任何保障。人家就会强烈倾向于承认哲学家和精神病学家有理，跟他们一起把解梦问题当作一项想象中的任务而勾销。[1] 不过，我从善如流了。我不得不认识到，此处又有那种并非罕见的情况之一，其中一种古老、顽固坚持的民间迷信似乎比现行科学更接近事情的真相。我必须断言，梦确实有意义，一种学术性解梦做法是可行的。我以如下方法了解了这种做法：

几年来，我怀着治疗目的忙于解开某些心理病理学结构、癔症恐惧症、强迫观念等等；也就是自从我从约瑟夫·布罗伊尔意义深远的报告中得知，就这些被感受为病征的形态而言，解谜与解决办法重合。[2] 如果可以把这样一种病态想象追溯到它在病人的精神生活中所起源的那些因素，那这种想象也就瓦解了，病人也就摆脱了它。在我们其他治疗努力无能为力的情况下，鉴于这些状况像谜一般，我觉得吸引人的是，在由布罗洛伊尔选取的道路上，不顾一切困难，推进至完全澄清。这种做法的技巧最终如何成型，努力的结果是哪一个，对此，我下次会作详细报告。在这些精神分析研究过程中，我想到了解梦。患者对一个特定主题不禁产生闪念和意念，我规定患者把所有这些闪念和意念告诉我，他们对我讲述他们的梦，向我表明，一个梦可能被插入心理联系中，这种联系由病态想法而来，可以向后在回忆中追踪。可想而知的是，要像处理病征一样处理梦本身，把针对病态想法而拟定的解释方法应用于梦。

对此就需要给病人做某种心理准备。在他身上力争两件事，提升其对心理知觉的注意力并排除批评，借助这种批评，他平素惯常审视他冒出来

---

① 我完稿后，施通普夫的一部著作（《梦及其解释》，1899 年）送达我处，此书有意证明梦有意义而可解，它与我的著作重合。解释却借助寓意性象征实现而不保证此法普遍有效。

② 布罗伊尔与弗洛伊德：《癔症研究》，1895 年。

的念头。为了他聚精会神地自我观察，他取静姿并闭眼很有益[①]；放弃对察觉到的思考产物的批评，这点必须明确强加于他。也就是告诉他，心理分析的成功取决于，他重视一切并告知什么在他脑中闪过，而绝不因为他觉得不重要或者不切题就诱使他压制一个闪念，因为他觉得无意义就诱使他压制另一个闪念。他必须对其闪念完全不偏不倚；因为如果他平时无法成功地发现寻找的梦的解法、强迫观念等等的解法，那原因恰恰就在于批评。

在心理分析工作上，我觉察到，深思者的心理状态与观察其心理过程者的截然不同。沉思时，心理行动起效多于在聚精会神地自我观察时，连沉思时紧张的表情与皱起的眉头与自我观察者的面部平静相反，也证明了这点。在两种情况下，都必须有注意力的集中[②]，但沉思者还做批评，由于批评，他觉察到浮现的闪念后，就抛弃了一部分，迅速中断其他闪念，使得他不遵循它们会开辟的思路，而他善于这样对待其他念头，使得它们根本不被意识到，也就是在觉察之前被抑制。自我观察者却只有努力压制批评；如果这点他成功了，那他就意识到平素都一直无法领会的无数闪念。借助这种为自我察觉而新获得的材料，可以完成对病态想法及梦象的解释。如果看出涉及建立一种心理状态，它与入睡前的状态（想必也与催眠状态）在心理能量（活动注意力）的分配上共有某种相似。入睡时，由于某种任意的（而且肯定也是关键的）行动减弱，“非人所愿的”想象凸显，我们让这种行动影响我们想象的经过；我们惯常提出“疲劳”是这种减弱的理由；出现的非人所愿的想象转变成视觉与听觉图景（比较施莱尔马赫的评论）[③]。遇上分析梦和病态想法时所利用的状态时，就有意并且随意放弃

① 弗洛伊德稍后就不再注重闭眼（古老的催眠疗法的一种残余）。

② 在本书后面探讨注意力的功能。

③ （1919 年补充）海·西尔伯勒从直接观察这种从想象转化成面相中得到了对解梦的重要贡献。（《关于引起并观察某些象征性幻觉——现象的一种方法的报告》，1909 年；《想象与神话》，1910 年；《苏醒的象征与一般门槛象征》，1912 年）

那种活动，把节省下来的心理能量（或者其中一部分）用来注意跟踪现在出现的非人所愿的意念，它们保留了作为想象的特性（这是与入睡时状态的差异）。**这样就使“非人所愿的”想象成了“所愿的”。**

此处要求适应[①]看来“自由上升的”闪念连同放弃平素针对它们的批评，让某些人觉得变得不容易。“非人所愿的意念”惯于激起想阻止它们出现的最激烈阻抗。但如果我们相信我们伟大的诗哲弗·席勒[②]，一种完全相似的调整也必定包含作诗的条件。应感谢奥托·兰克发现了席勒与克尔纳[③]书信往还的一处，在那一处，席勒对他的朋友抱怨自己缺乏创造力回答道：“我觉得，你抱怨的根由在于，你的理智把那种强迫加在你的想象上。我在此不禁信手拈来一个念头并通过一个比喻来说明它。对涌来的想法，如果理智仿佛在门口就过于严厉地打量它们，这似乎不佳而且对心灵的创造劳动不利。孤立地来审视，一个想法可能相当微不足道并且相当离奇，但或许它因在它之后到来的一个想法而变得重要，也许它能在与或许显得同样乏味的其他想法的某种联系中扮演相当合宜的一环——如果理智不是那么长久地留住这个想法，直到在与这些其他想法的联系中察看过该想法，理智就无法判断所有这一切。而我以为，在一个有创造性的头脑处，理智从大门上撤回岗哨，想法**杂乱地**涌进来，随后理智才综观并打量这一大堆——尔等批评家先生们，或者汝曹还自称什么，尔等羞于或者惧怕在所有奇特的创造者身上均可找到的瞬息即逝的妄想，而其或长或短的持续时间把思考的艺术家与做梦者区分开来。因而足下抱怨不丰产，因为足下过早摒弃，甄选过严。”（1788 年 12 月 1 日信）

---

① 本段于 1909 年补充，下一段做了相应修改。

② （约翰·克里斯托弗）·弗里德里希·冯（自 1802 年起）·席勒（1759—1805），德国诗人。——译注

③ 克里斯蒂安·高特弗里特·科尔纳（1756—1831），德意志枢密顾问，诗人（卡尔·）特奥多·科尔纳（1791—1813）之父，席勒之友与崇拜者。——译注

不过，席勒所称“此种从理智大门上撤回岗哨”、这样使自己置身于不加批评地自我观察状态，绝对不难。

我的多数患者经初次指导后就做到了这点；如果我同时通过记下我的闪念来支持自己，我本人可以做得相当完满。为了心理能的数量，人家减轻了批评活动，借助心理能的数量，人家可以提高自我观察的强度，这种数量根据应由注意力固定下来的主题而显著波动。

应用这种做法时的第一步就表明，不得把作为整体的梦、而只能是其内容的各个部件当作注意的客体。如果我问尚未练熟的患者：您对这个主题想起什么？他通常不会把握其精神视野中的任何东西。我必须把梦分段放在他面前，于是他对每一部分把一系列闪念提供给我，可以称为这种梦局部的“隐念”。在这个首要条件中，由我实施的解梦法就已经偏离了流行的、历史上和传说中著名的通过象征来解释的方法，接近第二种、“译码法”。它就像这种解释是**详细的**，而非**大量的**；像这种解释一样，它从一开始就把梦领会成组合之事、心理产物的杂糅。[①]

我在神经质患者身上做心理分析的过程中，我可能已经解了逾千个梦，但我不想在此用这种材料作解梦的技巧与学说入门。我会使自己遭受异议，说这些的确是神经病患者的梦，使人不可能推断出健康人的梦，完全撇开这点，有另一个缘由迫使我摒弃它们。这些梦所针对的主题，当然总是以神经症作为基础的病史。由此，对每个梦而言，一份超长的预备性报告和对精神神经症的本质和病因学探究就会是必需的，这些事物本身是新的，至为令人惊讶，这样就会把注意力从梦问题上引开。我的意图其实在于，在解梦时为阐明更困难的神经症心理学完成准备工作。[②] 但如果我放弃神

① 在后面很远的地方探讨解梦的技巧。

② 在第七章戊节开始，弗洛伊德说到那些困难，他在阐述初版前言中已经写下的计划的主题时产生了这些困难。正如他补充说明的，他常常强烈倾向于无视此计划。尽管公开表明了相反

经质患者的梦、我的主要材料，那我对剩余部分就不能过于挑剔地行事。就只剩下那些梦，偶尔由我相识的健康人讲给我听，或者我发现它们作为例子记录在关于梦样状态的文献中。可惜，在所有这些梦中，我都缺乏分析，不经分析，我无法发现梦的意义。我的做法的确不像流行的译码法那样方便，后者根据一种固定密码翻译给定的梦境；我其实有所准备，即同样的梦境在不同人身上并在不同的语境中也可能隐含别的意义。所以，我依赖我自己的梦，作为依赖一种丰富而方便的材料，这种材料源于一个差不多正常的人，涉及日常生活中多种多样的诱因。对此类“自我分析”的可靠性，人家准会对我提出怀疑，说这时肯定不排除随意性。根据我的判断，自我观察时的情况倒比观察别人有利；无论如何，可以尝试，在解梦时借助自我分析可以达到哪一步。我得在我自己内心克服别的困难。如此多地泄露心灵生活中的隐私，人家有一种可以理解的胆怯，同时也知道不能保证防止生人曲解。但对此必须能豁出去。德尔伯夫写道：**“所有心理学家如果认为那样他可能阐明难题，就都有义务哪怕承认其弱点。”**而我可以设想，即使在读者那里，起初对我不得不泄密的兴趣也会很快让位于完全深入由此阐明的心理问题。[①] 我就会找出我自己的一个梦，借助它来讲解我的解释方式。每个这样的梦都使预备性报告有必要。我却必须请求读者有好一会儿把我的兴趣变成他的，随我沉潜于我生活的最小细节，因为此类移情迫切要求对梦的隐含意义感兴趣。

意图，他还是用了其患者的许多梦，并多次开始讨论神经症病征的机理。

① 无论如何，我不愿忽略在对上述事物的限制中说明，我几乎从未告知过我得到的对一个自己的梦的完整解释。不过多相信读者的谨慎，我很可能有理。

预备性报告

1895 年夏，我对一名少妇做了精神分析治疗，她跟我和我的家人很亲近。人家理解，此类关系混杂可能成为对医生，尤其是心理治疗师多种多样刺激的来源。医生个人的兴趣要大些，其权威要小些。一次不成功恐怕就疏离与病人家属的旧交情。治疗以部分的成功而结束，女患者削弱了其癔症恐惧，但并非其所有躯体病征。我当时尚不很肯定那些标准，它们表明最终解决一段癔症的病史，我就苛求女患者她觉得不可接受的一种解决办法。在这种不一致中，我们因为夏季而中断了治疗。一天，一名较年轻的同事、我最亲近的友人之一来探访我，他拜访了在乡间逗留的女患者——伊尔玛——及其家庭。我问他觉得她如何，得到的回答是：她好些了，但并非很好。我知道，我的友人奥托的话或者说这些话的口吻惹火了我。我相信听出一种指责，比如我对女患者许诺太多，我就——不管有理没理——把臆想的奥托对我的偏激归咎于患者家属的影响，我猜测，他们从未愿意见到我治疗。此外，我自己也不清楚我个人的感受，我没表达它。当天晚上，我就写下伊尔玛的病史，就像为我辩解，以便交给 M 大夫、一个共同的朋友，他当时是我们圈子里一锤定音的人物。在接着这个晚上的夜里（可能不如说早晨）我做了下面的梦，苏醒后紧接着就记录下来。①

1895 年 7 月 23/24 日梦

一座大厅——我们接待许多宾客——其中有伊尔玛，我马上把她拉到一边，仿佛要回她的信，指责她尚未接受“解决办法”。我告诉她：如果你还疼，那就确实只是你的责任了。她答道：要是你知道，我现在咽喉、胃

① （1914 年补充）这是我深入解释的第一个梦。

和躯体里怎么疼，它们勒痛了我。我惊恐地望着她。她看上去苍白、浮肿；我想，归根结底，我还是忽视了器质性事物。我拉她到窗边，看她的咽喉。这时，她像戴着义齿的那些妇女表现出抗拒。我想，她可不必这样。于是，嘴也张得很好，我在右边发现一大块白[①]斑，在另一面，借助值得注意的起皱形成物，我看见膨胀的白褐色痂皮，这些形成物显然仿造了鼻甲。我很快叫来了M大夫，他重复并证实了检查……M大夫看上去与平常截然不同；他很苍白，跛行着，下巴上没胡子……我的朋友奥托现在也站在我身边，而友人利奥波德在她的紧身胸衣上叩诊，并说：她胸部左下方有浊音，还指向左肩上一处浸润的皮肤局部（尽管有连衣裙，我还是像他一样感觉到了）……M说：无疑，这是感染，但没什么；还会有痢疾，而毒素会排出……我们也立即知道，感染从何而来。不久前，她觉得不适时，友人奥托给她注射了丙基制剂、丙烯……丙炔酸……三甲胺（我看见它们的粗体分子式在我眼前）……这类注射不是那么轻率……很可能注射器也不洁净。

这个梦有一点超过其他许多梦。马上就清楚它衔接上一日的哪些事件，它处理哪个主题。预备性报告对此给出答复。我从奥托那里得到的关于伊尔玛健康状况的消息、我直到深夜都在写的病史，即使在睡眠期间也让我的心灵活动忙碌。尽管如此，获悉预备性报告和梦的内容者无人能够预知梦意味着什么。我自己也不知道。我惊异于伊尔玛在梦中对我主诉的病征，因为不是我为此而给她治疗的同样病征。我取笑注射丙酸这个毫无意义的想法并取笑M大夫表示的安慰。我觉得这个梦临近结束时比开始时更模糊、更紧凑。为了获悉所有这一切的意义，我得决定做深入的分析。

---

① “白”字无疑错误地、只在全集的版本中（第112页）删去。

分 析

大厅——我们接待许多宾客。我们这个夏天住在一座望景楼上——毗连卡伦山[①]的一处丘陵上一座独立的房屋。这座房屋曾作为娱乐场所，因此有高得不同寻常的厅状的房间。这个梦也发生在望景楼上，而且在我妻子生日庆祝前没几天。白天我妻子表示了期望，她生日时会有一些朋友，其中也有伊尔玛来我们这儿做客。我的梦就预期了这个情境：是我妻子的生日，我们在望景楼的大厅里接待许多做客的人，其中有伊尔玛。

我指责伊尔玛，她没有接受解决办法；我说：如果你还疼，就是你自己的责任。我即使在醒着时也可能对她说这话，或者对她说了。我当时的意见是（后来认识到是错误的），我的任务限于告知病人其病征的隐含意义；成功取决于他们是否就接受这种解决办法，我不再对此负责。我感谢这一现在幸运地得到克服的迷误，在我处于我不可避免的无知中而应制造治疗成果的一个时候，它方便了我的生存。——在我梦中对伊尔玛说的这句话上，我却注意到，我首先不愿对她仍有的疼痛负责任。如果是伊尔玛自己的责任，那就不可能是我的。该朝这个方向寻找这个梦的意图吗？

伊尔玛主诉：咽喉、躯体与胃里疼痛，让她勒痛。胃里的疼痛属于我的女患者的综合征，它们却并非十分紧迫；倒不如说，她主诉不适与恶心的感觉。咽喉里、身体中的疼痛，喉咙中的勒痛在她身上几乎不起作用。我惊异的是，为何我梦中决定这样选择病征，即使眼下也找不到原因。

她看上去苍白、浮肿。我的女患者总是面色红润。我猜想，此处有另一人把她调包了。

我惊觉，我还是忽视了器质性疾病。正如人家会愿意相信我，在专家身上有一种从不绝迹的焦虑，他几乎只看见神经症患者，惯于把如此多的

---

① 卡伦山是紧靠维也纳的一处受人喜爱的游览地。

现象推到癔症上面，其他医生把这些现象作为器质性的来治疗。另一方面，逐渐侵袭我的是——我不知从何而来——一种轻微的怀疑，我的惊恐是否完全真诚。如果伊尔玛的疼痛有器质性根据，那我就又有义务治愈这些疼痛。我的治疗确实只排除癔症的疼痛。其实我觉得，好像我会希望诊断有误，那样也就可以排除对不成功的指责。

我拉她到窗边，要看她的咽喉。她像戴义齿的妇女那样有些抗拒。我想，她可的确不必这样。在伊尔玛身上，我从未有理由检查口腔。梦中的过程让我回忆起一些时间前对一名家庭女教师所做的检查，她首先给人以青春美人的印象，开口时却有某些迹象要藏匿其义齿。与此情况相连的是另外回忆起医学检查和小秘密，揭穿它们不会给两者中的任何一个带来乐趣。——**她可不必这样**，可能首先是对伊尔玛的恭维；我猜测却还有另一层意思。专心分析时会感觉到，是否详述了预料到的隐念。伊尔玛在窗边站立的方式，让我突然忆起另一次经历。伊尔玛有一个亲密女友，我非常尊重后者。我有天晚上在她那里做客，发现她处于梦中再现的窗边情景，而其医生，就是那个M大夫解释道，她有白喉苔。在梦的进展中，M大夫本人和苔的确再现了。现在我想起来，我在过去几个月里有各种理由猜测这另一名女士，她同样歇斯底里。对，伊尔玛自己把这透露给我。但我对她的状况知道些什么呢？恰恰这一点，即她像梦中我的伊尔玛一样患癔症喉梗。我就在梦里把我的女患者用其女友来代替了。现在我回忆起来，我常常随便猜测，这名女士可能同样需要我给她摆脱病征。我随后却自己认为极不可能，因为她具有相当矜持的天性。如梦所表明的那样，她**抗拒**。另一种解释就会是，**她不必这样**；她确实迄今足够强烈地显示，没有外来帮助而控制其状况。那就只剩下一些特征，我既不能在伊尔玛身上也无法在其女友处安排：**苍白、浮肿、假牙**。假牙把我引向那名家庭女教师；我就觉得自己倾向于局限于**坏**牙。于是我想起另一人，那些特征可能暗示她。

她同样不是我的患者，而我不想有她作为患者，因为我发觉，她在我面前拘束，而我认为她并非柔顺的病人。她一般很苍白，有一次她有--段特别好的时光，她就浮肿。[①] 我就把我的女患者伊尔玛与同样会抗拒治疗的另两人相比。我在梦里把她与其女友换错了，这可能有何意义呢？大约是我想把她们换错；另一人或者在我身上唤起更强烈的同情，或者我对其智力有较高评价。因为我认为伊尔玛不聪明，因为她不接受我的解决办法。另一人就会聪明些，也就会更容易让步。**于是，嘴也张得很好**；她会讲得比伊尔玛更多。[②] **我在咽喉里所见：一块白斑与结痂的鼻甲**。白斑令人忆起白喉，进而忆起伊尔玛的女友，此外却令人忆起近两年前我的长女病重，忆起那段艰难时光的所有惊恐。鼻甲上的痂提醒我担心我自己的健康。我当时常常使用可卡因来抑制讨厌的鼻肿，没几天前，我听说，有一名女患者做法与我相同，招致大面积鼻黏膜坏死。1885 年[③]，我开始推荐可卡因也给我带来了严重的指责。1895 年（梦的日期）就已经故去的一位亲爱的友人因滥用这种药品而加速了其毁灭。

我很快叫来 M 大夫，他重复了检查。这简直就会符合 M 大夫在我们中间所占据的地位。可这“快”字足够招眼，需要特别解释。它让我忆起一起悲哀的医疗事件。我有一次因继续开方使用一种药品，它当时尚被视

---

① 连尚未澄清的关于躯体中的疼痛的主诉也可以追溯到这第三个人。当然事关我自己的妻子；躯体疼痛让我回忆起那些契机之一，遇有那些契机时，她的羞怯对我变得明显。我得对自己承认，我在这个梦里没有十分亲切地对待伊尔玛和我妻子，但为了替我辩解，应说明，我把两者与乖巧、柔顺的女患者这一样板相比。

② 我担心，如果要追踪所有隐含的意义，对这一部分的解释不够深入。如果我想继续对三名妇女的比较，那就离题很远。——每个梦至少有一处神秘莫测，仿佛有个关键，它由此与未及认识之事相连。

③ 这是所有更早德文版的一处印刷错误。应该是：1884 年，因为这是弗洛伊德首篇可卡因著作的出版年份。在欧内斯特·琼斯（《西克蒙特·弗洛伊德的生平与业绩》，1960 年）的弗洛伊德传记第一卷第六章中详细描述与可卡因相关的探究。由此可以推断，“亲爱的友人”是弗赖施尔·冯·马克索夫。后面对此插曲做了进一步的间接暗示。

为无害（索佛那、双乙磺丙烷），在一名女病人身上引起了严重的中毒，于是我尽快求助于一名资深的较年长同事。我心目中确实有此病例，由一个附带情况而得到证实。死于中毒的那名女病人跟我的长女用相同的名字。我至今从未想到过这点；现在几乎让我觉得一种命运的报复。似乎在别的意义上继续替换人；这个马蒂尔德代替那个马蒂尔德；以眼还眼，以牙还牙。似乎我找出了所有的机会，从中我可以自责缺乏医生的认真。

M 大夫苍白，下巴上没有胡子，跛行着。其中这点是正确的，即他糟糕的外表常常激起其友人的忧虑。两种其他特征想必属于第三个人。我想起我居于国外的兄长，他下巴剃须，如果我回忆正确的话，他整体上与梦里的 M 看起来相像。关于他，几天前传来消息，他因为患关节炎而髋部一瘸一拐。我把两人在梦中融合成一人，这肯定有缘由。我确实回忆起来，我出于类似的理由而对两人都不满。两人都拒绝我最近对他们的建议。

友人奥托现在站在女病人身边，而友人利奥波德给她做检查，指出左下方有杂音。友人利奥波德同样是医生奥托的一名亲戚。因为他们从事同样的专业，命运让两人成了竞争者，人家不断把他们对比。我还在领导一家神经疾病儿童公立诊所时①，他俩都经年协助我。像梦中再现的那些场景，在那里常常发生。我跟奥托辩论对一个病例的诊断时，利奥波德重新检查孩子，对定夺带来意想不到的贡献。就像督察布莱西西及其友人卡尔之间一样，他们之间存在一种类似的性格差异。②一个因“敏捷”而突出，另一个缓慢、深思熟虑但细致。要是我在梦里把奥托和谨慎的利奥波德对比，那发生此事显然是为了夸奖利奥波德。这是一个相似的比较，像上面在不顺从的女患者伊尔玛与其被视为较聪明的女友之间一样。我现在

① 在维也纳的卡索维茨研究所。

② 弗里茨·罗伊特曾经读者众多、以梅克伦堡方言写作的小说《我当农场管家时》（1862—1864）的两个主要人物。

也注意到梦中联想在上面移动的轨道之一：从患病的儿童到儿童病人研究所。——**左下方杂音给**我的印象是，似乎它符合一个个别病例的所有细节，在此病例中，利奥波德因其细致而使我惊讶。此外，我脑海中还浮现出像转移的疾患一样的东西，但它可能也是与那名女患者的关系，我想有这样的女患者而非伊尔玛。因为据我观察，这名女士像是有肺结核。

左肩上一处浸润的皮肤局部。我马上知道，这是我自己的肩部风湿，每当我直到深夜都醒着，就常常感觉到它。梦里的原文听起来也那么模棱两可：**我……像他一样感觉到**。指的是在自己身上感觉到。此外，引起我注意的是，"浸润的皮肤局部"这一名称听上去多么不同寻常。我们习惯于"左后上方浸润"；它涉及肺进而又涉及肺结核。

尽管有连衣裙。这却只是个插入成分。我们当然脱衣检查诊所的儿童；这与对成年女性患者检查必需的方式是一种对比。对一名出色的临床医师，人家惯于说，他始终只是通过衣服检查女患者。别的我就不清楚了，坦白地说，我无意在此深入。

M **大夫说：是感染，但没什么。还会有痢疾，而毒素会排出**。这让我首先觉得可笑，但它还得像其他一切一样，仔细地被分解。细看起来，还是显出一种意义。我在女患者身上发现之事，是局部白喉。从我女儿患病时起，我回忆起关于白喉 Diphtheritis 与 Diphtherie 的讨论。后者是全身感染，由局部白喉开始。利奥波德通过杂音来验证这样一种全身感染，这种杂音也就让人想到转移病灶。我虽然相信，恰恰在遇有白喉时，此类转移不会出现。它们更容易令我想起脓血症。

没什么，是一种安慰。我以为，这种安慰补充如下：梦的最后部分带来的内容是，女患者的疼痛源于严重的器质性疾患。我猜想，我也只想以此推卸责任。无法让心理治疗为白喉病的持续而负责。让我还是害羞的就是，仅仅为了减轻我的责任，我硬说伊尔玛有如此严重的疾病。看起来如此残酷。我就需要保证有个好的结局，而我觉得选得不坏的是，我恰恰借M大夫的口把安慰说出来。我却让自己超越了梦，这需要澄清。为何这种安慰却如此无意义？

痢疾：不知哪种遥远的理论假设，即可以通过肠去除疾病物质。我想借此取笑M大夫大量牵强的解释、特别的病理联系？对痢疾，我还想起别的事。几个月前，我接诊了一个年轻男子，其排便不适值得注意。其他同行把他当作一个“营养不良性贫血”的病例治疗过。我认识到，问题在于癔症，我不想在他身上尝试我的心理疗法，就打发他去航海。几天前我就收到他发自埃及的绝望的信，他在那里经历了新的发作，医生宣布为痢疾。我虽然猜测，这一诊断只是无知同行的错误，他被癔症愚弄了；但我还是不免自责，我把病人置于这样的境地，在癔症性的肠疾患之外还得了器质性肠疾患。痢疾听起来还像白喉，后者的名字未在梦中说出来。

对，必定如此，我用来取笑M大夫的是安慰人的预后：还会有痢疾等等，因为我忆起，他几年前曾经笑着讲过一个同行类似的事。他跟这名同行一起受聘给一名重病人会诊，觉得有理由告诫显得满怀希望的另外那个人，他在患者那里发现尿中有蛋白。同行却没有被弄糊涂，而是平静地答道：**没什么**，同行先生，**那种**蛋白会排出去的！——我就不再怀疑，在梦到这个部分时，包含嘲弄对癔症无知的同行。像是为了证实，我现在闪念：难道M大夫知道，其女患者——伊尔玛女友身上的现象也基于癔症？她让人担心有肺结核。他看出了这种癔症，还是他被它“骗了”？

但我有何种动机如此恶劣地对待这位友人呢？这很简单：M大夫像伊尔玛本人一样不那么同意我在伊尔玛身上的“解决办法”。我就在此梦里已经报复了两人，用言辞报复伊尔玛：要是你还疼，就是你自己的责任；而报复M大夫用的是借他的口说出的无意义的安慰字句。

我们立即知道，感染从何而来。梦中的这种立即知道值得注意。就在刚才，我们还不知道，因为经由利奥波德才验证了感染。

她觉得不适时，友人奥托给她注射过。奥托确实讲过，他最近在伊尔玛家时被接入邻近的旅馆，给那里突然觉得不适的某人注射了一针。注射又令我想起那个可卡因中毒的不幸朋友。我只是建议他在吗啡脱瘾期间内（即口）服此药品；他却立即注射可卡因。

用丙基制剂①**、丙烯**②**……丙炔酸**③**。**我究竟怎么会想到此？那晚之后，我写了病史，随后做了梦，在同一个夜晚，我妻子开了一瓶利口甜烧酒，瓶上可以读到“Ananas”④，它是我们的友人奥托所赠。因为他有习惯，在所有可能的时机馈赠；但愿有朝一日由一名妇人改变他的这种习惯。⑤从这瓶利口酒里冒出这样一种劣质烧酒味，我拒绝品尝。我妻子的意思是我们把这瓶酒送给仆人，而我更谨慎，以与人友善的意见禁止此事，他们也不该中毒。劣质烧酒味（戊基⑥……）就显然在我身上激起了对整个系列：丙基⑦、甲基⑧等等的回忆，给梦提供了丙基制剂。我却做了替换。闻到戊基后，梦到丙基，但或许恰恰在有机化学中是允许此类替换的。

三甲胺。对此物质，我在梦中见到了化学分子式，无论如何证明了我的记忆的巨大努力，而且分子式用粗体印着，似乎人家想在这个语境中把某事突出为特别重要。以此类方式让我注意到的三甲胺究竟把我引向何

---

① Propylprärat——译注

② Propylen——译注

③ Propionsäure——译注

④ “Ananas”还奇怪地包含与我的女患者伊尔玛姓氏的相似之处。

⑤ （1909年补充；然而自1925年起又删去）在这一点上，此梦没有被证明是预言。在别的意义上，它说对了，因为对我的女患者“未解决的”胃不适，我不愿有责任，它们是一种严重胆石疾病的先导。

⑥ Amyl——译注

⑦ Propyl——译注

⑧ Methyl——译注

处？引向与另一友人的谈话，他几年来知晓我所有正在酝酿的工作，正如我知晓他的一样。[①] 他当时告知我某些对性化学的想法，还提及他相信在三甲胺中看出性代谢的产物之一。这种物质就把我引向性、引向那种要素，就我想治愈的神经疾患的产生而言，我赋予这种要素以最大的意义。我的女患者伊尔玛是一名青年寡妇；如果对我来说，重要的是为治疗不成功而向她道歉，那我可能最好基于此事实，她的朋友们愿意改变此事实。此外，这样一个梦安排得多么奇怪！我在梦中有过的代替伊尔玛的另一名女患者也是年轻寡妇。

我猜到，为何三甲胺的分子式在梦中如此蔓延。有如此多重要之事在这一个词里凑到一起：三甲胺不仅影射性的强大要素，而且也暗指一个人，每当我因自己的观点而觉得孤寂，就带着满足回忆起此人的赞同。难道在我的生活中扮演如此重要角色的这名友人在梦的意念联系中依旧不该出现？还是该出现的；对起因于鼻子及鼻旁窦疾患的作用，他是一名特别的行家，给科学开辟了若干极其值得注意的鼻甲与女性性器官的关系（在伊尔玛那里，喉咙里三个起皱的产物）。我让他给伊尔玛检查，是否她的胃痛也许起源于鼻子。他自己却患有引起我担心的鼻化脓，暗示此事的可能是在梦的转移时浮现在我眼前的脓血症。[②] **这类注射不是那么轻率。**此处，轻率这一指责直接针对友人奥托提出。我相信，他似乎通过话语和目光来证明对我的偏激时，我下午想过类似之事。比如他多么易受影响；他多么轻松地完成其判断。——另外，上面的句子又对我指向逝去的友人，他如此迅速地决定注射可卡因。正如所说的，我根本无意注射此药物。轻率地

---

① 那是威廉·弗利斯、在柏林的生物学家兼鼻喉专科医生，就在《释梦》发表前几年间对弗洛伊德有巨大的影响，他即使通常匿名，也常常在本书中出现。参见弗洛伊德《精神分析肇始》，1950 年。

② 梦的这一部分在后面还得到进一步分析。

对待那些化学材料，在我对奥托提出的这一指责上，我发觉，我又触动了那个不幸的玛蒂尔德的故事，对我的相同指责来自她。我在此显然是为我的认真但也为相反之事而收集例子。

很可能注射器也不洁净。还有一项指责针对奥托，却源自别处。昨日，我偶遇一名八十二岁女士的儿子，我每日得给她注射两次吗啡。[①] 她现在乡间，而我听说她患了静脉炎。我马上想到，是由于注射器不洁引起的浸润。我两年没给她造成浸润，是我的骄傲；当然我持续担心，注射器是否也洁净。我就是认真。我由静脉炎想到我妻子，她在一次怀孕时患静脉瘀滞，这样在我的回忆中就出现了三个相似的情境，我妻子、伊尔玛和逝去的玛蒂尔德，她们的同一性显然给了我权利，在梦中把三人互换。

我现在完成了解梦。[②] 在这项工作期间，我不得不努力抗拒所有那些闪念，梦境与其后隐藏的梦意念之间的比较必定刺激了这些闪念。其间，我也明白了梦的“意义”。我发觉一种意图，它由梦而实现并且必定是做梦的动机。梦满足了若干愿望，后者因由前一晚的事件（奥托的消息、病史记录）在我身上变得活跃。梦的结果就是，我对伊尔玛尚存的疾患无过失，奥托对此有责。现在，奥托以其关于伊尔玛未痊愈的意见而惹我生气，梦为我报复他，把指责转回到他自己身上。梦为我开脱对伊尔玛的健康状况所负的责任，它把这种健康状况追溯到其他要素上（还是一整个系列的理由）。梦构成我所愿的某种事态；**其内容就是遂愿，其动机是一个愿望。**

扎眼的就这么多。但在梦的细节中，在遂愿的视角下，我也可以理解某些事。我不仅因为奥托对我过于匆忙的偏激而报复他，把过于匆忙的医疗行为诿过于他，我还因为糟糕的利口烧酒而报复他，它发出劣质烧酒的

---

① 这名老妇（在弗洛伊德那个时期的著作中多次出现）在后面再次被提及。

② （1909 年补充）正如可以理解的，哪怕我没有告知我想起来用于解释工作的一切。

味道，我在梦里发现一种表达集合了两项指责：注射一种丙烯制剂。我还不满足，而是继续我的报复，我把他与其竞争者对比，后者更可靠。我似乎以此在说：对我而言，此人比你更可爱。奥托却不是必须感觉我的狂怒的唯一一人。我也报复不顺从的女患者，我把她与一个更聪明、更柔顺的调换。我也不容忍M大夫的异议，而是以一种明显的影射对他表达我的意见，说他作为一个无知者面对事情（“**还会有痢疾，**等等”）。对，我觉得，我离开他向另一个懂得更多者（给我讲述三甲胺的友人）呼吁，正如我由伊尔玛转向其女友，由奥托转向利奥波德。给我把这些人弄走，给我用我选的三个其他人来代替他们，那我就摆脱我不愿受到的指责！在梦里以最详尽的方式对我表现出这些指责本身的无端性。伊尔玛的疼痛没有成为我的负担，因为她自己对此有错，她拒绝接受我的解决办法。伊尔玛的疼痛与我无关，因为它们具有器质性，根本无法通过一种心理治疗而治愈。伊尔玛的痼疾由其孀居得到令人满意的解释（三甲胺），对其守寡，我可什么都改变不了。伊尔玛的痼疾由奥托一次不谨慎地注射一种不适当的物质而引起，我绝不会这样注射。伊尔玛的痼疾源自一次不洁注射器的注射，就像我那位老妪的静脉炎，而我在注射时从未折腾过什么。我虽然发觉，对伊尔玛痼疾的这些解释在减轻我的责任上重合，彼此间却不协调，甚至它们互相排除。整个辩护词——无非是此梦——令人清晰地回忆起一个人的辩护，他被其邻居控告归还用坏了的锅。首先，他把锅完好无损地送还。其次，他借用锅时，已经布满窟窿。再次，他从未从邻居处借用过锅。但这样更好；哪怕只有这三种辩护中的一种被认定为无懈可击，此人就必定被宣告无罪[①]。对梦起作用的还有其他主题，它们与我减轻对伊尔玛疾病的责任的关系不那么透明：我女儿的疾病与一名同名女患者的疾病，可卡因

---

① 弗洛伊德在其关于诙谐的书中第二章和第七章中也讨论此逸事（弗洛伊德，《癔症分析片断》，1905年，研习版，第4卷，第61页和第191页，第二处涉及上面一段）。

的有害性，我那在埃及旅行的患者的疾患，对我妻子、我兄弟、M 大夫的健康和我自己身体病痛的担心，对那患鼻化脓的不在场的朋友的担心。不过，如果我把这一切尽收眼底，就接合成一个唯一的意念圈子，如带着标签：担心健康、自己的和别人的健康，医生的认真劲儿。我回忆起一种不清晰的尴尬感受，当时奥托给我带来伊尔玛身体状况的消息。从梦中起作用的意念圈子里，我想事后使用对这种粗略感受的表达。似乎它会告诉我：你对你的医生义务不够严肃，你不认真、不守信。于是，那种意念圈子才会为我效劳，以使我能提供证据，我在多高的程度上认真，对我家属、友人和患者的健康多么挂心。值得注意的是，在这种意念材料之中也有尴尬的回忆，反倒请铭记在我友人奥托名下的指责而非我的申辩。此材料仿佛不偏不倚，但还是不难认清，梦基于此的这种较广泛材料与愿望由此出现的梦的较狭隘主题有关联，即希望对伊尔玛的疾病无责任。

我不愿声称，我完全揭示了梦的意义，对其解释完美无缺。

我可能还长久盘桓于梦，从梦中得知进一步澄清，探讨它叫人抛出的新谜。我甚至了解那些地方，由它们出发可以追踪意念关联；但遇到每个自己的梦时均在考虑之列的顾虑妨碍了我的解释工作。谁因为此类拘谨而信手拈来责备，他尽可自己尝试比我更正直。在此瞬间，我满足于一项新获得的认识：如果遵循在此指明的解梦法，就会发现，梦确实有意义，绝非表示那些著作者所想要的一种碎裂的大脑活动。**完成解释工作后，梦可以被认定为遂愿**[①]。

---

① 在一封 1900 年 6 月 12 日致弗利斯的信中（弗洛伊德，《精神分析肇始》，1950 年，信函第 137 号）弗洛伊德描述了他后来探访望景楼、他在其中有此梦的房屋。“你真的相信，”他写道，“在这座屋子上将会在一块大理石板上读道：‘1895 年 7 月 24 日于此处，梦对西格蒙特 · 弗洛伊德大夫自揭秘密。’迄今为止，这种前景渺茫。”

第三章 梦是遂愿

如果通过一条狭路，突然到达一个高地，由此分道，最丰富的景色朝不同方向敞开，可以盘桓片刻，考虑该先转向何方。[①] 掌握了这第一次解梦后，我们的境况与此相似。我们豁然开朗。梦不能与一件乐器无规律的鸣响相比，这种鸣响并非由演奏者的手，而是由一种外力撞击的，梦并非无意义，并非荒诞，不假定我们想象宝库的一部分睡去、而另一部分开始苏醒。梦是一种完全有效的心理现象，而且是一种遂愿；它可以列入我们可以理解的苏醒时的心灵行动的关联中；一种高度错综复杂的精神活动构建了梦。但在我们想对此认识感到高兴之时，大量问题在同一瞬间涌向我们。根据解梦的说明，如果梦表现一个得到满足的愿望，用来表示这种遂愿的引人注目和令人诧异的形式源自何处？在梦意念上发生何种变化，直至由这些意念形成显性的梦，正如我们在苏醒时忆到的梦？由何途径发生这种变化？被加工成梦的材料源自何处？我们在梦意念上能够发觉的某些特性源自何处，比如它们可能相互矛盾？（与锅的类比）梦能够向我们

---

① 1899 年 8 月 6 日致弗利斯的封信中（弗洛伊德，《精神分析肇始》，1950 年，信函第 114 号）弗洛伊德描写其书的起始章节如下："整体就这样着眼于一种散步想象。起初是著作者们的黑暗森林（他们不见树木），毫无希望，充满歧路。然后是隐蔽的狭路，我引导读者穿过这条狭路——我的梦模式连同其独特性、细节、泄密、糟糕的玩笑——随后突然是高处、前景和询问：请问君欲何往？"

说明关于我们内心过程的新事，梦的内容能够纠正我们日间相信过的意见吗？我建议，把所有这些疑问暂时推到一旁，继续追寻唯一的途径。我们获悉，梦表现一个愿望得到满足。我们紧接着的兴趣会是，查明这是梦的一个普遍特性还是只是那个梦的偶然内容（“关于给伊尔玛注射”），我们的分析以此梦开始，因为即使我们有准备，即每个梦都有意义和心理价值，我们还得搁置这种可能性，即此意义并非在每个梦都是同样的。我们的第一个梦是遂愿；第二个梦或许被证明是应验了的担心；第三个梦可能以反映为内容，第四个梦干脆再现回忆。那还有其他梦想吗，或许有的无非是梦想？

很容易指明，梦常常让人不加掩饰地认清遂愿的特性，使人可能惊奇，为何梦的语言没有早就得到理解。比如有个梦，我随便多少次都可以仿佛实验般制造。如果我晚上用了鳀鱼、橄榄或者其他加盐过重的饭食，夜里我就口渴，把我唤醒。先于苏醒的却是梦，每次都有相同的内容，即我喝水。我大口啜饮，觉得可口，像受煎熬时只有一杯冷饮能够让人觉得的那样，于是我就苏醒，真的得喝水了。这个简单的梦的诱因是口渴，我的确在苏醒时感受到了。从这种感受中产生喝水的愿望，而梦对我表明这个愿望实现了。梦在这件事上服务于一项功能，我很快猜中了。我是个睡眠好手，不习惯被一种需求唤醒。如果我成功地通过喝水这个梦来平息口渴，那我无须醒来以止渴，那就是个舒适梦。做梦代替行动，正如生活中其他地方一样。可惜无法用一个梦来满足用于解渴的对水的需要，像我对友人奥托和M大夫的报复渴望，但善意是相同的。同一个梦不久前有了一些更改。我入睡前就口渴，喝空了放在我床边小柜上的水杯。若干时辰之后，新的口渴在夜里袭来，后果是不适。为给自己弄水，我本该起来、给自己取来放在我妻子的小床头柜上的杯子。我就合乎目的地梦见，我妻子从一个容器里给我喝水；这个容器是埃特鲁斯坎人[①]的骨灰坛，我在一次意大利之行时把它带回家，此后送人了。里面的水味道咸得（显然因骨灰而来）让我不禁苏醒。人们注意到，梦善于多么随便地安排；因为遂愿是它唯一的意图，它可以完全自私。爱舒适与顾惜他人确实不能合一。骨灰坛的介入很可能又是一种遂愿；我很遗憾，不再拥有此容器，正如我也接近不了我妻子那一侧的水杯。骨灰坛也适合现在变得更强的咸味感觉，对此感觉，我知道，它会强迫我苏醒。[②]

在我的青少年岁月里，此类舒适梦很频繁。向来习惯工作至深夜，对我而言，早点苏醒始终是件难事。我就习惯性梦见在床外，站在盥洗台边。一会儿之后，我不能不理睬这样的醒悟，即我尚未起身，但还是在此之间睡了一会儿。我从一名年轻同事处了解具有特别滑稽形式的同一个惯性梦，他似乎共有我的睡眠倾向。他住在医院附近女房东家中，她得到严格的委托，每天早晨要及时唤醒他，但每当她想执行其任务时，也有其麻烦。一日早晨，他睡得特别香甜。妇人冲着房间里喊："佩皮先生，请您起床，您得去医院。"于是，睡眠者梦见医院里的一个房间、他躺在上面的一张床，还有一块头前的牌子，上面可以读道：佩皮先生……**医学大学生**，二十二岁。他梦里对自己说：如果我已经在医院里，就更无须去那儿了，翻身接着睡。他这时不加掩饰地承认了做梦的动机。

---

① 亦称"伊特拉斯坎人""伊特鲁里亚人"，意大利古代民族。——译注

② 口渴梦的真实性也为魏刚特所熟悉，他对此表示（《梦的形成》，1893 年，第 41 页）："恰恰是口渴的感受得到大家最准确地把握：它始终制造解渴的想象。——梦设想解渴的方式多种多样，根据容易想到的回忆而分类。在此也有一种普遍现象，在想象解渴后立即出现失望，对臆想中冷饮所起的恢复作用低下感到失望。"他却忽略了梦对刺激的反应中普遍有效之事。——如果其他人夜间受口渴侵袭，先前没有做梦而苏醒，这就并不意味着对我的实验的异议，而表示这些别的人是比较糟糕的睡眠者。——（1914 年补充）对此参见《以赛亚书》（第 29 章，第 8 节）："因为就如一名饥者梦见他吃饭，但若他醒来，其灵魂仍空虚；而就如一名渴者梦到他饮水，但他若醒来，又乏又渴"……

另一个梦，其刺激同样在睡眠期间起作用：我的一名女患者不得不经受一次施行得不佳的颌部手术，按照医生的愿望，应该日夜在患病的面颊上戴着冷却装置。她却常常一入睡就把它甩开。一日，人家请我对此指责她：她又把装置扔到地上了。病人辩解："我确实对此无能为力；那是我夜里做梦的后果。梦中，我在歌剧院的一个包厢里，对演出非常感兴趣。在疗养院里却躺着卡尔·迈耶先生，因为颌骨疼痛而大为抱怨。我说过，因为我不疼，所以也不需要这个装置；所以我把它扔掉了。"可怜的忍受者的这个梦听上去像阐述一句惯用语，一个人在不快的境地里脱口而出：我确实不会知道更好的享受。梦显示出这种更好的享受。做梦的女人将其疼痛归咎于卡尔·迈耶先生，他是她能够想起来的熟人中最冷淡的年轻人。

不会更困难的是，在我从健康人处收集的若干别的梦里揭示遂愿。一名友人了解我的梦理论，把它告知其妻，一日，他告诉我："我妻子让我讲给你听，她昨天梦见来了例假。你会知道，这意味着什么。"当然，我知道，如果少妇梦见来例假，就是例假没来。我可以料想，在当母亲的辛苦开始之前，她愿意还有一段时间享受其自由。这是一种巧妙的方式，报告她初次妊娠。另一名友人写道，其妻不久前梦到，她在其衬衣胸部发觉奶渍。这也是一种妊娠报告，但不再是初次；年轻母亲希望第二个孩子比头生子那时有更多的食物。

一名少妇整整几周在护理患传染病的孩子时切断了交际，在疾病平安完结后梦见一次社交聚会，阿·都德[①]、布尔热[②]和马·普雷沃[③]等人身处其中，他们对她都很亲切，让她非常开心。即使在梦里，相关著作者也带着画像给予他们的特征；她不知道有马·普雷沃的画像，他看上去与那个

① 阿方斯·都德（1840—1897），法国作家。——译注

② 保罗·布尔热（1852—1935），法国作家、记者。——译注

③ 马塞尔·普雷沃（1862—1941），本名欧仁·马塞尔，法国作家。——译注

消毒员一样，后者前一天清洁病房，在很长时间以后是踏入病房的首名访客。人家以为可以完备无缺地把梦翻译成：现在就该是比这些无休止护理病人有趣些的时候了。

或许这种精选足以证明，很频繁并且在最多种多样的条件下发现梦，这些梦只会让人作为遂愿来理解，不加掩饰地显露梦境。这多为短而简单的梦，令人舒适地区别于具有杂乱而过于丰富的梦的组成部分，后者很大程度上把著作者们的注意力吸引到自己身上。但值得还在这些简单的梦上逗留。大概可以在孩子们身上期待梦的最简单形式，他们的心理能力肯定不比成人的复杂。依我之见，儿童心理学适合为成人心理学提供类似服务，就像探究低等动物体格或者发育为研究最高级动物的结构提供服务。迄今很少采取目标明确的步骤来为此类目的而充分利用儿童心理学。

幼儿的梦常常[①]是简单的遂愿，于是[②]与成人的梦相反，根本没意思。它们不提供谜让人解，但当然对那种证明是无可估量的，即梦依其最内在本质意味着遂愿。在我自己孩子的材料上，我可以收集此类梦的若干例子。

我把两个梦归因于 1896 年夏从奥塞出发前往美丽的哈尔施塔特的一趟远足，一个梦是我当时八岁半的女儿的，另一个是我五岁三个月的儿子的。作为预备性报告，我得说明，我们在那个夏天住在奥塞附近的一座山丘上，遇上好天时，我们由此享受壮丽的达赫施泰因山景色。用望远镜可以看清希莫尼小客栈。小家伙们再三尽力通过望远镜看它；我不知道有何成果。在郊游之前，我给孩子们讲过，哈尔施塔特位于达赫施泰因山脚下。他们很盼望这一天。从哈尔施塔特出发，我们走进埃歇恩山谷[③]，它以其变

① 此词于 1911 年添加。

② 1911 年以前为“因而”。

③ “埃歇恩山谷（Echerntal）”在以前的德文版本中误记为“埃舍恩山谷（Escherntal）”。

幻不定的景色很让孩子们着迷。只有一个孩子、那个五岁的男孩逐渐变得情绪不好。一有新的山进入视野，他就问：“这是达赫施泰因山吗?”对此，我不得不回答：“不，只是一座山麓小丘。”此问题重复了几次后，他就完全沉默了；他根本就不愿一起走通往瀑布的台阶路。我以为他疲乏了。次日早晨，他却很快乐地走近我，讲道：“今天我梦见，我们到了希莫尼小客栈。”我就理解他了：我说到达赫施泰因山时，他期待着在前往哈尔施塔特远足时会登山，看见在望远镜边上谈得这么多的这间客栈。他后来发觉，别人苛求他用山麓小丘和瀑布来打发自己，他就觉得受骗了，变得扫兴。梦为此补偿了他。我试着获悉梦的细节；它们很欠缺。“六小时上台阶”，他听说。

在这次远足中，即使在八岁半的小姑娘身上，愿望也变得活跃了，梦不得不满足这些愿望。我们把邻居的十二岁男孩带往哈尔施塔特，他出落成一个骑士，我觉得，他已经尽享这个小女人的好感。她就在次日早晨讲了如下的梦：“你想一下，我梦见埃米尔是我们中的一员，对你们称爹妈，像我们家的男孩一样在大房间跟我们一起睡。后来妈妈走进房间，扔了一把裹在蓝绿纸里的大巧克力棒到我们床下。”兄弟们并不凭借遗传而懂得解梦，他们就像我们的著作者们一样声称：这个梦无意义。小姑娘至少支持梦的一部分，而对神经症理论来说，宝贵的是获悉支持哪一部分：埃米尔完全在我们家里，这是胡说，但关于巧克力棒的就不是了。对我而言，恰恰后者是模糊的。“妈妈”对此给我提供了解释。在从火车站回家的路上，孩子们在自动售货机前停下，恰恰希望要包在闪着金属光泽纸中的巧克力棒，根据他们的经验，自动售货机会出售各种巧克力棒。妈妈不无道理地认为，那天带来了足够的遂愿，而把这一愿望留给梦。我忽略了这一小小的场景。我毫不费力地理解了被我女儿排斥的那部分梦。我自己听说，这个彬彬有礼的客人在路上要求孩子们等到爸爸或者妈妈跟上来。小女的梦把这种暂时的归属关系变成一种持续的收养。梦里提及来自兄弟们的团聚形式，她的温情尚不了解与此不同的团聚形式。为何巧克力棒被扔到床下，不盘问孩子当然就不会澄清。

我从交好的方面获悉另一个梦，与我家小子的梦很相似。它涉及一个八岁小姑娘。父亲跟几个孩子散步前往多恩巴赫[①]，意在探访罗雷尔小客栈，却折返，因为天太晚了，他答应孩子们下次补偿他们。归途中，他们经过指明通向小村庄的道路的牌子。孩子们就要求也被领进小村庄，却不得不出于同样理由被敷衍至改天。翌晨，八岁小姑娘满足地迎向爸爸："爸爸，今天我梦见，你跟我们在罗雷尔小客栈并到了小村庄。"她的不耐烦就抢先履行了由爸爸做出的许诺。

同样坦率的是另一个梦，奥塞的乡间美景在我那当时三岁三个月的小女儿身上激起了这个梦。小女初次在湖上乘船，而游湖的时间对她来说过得太快了。在上岸点，她不愿离船，就痛哭。次日早晨，她讲道："今天夜里，我在湖上乘过船了。"我们希望，这次梦里游湖的时间让她得到更好的满足。

我的长子、现在八岁的男孩已经梦见实现其幻想：他跟阿喀琉斯坐在一辆车上，而狄俄墨得斯是车夫。当然，他前一天日间热衷于送给他姐姐的希腊传说。

如果人家对我承认，儿童说梦话属于同样做梦范围，我就能在下面告知我收集的最近的梦之一。我的幼女当时十九个月大，一天早晨呕吐，因而白天一直空腹。在饥饿的白天后面紧接着的夜间，听见她激动地在梦里

① 位于维也纳附近的丘陵地区。

喊道：安娜·弗洛伊德[①]、草莓[②]、树莓[③]、炒鸡蛋[④]、面糊[⑤]。她当时还用其名字以表示占有；菜单大概包括一切她肯定觉得是最值得追求的膳食。其中的草莓以两个变种出现，是对家中卫生警察的示威，其理由在于她可能发觉的附带情况，即保姆将其身体不适推诿于过多享用草莓；为了这个让她不快的鉴定，她就在梦中报复。[⑥] 如果因为童年尚不了解性欲，我们就幸福地赞美童年，那我们就不要错认，对童年而言，像失望、断念进而梦刺激这样一个多么丰富的来源可能成为巨大生活内驱力的另一种。[⑦] 此处是在这方面的第二个例子。我那二十二个月大的侄子在我生日时得到任务，要祝贺我，把一个装着樱桃的小篮子作为礼物献给我，樱桃在这个季节尚属时鲜。他觉得很棘手，因为他不停地重复：樱桃在里面，人家无法说动他把小篮子脱手。但他善于补偿自己。他至今习惯于每天早晨对他妈妈讲，他梦见“白衣士兵”、一个穿着大衣的卫队军官，他曾在街上佩服后者。生日做出牺牲后的那天，他高兴地苏醒，告知只可能源于梦之事：**“赫尔曼把全部樱桃都吃完了！”**[⑧] 动物梦见什么，我不知道。我感谢我的一名听众提

---

① Anna F.eud——译注

② Er（d）beer——译注

③ Hochbeer——译注

④ Eier（s）peis——译注

⑤ Papp——译注

⑥ 这种与在最小的孙女身上同样的成就，不久后就由梦在祖母身上完成，后者的年龄在孩子的年龄上加了大约七十岁。她因其游走肾活动不已而被迫挨饿有一天之久，后来她就梦见，显然被置于青春年少的做姑娘时的幸福时光，她在两顿正餐时“受邀外出”，应邀做客，而且每次都上最可口的小吃。

⑦ （1911 年补充）更深入地研究儿童的心灵生活却告诉我们，在儿童心理活动中，婴儿期形态的性驱动力扮演足够巨大、只是被忽视过久的角色，这种研究让我们在一定程度上怀疑成人以后虚构的童年的幸福（参见作者的《性学三论》，1905 年）。正文中上句却明显与若干其他陈述相矛盾。

⑧ （1911 年补充）不应依旧不提及的是，在幼儿身上，几乎经常出现较错综复杂、不怎么容易看穿的梦。另一方面，即使在成人身上，具有如此简单的婴儿期性质的梦也许也频繁出现。

及一句俗语，它声称知道这点，因为它提问：**“鹅梦见什么？”**并且答问：**“梦见苞谷**（玉米）。”[①] 梦是遂愿，这整个理论包含在这两个句子中。[②] 我们现

在我的《对一名五岁男童恐惧症的分析》（1909年）和荣格（《论儿童心灵的冲突》，1910年）的书中有例子显现，年龄从四至五岁的儿童的梦已经可能多么富于意想不到的内容。——（1914年补充）得到分析、解释的儿童梦还见于冯·胡克-海尔穆特（《分析一个五岁半男孩的梦》，1911年；《儿童梦》，1913年）、普特南（《一个典型的儿童梦》，1912年）、范拉尔特（《儿童梦》，1912年）、施皮尔赖因（《帕特尔·弗罗伊登赖希的梦》，1913年）和陶斯克（《论儿童性心理学》，1913年）；其他的见于比安基耶里、布泽曼（《学童的梦样状态》，1909年；《儿童梦经历心理学》，1910年）、多利亚和比安基耶里，尤其见于维格姆（《梦心理学资料文稿》，1909年），他强调这些梦的遂愿倾向。——（1911年补充）另一方面，在成人那里，如果他们被置于不同寻常的生活条件下，婴儿期类型的梦特别频繁地再度出现。奥托·诺登舍尔德在其关于跟他过冬的队伍的书《南极》里（《南极·南极冰雪中的两年》，1904年）这样报告（第1卷，第336页及下页）：“对我们最隐秘念头的方向而言，十分典型的是我们的梦，它们从未比恰恰现在更活跃、数量更丰富。甚至我们的那些伙伴，他们平素只是例外地做梦，现在早晨我们彼此交流出自这个想象世界的过去的经验时，他们有长长的故事要讲。它们都涉及现在离我们那么远的那个外部世界，却常常适应我们的现状。一个特别典型的梦的内容是：一个伙伴以为回到课桌椅旁，分给他的任务是，给本来为教学目的而制作的很小的微型海豹剥皮。吃喝还是中心点，我们的梦最频繁地围绕着它们。我们中的一个人夜间在这点上出众，即去大型午间聚会，要是他早晨能够报告，‘他进食了一顿三道菜的午餐’，就打心底里喜悦；另一人梦见烟草、梦到堆积如山的烟草；还有其他人梦见船，张满帆地在未封冰的水面上驶来。还有另一个梦值得提及：邮递员带着邮件而来，给出一个长长的解释，为何邮件让人等了这么长时间，他把邮件送错了，经过巨大的努力后才成功地再度得到它们。当然，人在睡眠中忙于尚不可能之事，但在我自己所做的或者听人讲的几乎所有梦里，缺乏幻想很引人注目。如果记下所有这些梦，肯定具有巨大的心理学趣味。人家却会容易理解，睡眠多么受人盼望，因为它可能给我们提供一切我们当中每个人最热切渴望之事。”——（1914年补充）根据杜普莱尔（《神秘主义哲学》，1885年，第231页），我再引述：“芒戈·帕克有一次在非洲旅行时近乎受煎熬，不停地梦见其故乡多水的山谷与低湿地。连在马格德堡的星状堑壕受饥饿折磨的特伦克也看见自己被丰盛的膳食围绕，而乔治·贝克、富兰克林首次远征的参加者，由于食物极度匮乏而近乎饿死，始终有规律地梦见丰富的膳食。

① （1911年补充）一句由费伦茨（《对梦的精神分析》，1910年）引证的匈牙利俗语声称得更完整，“猪梦见橡子，鹅梦见玉米”。（1914年补充）一句犹太俗语原话是“鸡梦见什么？——梦见小米”。伯恩斯坦和塞格尔，《犹太俗语和谚语》，1908年，第116页。

② （1914年补充）我根本无意声称，在我之前还从未有著作者想到过从一个愿望引出梦。（参见下一节最初几句）。有谁注重此类暗示，就可能从古代引用生活于托勒密一世统治下的医生希罗菲卢斯，根据比克森许茨（《古代的梦与解梦》，1868年，第33页），他区分三类梦：神赐的梦；自然的梦，心灵把有利于自己并且将出现之事给自己创造一幅图景，就形成自然的梦；还有混合梦，如果我们看清，我们希望什么，混合梦就自行通过图景的接近而形成。从舍尔讷收集的例子中，J.施塔克（《与新旧梦理论相关的新的梦实验》，1913年，第248页）懂得突出一个梦，

在注意到，哪怕我们只是查阅语言惯用法，也会以最短的路径形成我们关于梦的隐含意义的理论。格言虽然有时足够轻视地谈论梦——人家以为，如果它判断：**梦是泡影**，它就愿意承认科学是对的——但就语言惯用法而言，梦主要还是可爱的让人遂愿者。“我在我最大胆的梦里也不会想到这点”，有谁在现实中发现超出期望，就会陶醉地叫喊。[①]

它被著作者本人称为遂愿（《梦的寿命》，1861 年，第 239 页）。舍尔讷说：“幻想之所以立即干脆满足做梦女人清醒的愿望，就是因为愿望强烈地存于她的性情中。”这个梦处于“情绪梦”之中；接近这个梦的有针对“男性与女性爱的渴望”的梦与针对“恶劣情绪”的梦。正如人们所见，谈不上舍尔讷认为针对梦的愿望有一种不同的意义，不同于清醒时的某种其他心灵状况具有的那种意义，更谈不上他把愿望与梦的本质关联起来。

① 弗洛伊德在其《心理分析入门讲座》（1916—1917）的第八篇中探讨儿童的梦（其中多数在本章顾及）与婴儿期类型的梦。

第四章　梦的歪曲

如果我现在提出主张，说遂愿是**每个**梦的意义，也就是除了愿望梦不可能有别的梦，那我从一开始就确信有最坚决的异议。人家会反驳我：“存在可以理解为遂愿的梦，这并不新鲜，而是早就被著作者们注意到了。”（参见拉德施刀克,《睡眠与梦》，1879年，第137—138页；伏尔盖特,《梦幻想》，1875年，第110—111页；浦肯野,《清醒、睡眠、梦与相近状态》，1846年，第456页；蒂谢，M.西蒙,《梦的世界》，1888年，第42页关于被关押的男爵特伦克的饥饿梦还有格里辛格处的一段,《心理疾病的病理学与疗法》，1845年，第89页）[①] 但会有的无非是遂愿梦，这又是不公的泛化，幸好容易驳回这种泛化。还是出现了足够丰富的梦，让人认清最尴尬的内容，但丝毫没有任何遂愿。悲观主义哲学家爱德华·冯·哈特曼[②] 大概与遂愿理论最为疏远。他在其《潜意识哲学》（1890年，第2卷，第344页）中表示：“至于梦，则清醒状态的所有烦恼也与它一同进入睡眠状态，只有一件事不是这样：学术享受与艺术享受，它能使有教养者有点安于生

---

① （1914年补充）新柏拉图主义者普罗提诺（柏罗丁）就说：“如果激起欲望，那幻想就会来，仿佛对我们展示欲望的客体。”（杜普莱尔,《神秘主义哲学》，1885年，第276页;《九章集》，第4集，第4篇，第17页）

② 爱德华·冯·哈特曼（1842—1906），德国哲学家。——译注

活……”但连不那么不满的观察者也强调，在梦中，痛楚与无兴趣比乐趣更频繁，比如肖尔茨（《睡眠与梦》，1887年，第33页）、伏尔盖特（《梦幻想》，1875年，第80页）等人。的确，萨拉·威德和弗洛伦斯·哈勒姆这些女士，从对其梦的处理中推断出对梦中无兴趣占多数的数字表示（《梦意识研究》，1896年，第499页）。她们称57.2%的梦为尴尬，而只有28.6%为积极愉快。除了这些梦把生活中多种多样的尴尬感情延至睡眠，还有焦虑梦，其中震动我们的是所有无兴趣感受中最可怕的这种，直到我们苏醒，而恰恰是儿童如此容易被此类焦虑梦侵扰（参见德巴克，《论夜惊》），在儿童身上，我们发现了梦想不加掩饰。

梦是遂愿，我们从前一节的例子中获得此定律，确实，恰恰是焦虑梦似使人不可能把那个定律泛化，甚至把此定律打上荒诞的烙印。

尽管如此，还是不难避开这些看来有说服力的异议。只要注意，我们的学说并非基于对显性梦境的评价，而是涉及意念内容，后者通过梦背后的解释工作而得到认清。让我们把**显性的**与**隐性的梦境**相对照。有的梦显性内容是最尴尬的那种，这点没错。但有人尝试过解这些梦、揭示它们隐性的意念内容吗？但若不是，则两种异议都不再切中我们；无论如何依旧可能的是，在解梦后，即使尴尬的梦和焦虑的梦也自揭为遂愿①。在学术工作上，经常具有益处的是，如果一个问题的解决办法造成困难，就再选取第二个问题，就像两颗核桃互砸比砸开单个的容易。所以，我们不仅面临

① （1909年补充）完全难以置信的是，读者与批评者以何种固执不理睬此种考量，不理会对显性与隐性梦境的根本区分。——（1914年补充）但文献中记下的意见中没有一项像J. 萨利的论文《作为一场革命的梦》（1893年，第364页）中的一处那样符合我的这种立论，我在此处才引用这一段，不该因此贬低它的功绩：“结果，于是会看起来梦并非像乔叟、莎士比亚和弥尔顿这类权威所说的那样是十足的胡话。我们夜间幻想的混乱集合体具有显著性并且传递新知。像密码中的某些字母，如果靠近细看，梦的刻印文字就失去其胡言乱语的最初外表，呈现严肃、明白易懂信息的样子。或者，为了稍作变形，我们可以说，像某些沉淀物，梦在其无价值的表面文字之下揭示出古老而宝贵的交流痕迹。”

此疑问：尴尬的梦和焦虑的梦如何能够成为遂愿，而且，从我们迄今为止对梦的探讨中，我们也可以提出第二个疑问：为何内容无关紧要的梦表明自己是遂愿，不加掩饰地显示它们的这一意义呢？举详尽讨论过的给伊尔玛注射那个梦为例，它绝非具有尴尬性质，经过解梦，它可以被认作明显的遂愿。但究竟为何需要解梦呢？为什么梦不直言它意味着什么？确实，给伊尔玛注射那个梦起先也没给人这样的印象，即它把做梦者的愿望表现为得到满足。读者不会得到此印象，但在我着手分析之前，连我自己也不知道。如果我们把这种需要解释的梦的状态称为**梦的歪曲这一事实**，那就提出第二个疑问：这种梦的歪曲源自何处？

如果对此询问最初的闪念，就可能遇上若干可能的答案，如睡眠期间不能相应地表达梦意念。只是，对某些梦的分析迫使我们，允许给梦的歪曲以一种别的解释。我愿意借助我本人的第二个梦来表明这点，这个梦又需要多重泄密，但通过彻底厘清问题来补偿这种个人的牺牲。

预备性报告

1897 年春，我获悉，我们大学的两名教授提名任命我为**副教授**。这一消息对我来得意外，让我极其愉快，它表示来自两位杰出人士的认可，无法用个人关系来解释这种认可。我却马上告诉自己，我不能把任何期望与此事件挂钩。过去几年，部里对此类提名置之不理，几个同事比我年长，在功绩上至少不相上下，从那时起徒劳地等待对他们的任命。我没理由假定我的境况会好些。我就暗自决定自我安慰。我知道，我并非雄心勃勃，即便没有头衔证明我，我行医还是有令人满意的成果。此外，问题根本不在于我宣称葡萄是甜还是酸，因为对我而言，它们无疑悬得过高。

一天晚上，一名交好的同事（R）来看我，他是那些我将其命运引以为戒的人之一。较长时间以来，他是擢升为教授的一名候选人，这种擢升把我们社会中的医生抬升为病人的半神，他不如我认命，就习惯于时不时地在高贵的部里的办公室去自荐，以推动他的事宜。他在这样一次拜访后到我这里来。他讲这次把上司逼入困境，直率地问后者，在推迟对其任命上，教派顾虑是否真要承担责任。① 回答是，当然——在眼下的潮流中——部长阁下他暂时无能为力等等。"现在我至少知道，我接近什么了"，我的朋友结束了他的讲述，他没给我带来什么新消息，却不禁加强了我的听天由命。因为这些同样的教派顾虑也可以用于我的情况。

这次来访后的早晨，我做了如下的梦，也因其形式而值得注意。它由两个意念和两幅图景组成，使得一个意念和一幅图景相互接替。我却只把梦的前半段放到这儿来，因为另一半与告知此梦所要服务的意图无关。

I．……友人 R 是我叔叔。——我对他感到巨大的温情。

II．我看见他的脸在我面前有些变样。脸就像拉长了，围绕着脸有一圈黄胡子，特别醒目。

随后跟着两个别的片断，又是一个意念和一幅图景，我就略过了。

解梦以如下方式实行：

我上午想起梦时，笑出声来，说："梦是胡闹。"它却挥之不去，整日跟着我，直到我终于在晚上自责："如果你的患者之一对解梦会说的无非是——这是胡闹，那你就会制止他并猜测，梦的后面隐藏着一段不快的故事，他想避免了解此故事。同样对待你自己吧；梦是胡闹，你的这种意见只是意味着对解梦的一种内心阻抗。别让你受阻。"我就让自己解梦了。

---

① "教派顾虑"这种措辞当然指 19 世纪 90 年代就在维也纳蔓延的反犹主义。

“R 是我叔叔。”这可能意味着什么呢？我可只有过一个叔叔——约瑟夫叔叔。[①] 在他身上却有一段伤心的故事。事情有三十多年了，他有一次怀着利欲熏心的意图被人诱使做了被法律严惩的行为，于是也被惩罚。家父当时因忧虑而没几天就头发花白，总是说，约瑟夫叔叔从来就不是坏人，但可能是个笨脑瓜；他就这样表示。如果友人 R 是我的约瑟夫叔叔，那我借此想说的是：R 是个笨脑瓜。几乎难以置信而且十分不快！但的确就是我在梦中见到的那张脸，有着稍长的面部特征和黄色的胡须。我叔叔确实有这样一张脸，稍长，被一圈漂亮的黄胡子围绕着。我的友人 R 胡须很黑，但如果黑发人开始头发变白，那他们就为其青春岁月的华美而受罪。他们的黑胡须一根一根地经历令人不快的变色；胡须先是变成红棕色，然后是黄褐色，然后才确定是灰色。我的友人 R 的胡须现在处于此阶段；另外，我不快地注意到，我的胡须也已经如此了。我在梦中看见的脸，同时是我的友人 R 的脸和我叔叔的脸。就像高尔顿[②] 的混合摄影术，他为了弄清家族的相似之处，把若干张脸照在同一张底片上（《人类才能及其发展的研究》，1907 年，第 6 页以下和第 221 页以下）。无疑可能的是，我确实以为，友人 R 是笨脑瓜——就像我叔叔约瑟夫。

我还是根本猜不到，我为何目的建立了这种联系，我本该不间断地抗拒这种联系。这种联系可并非十分深入，因为我叔叔是罪犯，我的友人 R 无可指责。也许除了惩罚他骑车撞倒了一名学徒。难道我指的是此恶行？这就会让作比较变得可笑。这时我却想起我几天前跟我的另一名同事 N 的另一次谈话，而且是关于同一题目。我在街上遇见 N；他也被提名为教授，

---

① 奇怪的是，在此我的回忆——在清醒时——为了分析的目的而限制自己。我认识五个叔叔，喜欢并尊敬其中的一个。但眼下，在我克服了对解梦的阻抗后，我告诉自己：我可只有过一个叔叔，就是梦里指的那个。

② 弗朗西斯·高尔顿爵士（自 1909 年起）（1822—1911），英国自然研究者与作家，查尔斯·达尔文的表弟，被视为优生学的创始人。——译注

他知道给我的荣誉并为此祝贺我。我断然拒绝。“恰恰您不该开玩笑，因为您在自己身上体验了提名的价值。”他对此很可能不认真：“这无法知道。的确有特别之事不利于我。您不知道，有人曾经向法院告发我？我无须向您保证，调查停止了；那是卑鄙的敲诈未遂；我还作了各种努力，使告发的女人自己免遭惩罚。但或许人家在部里提出这件事，为的是不任命我。可您，您无可指责。”这样我就抓到了我梦里的罪犯，同时却也有了我的解梦和梦的倾向。对我来说，我叔叔约瑟夫就表示两名未被任命为教授的同事，一个是笨脑瓜，另一个是罪犯。我现在也知道，为何我需要这种表现。如果对拖延任命我的友人R和N而言，“教派顾忌”是决定性的，则对我的任命也成问题；但如果我能把对两人的拒绝推到不涉及我的别的理由上，则对我而言，希望就依旧不受干扰。我的梦就这样行事：它把一个人——R——变成笨脑瓜，把另一人——N——变成罪犯，我却既非这一个又非那一个；我们的共性被取消了，我可以盼望我被任命为教授，逃脱了那种尴尬的应用，我本该把那名高官告知R的消息用于我本人。

我还必须进一步研究对这个梦的解释。就我的感情而言，这个梦尚未得到令人满意的解决，我总还对那种轻率感到不安，我用这种轻率来贬低两位受尊敬的同事，以给我留出通向教授职位的道路。然而，自从我懂得估价梦中陈述的价值，我对自己行事的不满已经缓和。我会对任何人否认，我确实认为R是笨脑瓜、我不相信N对那起敲诈事件的描述。我的确也不相信，伊尔玛因奥托注射丙烯制剂而病危；这个梦里和那个梦里，我的梦表达的只是**但愿如此这种我的愿望**。我的愿望在这种断言中实现，这种断言在第二个梦里听起来不像在第一个梦里那么荒诞；在此，巧妙利用实际依据而造就了这种断言，如一种干得漂亮的诽谤，有些事与此诽谤“沾点边”，因为当时有一名专业教授对友人R投反对票，而友人N自己毫无恶意地给我提供了用来抹黑的材料。尽管如此，我重复一遍，此梦让我觉得需要进一步澄清。

我现在回想，此梦还包含解梦至今未顾及过的一部分。我想起来 R 是我叔叔后，在梦里感受到对他的温情。这种感受该放到何处？对我叔叔约瑟夫，我当然从未有过柔情。几年来，对我而言，友人 R 可爱而珍贵；但如果我走向他，对他用言辞表达我的好感，大致相当于我在梦中的柔情程度，那他无疑会惊讶。我对他的柔情让我觉得不真而且过分，类似于我对他智力素质的判断，我通过把他的个性与我叔叔的个性融合起来而表达这种判断；但在相反的意义上过分了。现在我渐渐明白一个新的事实。梦里的柔情不属于隐性梦境、梦背后的意念；它与这种梦境相反；它适合于对我掩盖对解梦的认识。很可能恰恰这点是它的使命。我记起，带着何种阻抗开始解梦，我有多久想拖延解梦，把梦宣布为纯粹胡说。我从我的精神分析治疗知道，该如何解释这样一种摒弃判断。它没有认识价值，而只有表示情感的价值。如果我的小女儿不喜欢人家给她的苹果，她尝都不尝就声称苹果味苦。如果我的患者像小女儿一样举止，我就知道，在他们身上，关键在于他们想**压抑**的一种想象。这也适用于我的梦。我不想解梦，因为解梦包含我抗拒之事。完成解梦后，我获悉，我抗拒什么；那是断言 R 是笨脑瓜。我对 R 感到的柔情，不能追溯到隐性梦意念，却可能追溯到我的这种抗拒。如果我的梦与其隐性梦境相比在这点上歪曲，而且歪曲至相反，则梦中明显的柔情服务于这种歪曲，或者换言之，**歪曲**在此证明自己是有意的，是一种**伪装**的手段。我的梦意念包含对 R 的一种谩骂；为了我不注意到这种谩骂，入梦的是相反之事、对他的柔情感受。

可能这是一种普遍有效的认识。正如第三节（章）中的例子所显示的，确实有的梦是不加掩饰的遂愿。遂愿无法辨认、被伪装之处，就必定有抵抗这种愿望的一种趋势，而由于这种抵抗，愿望只能歪曲地表达自己。对来自心理内心生活的这种事件，我想从社会生活中寻找对应物。社会生活中何处找得到对心理活动的一种类似歪曲？只有在涉及两人之处，其中一人具有某种威力，第二个人因此威力而必须顾忌。这第二个人就歪曲其心理活动，或者，我们也可以说，他**伪装**自己。我日日所行之礼，大部分是这样一种伪装；如果我为读者解我的梦，就被迫这样歪曲。连诗人也抱怨被迫这样歪曲：

你所能知最佳之事，
可不得告诉小子。①

处于相似境况的有政治作家，他必须对当权者说令人不快的真话。如果他不加掩饰地说真话，当权者会压制其言论，如果涉及口头言论，就在事后，如果要以印刷途径公布其言论，就是预防性的。作家不得不害怕审查，他因此抹淡并歪曲对其意见的表达。根据这种审查的强度与敏感性，他发现自己被迫或者只遵守某些抨击形式，或者用影射而非直接描述来言说，或者他不得不将其引人反感的告知隐藏在显得无伤大雅的伪装后面，比如他可以讲述中国两名官吏之间的事件，而他着眼的是祖国的公职人员。审查管理得越严，伪装就越广泛，手段常常越诙谐，这些手段还是把读者引向本意的痕迹。② 在审查现象与梦歪曲现象之间应该做到细致入微

---

① 歌德的《浮士德》第一部第四场中的梅菲斯特——弗洛伊德偏爱的一句引言，他也在很后面引用。在他晚年，他也在获颁歌德奖之际把它用于歌德本人（弗洛伊德，《在法兰克福歌德故居的讲话》，1930 年，研习版，第 10 卷，第 296 页）。

②（1919 年补充）博士海·冯·胡克-海尔穆特女士于 1915 年告知了一个梦，或许没有任何别的梦比它更适合于为我的命名辩解。此例中，梦的歪曲以与信件检查相同的手段来工作，以擦去它觉得令人反感之处。信件检查通过涂抹而使这些地方难以辨认，梦审查通过费解的嘟囔来代替。

为了理解这个梦，应该告知，做梦的女人，一个声望颇高、受过良好教育的女士，年有五十，是大约十二年前去世的一名高级军官的遗孀、成年儿子们的母亲，做梦时，其中一个儿子在战场上。

的一致，这种一致给了我们权利，要为两者假设类似条件。我们就可以在个人身上假定两种心理力量（潮流、体系）作为梦形态的创作者，其中之一构成通过梦得到表达的愿望，而另一种对此梦想做审查并通过这种审查强迫歪曲对这种愿望的表示。问题只是，第二个审查机构可以借此施行其审查的权限何在。如果我们回想起来，梦的隐性意念在分析之前未被意识到，起因于它们的显性梦境却被回忆成有意识的，那这种假设就离得不远了，即第二个审查机构的优先权就是允许有意识。说第一个体系中没有什么先前未通过第二个审查机构就能够到达意识，而第二个审查机构不行使其权利、不在争取意识者身上实施它可以接受的略微变动，就不让任何东西通过。我们此时显露了对意识的“本质”的一种特定见解；对我们而言，

现在是关于“爱的效劳（Liebesdienste）”的梦。“她走进卫戍部队第一医院并告诉大门口的岗哨，她得跟……主治医师谈谈（她说了个她不熟悉的名字），因为她想在医院里帮忙。这时她强调‘帮忙’一词，士官马上注意到，事关‘爱的效劳’。因为她是老年妇女，他稍许犹豫后就让她通过了。但她不去主治医师那里，她进了一个较昏暗的大房间，里面有许多军官和军医在一张长桌旁站着、坐着。她以其申请求助于一名上尉军医，没几句话之后，他就已经懂她的意思了。她在梦里说的原话是：‘我和维也纳的众多其他妇女和年轻姑娘准备对军人、全体士兵和军官不加区别……’在梦里，此处接着一句嘟囔。但这句嘟囔被所有在场者理解了，展现给她的是军官们有的窘迫、有的幸灾乐祸的表情。女士继续道：‘我知道，我们的决定听起来令人诧异，但对我们来说极为严肃的。战场上的军人也不会被问到，他是否愿意死去。’接着是几分钟之久的难堪沉默。上尉军医用臂膀搂住她的腰，说：‘夫人，假定确实发生此种情况……（嘟囔）。’她挣脱他的臂膀，有的念头是：这可是个像别人一样的人，就回敬道：‘我的上帝，我是一名老妇，或许根本不会到此境地。另外，一个条件必须得到遵守：考虑年龄；不让年长妇女给小伙子……（嘟囔）；这将是可怕的。’——上尉军医：‘我完全理解。’一些军官朗声大笑，其中有一个年轻时追求过她，而女士希望被引到她熟悉的主治医师那里，以便让一切都得到澄清。此时她大为惊愕地想起，她不知道他的名字。上尉军医还是十分礼貌而毕恭毕敬地指点她，经过一段十分狭窄的铁螺旋楼梯，楼梯直接从房间里通向上面楼层，她走进二层。在上楼时，她听见一名军官说：‘这是一个异常的决定，年轻、年老无所谓；都值得尊重！’

“带着就是尽其义务的这种感情，她走上了无尽头的楼梯。

“几周内，这个梦还重复了两次——如女士补充说明的那样——带有完全无足轻重和相当无意义的轻微改动。”

对此梦的一些其他评论见于《精神分析入门讲座》第九篇（1916—1917，研习版，第 1 卷，第 148 页以下与第 153 页及下页）。

意识到什么是一种特殊的心理活动，不同于并且不依赖被设定或者被想象的过程，而意识让我们觉得是一种感官，它察觉到一种在别处给定的内容。可以表明，心理病理学不能干脆放弃这些假设。我们可以把对这些假设的更深入评价保留到后面的一个段落。[①] 如果我记录对两种心理审查机构及其与意识的关系的想象，就我在梦中对友人 R 感受到的引人注目的柔情而言，就从人的政治生活中得出完全一致的类似，友人 R 在解梦时被如此贬低。我把自己置于一种国家生活中，其中有一个嫉妒国家生活权力的统治者和一种活跃的舆论相互斗争。人民奋起反抗不讨其喜欢的一名官员，要求解雇他；为了不流露出他不得不考虑民众意愿，独裁者就偏偏给这名官员授予平时不会有任何理由的高度荣誉。我的第二个审查机构控制着通往意识的通道，它就这样通过倾注过大的柔情来表彰友人 R，因为第一个体系的愿望意图恰巧沉醉于一种特殊兴趣，出于这种特殊兴趣而想把他骂作笨脑瓜。[②]

或许我们在此被这种预感攫住，即解梦能够给我们提供对我们心灵系统构造的启示，我们至今徒劳地期待哲学有这些启示。我们却不追寻此踪迹[③]，而是在澄清了梦的歪曲后，回到我们的起始问题。被问及的是，有尴尬梦境的梦究竟如何能够被解释成遂愿。我们就发现，如果发生了梦的歪

---

① 参见第七章，尤其是戊节。

② 对此梦的分析在后面继续。——（1911 年补充）此类伪善的梦无论在我身上还是在他人处都并非罕见事件。（它们在很后面再次得到探讨。）我忙于处理某个学术问题时，间隔不久相继几夜有一个容易使人困惑的梦搅扰我，它以与一个早就被置于一旁的友人和解为内容。第四或第五次时，我终于成功地把握了这些梦的意义。意在鼓励，还是要放弃对当事人的最后一点顾惜，完全脱离他，这种意义以如此伪善的方式装扮成反面。有一个人，我（《伪装的俄狄浦斯梦的典型例子》，1910 年，很后面的注释中再次刊登）告知了他的一个“虚伪的俄狄浦斯梦”，其中梦意念的敌意冲动与咒人死亡的愿望被明显的柔情所替代。（《伪装的俄狄浦斯梦的典型例子》）另一类伪善梦在别处（见第六节《梦的工作》）提及。——弗洛伊德在此所说的友人显然是弗利斯。

③ 在第七章中再度谈起。

曲，如果尴尬内容只用于伪装一件所愿之事，这就是可能的。顾及我们关于两种心理审查机构的假设，我们现在也可以说，尴尬的梦确实包含对第二个审查机构尴尬之事，但同时满足第一个审查机构的愿望。只要的确每个梦因第一个审查机构而起，而第二个审查机构只是防御性的、并非创造性地对待梦，这些梦就是愿望梦。① 如果我们限于评价第二个审查机构对梦所做贡献，那我们就绝不可能理解梦。著作者们在梦上注意到的所有的谜就继续存在。

梦确实具有隐秘的意义，导致遂愿，这点又无论如何必须通过分析来得到证明。我因而抓取若干内容尴尬的梦，试着分析它们。部分是癔症患者的梦，需要一篇长长的预备性报告，有些地方需要探究遇上癔症时的心理过程。我却无法避开这种描述的复杂化。

如果我把一名精神病人纳入治疗，正如已经提及的那样，他的梦经常成为我们商讨的题目。我此时必须对他提供一切心理学的解释，借助它们，我自己获得对其病征的理解，同时遭受一种无情的批评，我可能无法预料同行们更尖锐的批评。梦都是遂愿，我的患者们常常对这一定律提出异议。此处是梦的材料的一些例子，作为反证提交给我。

“您总说梦是满足了的愿望，”一名诙谐的女患者开始道，“现在我就给您讲个梦，其内容完全相反，是**没有**满足我的一个愿望。您怎么把这跟您的理论一致起来？”梦内容如下：

“我想举办晚宴，除了一些熏鲑鱼却没什么存货。我想到去采购，却想起来是周日下午，所有店铺都关了。我就想给一些供货商打电话，但电

① （1930 年补充）以后，我们将还会了解此情况，即相反，梦表达这第二个审查机构的愿望。

话出故障了。所以我不得不放弃办晚宴的愿望。”

我当然回答，只有分析能够判定此梦的意义，虽然我承认，这个梦第一眼显得理性而连贯，看着像遂愿的反面。“但这个梦来自哪种材料？您知道，梦的诱因每次都在于前一日的经历。”

分　析

女患者的丈夫、一个诚实而能干的肉铺老板，前一天对她表示，他变得太胖了，因此想开始减肥疗法。说他会早起、运动、遵守严格的食谱，尤其不再接受晚宴邀请。——关于丈夫，她笑着继续讲道，他在固定餐桌上结识了一名画家，后者一定要把他画下来，因为后者还没有发现如此富于表情的脑袋。她丈夫却以其粗俗的举止答复道，他非常感谢，他完全相信，对画家来说，年轻俏妞的屁股比他整张脸更可爱。[①]她现在很爱她丈夫，跟他逗来弄去。她也请他别送她鱼子酱。——这会意味着什么呢？

因为她早就希望，每天上午能够吃一个鱼子酱面包，但不乐于付出。当然，如果她向丈夫要鱼子酱，她马上会从他那里得到。但她相反请求他不要给她鱼子酱，以便能更久地以此逗他。

（这种理由让我觉得有破绽。在这样不令人满意的答复之后常常隐藏着未及承认的动机。想想被催眠的伯恩海姆一家，他们执行催眠后的任务，而被问及其动机时，绝不会回答：我不知道，为何我做了这个，而是必定杜撰一个明显不充分的理由。大概我的女患者的鱼子酱也会是类似情况。我发觉，她被迫在生活中创造一个未及满足的愿望。她的梦也对她显示，愿望被拒绝应验了。但她为何需要一个未及满足的愿望呢？）

---

① 适合画家。

歌德：“如果没有屁股，贵人怎么能坐？”（选自《整体》，1814—1815 年）

迄今为止的闪念不足以解梦。我追问其他的情况。在正好相当于克服阻抗的短暂休息后，她还告知，她昨天看望了一名女友，其实她嫉妒后者，因为她丈夫老是那么极力夸这个女人。幸好这名女友很瘦削，而她丈夫是丰满体形的爱好者。那这名瘦瘠的女友说了什么呢？当然说她的愿望，要变得强壮些。还问她："您何时再请我们一次？在您那儿总是吃得那么好。"

这个梦的意义就清楚了。我可以对女患者说："似乎您由于那项要求而会想：我当然会请你，让你能在我这儿吃饱、变胖、还让我丈夫更加中意。我宁愿再也不办晚宴了。于是，梦就告诉您，您不能办晚宴，也就满足了您的愿望，对您女友体形的匀称不做任何贡献。因社交聚会上端上来的东西而变胖，教会您这点的可是您丈夫的决心，为了他减肥的益处而不再接受晚宴邀请。"现在只缺证实这种解答的某种重合。也尚未推导出梦境中的熏鲑鱼。"您怎么会想到梦中提及的鲑鱼？""熏鲑鱼是这名女友最喜欢的菜肴。"她答道。碰巧，我也认识这名女士，可以证实，她给自己的鲑鱼就像我的女患者给自己的鱼子酱一样少。

同一个梦还允许一种别的、更精细的解释，因一个次要情况而使自己变得必要。两种解释彼此不矛盾，而是相互覆盖，得出一个漂亮的例子，适用于梦通常的双重含义，就像所有其他心理病理学形成物的双重含义一样。我们听说了，女患者在做愿望被拒绝的梦同时努力获得一个真实的被拒绝的愿望（鱼子酱面包）。连女友也说出了愿望，即变胖，如果我们的女士梦见，女友的愿望没有实现，不会让我们惊奇。因为她自己的愿望是，女友的一个愿望——即增肥——不实现。但取而代之的是，她梦见自己的愿望没有得到满足。如果她在梦中指的不是自己而是女友，如果她把自己置于女友的位置，或者如我们能说的那样，与后者**认同**，此梦就得到一种新的解释。

我以为，她确实这么做了，作为这种等同的迹象，她真的创造了一个被拒绝的愿望。但这一癔症等同有何意义呢？澄清这点需要更深入的阐述。对癔症病征的机理而言，等同是至为重要的一个要素；病人以此途径做到，在他们的病征中表示一大系列人的经历、不仅是自己的，仿佛替一整群人受苦，仅用他们个人的手段来扮演一名演员的所有角色。人家会对我提出异议，说这是已知的癔症的模仿，是癔症患者的能力，模仿在其他人身上给他们留下印象的所有病征，仿佛加剧至再现的一种同情。但以此只是表明了在癔症模仿时心理过程所经历的途径；有所不同的是途径和走此途径的心理活动。后者比人家所喜欢想象的癔症患者的模仿略微错综复杂些；它相当于一个无意识的推论过程，一个例子将会说清。在医院同一个房间的其他病人之中，医生有一名患一种特定痉挛的女病人，如果他有一天早晨获悉，这种特别的癔症发作被人模仿，他不会表现出惊讶。他干脆告诉自己：别人看见这种发作并模仿它，这是心理感染。对，但心理感染大约以如下方式发生。病人通常相知多于医生对他们每个人所知，而医生查房过去后，他们彼此照顾。一个病人如果今天发作；别人即刻就会得知，一封家书、重温爱情的苦闷等等是原因。他们的同情变得活跃，在他们身上完成没有意识到的如下结论：如果由于此类原因而可能这样发作，那我也会这样发作，因为我有相同的诱因。如果这是个能够意识到的结论，那它或许汇入会有相同的发作这种**焦虑**；但它在一个别的心理领域完成，因而结束于所担心的病征成为现实中。认同就不是简单的模仿，而是根据相同的病因学要求而**习得**；它表示“恰如”，涉及残留于潜意识里的一种共性。

在癔症中，认同最为频繁地得到使用，用于表示一种性的共性。癔症女患者在其病征上最容易——即使不是仅仅——与此类人等同，她与这些人性交，或者他们与跟她自己相同的人性交。语言同样考虑这样一种见解。两个相爱者是“一对”。在癔症的幻想中与在梦里一样，足以等同的是，想想性关系，而性关系不必因此被视为真的。女患者就遵循了癔症思维过程的规律，她表示自己对女友的妒忌（她自己也认识到无理），她在梦里代替后者，通过创造病征（被拒绝的愿望）与之等同。在语言上要再以如下方式讲解一下过程：她在梦里代替女友，因为后者在她丈夫那里代替了她，因为她想占据其丈夫所重视的后者的位置。[①]

在另一名女患者身上，以更简单的方式，并且还是根据一个愿望未满足意味着满足另一个愿望这个范式，解决了对我的梦学说的异议，她是我所有那些女性做梦者中最诙谐的一个。我有一天给她分析，梦是一种遂愿；次日，她给我带来一个梦，**她与其婆婆乘车前往共同的乡间逗留地点**。现在我知道，她激烈抗拒在婆婆身旁度夏，我也知道，通过租借远离婆婆住处的一个乡间逗留地点，她过去几天幸运地避开了她所担心的共同生活。现在梦取消了这个所希望的解决办法，这不是与我的通过梦而遂愿的学说最尖锐的对立吗？当然，要解梦，只消从这个梦里得出教训。根据这个梦，我错了；**她的愿望就是，我会有错，而这个梦对她显示这个愿望实现了**。我会有错这个愿望在乡间住宅这个题目上实现了，实际上却涉及另一个更严肃的对象。我在同一时间从对她的分析得出的材料中推断出，在她生活的某个阶段必定发生过对其患病重要之事。她否认此事，因为此事不在她的回忆里。我们很快发现，我有道理。但愿我不对，她的这个愿望变成梦，即她与其婆婆乘车下乡，就符合合理的愿望，即但愿那些当时才猜到的事情从未发生过。

没有分析，只借助猜测，我冒昧地指明一名友人身上的一个小事件，

① 我本人很遗憾插入此类出自癔症的心理病理学片断，它们由于残缺不全的阐述并且脱离了上下文，确实无法起很大的澄清作用。如果它们能够指明梦这个题目与精神神经症的密切关系，那它们就实现了我采纳它们的意图。（这是弗洛伊德首次印行的对等同的探讨。虽然他偶尔也在以后的出版物中触及此题目，不过，在本篇阐述后，一篇较长的阐述二十年后才出现在《大众心理学》第七章中。与之不同的等同题目作为梦工作的部分在下面讨论）

他在完全中学整整八个年级里曾是我的同学。他有一次在小范围里听过我关于梦是遂愿这种新鲜事的报告，回家梦见，**他输掉了所有的诉讼**——他是律师——，就在我这里抱怨此事。我以这样的遁词解救自己：不可能赢下所有的诉讼，心里却在想：如果我整整八年都作为优等生坐在头排，而他在班级中间不知何处换位置，那从少年岁月开始，但愿有朝一日我也丢尽脸这个愿望会远离他吗？

一名女患者同样对我陈述具有更阴郁性质的另一个梦，作为对愿望梦理论的异议。女患者、一个年轻姑娘这样开始："您还记得，我姐姐现在只有一个男孩——卡尔；她失去了年纪大些的那个——奥托，当时我还在她家里。奥托是我最喜欢的，我其实教养了他。我也喜欢小的那个，但当然远远不像喜欢去世的那个那样。这天夜里，我梦见，**我看见卡尔死了，躺在我面前。他躺在他那口小棺材里，手合拢，周围是蜡烛，简而言之，完全像当时的小奥托，后者之死震惊了我。**现在您告诉我，这会意味着什么？您可了解我；我是这么坏的一个人，会希望我姐姐失去她还拥有的独子吗？还是这梦意味着，我宁愿卡尔死去，而不是我那么喜欢过的奥托死去？"

我对她保证，可以排除这后一种解释。思索片刻后，我可以告诉她对此梦的正确解释，我就让她来证实。这点我成功了，因为我知道做梦女人的整个既往史。

少失怙恃，姑娘在比她大得多的姐姐家里被养大，在这个家里的友人和访客中也遇到了给她心灵留下持久印象的男人。有一段时间，好像这种几乎未挑明的关系会以婚配收场，但这一幸福的结局被姐姐破坏了，她姐姐的动机从未得到完全澄清。关系破裂后，我们的女患者所爱的男人避免上门；在此期间，她把其柔情转向小奥托，奥托死后不久，她自立门户。但她没有成功地摆脱那种依赖，她因对其姐姐友人的倾慕而陷入这种依赖。

她的骄傲要求自己回避他；但她不可能把她的爱转到以后出现的其他追求者身上。这个被爱的男人属于文学家阶层，如果他预告在某地做报告，肯定可以在听众中找到她，而且平常她也抓住任何机会在第三地从远处看着他。我记得，她前一天对我讲过，这名教授去听一场特定的音乐会，而她也想前往，以再次享受对他的注视。这是做梦前一天；在她给我讲述梦的这天，就该举行音乐会。这样，我就容易构想正确的解释，问她是否想起在小奥托死后出现的某个事件。她马上答道："当然，那时，在长久不出现后，教授又来了，我在小奥托的棺材旁又一次见到他。"完全如我所料。我就以如下方式解梦："如果现在另一个男孩死了，同样的事就会重复。您白天就会在令姐处度过，教授肯定会过来吊唁，在与当时相同的情况下，您会再见他。梦意味的无非是您这种要再见的愿望，您内心抵抗这种愿望。我知道，您口袋里揣着今天音乐会的门票。您的梦是个不耐烦的梦，它把今天会发生的再见提前了几个小时。"

为了掩饰其愿望，她显然选择了一个情境，其中常常会抑制此类愿望，一个情境，其中充满悲哀，不会想到爱。不过，很有可能的是，即使在梦忠实复制的实际情境中，在第一个、她更强烈地喜欢的男孩的棺材旁，她也不能抑制对长久惦念的那个访客的温柔感受。[①]

另一名女患者的另一个相似的梦得到不同的解释，她早些年因才思敏捷与心情开朗而出众，现在至少还在治疗期间的闪念上证明这些素质。在一个较长的梦里，这名女士觉得，她看见十五岁的独生女死了，躺在一个盒子里。她恨不得把这个梦现象变成对遂愿理论的异议，自己却预感到，盒子这个细节必定指明通往对此梦的另一种见解之路。[②] 在分析时，她想起来，在前一晚的社交聚会上，曾说到英语词"box"，说到德文中对它形

---

① 弗洛伊德在后面提及此梦。

② 与熏鲑鱼晚宴受挫那个梦相似。

形色色的翻译：盒子、厢座、箱子、耳光等等。从同一个梦的其他存留片断中，就可以补充，她猜到了英语词“box”与德语词“小罐[①]”的亲缘关系，于是回忆造访她，即“小罐”也被用于女性生殖器的粗俗名称。对她在局部解剖学上的知识宽容一些，就可以设想，“盒子”里的孩子意味着母体中的一个胎儿。一旦澄清了，她就不否认，梦象确实符合她的一个愿望。她处于妊娠状态时，像如此众多的年轻妇女一样根本不幸福，不止一次承认有愿望，即但愿孩子在母体中死去；甚至在与其丈夫激烈争吵后一次暴怒时，用拳头砸向腹部，以击中里面的孩子。死婴确实是一种遂愿，却是满足一个十五年来被排除的愿望，而且，如果在如此延迟出现后再也看不出是遂愿，就不足为奇。其间改变的真是太多了。[②]

后两个梦所属的那一类，以亲属之死为内容，如遇到典型的梦会再次被顾及。我在彼处将能借助新例子表明，尽管有非人所愿的内容，所有这些梦都必定被解释成遂愿。我不把如下的梦归功于患者，而是归功于我熟悉的一名睿智的法律学者，对我讲述此梦的意图又是，阻止我把关于梦想的学说过于匆忙地普遍化。给我提供消息者报告道：“**我梦见，我胳膊上挽着一名女士，来到我房前。那里等着一辆锁着的车，一名先生朝我走来，证明自己是警探，要求我跟他走。我只是请求有时间安排自己的事宜。**您相信，或许我的一个愿望是被捕吗?”——“当然不，我得承认。您或许知道，以何指控逮捕您?”——“对，我想是因为杀婴。”——“杀婴？您可知道，这种罪行只可能是一个母亲对其新生儿所犯的吗?”——“这点确实。”[③]——“您在哪些情况下做梦；前一晚发生了什么?”——“我不愿

---

① Büchse——译注

② 此梦在后面进一步探讨，也在《精神分析入门讲座》第13篇中提及（弗洛伊德，1916—1917年，研习版，第1卷，第206页及下页）。

③ 常常发生的是，一个梦讲述得不完整，而只在分析期间，才冒出对梦的这些被遗漏的片断的回忆。这些事后插入的片断常常得出解梦的关键。参见很后面关于梦的遗忘。

意把这点讲给您听，这是一个棘手事件。”——“但我需要，否则，咱们不得不放弃解梦。”——“那您听着。我那夜不在家，而是在一名女士那里过夜，她对我意味着很多。我们早上苏醒时，我们之间再次发生了点事。随后我又入睡，梦见您所知道的事。”——“那是一名已婚妇人？”——“对。”——“而您不想跟她生孩子？”——“对，对，这可能暴露我们。”——“您不正常交媾？”——“我需要谨慎，在射精前抽出来。”——“我可以假定，您这天夜里几次完成了这一技艺，早晨重复后不肯定是否成功？”——“可能是这样。”——“那您的梦就是一种遂愿。您因它而安心，您没有生孩子，或者几乎相同之事，您会杀掉一个孩子。我能很容易给您证明中间环节。您回想一下，几天前咱们说到婚姻困境、说到不连贯，可以交媾而不形成受孕，而一旦卵子和精子相遇成胎，任何手术都会作为犯罪受到惩罚。紧接着让咱们也回想一下中世纪有争议的问题，心灵究竟在哪一时刻进入胚胎，因为从那时起才许可谋杀这个概念。您肯定也知道莱瑙[①]那首可怕的诗（《死亡的幸福》)，它把杀婴与预防得子等同。”——“奇怪，今天上午我像是偶然地想到了莱瑙。”——“也是您的梦的回响。现在，我还想给您证明您梦中一个小小的附带遂愿。您胳膊上挽着女士到了您房前。您就是**领她回家**，而不是实际上在她屋里过夜。遂愿构成梦的核心，遂愿以如此令人不快的形式隐藏起来，或许有不止一个理由。从我关于焦虑性神经症的文章（弗洛伊德，《论从神经衰弱中分离出一种特定综合征作为“焦虑性神经症”的合理性》，1895 年）中，您可以获悉，我把**性交中断**当作形成神经性焦虑的起因要素之一。会与之相配的是，您这样交媾几次后留下不快的情绪，就作为因素进入您的梦的组成。您也利用这种扫兴，以对自己掩盖遂愿。另外，连提及杀婴也未得到解释。您怎么会想到这种女性

① 尼阔劳斯·莱瑙，本名尼阔劳斯·弗朗茨·尼姆伯施（1802—1850），奥地利诗人。——译注

专有的犯罪?”——“我愿意对您承认，我几年前曾经卷入这样一个事件。我有责任，一个姑娘尝试通过堕胎防止跟我的关系有后果。我与意图的实施毫无关系，但长时间处于可以理解的焦虑中，这事会被发现。”——“我理解，这种回忆得出第二个理由，为何您的技艺不佳这一猜测必定让您尴尬。”

一名年轻医生在我讲课时听说了这个梦，必定觉得被它震动，因为他急忙模仿做此梦，要把它的思维形式应用于另一个题目。他前一天递交了其收入声明，所作声明完全真诚，因为他没什么可声明的。他就梦见，一**名熟人从税收委员会的会议上朝他走来，通知他，所有其他税收声明都未遭异议，他的税收声明却激起了普遍怀疑，会给他带来敏感的税收处罚**。梦是草率掩饰的遂愿，适用于具有不菲收入的医生。他还回忆起已知的那名年轻姑娘的故事，人们劝她别答应其追求者，因为他是个暴躁的人，她在婚姻中肯定会遭殴打。姑娘的回答是但愿他打我！她成婚的愿望如此强烈，就容忍预见到的会与此婚姻相连的不快、甚至抬升为愿望。

相当频繁出现的此类梦似乎直接与我的学说相矛盾，它们以愿望落空或者显然并非所愿之事应验为内容，如果我把它们概括成“**反愿望梦**”[①]，我就发现，它们一般可以追溯至两项原则，其一尚未被提及，尽管它在人的生活中及做梦时都扮演重大角色。这些梦的一种内驱力是那种愿望，即我会错。这些梦经常发生在我的治疗期间，如果患者处于对我的阻抗中，而在我先给病人讲梦是一种遂愿的学说之后，我可以极肯定地预计引起这样一个梦。[②]对，我可以预期，读者中某些人情况会这样；他会甘愿在梦

① 此段与下一段于 1909 年补充。

② （1911 年补充）类似的“反愿望梦”过去几年间反复被我的听众报告给我，作为他们首次遇见“梦的愿望理论”的反应。

中拒绝愿望，以便只满足我会不对这个愿望。我想告知的此类最后一个治疗梦展现的又是相同情况。一名年轻姑娘，违背其家人和求教过的权威的意愿，艰难地争取到由我继续治疗，她梦见：**在家里，人家禁止她继续到我这儿来。她就在我这里引用一句给她的承诺，必要时也要无偿给她治疗，我告诉她：在钱的事情上我可以不顾及。**

在此要证明遂愿，确实不易，但在所有这些情况中，除了一个谜外还可以找到另一个，其答案也有助于解开第一个。她误认为是我说的话从何而来？我对她当然从未说过类似的话，但其兄弟之一，而且恰恰是对她影响最大的那个，如此可爱，说了关于我的这句话。这个梦想办到的就是说兄弟估计对了，而她不仅想在梦中让其兄弟正确；这是她生活的内容与其患病的动机。

一名医生梦见（Aug. 施特克，1911 年）并解释第一眼看上去给遂愿理论造成特别困难的一个梦[①]：**“我左手食指最后一节指骨上有梅毒病变初期损害并且自己看见了。”**[②]

人家或许因这种考虑而妨碍了对此梦的分析，即除了其非人所愿的内容，此梦显得很清楚而连贯。只要不辞分析的辛劳，就会获悉，应与“初期损害[③]”等同的是“初恋”[④]，而据施特克的话说，令人反感的溃疡证明“自己是配备巨大情感的遂愿的代表”。

反愿望梦的另一个动机[⑤]如此显而易见，就容易忽视它，就像我自己

① 此段与后面两段于 1914 年补充。

② 事实上，报告里没有显出施特克本人是做梦者。

③ Primäraffekt——译注

④ prima affectio——译注

⑤ 该段出自 1909 年。

较长时间遇到的一样。在如此多人的性素质中，有一种受虐癖组成部分，因攻击性、施虐癖组成部分转入反面而形成。[1]人家称此类人为“思想上的”受虐者，他们不在施加给他们的身 体痛楚、而在屈辱与心灵折磨中寻求乐趣。一目了然的是，这些人可能有反愿望梦与无兴趣梦，对他们而言，确实无非是遂愿、满足其受虐倾向。我把这样一个梦放到这儿：一个年轻人，早些年极力折磨他怀有同性恋好感的兄长，在彻底的性格转变后，现在梦见由三个片断组成的梦：一、**他兄长如何“纠缠”他。二、两名具有同性恋意图的成人如何相互献媚。三、哥哥出售了企业，对这家企业的领导权是他为其将来所保留的。**他从最后那个梦里苏醒，带着最尴尬的感情，不过这是一个受虐的愿望梦，翻译过来可能是：如果哥哥用那种出售来对我，用来惩罚他在我这里忍受的一切折磨，我现在完全会是自作自受。

我希望，除了进一步的异议，前面的例子将足以使之显得可信的是，连带有尴尬内容的梦也可以作为遂愿来解。[2]在解这些梦时，每次都遇上不愿谈论或者不愿想到的那些主题，也无人会将此看作偶然性的一种表现。此类梦所激起的尴尬感情可能就是与那种反感同一，后者想阻止我们处理或者考虑此类主题——大多成功了——，如果我们发现自己被迫还是着手此事，这种反感必定被我们每个人克服。这种在梦中如此再现的无兴趣感却不排除一个愿望的存在；在每个人身上都有不想告知别人的愿望，还有他不愿对自己承认的愿望。另一方面，我们发现自己有权把所有这些梦的无兴趣性质与梦歪曲的事实关联起来，推断出，这些梦恰恰因此而这样遭歪曲，把它们之中的遂愿化装直至无法辨认，因为存在对梦的主题或者对

① 弗洛伊德对这点的更正观点见于《受虐癖的经济问题》，1924 年。

② （即便形式略有不同，下一句于 1919 年插入文本，1925 年置于脚注）我提请注意，此处的主题未及了结，以后还将处理。

从梦中获得的愿望的一种反感、一种压抑意图。梦的歪曲就确实证明自己是一种审查行为。如果我们以如下方式改变我们自己会表示梦的本质的用语：**梦是伪装过的满足一种（遭抑制、压抑的）愿望**，我们却都会考虑对无兴趣梦的分析所发掘的一切。①

现在就还余下焦虑梦作为具有尴尬内容的梦的特别亚种，在未弄清的人那里，把它们当作愿望梦的观点遇上最微小的心甘情愿。不过，我可以在此简短了结焦虑梦；这并非梦问题的一个新方面，会在焦虑梦中对我们展现出来，而是在这些焦虑梦中，涉及对一般神经性焦虑的理解。我们在梦中感受到的焦虑，只是表面上由梦的内容来解释。如果我们让梦境经受解梦，我们就会发觉，由梦内容来为梦的焦虑辩解，并不好于由比如恐惧症所依赖的想象来说明恐惧症的焦虑。例如虽然正确的是，人可能坠窗，因而有理由在窗边尽力有某种谨慎，但无法理解，为何在遇上有相应的恐惧症时，焦虑如此巨大，远远超出其诱因而缠着病人。同样的解释就被证

---

①（1914 年补充）正如别人告诉我的那样，一名在世的大作家对精神分析和解梦不想知道什么，他还是自行找到了适合梦的本质的一句几乎同一的用语："在错误的面貌与名字下未经授权冒出遭抑制的渴望。"（卡·施皮特勒，《我最早的经历》，1914 年，第 1 页）

（1911 年补充）我抢先在此引用源自奥托·兰克的对上面基本用语的扩展与修正："梦常常基于并借助受压抑的幼儿期性材料以掩饰过的与象征性表达的形式表示当前的、通常也是性爱的愿望得到实现。"（兰克，《自解的梦》，1910 年，第 519 页）

（1925 年补充）我没有在任何地方说过，我把这种兰克的用语作为我的。较短的、正文中包含的版本让我觉得足够了。但我还提及兰克的修正，就足以给精神分析带来重复无数次的指责：精神分析声称，所有的梦都有性内容。如果人家如此理解此句子，像它所必须被理解成的那样，那它就只是证明，批评者在其业务上惯于花费多么少的认真劲儿，而如果最清晰的言论不适合对手的攻击性倾向，对手多么愿意忽略它们，因为没几页之前，我提及儿童梦形形色色的遂愿（一次下乡远足或者游湖、补上耽误了的进餐等），在别处涉及饥饿梦、因口渴刺激、因排泄刺激的梦，涉及纯粹舒适梦。即使兰克也未提出绝对的断言。他说"通常也是性爱的愿望"，而就成人的多数梦而言，这点完全可以得到证实。

如果人家在现在于精神分析中常用的"性爱"意义上来使用"性的"，情况看起来就不同。但是否所有的梦都由"力比多"驱力（与"破坏性驱力"相反）所创造，对手眼前几乎没有这个有趣的问题（参见弗洛伊德，《自我与本我》，第四章，1923 年）。

明既对恐惧症也对焦虑梦有效。焦虑两次都只是**焊接**在伴随它的想象上，而出自另一个来源。

因为梦焦虑与神经性焦虑的这种密切关联，此处，我必须探讨前者时指明后者。在关于“焦虑性神经症”的一篇小文里（《论从神经衰弱中分离出一种特定综合征作为“焦虑性神经症”的合理性》，1895 年），我当时主张，神经性焦虑源自性生活，相当于被从其目的上引开、未得到使用的力比多。[①] 这种用语从那时起越来越被证明是无懈可击的。由它就引出了定律，焦虑梦是有性内容的梦，隶属它的力比多转变成焦虑。以后将会出现机会，通过分析神经症患者身上的若干梦来支持这一断言。[②] 我也会在进一步尝试接近一种梦理论时，再次谈到焦虑梦的条件及其与遂愿理论的相容性。

---

① 弗洛伊德后来对力比多与焦虑关系的观点见于《抑制、病征与焦虑》（1926 年）。

② 在这上面，弗洛伊德显然改变了意见：参见后面，彼处固然分析了两个焦虑梦，而对焦虑梦的整个主题重新讨论。

第五章　梦材料与梦来源

我们从给伊尔玛注射的梦中看出，梦是一种遂愿，当时攫住我们的首先是那种兴趣，即我们是否以此揭示了梦的一项普遍特性，而我们暂时让任何别的学术好奇心沉默，在那种解梦工作期间，在我们身上可能激起这种好奇心。如果我们也有片刻会在这方面也让尚未完全了结的遂愿主题离开视线，我们现在以一条途径到达目标之后，可以折返并为我们提及梦问题选择一个新的起点。

自从我们通过应用我们解梦的做法能够揭示**隐性**梦境，在重要性上让**显性**梦境远远落在自己后面，就必定催逼我们重提各个梦问题，以尝试是否对我们而言，那些谜与矛盾会令人满意地解决，只要光了解显性梦境，它们就显得无懈可击。

在起始章节（第一章甲与丙节）详细告知了著作者们对梦与清醒状态关联以及关于梦材料来源的说明。我们也回想起梦记忆的那三种特性（参见第一章乙节），它们被多次指出，但未得到解释。

1. 梦明显偏爱前几日的印象（罗伯特,《梦被解释成必然性》，1886 年，第 46 页；施特吕姆普尔,《梦的本性与形成》，1877 年，第 39 页；希尔德布朗特,《梦及其用于生活》，1875 年，第 11 页；还有威德–哈勒姆《梦意识研究》，1896 年，第 410 页及下页）。

2. 梦根据与我们的清醒记忆不同的原则做出选择，它不回想本质与重要之事，而回想次要与不受重视之事；梦支配我们最早的童年印象，甚至从那个人生阶段取来细节，这些细节又让我们觉得平凡，在清醒时被认为早就遗忘了。[①] 梦材料在选择上的这些特性当然也被著作者们在显性梦境上观察到了。

甲　中近事与无关紧要之事

如果我现在就梦境中出现的要素的来源求助于我自己的经验，我就必须首先立论，在每个梦里都可以找到与**刚过去一日**经历的联系。无论我拿哪个梦着手，自己的还是别人的，每次都对我证实了这种经验。了解了此事实，我可以大致这样开始解梦：我首先探寻诱发这个梦的日间经历；就许多情况而言，这点甚至是捷径。我在前一节中让两个梦经受详细分析，在这两个梦上（给伊尔玛注射的梦、有黄胡子的我叔叔的梦），与日间的关系如此引人注目，就无须进一步阐明。但为了显示，这种关系可以多么有规律地得到证明，我想在这一点上探讨我自己梦的编年史的一个片断。我只在为揭示所寻求的梦来源所需范围内告知这样的梦。

1. 我在一座房子里做客，在那里，我很困难地才被放行等等，我让一名妇女在此期间等着我。

来源：晚上与一名亲戚谈话，她要求的购置得**等**到……等等。

2. 我写了关于某种（不详）**植物种类的一本专著。**

---

① 清楚的是，如果在梦中一定程度上频繁出现出自我们童年的回忆图景，罗伯特的这种见解（《梦被解释成必然性》，1886 年，第 9 页及下页）不再站得住脚，即梦用于给我们的记忆减轻日间无价值印象的负担。人家必定得出结论，梦惯于相当不充分地履行落到它头上的任务。

来源：上午在一家书店的橱窗里看见关于仙客来这一种属的一本**专著**。

3. 我看见两个女人在街上，母与女，其中后者曾是我的患者。

来源：一名正在接受治疗的女患者晚上告诉我，其**母**以哪些麻烦来反对继续治疗。

4. 在 S 与 R 的书店里，我预订一种定期出版物，每年二十古尔登。

来源：我妻子日间提醒我，我还欠她二十古尔登的一周花费。

5. 我得到社会民主党委员会的一封来函，信里我被当作成员对待。

来源：同时从自由选举**委员会**和慈善协会总部得到**来函**，我确实是后者的**成员**。

6. 一个男子在海中的一块陡峭山石上，勃克林[①]**式的手法。**

来源：德雷福斯[②]在**魔鬼岛**上，同时有来自我在**英国**的亲戚的消息等等。

人家可能抛出问题，是否梦的联系不可避免地衔接刚过去之日的事件，还是它可能包括最近一段较长时期的印象。这一题目很可能不应得到原则性意义，不过，我想选择梦前最后一日（做梦日）排他的优先权。每当我以为发现，两三天前的一个印象是梦的来源，如果更详细地探询就可能还是确信，那个印象在前一天又被回忆起来，也就是一种可证明的再现于前一天插在发生日与做梦时间之间，我还能证明新近的诱因，对较旧的印象的回忆可能由此开始。

与此相反[③]，我不能确信，在激发性的日间印象及其在梦中重现之间

---

① 阿诺尔特・勃克林（1827—1901），瑞士画家。——译注

② 阿尔弗雷德・德雷福斯（1859—1935），法国军官。出身犹太平民，1894 年被因所谓泄露军事机密而被指控，12 月 22 日被判处在法属圭亚那附近的魔鬼岛终身监禁。——译注

③ 此段于 1909 年补充。

插入了具有生物学意义的一种有规律的间隔（H. 斯沃博达称首个此类间隔为十八小时）。[①] 就连关注此问题的哈・霭理士（《梦的世界》，1911 年，第 227 页）[②] 也说明，“虽然重视此事”，他在其梦里也无法找到这样一种再现的周期性。他讲述了一个梦，梦中，他身处西班牙，想去一个地方：Daraus、Varaus 或者 Zaraus。苏醒后，他回忆不起这样一个地名，就把梦置于一旁。几个月之后，他真的发现了 Zaraus（萨劳斯）这个名字是圣塞瓦斯蒂安与毕尔巴鄂之间一个小站的名字，做梦前 250 天，他乘火车经过那里。

所以，我就以为，每个梦都有出自那些经历的一个梦激发者，对那些经历，“人家还尚未睡过夜”。

---

① （1911 年补充）正如在对第一节的补遗中所告知的，H. 斯沃博达（《人类有机体周期的心理学与生理学意义》，1904 年）把由威・弗利斯（《生命的过程》，1906 年）发现的 23 和 28 天的生物学间隔大规模地转用于心灵事情，尤其声称，这些时间对梦因素在梦中的出现是决定性的。如果可以证明这种出现，解梦就不会有本质变动，但就梦材料的来历源而言，得出一个新来源。我新近就在自己的梦上做了一些考察，以检验“周期学说”在梦材料上的可用性，对此，我尤其选择了引人注目的梦境因素，在时间上肯定可以确定这些梦境因素出现于生活中。

1910 年 12 月 1 日 /2 日梦

（残片）……意大利某处。三个女儿让我看小小的贵重物品，像在一家古玩店，她们还坐到我怀里。在看到有一件时，我说：您可是从我这儿得到这个的。我还清楚看见一个小小的侧面面具，带有萨伏那洛拉轮廓鲜明的面部特征。

我何时最后一次看见萨伏那洛拉的画像？根据我的旅行日记证明，我于 9 月 4 日与 5 日在佛罗伦萨；在那里，我想着，在市政厅广场石块路面这名狂热僧侣被烧死之处，把带有他面部特征的圆形浮雕指给我的旅伴看，我以为，3 日（较新版次中所含日期“5 日”是印刷错误），上午我提醒他注意这面浮雕。从这个印象直至在梦中重现却流逝了 27 + 1 天，按弗利斯的说法是一个“阴性周期”。就本例子的证明力而言，不幸的是，我却不得不提及，在做梦日当天，这个能干、但目光忧郁的同事在我那里（我归来后第一次），我几年前就给他传播了“萨伏那洛拉拉比”的诨名。他给我介绍了一名创伤病人，在蓬泰巴火车里出了事故，我本人八天前坐这趟火车旅行，这样就把我的念头引回上次的意大利之行。梦境中出现“萨伏那洛拉”这个引人注目的因素由同事在做梦日的这次来访得到澄清，二十八天的间隔丧失了对其来源的意义。

10 月 10 日 /11 日梦

② 下面一段于 1914 年补充。

与出自任何更遥远时光的其他印象相比，最近（做梦那夜的白天除外）的印象没有显示出跟梦境有不一样的关系。只要从做梦日的经历（“新近的”印象）到那些先前的经历有一条思路，梦就可以从生活的每段时间选择其材料。

但何来对新近印象的优待呢？如果我们让提及的梦之一经受更详细的分析，将会获得对这点的猜测。我选择

植物学专著的梦

我写了关于某种植物的一本专著。书放在我面前，我正在翻一张包进去的彩图。每册都附订了这种植物的一份压干样本，与出自一个腊叶标本集的相似。

分析

我上午在一家书店的橱窗里看见一本新书，标题为《仙客来这一种属》——显然是关于这种植物的一本**专著**。

仙客来是我妻子**最喜爱的花**。我自责，如此难得想到如她希望的那样给她**带花**。——在**带花**这个主题上，我想起一个故事，我早就在友人圈中讲过，作为对我的断言的证明，即遗忘经常是贯彻无意识的意图，无论如何使人有可能推断出遗忘者的隐秘信念。一名少妇习惯于在其生日从其丈夫处得到一束花，在这样一个喜庆日子发现少了这种柔情的标志，为此迸泪。丈夫进来，不知道怎么给自己解释她为何哭泣，直到她告诉他：今天是我生日。这时他拍拍前额，叫出来：“对不起，我可是完全忘了，就想离开给她买**花**。”她却不听劝，因为她认为其丈夫的忘性证明，她在他意念里不再像往昔扮演同样角色了。——这名妇人 L 两天前邂逅我妻子，告知后者，她觉得舒适并询问我的情况。她早几年在我这里治疗。

一个新征兆：我确实有一次写过与关于一种植物的**专著**相似的东西，即关于**古柯植物**的一篇文章（《论古柯》，1884 年），它把 K. 科勒的注意力引到可卡因的麻醉特性上了。我本人在自己的出版物中略提了生物碱的使用，但没有周密到进一步追踪此事的地步。对此，我还想起来，做梦（我晚上才找到对梦的解释）后那天的上午，我以一种白日幻想的方式想起可卡因。如果我曾得过青光眼，就会前往柏林，在彼处，在我的柏林友人（弗利斯）那里匿名由他给我推荐的一名医生动手术。不知道他在给谁治疗的那名手术医生就会再次称赞，自从引入可卡因以来，这些手术变得多么容易；我不会通过任何表情透露，我自己对这一发现也有份。与这种幻想相连的是那些意念，即对医生来说可有多么不快的是，由同行为其本人使用医疗服务。柏林的那名眼科医生不认识我，我会像别人一样付他报酬。这个白日梦进入我的意识之后，我才发觉，其后隐藏着对一次特定经历的回忆。因为在科勒的发现后不久，家父就患了青光眼；由我的朋友、眼科医生柯尼希施泰因大夫给他动手术，科勒大夫施行可卡因麻醉并随后说，在此情况下，对采用可卡因有份的全部三个人都觉得联合起来了。

我的意念就继续下去，何时最后一次让我想起这个可卡因的故事。那是几天前，当时我手里得到了纪念文集，感激的学生以发表纪念文集来庆祝其教师兼实验室主任的周年纪念日。在实验室的功绩榜中，我还发现列举说可卡因的麻醉特性由 K. 科勒发现。我就突然发觉，我的梦与前晚的一次经历相关联。我恰好陪同柯尼希施泰因大夫回家，我跟他谈论一桩事宜，每次触及它，就会强烈地刺激我。我跟他在门厅里逗留时，**盖特纳**教授连同其年轻妻子到来。我禁不住恭喜他俩看上去多么**容光焕发**。盖特纳教授就是我刚才说到的纪念文集的撰写者之一，可能让我想起纪念文集。不久前，我讲述了 L 女士的生日失望，在与柯尼希施泰因大夫交谈中，她也被提及，不过在其他上下文中。

我也想尝试解释梦境的其他目的。植物的一份**压干样本**随附在专著中，似乎是**腊叶标本**。与腊叶标本相连的是一段与完全中学有关的回忆。我们的完全中学校长有一次召集高年级学生，为的是把学校的腊叶标本交给他们查看并清洁。出现了小**蠕虫**——书虫。对我的支援，他没有显出信赖，因为他只托给我没几片叶子。我如今还记得，上面是十字花科。我从未与植物学有过特别亲密的关系。在植物学预考时，我又得辨别十字花科，但没认出来。如果不是我的理论知识解救了我，我的境况会很糟糕。——我从十字花科想到了菊科植物。其实连洋蓟也是一种菊科植物，而且是我可以称为我**挚爱的花**的那种。我妻子比我高雅，她惯于从市场上给我把这种挚爱的花带回家。

我看见我写就的专著**放在我面前**。连这点也并非没有关联。我那视觉敏感的朋友（弗利斯）昨日从柏林写信给我："我很关心你的梦学专著。**我看见它完成了，放在我面前，我就翻阅**。"我多么羡慕他这种远望的禀赋！要是我也的确能够看见它已经完成，放在我面前！

折叠的彩图：我是医学大学生时，很是苦于只学**专著**的冲动。尽管资金有限，我当时给自己订了若干医学档案，其**彩图**是我的迷恋。我对这种细致倾向很自豪。后来我自己开始发表文章时，也得为我自己的论文画插图，而我记得，一幅插图很差劲，结果一个好意的同事为此嘲笑我。还有我不确知的一段相当早的青少年时代回忆。家父曾开玩笑，给我和妹妹一本有**彩图**的书（描写一次波斯之旅）听任毁坏。这在教养上几乎难以证明是正确的。我当时五岁，妹妹不到三岁，而我们这些孩子极度快乐地把该书撕碎（我得说，**像一株洋蓟**，一页一页地），图画几乎是这段生活时光留在我形象回忆里的唯一东西。我成为大学生时，在我身上形成一种明显的偏爱，去收藏、拥有书籍（类似于钻研专著的倾向，一种**业余爱好**，在涉及仙客来与洋蓟的梦意念中已经出现了）。我成了一个**书虫**（参见**植物标**

本）。自从对自己深思后，我把自己生活中的这种最初热情始终追溯到这个儿童印象，或者不如说，我认识到，这一儿童场景是对我后来爱书的一种“屏蔽记忆”。[①] 当然，我也很早就获悉，人因热情而容易陷入痛苦。我十七岁时，在书商那里有一笔可观的账目，没有资金去结清，而家父几乎不视为辩词的是，我的爱好没有扔在什么更坏的事情上。提及这段后来的青少年经历却让我马上回到与我的友人柯尼希施泰因大夫的谈话上。因为做梦日晚上的谈话也涉及与当时相同的指责，即我过于屈服于我的**业余爱好**。

出于不归入此处的理由，我不想追踪对这个梦的解释，而只是说明通往解梦的途径。在解梦工作期间，让我想起与柯尼希施泰因大夫的谈话，而且从不止一个地方。在这次谈话中触及哪些事宜，如果我把这点放到自己面前，这个梦的意义对我而言就容易理解了。所有开始的思路，关于我妻子和我自己的业余爱好，关于可卡因，关于同行之间医疗的困难，关于我对钻研专著的偏爱、我忽略某些科目如植物学，这一切就都会得到延续，汇入枝蔓很多的商谈的任一线索。梦又得到辩解性质、对我正当性作辩护的性质，正如最初分析的关于给伊尔玛注射的梦；的确，它延续了在那里开始的主题，借助在两个梦之间的间隔中添加进来的新材料而探讨该主题。甚至梦表面上无关紧要的表现形式也得到了一个重点。现在意味着，我可是写过（关于可卡因的）有价值而卓有成效的论文的人，类似于当时为自己辩解而提出的，我可是一个能干而勤奋的大学生。两种情况下就都是：我可以允许自己这样。我却可以在此放弃实施解梦，因为促使我告知此梦的只是此意图，即借助一个例子探究梦境与前一日起激发作用的经历之间的关系。只要我了解此梦的显性内容，对我而言，只有梦与一个日间印象

---

① 参见我的文章《论屏蔽记忆》（1899 年）。

的关系才变得引人注目；我分析之后，在同日另一个经历中得出梦的第二个来源。梦所涉及的印象中的第一个是一个无足轻重的印象、一个次要情况。我在橱窗里看见一本书，其标题匆匆触动我，其内容几乎不可能让我感兴趣。第二个经历具有极高的心理价值；我与我的友人、那名眼科医生可能起劲地说了一个小时之久，对他做了必定触动我俩的暗示，在我身上唤醒了回忆，在这些回忆中，我注意到了自己内心最丰富的刺激。此外，这次谈话未完成就被打断了，因为熟人进来了。那日间的两个印象彼此关系如何，与夜里出现的梦关系如何？

在梦境中，我只发现对无关紧要印象的暗示，就可以证实，梦带着偏爱把来自生活的次要之事纳入其内容。而在解梦中，一切都通向重要的、有理由起刺激作用的经历。如果我像唯一正确的那样，根据隐性的、因分析而被发掘出来的内容来判断梦的意义，那我就不知不觉获得了一种新的重要认识。我看见这个谜在分解，即梦只忙于白天生活的碎块；我也必须反驳此断言，即清醒时的心灵生活不延续至梦中，而梦为此把心理活动浪费在幼稚的材料上。对立物是真实的；白昼占用我们之事，也统治着梦意念，而只在遇到有日间会给我们提供思考契机的那类材料时，我们才努力做梦。

我还是梦见无足轻重的日间印象，而有理由让人激动的日间印象促使我做了梦，对此，最显而易见的解释可能是，此处又有一种梦歪曲的现象，我们在上面把梦歪曲溯源至作为审查机关而起主宰作用的一种心理力量。对关于仙客来这个种属的专著的回忆得到了使用，似乎它是**影射**与友人的谈话，极像在关于晚宴受阻的梦中，通过“熏鲑鱼”这一影射来代表提及女友。成问题的只是，通过哪些中间环节，专著的印象与跟眼科医生的交谈能建立影射关系，因为这样一种关系起先不明显。在晚宴受阻的例子中，关系从一开始就给定了；“熏鲑鱼”作为女友最喜爱的菜肴直接属于想象范围，女友本人在做梦者身上能够激起这个范围。在我们的新例子中，涉及两个单独的印象，除了在同一天发生，它们起先没有什么共性。专著在上午引起我的注意，我是在晚上谈的话。分析交到手里的答案是：两个印象之间此类起先不存在的关系事后由其一的想象内容接成另一个印象的想象内容。我已经在分析记录中强调了相关的中间环节。如果没有来自别处的影响，与关于仙客来的专著的想象相连的就只有这个想法，即这是我妻子挚爱的花，也许还有对 L 女士惦念的花束的回忆。我不相信，这些隐念会足以招致梦。

殿下，不需要幽灵从坟墓里出来告诉我们这个。

在《哈姆雷特》中写道。[①] 可是你瞧哇，分析时我会被提醒，干扰我们谈话的那人叫**盖特讷**[②]，我觉得他妻子**容光焕发**[③]；对，我现在就在事后思忖，我的女患者之一有个漂亮名字**弗洛拉**[④]；她有一刻处于我们谈话的中心。经过必定如此：通过来自植物学想象范围的这些中间环节完成两次日间经历、无足轻重与激动人心经历的联系。然后出现其他的联系，可卡因的联系能够有充分理由在柯尼希施泰因大夫本人与我写就的一本植物学专著之间中介，把两个想象范围的这种融合巩固成一个，这就使得第一次经历中的一部分能够被用作对第二次的影射。

我准备着人家会攻击这种解释是一种任意或者矫揉造作的。如果盖特讷教授不带着其容光焕发的妻子到来，如果所谈论的女患者不叫**弗洛拉**而

① 第一幕第五场中霍拉肖的警句。

② Gärtner，德文意为园丁。——译注

③ blühend，德文意为盛开的，茂盛的。——译注

④ Flora，意为植物群，植物区系，植物志。——译注

是**安娜**，会发生什么？而回答还是很容易。如果没有产生这些意念间的联系，那很可能选择别的。建立此类联系如此容易，就像我们借以让自己整天开朗的诙谐谜语能够证明的那样。诙谐的势力范围是无限的。再进一步：如果两个日间印象之间不能建立足够丰富的中介关系，那么梦就会有不同结果；另一个无足轻重的日间印象，成群结队地走近我们并被我们忘却，对梦而言，它就会接管"专著"的位置，获得与谈话内容的联系，在梦境中代表这次谈话。因为无非是关于专著的印象有此命运，对此联系而言，它就可能是最合适的。人家永远无须像在莱辛[①]那儿的狡猾汉斯那样惊异于"只有世上的富人拥有最多的金钱"。[②]

据我们的阐述，通过心理过程，无足轻重的经历得以代表心理上珍贵之事，这个过程必定还让我们觉得可疑而令人诧异。在后面的一个章节（第六章）里，我们会面临任务，让这种表面上不正确的操作的特性与我们的理解相贴近。此处，我们只与过程的结果有关，因在分析梦时不计其数与经常再现的经验，我们被迫设想此过程。但过程却似乎如此，会通过那些中间环节的途径完成一种**移置**——我们说：心理重点的移置——，直至起初负荷**较弱的**想象由于接受起初投注**较强的**想象的负荷而获得一种强度，使它们能够强求通往意识的通道。在涉及情感强度的安置，此类移置根本不让我们惊异。寂寞依旧的少女将其柔情转到动物身上，单身汉成为热情的收藏者，士兵用其心血护卫一条彩色织物、旗帜，在爱恋关系中延长一秒钟的握手制造幸福，或者在《奥赛罗》中一块失落的手绢引人发怒，这都是心理移置的例子，让我们觉得无可辩驳。但以同一途径并且根据相同的原则，对此做出抉择，即什么到达我们的意识并对它隐瞒什么，也就是我们想什么，这给我们以病态的印象，而在它于清醒状态出现时，我们称

① 高特豪尔特·埃弗拉伊姆·莱辛（1729—1781），德国作家、批评家、哲学家。——译注

② 选自莱辛的一首箴言诗。在后面可以找到对此梦的进一步详细探讨。

它为思维错误。让我们在此透露以后待作的观察的结果，即我们在梦中识别为梦的移置的那个心理过程，虽然表明自己不是一个病态受干扰的、但可能是一个不同于正常的、是一个具有更多**初级**性质的过程。（见第七章戊节）

我们以此说明一个事实，即梦境吸收了次要经历的残余，作为对**梦的歪曲**的表现（通过移置）并且提醒，我们在梦的歪曲中识别了两个心理机构之间存在的通道审查的一项后果。我们此时期待，梦的分析会给我们经常揭示真正的、来自日间生活的心理上重要的梦来源，对它的回忆将其重点移置到无关紧要的回忆上。通过这种见解，我们让自己与罗伯特的理论完全对立，后者对我们而言变得不可用。罗伯特想解释的事实就不存在；对它的假设基于一种误解，基于疏于为表面的梦境投入梦的真实意义。人家还可以继续对罗伯特的学说提出异议：如果梦确实有任务，要通过特殊的心理工作让我们的记忆摆脱日间回忆的“渣滓”，则比起我们能够声称的自己清醒的精神生活的状况来，我们的睡眠必定更受折磨，被用于更劳累的工作。因为我们本该让自己的记忆抵御日间无足轻重的印象，这些印象的数量显然大得不可估量；也不足以掌握总数。更可能的是，我们心灵力量没有积极介入，就遗忘了无关紧要的印象。

尽管如此，我们感到一种警告，要毫无顾忌地告别罗伯特的思想。我们让此事实未及解释，即日间无关紧要的印象之一——而且是上一日的印象——经常给梦境做贡献。这个印象与潜意识中真正的梦来源之间的关系并非一起从一开始就存在；正如我们所见，事后、仿佛效劳于有意的移置、才在梦的工作期间建立起这些关系。[①] 那就必定存在一种强迫，要恰恰朝着最近的、尽管无关紧要的印象的方向来建立联系：这一印象必须通过某

① 此处首次提及这一奠基性重要的概念，本书整个第六章——最长的一章用于此概念。

种特性为此提供特殊的资格。否则就会的确同样容易实施，即梦意念将其重点移置到其自身想象范围的一个非本质组成部分上。

如下经验能够把我们在此引上通往澄清的道路。如果一日给我们带来两次以上的经历，这些经历值得激发梦，梦就把对两者的提及合并成一个唯一的整体；梦听从一种**强制，要把它们塑造成一个统一体**；例如夏天的一个下午，我上车进了一个火车包房，在其中遇上两个熟人，但他们彼此陌生。其一是具有影响的同事，另一人是一个高贵家庭的成员，我在这个家中受雇行医。我让两名先生相互熟悉；他们却在长长的旅程中通过我交往，让我得忽而与这一个，忽而与另一个交谈。我请求同事给我们共同的一个熟人作推荐，后者刚开始其医疗实践。同事回答，他确信这个年轻人能干，但其不显眼的气质会让其进入高贵之家的路途变得不容易。我回答：恰恰因此，他需要推荐。在另一名同行者那里，我随后很快询问其姑母的健康状况——我的一名女患者的母亲——，她那时生病卧床。这次旅行后的夜里，我梦见，我为之请求提携的年轻朋友身处一个高雅的沙龙，面对我把所有自己熟悉的高雅者与富人都置于其中的一个挑选出来的社交圈子，以老于世故的姿态给（对梦来说已经故去的）老妇致悼词，她是第二名旅伴的姑母（我坦率地承认，我与这名女士关系不佳）。我的梦就又在日间两个印象之间发现了联系，借助这两个印象安排一个统一的情境。

根据许多类似的经验，我不禁提出定律，对梦的工作而言，存在一种逼迫，要把所有存在的梦刺激源组成梦中一个统一体。[①] 我愿意现在探讨此问题，分析所指向的激发梦的来源每次都必定是最近的（而且是重要的）

① 同时把有趣存在物融合在一次处理中，已经有若干著作者注意到了梦工作的这种倾向，如德拉热、德尔伯夫。（弗洛伊德自己已经在《癔症研究》中阐述了此原则；出版者前言中引用了相关段落。在此处，弗洛伊德于 1909 年补充了如下句子，包含在后续版本中，直至 1922 年，后来却又删除了“在后面《关于梦工作》的章节，我们将了解这种强迫组合是压缩、另一个心理过程的一部分”。）

事件，还是一个内心事件，也就是对一个心理珍贵事件的回忆、一条思路，能够承担梦诱发者的角色。由众多分析最确定地得出的答案是后者意义上的。梦诱发者可能是一个内心过程，仿佛因日间的思维工作而变成最近的。现在可能会是恰当的时刻，以图式来编排让人识别梦来源的不同条件。

梦的来源可能是：

（甲）一次最近心理上重要的经历，在梦中直接被替代。[①]（乙）若干最近的重要经历，通过梦被合并成一个统一体。[②]（丙）一次或若干次重要经历，在梦境中由提及一次同时的却无足轻重的经历来代替。[③]（丁）一次内心重要的经历（回忆、思路），于是在梦中**经常**通过提及一个最近的却无关紧要的印象来替代。[④]正如人们所见，就解梦而言，一律坚持一个条件，即梦境的一个组成部分重复前一日的一个最近印象。这一被确定在梦中得到代表的部分或者可能属于真正的梦激发者本身的想象范围——而且或者是想象范围的本质的或者不重要的组成部分——或者它源自一个无关紧要印象的领域，这个领域通过或多或少丰富的联系与梦激发者的范围取得联系。表面上多数的条件在此只是因**备择**而形成，即**移置不发生还是发生**，而我们在此注意到，这种备择给我们提供同样的便利来解释梦的对比，就像给梦的医学理论提供便利去解释从脑细胞的局部清醒到完全清醒这一系列。

人家还在这个系列上注意到，为了成梦的目的，心理上珍贵、但并非最近的因素（思路、回忆）可能被最近的、但心理上无关紧要的因素代替，如果此时只是遵守两个条件：（1）梦境保持与最近所经历之事的联系；（2）

---

① 给伊尔玛注射的梦；关于友人的梦，他是我叔叔。

② 关于年轻医生致悼词的梦。

③ 关于植物学专著的梦。

④ 分析期间，我的患者的多数梦均为此类。

梦激发者依旧是一个心理上珍贵的过程。在（甲）这个唯一的情况下，因同一印象而满足两个条件。如果还考虑，这同一些无足轻重的印象，只要它们是最近的，就被用于梦，它们一旦变旧一天（或者至多几天），就丧失这种资质，那就得下决心假设，一个印象的新鲜劲儿赋予它自己以适合于成梦的某种心理价值，这种价值以某种方式等同于强调情感的回忆的价值或者思路的价值。在以后作心理学考虑时，我们才会猜出，对成梦而言，**最近**印象的这种价值根据可能何在。[①] 此外，此处把我们的注意力引到这上面，即夜间不被我们的意识觉察，我们的回忆与想象材料可能发生重要变化。在最终对一件事宜做出决定之前，睡过一夜，这种要求显然完全合理。我们却注意到，我们在这点上从做梦心理学跨入了睡眠心理学，还会更频繁地产生契机采取此步骤。[②] 现在就有一种异议，即将推翻最近的结论。只要最近无关紧要的印象能够进入梦境，我们怎么会在梦境中也发现出自先前生活时期的因素，在它们还是新近的时候——按施特吕姆普尔的话（《梦的本性与形成》，1877 年，第 40 页及下页），不具有心理价值，也就是早就该被遗忘了，也就是既不新鲜在心理上又不重要的那些因素？

如果依托在神经症患者身上精神分析的结果，完全可以解决这一异议。解决办法就是移置用无关紧要的材料来代替心理上重要的材料（无论对做梦还是对思维），在这点上，移置已经在那些先前的生活时期发生了，从

---

① 参见第七节（章）关于《移情》。

② （1919 年补充）O. 坡策尔在一篇含义丰富的文章（《实验产生的梦象及其与亲眼所见的关系》，1917 年）中带来一个重要贡献，涉及近事对成梦的作用。坡策尔让不同的被试者用图画记录，他们对一幅速示器（借助一台仪器促成把一幅图片在任意短的时间呈献给眼睛）所曝光的图片在意识上作何理解。他关心被试者在紧接着的夜里的梦，让人同样通过图画来表现这个梦的适宜部分。于是明白无误地表明，未得到被试者理解的曝光图片的细节给成梦提供了材料，而在意识上得到感知的并且在曝光后以图画记录下来的细节在显性梦境中未再度出现。梦的工作以所知的“随意的”、更准确地说是专断的方式处理了它所吸纳的材料，为的是服务于成梦的倾向。坡策尔所作探究的启发远远超过了本书所尝试的解梦的意图。还得用一句话指出，实验性地研究成梦的这种新方式与先前的粗糙技术区别有多大，后者在于把干扰睡眠的刺激引入梦境。

那时起就固定在记忆中。自从通过移置继承了心理上重要的材料的价值之后，那些最初无关紧要的因素就不再无关紧要。确实依旧无关紧要之事，也不再可能在梦中再现。

从前面的探讨中，人家可以有理由推断，我立论说没有无关紧要的梦激发者，也就是没有无伤大雅的梦。这在十分严格的排他情况下是我的意见，儿童的梦、也许还有对夜里感觉的短暂梦反应除外。人家在其他情况下梦见什么，或者可以明显识别为心理上重要之事，或者遭歪曲，就要在完成解梦后才能判断，接着，它又让人识别为重要之事。梦从不忙于小事；我们不会为了小事让自己在睡眠中受干扰。[①] 如果人家努力求解表面上正经的梦，它们就证明自己是恶劣的；如果人家允许我用套话，它们“奸刁诡诈”。因为这又是一个要点，在这点上我可以预计有异议，而因为我愿意抓住机会显示梦歪曲的工作，我就愿意让一系列出自我收集的“**正经的梦**”在此经受分析。

一

一名聪明而文雅的少妇，在生活中却属于矜持派、属于“不显山露水者”，讲述道：“**我梦见，我到市场上太晚了，在割肉的以及在贩菜女那里一无所获**。”当然是个正经的梦，但一个梦看起来并非如此；我让她给我详细地讲述这个梦。于是报告如下：**她跟拿着篮子的厨娘去了市场。她要了点什么后，割肉的人告诉她：“这东西没了。”就要给她点别的，补充说：“这也很好。”她拒绝了，走向贩菜女，后者想卖给她扎成捆的一种奇特蔬菜，**

① （1914年补充）《释梦》的可爱批评者哈·霭理士写道（《梦的世界》，1911年，第169页）：“这就是那个要点，由此开始，我们中间许多人将不再能够继续跟随F。”只是哈·霭理士未做过梦的分析，而且不愿相信，根据显性梦境来判断多么不合理。

但颜色是黑的。她说:“我不了解这个，我不要。”

梦的日间联系根本就足够了。她确实太晚到市场上，再也得不到什么。**肉铺已经关了**[①]，对这种经历的描写油然而生。不过等等，这难道不是一句相当粗俗的惯用话——或者不如说是其对立物——针对一个男人服装的邋遢？做梦的女人还没有使用这些话，或许回避了它们；让我们寻找对梦中包含的细节的解释。

在梦中有讲话性质之事，也就是有人说或有人听见，不仅被想到——多数肯定可以分辨——它源自清醒状态时的言说，当然被当作原料对待、分解、略作变动，但主要是脱离上下文。[②] 人家可以在解梦工作中以此类讲话为出发点。**“这东西没了”，**那割肉的讲话缘何而来？来自我自己；我几天前对她解释过，“**不再能拥有**最旧的儿童经历本身，而是通过分析中的‘移情’和梦来代替”。[③] 我就是割肉的，而她拒绝这样把旧的思考与感受方式转移到眼前。——何来她的梦话:“**我不了解这个，我不要**?”为了分析，就要分解这话。她自己前一天对其厨娘说过“**我不了解这个**”，跟后者吵了一架，当时却补充道:“**请您规矩些**。”此处，有一种移置清晰可见；从她对其厨娘所说的两句话里，她把无意义的那句带入梦中；但那句被压下的“**请您规矩些**”只与剩余的梦境相符。这样，任何人胆敢有不规矩的苛求并且忘了“关肉铺[④]”，人家就可以冲他喊叫。我们确实发现了解梦的踪迹，证明这点的就是与那些暗示一致，这些暗示反映在贩菜女的事情上。一种蔬菜，扎成捆出售（稍长一些，她事后补充说），而且呈黑色，这与梦

① 意为“裤前襟扣上了”。——译注

② 关于梦中讲话，参阅关于梦工作的章节。唯一一名著作者似乎认清了梦话的来历，德尔伯夫把它们与口头禅相比。

③ 弗洛伊德在其“狼人”的个案史的第五节一处脚注中（《幼儿期神经症的故事》，1918 年，研习版，第 8 卷，第 169 页，注 1）探讨童年记忆时联系到此段。

④ 意为扣裤前襟。——译注

里把芦笋和黑色萝卜结合起来能有何异？我无须向任何人、向任何知情者解释芦笋，但连那另一种蔬菜——作为叫喊：**黑人，救你自己！**[1]——也让我觉得指向我们开始就猜出的同一个性主题，当时我们想为叙述梦而使用该主题：肉铺关了。关键不是完全看出此梦的意义；它意义丰富而且绝非正经，这点是确定的。[2]

二

同一名女患者的另一个正经的梦，在某个方面是前一个梦的对立面：**她丈夫问道："难道不该让人给钢琴调音吗?"她道："不值得，反正得重新蒙皮。"**又是重复前一日的一个真实事件。她丈夫这样问，她回答得与此相似。但她梦见此事，这意味着什么呢？她虽然讲到钢琴，说是一只**令人讨厌的箱子**，发出**糟糕的声音**，她丈夫婚前就拥有的一件东西[3]等等，但"**不值得**"这句话才的确得出答案的关键。这句话源自她昨日在女友处做客。在那里，她被要求脱下夹克，而她拒绝的话是："谢谢，**不值得**，我得马上走。"讲到此处时，我不禁想起，她昨天在分析工作期间突然去抓解开一颗纽扣的夹克。似乎她想说：求您了，别往那儿看，**不值得**。所以**箱子**[4]补充**胸廓**[5]，而解梦直接把人带入她身体发育的时期，当时她开始对其体形不

---

① 很可能这是与一个画谜或者字谜的相似之处，当时在《飞叶》与其他幽默报章中常用。

② 对好学者，我补充说明，在此梦后面隐藏着我对不规矩的、性挑逗行为的想象和对女士抗拒的想象。如果这种解释会让谁觉得前所未闻，我就提醒他有众多病例，其中医生经历了患癔症妇女的此类谴责，在她们身上，相同的想象没有被歪曲并作为梦出现，而是变得不加掩饰地有意识并且如妄想一般。（1909 年补充）女患者以此梦接受精神分析治疗。我后来才学会理解，她以此重复了起始创伤，她的神经症起因于此创伤，我从那时起在别人身上发现了相同的举止，他们在童年遭受性侵害，就仿佛在梦中盼来它们的重复。

③ 我们解梦后明白，是用对立物来替代。

④ Kasten——译注

⑤ Brustkasten——译注

满。如果我们顾及“**令人讨厌**”和“**糟糕的声音**”并回忆起，在暗示与梦中，女性身体的小半球多么频繁地——作为对比物并代替——大半球出现，可能也把人带入更早的时光。

三

我中断这个系列，插入一个年轻人的正经短梦。**他梦见，他又穿上冬外衣，这很可怕。**这个梦的诱因是据说突然出现的寒冷。而一种更精细的判断会发觉，梦的两个短暂片断相配得并不好，因为寒冷时穿重或厚的外衣能有什么“可怕”的。不利于此梦的正经性的是，连分析时最初的闪念也带来回忆，一名女士昨天亲密地对他承认，她有最后一个孩子归因于避孕套破裂。他就在此诱因下重现他的意念：一个薄薄的避孕套很危险，一个厚厚的很糟糕。避孕套是不无道理的“外套”，人家的确套上它；人家也这样叫一件轻外衣。对未婚男子而言，像女士所报告的这样一个事件可就会“可怕”。

现在再回到我们那个正经的做梦女人身上。

四

她把一支蜡烛插进烛台；蜡烛却断了，竖不起来。学校的姑娘们说，她不灵巧，但小姐说，不是她的错。

此处也有一个真实的诱因：她昨天确实把一支蜡烛插进烛台，却没断。此处用了一个明显的象征。蜡烛是刺激女性生殖器的物件；如果它断了，竖不起来，这就意味着男人阳痿（“**不是她的错**”）。是否只是受过周密教育并且对所有丑恶事件都依旧陌生的少妇才了解蜡烛的这种用法？她凑巧还能说明，她因哪个事件获得这种认识。一次在莱茵河上划船，一艘小艇驶过他们，里面坐着大学生，他们极惬意地唱着或者吼着一首歌：

如果瑞典女王
关着百叶窗
用阿波罗蜡烛……[①]

她没有听见或者没听懂最后一个词。她丈夫肯定按要求给她解释。这些诗行就在梦境中被代之以对一项任务的正经回忆，她曾经在寄宿学校**不灵巧**地执行此任务，而且因为共同之处：**百叶窗关着**。手淫的主题与阳痿的联系足够明晰了。“阿波罗”在隐性梦境中把此梦与一个先前的相连，在后者中，说的是处女帕拉斯，一切真的并非正经。

五

为了人家不把从梦得出对做梦者的实际生活状况的推论想象得过于容易，我再添上一个梦，它同样显得正经并且源自同一个人。“**我梦见点事，**”她讲道：“**我白天确实做了这事，就是把一只小箱子装满了书，我费力地合上它，我就这么梦见，就像实际发生的那样**。”此处，讲述者自己把重点放到梦与现实的一致上。所有此类关于梦的判断、对梦的评论尽管在清醒思维中争得一席之地，仍然经常归于隐性梦境，正如后面的例子还会对我们证实的那样。也就是我们被告知，梦所讲述之事，在前一天确实发生过。在解梦时拿英语来帮忙，要告知以何途径获得这种闪念，就会过于详尽。够了，又是事关一个小**箱子**（box）（参见小匣子里死婴的梦），装得这么满，什么都装不进去了。至少这次没什么坏事。

---

① “阿波罗蜡烛”是当时知名的一个蜡烛品牌。诗行是具有众多类似段落的一首通俗的学生歌曲节选。略去的词是“手淫”。

在所有这些“正经的”梦里，性的因素作为审查的动机如此醒目凸显。不过，这是个具有原则意义的主题，我们不得不置于一旁。

乙　作为梦来源的幼儿期

作为梦境特性中的第三个，我们引证了所有著作者（除了罗伯特），即在梦中可能出现来自最幼年龄的印象，清醒时的记忆似乎不具有这些印象。这多么难得或者多么频繁地发生，当然难以判断，因为苏醒后，梦的相关因素在其来历上无法得到识别。此处涉及童年印象，就必须以客观途径提供证明，对此，只在罕见情况下，诸条件才可能重合。由 A. 莫里讲述的一个男人的故事特别有证明力，他有一日决定，在离开二十年后去探访家乡。出发前的夜里，他梦见，他在一个自己完全不熟悉的小地方，在彼处街上偶遇一名陌生的先生，他跟此人聊天。回到其家乡后，他就能确信，这个陌生地方确实存在，邻近其家乡，而且连梦里的陌生男子也被证明是他的亡父在那里生活的一个朋友。他在其童年见过两者——男子与那个小地方，这可能是一个令人信服的证据。梦还能被解释成不耐烦的梦，就像那个姑娘的梦，她把音乐晚会的入场券揣在口袋里；就像那个儿童的梦，父亲对他许诺前往小村庄远足，诸如此类。不经分析，当然无法揭示那些动机，它们给做梦者恰恰再现出自其童年的这一印象。

我的讲座的一名听者自诩，其梦只是很难得遭受梦的歪曲，他告诉我，他不久前在梦中看见，**他以前的家庭教师在保姆的床上**，直到他十一岁，保姆都在家中。他还在梦中就想起来这一场景的地方。他饶有兴趣地把这个梦告知其兄长，后者笑着对他证实了所梦之事的真实性。后者很清楚地忆起此事，因为他当时六岁。如果情况有利于夜里交合，这一对爱侣惯于用啤酒把他——这个年长的男孩弄醉。那个小一点的——当时三岁的孩子，我们的那个做梦者——睡在保姆房里，未被视为干扰。

在另一个个案中，还可以肯定不借助解梦而确定，梦包含来自童年的因素，因为，如果梦是所谓**循环的**梦，它先在童年被梦见，以后一再时不时在成人的睡眠期间出现。[①] 在此类已知的例子之外，我可以补充若干出自我自己经验的例子，即使我在自己身上不曾了解这样一个循环的梦。一名三十多岁的医生讲给我听，在其梦样状态中，从其童年的最初时光直到今日，频繁出现一只黄狮，他能够给出关于黄狮的最详尽的情况。因为他从梦里熟悉的这只狮子，一天**以本来状态**作为一个失踪很久的长形瓷器物件存在了，而这个年轻人当时听其母说，这个物品曾是他童年早期最为渴求的玩具，他自己再也记不起来了。

如果现在从显性梦境转到分析才揭示出来的梦意念，就会惊讶地察觉童年经历也在此类梦中起作用，此类梦的内容本来不会激起此类猜测。对那个尊敬的“黄狮”同事，我感谢他有特别可爱、富有教益的这样一个梦的例子。阅读了南森[②] 关于其极地探险的旅行报告后，他梦见，在一片冰漠地里，他在给勇敢的研究者电镀，因为后者抱怨坐骨神经痛！为了分析此梦，他想起了出自其童年的一段故事，没有它，这个梦当然就依旧不可理解。他是个三四岁的孩子时，一天新奇地聆听成人谈论发现之旅，他就问爸爸，这是否是重病。他显然把**旅行**[③] 与**风湿病**[④] 混淆了，而其兄弟姐妹的取笑导致他没有忘却这段令人蒙羞的经历。

---

① 关于“循环的”梦的评论见于弗洛伊德的《癔症分析的片断》(1905 年)，研习版，第 6 卷，第 139 页、第 154 页和第 160—161 页。

② 弗里乔夫·南森(1861—1930)，挪威极地研究者、外交家。——译注

③ Reisen——译注

④ Reißen——译注

一个很相似的个案是，我在分析关于仙来客这个种属的专著的梦时，偶然发现得以保留的青少年时代回忆，父亲听任五岁男孩把配有彩色插图的书用来毁坏。人家也许将会提出疑问，这段回忆是否确实对梦境的安排有份，还是不如说分析工作才事后建立了一种联系。但联想联系的丰富性与纠缠性保证了前一种见解：仙客来——挚爱的花——最喜爱的菜肴——洋蓟；像一棵洋蓟那样剥碎，一瓣一瓣（一种说法，由于中国帝国的分裂而日日刮过耳旁）；腊叶标本——书虫，其最喜爱的食物是书。此外，我可以保证，我在此没有阐明的梦的终极意义，与儿童场景的内容有最密切的联系。

在另一个系列的梦里，人家会通过分析被告知，愿望激起梦，梦表明自己是满足愿望，那种愿望本身源自儿童生活，使得人家意外地**发现儿童连同其冲动存活在梦中。**

我在此继续解一个梦，我们已经有一次从中吸取过新的教训，我指的梦是：友人 R 是我叔叔。我们把对其解释推进到了这一步，使得我们明显遇见被任命为教授这个愿望动机，而我们自己把梦对友人 R 的柔情解释成对贬损包含在梦意中的两名同事的一种对立性创造与抗拒性创造。梦是我自己的；我因而可以继续分析它，通报说我的感情尚未因获得的答案而得到满足。我知道，我对在梦意念中受虐待的同事的判断在清醒时完全不同；不要分担他们在得到任命这一事宜上的命运，我觉得愿望的这种威力太小了，无法完全澄清清醒的与梦中评价的对立。被人用另一个头衔称呼，如果我的需求会如此强烈，这就证明一种病态的虚荣心，我在自己身上不了解这点，我相信它远离自己。我不知道，以为了解我的其他人在这点上会对我如何判断；或许我也确实有过虚荣心；但若是，则它早就投向不同于一名**正教授**的头衔与等级的其他目标。

那何来虚荣心，引出我的梦呢？这时我想起来，我在童年经常听说之事，我出生时有个老农妇向着对头生子感到幸福的母亲预言，她送给世上一个伟人。此类预言必定相当频繁地发生；有如此多乐于期待的母亲和如此多农妇或者其他老妇，其在地球上的威力逝去了，她们因而转向未来。女预言者也不会吃亏。难道我做大人物的渴望源出于此？但这时我就记起出自后来青少年岁月的另一印象，它会更适合于解释：一天晚上，在普拉特公园的一家客栈，父母经常带那个十一二岁的男孩去那里，一个男人引起我们的注意，他从一张桌子走到另一张，以少量报酬就布置给他的题目即兴赋诗。我被派去，把诗人约请到我们的桌旁，而他对送信人表示感谢。在他询问其任务之前，他让几行诗落在我身上，灵机一动声明很可能我还会成为"部长"。我还能很好地回忆起对这第二个预言的印象。那是公民部[①]的时代，父亲不久前把市民博士海扑斯特、吉斯克拉、翁格尔、拜格尔等人的画像带回家，而我们用灯照亮这些先生以示敬意。他们中甚至有犹太人；每个勤奋的犹太男孩就都把部长的职责范围收入囊中。甚至必定与那段时光关联的是，我在大学注册前不久准备学法律，在最后瞬间才转科。对那个医学大学生而言，部长生涯的确根本就关闭了。现在说我的梦！我现在才发觉，它把我从黯淡的眼前重置于公民部那满怀希望的时光，尽力满足我**当时**的愿望。我如此恶劣地对待两名博学而值得尊敬的同事，因为他们是犹太人，对待其中一个，好像他是笨脑瓜，对待另一个，好像他是罪犯，我如此行事，表现得似乎我是部长，我把自己置于部长的位置。多么彻底地报复部长阁下！他拒绝任命我为**正教授**，而我为此在梦中代替他的位置。

① 采用 1867 年新的奥地利宪法后组成的具有自由特征的内阁。

在另一个个案中，我能够注意到，激发梦的愿望虽然是一个眼前的愿望，还是从延伸得很深的儿童回忆中取得强有力的增援。在此涉及一系列梦，以前往**罗马**的渴望为基础。我可能还得长时间通过梦来满足这种渴望，因为在供我支配用于旅行的时节前后，出于健康顾忌而得避免在罗马逗留。① 所以我就有一次梦见，我从火车窗户往外看见台伯河与天使桥；随后火车开动起来，而我想起来，我的确根本未踏上过这座城市。我在梦中看见的景色，是复制我前一天在一名患者的客厅里匆匆注意到的一幅版画。另一次，有人把我领上一座丘陵，指给我看被雾半掩着又那么遥远的罗马，我惊异于清晰的景色。这个梦的内容比我想在此阐述的更丰富。“遥看受夸赞的土地”，这个动机容易在其中识别出来。我这样在雾中初次见到的城市，是——**吕贝克**；丘陵发现其蓝本在——**格莱兴山**②。在第三个梦里，我终于在罗马了，就像梦告诉我的那样。我却吃惊地看见一个绝非城市的场景，**一条水色很深的小河，一边是黑色岩石，另一边是有大白花的草地。我注意到一名楚克先生**（我对他了解不深）**就决定问他进城的路。**显然，我徒劳地在梦里看见我清醒时未见过的一座城市。如果把梦中的风景分解成各个因素，那白花表明我熟悉的**拉韦纳**，它至少有一阵子作为意大利的首都夺走了罗马的优先地位。在拉韦纳周围的沼泽中，我们在黑水里发现了最漂亮的睡莲；梦让它们长在草地上，像我们**奥塞湖**的水仙，因为当时把它们从水里取出来如此费力。暗色的岩石，如此近水，强烈地令人想起**卡尔斯巴德**③ 附近的**泰普尔河**④ 的山谷。“**卡尔斯巴德**”就使我能对自己解

① （1909年补充）我早就获悉，连为了满足此类长久被视为不可及的愿望也只需要点勇气。（1925年补充）我就成了热心的罗马朝圣者。

② 施泰尔马克州的疗养地，离格拉茨不远。

③ 卡罗维发利的旧称。——译注

④ 泰拉河。——译注

释这个特征，即我向楚克先生问路。此处在编织梦的材料中，可以看出那两则风趣的犹太逸事，蕴含着这么多意义深刻、经常是苦涩的生活智慧，我们在谈话与书信中如此愿意引用它们。[①] 一则是关于“体质”的故事，内容为一个贫穷的犹太人如何无票混入前往卡尔斯巴德的快车，后来被逮住，每次查票都被赶下火车，受到越来越严厉的对待。后来，一个熟人在其受苦受难的一站遇见他，对前往何方这个问题，他对熟人给出的回答是：“如果我的体质受得了——前往**卡尔斯巴德**。”与此接近，停留于记忆中的有另一段故事，是关于一个不通法语的犹太人的故事，他被叮嘱在巴黎问去黎塞留街的路。连**巴黎**也是我多年渴望的一个目的地，而我最初踏上巴黎的石块路面时的快乐，我用来保证我也会满足其他愿望。问路还是直接暗示**罗马**，因为众所周知，条条道路通罗马。此外，**楚克** [②] 这个名字又指向**卡尔斯巴德**，我们可都把**体质性**疾病糖尿病缠身者打发去那儿。这个梦的诱因是我在柏林的友人建议，复活节在布拉格碰面。从我要跟他谈的事情中，会得出与“糖”和“糖尿病”的另一层关系。

在刚提及的梦之后不久，第四个梦把我又带往罗马。我看见前面有个街角，惊异于那里挂着这么多德文海报。前一天，我带着先见之明给我的友人写道，对德国散步者而言，布拉格可能不是一个舒适的逗留地。梦就同时表达出愿望，要在罗马遇见他，而不是在一个波希米亚城市，还表达出很可能源自学生时代的兴趣，在布拉格可能对德语给予更多的宽容。想必还在我最初的童年懂得过捷克语，因为我在一个有斯拉夫人口的小地方

① 在 1897 年 6 月 12 日致弗利斯的信中（弗洛伊德，《精神分析肇始》，1950 年，信件第 65 号），弗洛伊德提及，他汇编了此类逸事；他就在其关于诙谐的书中（弗洛伊德，《诙谐及其与潜意识的关系》，1905 年）多次使用此汇编。他在其书信中多次暗示上述逸事的第一个；而罗马和卡尔斯巴德被断定为不可及目标的象征。（如在第 112 和第 130 号信件中）

② Zucker，德文意为“糖”。——译注

麦伦斯[①]出生。我十七岁时听过的一首捷克童诗，毫不费力地铭刻在我的记忆中，尽管不知其义，我如今还能背诵。连在这些梦里也不乏与我最初年岁的印象的多种多样联系。

我最后一次意大利之旅还让我驶过特拉西梅诺湖，在看过台伯河并痛苦激动地从罗马折返八十公里之后，我终于发现了支持，我对这座永恒之城的渴望从青少年印象中得到这种支持。我正在斟酌计划，来年经过罗马前往那波利，这时我想起想必在我们一位经典作家那里读到过的一个句子：成问题的是，谁做出前往罗马的计划后在其房间里不倦地走来走去，是副校长**温克尔曼**[②]还是统帅**汉尼拔**[③]。我的确步了汉尼拔的后尘；我像他一样注定见不到罗马，而众人都在罗马等候他之后，他也转往**坎帕尼亚**。我跟汉尼拔达致这种相似，但他是我在完全中学岁月时最喜爱的英雄；就像那个年纪的那么多人，我对布匿战争[④]的同情并非倾注在罗马人，而是在迦太基人身上。后来在高中，产生了对来源于非本国种族的后果的认识，同学中反犹太人的躁动敦促人表态，这时闪米特人统帅的形象在我眼中提升得更高。对那个少年而言，**汉尼拔**与**罗马**象征着犹太教的坚忍与天主教组织之间的对立。自此以后，对我们的精神生活而言，反犹运动所获得的意义就帮助那个更早时代的意念与感受固定下来。所以，对梦样状态而言，前往罗马这个愿望就成了若干其他热望意愿的外衣与象征，人家想用布匿人的毅力与排他性设法实现之，而其实现有时似乎不那么受命运的眷顾，就像汉尼拔开进罗马这个平生愿望一样。

现在我才想起一个青少年时代的经历，它在所有这些感受与梦里至今

---

① 即摩拉维亚。——译注

② 约翰·约阿希姆·温克尔曼（1717—1768），德国考古学家、艺术学者。——译注

③ 汉尼拔（前 247/ 246—前 183），迦太基统帅、政治家。——译注

④ 罗马对迦太基人（布匿人）的三场战争，罗马由此取得在西地中海的统治权。——译注

仍表现出其威力。我可能十岁或者十二岁时，家父开始带我散步，在谈话中对我透露他对这个世界上事物的观点。比如他有一次为了给我指明，比起他来，我赶上了多么好的时候，他就讲给我听："我是年轻人时，周六在你的出生地的街上散步，穿着漂亮，头上戴着新的皮帽。这时走来一名基督徒，一下子把帽子打到泥里，还喊道：犹太人，离开人行道！""那你做了什么？"我走上车行道，捡起帽子，这就是镇静的回答。这让我觉得这个牵着我这个小孩子的高大强壮的男人不英勇。我把未让我满足的这一情境与另一个对比，后者更符合我的感受，在那个场景中，汉尼拔的父亲哈米尔卡尔・巴尔卡[①]让其男孩在家庭祭坛前发誓，要对罗马人实施报复。从此以后，汉尼拔在我的幻想中就有一席之地。

我以为，我对这位迦太基将军的入迷还可以进一步追溯到我的童年，即使在此也可能只涉及把一种已经形成的情感关系转移到一个新的载体上。落到那个会读书的孩子手里的最初的书籍之一是梯也尔[②]的《执政府与帝国》；我记得，我把带有皇家元帅名字的小纸条贴到我的木头士兵平平的背上，当时马塞纳（作为犹太人：梅纳塞）已经是我宣称的最喜欢的人[③]（这种偏爱大概也还可以由生日相同这一巧合来解释，正好晚了百年）[④]。拿破仑本人因越过阿尔卑斯山而与汉尼拔挂上了钩。或许这种武士理想的发展还可以进一步追溯到童年，包括那些愿望，在头三年里，与一名年长一岁的男孩忽而友好、忽而争斗的交往在两个玩伴中那个较弱者身上必定引出这些愿望。[⑤]越是深入对梦的分析，就会越加频繁地被引至童年经历的

---

① （1909年补充）初版中，此处名字为：哈斯德鲁巴（Hasdrubal），一个令人讶异的错误，我在《日常生活心理病理学》（1901年，第十章）中做了澄清。

② 阿道夫・梯也尔（1797—1877），法国政治家、历史学家。——译注

③ （1930年补充）这名元帅的犹太出身还遭质疑。

④ 此句于1914年补充。

⑤ 可在后面找到对这些关联的较详细阐述。

踪迹上，童年经历在隐性梦境中扮演梦来源的角色。

我们听说过，梦相当难得这样再现回忆，使得后者不作缩减、不作变动地构成唯一明显的梦境。无论如何，对这种情况的出现有若干例子为证，对此，我可以补充几个新的，它们又涉及幼儿期经历。在我的一名患者身上，曾有一个梦带来对一次性事件几乎未作歪曲的复述，立即被断定为忠实的回忆。在清醒时，虽然从未完全丧失对此的回忆，但还是被强烈遮蔽，而回忆复活是先行的分析工作的成果。做梦者十二岁时看望一个卧床的同伴，后者很可能只是偶然在床上活动时裸露。看见后者的生殖器时，被一种强迫攫住，他自己袒露，抓住对方的阴茎，后者却不情愿、惊讶地看着他，他对此变得尴尬，就住手了。一个梦在二十三年后还带着其中出现的感受的所有细节重复这一场景，却改变到此程度，即做梦者承担的不是主动而是被动角色，而同学本人被一个属于眼前的人所代替。

当然，通常显性梦境中的幼儿期场景只是通过一种影射来代表，必须通过解释从梦里显示出来。告知此类例子不可能很有说服力，因为的确就这些儿童经历而言，大多缺乏任何其他保证；如果它们属于幼年，就不再会被记忆承认。由梦推断到此类儿童经历，这种权利在心理分析工作时由一整个系列的因素而产生，这些因素在其共同作用时显得足够可靠。为了解梦，让此类对儿童经历的归因脱离其上下文，这类归因或许不怎么会给人留下印象，尤其因为我根本没有告知解梦所依托的所有材料。而我不愿因此妨碍我的告知。

一

在我的一个女患者身上，所有的梦都具有“**被催促**[①]”的性质；她急急忙忙，为了赶得上，不误火车，诸如此类。在个梦里，**她得看望其女友；母亲告诉她，她得乘车，而非步行；她却奔跑，一个劲儿地跌倒。**在分析时冒出来的材料使人有可能识别对儿童快速绕口令的回忆（人家知道，维也纳人把什么叫作“**嬉戏，玩笑**[②]”），对这一个梦而言，尤其归因于对在儿童那里受喜爱的玩笑，要如此迅速地说出“**母牛奔跑，直到它跌倒**”这个句子，似乎它是唯一一句话，又是一种“匆忙[③]”。小女友们中间所有这些无伤大雅的快速绕口令都被忆起，因为它们代替其他不那么正经的。

二

另一名女患者有如下的梦：**她在一个大房间里，其中竖放着各种机械，就像她设想的整形机构一样。她听见，我没时间，而她得与其他五人同时治疗。她却抗拒，不愿躺到给她指定的床上——或者不管它是什么。她站在一角，等着我说不是真的。其他人在此期间取笑她，说她胡闹。——此外似乎她会弄出许多正方形来。**

这个梦境的第一部分是与治疗的联系和移情到我身上。第二部分包含对儿童场景的影射；借助提及床，把两部分焊接起来。**整形机构**溯源于我的一次讲话，在那次讲话中，我根据期限和本质，把治疗与**整形**治疗相比。我不得不在治疗之初告诉她，**我暂时少有时间给她**，但以后会每日有一个小时用在她身上。这让她身上的旧敏感性变得活跃，它是注定会患癔症的

---

① gehetzt——译注

② Hetz——译注

③ Hetzen——译注

儿童主要性格特征。他们不知足地渴望爱。我的女患者是六个兄弟姐妹中最年幼的（因而：**与其他五人一起**），作为老幺，是父亲的宠儿，却似乎发现，受喜爱的父亲还是太少把时间和注意力用在她身上。——**她等着我说不是真的**，推导如下：一名裁缝铺的小伙计给她带来一条连衣裙，她把钱给他。后来她问丈夫，如果他丢了钱，她是否得再付钱。丈夫为了**逗**她，保证道："对（梦境中的**戏弄**）。"而她一再重新发问，**等着他最终说不是真的**。就隐性梦境而言，就可以构想这个意念，如果我把双倍的时间用在她身上，她是否可能得付我双倍的钱，一个吝啬或者**肮脏**的意念（梦非常频繁地用吝惜钱来代替童年的不洁；"肮脏"一词在此构成桥梁）[①]。如果关于**等着我说等等**的一切要在梦中婉转表达"肮脏"一词，那**站于一角**和**不躺到床上**就与之相配，作为一个儿童场景的组成部分，她在其中弄脏了床，受罚**被置于角落里**，伴以威胁，爸爸会不再爱她，兄弟姐妹取笑她等等。**小正方形**针对其小侄女，后者对她展示算术，我想是如何把数字写进九个正方形里，使得它们朝各个方向相加得出十五。

三

一名男子的梦：**他看见两个扭打的男孩，而且是箍桶匠的男孩，他从周围放着的器械推断出来；男孩之一打倒了另一个，躺着的男孩戴着有蓝宝石的耳环。他举起棍子紧追作恶者，要责打后者。那家伙逃向一名妇人，她站在木围栏边，似乎是其母。那是打短工者的妻子，把背转向做梦者。终于，她回身用可怕的目光注视他，使得他惊恐地逃走了。在她的眼睛里，人家从下眼睑看见有红色的肉突出。**

这个梦充分使用了前一天的平凡事件。他昨天确实在街上看见两个男

① 弗洛伊德在《性格与肛原性》（1908 年）中详细展开这个主题。

孩，其中之一撂倒了另一个。他赶去调解时，他们夺路而逃。——**箍桶匠男孩**[1]：通过后继的一个梦才得到解释，在对后者的分析时，他用了一句俗语：**糟糕透顶**[2]。——据他观察，妓女大多戴**有蓝宝石的耳环**。这样就添上了熟悉的关于**两个男孩**的一句短诗：另外那个男孩，他叫玛丽（意即是姑娘）。——**站着的妇人**：在两个男孩的场景后，他在多瑙河畔散步，利用那里的荒僻，要对着**一处木围栏**排尿。在另一条道上，一名穿着体面的较年长女士冲着他相当友好地微笑，想递给他名片。

因为梦中的妇人就像他排尿时那么站着，就涉及一名排尿的女人，归于此处的还有可怕的“注视”、**红色肉的突出**，这只可能涉及蹲下时张开的生殖器，童年时被看见，在后来的记忆中作为“**息肉**”“伤口”再度出现。梦集中了两个机会，小男孩在这些时机能看见小姑娘的生殖器，在**倒下**时和在她们**排尿**时，正如另一处上下文所表明的，他保留着对父亲**责打**或者威胁的记忆，因为少年在这些时刻表现出性好奇。

四

在一名较年长女士如下梦的后面可以找到一整批童年回忆，勉强联合成幻想。

她匆忙外出采购。在格拉本街上，她就像虚脱一样跪倒。许多人围在她身边，尤其是出租马车夫；但无人扶她起来。她做了许多徒劳的尝试；最终想必成功了，因为人家把她放进马车，马车会送她回家；通过窗子，人家从后面扔给她一个装满了的又大又重的篮子（类似于购物篮）。

这是在其梦里总是被催促的同一个女人，就像她在童年时被催促一样。此梦的第一个情境显然取自一匹马跌倒的样子，连“虚脱”也表示赛跑。

---

① Faßbinderknaben——译注

② dem Faß den Boden ausschlagen.——译注

她年轻时是**骑手**，更年轻时很可能也是**马。**[①] 属于**跌倒**的有对门房十七岁儿子的最初童年回忆，他在街上受癫痫痉挛的侵袭，在车里被送回家。对此，她当然只是听说，但对癫痫痉挛、对"**摔倒者**"的想象赢得了对她幻想的巨大威力，后来影响了她自己癔症发作的形式。——如果一名妇人梦见摔倒[②]，这可能常有性含义，她会成为"**失足女人**[③]"；就我们的梦而言，这种解释会最不那么可疑，因为她摔倒在**格拉本**街上、维也纳的那个位置，它以卖淫繁华街道而闻名。购物篮给出不止一种解释；作为篮子，它让人想起许多**篮子**，她起初把它们分发给她的追求者，[④] 后来，正如她以为的那样，她自己也接到了。[⑤] 属于此的还有，**无人愿意扶起**她，她自己解释成遭鄙弃。此外，**购物篮**令人想起幻想，分析时已经知晓这些幻想，在这些幻想中，她屈尊下嫁，就自己去市场上采购。但最后，可以把购物篮解释成**仆人**的标志。还有对一名厨娘的其他童年回忆，后者因为偷窃被打发了；此人也是**双膝跪倒**乞求。她当时十二岁。再是忆起一名打扫房间的女仆，被打发走了，因为与家里的**马车夫**鬼混，后者后来还娶了她。这段回忆就给我们提供了梦中**马车夫**的一个来源（他们与现实相反，不关心失足女人）。但还要解释**从后面扔**篮子，而且是**通过窗子**。这让她记起铁路上**运送**行李，记起乡间"**越窗幽会**"，记起在乡间逗留的微小印象，一名先生**通过窗子把一篮李子**扔进一名女士的房间，她的小妹害怕，因为一个路过的呆子**透过窗子**往房间里看。后面就冒出来了十岁时的模糊回忆，关于一个保姆的回忆，她在乡间与家里的一个仆人上演了爱情场面，对此，那个

---

① 指为皮条客工作的妓女。——译注

② Fallen——译注

③ Gefallene——译注

④ 让人碰钉子。——译注

⑤ 碰钉子。——译注

孩子可能还是发觉了点什么，保姆连同其情人被**“送走”“赶出去”**（在梦里是对立面：**“被扔进去”**），一段故事，我们也从若干其他渠道接近过它。一个仆人的行李、箱子却在维也纳被轻蔑地称为“七个**李子**”——“收拾你的七个李子滚蛋。”

分析患者的此类梦，导致记忆模糊或者根本记不起来的儿童印象，这些常常出自生命的头三年，我的收藏当然具有极其丰富的此类梦的储备。但要从中得出应该普遍适用于梦的结论，就很糟糕；的确常常涉及神经质，尤其是歇斯底里的人；而儿童场景所承担的角色，可能受制于神经症的性质而非梦的本质。我可不是因为严重的病征而解我自己的梦，然而，在解梦时，我同样常常遇到的是，我在隐性梦境中意外撞上幼儿期场景，一整个系列的梦一下子汇入始于儿童经历的道路。我已经为此提供过例子，而我还会在不同的时机提供其他例子。或许我能结束本章最好的方式莫过于告知我自己的梦，其中近来的诱因与早就被遗忘的儿童经历一起作为梦来源出现。

一

我旅行去了，又累又饿地上了床，睡梦中，生活的巨大需要显露出来，我梦见：**我走进厨房，让人给我面食。那里站着三个妇人，其中之一是老板娘，手里转着什么东西，似乎她要做团子。她回答，我得等到她做完**（这些话并不清楚）。**我不耐烦了，负气走开。我穿上外衣；我试的第一件对我来说却太长了。我又把它脱下，有些吃惊，它有毛皮饰边。我穿上的第二件嵌入了土耳其图案的长条纹。一个长脸、有短山羊胡子的生人到来，阻止我穿衣，他宣称衣服是他的。我就指给他看，衣服都是土耳其绣法。他问：“土耳其的（图案、条纹……）与您何干？”我们随后却很友好地**

相处了。

在分析此梦时，我很意外地想起我读过的第一部小说，或许是十三岁时，当时是从第一卷结束时读起。我从未知晓过小说及其作者的名字，但结局就在我鲜活的回忆中。主人公陷入精神错乱，不断呼唤三个妇人的名字，她们在生活中对他意味着最大的幸福与不幸。佩拉杰是这些名字之一。我还不知，在分析时会拿这种闪念怎么办。因为在这三名妇人之外还出现了命运三女神，她们编织人的命运，而我知道，三名妇人之一、梦中的老板娘是母亲，给人以生命，间或也像在我身上一样，给生者以最初的食物。在妇人的胸乳上，爱与饥饿相遇。那则逸事说，一名年轻男子成了女人美的大崇拜者，一次在话题落到喂过婴儿时的他的乳母时，他曾经表示：他很遗憾当时没有更好地充分利用大好时机。我惯常用此逸事来阐明精神神经症机理中的**事后性**这个因素。[①]——命运三女神之一就摩擦手掌，似乎要做**团子**。对女神而言一项特殊的活动，急需澄清！这种澄清就来自另一段更早的儿童回忆。我六岁时，在家母那里享受了第一课，要我相信，我们是泥做的，因而得回归泥土。但这不合我的意，我怀疑这种学说。母亲就摩擦手掌——完全像在做团子，只是手掌之间没有面粉——给我看擦掉的微黑的**表皮**鳞屑，作为泥土的样品，我们由泥土做成。我对这种**直观**演示无限惊讶，我就服膺以后会听见用言语表达之事："你欠自然一死。"[②]所以确实有命运女神，就像童年时那样频繁，我饿时就进厨房走向她们，母亲在灶边要我等到午饭做得。现在说**团子**[③]！至少我的一位大学老师，恰

① 提示后来放弃了的关于癔症机理的理论，弗洛伊德在其早先的《心理学提纲》（弗洛伊德，1950 年），而且在第二部分后面的章节阐释这种理论。

② 显然根据莎士比亚《亨利四世》上篇（第五幕第 1 场）；在那里，哈尔王子对法尔斯塔夫说："你欠上帝一死。"——属于这些儿童场景的两种情感，惊异与顺从不可避免之事，在不久前的一个梦里出现，它最先给我送回了对这一儿童经历的回忆。

③ Knödel——译注

恰我的组织学知识（表皮）归功于他，他会在遇到**克内德尔**[①]这个名字时想起他不得不控告的一个人，因为后者**剽窃**了他的著作。剽窃、把能够得到的占为已有，即便它属于别人，剽窃显然引向梦的第二部分，其中我被当作**偷外衣贼**对待，在教室里胡闹了一阵子。我写下了剽窃这一用语，是无意的，因为它对我呈现出来，现在我发觉，它能用作显性梦境不同部分之间的桥梁。联想链**佩拉杰**[②]——剽窃[③]——斜口类[④⑤]（**鲨鱼**[⑥]）——**鱼鳔**[⑦]连起了旧小说与**克内德尔**事件和套子，套子的确明显意味着性技巧的一件用具（参见莫里关于 Kilo——Lotto 的梦）。虽然是极其勉强和无意义的联系，可如果它不是已经通过梦的工作而建立的话，它还并非我在清醒时所能够建立的联系。对，似乎对要强求联系这种渴望而言，根本没有什么是神圣的，现在**布吕克**[⑧⑨]这个珍贵的名字（词的**桥梁**[⑩]，见上）就用来让我想起同一所学校，我在其中度过了当学生时最幸福的时刻，此外完全没有需求。

这样你们就会日渐渴望智慧的**乳汁**[⑪]。

---

① Knödel——译注

② Pélagie——译注

③ Plagiat——译注

④ Plagiostomen——译注

⑤ 我并非任意补充斜口类；它们让我想起令人气恼的在同一名教师面前出丑的情况。

⑥ Haifisch——译注

⑦ Fischblase——译注

⑧ Brücke——译注

⑨ 关于布吕克和弗赖施尔见很后面的注解。

⑩ Wortbrücke——译注

⑪ 歌德，《浮士德》，上部第四场。

完全不同于在我做梦时**折磨**[①]我的那些欲望。终于，冒出了对另一名可敬教师的回忆，他的名字听起来又是吃的东西（**弗莱施尔**，像**团子**那样），还出现对一个伤心场景的回忆，其中**表皮鳞屑**起作用（母亲——老板娘）还有**精神障碍**（小说）和出自拉丁系**厨房**[②]、消除**饥饿**的药物、可卡因。

这样，我就可以继续遵循纠结缠绕的思路，完全澄清分析时缺乏的梦的部分，但我不得不放弃，因为所需个人牺牲过大。我只是抓住线索之一，它能直接通向作为这种错杂基础的梦意念之一。有长脸和山羊胡子的生人想阻止我穿衣，他具有斯帕拉托[③]一名商人的容貌，在那里，我妻子大量采购过**土耳其**织物。他叫波波维奇，一个可疑的名字，他也曾给过幽默作家施特滕海姆[④]提供诱因作充满暗示的评论（“他对我说了自己的名字，红着脸握我的手”）。此外，同样滥用名字的还有像上面的佩拉杰、克内德尔、布吕克和弗赖施尔。可以毫无异议地断言，此类名字游戏是儿童淘气；如果我赘述，可就是一种报复行为，因为我自己的名字无数次成为此类弱智笑话的牺牲品。歌德曾经指出，人对自己的名字如何敏感，人觉得与它融为一体就像与**皮肤**一样，那时赫尔德为歌德的名字创作道：

你出身**诸神**[⑤]，源自哥特人[⑥]或者污泥[⑦]——

---

① plagen——译注

② 指药房。——译注

③ 斯普利特的旧称。——译注

④ 尤利乌斯·施特滕海姆（1831—1916），德国作家。——译注

⑤ Götter——译注

⑥ Gothen——译注

⑦ Kote——译注

你们这些**神像**[①]也成为尘土。[②]

我发觉，关于滥用名字的离题只会预备这种抱怨。但让我们在此打住。——在斯帕拉托的采购让我想起在卡塔罗[③④]的另一次采购，在那里，我过于矜持，错过了美美地购物的机会（错过在乳母那里的机会，见上）。饥饿给做梦者注入梦意念，其一就是：**人不该放过任何事，即便同时掺杂着小小的不公，也要接受能够拥有之事；不该错过任何机会，生命如此短暂，死亡不可避免**。因为也有性意味，而且因为欲望在不公面前不愿止步，这种**抓紧时机**就会害怕审查，必定隐藏在梦后面。现在，来发言的就有全部相反的意念，对**精神食粮**就让做梦者满足的那段时光的回忆，所有阻碍甚至以令人恶心的性惩罚相威胁。

二

第二个梦需要较长的**预备性报告**：

我乘车去火车西站，要踏上前往奥塞的假期旅途，却先上站台走向更早发车的去伊斯尔[⑤]的火车。在那里，我就看见图恩伯爵站着，他又乘车前往伊斯尔去皇帝那里。[⑥]他不顾下雨乘敞篷车来到，直接穿过用于管内

---

① Götterbilder——译注

② 两行中的第一行复述了赫尔德致歌德的一封戏谑信中的一处，前者在信里请求借几本书。——第二行是弗洛伊德又一个自由联想，出自歌德的《伊菲格涅亚在陶里斯》众所周知的辨认场景（第二幕第二场）；那是伊菲格涅亚的惊呼，当时皮拉德斯向她报告如此多的英雄在包围特洛亚时死亡。

③ 即科托尔。——译注

④ 斯帕拉托与卡塔罗，达尔马提亚海滨城市。

⑤ 巴特伊施尔，上奥地利城市。——译注

⑥ 图恩（1847—1916），奥地利反动政治家，反对德裔民族主义者的波希米亚自治政府代表；1898—1899 年为奥地利首相。——宫廷通常在巴特伊施尔、在萨尔茨卡默古特度夏。

列车的入口门走出去，看门人不认识他，想验他的票，他用了个简短的手势不加解释地拒绝了。去伊斯尔的火车开走后，我就该又离开站台，走回候车大厅，却费了力才可以留下来。我用来消磨时光的是，注意谁会来，以便通过保护途径让人给自己指定一个包房；我打算就发出噪声，就是要求平等的权利。其间我给自己唱了点什么，后来断定是出自《费加罗婚礼》的咏叹调：

伯爵先生若想试一段小舞，试一段小舞，

让他只管说吧，我给他奏上一曲。

（别人或许辨别不出这首歌）

我整晚都处于放纵、好斗的情绪中，逗弄招待和车夫，但愿不伤害他们；现在各种放肆、变革性的意念在我脑海中翻腾，它们与费加罗的话相配，适合想起博马舍[①]的喜剧，我在法兰西喜剧院看见过此剧上演。大人老爷们有话，他们努力被生出来；阿尔马维瓦伯爵欲让初夜权在苏珊娜身上发挥作用；我们恶意作对的记者用伯爵的名字**图恩**[②]开那些玩笑，他们称他为**无为**[③]伯爵。我确实不羡慕他；他现在犯难地去探望皇上，而我是真正的**无为**伯爵；我去度假。还有各种各样有趣的假期打算。现在来了一名先生，我知道他是医学考试时的政府代表，因其在此角色上的成就而招来了奉承性的“政府同房者”的外号。他依据其官方身份要求一等小包房，而我听见那名官员对另一人说：“我们把哪个半价一等小包房给这位先

---

① 皮埃尔·奥古斯丁·卡龙·德博马舍（1732—1799），法国剧作家。——译注

② Thun，德文意为做、干、作、为。——译注

③ Nichtsthun。——译注

生？[①]”一种合意的优待；我付一等全价。我就也得到一个自用的包房，但并非在一节贯通的车厢里，使得我夜里无厕所可用。我在那名官员那里的抱怨没有效果；我报复，对他建议在这个包房里至少让人在地板上安个洞，用于旅客可能的需要。我也确实在晨间两点三刻苏醒，带着出自如下梦的尿急：

人群、大学生集会。——一名伯爵（图恩或者塔费[②]）在讲话。他被要求谈谈德国人，他以讥讽的神情宣称款冬是他们最喜爱的花，随后把某物像一片撕碎的叶子，其实是揉成团的叶脉插入纽眼。我惊起，就惊起[③]，却还是惊异于我的这种态度。随后不清晰了：**似乎是大礼堂，通道被占，人们不得不逃跑。我给自己开辟道路，穿过一排布置得很漂亮的房间，显然是政府的房间，家具带着褐色和紫色之间的颜色，我终于进了一条过道，其中坐着一名女管家、一名较年长的胖女人。我避免跟她说话；她却显然认为我有权通过这里，因为她问，她是否该带着灯走。我指点或者告诉她，她得站在台阶上，我最终避免了检查，这让我自以为很狡猾。这样，我就在下面了，找到一条狭窄、陡峭而上的路，我走这条路。**

又不清晰……**似乎现在来了第二项任务，要离开城里，就像先前离开房屋。我坐一辆单驾马车，给它的任务是驶向一个火车站。他提出异议，似乎我让他过度劳累，之后我说："在铁路区段本身，我不能与您同乘。"此时似乎我已经与他同乘了一段，往常这一段是乘火车的。火车站都满员**

① 作为国家公务员，他只需支付半价。

② 塔费（1833—1895），奥地利政治家；1870—1871 年和 1879—1893 年为首相。与图恩伯爵一样，他赞成帝国的非德意志部分有某种独立。

③ 这种重复表面上出于心不在焉而潜入梦的话语，被我保留，因为分析表明，它有其含义。

了；我在考虑，我该去克雷姆斯还是茨纳伊姆[①]**，却想着，宫廷会在那里，就决定去格拉茨或者诸如此类的地方。**[②] **现在我坐在车厢里，类似于一节城市铁路车厢，纽眼里有个编结得很奇特的长玩意儿，上面有用硬料子做的棕紫色紫罗兰，很引人注目。**场景在此中断。

我又在火车站前，但与一名较年长的先生两人一起，我编出一个计划，以保持不被人认出来，但看见此计划却也已经实施了。思考与经历仿佛合一。他装瞎，至少在一只眼上，而我递到他面前的是一把男用尿壶（我们在城里买过或者不得不买）。我就成了护理员，得给他壶，因为他是瞎子。如果列车长看见我们这样，他必定因为我们不招眼而让我们逃脱了。此时当事人的姿势及其排尿的阴茎看起来很形象。随后带着尿急苏醒。

整个梦大致造成一种幻想的印象，这种幻想把做梦者置于 1848 年的革命年中，对这个年份的纪念的确通过 1898 年（皇帝弗朗兹·约瑟夫一世）的周年纪念活动而得到更新，正如还通过一次去**瓦豪**作小小的郊游而得到更新，在这次郊游时我了解了埃默斯多夫[③]、学生领袖菲斯霍夫的休息场所，显性梦境的若干特征可能指向它。联想就把我引向英格兰，引入我兄弟的房子，他惯常戏谑性地根据丁尼生勋爵[④]的一首诗的标题责备其妻子**《五十年前》**[⑤]，对此，孩子们习以为常地纠正道：**十五年前**。这种幻想与看

---

① 即兹诺伊莫。——译注

② 位于下奥地利的克雷姆斯和位于麦伦的茨纳伊姆从未是皇室官邸。——格拉茨是施泰尔马克省的首府。

③ （1925 年补充）一个疏忽，但此次并非失误！我后来获悉，瓦豪的埃默斯多夫与革命者菲施霍夫的同名避难地并不一致。

④ 艾尔弗雷德·丁尼生勋爵（自 1884 年起）（1808—1892），英国诗人。——译注

⑤ 丁尼生似乎没有此标题的诗。估计此处的提示针对其颂歌《维多利亚女王纪念大庆》，其中“五十年”的语词（但并非“五十年前”）多次出现。或者这种暗示针对《洛克斯莱堂》：“六十年后。”

见图恩伯爵的模样所引起的意念挂钩，却只是像意大利教堂的立面，并无有机关联地被放到其后的建筑后面；不同于这些立面，这种幻想还有缺陷、杂乱无章，而出自内心的组成部分在许多处挤过去。梦的第一个情境由若干场景调制而成，我可以把此情境分解成这些场景。梦中伯爵高傲的姿态模仿我**十五岁**时一个完全中学场景。我们针对一个不讨人喜欢、无知的教师策划了一场密谋，这次阴谋的灵魂人物是个同学，他从那时起就似乎以**英格**兰的**亨利八世**为榜样。我承担实施总攻，而关于多瑙河对奥地利的意义（**瓦豪河!**）的讨论成为公开反抗的契机。一名同谋是唯一的贵族同学，我们因为其招眼的高大身材而称他为“**长颈鹿**”，他被那学校暴君、**德语**教授质问时，就那么站着，像梦中的伯爵。解释**最喜欢的花**，把什么**插入纽眼**，又必定是一种花（让人忆起我当天带给一名女友的兰花，此外让人想起杰里科的玫瑰[①]），显眼地让人记起出自莎士比亚君王戏的场景[②]，揭开**红**玫瑰与**白**玫瑰内战的序幕；提及**亨利八世**开辟了通往这种记忆恢复的道路。于是从玫瑰到红白石竹就不远了。在分析时，其间插入两首小诗，一首**德文的**，另一首**西班牙文的**：

> 玫瑰、郁金香、石竹，
> 花都凋谢。

“伊莎白莉塔，别因为花逝去而哭。”

西班牙文的小诗来自《费加罗》。白色石竹在我们维也纳成了**反犹主义者**的标志，红色的成了**社会民主党人**的标志。背后是回忆在美丽的萨克森（**盎格鲁**撒克逊）一次火车之旅期间反犹挑衅。第三个场景是形成第一个梦

① “复活的植物”，如果润湿其干枯的叶丛，叶丛就会展开。

② 《亨利六世》下篇第一幕第一场。

的情境的组成部分，这个场景属于我最初的大学生时光。在一个**德语**大学生协会里，有一场对哲学与自然科学关系的讨论。我这个黄口小儿，满脑子唯物主义学说，突出自己，以维护一种极其片面的立场。这时站起一个占有优势的从容的同学，他从此证明其引导并组织人的能力，他还有个出自动物王国的名字[①]，他狠狠地贬损了我们；据说连他在其青少年时代也养过猪，后来悔恨地返回祖宅。我**跳起来**（就像在梦中），变得**极粗野**，答道，自从我知道他养过**猪**，**我就不**再**惊异**于他说话的腔调（在梦中我**惊异**于我的德意志民族信念）。大乱；我被多方要求收回我的话，我却保持坚定。受辱者过于理智，不接受人家对他提出的**挑衅**要求，他对此事不再追究。

梦场景的其他因素源自更深层。伯爵喊出“款冬”会意味着什么呢？在此，我不禁询问我的联想顺序。**款冬**[②]—莴苣[③]—生菜[④]—**生菜狗**[⑤]（这狗不把自己不吃的东西给别的狗）。此处，人家翻找大量詈词存货：**长颈鹿**、**猪**、**母猪**、**狗**；我也会间接通过名字到达驴那里，进而又获得对一名大学教师的嘲讽。此外我给自己——我不知是否有理——用 pisse-en-lit[⑥]来翻译**款冬**。我的这种认识来自左拉的《萌芽》，小说中，孩子们被要求带这种生菜。狗—chien—在其名字中包含与较大功能的相似之处（chier[⑦]，就像 pisser[⑧] 代表较小的功能）。现在我们很快就将把全部三种物态里的不正

---

① 很可能是奥地利社会民主党人维克多·阿德勒（Viktor Adler，1852—1918）。参见后面的鹰 Adler。

② Huflattich——译注

③ lattice——译注

④ Salat——译注

⑤ Salathund——译注

⑥ “Pissenlit” 其实是 “蒲公英”。

⑦ 大便。——译注

⑧ 小便。——译注

经之处聚焦在一起；因为在与未来的革命有足够的关系同一部《萌芽》里，描写了极其独特的竞争，涉及气态排泄的产生，称为 flatus[①]。我就不禁发觉，通向这个 flatus 的路很久以来就铺设好了，从**花**出发，经过**西班牙文**小诗、**伊沙白莉塔**[②]到**伊莎贝拉**[③]到费迪南特，经过**亨利八世**、英国历史到无敌舰队对**英国**的战斗，战斗以获胜告终后，英国人铸造了一枚纪念章，上有铭文：Flavit et dissipate sunt，因为风暴吹散了西班牙舰队。[④]如果我有朝一日会到那一步，提供我对癔症的见解与治疗的详情，我却打算用此格言作半开玩笑的“疗法”一章的标题。

在梦的第二个场景中，我无法给出如此详细的解法，而且出于对审查的顾忌。因为我把自己置于那个革命时代的一位高贵先生的位置，他也有过遇上**鹰**[⑤]的惊险，据说患有**大便失禁**，诸如此类。尽管一名枢密官（Aula, consiliarius aulicus）给我讲述了那些故事的较大一部分，我相信，**我不会有资格在此通过**审查。梦中一排房间[⑥]归因于伯爵阁下的贵宾车，我有一刻得以往里瞥视；正如在梦里如此频繁，这一排却意味着**女人**[⑦]（国宝女人[⑧]）。我借女管家这人对一位有才智的女士略致谢意，感谢她的招待和在

---

① 并非在《萌芽》中，而是在《土地》（*La terre*）中。一个迷误，我分析之后才发觉。——我还提醒注意款冬 Huflattich 与 flatus 中一致的字母。

② Isabelita。——译注

③ Isabella。——译注

④ “风暴刮起，它们就被吹散了。”——（1925 年补充）我所发现的不请自来的传记作者弗里茨·维特尔斯责备我（1924 年，第 21 页）在上面的警句中遗漏了耶和华这个名字。（1930 年补充）在英国纪念币上，上帝的名字包含在希伯来文字母中，而且在一朵云的背景上，但此类风格让人可以把它理解成既属于图画亦属于铭文。

⑤ Adler。——译注

⑥ Zimmer。——译注

⑦ Frauenzimmer，原义为闺房。——译注

⑧ Ärarische Frauenzimmer。——译注

她家里给我提供的许多好故事。——由灯这个特征追溯到格里尔帕策[①]，他记下了内容相似的一段诱人经历，后来用于《海洛与勒安得耳》（海涛和爱浪——无敌舰队和**风暴**）。[②]我也不得不止住对两个剩余的梦的片断的详细分析；[③]我只会选出导致两个儿童场景的那些因素，因为它们的缘故，我才提及这个梦。人家会不无道理地猜测，那是性的素材，迫使我做这种克制；但无须满足于这种解释。在别人面前不得不当作秘密来处理的许多事，对自己可就不作为秘密，而此处关键并非迫使我隐瞒解决办法，而是内心审查的动机，这些动机在我自己面前隐藏梦的真正内容。我因此就不得不说，分析让人认清这些（最后）三个梦的片断是无耻的吹嘘、一种可笑的、在我的清醒状态中早就被抑制的自大狂的外溢，这种自大狂带着个别信使胆敢径入显性梦境（**我觉得自己狡猾**），却让我极好地理解做梦之前那个晚上的放纵情绪。而且在所有领域吹嘘；所以，提及格拉茨指向"格拉茨价值几何"这句惯用语，如果觉得自己拥有充裕的金钱，就用此自夸。有谁会想到拉伯雷[④]大师不可超越地描述卡冈都亚与其子庞大固埃的生平与事迹，也会把第一个梦的片断所暗示的内容归入吹嘘。属于两个许过诺言的儿童场景的却有如下之事：我为这次旅行购买了一只**新**箱子，其色彩、一种**棕紫色**在梦中多次出现（**硬料子做的紫棕色紫罗兰**在人家称为"**诱骗姑娘者**"的一件东西边上，——政府房间里的家具）。以**新事物引人注目**，是众所周知的儿童信念。这样，就有人给我讲述了出自我童年生活的如下场景，

---

① 弗朗茨·格里尔帕策（1791—1872），奥地利作家。——译注

② （1911 年补充）借助梦的这个部分，海·西尔伯勒试图在一篇内容丰富的文章（《想象与神话》，1910 年）中表明，梦的工作不仅能够再现潜在的梦意念，而且能再现成梦时的心理过程。（"功能性现象"）（见后面。——1914 年补充）我却以为，他在这点上忽略了，即"成梦时的心理过程"对我而言是意念的材料，就像所有别的材料一样。在此放纵的梦里，我显然骄傲于发现了这些过程。

③ 两个梦片断的第一个却在后面得到较详细的分析。

④ 弗朗索瓦·拉伯雷（1494—1553），法国作家。——译注

对它的回忆被对讲述的回忆所代替。据说我——两岁时——还偶尔**尿湿**过**床**，而我为此听到指责时，我用诺言**安慰**父亲，我会给他在 N（最近的较大的城市）买一张**新**的漂亮**红**床。（因而在梦中插入，我们**在城里买过**或者**不得不买**尿壶；允诺过的事，就得遵守）（还得注意男用尿壶与女用箱子、box 的编排）儿童整个的自大狂都包含在此诺言中。在较早的一次解梦时，儿童排尿困难对梦的意义已经引起我们的注意。从对神经过敏者的精神分析中，我们也认清了尿湿床与雄心这种性格特征的密切关联。[①] 后来却还有我六七岁时另一次家里的麻烦，对此我记得很清楚。我晚上去睡觉前不理睬谨慎这条戒律，即不在父母在场时在其卧房内解手，而父亲在其处罚词中对此置评道：这小子会一事无成。这想必是对我的雄心的一次可怕伤害，因为对此场景的影射总是再现于我的梦中，常常与列举我的成绩和成果相连，似乎我想说：你看，我还是有所成就。这个童年场景就给这个梦的最后一幅图景提供了材料，其中当然为了报复而混淆了角色。较年长的男子显然是父亲，因为瞎一只眼睛意味着他一侧青光眼[②]，如今在我面前排尿，正如当时我在他面前一样。我用青光眼提醒他在手术时对他有好处的可卡因，似乎我以此履行我的诺言。此外，我寻他开心；因为他瞎了，我就得把**尿壶**端到他前面，沉醉于对我在癔症学说中的认识的影射中，我为这些认识自豪。[③] 如果出自童年的两幕排尿场景在我身上本来就与自大欲

---

① 此句于 1914 年补充。

② 另一种解释：他像主神奥丁一样独眼。——《奥丁的安慰》（费利克斯·达恩的神话小说，1880 年）。——出自童年场景的安慰，我会给他买一张新床。

③ 对此有一些解梦材料：把尿壶 Glas 端到前面让人想起关于那个农民 Bauer 的故事，他在验光师那里一副副地试眼镜 Glass，却无法识字。——（骗子 Bauernfänger——梦的前一个片断中的诱骗姑娘者 Mädchenfänger）——在左拉的《土地》中，那些农民对待变得弱智的父亲。——可悲的满足，父亲在其生命最后的日子里像个孩子一样弄脏了床；因而我在梦里是他的护理员。——“思维与经历仿佛在此合一”令人记起奥斯卡·帕尼扎具有强烈革命性的阅读性剧本（《爱的会议》，1895 年），其中，圣父作为瘫痪的老人受到足够卑劣的对待；那里写着：意志与

的主题密切相连，那有益于唤醒这些场景的还有在前往奥塞的旅途上偶然的情况，我的包房没有厕所，而我不得不准备在行程中陷入窘境，这后来在早上也出现了。我就带着身体需要苏醒。我以为，人家可能倾向于把真正的梦激发者的角色指派给这些感受，我却会给予另一种见解以优先权，即梦意念才导致尿急。在我身上十分不同寻常的是，我因什么需要而在睡眠时受干扰，在这样苏醒的时间、两点三刻时最少受干扰。我也遭遇了另一项异议，因为我发觉，我在作其他旅行时，在较舒适的情况下几乎从未在早醒后感觉到尿急。此外，我也可以不吃亏地把这点搁置起来。①

自从我因在分析梦时的经验而注意到，即使那些梦，对其解释起先显得完整，因为容易证明梦来源与愿望激发者——即使从这类梦也开始重要的思路，一直延伸到最早的童年，我也不得不自问，是否在这种特征里面也存在做梦的一个本质条件。如果我可以把这个意念泛化，那每个梦在其显性梦境里都会得到与近来所经历之事的联系，在其隐性梦境中却会得到与最久远的经历之事的联系，对这种事，我在分析癔症时确实能够指明，

行动在他身上合一，而其大天使、一类酒馆服务员不得不阻止他谩骂与诅咒，因为这些诅咒会立即应验。——订计划是出自后来批评时光对父亲的一种指责，正如梦里整个反叛性、轻君与嘲笑上级的内容溯源于对父亲的反抗。王公叫作国父，而父亲是最年长的、第一个、对孩子而言唯一的权威，在人类文化史进程中由这种权威的绝对权力产生了其他社会上级（只要“母权”不逼人限制这个句子）。——梦中的措辞“思维与经历合一”旨在解释癔症病征，连男用尿壶也与此解释有关。对一名维也纳人，我无须阐明“假面舞会”原则；此原则在于，用平凡、最好是滑稽而无价值的材料制作具有罕见与贵重外观的物品，如用烹饪锅、草帘与咸味条酥做的甲胄，就像我们的艺术家在其欢快的晚会上所喜爱的那样。我就发觉，癔症患者同样这么干；除了他们确实遭遇之事，他们无意识地给自己塑造可怕或者荒诞不经的幻想事情，他们用经历中最无伤大雅与最平庸的材料构思了这些幻想事件。病征才依赖这些幻想，而不依赖对真实事情的回忆，无论这些事情重大还是同样无关紧要。这种澄清助我摆脱许多困难，带给我许多欢乐。我可能以“男用尿壶”这个梦的因素来暗指它，因为有人对我讲述的上一次“假面舞会”的情况是，那里展出了卢克雷齐娅·博尔吉亚的毒杯，构成其核心与主要组成部分是“男用尿壶”，就像在医院里常用的那样。

① 此梦在后面进一步讨论。

它在十足的意义上一直到眼前都是新近的。这种猜测却显得更难证明；我会不得不在其他上下文中（第七章）回到最早的童年经历对成梦的可能作用上。

在开始时观察到的梦的记忆的三个特性中，有一个——偏爱梦境中次要之事——因其归因于**梦的歪曲**而令人满意地解决了。我们能够证实其他两个特性、突出近事与幼儿期，但并非能从做梦的动机中推导出来。我们想把这两种特性保留在记忆里，略去对其解释或者利用；它们应该会归入别处，或者在睡眠状态心理学中或者在那些对心理结构的考虑中，如果我们发觉，人家通过解梦就像通过窗户的缺口一样能够对这种结构的内部投以一瞥，我们以后会做这些考虑。（见第七章）

我却想就在此强调最近那些梦分析的另一个结果。梦常常显得**多义**：可能不仅像例子所表明的那样，有若干遂愿同时集中在它那里；也可能有一种意义、一种遂愿掩盖了另一种，直至人家在最下面遇上出自最初的童年的遂愿，即使在此也又考虑，是否在此句中“频繁”一词用“有规律地”代替更恰当。①

丙　躯体性的梦来源

如果尝试让一个受过教育的非专业人士对梦的问题感兴趣，本着这种意图对他提问，按其意见，梦可能出自哪些根源，多半就会发觉，被问者以为肯定拥有这部分答案。他立即想起那种影响，受阻的或者受妨碍的消

① （1914 年补充）梦的含义重叠是解梦最棘手、却也是内容最丰富的问题之一。有谁忘了这种可能性，就容易步入歧途，会受诱使对梦的本质提出站不住脚的论断。不过，对此题目所作探究仍太少。至今只有相当有规律的尿刺激梦中的象征交叉得到了奥・兰克（《唤醒梦的象征交叉及其在荒唐无稽思维中的再现》，1912 年）的全面评估。

化（“梦来自胃”）、偶然的体位与睡眠期间的微小经历对成梦所表现出来的影响，他似乎没有料到，顾及所有这些因素后，还余下点东西需要解释。

学术文献承认躯体刺激源对成梦有何作用，我们在起始章节（第一章丙节）详细分析过，使得我们在此只消回忆起这种探究的结果。我们听说过，区分出三种躯体刺激源，起因于外部客体的客观感官刺激、只是主观性地说明的感官的内部刺激状态与源自身体内部的躯体刺激，而我们注意到著作者们的那种倾向，除了这些躯体刺激源，要把梦可能的**心理**来源排挤到幕后或者完全排除。在审核有利于躯体刺激源而提出的那些要求时，我们获悉，**客观**感官刺激——部分是睡眠期间偶然的刺激、部分是也不能避开睡眠的心灵生活的那些刺激——的意义通过众多观察得到确证，通过实验得到证实，**主观**感官刺激的作用似乎通过入睡前朦胧意象于梦中再现而得到说明，虽然不能在全部广度上证明，在最广泛范围假定的我们的梦象与梦想象归因于**内部的**躯体刺激，但这种归因能够依据众所周知的影响，消化、排尿与性器官的刺激状况对我们的梦境施加这种影响。

“**神经刺激**”与“**躯体刺激**”就会是梦的躯体来源，即据若干著作者说根本就是梦的唯一来源。

我们却已经聆听了一系列疑惑，它们似乎并非抨击躯体刺激理论的正确性而不如说抨击其充分性。

虽然这种学说的所有代表在事实基础方面肯定觉得有把握——尤其是只要考虑在梦境中无须费力就能找回的偶然与外部的神经刺激——还是无人脱离这种认识，即梦的丰富想象内容可能不会允许只从外部神经刺激中寻求根源。玛丽·惠顿·卡尔金斯小姐（《梦的统计》，1893 年，第 312 页）历经六周由此视角出发考查了她自己与第二个人的梦，发现只占比 13.2%、各为 6.7%，其中能够证明外部知觉这个因素；收集的病例中只有两个可以溯源至器官感觉。统计在此对我们证实了粗略综观我们自己的经验就已经让我们猜测之事。

人家经常满足于突出“神经刺激梦”是梦的一个得到很好研究的亚种，优先于其他梦的形式。施皮塔（《人类心灵的睡眠与梦状态》，1882 年，第 233 页）把梦分成**神经刺激梦**与**联想梦**。但清楚的是，只要未成功地证明躯体性的梦来源与梦的想象内容之间的纽带，解决方案依旧不令人满意。

除了第一项异议、外部刺激源频率不足的异议外，与之并列的第二项异议就是对梦的澄清不足，引入此类梦来源可以达到澄清。这种学说的代表欠我们两项此类澄清：首先，为何梦中的外部刺激未被认清其真正的性质，而是经常被错认（参见闹钟梦）。其次，为何有所知觉的心灵对这种错认的刺激的反应会如此不可确定地多变。作为对此问题的回答，我们从施特吕姆普尔那里听说，心灵因其在睡眠期间疏远外界而无力提供对客观感官刺激的正确解释，而是被迫根据在许多方向上不确定的刺激而构成错觉，用他的话表述（《梦的本性与形成》，1877 年，第 108 页及下页）：

“只要通过睡眠期间一个外部或者内部神经刺激在心灵中形成一种感受或者一种感受复合、一种感觉、总而言之一个心理过程，被心灵所感知，则此过程就从心灵从清醒中余下的经验范围中唤出感觉象，也就是早先的知觉，或者是赤裸裸的或者带有相关心理价值。这个过程仿佛围绕自身集聚了或多或少数量的此类景象，通过这些景象，源自神经刺激的印象得到其心理价值。人家通常在此也说，正如语言惯用法对清醒举止所做的那样，心灵在睡眠中**解释**神经刺激印象。这种解释的结果是所谓**神经刺激梦**，即一个梦，其组成部分受制于此，即神经刺激根据再现规律在心灵生活中完成其心理作用。”

在所有本质上与此学说同一的是冯特的表态（《生理心理学基本特征》，1874 年，第 656 页及下页），梦的想象反正大部分从感官刺激出发，尤其也从全身感觉的那些感官刺激出发，因而多为幻想的错觉，很可能只有较小部分是加剧为幻觉的纯粹记忆想象。根据此理论得出梦境与梦刺激的关系，施特吕姆普尔为这种关系找到了恰当的比喻（《梦的本性与形成》，1877年，第84页），似乎“一个完全不通音乐者的十指在乐器键盘上流动”。梦就显得不是源自心理动机的一种心灵现象，而是表现在心理症状学上的生理刺激的成果，因为被刺激涉及的系统无法有别的表示。建立在一种类似前提下的有例如对强迫观念的解释，迈讷特试图通过各个数字在表盘上凸起得较厉害这个著名比喻来提供解释。

虽然关于躯体梦刺激的学说变得受喜爱，虽然它可能显得迷人，证明其中的弱点还是容易的。任何躯体梦刺激在睡眠中要求心灵系统通过形成错觉来解释，可能激发无数众多此类解释尝试，也就是在非常不同的想象中实现对它的代表。①施特吕姆普尔与冯特的学说却不能说明调节外部刺激与为解释它而选的梦想象之间关系的任一动机，也就是解释“特殊的选择”，刺激“在其建设性效果上足够频繁地遇到”这种特殊选择（李普斯，《心灵生活的基本事实》，1883年，第170页）。其他异议针对整个错觉学说的基本前提，即心灵在睡眠中无力识别客观感官刺激的现实本性。老资格的生理学家布尔达赫给我们证明，心灵即使在睡眠中也大概能够正确解释到达它那里的感官印象并按照正确的解释做出反应，他阐明，人们能够把个人觉得重要的某些感官印象从睡眠期间的忽略中排除（乳母与孩子），人们被自己名字唤醒远比被一个无足轻重的听觉印象唤醒有把握，这的确要假定心灵即使在睡眠期间也分辨感觉（第一节）。布尔达赫从这些观察中推断，可以假设睡眠状态期间并非**不能解释**感官刺激，而是对它们**缺乏兴趣**。布尔达赫1830年所用的同样论据，后来在与躯体刺激理论做斗争时

① （1914年补充）我想劝告每个人，通读在两卷中（1910—1912）收集的对毛尔吕·沃尔用实验制造的梦详细而准确的记录，以确信在规定的实验条件下，各个梦的内容得到的澄清有多么少，况且，此类实验对理解梦问题的益处有多小。

未做变动地又在李普斯处于1833年重现。据此，我们觉得心灵如那则逸事中的睡眠者，对“你睡了吗”这个问题，他回答“没有”，在打第二句招呼“那就借我十古尔登”后，却找个借口为自己打掩护：“我睡了。”

也可以用其他方式阐明躯体刺激学说的不足。观察表明，虽然我一做梦、如果我做梦，外部刺激就在梦境中显现，我不会因这些外部刺激被迫做梦。比如对在睡眠中侵袭我的皮肤刺激与压力刺激，有不同的反应供我支配。其一，我可能不理睬它，后来在苏醒时发现，例如一条腿没盖上或者一条胳膊受压；病理学的确给我展现了大量例子，不同种类、强有力激发的感受刺激与运动刺激在睡眠期间一直无作用。其二，我可能觉察到睡眠期间的感觉，仿佛经历整个睡眠期间，正如通常处置疼痛刺激一样，但不会把疼痛交织进梦里。其三，我可能因刺激而苏醒，以排除它。[①] 第四种可能的反应才是，神经刺激促使我做梦；其他可能性却至少像成梦的可能性一样频繁地完成了。如果不是**在躯体刺激源之外有做梦动机**，成梦可能不会发生。

在公正评价上面揭示的在通过躯体刺激来解释梦时的漏洞时，就有其他著作者——舍尔讷(《梦的寿命》，1861年)，哲学家伏尔盖特(《梦幻想》，1875年)跟进——试图更详细地确定心灵活动，它们让躯体刺激形成形形色色的梦象，这些著作者就还是又把做梦的本质移入**心灵**、移入心理活动。舍尔讷不仅给出对心理特性的一种诗意感受到的、炽热活跃的描述，这些特性在成梦时展现出来，他还相信猜出了心灵据以对呈献给它的刺激行事的原则。据舍尔讷看来，幻想摆脱了日间束缚而自由活动时，梦的工作追求**用象征手法**阐述刺激由此发出的器官的本性与该刺激的种类。这样就产生一种梦书作为解梦的指南，借此，可以由梦象推断身体感觉、器官状况

---

① （1919年补充）对此参照K. 兰道尔《睡眠者行为》(1918年)。对每个观察者而言，都有睡眠者明显可见、有意义的行为。睡眠者并非绝对迟钝；相反，他能够符合逻辑、意志强烈地行动。

与刺激状况。“比如，猫的图像就表示情感恼怒的坏情绪，鲜亮、光滑的糕点图像表示赤身裸体。”（伏尔盖特，《梦幻想》，1875年，第32页）人的躯体作为整体被梦幻想设想成房屋，通过房屋的一个部分来想象单个身体器官。在“牙齿刺激梦”中，与口腔器官相应的是高高拱起的门厅，与咽喉下落至食管相应的是一个台阶，“在‘头痛梦’中，为了标称头的高度位置，选择了一个房间的天花板，覆以令人恶心、蟾蜍状的蜘蛛”（出处同上，第33页及下页）。“这些象征被梦以多重选择用于同一器官。比如，呼吸的肺在充满火焰的炉子连同翻腾中找到其象征，心脏在空箱、空篮中，膀胱在圆形、袋状或者总而言之只要是掏空的对象中找到其象征。”（出处同上，第34页）“尤其重要的是，梦的结尾常常不加掩饰地描绘兴奋的器官或者其机能，而且大多在做梦者自己躯体上。比如，‘牙齿刺激梦’惯常以此结束，即做梦者自己从嘴里拔了一颗牙。”（出处同上，第35页）不能说，解梦的这种理论在著作者们那里得到宠爱。它主要显得过分；人们自己犹豫不决找出那份权利，据我的判断，它理应得到那份权利。正如人们所见，它导致借助古人使用的**象征**而重新活跃解梦，只是应由此取来解释的那个领域限于人的体态范围。解释时缺乏学术上可以把握的技巧，必定严重影响舍尔讷学说的可应用性。似乎绝不能排除解梦中的任意性，尤其此处一种刺激也可能以多重替代表现在梦境中；所以，舍尔讷的追随者伏尔盖特已经不能证实把身体表现成房屋。也必定引发反感的是，此处又把梦的工作当作无益、无目的的活动强加于心灵，因为根据所说的学说，心灵满足于幻想让它着忙的刺激，而远处没有诸如对刺激的了结在招手。

但舍尔讷关于用梦来象征躯体刺激的学说受到一种异议的沉重打击。这些躯体刺激随时存在，根据一般的推测，对它们而言，在睡眠期间比在清醒时更易进入心灵。人们就不解，为何心灵不是整夜持续做梦，而且每夜梦见所有器官。如果想通过条件避开这种异议，说必定由眼、耳、牙、肠等发出特别刺激，以唤起梦活动，那就面临困难，要证明这些刺激加剧是客观的，这只在少数情况下可行。如果关于飞行的梦意味着象征肺翼呼吸时上行下行，则正如施特吕姆普尔已经指出的（《梦的本性与形成》，1877 年，第 119 页），或者必定远为频繁地梦到此梦，或者必定可以证明做此梦期间呼吸活动加剧。还可能有第三种、所有情况中最有可能的情况，即有时特别动机起作用，以把注意力转向均匀存在的内脏感觉，但该情况已经超出舍尔纳的理论。

舍尔纳与伏尔盖特探讨的价值在于，他们使人注意梦境的一系列性质，后者需要解释，似乎掩盖了新的认识。完全正确的是，梦里包含对身体器官与机能的象征，梦中的水常常表明尿刺激，可能用一根直立的棍棒或者柱子来表现男性生殖器等。在展现出相当活跃视野与耀眼色彩的那些梦里，不同于其他梦的疲乏，几乎不能拒绝解释成“面部刺激梦”，也不怎么能否认错觉形成在包含噪音与嘈杂声音的梦中的贡献。有一个梦像舍尔纳的梦那样（《梦的寿命》，1861 年，第 167 页），两列漂亮金发男童在一座桥上对面而立，相互攻击，后来又占据其老位置，直到最终做梦者坐到一座桥上，从其颌骨中拔出一颗长牙；或者伏尔盖特一个类似的梦（《梦幻想》，1875 年，第 52 页），其中两排抽屉扮演角色，此梦又以拔出一颗牙而结束：在两名著作者那里已经大量告知这样的成梦，不允许把舍尔纳的理论当作多余的臆造而摒弃，而不研究其良好的核心。于是提出任务，为臆想的象征性表现所谓牙齿刺激提供一个异类的解释。①

我们忙于躯体梦来源的学说这整段时间，我没有提出从我们的梦分析中导出的那个论据。如果我们通过其他著作者没有应用到其梦材料上的一种方法能够证明，梦拥有其特有的作为心理活动的一种价值，愿望成为成

① 这些梦在后面还将进一步讨论。

梦的动机，前一日的经历充当梦境最近的材料，也就不带特别批评地评判了任何别的梦学说，那些梦学说忽略了一种如此重要的探究方法，与此相应，那些梦学说让梦显得是对躯体刺激所做出的无益而谜一般的心理反应。极不可能的是，想必有两类迥异的梦，其中一类栖身于我们身上，另一类只栖身于先前对梦的评判者身上。余下的只是，在我们的梦学说之内给那些事实谋得一个下榻之处，关于躯体梦刺激的常用学说所依据那些事实。

我们已经迈出了在此方面的第一步，当时我们提出定律，说梦的工作处于强迫之下，要把所有同时存在的梦刺激处理成一个统一体。我们看见，如果剩余两个以上能够留下印象的前一天经历，由它们产生的愿望在梦中汇聚，同样，心理上宝贵的印象与前一天无关紧要的经历聚集成梦材料，前提是，两者之间可以建立沟通的想象。梦就显得是对在睡眠心灵中同时存在于当前的一切的反应。按照我们迄今为止对梦材料的分析，我们把梦材料识别为心理残余部分、回忆痕迹的汇集，我们（因为偏爱最近的和幼儿期的材料）不得不宣布它们具有一种心理学上现在不可确定的当前性。如果在这些回忆当前性之外附加睡眠状态期间感觉的新材料，要预言将发生什么，并不给我们造成很多难堪。这些刺激因它们是当前的而又获得对梦的重要性；它们与其他心理活动汇集，以充当成梦的材料。换言之，睡眠期间的刺激被处理成遂愿，其另外的组成部分是我们已知的心理日间残余。这种汇集不**必**完成；我们确实听说过，针对睡眠期间的刺激，可能有一种以上的行为。完成这类行为时，就成功地找到了梦境的想象材料，后者对两处梦来源、躯体的与心理的，都构成替代。

如果在心理梦来源之外附加躯体材料，梦的本质没有改变；梦依旧是遂愿，无论其表现如何由当前材料所决定。

我愿意在此给一系列特性留下空间，这些特性可能变化无常地塑造外部刺激对梦的意义。我设想，个人的、生理的与偶然的、在各自情况下可能存在的因素的共同作用决定着，在睡眠期间具有较强的客观刺激的各种情况下，人们将如何举止；习惯性偶然睡眠深度与刺激强度一致，这次将促成抑制刺激，使它不打扰睡眠，另一次迫使人醒来，或者支持尝试通过交织进梦里来克服刺激。与这些情况的多种多样性相应，外部客观刺激会在一个人身上比在其他人身上更频繁或者更罕见地在梦中表现出来。我是个极好的睡眠者，顽固坚持不让任何诱因在睡眠时打扰我，在我身上，外部刺激原因干涉梦相当罕见，而心理动机倒显然很容易让我做梦。我其实只记录了一个梦，其中可以识别一个客观、令人痛苦的刺激源，恰恰在此梦里，检查外部刺激有何种梦的后果，会很有教益。

我骑在一匹灰马上，先是迟疑、不灵活，似乎我只是靠着。这时我遇上一个同事P，他穿着洛登缩绒厚呢西服高高地骑在骏马上，提醒我什么（很可能是我坐得很糟糕）。我就发现自己在极聪明的骏马上越来越找到头绪，坐得舒服，发觉我在上面很习惯。我有坐垫当作马鞍，占满了马的颈部与臀部之间的空间。我就这样紧挨着从两辆载重车之间骑过去。我在街上，骑过一段之后，折回，想下马，先是在一座开放的小教堂前面，它位于街道正面。然后，我真的在一座靠近它的教堂前下马；旅馆在同一条街上。我可以让马单独离去，但宁可把它牵到那里。似乎我会羞于作为骑手到那里。旅馆前站着一个门童，给我看我发现的一张条子，还因此嘲笑我。纸条画了两道线，上面写着：什么也别吃，然后是第二个意图（不清楚）**像是：什么也别做；还有模糊的想法：我在一个小城里，我在那里什么也没干。**

从这个梦里，首先会觉察，它在一种疼痛刺激的影响下、不如说强迫下而形成。但我前一天日间生疖，它把每个动作都变成对我的折磨，最后，阴囊根部的一个疖子长成苹果大小，每迈一步都给我造成无法忍受的疼痛，发热疲乏、食欲不振、日间依旧坚持繁重的工作都与疼痛集合起来，干扰我的情绪。我无法真正履行我的医生职责，但在病痛的种类与位置上，可以想到别的事务，我对别的事务都没有像对它这样，肯定不适合它，而这种事务就是**骑马**。恰恰梦就把我置于这种活动中；这是最断然否认痼疾，对想象而言，这种否认可以理解。我根本不会骑马，平素也不梦见骑马，我根本只有一次坐在马上，而且当时没有马鞍，而这不中我的意。但在此梦中，我骑马，似乎我会阴部没有疖子，**不，恰恰因为我不愿有疖子**。据描写，我的马鞍是泥敷剂，促成我入睡。很可能我在睡眠的最初几小时——这样保持着——对我的痼疾毫无感觉。然后，疼痛的感受来报到，想唤醒我，这时梦来了，抚慰说："还是继续睡吧，你可不会醒来！你的确根本没有疖子，因为你的确骑在一匹马上，而该部位有疖子可不能骑马！"梦就这样成功了；疼痛被盖过去，而我继续睡觉。

梦却不满足于通过顽固坚持与痼疾不相容的想象对我的疖子做"否定性暗示"，它表现得像失去孩子的母亲的幻觉妄想[①]，或者像损失使其失去了财产的商人的幻觉妄想；而且，遭否认的感觉的细节与用来压抑它的图景的细节也充当梦的材料，以把平素在心灵中当前存在之事与梦的情境相连并加以表现。我骑一匹**灰**马，马的颜色正好符合**芝麻呢色**的赛马服，我穿着它最后一次在乡间遇上同事 P。责备我**辣味**食物是疖病的起因，无论如何，作为病因先于**糖**，遇有疖病时，人们会想到糖。友人 P 自从在一名

---

① 比较格里辛格那里的段落（《心理疾病病理学与疗法》，1861 年，第 106 页）与我关于防御性精神神经症的第二篇文章中（《关于防御性精神神经症的进一步说明》，1896 年）的意见。实际上，弗洛伊德在此指的是他关于该主题的第一篇论文临近结尾处的一段（《防御性精神神经症》，1894 年）。

女患者那里接替我之后，他喜欢在我面前**趾高气扬**[①]，我跟她大炫过**技艺**[②]（我在梦中起初像个越出常态的**艺术骑手**[③]坐在马上），但她确实像逸事中的骏马把周日骑手[④]引向她所愿之处。所以，骏马获得象征一名女患者的意义（它在梦中**极其聪明**）。**"我觉得自己在上面很习惯"**指向我在被P代替之前在那个家里担当的职位。**"我以为，您在上面稳坐交椅"**，联系到同一个家庭，该城大牌医生中我的少数靠山之一不久前这样对我说。带着此类疼痛每天八至十小时从事心理疗法，那也是一种**技艺**，但我知道，没有完全的身体健康，我就不能长期延续我的特别困难的工作，而梦是充满阴郁地映射于现实的情境（神经衰弱患者拥有并对医生出示的字条）：——**别工作、别吃**。在进一步解释时，我看到，梦的工作成功地从骑马这个愿望情境中找到通向早年儿童争吵的场景的途径，这些场景想必在我与一个现在生活于英国、还年长一岁的侄子之间发生过。此外，梦还吸收了来自我的意大利之旅的因素：梦中的街道由对维罗纳与锡耶纳的印象组成。更深入的解释引向性的梦意念，而我回忆起来，在一名从未到过意大利的女患者身上，这应该意味着对美丽国度的梦影射（向意大利[⑤]——生殖器[⑥]），并非没有同时联系到我在友人P之前曾是医生的那个家庭、联系到我的疖子所在部位。

---

① 德文 sich aufs hohe Roß setzen，字面意思为坐在高高的骏马上，意为趾高气扬，高傲。——译注

② Kunststücke——译注

③ Kunstreiter——译注

④ 在1898年7月7日致弗利斯的信中（弗洛伊德，《精神分析肇始》，1950年，信函第92号），弗洛伊德说道："伊齐希、周日骑手著名的原则：'伊齐希，你骑去哪儿?"——"我怎么知道，问马吧。'"

⑤ gen Italien——译注

⑥ Genitalien——译注

在另一个梦里[①]，我以类似的方式成功地防止了**这次**受感官刺激威胁的睡眠障碍，但它只是一个偶然事件，使我能够发现梦与偶然的梦刺激的关联并且如此理解梦。一天早晨，我苏醒了，那是盛夏，在一个蒂罗尔州的高地上，我知道做了梦：**教皇死了**。我没有成功地解释这个短促、不可视的梦。我只回忆起这个梦的那一个依据，报上不久前报道了教皇陛下轻微不适。但上午时，我妻子问："你今天早上听见可怕的钟声了吗？"我一无所知的是，我听见了，但我现在理解我的梦了。它是我的睡眠需求对噪声的反应，虔诚的蒂罗尔人想通过噪声来唤醒我。我就用构成梦境的结论来报复他们，并且对钟声毫无兴趣地接着睡。

在我前面章节中提及的梦里，会有若干已经能够用作处理所谓神经刺激的例证。大口喝水的梦是这样一个；其中躯体刺激似乎是唯一的梦来源，源自感觉的愿望——口渴——是唯一的梦动机。如果躯体刺激能够单独形成愿望，在其他简单的梦里，情况类似。夜间从脸颊上抛却冷却器械的女病人的梦，显示出一种非同寻常的方式，用遂愿对疼痛刺激做出反应；似乎女病人暂时成功地让自己镇痛，她把疼痛推诿于生人。

我关于命运三女神的梦是一个明显的饥饿梦，但它懂得把食物需求后推至儿童对母乳的渴望，用无伤大雅的欲望来掩盖较严肃、不得如此不加掩饰表现的欲望。在关于图恩伯爵的梦里，我们可以看到，以哪些途径把一种偶然存在的身体需求与心灵生活最强烈、但也是最受抑制的激动联系起来。而如果像在加尼耶报告的病例中那样，首席领事在苏醒之前，把爆炸的定时炸弹声编织入一个屠杀梦，其中就特别清晰地显示出那种追求，

---

① 此段于 1914 年补充。在弗洛伊德《来自分析实践的经验与例证》（1913 年）（第 1 号）中已经简略提及该梦；也可以在讲座第五篇（1916—1917），研习版第 1 卷第 111 页找到此梦。

为了它，心灵活动在睡眠期间特别关心感觉。一名年轻的律师[①]，脑子里装满了他头一次破产诉讼大案，下午入睡，举止与伟大的拿破仑很相似。他梦见某个 G. 赖希在 Hussiatyn（加利西亚的城市），他由一次破产诉讼而认识此人，但 Hussiatyn 专横地继续强加于人；他不禁苏醒，听见其患支气管炎的妻子在剧烈咳嗽。[②]

让我们把还是极好的睡眠者的拿破仑一世的这个梦与爱睡懒觉的大学生的那另外一个梦放在一起，后者被其女侍者唤醒，说他得进医院，他就梦见上了一张医院的床，然后带着这种动机继续睡觉：如果我已经在医院里，的确无须起床去那里。后面那个梦是个明显的舒适梦，睡眠者不加掩饰地承认其做梦的动机，但以此揭示了一般做梦的秘密之一。在某种意义上，所有的梦都是——**舒适梦**；它们服务于延续睡眠、而非苏醒这种意图。**梦是睡眠的守卫者，并非其干扰者。**针对心理上唤醒的因素，我们将在别处为此见解做辩解；这种见解可以应用于客观外部刺激的作用上，我们在此已经可以说明理由。心灵或者根本不关心睡眠期间感觉的诱因，如果它能够顶住这些刺激的强度与被它正确理解的意义而做到这点；或者它把梦用于否认这些刺激，或者其三，如果它不得不承认这些刺激，它就寻找对它们的那种解释，那种解释把当前的感觉当作一种所希望的、与睡眠兼容的情境的部分存在。当前的感觉被交织入一个梦，**以剥夺当前感觉的现实性**。拿破仑可以继续睡觉；的确只是对阿科莱的隆隆炮声的一种梦回忆想打扰他。[③] **要睡觉的愿望（有意识的自我对此愿望做好准备，它连同梦的审查与以后将提及的“继发性整合”构成其对做梦的贡献[④]）就必须这样作**

① 此句和下一句于 1909 年补充。

② husten——译注

③ 梦境在我由之了解它的两个来源中叙述得不一致。

④ 这个由编者为了做标记而置于圆括号中的从句尚未包含在头两版（1900 年与 1909 年）中。

为成梦的动机每次都要算在内。而每个成功的梦都是满足这种愿望。这个普遍的、经常存在并且保持原样的睡眠愿望对其他愿望采取什么态度，其他愿望中忽而这个、忽而那个通过梦境而实现，这将是另外一种分析的对象。在睡眠愿望中，我们却揭示了那种因素，它能够填补施特吕姆普尔——冯特理论中的漏洞、澄清在对外部刺激的解释中的不当看法与任性。睡眠的心灵很可能能够做正确的解释，正确的解释会需要活跃的兴趣，它提出要求，要结束睡眠；因而在根本可能的解释中只允许此类解释，它们与睡眠愿望所作的专制审查协调一致。例如这是夜莺而非云雀。① 因为如果是云雀，则爱之夜就到头了。在现在得到允许的对刺激的解释中，就会选出那种解释，它能够获得与潜伏在心灵中的愿望冲动的最佳联系。这样，一切都得到明晰的确定，没有什么听凭任意。曲解并非错觉，而是——如果愿意如此——遁词。正如为服务于梦审查而用移置来替代一样，此处又得承认是正常心理过程屈服的一幕。

如果外部神经刺激与内心躯体刺激强烈到足以强求心理重视，则它们——如果其成果根本就是做梦而非苏醒——构成成梦的一个固定点、梦材料中的一个核心，对此以类似方式寻求相应的遂愿，如两种心理上的梦刺激之间中介性的想象。在此范围内，对一些梦而言，正确的是，它们之中躯体因素调遣梦境。在此极端情况下，甚至为了成梦而唤醒一个恰恰并非当前的愿望。梦能做的却无非是把一个情境中的愿望表现成已经实现；梦仿佛被置于这项任务之前，去寻求何种愿望能够通过当前的感觉被表现成已经实现。如果这种当前的材料具有痛苦或者难堪的性质，则它还是因

“有意识的自我对此做好准备，它连同梦的审查构成其对做梦的贡献”这个句子成分于 1911 年附加；“与以后将提及的‘继发性整合’”这个附加的句子成分于 1914 年添加。

① 据莎士比亚《罗密欧与朱丽叶》，第 3 幕第 5 场。

此不可用于成梦。心灵生活也拥有愿望，实现这些愿望会引发无兴致，这似乎矛盾，但通过引证存在两个心理审查机构与它们之间存续的审查就可以得到解释。

正如我们听说过的，在心灵生活中存在**被压抑的**愿望，它们属于第一个系统，第二个系统反对实现这些愿望。存在绝非历史性地以为，有过此类愿望而这些愿望后来被毁灭；而是关于压抑的学说，人们在精神神经症中需要它，它声称，此类受压抑的愿望还存在，同时却有一种抑制压在它们上面。如果说到“抑制”此类冲动，语言就说对了。为了让此类受压制的愿望成功实现，心理活动就保持不变、可用。但如果这样一个受压制的愿望还是完成了，则第二个（能够有意识的）系统被克服的抑制表现为无兴致。现在得出探讨的结论：如果睡眠中存在来自躯体源的无兴致特征的感觉，则这种情况被梦的工作所利用，以表现一个在其他情况下受压制的愿望的实现——保留或多或少的审查。[①]这种事态促成一系列焦虑梦，而另一系列这样的成梦不利于愿望理论，让人识别另一种机制。因为梦中的焦虑可能是精神神经症的焦虑，源自心理性欲刺激，而焦虑与受压抑的力比多相应。于是，这种焦虑具有与整个焦虑梦一样的一种神经症症状，而我们濒临梦的遂愿倾向会落空的境地。在其他焦虑梦（第一个系列的那些梦）中，焦虑感受却躯体性地存在（如在肺与心脏病人身上遇有偶然呼吸障碍时），于是，它被用于帮助此类强烈受抑制的愿望实现为梦，出于心理动机而做焦虑感受的梦会导致相同的焦虑解除。把这两种表面分别的情况合并为一并不难。一种情感倾向与一种想象内容，两种心理产物密切相关，其中一种当前存在的心理产物在梦中也提高另一种；忽而躯体性存在的焦虑提高受抑制的想象内容，忽而摆脱压抑、与性刺激相伴而来的想象

① 整个主题还在第七章丙节中探讨。

内容提高焦虑解除。对一种情况，可以说，对一种躯体性存在的情感要作心理解释；在另一种情况中，一切都在心理上存在，但受抑制地存在的内容容易被适合焦虑的躯体性解释代替。此处在理解上容易产生的困难与梦少有关系，它们的起因是，我们在做这些探讨时附带提及焦虑发生与压抑问题。

身体的整个情绪无疑属于来自内部体格的统帅性梦刺激。并非它能够提供梦境，但它迫使梦意念从要用于表现梦境的材料中做选择，它招致这种材料的一部分，因为适合这种整个情绪自己的本质，而阻止另一部分。此外，来自日间的这种全身情绪的确可能联系着对梦重要的心理剩余部分。此时，这种情绪本身可能在梦中也得到保留或者被克服，使得它如果了无兴致，就突变至反面。①

如果睡眠期间的躯体刺激源——亦即睡眠感觉——没有非同寻常的强度，则据我的估计，它们对成梦所起的作用类似于新近遗留、但淡漠的日间印象。我的意思就是，如果它们适合于与心理上的梦来源的想象内容一致，它们就成为梦的材料，在另一种情况下就不是。它们得到的对待如同一种物美价廉、随时可用的材料，只要需要它，这种材料就被采用，而非一种昂贵的材料连带规定了其使用方式本身。情况有些类似于艺术资助者给艺术家带来一块罕见的石头——缟玛瑙，要把它塑造成艺术品。石头的大小、其色泽与斑点帮助决定了该在它上面表现哪个有头脑的人或者哪个场景，而遇上均匀而宽裕的大理石或者砂石材料，艺术家只跟随在其知觉中形成的主意。我觉得只有以此方式才可以理解此事实，即来自我们体格的未加剧至不同寻常程度的刺激提供那种梦境，那种梦境还是不会在所有梦中、不在每夜于梦中出现。② 或许再把我们带回解梦的一个例子会最佳

① 最后一句于 1914 年补充。

② （1914 年补充）兰克在一系列论文中（《自解的一个梦》，1910 年；《唤醒梦的象征交叉及其

地诠释我的意见。一天，我费尽心力去理解，受抑制、不能挪窝、对付不了，如此频繁地梦见与焦虑如此近似的诸如此类的感受，它可能意味着什么。随后夜里，**我有如下的梦：我衣衫相当不整地从底层的一处住宅经过楼梯走入上面一层。此时，我每次跳过三级，很高兴能够灵巧地上楼梯。突然，我看见，一名女佣下楼梯，就是朝我走来。我羞怯，想赶快，现在就出现那种受抑制，我粘在台阶上，挪不了窝。**

分析：梦的情境取自日常现实。我在维也纳的一座房屋里有两处住宅，只通过楼梯在外面相连。我的医用住宅和我的工作室位于半跃层，高一层是居室。每当我夜晚时分在下面完成我的工作，就经过楼梯走入卧室。梦前的晚上，我确实衣衫有些凌乱地走了这条近路，就是说，我解下了领子、领带与硬袖口；梦中，变成了程度较高、但如惯常那样程度不确定的穿着不成体统。跳过台阶是我惯常走楼梯的方式。此外，这是一种已经在梦中得到承认的遂愿，因为由于我的心脏做功状况，我以轻松完成这种动作而自慰。还有，这种走楼梯的方式是与梦的后半部分中抑制的有效对比。它对我表明——这无须证据——梦毫不困难地想象肌动活动完满地得到实施；只要想想梦中的飞行！

我走过的楼梯却并非我房屋的楼梯；我起初没有认出它，迎面走来的人才让我弄清了所以为的地方。此人是老夫人的女佣，我每天给老夫人出诊两次，给她注射；楼梯也很近似于我日间两次要在那里登上的楼梯。

这个楼梯与这个妇人如何进入我的梦呢？因为穿戴不整而害羞，无疑具有性的性质；我梦见的女佣比我年长，闷闷不乐、一点都不吸引人。对这些疑问，我现在想得起来的无非是下面的事：每当我在这座房子里早晨

在荒唐无稽思维中的再现》，1912 年；与《当前的性冲动作为梦诱因》，1912 年）表明，某些由器官刺激所引起的唤醒梦（尿刺激与遗精梦）尤其适合于展示睡眠需求与器官要求之间的斗争以及后者对梦境的影响。

出诊，通常在楼梯上被轻咳侵袭；咳出物落到楼梯上。因为在这两层楼里没有痰盂，而我所持立场是，楼梯的保洁不得算在我账上，而应通过放置痰盂来促成。女房屋管理员、一个同样老气而闷闷不乐的人，却正如我愿意对她承认的那样，她具有爱干净的本能，她在此事上采取不同的立场。她窥伺我，看我是否再会像说过的那样放肆，每当她断定这点，我都清楚地听见她嘟囔。于是，每当我们相遇，她也数日对我不表示惯常的敬重。做梦的前一日，女房屋管理员这一方得到了女佣的增援。我照常匆忙地结束了在女病人处的出诊，这时女仆在前厅拦住我，说出了意见："大夫先生今天进房间之前，就本该能擦净靴子。红地毯又被您的脚弄得很脏。"这是地毯和女佣能够提出的全部要求，后来在我的梦中显现。

在我的飞跑过楼梯与在楼梯上吐痰之间有紧密的关联。咽炎和心脏不适两者都该是对吸烟恶习的惩罚，因为此恶习，我当然也在我的女房东处不享有最友好的名声，在一座房屋里与在另一座里一样少，梦把它们融合成一个产物。

我不得不推迟对此梦的进一步解释，直至我能够报告，典型的衣着不整的梦源自何方。我只补充说明所告知的梦的暂时结果，即在某种关联需要运动受抑制这种梦感觉之处，到处引发这种感觉。睡眠中我的运动力的特殊状况不可能是此梦境的原因，因为先前的一瞬间，我的确看见像是为了保证这种认识而步伐轻盈地赶过梯级。①

丁　典型的梦

如果别人不愿对我们提供梦境后面潜意识的意念，我们一般无力解释

---

① 梦中受抑制的感觉将在后面详细探讨。此梦将在后面进一步分析。

此人的梦，由此，严重影响我们解梦方法的实际可用性。[①] 个人平素有自由以个人特性布置其梦的世界，由此使别人难以理解，但现在就这样正好与此自由相反，有一定数量的梦，几乎人人都以同样方式做过，对这样的梦，我们习惯于假设，它们即使在每个人那里也有同样的含义。一种特别的兴趣之所以转向这些典型的梦，也因为它们大概在所有人那里都出自相同的来源，也就是似乎特别适合于就这些梦的来源给我们以启示。

我们就会带着很特别期待着手在这些典型的梦上尝试我们的解梦技巧，而且只会很不情愿地对自己承认，我们的本领恰恰在此材料上没有得到恰当的证明。解释典型的梦时，通常做梦者的闪念失灵，它们平素把我们引向过对梦的理解，或者它们变得不清晰、不充分，使得我们不能借助它们完成我们的任务。

这缘何而来，我们如何弥补我们技巧的这种缺陷，将在我们著作的以后一处（第六章戊节）得出结论。届时，读者也会理解，为何我在此只能处理典型梦这一类里的一些，而把对其他梦的探讨推迟至较后面的上下文。[②]

典型梦解析一　赤裸的尴尬梦

生人在场时赤裸或者衣着不当，这个梦也会带着补充出现，即根本不羞于此，诸如此类。但只有在梦中感受到害羞与尴尬，想逃走或者隐藏，此时受到奇特的抑制，使人不能挪窝，觉得无力改变难堪的情境，我们的

① （1925 年补充）如果我们不拥有做梦者的联想材料，我们的解梦方法就变得不可应用，这句话需要补充，即解梦工作在一种情况下不依赖这些联想，即如果做梦者在梦境中使用了象征因素。严格来说，我们于是使用第二种，即辅助解梦法。

② 现有形式的这两段注明日期为 1914 年。那年出版的第四版里在第六章中加上了关于通过象征来表现的段落，导致现有段落里的显著变化，其材料大部分被纳入新的段落（参见《编者前言》）。

兴趣才应给予赤裸梦。只有在这种联系中，梦才典型；其内容的核心可能在其他情况下被纳入各种其他联系或者掺入个人的补充。本质上（即在其典型形式上）事关具有害羞性质的难堪感受，使人大多想通过位移来掩盖其赤裸而没办成。我相信，绝大多数我的读者已经置身过此情境。

就通常而言，脱衣的方式方法不甚清楚。比如，人们听说，我穿着衬衫，但这难得是一幅清晰的图景；没穿衣服大多如此不确定，使其通过叙述中一种其他可能性得到转述："我穿着衬衫或者衬裙。"通常，衣着的缺陷不至于厉害到与此相关的害羞显得有理。对穿过皇帝的外套者而言，赤裸常常由违反规定的制服来代替。"我没带马刀在街上，看见军官走近，或者没系领带，或者穿着一条方格纹的便裤"，诸如此类。

人家在他们面前害羞的那些人几乎总是带有不确定沉着面孔的生人。在典型的梦里，从未发生过的是，因为给自己造成此类尴尬的服装而受指责或者哪怕只是被察觉。完全相反，人们做出无所谓的表情，或者如我在一个特别清晰的梦里能够感知的那样，做出庄严生硬的表情。这让人思考。

做梦者的害羞窘境与人们的无所谓共同产生一种矛盾，它在梦中频繁出现。与做梦者的感受还会适合的只是，生人惊异地注视并嘲笑他们或者对他们发怒。我却以为，这种有失体统的特点被遂愿所排除，而另一特点被任一种力量留住，保留下来，所以，两部分彼此就相配得很糟糕。我们拥有有意思的证明，梦在其因遂愿而局部走样的形式中没有得到正确的理解。因为它成了一个童话的基础，我们大家在安徒生的版本（《皇帝的新装》）中熟悉后者，而最近通过路·富尔达[1]在《护身符》中得到诗意的利用。在安徒生的童话中讲到两名骗子，他们为皇帝编织一件珍贵的衣服，却只有好人与忠诚者能看见。皇帝穿着这件不可见的衣服外出，而被这件织物

① 路·富尔达（1862—1939），德国剧作家。

的试金石式的力量所惊吓，所有的人都装得好像他们没有注意到皇帝的赤裸。

后者却是我们梦的情境。可能无须很多大胆去假设，不可理解的梦境提供了一种刺激，以虚构穿衣，面临回忆的情境在这件外衣里变得富有意义。同一情境此时被剥夺了其原初的意义，臣服于异己的目的。但我们将会听到，因第二心理系统有意识的思维活动而频繁出现此类对梦境的误解，应承认为最终有效的梦形态的一个因素[①]；此外，形成强迫观念与恐惧症时，类似误解——同样在同一心理个性内部——起主要作用。也可以针对我们的梦说明，从何处采用重新解释的材料。骗子是梦，皇帝是做梦者自己，而道德化倾向透露模糊认识，即隐性梦境中事关不被允许、为压抑而牺牲的愿望。我分析神经症患者期间，此类梦在一种关联中出现，这种关联就不容怀疑，梦以最早的童年回忆为基础。只有在我们的童年里，有过那种时光，我们被我们的亲属以及陌生的护理人员、女佣、访客看见我们衣着不整，而我们当时不羞于我们的赤裸。[②]在许多儿童身上，还可以在以后的岁月中观察到，脱衣对他们所起作用如同醉人，而非把他们引向害羞。他们笑着，跳来跳去，击打躯体，母亲或者在场的谁制止他们，说："呸，这是羞耻，不能这样。"儿童经常表现出裸露欲；在我们这些地区，几乎不可能穿过一个村庄，而不遇上一个两三岁的小男孩，在漫游者面前，或许为对其表示敬意而撩起衬衫。我的一名患者在其有意识的回忆中保留着出自其八岁的一幕场景，他在临睡前脱衣后穿着衬衫想蹦跳出去到隔壁房间的小妹处，仆人阻止了他。在神经症患者的青少年病史中，在异性儿童面前裸露起重大作用；遇有偏执狂时，穿衣、脱衣时被人注视这种妄想可以追溯至这些经历；在依旧倒错者中，有一类、**裸露癖者**这一类，在那

---

① "继发性整合"过程构成第六章甲节的主题。

② 儿童却也在童话中出现，因为那里突然有个小孩喊道："可他的确什么都没穿。"

些人身上，幼儿期的冲动升级成病征。[①]我们后来回顾，觉得这种缺乏害羞的童年是一个天堂，而天堂本身无非是个人对童年的集体幻想。因而，即使在天堂中，人也赤裸，彼此不害羞，直至有一刻来临，其中害羞与焦虑苏醒，随之发生驱逐，性生活与文化工作开始。梦就能够夜夜把我们带回这个天堂；我们已经表达过猜测，最初童年（史前时期至约满三岁）的印象本来或许不会继续取决于其内容而要求再现，重温它是一种遂愿。赤裸梦就是**裸露梦。**[②]

自身的身材构成裸露梦的核心，不是儿童时的身材，而且像现在被人看见的，还有衣着不整，因叠加如此众多的以后的晨服回忆或者为了取悦审查而变得不清晰；再加上人家在他们面前害羞的那些人。事实上的目睹者在梦中的那些幼儿期裸露中再度出现，我不了解这种例子。梦就几乎从不是一种简单的回忆。奇怪的是，我们童年性兴趣所针对的那些人在梦、癔症与强迫性神经症的所有再现中被放过了；偏执狂才再度放入目睹者，尽管他们依旧不可见，还是以偏激的信念推断出他们在场。梦为他们所加入的、“许多生人”，不关心所呈现的场面，简直是那个个别、很熟悉者的**对立愿望**，人家给后者呈现裸露。也可以经常在任意的其他关联中找到“许多生人”；作为对立愿望，他们始终意味着“秘密”。[③]人们发觉，在偏执狂中发生的旧事态的残余也考虑此种对立。人就不再单独，完全肯定被人注视，但目击者是“许多、陌生、镇定得出奇不确定的人”。

---

① 这种提及倒错作为幼儿期性活动的残余，弗洛伊德后来在《性学三论》（1905 年）中对性驱力的分析中就可以让人预感到。

② （1911 年补充）费伦茨（《对梦的精神分析》，1910 年）告知过妇女那里一些有意思的赤裸梦，可以不困难地追溯至幼儿期的裸露欲，但在某些特征上偏离上面讲述过的“典型”赤裸梦。上面一段的倒数第二句似乎粗略先说了一些意念，二十年后，弗洛伊德在《远离愉悦原则》（1920 年）中写下这些意念。

③ （1909 年补充）出于可以理解的原因，同样之事在梦中意味着“全家”在场。

此外，在裸露梦中，谈及压抑。梦的难堪感受的确是第二个心理系统对此的反应，即被它摒弃的裸露场景的内容还是到达了想象。为了避免这种感受，本来不得复苏该场景。

我们以后将再次处理受抑制的感受。它在梦中出色地用于表现**意志冲突**。按照潜意识的意图，应该延续裸露，按照审查的要求，应该中断。

我们的典型梦与童话和其他创作材料的关系肯定既非零星亦非偶然。在其他情况下，作家是转变过程的工具，偶尔有一只敏锐的作家之眼分析性地认清转变过程并按相反方向追踪它，也就是把创作溯源至梦。一名友人让我关注出自高特弗里特·凯勒[①]的《绿衣亨利》的如下一处："亲爱的李，我不希望您有朝一日那么十足地从经验中学会感受奥德赛处境中特别的刺激性真相！他赤身覆着烂泥出现在瑙西凯厄及其游伴面前。您想知道，这如何发生吗？让我们举个例子吧。如果您曾经离别故乡和您心爱的一切，在异乡到处漫游，而您见识、经历了许多，苦恼忧伤，甚至可能不幸孤单，那您夜里就会非做梦不可，梦见您接近故乡；您看见它在最美的色彩中发光闪耀，可爱、高贵、亲切的人物迎向您；这时您突然发现，您衣衫褴褛、赤身、满身尘土地乱走。无名的羞惭与焦虑攫住您，您试图遮住自己、隐藏起来，大汗淋漓地苏醒。只要有人，这就是忧伤满怀、四处飘浮的男人的梦。所以，荷马从人类最深刻与永恒的本质中取出了那个处境。"

作家通常坚信在其听众身上唤醒人类最深刻与永恒的本质，它是心灵生活的那些激动，它们根植于后来变成史前的儿童时代。在无家可归者能够有意识、无可指摘的愿望后面，梦中爆发出受抑制与变得未经允许的儿童愿望，因而，关于瑙西凯厄的传说使梦客观化，这种梦经常变成焦虑梦。

我自己提及过匆忙过楼梯的梦，匆忙后来很快变成粘在梯级上，这个

---

① 高特弗里特·凯勒（1819—1890），瑞士作家。——译注

梦同样是一个裸露梦，因为它显示出这样一个梦的本质组成部分。它就必定可以回溯至童年经历，而对这些经历的认识必定对此提供启示，即在何种程度上，女佣的行为针对我，她指责我弄脏了地毯，她的行为、指责如何帮她获得在梦中所采取的态度。我现在确实能够提出所希望的澄清。在精神分析中，人们学会把时间上的接近重新解释成实际关联；两种意念，似乎无关联，直接前后相继，属于一个统一体，可以猜出，就像我并排写下的一个 a 和一个 b，应该作为一个音节 ab 来发音。这类似于梦的相关。所提及的楼梯梦取自一个梦系列，按照解释，我知晓其他环节。被它们包围的梦必定属于同一关联。那些包含其他的梦就以对一名保姆的回忆为基础，她从婴儿期的某个日期直至两岁半照管我，对她，我意识中还留有模糊的回忆。根据我不久前从母亲那里收集的情况，她老而丑，但很聪明能干；按照我从我的梦里可以得出的结论，她并非始终让我得到最亲切的对待，每当我对关于干净的教育没有表示出足够的理解时，她就让我听狠话。女佣就努力继续这种教育工作，她就取得了资格，在梦中被我当作史前老太太的化身来对待。大概可以假设，尽管被她亏待，孩子还是把自己的爱给了这名保育员。①

典型梦解析二　珍爱者之死的梦

另一系列梦，可以被称为典型，它们是具有此内容的梦，即一名珍爱的亲属、父母或者兄弟姐妹、子女等死了。必须立即区分这些梦的两个类别，遇其一类时，人在梦中保持不为悲哀所动，使得人苏醒后惊异于其无感情，遇另一类时，人对死亡事件感受到深切的痛楚，甚至在睡眠期间用

---

① 对此梦的一种修正解释：在楼梯 Treppe 上吐痰 spucken，因为“作祟 spuken”是精灵的活动，如自由翻译就导致楼梯精灵。马后炮 Treppenwitz 意味着跟缺乏抗冲强度一样。我确实该自责这点。但是否保姆让人缺乏“抗冲强度”？

热泪表现痛楚。

我们可以把第一类梦置于一旁；它们没有资格被视为典型。如果分析它们，就会发现，它们所意味之事不同于它们所包含之事，它们被用于掩盖任一其他愿望。比如那个姨妈的梦，她看见其姊的独子停柩于自己面前。这并不意味着她希望小外甥死，而是如我们所获悉的，只是掩盖这么个愿望，长久不见之后要再见某个所爱的人，先前曾在经历差不多长的间歇后，她在另一外甥的尸体旁再见过同一个人。此愿望是梦的真正内容，并未提供悲哀的诱因，因而梦中也未感受到悲哀。人们在此注意到，梦中包含的感受不属于显性梦境，而属于隐性梦境，梦的情感内容依旧免于走样，这种走样涉及想象内容。① 不同的是那些梦，其中想象一个所爱的亲人之死，同时感受到痛楚的情感。这些梦意味着其梦境所说明之事、愿相关人员死去的那种愿望，而因为我在此就可以预期，所有读者与梦见过类似事情的所有人都会反对我的解释，我就必须力求在最广泛基础上的证据。

我们已经诠释过一个梦，从这个梦中，我们能够学会，在梦中表现为实现的愿望，并非总是当前愿望。也可能是消逝的、完结的、重叠的与被压抑的愿望，只是因其再现于梦中，我们还是不得不宣布它们有一种存续。它们并未像我们的概念中的去世者那样死亡，而是像奥德赛的影子，只要喝了血，就萌生成某种生命。在关于匣中死孩子的那个梦里，事关一种愿望，它在十五年前是当前的，从那时起就不拐弯抹角地承认了。如果我补充，即使该愿望也以出自最早童年的一种回忆为基础，或许对梦的理论并非无关紧要。那个做梦的女人孩在提时——无法确定何时——听说过，她是其母妊娠的胎儿，其母在妊娠时陷入严重的情绪不佳，急切希望其腹中的孩子死亡。自己成年并且妊娠后，她也只是学母亲的样。

① 参见第六章辛节中梦中情感的讨论。

如果某人在痛楚表现下梦见其父或其母、兄弟或者姐妹死了，那我绝不会把此梦用于证明他**现在**希望他们死亡。梦的理论不要求这么多；它满足于推断，他——童年某时——曾希望他们死亡。我却担心，这种限制还是不怎么有助于让抱怨者平静；这些人可能同样坚决否认这种可能性，即他们曾经这么想过，正如他们自己觉得肯定的是，目前不怀有此类愿望。我必须因此根据目前还显示的证明重建一部分消失的儿童心灵生活。①

让我们先注意观察儿童与其兄弟姐妹的关系。我不知道，为何我们假设，它必定是一种深情的关系，因为成人中兄弟姐妹敌意的例子还是蜂拥在每个人的经验中，所以，我们常常可以确定，这种不和还是源自童年，或者向来存在。但也有许多成年人，如今温情地眷恋其兄弟姐妹并帮助他们，童年时曾与他们生活在几乎不曾中断的敌意中。较年长的儿童虐待较年幼的，抹黑说后者抢了其玩具；较年幼的在对较年长的无力愤怒中受煎熬，羡慕并害怕之，或者其追求自由与正义感的最初冲动反对压迫者。父母说子女不和，而无法找到根源。不难看到，乖孩子的性格也不同于我们希望在成人身上发现的。儿童是绝对利己主义的，强烈感受到自己的需求，无所顾忌地追求满足之，尤其对抗其竞争者、其他儿童，首先对抗其兄弟姐妹。我们却不因此称儿童“坏”，我们称其“糟糕”；其在我们的判断面前如在刑法面前一样对其恶行不负责任。而这是有道理的；因为我们可以期待，还在我们算作童年的生命时光内，在这个小利己主义者身上，利他主义的冲动与道德会苏醒，用迈讷特（如《关于大脑构造与性能的汇编与科普报告》，1892 年，第 169 页以下）的话来说，次生的自我将与原始的重叠并抑制之。可能道德心不会同时全线产生，在各个个体身上，连无道德的童年时期的期限也长短不同。这种道德心发展缺位之处，我们愿意说

① （1909 年补充）对此参见：《对一名五岁男童恐惧症的分析》（1909 年）与《论幼儿期性理论》（1908 年）。

"退化"；这显然事关发展抑制。原始性格已经被后来的发展重叠，它可能因患癔症而至少局部得到发掘。所谓癔症性格与一名糟糕儿童相符简直令人瞩目。而强迫性神经症却符合一种超道德性，作为加强的负担强加于重新激起的原始性格上。

那就是说，许多人如今爱其兄弟姐妹并会因后者逝去而觉得失落，先前在其潜意识中对后者怀有恶毒的愿望，这些愿望能在梦中实现。但特别有趣的是，观察直至三岁或者稍微超过的幼儿对其年幼的弟妹的行为。迄今为止，这个孩子是独生的；现在对其宣布，仙鹤带来了一个新的孩子。这个孩子盯着新生儿，于是坚决表示。"仙鹤该把他再带走。"① 我非常严肃地声明我的意见，即孩子善于估计，他可以预期生人有何不利。一位贵妇与我接近，她如今与比她年幼四岁的妹妹相处得很好，从她那里，我知道，她对后者降生的消息有保留地答道："可我不会把我的红帽子给她。"如果孩子后来才有此认识，其敌意就会在此刻苏醒。我了解一个案例，一个不到三岁的小姑娘试图扼杀摇篮里的婴儿，她预感后者继续存在对她没什么好处。这段时光的孩子会极强、极清晰地妒忌。或者幼小的弟妹确实很快又消失了，孩子再度把家里的全部温情集于一身，现在来了个仙鹤送来的新孩子；我们的宠儿会在自己身上创造愿望，愿新的竞争者的命运与先前那个相同，以让其自己过得像先前、在此期间那样好，这难道不对吗？② 当然，孩子对晚生者的这种行为在正常情况下是年龄差异的简单功能。遇

---

①（1909 年补充）三岁半的汉斯，其恐惧症是先前提及的出版物分析的对象，一个妹妹出生后不久，他在发烧时喊道："我可不想要小妹妹。"一年半后，在他有神经症时，他不拐弯抹角地承认了那个愿望，即要母亲在洗澡时把小家伙掉进浴缸里，让其死去（《分析一名五岁男童的恐惧症》，1909 年，研习版，第 8 卷，第 17 页与第 61 页）。虽然如此，汉斯是个听话、温柔的孩子，很快也喜欢上了这个妹妹，特别愿意宠她。

②（1914 年补充）童年时经历的此类死亡事件会在家庭中很快被遗忘，精神分析研究却表明，它们对后来的神经症变得相当意味深长。

有某种间隔时，在较年长的小姑娘身上，已经激起对这个无助的新生儿的母性本能。在童年时，对兄弟姐妹的敌意感受必定远为频繁，胜过它让成年人迟钝的观察感到突出之处。[①] 我自己的孩子一个接一个地出生，我在他们身上错过了做此类观察的机会；在我小外甥身上，我现在补做此类观察，他的独裁在十五个月后因出现一个女竞争者而受到阻碍。我虽然听说，小伙子对小妹妹的举目很有骑士风度，吻她的手，抚摩她；我却确信，他在满两周岁前就将其语言能力用于批评让他觉得多余的人。只要话题落到她身上，他就插话，不乐意地喊道："太没有（小）、太没有（小）了。" 自从那孩子因发育出色而摆脱了这种轻视后，过去几个月里，他就会用别的来说明他提醒的理由，即她不值得这么多关注。他在所有适当的时机提醒："她没牙。"[②] 对另一个姐妹的长女，我们大家都保留着回忆，那个当时六岁的孩子有半个小时之久让所有的姨妈证实："不是吗，卢齐厄还不会明白这个？" 卢齐厄是年幼两岁半的女竞争者。

关于兄弟姐妹之死的梦与加剧的敌意相应，我没有在比如我的任何一个女患者身上找到过这种梦。我只发现一个例外，很容易重新解释成对规律的证实。我曾在一次治疗期间对一名贵妇解释此事态，我觉得在遇有病征时应考虑把此事态提上日程，让我吃惊的是，她回答说从未有过此类梦。她却想起另一个梦，据说与此没有瓜葛，她四岁时是幼女，最初梦到过一

---

① （1914 年补充）自那时起，做了大量观察，涉及儿童对兄弟姐妹和父母一方原初的敌意行为，记在心理分析文献中。作家施皮特勒尤其纯真而质朴地描绘了出自其最早童年的这种典型儿童态度（《我最早的经历》，1914 年，第 40 页）："还有第二个阿道夫在。一个小受造之物，人家声称，他是我弟弟，我却不明白，他为何有益；更不怎么领会，为何人家把他弄成这么个生物，像我自己一样。对我自己的需要来说，我足够了，干吗需要个弟弟？而且他不仅无益，间或还碍手碍脚。如果我纠缠祖母，他也同样要纠缠；如果我坐在童车里，他坐在对面，夺走我一半位置，让我们不得不用脚撞击。"

② （1909 年补充）三岁半的汉斯用同样的话表达对其妹妹全盘否定的批评（《分析一名五岁男童的恐惧症》，1909 年）。他猜测，她因缺牙而不会说话。（研习版，第 8 卷，第 17 页）

个梦，此后重复梦见。“**一群孩子，都是她的哥哥、姐姐、堂兄弟与堂姐妹，在一片草地上东奔西跑。突然，他们长了翅膀，飞起来，离开了**。”她不清楚此梦的含义；从中在不怎么受审查影响的原初形式上辨别出关于所有兄弟姐妹之死的梦，对我们来说不会很难。我斗胆强加如下分析。若遇一批孩子中有一个死亡——在此案例中，两个兄弟的孩子在兄弟姐妹般的集体中养大——我们还不到四岁的女做梦者会问一个睿智的成年人：“孩子们死了究竟会变成什么？”回答会是：“那他们就长翅膀，成为天使。”在这样解释之后的梦里，兄弟姐妹就都像天使一样长了翅膀，而且——这是关键——他们飞走了。我们的小天使制造者单独留下，想想，这么一群中唯一一个！孩子们在草地上跑来跑去，他们从草地飞走，几乎明白无误地暗示蝴蝶，似乎同样的联想会引导孩子，这种联想推动古人用蝴蝶翅膀去构造灵魂。

或许有人就会插话，说大概可以承认儿童对其兄弟姐妹的敌意冲动，但儿童情感如何达到恶劣的程度，希望竞争者或者较强的玩伴死亡，似乎只能通过死刑来抵偿所有的罪过？有谁这么说，就没有考虑到，儿童对“死了”的想象与我们的想象是词相同，此外少有其他共同之处。儿童对腐烂这种恐怖、对冷墓中的结冻、无限虚无的惊恐一无所知，正如关于彼岸的所有神话所证明的，成年人在其想象中对此虚无很难忍受。孩子不熟悉对死亡的畏惧，因此他玩弄可怕的话语，威胁另一个孩子：“要是你再这么做，你就会死，像弗朗兹死了一样。”而此时战栗的感觉流过可怜的母亲全身，她或许无法忘怀，一大半生在尘世的人没有将其生命带过童年岁月。还在八岁时，孩子可能从自然历史博物馆走了一圈回来后，对其母说：“妈妈，我真爱你；要是你死了，我把你做成标本，把你竖在这儿的房间里，让我永远、永远能看见你！”儿童对死去的想象与我们的想象鲜有相同之处。[①] 死了对儿童意味着，的确还会避免看见死前痛苦的场景，对他们差不多意味着“远行”，不再打扰幸存者。他不会区别，这种缺席以何方式形成，是通过旅行、解雇、疏远还是死亡。[②] 如果在一个孩子的史前岁月里，其保姆被打发走了，一些时间后，其母死了，则正如人们在分析时所揭示的那样，对其记忆而言，两个事件重叠成一串。某个母亲经过若干周夏日旅行后返回家中，痛心地获悉，孩子对缺席者的思念不甚强烈，经过询问，她不得不听到：“孩子们连一次都没问起过妈妈。”但如果她真的旅行去了那个“尚未发现的国度”“没有一个漫游者从那一带归来”，则孩子们似乎起初忘了她，**事后**，他们才开始回忆起死者。

也就是说，如果孩子有动机希望另一个孩子缺席，则他没有任何障碍来用形式表达此愿望，即愿后者死去，而对愿人死亡的梦的心理反应证明，不管内容再怎么不同，孩子身上的愿望还是在某些方面与成年人同样的愿望相同。[③]

如果用儿童的利己主义来解释儿童对其兄弟姐妹有死亡愿望，这种利己主义让儿童把兄弟姐妹理解成竞争者，对父母有死亡愿望该如何解释？

---

① （1909年补充）有一名天资很高的10岁男孩，其父暴亡后，我吃惊地从他那里听到如下表示：“父亲死了，我懂，但为何他不回家吃晚餐，我没法对自己解释。”——（1919年补充）关于此主题的其他材料见《潜存意象，精神分析应用于精神科学杂志》（由博士V. 胡格—海尔穆特女士编辑的栏目）（论）儿童心灵（的真正本质）（1—7卷，1912—1921年）。

② （1919年补充）受过精神分析训练的父亲在观察时也会抓住那个瞬间，其中，其精神上高度发展的四岁小女儿承认“远行”与“死了”的差异。这孩子吃饭时制造麻烦，觉得自己被膳宿公寓的一名女侍者注视。“约瑟芬娜该死了”，她因此对父亲表示。“干吗偏偏是死呢？”父亲抚慰地问道。“要是她走了，还不够吗？”“不，”孩子回答，“那她会再来。”对孩子的无限自负（自恋）而言，任何干扰都是犯上作乱，像严厉的立法一样，儿童的感觉依据所有此类罪行设定了不可定量的惩罚。

③ 弗洛伊德尤其在《图腾与禁忌》（1912—1913）的第二篇论文第三节（丙）、在《选择小盒的动机》（1913年）这篇文章中以及在《合乎时宜论战争与死亡》（1915年）第二部分中探讨了成年人对死亡的态度。

对儿童而言，父母是爱的施予者和儿童需求的满足者，儿童恰恰该出于利己主义动机而希望保有父母。

指导我们解决该难事的是经验，即关于父母死亡的梦多半经常涉及与做梦者同性的双亲一方，也就是男子大多梦见父亡，女人梦见母亡。我不能把这点说成有规律，但明显显露出占多数，需要用具有普遍意义的因素来解释。[①] 情况是——粗略来说——这样，似乎会很早提出性的偏好，似乎男童把父亲、女孩把母亲视为爱的竞争者，排除之只会对其产生益处。

在指责这种想象难以置信之前，也要在此考虑真正的亲子关系。要区分，孝的文化要求对这种关系作何要求，而日常观察表明什么是事实上的。在亲子关系中，不止隐藏着敌意的一个诱因；在审查面前不存在的愿望，其形成的条件大量存在。让我们先驻足于父子关系。我以为，我们赋予十诫规定的神圣性让我们感知现实的感觉迟钝。我们或许几乎不敢觉察，人类较大部分把自己置于对第四条戒律的遵守之外。在人类社会最低与最高的阶层中，对父母的孝惯常在其他利益面前后退。出自人类社会原始时代的神话与传说中的模糊消息落到我们身上，关于父亲的大量权力和它被使用时的无所顾忌，这些消息提供了令人不快的想象。克洛诺斯吞下了其子女，大约就像公猪吞下母猪的一窝幼崽，而宙斯给父亲去势[②] 并使自己作为统治者代替其位。父亲在旧家庭中越是无所限制地统治，儿子必定越发作为有资格的继任者移入敌手的位置，其焦躁不安必定变得更加厉害，要

---

① （1925 年补充）这种事态常常因出现一种惩罚倾向而被掩盖，后者在道德反应上以失去所爱的父母一方相威胁。

② （1909 年补充）至少在一些神话表现中。据别的神话表现，只由克洛诺斯在其父乌拉诺斯身上完成了去势。

关于该题材的神话含义，参见奥托·兰克，《英雄诞生的神话》，1909 年（1914 年补充）与《创作与传说中的乱伦母题》，1912 年，第九章、第二节。——文本中的这些句子当然也是对由弗洛伊德在《图腾与禁忌》（1912—1913）中展开的思路的早期提示。

通过父亲之死而自己获得统治权。就在我们的市民家庭中，通过拒绝给儿子自决与自决所需手段，父亲惯常协助存在于这种关系中的天然敌意萌芽得到发展。医生足够经常地能够发觉，儿子身上的丧父之痛无法抑制对最终获得自由的满足。每个父亲都惯常拼命拘执于我们当今社会中陈腐得厉害的**户主支配权**的残余，而每个诗人都确信这种作用，他像易卜生一样把父子之间的古老斗争移入其情节的显著位置。如果女儿成长起来，发现母亲是看守，而她渴望性自由，母亲却因女儿的成长被提醒，对她而言，是该舍弃性要求的时候了，母女之间冲突的诱因就会产生。所有这些情况明显就在每个人的眼前。在企图解释父母之死的梦时，这些情况对我们却无所裨益，那些梦可在那些人那里找到，对他们而言，对父母的孝早就变成不可侵犯之事。连我们也通过前面的探讨对此做好准备，即对父母有死亡愿望也许起源于最早的童年。

在对精神神经症患者做分析时，针对他们的这种猜测以排除一切怀疑的肯定性得到证实。人们在此情况下获悉，儿童的性愿望很早就苏醒——只要它们在萌芽状态理应得到该名字——女孩的最初倾慕针对父亲[①]，男孩的最初婴儿期欲望针对母亲。因此，父亲对男孩来说，母亲对女孩来说成为有妨碍的竞争者，而对儿童来说，为让这种感受导致死亡愿望，所需的有多么少，我们已经就兄弟姐妹的情况阐明过。性选择通常在父母身上已经起作用；一种自然特征导致丈夫娇惯小女儿们，妻子给儿子们撑腰，而两者在性的魔力不让他们的判断错乱时，严厉地从事对小孩子们的教养。儿童很清楚地发觉偏爱，反抗反对这种偏爱的双亲一方。在成人身上找到爱，对儿童不仅是满足一种特殊的需要，而且意味着在所有其他部分上迁就其意志。所以，如果儿童在父母之间做出选择，这种选择的意义与由父

---

① 弗洛伊德后来修正了其对这点的见解。参见弗洛伊德,《解剖学上性别差异的一些心理后果》（1925 年）；与《论女性性欲》（1931 年）。

母发出的刺激相同，他就遵循自己的性内驱力，同时更新这种刺激。

在儿童的这些幼儿期倾向的迹象中，人们惯常忽视大多数，也可能在最初的童年岁月之后发觉一些迹象。我熟人的一个八岁小姑娘每次利用母亲被从桌子上叫走的机会宣布自己是其接班人。“现在我想当妈妈。卡尔，你还要蔬菜吗？拿吧，我求你。”诸如此类。有一个特别有天赋而活泼的四岁小姑娘，在她身上，这部分儿童心理特别显而易见，她直接表示：“现在妈妈就可以走开了，那爸爸就得娶我，我要当他妻子。”在儿童生活中，这种愿望完全不排除儿童也温柔地爱其母亲。父亲一出外旅行，小男童就可以睡在母亲身旁，而父亲归来后，他不得不回到儿童室，到一个远不让他喜欢的人那里，则容易在他身上形成愿望，要父亲永远不在，以便他能够保持在亲爱、美丽的妈妈身边的位置，而达到此愿望的一个手段显然是，如果父亲死了，因为他的经验教会他这样一件事：“死”人，如爷爷，永远不在，再不回来。

如果在幼儿身上的此类观察不规则地适合所建议的解释，它们却不表明有完全的确信，对成年神经症患者的精神分析让医生不禁产生这种确信。对相关梦的告知在此带有此类开场白，即不可避免将其解释成**愿望梦**。一日，我发现一名贵妇阴郁并且哭红了眼。她说：“我不想再看见我的亲戚，他们一定怕我。”于是，她几乎不经过渡地讲述，她回忆起一个梦，她当然不了解其含义。她四岁时梦见这个梦如下：**一只猞猁或者狐狸在屋顶上漫步，后来有东西落下来，或者是她掉下来，再后来，人家把死了的母亲抬出屋子**，她一边痛哭。我勉强告诉她，此梦必定意味着出自其童年的愿望，要看见母亲死去，而她必定因为此梦而以为，亲戚们怕她，所以她已经提供了澄清梦的一些材料。“猞猁眼”是她还是小孩子时有一次被一个胡同串子加上的詈辞；孩子三岁时，屋顶上一片瓦落到她母亲头上，血流得很厉害。

我曾有机会深入研究一个经历过不同心理状态的年轻姑娘。在以此开始发病的躁狂混乱中，病人表现出对其母很特殊的反感，只要后者一接近床铺，就打骂后者，而同时，她对一个年长得多的姐姐依旧亲切柔顺。随后出现清醒、但有些情感淡漠的状况，睡眠障碍很大；在此阶段，我开始治疗并分析其梦。无数梦或多或少隐晦地事关其母之死，忽而她出席一名老年妇人的葬礼，忽而她看见自己与其姐身穿丧服坐在桌旁；对这些梦的意义没有疑问。进一步好转时，出现癔症恐惧症；其中最折磨人的是，母亲出了什么事。无论她在何处，都得赶回家，以确信母亲还活着。这个病例与我其他的经验集中起来就颇有教益；它仿佛以多语译文展现心理结构对同一激发性想象的不同反应方式。我把混乱理解成第二个心理审查机构被在其他情况下受压抑的第一个心理审查机构**压倒**，在此混乱中，对母亲的潜意识敌意在运动神经上变得强有力；随后出现最初的平静，激动得到压抑，恢复了审查的统治地位，这时，要实现希望母亲死亡的愿望，对这种敌意开放的就只有做梦这个领域；常态进一步增强时，作为癔症性对立反应与防御现象，造成了为母亲过度担忧。在此关联中，不再不可解释的是，为何患癔症的女孩子们如此经常过度柔情地依恋其母亲。

另外一次，我有机会深刻洞察一名年轻男子的潜意识心灵生活，他由于强迫性神经症而几乎无生存能力，不能上街，因为折磨他的忧虑是，他会把经过他身边的所有人干掉。他以此度日，即如果因为一起城里发生的谋杀而对他起诉，就整理其不在犯罪现场的证据。多句嘴，他是既有道德又有出色教养的人。还会导致痊愈的分析揭示，这种尴尬的强迫观念的根据是对其有些过于严厉的父亲的谋害冲动，当时他七岁，这些冲动令他惊异地清醒地表现出来，但它们当然出自早得多的童年时光。经历充满痛苦的疾病与父亡后，31 岁出现强迫性自责，以那种恐惧症的形式转到生人身上。有谁能想将自己的父亲从山峰推入深渊，当然就可以相信他也不会顾惜较疏远者的生命；因而，把自己锁在房间里，此人做得对。[①]

根据我已经数量众多的经验，在所有后来的精神神经病患者的儿童心灵生活中，父母起主要作用，那时形成心理冲动材料并对后来的神经症症状特征如此意味深长，而对双亲一方的迷恋、对另一方的憎恨属于那种心理冲动材料的铁定组成部分。我却不相信，精神神经症患者能够办到绝对新颖、为其所特有之事，而在这点上与其他保持正常的人明显有别。远为可能并且由对正常儿童的偶尔观察加以支持的是，他们即使有这些对其父母的爱恋与敌意愿望，也只是通过放大让我们识别不那么明显、不那么强烈地在多数儿童心灵中发生之事。古代给我们流传了一种传说材料来支持这种认识，只是因为说过的出自儿童心理的前提有一种类似的普遍有效性，这种材料的深远作用与普遍有效作用才变得可以理解。

我指的是关于俄狄浦斯王的传说与索福克勒斯的同名戏剧。俄狄浦斯是忒拜王拉伊俄斯与伊俄卡斯特之子，在婴儿时被遗弃，因为一条神谕对父亲宣示，尚未出生的儿子会成为杀死他的凶手。他得救了，作为王子在一个陌生的宫廷长大，直到他不能确定其出身，自己询问神谕，从后者得到劝告，要回避家乡，因为他必定成为杀害其父的凶手与其母的夫婿。在离开他臆想中的家乡的途中，他遇见了拉伊俄斯王，在迅速爆发的争执中杀死了后者。于是他来到忒拜城前，在此，他解开了挡路的斯芬克斯之谜，为了表示感谢，忒拜人选他为国王，他被赐执伊俄卡斯特之手。他长期在和平与尊严中执政，与他并不知晓的母亲生下二子二女，直到一场鼠疫爆发，促使忒拜人重新询问神谕。索福克勒斯的悲剧在此开场。信使带来答

① 后面再次提及同一患者。

复，如果把谋害拉伊俄斯的人逐出国去，鼠疫就会停止。可此人在何处逗留？

> 何处可寻
>
> 旧罪难以辨认的暗迹？
>
> （岛纳译成德文，第 108 节及下页）

该剧的情节无非就在于逐步加剧并且富于艺术性地延迟揭穿——可与精神分析工作相比——俄狄浦斯本人是谋害拉伊俄斯的人，但也是被杀者与伊俄卡斯特之子。被其不明就里犯下的暴行所震撼，俄狄浦斯弄瞎自己并离开故乡。神谕成为现实。

《俄狄浦斯王》是一出所谓命运悲剧。其悲剧效果应基于诸神占优势的意志与受不幸威胁的人的徒劳反抗之间的对立；深受触动的观者应从悲剧中学到屈服于神灵的意志、洞见自身的软弱无力。合乎逻辑地，现代诗人尝试过取得类似的悲剧效果，他们用自己虚构的情节编织相同的对立。只是观众不为所动地旁观，无辜的人尽管全力反抗，一个诅咒或者神谕如何在他们身上完成；后来的命运悲剧一直没有效果。

如果《俄狄浦斯王》对现代人的震撼不会亚于对同时代的希腊人，则答案可能只在于，希腊悲剧的效果并非基于命运与人的意志之间的对立，而应在材料的特性中去寻找，借助这种材料证明了这种对立。在我们内心必定有一种声音，愿意承认《俄狄浦斯王》中命运有说服力的威力，而我们能够把（格里尔帕策的）《太祖母》或者其他命运悲剧中的支配当作任意支配而拒绝。而这样一种因素实际上包含在俄狄浦斯王的故事中。其命运之所以触动我们，只因为它也可能成为我们的命运，因为神谕在我们出生前对我们宣布的诅咒与对他的一样。我们大家或许都注定把最初的性冲动指向母亲，把最初的憎恨与残暴的愿望对准父亲；我们的梦让我们确信这些。俄狄浦斯杀死了其父拉伊俄斯并娶了其母伊俄卡斯特，只是我们童年的遂愿。但比他幸运，只要我们未变成精神神经症病人，自那时起，我们就成功地把我们的性冲动与我们的母亲脱钩，忘却了我们对父亲的妒忌。在其身上实现那个原始时代儿童愿望的人，在其面前，我们悉数压抑畏缩，自那时起，这些愿望在我们的内心遭受压抑。诗人在那种探究中让俄狄浦斯的罪责见光，他逼迫我们认识我们自己的内心，其中还始终存在那种冲动，哪怕受到抑制。合唱队以此对照离开我们，

……看哪，这是俄狄浦斯，
他解开了谜团，头号人物掌了权，
市民都赞誉、羡慕其幸福；
看哪，他陷入何种不幸的可怕巨浪！
（1524 节以下）

这种警告击中我们自己与我们的傲气，我们这些人自童年岁月起在对我们自己的估量上变得如此聪明、如此强有力。像俄狄浦斯一样，我们生活在对伤害道德的愿望的无知中，天性把这些愿望强加给我们，而它们被揭穿后，我们可能都想把目光从我们童年的场景上转开。[①] 俄狄浦

① （1914 年补充）没有一项精神分析研究的调查像提示儿童的、保留在潜意识中的乱伦倾向这样招致如此激烈的异议、一种如此愤怒的抗拒——还有如此有趣的扭曲的批评。最近甚至产生一种尝试，要抗拒一切经验，让乱伦只是被视为“象征性的”。立足于叔本华书信中一处，费伦茨（《俄狄浦斯神话中对愉悦原则与现实原则的象征表现》，1912 年）对俄狄浦斯神话给出一种有才智的新解。（1919 年补充）通过进一步研究，此处首先在《解梦》中触及的“俄狄浦斯情结”对理解人类史与宗教和品德的发展赢得了意想不到巨大的意义（参见《图腾与禁忌》，第四篇论文）。——关于俄狄浦斯情结与《俄狄浦斯王》以及关于紧接着的哈姆雷特主题的这些思路的本质，弗洛伊德在 1897 年 10 月 15 日致弗利斯的一封信中（参见弗洛伊德，《精神分析肇始》，

斯的传说萌芽于一个古老的梦材料，后者以与父母的关系因最初的性冲动而有难堪的干扰为内容，对此，在索福克勒斯的悲剧台词本身中可以找到不会误解的提示。伊俄卡斯特安慰尚未澄清原委、但因记起神谕而担心的俄狄浦斯，她提及的确是这么多人梦见的一个梦，她以为，它并不意味着什么：

> “因为许多人在梦中也已经看见
> 自己与母亲做伴；不过，谁把这一切
> 看作无意义，就轻松承受生活的负担。”（第 981 节以下）

同样像那时一样，即使如今，许多人也会有与母亲性交的梦，他们发怒而惊讶地讲述它。可以领会，它是悲剧的关键，是对父亲之死的梦的补充部分。俄狄浦斯寓言是想象对这两种典型梦的反应，而正如这些梦被成年人已拒绝的感情经历一样，该传说也必定把惊吓与自我惩罚一同纳入其内容。该传说进一步的形态又源自对此材料易被误解的继发性整合，这种整合试图让该材料服务于神学化的意图（参见关于裸露的梦）。把神的万能与人的责任汇集起来，这种尝试当然必定在此材料上与在任何别的材料上一样失败。

另一伟大的悲剧性诗人创作、莎士比亚的《哈姆雷特》与《俄狄浦斯王》根植于同一片土壤。但在对同一材料的处理变化中，显示出两个相距甚远的文化时期里心灵生活中的全部差异、在人类情感生活中的压抑的世俗进展。在《俄狄浦斯王》中，作为根据的儿童愿望幻想如在梦中一样被

1950 年，信件第 71 号）就表达过。

曝光与实现；在《哈姆雷特》中，它依旧被压抑，而我们只是通过由它发出的抑制作用而获悉其存在——类似于有神经症时的事态。借助现代戏剧令人倾倒的作用，奇特地表明可以协调一致的是，人们可能对主角的性格依旧完全不清楚。这出剧基于哈姆雷特踌躇于完成委派给他的复仇任务；何谓这种踌躇的缘由或者动机，台词没有交代；最多种多样的解释尝试也不能说明之。根据如今仍占统治地位、由歌德说明理由的见解，哈姆雷特构成那种人的典型，其旺盛的行动活力因思想活动蔓延发展而麻痹（“因意念的苍白而病恹恹”）。按照其他见解，诗人试图描绘一种病态、犹豫不决、落入神经衰弱范围的性格。只是这出剧的情节表明，哈姆雷特绝不该让我们觉得是根本无力行动的一个人。我们看见他两次出场行动，一次在迅速爆发的激情中，捅死了裱糊布后面的偷听者。另一次按计划、甚至诡计多端，他凭借文艺复兴王子的毫无疑虑，把两名宫廷侍从打发去了给他本人准备的死神那里。那什么阻碍他完成其父的幽灵对他提出的任务呢？此处又呈现出情况，那是这项任务的特殊性质。哈姆雷特可以做一切，只是不能在那个人身上完成复仇，后者排除了他的父亲，在他母亲身边占据其位置，对他显示实现其被压抑的儿童愿望。本该催促他复仇的厌恶就在他身上代之以自责，代之以良心的顾忌，责备他，按字面理解，说他自己不比应由他惩罚的罪人更好。我在这件事上把主角心灵中必定依旧为潜意识之事翻译成有意识之事；如果某人要把哈姆雷特称为癔症患者，我只能承认它是我的解释的结论。性厌恶与此很相称，哈姆雷特后来在与奥菲利娅的谈话中表现出性厌恶，同样的性厌恶，在以后的岁月中会越来越多地占领诗人的心灵，直至在《雅典的泰门》中的巅峰表现。当然，我们在哈姆雷特身上遇到的，只可能是诗人自己的心灵生活；我从乔治·布兰代斯[①]关

① 本名莫里斯·科亨（1842—1927），丹麦文学史家、批评家与传记作者。——译注

于莎士比亚的著作（1896年）中摘引笔记，说该戏剧就在莎士比亚之父死后（1601年）、也就是刚为后者哀悼时所创作，我们可以猜测，在涉及父亲的童年感受复活中所创作。已知的还有，莎士比亚早逝的儿子用名哈姆内特①（与哈姆雷特②同一）。如《哈姆雷特》处理儿子与父母的关系一样，时间上接近的《麦克白》停留在无子女的主题上。正如任何神经症病征，正如甚至梦能够过度解释，甚至过度解释是完全理解梦所需，所以，连任何原真的诗人创作也来自不止一个动机、诗人心灵中不止一种激动，允许不止一种解释。我在此只尝试了解释正在创作的诗人心灵中最深层次的激动。③

对珍爱的亲属之死这些典型的梦，如果不再用几句话阐明其对梦理论的意义，我是不会离开它们的。这些梦对我们显示，相当不同寻常的情况实现了，即通过被压抑的愿望而形成的梦意念逃避了任何审查，未作变动地转入梦里。必定有特殊情况促成此类命运。我在如下两种因素中发现对这些梦的优待：其一，没有我们还会相信的愿望；我们以为，可能“我们即使在梦中也想不起来”对此事有愿望，因此，梦审查对这种难以置信之事没有准备，大约类似于梭伦④的立法不知设置对弑父的惩罚。其二，对

---

① Hamnet——译注

② Hamlet——译注

③（1919年补充）上面简述对《哈姆雷特》的分析性理解，后来，E. 琼斯加以充实并针对其他在文献中记载的见解作了辩护。（参见琼斯《俄狄浦斯情绪作为对哈姆雷特之谜的一种解释》，1910年，还有更详细的，《哈姆雷特与俄狄浦斯》，1949年）——（1930年补充）莎士比亚著作的作者是来自斯特拉德福的那个男子，对上面所做的假设，我自那以后却变得困惑了。（参见弗洛伊德，《在法兰克福歌德故居的讲话》，1930年）——（1919年补充）围绕对《麦克白》分析的进一步努力在我的论文《出自精神分析工作的一些性格类型》（1916年）（研习版，第10卷，第238—244页）并在L. 耶克尔斯（《莎士比亚的麦克白》，1917年）处——弗洛伊德还在一篇据猜测于1905年或者1906年撰写，但身后才公开的论文《舞台上的病态人物》（1942年）中探讨了哈姆雷特的形象。（参见研习版，第10卷，第166—167页。）

④ 梭伦（公元前640—前560），雅典国务活动家兼诗人。——译注

此受压抑、并非未料到的愿望，却恰恰在此特别频繁地有一种日间残余以为珍爱者的生命**担心**的形态相迎。除了使用相同的愿望，这种担心不可能以别的形式载入梦中；愿望却可能戴着日间变得活跃的担心这种假面。如果以为，这一切较简单地发生，就在夜里与梦中只管延续在日间开始的接头，那就让关于珍爱者之死的梦脱离与解梦的一切关联，多余地拘执于一个很可能可以缩减的谜。

追踪这些梦与焦虑梦的关系，也富于教益。在关于珍爱者之死的梦里，受压抑的愿望找到一条途径，它以此能够摆脱审查——还有受制于此的走样。从不缺乏的伴随现象就是，在梦中感觉到痛心的感受。一方面，只有审查完全或者部分被压倒，才会形成焦虑梦；而另一方面，如果焦虑作为出自躯体源的当前感觉已经存在，就方便压倒审查。这样就清楚了，审查以何种倾向履行职责，它从事对梦的歪曲；发生此事，**为的是预防生发焦虑或者其他形式的尴尬情感**。

我在前面说到儿童心灵的利己主义，现在与此相连，意在于此让人预感到一种关联，即梦也维持了这种性格。它们全都绝对利己主义，所有梦里都出现可爱的自我，即便是伪装的。在梦中实现的愿望经常是这个自我的愿望；如果说对另一人感兴趣而会引发一个梦，那只是一个骗人的假象。我愿意让与这种论断相矛盾的一些例子经受分析。

一

一名尚不足四岁的男童讲述道：**他看见一把巨大的装饰过的钥匙，上面烤着一大块肉，这块肉一下子整个——未被切碎——被吃完了。他没有**

看见吃它的人。[①] 谁会是那个生人，我们这个小孩梦见其丰盛的肉膳？做梦当日的经历必定给我们就此澄清。几天来，男孩按医嘱进乳食；做梦当日晚上，他却不听话，作为惩罚，就取消了他的晚餐。他先前已经经历过这样一种饥饿疗法，当时表现得很勇敢。他知道，他什么也不会得到，却也不敢有一句话暗示他饿。教养开始在他身上起作用；它已经表现在梦中，梦表现出梦走样开始。毫无疑问，他本人就是那个人，其愿望针对一顿如此丰富的膳食，而且是一顿烤肉膳食。但因为他知道，禁止他这样用膳，他不敢像饥饿的孩子在梦中所做的那样（参见我的小安娜的草莓梦）自己坐下用膳。那人保持匿名。

二

我有一次梦见，我在一家书店的橱窗中看见新的一册典藏装帧的那种丛书，我平素惯常买下（艺术家专著、关于世界史的专著、著名的艺术场所等等）。**新的丛书称为著名演讲者（或者演讲），而丛书的这一册署名为莱歇尔博士**。

分析时，我觉得不可能的是，莱歇尔博士，这位在议会中雄辩滔滔的持续演讲者影响了我的梦境。事态是，几天前，我为新的患者做心理治疗，现在被迫每天说话十至十一小时。我自己就是这样一个持续讲话者。

---

① 连梦的巨大、过于丰富、过度与夸张也可能是童年性格。儿童最热切的愿望莫过于长大，尤其是得到的像大人那么多；很难满足儿童，他们不知足，不厌其烦地要求重复让其中意或者对胃口的东西。他们只是通过教养才学会节制、满足、断念。众所周知，神经症患者也倾向于无节制、无度。弗洛伊德也在其关于诙谐的书临近第七章末（《诙谐及其与潜意识的关系》，1905年，研习版，第4卷，第210页）提及儿童偏爱重复；后来他几乎就在《远离愉悦原则》（1920年）第五章开头再次探讨之。

三

另一次，我梦见，我知晓的一名教师在我们大学说：**我的儿子、那个近视眼**。随后跟着一段对话，由简短的讲话和对答组成。随后却跟着第三个梦的片断，其中出现我和我儿子，就隐性梦境而言，父子、M教授只是傀儡，掩盖我与我的长子。我还将因另一种特性而在很后面处理此梦。

四

低级利己主义感情隐藏在柔情担心后面，下面的梦提供一个例子。

我朋友奥托看起来很糟糕，脸上呈褐色，眼睛突出。

奥托是我的家庭医生，因为他几年来监测我的孩子的健康，如果他们患病，就富有成效地给他们治疗，有各种机会能够充当借口时，还给他们借口。做梦当天，他来访，我妻子就注意到，他看上去疲劳而筋疲力尽。夜里，我的梦来了，给予他巴塞多病的一些症状。有谁在解梦时脱离我的规则，就会这样理解这个梦，即我担心我朋友的健康，这种担心在梦中实现。这不仅会与梦是遂愿这一论断矛盾，而且违背另一论断，即梦只对利己主义冲动开放。但谁这样解梦，请给我解释，为何我在奥托身上担心**巴塞多**病？对这种诊断，他的外表连最轻微的诱因都没有提供。我的分析却提供出自六年前一起事件的如下材料。我们、一个小社交圈子，R教授也在其中，在昏暗中驶过N的森林，离我们的夏季居住地几小时远。并非完全清醒的车夫把我们连车一起摔下了一个斜坡，还算幸运的是，我们大家都安然脱险。我们却被迫在最近的客栈过夜，在那里，我们出意外的消息唤起了对我们的巨大同情。一名先生身上具有巴塞多病不会混淆的症状——还只是面部皮肤呈褐色与眼睛突出，完全像在梦里一样，没有甲状腺肿——他全心全意为我们效劳并问道，他能为我们做什么。R教授以其特定的方式答道："不过是您借我一件睡衣。" 对此，这位高贵者答道："我很遗憾，这我不能。" 就离去了。

为了继续分析，我想起，巴塞多不仅是一个医生的名字，还是一位著名的教育学家的名字[①]（清醒时，觉得自己现在对此知识相当不肯定[②]）。友人奥托却是我请求过的那个人，万一我遇上什么事，要监控我子女的身体教育，尤其在青春期（因而有睡衣）。我就在梦中看见友人奥托有那位高贵助人者的病征，我显然想说："如果我遇上什么事，他同样不怎么会为孩子们做什么事，就像那时 L 男爵先生尽管有可爱的提议。" 此梦的利己主义特点就可能揭示得很清楚了。[③] 但此时，遂愿躲在何处呢？并非在对友人奥托的报复中，其命运就是在我的梦中遭受恶劣的对待。[④] 而是在下面的关系中。我在梦中把奥托表现成 L 男爵，同时，我把我本人与另一人等同，即与 R 教授本人等同，因为我的确向奥托要求什么，就像在那起事件中 R 向 L 男爵要求过的一样。原因就在于此。R 教授，我平素确实不敢把自己与他相比，他与我类似，在学校之外独立追求其道路，在后来的岁月中才获得早就该得到的头衔。我就又想当教授！的确，甚至这种"在后来的岁月中"是一种遂愿，因为它说明，我活得足够长久，自己来陪伴我的男

---

① 卡尔・巴塞多（1799—1854），德国医生。约翰内斯・伯恩哈德・巴泽多（1724—1790），本名约翰・贝伦特・巴泽道，德国通俗哲学家、教育家。——译注

② 这种猜测却合乎实际。18 世纪有叫此名的卢梭的一名追随者，是一位著名的教育学家。

③ （1911 年补充）欧内斯特・琼斯在一次对一个美国学会做的学术报告中说到梦利已主义时，一位博学的夫人对这种非学术的普遍化提出异议，说该著作者还只能判断奥地利人的梦，对美国人的梦可能说不出什么。就她本人而言，她肯定，她所有的梦都是严格无私的。

（1925 年补充）为了给这位有一种族自豪感的夫人申辩，还应说明，不能误解梦都是完全利已主义的这个定律。因为一般来说在前意识思维中出现的一切，可能转入梦中（梦境及隐性梦意念），这种可能性也对利他主义冲动开放。以同样的方式，潜意识中存在的对另一人温柔的冲动或者爱恋的冲动在梦中可能显现。上面定律的正确之处就限于此事实，即在梦的潜意识冲动中，经常发现利已主义的倾向，它们在清醒状态时似乎被克服了。

④ 比较第二章中给伊尔玛注射的梦。

孩们度过青春期。[①]

典型梦解析三　其他典型的梦

人在其他典型的梦中带着惬意飞行或者带着焦虑感落下，我从自己的经验对此一无所知，我对它们能说的一切都归功于精神分析。[②]从在那里得到的情况，可以推断，即使这些梦也重复童年印象，即涉及对儿童来说具有如此不同寻常吸引力的运动游戏。哪个叔父（伯父）没有让一个儿童飞过，他伸展双臂，跟后者赶过房间，或者跟后者玩下落，他把后者放在膝盖上荡秋千，突然伸腿或者把后者举高，突然做得好像他要撤除对后者的支撑。儿童们于是欢呼，乐此不疲地要求重复，尤其受到惊吓与感到眩晕时；后来，他们几年后在梦中做到了重复，在梦中却略去了抓住他们的手，使得他们自由飘浮、落下。幼儿们偏爱此类游戏及秋千、跷跷板，为人所知；如果他们后来看见马戏场中的体操技艺，会重温记忆。[③]在某些男孩身上就有癔症发作，只由对此类技巧的再现构成，他们以巨大的熟巧完成这些技艺。并非罕见的是，在这些本身无伤大雅的运动游戏时，也唤醒了性感受。[④]用我们常用的、覆盖所有活动的一句话来说：那是童年的“追赶”，它重复关于飞行、下落、眩晕诸如此类的梦，其愉悦感现在颠倒

---

① 此梦还在后面得到探讨。

② 此段的首句出现于 1900 年的初版中，不过，此后直至 1925 年都被删去。随后的句子以及下一段注明 1900 年，1914 年却被纳入第六章戊节。在 1930 年版中，它们在两处都出现。

③ （1925 年补充）分析性探究让我们猜出，与儿童偏爱体操表演并与在癔症发作中重复有牵连的，除了器官愉悦之外还有另一因素、（常常是潜意识的）对（在人或者动物身上）观察到的性交的回忆象。

④ 一名完全摆脱神经质的年轻同事就此告知我：“我出于自身经验知道，我先前在荡秋千时，而且在下降具有最大重力的瞬间，生殖器里有一种奇特的感觉，尽管其实让我不舒服，我还是不得不称它为愉悦感。”——我常常从患者处听说，他们回忆的最初勃起带有愉悦感，在男孩时代在攀登时出现。——心理分析万分有把握地表明，最初的性冲动常常根植于童年岁月的打斗与摔跤游戏中。——弗洛伊德在其《性学三论》（1905 年）第二篇的最后一节详论此梦。

成焦虑。但正如每个母亲所知，在现实中，连对儿童的追赶也足够频繁在纷争与哭泣中收场。

我就有充分的根据拒绝此解释，即我们睡眠期间的皮肤感觉的状态、我们的肺运动的感觉诸如此类招致关于飞行与下落的梦。我发现，这些感觉本身从梦所涉及的回忆中再现，它们就是梦境、并非梦来源。

我却绝不对自己掩饰，我无法对这个系列的典型梦提供澄清。我的材料恰恰在此事上不听使唤。一旦任何一种心理动机需要这些典型梦的所有这些皮肤感觉与运动感觉，它们就会被唤醒，如果这样一种需要不迎合它们，它们就会被忽略，我必须坚持这种普遍观点。连与幼儿期经历的关系，也让我觉得肯定来自我在对精神神经症患者的分析中得到的暗示。但哪些其他意义可能在生命过程中与那些感觉的回忆相连过——或许尽管这些梦有典型现象，在每人身上的意义都不同——我不懂得说明，希望能够通过对良好例子的细致分析来弥补这些漏洞。尽管常见的恰恰是关于飞行、下落、拔牙诸如此类的梦，我还是抱怨缺乏材料，有谁对此惊异，我有责任对他解释，自从我关注解梦主题以来，我本人没有体验过此类梦。神经机能病患者的梦，平素可供我使用，但并非全部、经常并非直至其隐蔽意图的尽头都可解；某种心理威力参与神经症的形成并且在其消解时又发挥效力，它挡住解释的路，直到最后一个谜。

典型梦解析四　考试梦

以毕业考试结束完全中学学业的每个人都抱怨焦虑梦顽固地缠绕他，即他落第，不得不重读，诸如此类。对学位拥有者而言，代替这种典型梦的是另一个梦，责备他在博士学位考试时未通过，他还在睡眠中就徒劳地对这个梦提出异议，说他的确几年来就已经开业行医、是编外讲师或者事务所领导。那是无法消除的对惩罚的回忆，我们在童年为所犯恶行而遭受惩罚，在我们学业的两个结点上，在严格考试的**“主怒之日、审判日”**时，在我们的内心重新激起这些回忆。连神经症患者的“考试焦虑”也在这种儿童焦虑中得到增强。我们不是学生后，就不再像当初那样是父母与保育员或者后来的教师执行对我们的惩罚；生活无情的因果链接承担了对我们的进一步教养，现在我们梦见完全中学毕业考试或者梦见博士考试口试——有谁当时自己不是作为本应如此者胆怯过？只要我们预期，结果会惩罚我们，因为我们对某事未做对、没有正经办成，只要我们感觉一种责任的压力。

我对考试梦的另一种澄清归功于一名内行同事（斯特克）的说明[①]，他曾在一次学术漫谈中强调，据他所知，毕业考试梦只在通过了这种考试的人身上出现，从未出现于那些于此失败者身上。正如越来越多地得到证实的那样，如果预期翌日有要对成绩负责与可能出丑，就会出现令人焦虑的考试梦，也就是会从往昔中找出一个机会，此时巨大的焦虑被证明没有道理并且被结局驳倒。这会是清醒的审查机构误解梦境的一个相当瞩目的例子。可我的确已经是博士，诸如此类，这种被领会成对梦不满地反驳其实会是梦所施予的安慰，内容也就会是可别怕明天；想着，你毕业考试前有过何种焦虑，而你可什么事也没出。如今，你的确已经是博士，诸如此类。但我们算在梦里面的焦虑，源自日间残余。

在我与其他人身上，我能做对这种解释的试验，虽然量不够大，也很确实。例如，我作为博士考试口试生在法医学上落第了；在梦中，该学科从未让我费事，而我足够频繁地在植物学、动物学或者化学中被考，在这些科目中，我带着有理由的焦虑去考试，却因命运或者考官的厚爱而逃脱惩罚。在完全中学考试梦里，我经常被考历史，我当时出色地通过了，但

---

① 该段及下一段于 1909 年补充。

却只是因为我那可爱的教授——另一个梦里独眼的佑助者——没有忽略，我交回的考卷上，三个问题中的中间一个用指甲划掉了，以提醒他不该坚持此问题。我的患者之一退出了毕业考试，以后补上了，但后来在军官考试中落第，未成为军官，他告诉我，足够频繁地梦见前面那次、却从未梦见后面那次考试。

考试梦已经用那种困难来对抗解释，我先前曾说明它是多数典型梦的特性。[①] 做梦者供我们支配的联想材料只是难得够用于解释。得从更大系列的例子中收集对此类梦的更佳理解。不久前，我获得了可靠的印象，你的确已经是博士诸如此类，这种反驳不仅掩盖了安慰，而且暗示着指责。这种指责内容就会是：你现在已经这么老了，生活已经到了这一步，还在干这类蠢事、幼稚行为。自我批评与安慰的这种混合会与考试梦的隐性梦境相符。在最后分析过的例子中，如果因“蠢事”与“幼稚行为”的指责指涉重复应受到指摘的性行为，就不再继续瞩目。

对“毕业考试梦”第一种解释源自 W. 斯特克[②]，他所持的意见是，这种梦经常指涉性试验与性成熟。我的经验经常可以证实这点。[③]

---

① 本段出自 1914 年。

② 弗洛伊德于 1925 年补充此段。参见斯特克(《解梦文集》，1909 年，第 464 页与第 471 页)。

③ 在 1909 年与 1911 年的版本中，本章以对其他种类典型梦的探讨结束。从 1914 年起，这种阐述却移至第六章戊节，衔接新纳入的关于梦象征的材料。(参见“编者前言”)

第六章　梦的工作

所有其他迄今为止要了结梦问题的尝试均直接连接在回忆中存在的**显性**梦境，努力从中赢得解梦，或者，如果它们放弃一种解释，就通过揭示梦境来说明其对梦的判断。不过，我们仅面对另一种事态；对我们而言，在梦境与我们的观察结果之间插入一种新的心理材料：通过我们的方法所获**隐性**梦境或者梦意念。从后者中而非从显性梦境中，我们生发出梦的答案。因而，新临近我们的任务是从前没有的，任务是调查显性梦境与隐性梦意念的关系，并探究后者通过哪些过程成了前者。

梦意念与梦境在我们面前，像以两种不同语言对同一内容作两种表现，或者说得更好些，梦境让我们觉得是梦意念转成另一种表达方式，我们要通过比较原文与译文来了解其符号与搭配规律。一旦我们体验了梦意念，我们毫不费力就可以理解它们。梦境仿佛存在于一种图形文字中，其符号可以逐个转成梦意念的语言。如果想按其图画价值而非根据其符号关系来读认这些符号，显然会被引入歧途。比如，我面前有字谜画（画谜）：一幢房屋，其屋顶上可见一条舟，然后是一个单个字母，再是一个奔跑的人物，其头部略去，诸如此类。我就可能无意中做出批评，把这种编排及其组成部分宣布为无意义。一条舟不该在屋顶上，而没有头的一个人不可能奔跑；连人也比房屋大，而如果整体要表现一处风景，则个别字母就不适合，它们的确不会在空旷的自然中出现。显然，只有当我对整体及其细节不提出此类异议，而是努力以一个音节或者一句话来代替一幅图景，依据某种关系可用图形来表现这句话，这时才得出对画谜的正确评价。如此相聚的话语不再是无意义的，而可能得出最美与最富有意义的诗人名言。一幅此类字谜画就是梦，而我们在解梦领域的前人犯了错误，把画谜判断成绘画构图。作为此类构图，画谜让他们觉得无意义、无价值。

甲　压缩工作

探究者在比较梦境与梦意念时会清楚的第一件事是，此处完成了出色的**压缩工作**。较之于梦意念的规模与丰富性，梦不足、贫乏、简洁。梦写下来满半页；包含梦意念的分析需要六、八或十二倍的文字篇幅。对不同的梦而言，比例变化无常；只要我能够控制，它就绝不改变其意义。通常，人们低估了发生的压缩程度，认为曝光的梦意念是完整的材料，而进一步的解释工作可能揭露隐藏在梦后面的新意念。我们已经不得不述及，人们其实从无把握完整解释了一个梦；即使解法显得令人满意、无漏洞，可依旧可能的是，还有别的意义通过同一个梦显示出来。**压缩率**——严格说来——就不可确定。从梦境与梦意念之间的不成比例可以得出结论，成梦时发生对心理材料的充分压缩，人们可能对此论断提出异议，此异议就第一印象而言显得相当吸引人。我们的确如此频繁地有此感受，即我们很多次整夜做梦，后来大多又遗忘了。我们苏醒时回忆的梦，就会只是整个梦工作的残余，如果我们能够恰好完整地回忆梦工作，它可能在规模上会与梦意念等同。在这点上，有一部分肯定是正确的；不可能弄错的观察是，如果苏醒后尝试很快回忆一个梦，它会被最忠实地再现，对梦的回忆傍晚时变得越来越有漏洞。另一部分却可以看出，做过的梦比能够再现的多得多，这种感受相当频繁地基于一种错觉，以后会解释其形成。梦工作中有压缩这种假设还不受梦遗忘这种可能性触动，因为它由大量想象来证明，大量想象属于零星得到保留的梦的部分。如果就记忆而言，确实有一大部分梦丢失，则因此比如通往一个新系列梦意念的通道就对我们保持闭锁。一种无可辩解的期待是，淹没的梦部分同样只会涉及那些意念，我们已经从对得到保留的意念的分析中了解它们。①

鉴于分析梦境的每个单独因素都提供数量过于丰富的闪念，在某些读者处会激起原则性怀疑，人们究竟是否可以把在分析时事后想起来的所有这一切计入梦意念？亦即是否可以假设，所有这些意念在睡眠状态期间已经活动并协助成梦？是否不如说，在分析期间形成新的联想，它们未参与成梦？我只能有条件地同意这种怀疑。各个联想在分析期间才形成，诚然是正确的；但每次都可以确信，此类新的联系只在意念之间建立，后者已经在梦意念中以其他方式结合。②新的联系仿佛是并联、短路，因存在其他更深的连接线路而促成。因为分析时所揭示的意念群占优，不得不承认，它们在成梦时就已经活动，因为如果钻研一连串此类意念，它们似乎在与成梦的关联之外，人们就会突然撞上一种意念，它在梦境中得到代表，对解梦不可或缺，可还无非通过那种意念链才能得到理解。对此要比较例如有关植物学专著的梦，即使我未完全告知对它的分析，它也似乎是一种惊人的压缩成就的结果。

可那该如何想象先于做梦的睡眠期间的心理状态呢？所有梦意念并存，还是它们会相继而过，或者若干同时的思路由随后重合的不同中枢组成？我以为，尚无强迫要对成梦时的心理状态做形象的想象。只是我们别

---

① （1914 年补充）可在众多著作者处找到对梦中压缩的提示。迪·普雷尔在一处表示（《神秘主义哲学》，1885 年，第 85 页），绝对肯定的是，发生过想象系列的一个压缩过程。

② 在后面重新提出此疑问，在第七章甲节最后部分远为详细地探讨。

忘了，事关**潜意识**思维，此过程会容易成为另一个过程，不同于我们在有意的、由意识陪伴的深思时在我们身上所察觉的那个过程。

但成梦基于一种压缩，此事实不可动摇。那这种压缩如何形成呢？

如果考虑，在发现的梦意念中只有最少数通过其想象因素之一在梦中得到代表，就该推断，以**忽略**的途径发生压缩，梦并非梦意念的忠实翻译或者逐点投射，而是对梦意念极其不完整、有漏洞的复述。我们很快会发现，这种认识极有缺陷。不过，我们暂且立足于此，进一步自问：如果只有少数因素从梦意念进入梦境，哪些条件决定对它们的选择呢？

为得到关于此事的启示，就把注意力转向梦境的因素，后者的确必定符合所寻找的条件。一种特别强烈的压缩有助于一个梦的形成，对这种探究而言，这个梦将是最有利的材料。我选择这里，我仍然选用那个关于植物学专著地梦。

一　关于植物学专著的梦

梦境：**我写了关于一种（保持不确定的）植物种类的一本专著。书放在我面前，我恰好翻阅一张折进去的彩图。书册上附订着植物的一份压干样本。**

此梦最瞩目的因素是**植物学专著**。这本专著源自做梦日的印象：在一家书店的一扇橱窗里，我确实看见了一本**关于“仙客来”这个种属的专著**。梦境中没有提及该种属，梦境中只剩余专著及其与植物学的关系。“植物学专著”立即证明其与我曾经写过的**关于可卡因的论文**的关系；由可卡因出发，联想一方面通向纪念文集与在一所大学实验室的某些经过，另一方面通往我的朋友、眼科医生柯尼希施泰因，他参与了可卡因的使用。我与

K 大夫前晚的谈话被打断，对此的回忆继续与他本人相连，还有关于同事之间医疗服务付酬的多种多样的念头。这次谈话就是真正的当前梦激发体；关于仙客来的专著同样是一种当前性，但具有无关紧要的性质；如我所见，梦里的“植物学专著”被证明是日间两种经历之间的**中间共性**，被无关紧要的印象未作变动地吸收，通过丰富的联想关系与心理上意味深长的经历相连。

但不仅组合成的“植物学专著”这一想象，还有其每个因素“植物学的”与“专著”分别通过多重联系越来越深地进入错杂的梦意念。属于“植物学的”有对**盖特讷**教授本人、对其**容光焕发的**妻子、对我那名叫**弗洛拉**的女患者，还有对那名夫人（L 女士）的回忆，关于她，我讲过被遗忘的**花**的故事。盖特讷重新引向实验室并引向与柯尼希施泰因的谈话；属于这次谈话的是提及两名女患者（弗洛拉与 L 女士）。从与花有关的女士处，有一条思路分岔至我妻子**最喜爱的花**，这条思路的另一个起点在日间匆匆看见的专著的标题上。此外，**“植物学的”**让人忆起一段完全中学插曲并忆起大学时光的一次考试，而在那次谈话中触及的一个新话题——我的**爱好**——这个话题，通过我戏谑的所谓**最喜爱的花**——洋蓟——的中介，连接由被遗忘的花出发的意念链；在“洋蓟”后面一方面隐藏着对意大利的回忆[①]，另一方面是对儿童场景的回忆，我以此场景开启我自那时起与书籍变得亲密的关系。**“植物学的”**就是一个真正的结点，有对梦而言众多的思路在其中重合，我可以保证，它们在那次谈话中有充分理由关联起来。在此就处于一种意念工厂中，其中如在织工的杰作中：

踏板激起千条线，

① 此处显然隐射迄今为止尚未提及的梦意念的因素。

梭子掠来掠去，

线不被人看见地流动，

一击打出千种联系。[①]

梦中的“**专著**”又触及两个主题，触及我的学业的片面性并触及我昂贵的爱好。

从这最初的探究中得来印象，“植物学的”与“专著”这些因素之所以被纳入梦境，是因为它们借助多数梦意念能够指明最丰富的接触，也就是表现**接点**，许多梦意念在其中重合，因为在涉及解梦时，梦意念**多义**。也可以对这种解释作为根据的事实作别的表示，于是说：梦境的每个因素都被证明是**多因素决定的**，多次在梦意念中得到代表。

如果我们检验梦的其余组成部分在梦意念中的出现，会获悉更多。我打开的**彩图**，开始一个新主题、同行们对我工作的批评，还开始已经在梦中得到代表的主题、我的爱好，此外还开始儿童回忆，我在其中撕碎一本带彩图的书，**压干的植物标本**触及关于腊叶标本的完全中学经历，特别强调了该回忆。我就看见，梦境与梦意念之间的关系是哪类：不仅梦的因素由梦意念**多重**决定，而且各个梦意念也在梦中由若干因素代表。联想途径由梦的一个因素引向若干梦意念，由一个梦意念引向若干梦境。就是说，成梦并非如此发生，即单个梦意念或者一组此类梦意念为梦境提供近路，然后下一个梦意念提供下一条近路作为代表，就像从一处居民中选出民众代表，而是全体梦意念经受某种处理，此后，得到最多与最佳支持的因素突出自己适合进入梦境，与票选相似。无论我让哪个梦经受类似剖析，我始终发现同样的准则得到证实，即梦因素由全体梦意念形成，每个梦因素

① 歌德《浮士德》，第一部第四场。

似乎在涉及梦意念时受到多重规定。

肯定并非多余的是，借助一个新例子来证明梦境与梦意念的这种关系，这个例子因特别富有艺术性地交织相互关系而出众。梦源自一名患者，因为在封闭的房间中焦虑，我给他治疗。很快会表明，为何我觉得有责任对这个格外有才智的成梦而以如下方式加标题：

二 “一个美梦”

他与一大伙人驶进 X 街，街上有一家简朴的歇息客栈（这不正确）。**客栈房间里在演戏，他忽而是观者，忽而是演员。末了据说得更衣，以再度进城。一部分员工被赶入底层房间，另一部分被赶入二楼的房间。于是发生了争吵。上面的恼怒于下面的还没完，使得他们下不去。他兄弟在上面，他在下面，而他生兄弟的气，这么被催逼**（这部分不清楚）。**另外，到达时就已经确定并划分，谁该在上面，谁该在下面。然后，他独自穿过使 X 街对着城市的高地，就这么艰难地走着，如此费力，使他挪不了窝。一名较年长的先生与他做伴，责骂意大利国王。在高地的尽头，他就走得轻松多了。**

攀登时的不适如此明显，使他苏醒后有一会儿怀疑，是梦还是现实。

根据显性梦境，几乎不能揄扬此梦。我愿意违反常规地从被做梦者称为最明显的那部分开始解梦。

梦见不适并且很可能在梦中感觉到不适，在呼吸困难情况下费力攀登，这是患者几年前确实表现出的病征之一，当时与其他现象一起被与（很可能以癔症伪装的）肺结核联系起来。我们已经从裸露梦里了解这种梦所特有的行走障碍的感觉，在此又发现，它作为随时可备用的材料被用于任何其他表现的目的。梦境的那个部分，它描写攀登起初如何困难，在高地尽头变得轻松，让我在讲述此梦时忆起阿方斯·都德的《萨福》知名的出色引子。在那里，一名年轻人把情人背上台阶，起初轻如鸿毛；但他越往上爬，她压在他臂膀上就越重。而此场景是这种关系经过的样板，通过描写这种关系的经过，都德想提醒青年人，别在出身低微与有可疑往昔的姑娘身上浪费较真诚的倾慕。[①] 尽管我知道，我的患者不久前与剧院里的一名夫人保持过又解除了爱恋关系，我还是不期待会发现我的解释闪念有道理。的确在《**萨福**》中也与梦中**颠倒**；在后者中，开始时攀登困难，后来轻松；在小说中，用于象征的只是，起初掉以轻心之事，最终证明是沉重的负担。令我惊异的是，患者注意到，解释与他前晚在剧院里观看的那出戏的内容很相符。那出戏叫《维也纳周围》，讲述一个姑娘的生平，她起初正派，后来转向半上流社会，与身份高贵的人士建立关系，由此“**高攀**[②]”，最终却越来越“**堕落**[③]”。这出戏也让他想起另一出几年前演过的戏，用《一级级》这个题目，在此戏的预告上，可见由若干梯级组成的**楼梯**。

现在进一步解释。女演员住在 X 街，他与她保持过刚过去的、内涵丰富的关系。这条街上没有客栈。只是，为了取悦这名夫人，夏天时，他有一部分时间在维也纳度过，当时他在附近的一家小旅馆**下榻**。离开旅馆时，他对车夫说：“我庆幸至少没有染上害虫！（还是他的恐惧症之一）”车夫应道：“可怎么能在那里下榻呢！”这的确根本不是旅馆，其实只是**歇息客栈**。

对他而言，立即有对一段引文的回忆与歇息客栈相连：

---

① （1911 年补充）为了评价作家的这种描写，要想想在关于象征的章节中告知的楼梯梦的含义。

② in Die Höhe Kommt，意为向上走，到达高度。——译注

③ Herunterkommt，意为走下来，堕落，潦倒。——译注

“在极其和善的一个店主那里，

我在那里新近做客。”[1]

乌兰德诗中的店主却是一棵**苹果树**。现在第二段引文延续意念链：

浮士德：

（**一边与年轻女子跳舞**）

从前我有一个**美梦**；

那时我看见一棵**苹果树**，

两个俏苹果在上面发亮，

它们撩拨我，**我爬上去**。

美人：

你们渴望小苹果，

而且从天堂就开始。

我觉得被朋友们说服，

连我的园子也结出这类东西。[2]

不可能有丝毫怀疑的是，苹果树与小苹果指什么。美丽的胸脯高高在上，伴以刺激，通过后者，女演员吸引了我那个做梦者。

我们根据分析的关联有各种理由假设，梦溯源于出自童年的一个印象。如果这是正确的，则梦必定涉及现在行将三十岁的这个男子的乳母。对那孩子而言，乳母的胸脯确实是歇息的客栈。乳母既作为都德的萨福出现，

① 乌兰德《漫游者之歌》。

② 歌德，《浮士德》，第一部第 21 幕，瓦普几司之夜。

又作为对不久前离开的情人的影射。

在梦境中，也出现患者的（长）兄，而且此人在**上**，他自己在**下**。这又是现实情况的颠倒，因为据我所知，兄长失去其社会地位，我的患者保有社会地位。做梦者再现梦境时避免说：兄长在上，他自己是“底层”。这会是过于明显的表示，因为在我们这里，如果一个人丧失了财产与地位，就说其是“**底层**”，也就是类似于使用“**潦倒**”时的转义。梦中此处**颠倒地**表现什么，必定有一种意义。颠倒必定也适用于梦意念与梦境之间的另一种关系。会如何实施这种颠倒，对此有暗示。梦的结尾很明显，攀登的情况又与《萨福》中的**颠倒**。于是容易表明，指的是哪种颠倒：在《萨福》中，男子背着与他有性关系的女人；在梦意念中，就**颠倒地**事关一个女人，背着男子，而因为此情况只可能发生在童年，它又指涉受婴儿重压的乳母。梦的结尾也就说中了，要以相同的暗示表现萨福与乳母。

作家选用萨福这个名字，并非与一种女同性恋习惯无关，人在其中**上下**忙碌的梦的片断也就预示有性内容的幻想，后者让做梦者忙碌，作为受抑制的欲望并非与其神经症脱离关系。对实际过程的想象而非回忆如此在梦中得到表现，解梦本身并未表明这点；解梦只给我们提供一种意念内容，听任我们确定其实际价值。现实的与想象出来的事件在此显现——不仅在此，也在创造比梦更重要的心理产物时——起先显现为等值。[①] 兄长无非代表童年场景中通过“回想”而载入的所有后来在女人那里的情敌。通过本身无关紧要的一次新近经历的中介，责骂意大利国王的那名先生的插曲又涉及低等级人员挤入上等社会。似乎要把都德给予小青年的警告与一种类似的、适用于吸奶的孩子的警告相提并论。[②]

---

① 弗洛伊德在此可能暗示他不久前的发现，即在分析神经症患者时，表面上可以揭示幼儿期性创伤，其实常常只是幻想。（参见弗洛伊德，《性在神经症病因学中作用之我见》，1906 年）

② 涉及做梦者乳母的情境具有幻想性质，通过客观查明的情况得到证实，即在此病例中，乳

为准备适用于研究成梦时压缩的第三个例子，我告知对另一个梦的局部分析，一名较年长夫人接受心理分析治疗，我感谢她的这个梦。病人受严重的焦虑状态之苦，与这些焦虑状态相应，她的梦包含过于丰富的性意念材料，获悉此事，起初让她既意外又惊恐。因为我无法解梦到底，梦材料似乎分解成没有明显关联的若干组。

三 “甲虫梦”

梦境：她思忖着，她的一个盒子里有两只金龟子，她得给它们自由。否则，它们会闷死。她打开盒子，甲虫无精打采，一只飞出打开的窗户，而另一只却被窗扇挤伤，而她关窗，像有个人要求她一样（厌恶地表示）。

分析：她丈夫出门旅行了，十四岁的女儿睡在她旁边的床上。小女孩晚上让她注意，有一只蛾落到她的水杯里；她却忘了把它拿出来，早上为可怜的小动物感到惋惜。在其夜晚读物中讲到，男孩如何把猫扔进沸腾的水里，还描述了动物的抽搐。这是两个本身无关紧要的梦诱因。**对动物残暴**的主题让她继续忙碌。几年前，他们夏天住在某个地区时，她女儿对动物很残暴。女儿有意收集蝴蝶，向她要**砒霜**来杀死蝴蝶。一次，一只夜蛾身上穿着针还长久地在室内飞来飞去；另一次，有一些保存用来化蛹的毛虫饿死了。同一个孩子还在小小年纪就惯于扯掉**甲虫**与蝴蝶的翅膀。如今，她会畏惧所有这些残暴的行为，她变得如此好心。

这种矛盾让她忙碌。它让人忆起另一种矛盾、**外表**与信念之间的矛盾，如艾略特在《亚当·比德》中所表现的那样。一个漂亮但虚荣而十分愚蠢的姑娘，还有一个丑陋却高尚的姑娘。引诱蠢丫头的**贵族**，觉得高贵而举止同样如此的工人。无法在人身上看出这点。谁会从**她**身上看出，她被感

母是母亲。我还忆起前面提及的那则逸事中男子的遗憾，没有在其乳母处更好地利用情境，这种遗憾可能是此梦的来源。

官愿望折磨?

小女孩开始收集蝴蝶的同一年，该地区苦于**金龟子**[①]的严重灾害。儿童对甲虫怒气冲天，残暴地**挤伤**它们。她那时看见一个人，扯掉金龟子的翅膀，然后摧残躯干。她本人生于**五月**[②]，也在**五月**结婚。婚礼后三天，她往父母家里写了封信，说她有多幸福。但她绝非如此。

梦前的晚上，她在旧信中翻寻，给其家属朗读若干严肃与滑稽的信件，比如一名钢琴教师至为可笑的信件，她当姑娘时，他对她殷勤，还有一名**贵族**爱慕者的信件。[③]

她自责，一个女儿手里得到莫泊桑的一本坏书。[④]其小女儿要的**砒霜**[⑤]，让她忆起**砒霜丸**[⑥]，它们重新给予(都德的)《富豪》中德莫拉公爵以青春力量。

“**给予自由**”让她想起出自《魔笛》的那一处：

> 我不能强迫你爱，
> 不过我不给你**自由**。[⑦]

“金龟子”还让她想起小卡塔琳娜的话：[⑧]

---

① Maikäfer——译注

② Mai——译注

③ 这是真正的梦激发者。

④ 要补充的是：此类读物对年轻姑娘而言是毒物。她本人在其青年时代从禁书中汲取过许多。

⑤ Arsenik——译注

⑥ Arsenikpillen——译注

⑦ 莫扎特歌剧第一幕终场中萨拉斯特罗对帕米娜所言。

⑧ 克莱斯特的《海尔布隆的小卡塔琳娜》，第四幕第二场。——另一条思路通向同一作家的《彭忒西蕾阿》：对情人残暴。

你真像**甲虫**一样爱上我。

其间是《汤豪泽》:"因为你被**恶欲**附身——"①

她生活在为不在的丈夫的焦虑与担心中。他在旅途中**遇上**什么事，这种恐惧表现在日间众多幻想中。在分析期间，她在其潜意识意念中发现抱怨他"老态龙钟"。如果我讲，梦前几天，在干活时，她突然被针对她丈夫的命令吓一跳：**上吊吧**，此梦所掩盖的愿望意念或许就最好猜了。事情是，她几小时前不知在何处读到，吊死时会出现强烈的勃起。正是对这种勃起的愿望，在这种可怕的伪装下从压抑中归来。"上吊吧"所说的就像"不惜任何代价办到勃起"。《富豪》中詹金大夫的砒霜丸归入此处；但女患者也知晓，最强的催情药、**斑蝥**由**挤压甲虫**做成(所谓西班牙芫菁)。梦境的主要组成部分旨在此意。

开关**窗户**是其与丈夫持久的分歧之一。她本人睡觉嗜好有氧气，丈夫嫌恶氧气。**无精打采**是主要病征，她有权在那些日子里抱怨这种病征。

在全部三个在此告知的梦里，我通过文字强调，何处有梦因素之一在梦意念中再现，以使梦因素中的多重关系一目了然。但因为对这些梦没有一个分析到底，或许值得借助详细告知的分析来深入探讨一个梦，以凭借它证明梦境的多因素决定。我为此选择给伊尔玛注射的梦。我们会凭借这个例子毫不费力地认清，成梦时的压缩工作使用不止一种手段。

梦境的主要人物是女患者伊尔玛，看见她带着与她在生活中相宜的特征，也就是起初表现自我。但我在窗边检查时，她的态度取自对另一人的

① 弗洛伊德在此可能想到由教皇宣布的罚入地狱的起始句子，汤豪泽在瓦格纳的歌剧最后一场中报告了罚入地狱。那句名言其实是："你就这样分享了恶欲。"

回忆，取自一名夫人，梦意念表明，我想把此人与女患者调换。伊尔玛让人看出有白喉苔，由此苔让我为长女担心，她就这样表现了我的这个孩子，在我孩子后面，隐藏着一个因中毒而丧命的女患者，因同名而与之相连。在梦的进一步过程中，伊尔玛个性的意义改变了（而其在梦中为人所见的形象未变）；她变成我们在儿童医院公共诊病室检查的那些孩子之一，此时，我的友人们证明他们精神素质的差别。显然由对我儿童时期女儿的想象居间促成此过渡。通过张嘴时的反抗，同一个伊尔玛成为对另一位曾由我检查的夫人的影射。此外，在同一关联中，影射我自己的妻子。在我于她咽喉中发现的病变中，我还汇集了对一整个系列其他人的影射。

我在追踪“伊尔玛”时遇上的所有这些人在梦中并未亲身出现；他们隐藏在“伊尔玛”这个梦中人身后，后者成为却被赋予充满矛盾的特征的一个集中形象。伊尔玛成为在压缩工作时牺牲的这些其他人的代表，在她身上，我让令我一步步忆起这些人的所有这一切发生。

我也可以以其他方式为了梦压缩而给自己确立一个**集中人物**，我把两个或者若干个人的当前特征合并成一个梦象。如此，我梦中的 M 大夫就形成了。他用 M 大夫这个名字，像他一样说话、行事；其躯体特征与其病痛是另一个人、我长兄的。唯一的特征——苍白的外表，受双重制约，它在现实中是两人的共性。

一个类似的混合人物是我的叔父梦里的 R 大夫。但此处还以其他方式做成梦象。我没有把其中一人所特有的特征与另一人的特征合并起来、为此把对每个人的记忆表象缩减掉某些特征，而是选取了那种做法，高尔顿据此做法制作其家庭画像，即把两幅图片重叠投射，同时强化突出共同特征，不协调的特征彼此消解并在图片中变得不清晰。在叔父梦里，就这样突出**金黄色胡子**，作为出自属于两人的、因而模糊的外貌的强化特征，它还包含对家父与我的影射，由与头发变白的关系居间促成。

确立集中人与混合人是梦压缩的主要工作手段之一，很快会有契机在另一处上下文中论述它。

注射梦中“痢疾”这个闪念同样受多重制约：一方面因为与白喉有语言错乱的同音；另一方面因为涉及被我打发到东方的那名患者，他的癔症被误诊了。

连梦中提及“**丙烯**”也被证明为压缩的一种有趣情况。在梦意念中包含的并非“**丙烯**[①]”，而是“**戊烯**[②]”。人家可能以为，此处，简单的移置在成梦时占据了位置。情况也是这样，不过，正如下面补录对梦分析所表明的那样，这种移置服务于压缩的目的。如果我的注意力在“**丙烯**”一词上再停一瞬间，就会想起与“**柱廊**[③]”一词同音。柱廊却不仅在雅典能看到，也在慕尼黑存在。做梦前一年，我在慕尼黑探望了我那当时重病的友人，因为梦中紧随“丙烯”之后的三**甲胺**[④]而明白无误地提及他。

此处与别处在分析梦时，为了建立意念联系，价值迥异的联想就像等值般地得到利用，我略过这一令人瞩目的情况，而屈服于这种诱惑，要仿佛形象地设想用梦境中的**丙烯**代替梦意念中的**戊烯**时的过程。

此处有我朋友奥托的想象群，他不理解我，认为我没道理，给我斟上发出戊烯味的利口酒；彼处由对立相连的是我的柏林友人（威廉·弗利斯）的想象群，他理解我，会承认我对，我感谢他如此宝贵的告知，还有关于性过程的化学现象的报告。

奥托的想象群组中有什么会特别激发我的注意力，由激发梦的最近诱因决定；**戊烯**属于这些突出的、对梦境而言注定的因素。丰富的想象群“威

---

① Propylen——译注

② Amylen——译注

③ Propyläen——译注

④ Trimethylamin——译注

廉”简直因与奥托的对立而活跃，而那个想象群中的那些因素得到突出，它们听上去像奥托身上已经被激发的因素。在这整个梦里，我的确从激起我的反感的一个人回溯到另一人，我能够按意愿反对后者，我一步步叫朋友反对敌手。比如在奥托那里，戊烯也在另一组群中唤起出自化学范围的回忆；三甲胺得到若干方面支持，进入梦境。连“戊烯”也可能未经变换地进入梦境，它却不受“威廉”这个群组的影响，从该名字覆盖的整个回忆范围里找出一种因素，这种因素可能产生对戊烯的双重决定。对联想而言，接近戊烯的有“丙烯”；从“威廉”范围里，有慕尼黑连同柱廊迎着它而来。在丙烯——柱廊中，两个想象范围相遇。如同通过妥协一般，这种中间因素于是进入梦境。此处创造了一种中间共性，允许多重决定。我们就显而易见，多重决定必定方便渗入梦境。为了这种求中数的目的，毫无疑虑地实施了把注意力从真正所指之事移到在联想中可想而知之事。

对注射梦的研究已经使我们有可能获得对成梦时压缩过程的一些概览。我们可以把选择多次在梦意念中出现的因素、形成新单元（集合人、混合形象）与建立中间共性断定为压缩工作的细节。如果我们想在相互关联中把握成梦时的心理过程，我们先会自问，压缩何用，通过什么要求它。[①] 让我们现在满足于确定梦的压缩是梦意念与梦境之间一种值得注意的关系。

如果梦的压缩工作把话语与名字选作其对象，就会最明显。话语常常被一般的梦当作物一样对待，然后得到与物想象一样的组成。[②] 滑稽与异

---

① 参见后面第七章戊节。

② 弗洛伊德很晚在其关于《潜意识》的文章（1915 年）的结尾几页上探讨过话语想象与物想象之间的关系。

样的词汇创造是此类梦的结果。

（一）

一次，一名同行寄给我一篇他撰写的文章，据我的判断，文中高估了近代的一项生理发现，尤其是以过分的表达方式来论述，紧接着的夜里，我就梦见一个句子，显然涉及这篇论文：“**这真是 norekdaler 的风格**。”对话语产物的分解起初给我造成了困难；毫无疑问，这是对“极大的、庞大的”这些夸张词语的滑稽讽刺式仿造；但它源自何处，说起来不容易。最终，这个怪物被我分成两个名字——娜拉[①]与艾克达尔[②]，出自易卜生的两出知名戏剧[③]。我在梦中就批评过对同一著作者的上一部作品，先前我读到过其关于易卜生的一篇报纸文章。

（二）

我的一名女患者告知我一个短梦，它以无意义的词汇组合结局。她与其丈夫身处农民的庆祝活动中，于是说：“**这会以一种一般的‘Maistollmütz’结束。**”此时在梦中有模糊意念，这是用玉米做的面食、一种玉米饼。分析把该词分解成**玉米**[④]——狂[⑤]——慕男狂[⑥]——奥尔米茨[⑦⑧]，这些片断可以全部让人断定为与其亲戚在餐桌边交谈的残留物。在

① Nora——译注

② Ekdal——译注

③ 在《娜拉》或者《玩偶之家》与《野鸭》中。

④ Mais——译注

⑤ toll——译注

⑥ mannstoll——译注

⑦ Olmütz——译注

⑧ 捷克的奥洛穆茨的旧称。——译注

玉米后面，除了影射刚开幕的周年纪念展览[①]外，还隐藏着这些语词：**迈森**[②]（一种**迈森的**[③]瓷器图形，表现一种鸟）、**英国女教师**[④]（其亲戚中的英国女人前往**奥尔米茨**旅行）、mies（谐谑使用的犹太隐语中厌恶、恶心），而一长串意念与联系从这个词团的每个音节发出。

（三）

一个熟人晚上很迟给一名年轻男子打电话，以递交名片，这名男子在紧接着的夜里做梦：**一名商人晚上很迟等着校准房间电话机。他走了以后，电话机还一直在响铃，并非持续地，而只是零星一下一下地。仆人又把这名男子请来，他说：可真奇怪，连平常 tutelrein 的人也不懂得处理此类事宜。**

正如人们所见，无关紧要的梦诱因只覆盖梦的因素之一。只有它列入做梦者的一次早期经历，它才获得意义，这次经历本身也无关紧要，被其幻想赋予代表性的意义。他还是男童时，与其父居住，他有一次睡意朦胧地把一杯水洒在地上，浸透了房间电话机的缆线，持续的响铃打扰了睡眠中的父亲。因为**持续响铃**与变湿相应，于是，**“零星一下一下”**就被用于表现**“滴落”**。“tutelrein”一词却朝着三个方向分解，以此针对三种在梦意念中有的材料：“Tutel”相当于 Kuratel，意为监护；Tutel（或许是“Tuttel”）是对女性胸部的一种粗俗叫法，而“rein[⑤]”这个组成部分采用房间电话[⑥]的

---

① 正值皇帝弗朗茨·约瑟夫执政 50 年纪念，于 1898 年庆祝。

② Meißen——译注

③ Meißner——译注

④ Miß——译注

⑤ rein，德文意为清洁。——译注

⑥ Zimmertelegraphen——译注

头几个音节以形成“zimmerrein[①]”，这与弄湿地面大有关系，听起来还像做梦者的家庭中有的名字之一。[②]

（四）

我的一个杂乱的梦比较长，以乘船旅行为表面上的中心点，在梦里出现，下一站叫Hearsing，再下一站却叫弗利斯。后者是我在B（柏林）的友人的名字，他常常是我旅行的目的。Hearsing却由我们维也纳郊区路段的名字组合而成，它们如此频繁地以ing结尾：Hietzing、利辛[③]、默德灵[④]（Medelitz，meae deliciae是旧名，也就是“我的喜悦[⑤]”），并由英文Hearsay（听说）组成，这表明诽谤并与日间无关紧要的梦刺激原建立关系，由《飞页》杂志上关于一个造谣中伤的侏儒的一首诗《他说他说过[⑥]》组成。

---

① zimmerrein，德文意为房间清洁。——译注

② 音节的同样分解与复合——真正的音节化学——对我们而言，在清醒时用于多种谐谑。“如何以最便宜的方式获得银？进入一条林荫道，里面立着银白杨Silberpappeln，要求沉默，于是‘Pappeln（闲聊）’停止，而银就释放出来了。”本书的首个读者兼批评者对我提出过异议，后人很可能会重复此异议，“做梦者常常显得过于诙谐”。只要仅涉及做梦者，这就确切，只有要蔓延到解梦者，才会招致指责。在清醒的现实中，我很少能够有资格要求获得“诙谐”这个评价。如果我的梦显得诙谐，则原因不在我本人，而在于那些特有心理条件，梦在那些心理条件下工作，显得诙谐还与关于诙谐和滑稽的理论密切相关。梦变得诙谐，因为对它封闭了通往表达其意念的笔直与最近的途径；它被迫如此。读者可以确信，我的患者的梦造成诙谐（开玩笑者）的印象，程度与我的梦一样并且更高。（1909年补充）无论如何，该指责给了我契机来比较诙谐与梦的工作的技巧，这在1905年出版的《诙谐及其与潜意识的关系》中做过了论述。（尤其在第六章中。——临近该章结尾，弗洛伊德说明，梦的诙谐始终是糟糕的诙谐，他解释了为何必定如此。弗洛伊德在其《入门讲座》第15篇做出相同的论断。上面提及的“首个读者”是弗利斯）

③ Liesing，河名。——译注

④ Mödling——译注

⑤ meine Freud，弗洛伊德名字即为Freud。——译注

⑥ Sagter Hatergesagt——译注

通过结尾音节“ing”与弗利斯[①]这个名字的关系，得到“弗利辛恩[②]”，确实是海上旅行的一站，我兄弟从英国来看望我们时提及它。弗利辛恩的英文名字却是弗卢辛[③]，在英语中意为脸红并使人想起我治疗的有“脸红焦虑”的患者，也让人记起别赫捷列夫[④]最近关于神经症的出版物，它给了我生气感受的诱因。

（五）

另一次，我有一个梦，由两个分别的片断组成。第一个是清晰记起的词“Autodidasker”，另一个与几天前产生的、短而无伤大雅的幻想完全重合，幻想内容是，每当我最近看见N教授，就不禁说：“我上次向您请教过那名患者的状况，他确实只患了神经症，完全如您所猜测的那样。”新构成的“Autodidasker”就不仅得满足要求，即它包含或者代表压缩过的意义，连该意义也得与我清醒时重复的决心有良好关联，要给N教授赔那个礼。

Autodidasker就容易分解成**作者**[⑤]、**自修者**[⑥]与**拉斯克**[⑦]，拉萨尔[⑧]这个名字与其相连。[⑨]这些词的头几个引向——这次是意味深长的——梦的起

---

① Fließ——译注

② Vlissingen，荷兰地名——译注

③ Flushing——译注

④ 弗拉迪米尔·米哈伊洛维奇（1857—1927），俄国精神病科医生、神经病理学家，在巴甫洛夫之外把条件反射概念引入生理学。——译注

⑤ Autor——译注

⑥ Autodidakt——译注

⑦ Lasker——译注

⑧ Lassalle——译注

⑨ 费迪南特·拉萨尔，德国社会民主运动奠基人，1825年生于布雷斯劳，卒于1864年。爱德华·拉斯克（1829—1884），生于布雷斯劳附近的亚罗钦，是德国民族自由党的奠基人之一。两人均为犹太出身。

因：我给我妻子带来了一个知名著作者的若干卷书，我兄弟与他交友，而据我所知，他跟我一样出自同一处（雅·尤·达维德[①]）。一天晚上，她跟我谈论那种深刻的印象，在达维德的一篇小说中，一个潦倒的天才的感人悲伤故事给她以此印象，而我们的谈话随后转向天赋的迹象，我们在我们自己孩子身上察觉到它们。在刚读过的东西的控制下，她表示了涉及孩子们的忧虑，而我安慰她说，恰恰此类危险能通过教养来避开。夜里，我的思路继续着，吸收了我妻子的忧虑，把一切其他事与此交织起来。作家对我兄弟发表了关于结构意见，给我的意念指出了一条岔路，可能导致梦中的表现。此路引向布雷斯劳，一名跟我们交好的女士嫁到那里。毁于女人，这种担心构成我的梦意象的核心，我为这种担心在布雷斯劳找到了拉斯克与拉萨尔这些实例，它们分别代表着女人对男人具有毁灭影响的两种方式。[②]“**找出那个女人**”，其中可以概括这些意念，这句话在别的意义上让我想到尚未结婚的兄弟身上，他叫亚历山大。[③]我就发觉，正如我们缩写名字一样，**亚历克斯**[④]听起来几乎像**拉斯克**调换位置，此因素必定协助把经由布雷斯劳的迂回方向告知我的意念。

我在此起的名字与音节游戏却还包含另一层意义。它对我兄弟来说代表着一种幸福的家庭生活的愿望，而且以如下途径：对我的梦意象而言，艺术家小说《作品》在内容上必定容易想到，众所周知，作家在小说中插入描述自己及自己的家庭幸福，在其中以**桑多**[⑤]的名字出现。很可能他在

---

① 雅阔布·尤利乌斯·达维德（1895—1977），奥地利作家。——译注

② 拉斯克死于进行性麻痹，也就是死于在女人那里得来的传染（梅毒）；正如众所周知的，拉萨尔死于因一名女士的决斗。

③ Alexander——译注

④ Alex——译注

⑤ Sandoz——译注

变换名字时选取了如下途径：**左拉**[1] 颠倒地（像儿童如此惯常愿意做的那样）得出**阿洛兹**[2]。这对他而言可能还过于不加掩饰；因而，同一名字的第三个音节**桑**[3] 就对他代替了音节 Al，音节 Al 也引导亚历山大这个名字，这样，**桑多**就形成了。连我的 Autodidasker 也如此类似地形成。

我对 N 教授讲述，我俩看见的患者只患神经症，我的这种幻想以如下方式入梦。我的工作年度结束前不久，我收治了一个患者，在他身上，我的诊断对我不中用了。可以猜测那是严重的器质性疾病，或许是脊髓病变，但无法证明。如果不是病人如此坚决地否认性病史，诊断为神经症会吸引人，会结束一切困难，没有性病史，我不愿肯定是神经症。尴尬中，我叫那位医生来帮忙，对他这个人我最为尊敬（也像其他人那样），对其权威，我最容易折服。他倾听我的怀疑，称其有理，于是认为："请您继续观察此人，会是神经症。"因为我知道，他不赞同我关于神经症病因的观点，我就克制我的异议，却不隐瞒我不相信。几天后，我告知病人，我对他无从下手，建议他求助于别人。这时，让我至为惊讶的是，他开始请求我原谅，他骗了我；他如此羞惭，就对我披露了恰恰是性病因的这一段，我预计是这部分，我需要它来证明是神经症。这对我是一种轻松，但同时也是一种惭愧；我不得不对自己承认，我的顾问不被对病史的顾及所动，看得更准确。我决心告诉他，如果我再见他，要告诉他，他有理而我无理。

我在梦中做的恰恰就是此事。但如果我承认，我无理，究竟会是什么样的遂愿呢？恰恰这是我的愿望：我希望我的担心错了，或者更确切地说，我希望我妻子还是不对，我在梦意象中吸收了其担心。梦中对或不对所涉及的主题离对梦意象而言确实有趣的主题不远。因女人，其实因性生活的

---

① Zola——译注

② Aloz——译注

③ sand——译注

器质性或者功能性损伤有着这同一种其他途径：脊髓痨进行性麻痹或者神经症，拉萨尔的覆灭种类较宽泛地列入后者。

N教授在此结构稳定的（而且在细致解释时完全显而易见的）梦中起作用，不仅因为这种类似而且因为我还是有不对的愿望——也不因为其与布雷斯劳、与我们嫁到那里的女友的并行关系——而且因为如下小事件，它与我们的诊治相连。他以那种猜测完成医疗任务后，其兴趣转向个人事物。“您现在有几个孩子？”——“六个。”——一种钦佩与疑虑的神情。——“男孩还是女孩？”——“三对三，这是我的骄傲与我的财富。”“那您要注意，女孩的确好办，可男孩们以后在教养上给人惹麻烦。”——我提出异议，他们直到现在依旧相当温顺；显然，关于我的男孩们的未来的这第二项诊断与先前所下的诊断一样，不怎么中我的意，即我的患者只是有神经症。这两个印象也因接近、因经历而在一种特征上相连，而如果我把神经症的故事拿到梦里，我就用它代替关于教养的谈话，后者还显示出与梦意象更多的关联，因为它如此接近地触及我妻子后来表示出来的担心。N关于男孩们身上教养困难的评论可能还是有理，我的这种焦虑就这样进入梦境，它隐藏在对我的愿望的表现后面，即我的此类担心可能无理。这同一幻想未作变动地服务于表现其他可能性的两个对立环节。

马尔齐诺夫斯基（1911年）[①]：“今晨，我在梦醒之间经历了相当漂亮的词语压缩。在大量几乎难以回忆的梦断片过程中，我在某种程度上惊异于一个词，我看见它一半像是写下来、一半像印出来在我眼前。这个词是‘erzefilisch’并且属于一个句子，后者在任何关联之外完全孤立地滑入我有意识的回忆。这个句子是：**‘这对性感受起 erzefilisch 的作用。’**我马上知道，其实应称为‘erzieherisch[②]’，我也几次摇来摆去，是否叫‘erzifilisch’

① 该段于1914年补充。

② erzieherisch 德文意为“在教养、教育方面”。——译注

更准确。此时我想起梅毒这个词，我就伤透脑筋，还在半睡中就开始分析，这大概会如何进入我的梦，因为无论个人还是因为职业关系，我都与此疾病没有任何接触点。于是我想起一个词‘erzehlerisch’，它解释这个 e 并同时解释，我昨天晚上被我们的‘保育员[①]’催促讲讲卖淫问题，而我为了对她并非完全正常发展的情感生活产生影响，在对她就此问题讲了一些以后，确实把黑塞的书《关于卖淫》给了她。现在我豁然开朗，不应取‘梅毒’这个词的字面意义，而是它代表毒物，当然与性生活有关。这个句子翻译过来就完全合乎逻辑：‘通过我的**讲述**[②]，我想**在教育方面**影响我的**保育员**的情感生活，但我担心，同时可能起**毒化**作用。’Erzefilisch 等同于 erzäh（讲述）+（erzieh 教育）。”

梦的词语畸形酷似在偏执狂上为人所知，但在癔症与强迫观念上也不缺乏的词语畸形。儿童的语言艺术[③]，在某些时候确实把话语像对象一样来对待，也发明新的语言与人造的词的搭配，对梦以及对此处的精神神经症而言是共同的来源。

对梦中无意义的构词的分析[④]尤其适合于揭示梦工作的压缩成绩。不能从此处所用的少量选例得出结论，说此类材料难得或者根本只是例外地得到观察。其实，相当常见的是，单是解梦信赖精神分析治疗就有后果，即最少的例子得到说明与告知，大多只有神经症病理学行家可以理解所告知的分析。例如冯·卡尔平斯卡博士的一个梦（1914 年），它包含无意义

---

① Erzieherin——译注

② Erzählung——译注

③ 参见弗洛伊德论诙谐的书第四章（《诙谐及其与潜意识的关系》，1905 年，研习版，第 4 卷，第 113 页与第 118 页及下页）。

④ 此段于 1919 年补充。

的构词“Svingnum elvi”。值得一提的还有这种情况，即梦中出现一个本身并非无含义的词，它却脱离其本义，概括若干其他含义，它与这些其他含义相比就像一个“无意义的”词。在 V. 陶斯克（1913 年）告知的关于一个十岁男童的“范畴”的梦里是这种情况。“范畴”在此意味着女性生殖器而“分类”如同排尿。

在一个梦里出现讲话，此类讲话本身明确有别于意念，彼处被视为无例外的常规的是，梦话源自梦材料中被回忆起来的讲话。讲话的原文或者保持完好无损或者在表达上轻微移置，梦话常常由不同的讲话回忆拼凑而成；此时原文是保持原样之物，意义可能变成多义或者变成其他意义。梦话并非罕见地用作对事件的单纯影射，回忆起来的讲话发生在此事件中。①

乙　移置工作

我们收集梦压缩的例子时，另一种很可能意义不会更少的关系必定已经引起我们注意。我们可能发觉，梦境中作为根本的组成部分而突出自己的因素在梦意象中绝不扮演相同角色。作为相关事物，也可以把这个句子倒过来说。在梦意象中显然是本质内容之物，在梦中根本无须存在。梦仿佛**集中于别处**，梦境围绕作为中心的因素得到排列，不同于梦意念。例如，在关于植物学专著的梦中，梦境的中心点显然是“植物学的”这个因素；

① （1909 年补充）一名患强迫观念的年轻男子还具有正常无损和高度发达的智力机能，在他身上，我不久前发现这种常规的唯一例外。在其梦中出现的讲话，并非源自所听到的或者自己所作讲话，而是符合其强迫观念的未走样的原文，它们在他清醒时略作变动地进入他的意识。在该年轻男子身上涉及“鼠人”、弗洛伊德的一种强迫性神经症的病史中的患者；彼处也有相应的提示（弗洛伊德,《关于强迫神经症一个病例的说明》, 1909 年），离第二节开头（甲）不远。——梦话的问题在很后面得到详细得多的探讨。

在梦意象中，涉及错综复杂与冲突，由同事之间有约束力的服务而产生，进一步涉及指责，说我惯于为我的爱好做出过大的牺牲，而“植物学的”这个因素如果不是由一种对立性松散地相连，它在梦意象的这个核心中根本找不到位置，因为植物学从未在我的至爱研究中有过位置。在我的患者的**萨福**梦里，**上升**与**下降**、在**上**与在**下**成为中心点；梦却事关与**低**等级人员性关系的危险，使得似乎只有梦意象的因素之一进入梦境，该因素却被过分拓宽。类似的是在关于金龟子的梦里，它以性与残忍的关系为主题，虽然残忍这个因素在梦境中再度出现，但在其他种类的联系中并没有提及性生活，也就是脱离关联，由此被改造成异样之事。在叔父梦里，又出现了金黄色胡子，它构成梦的中心点，与成为大人物的愿望没有任何意义关系，我们曾把这些愿望断定为梦意象的核心。此类梦于是很有理由造成一种“**被移置的**”印象。与这些例子完全相反，给伊尔玛注射的梦就显示，成梦时各项要素也可能坚守其在梦意象中的位置。获悉梦意象与梦境之间这种意义完全不稳定的新关系，这首先适合于激起我们的惊奇。如果我们在正常生活的一个心理过程中发现，一种想象取自若干其他的想象，对意识而言，获得特别的清晰性，那我们惯常把此成果看作对此的证明，即得胜的想象应得到特别高的心理价值（某种程度的兴趣）。我们就有经验，对成梦而言，梦意象中各项要素的这种价值没有保持不变或者没有不在考虑之列。的确毫无疑问的是，哪个是梦意象价值最高的要素，我们的判断直接告诉我们。成梦时，这些本质的、带着强烈兴趣得到强调的要素就会被如此对待，似乎它们低值，而在梦中取代它们的是其他要素，在梦意象中肯定低值的那些要素。起先给人的印象是，对梦的选择而言，似乎各种想象的心理强度[①]根本不在考虑之列，而只考虑这些想象或多或少的多方面

① 一种想象的心理强度、价值、兴趣强调当然应保持与感性强度、所想象物的强度相区分。

因素决定。人们可能这样以为，入梦的并非在梦意念中重要之事，而是在它们中一再包含之事；对成梦的理解却不甚受这种假设支持，因为从一开始，人们就不会相信，梦选择时多重因素决定与自身价值这两个因素所起作用会异于同一方向。在梦意念中最重要的那些想象可能也会是在梦意念中最频繁重现的，因为各个梦意念从它们那里发散，就像从中心点发散一样。不过，梦可能拒绝这些得到强调与多方面支持的要素，而把只得到后面那种特性的其他要素纳入其梦境。

为了解决此困难，人们会使用（前一节中）探究梦境的多重因素决定时接受的另一印象。或许某些读过这种研究的读者已经暗自判断，梦要素的多重因素决定并非意味深长的发现，因为它是不言而喻的发现。分析时的确从梦要素出发，记录与它们相连的一切闪念；于是不足为奇的是，在如此获得的意念材料中，特别频繁地重新找到这些要素。我不能同意这种异议，但会谈论甚至听上去与其相似之事：分析曝光了意念，在那些意念中，可以发现许多意念，更加远离梦的核心，好似为某种目的而人工干预。很容易得出这些干预的目的。恰恰这些干预建立一种联系，常常是梦境与梦意念之间一种迫不得已而牵强的联系，而如果把这些要素从分析中剔除，对梦境的组成部分而言，取消的常常不仅是多重因素决定，还有尤其由梦意念来充分决定。我们就会被引向此结论，即赞成梦选择的多重决定可能并非始终是成梦的首要因素，而常常是我们尚不知的心理威力的一个次要结果。尽管如此，多重决定却必定对各要素入梦具有意义，因为我们可以观察到，在并非不经补习地由梦材料产生它之处，以某种消耗确立它。

现在明摆着的闪念就是，在梦的工作上表现出一种心理威力，一方面解除心理上高价值要素的强度，而另一方面**以多重因素决定的途径**用低值要素创造新价值，于是后者进入梦境。倘若此事经过如此，则成梦时发生各要素的**心理强度的移情与移置**，作为其后果，显现出梦境与梦意念的文本差异。我们如此假定的过程简直是梦工作的本质部分：它理应得到**梦移置**这个名称。**梦移置与梦压缩**是两个工长，我们可以主要塑造梦归入其活动。

我想，我们也容易识别表现在梦移置的事实中的心理威力。这种移置的成果是，梦境不再酷似梦意念的核心，梦只再现潜意识中梦愿望的走样。但我们已经知晓梦的走样；我们把它回溯至审查，在情感生活中的一个心理审查机构对另一个实施审查。梦移置是达到这种走样的主要手段之一。Is fecit cui profuit。① 我们可以猜测，因那种审查、灵魂中的抗拒的影响而形成梦移置。②

移置、压缩与多因性这些因素以何方式在成梦时交错生效，哪个成为上位因素，哪个成为次要因素，这点我们将留待以后探究。我们暂且可以作为入梦的要素必须符合的第二个条件来说明的是，**它们脱离了阻抗的审**

① 古老的法律简便规则："他做了从中获益的事。"

② （1909 年补充）因为我可以称我梦观点的核心是把梦的走样溯源至审查，我在此插入林考伊斯那篇小说《一名现实主义者的幻想》的最后部分《做梦如清醒》（维也纳，第 2 版，1900 年，初版 1899 年，我在其中重新寻获我的学说的主要特点）。（参见弗洛伊德，《约瑟夫·波佩尔·林考伊斯与梦的理论》，1923 年与《我与约瑟夫·波佩尔·林考伊斯的切合之处》，1932 年）：

"说到一个人有奇怪的素质，从未梦见无意义之事。"……

"你做梦如清醒这种美妙的素质基于你的美德、你的善良、你的公正、你热爱真理，正是你天性的道德明晰让我明白你身上的一切。"

"但如果我想得对，"另一人应道，"那我就几乎相信，所有人都像我一样，甚至于无人会梦见无意义之事！人们如此清晰地回忆一个梦，能够复述，它就不是高烧性谵妄，总有意义，也根本不可能是别样！因为彼此矛盾之事，的确不可能编成一个整体。时间与空间常常被颠乱，对梦的真正内容而言，根本就什么也没夺走，因为它们两者对梦的本质内容而言肯定无意义。我们的确常常在清醒时也这么做。想想童话，想想如此众多大胆而富有意义的幻想产物，对它们，只有缺乏理解力者才会说：'这不合乎情理！因为这不可能。'"

"但愿人们会永远正确解梦，就像你刚才对我的梦所做的那样！"友人说。

"这当然并非轻松任务，但稍加注意，做梦者本人就必定总会成功地做到。——为何大多不成功呢？似乎在您身上，梦里有隐晦之事、特有种类或者更高种类的不贞、您本质中难以设想的某种隐秘；因而您做梦经常显得没有意义，甚至是不合乎情理。但归根结底完全并非如此；对，根本不可能如此，因为无论清醒还是做梦，总是同一人。"

查。[①] 但我们要从现在起把梦移置作为解梦时毋庸置疑的事实来考虑。

丙　梦的表现手段

在把隐性意念材料转入显性梦境时，我们发现梦**移置**与梦**压缩**这两种因素有效，除了这两种因素，我们在继续这种探究时还将遭遇两项其他条件，它们对入梦材料的选择施加毋庸置疑的影响。在此之前，即使冒着我们似乎在路途上止步的危险，我也想先对解梦的实施过程投以第一瞥。如果我取一个梦作为模式，展开对其的解梦，如我在第二节（章）中在给伊尔玛注射的梦上所表明的那样，然后却把我揭示的梦意念汇集起来，用它们构建成梦，也就是通过对它们的综合来补充对梦的分析，就最容易成功地澄清这些过程并防止其可靠性遭受异议，我对自己不隐瞒这点。我借助若干例子完成了这项工作，对我自己有教益；我却不能把它们纳入此处，因为顾忌用来做这种展示的心理材料而阻止我这么做，那些顾忌多种多样、会被任何蹩脚思考者叫好。分析梦时，这些顾忌不那么干扰，因为分析可以不完整，哪怕它只是深入梦的一部分组织，也保持其价值。对于综合，我所知道的无非是，它要服人，就必须完整。对不为读者所知的这类人的梦，我却只能给出一种完整的综合。但因为只有患者、神经症患者为此给我提供手段，所以对梦的这部分阐述就经历了拖延，直至我——在别处——能够在心理学上澄清神经症，与我们的主题可以建立联系。[②]

用梦意念综合地恢复梦，从我的这些尝试中，我知道，解梦时产生的

① 指明了多因性为首个条件。

② （1909 年补充）我从那时起在《癔症——分析的断片》（1905 年）中提供了对两个梦的完整分析与综合。亦参见弗洛伊德第四节（《幼儿期神经症病史》）中对“狼人”梦的综合。（1914 年补充）奥·兰克的分析《一个自解的梦》（1910 年）必须被承认为对一个较长梦的最完整解释。

材料具有不同的价值。根本的梦意念组成这种材料的一部分，也就是如果对梦没有审查，梦意念会完全代替梦并且足以替代之。人们习惯于把较少的意义归在另一部分的名下。说所有这些意念参与了成梦，人们不注重这种论断，其实，所有这些意念中间可以发现闪念，后者联系梦之后、在做梦与解梦之间的时刻的经历。这部分包括从显性梦境直至隐性梦意象的所有联系途径，但同样包含中介性的与接近的联想，通过后者，在解梦工作期间获悉这些联系途径。[①]

此处，让我们感兴趣的只有本质的梦意念。它们大多揭示自己为意念与回忆的复合体，具有最纠缠不清的结构，带有我们从清醒时所知思路的一切特性。并非罕见的是意念特征，由不止一个中心出发，但不乏触点；几乎有规律的是，除了一条思路外，还有其矛盾的对立面，通过对立联想与它相连。

这个错综复杂的产物的各部分当然处于最多种多样的逻辑关系中。它们构成前景与背景、偏离与解释、条件、论证与异议等关系。如果这些梦意念整群都受制于梦工作的压迫，此时各部分遭歪曲、破碎、堆集，大约就像浮冰，则产生疑问，迄今为止组成结构的逻辑纽带变成什么。哪些表现在梦中经历“如果、因为、仿佛、尽管、或者……或者”与所有其他介词？[②] 没有这些介词，我们不可能理解句子与话语。

对此，首先必须回答，梦没有表现手段可以支配来用于梦意念中的这些逻辑关系。它多半对所有这些介词不予考虑，只汲取梦意念的实际内容来处理。[③] 依旧听任解梦重建梦工作所毁灭的关联。

如果梦缺乏表现能力，原因必定在于梦在其中得到处理的心理材料。

---

① 现有形式的最后三句（始于“另一部分”）出自1919年。

② 弗洛伊德在此、也在后面其实指的是连词（连接词）。

③ 可在后面找到对该论断的限制。

与可以使用话语的诗艺相比，造型艺术、绘画和雕塑确实处于一种类似的限制中，而此处不能的缘故也必定在于材料，两种艺术通过对材料的处理来追求表达些什么。在绘画认识到对其有效的表达规律之前，它还努力弥补这种不利。人们在旧画上让所绘人物的口中露出小字条，后者作为文字带来话语，画家绝望地在图画中表现话语。

或许此处会提出异议，否认梦放弃对逻辑关系的表现。的确有的梦里发生最错综复杂的精神行动，说明理由与反驳、开玩笑与比较，就像在清醒思考时一样。只是此处表象也骗人；如果深入解释此类梦，会获悉，这一切都是**梦材料**，**并非对梦中智力工作的表现**。梦意念的**内容**通过梦的表面思考而再现，并非**梦意念彼此的关系**，思维在于确定这种关系。我会为此提供例子。最轻松的却是断言，在梦中出现并明确被这样称谓的所有讲话都是未作变动的那些讲话或者只是对那些讲话稍做修正的复制，在梦材料的回忆中同样可以发现那些讲话。讲话经常只是影射包含在梦意念中的一起事件；梦的意义是截然不同的一种意义。

然而，我不会否认，即使批评性的思维工作并非简单地重复出自梦意念的材料，也参与了成梦。我将不得不在此探讨的末尾阐明该因素的影响。于是会表明，并非通过梦意念，而是通过在某种意义上已经完成的梦而引起这种思维工作。（参见本章末节）

梦意念之间的逻辑关系在梦中得不到特别的表现，情况就暂时依旧如此。例如在梦中发现矛盾之处，彼处或者是对梦的矛盾或者是出自另一种梦意念的内容的矛盾；梦中矛盾只以极其间接传递的方式与梦意念**之间**的矛盾相应。

但正如绘画最终成功地至少对所表现的人物的讲话意图、柔情、威胁、警告诸如此类做了表达，而不是通过飘动的字条，对梦而言，也产生了可能性，通过对特有的梦表现作相关修正，把顾忌转向其梦意念之间各种逻辑关系。人们可能有经验，在这种顾忌中，不同的梦到的地步不同；一个梦完全超越其材料的逻辑架构，另一个试图尽可能完整地表明。梦在这一点上或多或少远离摆在它面前待处理的文本。如果在潜意识中建立起梦意念的**时间**架构（如在给伊尔玛注射的梦中），梦对这样一种架构也差不多变化无常。

但梦工作能够通过哪些手段表明梦材料中难以表现的关系？我会尝试逐一列举。

首先，梦会在整体上正确评价梦意念所有部分之间不可否认地存在的关联，它把这种材料汇集于一种概括中作为情境或者过程。它把**逻辑关联**再现为**同时性**，它在其中行事类似于画家，后者把所有哲学家或者作家排列于雅典或者帕纳塞斯的一所学校的图画上，他们从未在一个大厅或者一座山峰上聚集过，却可能因思考性观察构成一个共同体。[①]

梦详尽延续了这种表现方式。每当梦显示两个要素邻近，它就保证它们在梦意念中的相应物之间有一种特别密切的关联。正如在我们的文字系统中：ab 意味着，两个字母得用一个音节发音。a 与 b 在一个空隙后，a 被断定为一个词的最后一个字母，而 b 被断定为另一个词的首个字母。[②]据此，梦的组合并非由梦材料的完全不同类的任意组成部分构成，而是由即使在梦意念中也处于较密切关联中的这类组成部分构成。

要表现**因果关系**，梦有两种行事方式，本质上导致相同的结果。如果

---

① 梵蒂冈里拉斐尔的湿壁画。

② 弗洛伊德喜欢使用的一个比喻。他在前面并在第一节中间“多拉”的病史（《癔症分析断片》，1905 年，研习版，第 6 卷，第 115 页）中使用之。它可能取自歌德的诗《艰难进入森林中的灌木丛》，其中出现该图景。

梦意念为：因为这事如此这般，就必定发生这事那事，则较为常见的表现方式在于，把从句当作前面的梦提出来，然后附上主句当作主要的梦。如果我解释得恰当，时间顺序也可以颠倒。梦得到较宽泛阐释的那个部分始终与主句相应。

有一次，一名女患者给我提供过这样表现因果性的一个好例子，我以后会完整告知她的梦。此梦由一个简短的前奏与一个相当详尽的梦片断组成，这个片断高度集中，大约可以冠以“万花丛中”之名。前面的梦内容：**她进厨房走向两个女仆，指责她们对付不了“一点饭食”。此时，她看见许多等待擦干的粗糙厨房器皿倒翻在厨房里，而且堆叠着。两个女仆去取水，一边不得不像跨入一条河里，这条河一直伸展到房屋边或者院子里。**

然后跟着主要的梦，它这样开始：**她从高处下来，越过形状奇特的栏杆，庆幸她的连衣裙没在那里挂住**等等。前面的梦就涉及这位女士父母的家。她大概经常从她母亲那里听到过厨房里的那些话。大量粗糙的器皿源自一家简单的器皿商店，这家商店位于同一幢房屋里。梦的另一部分包含对父亲的影射，他跟女仆们多有瓜葛，后来在发大水时——房屋邻近河岸——得了致命的伤风。前面这个梦后面隐藏的意念就是：因为我出自这座房屋，出自如此小气而令人不快的环境。主要的梦重拾同一意念，将其带入因遂愿而转变的形式：我具有高贵的出身。其实就是：因为我出身如此低微，我的生平如此这般。

据我所见，梦分为两个不等的片断，并非每次都意味着两片断的意念之间有因果关系。常常似乎会在两个梦里从不同视角来表现同一材料；无疑[①]，这适用于以遗精收场的一夜之间的梦系列，夜里，躯体需求强求不断明确的表达。或者两个梦从梦材料各自的中心出现，在内容上彼此重叠，

① 该句的后一半于 1914 年补充。还在后面提及并详细探讨此问题。一夜与同一夜所梦见的梦的整个主题在后面得到处理。

使得一个梦里的中心在另一个梦里作为暗示起配合作用并且反之亦然。在某种数量的梦里，分裂成较短的前面的梦与较长的后面的梦，却意味着两个片断之间确实有因果关系。因果关系的另一种表现方式在不那么广泛的材料上得到应用，其内容在于，梦中的一幅图景，无论一个人的还是一件物的图景，都变成另一幅图景。只有我们在梦中看见这种转变发生之处，会郑重声称因果关联；并非在我们只是察觉代替一事现在来了另一事之处。我说过，表现因果关系的两种行事方式导致同一结果。在两种情况下，通过一种**相继**来表现**引起**：一次通过梦的接续，另一次通过一幅图景直接转变成另一幅。在绝大多数情况下，因果关系却根本得不到表现，而是属于在梦过程中不可避免的要素相继。

梦根本无法表达“或者——或者”这种二者择一；它惯于平等般地把这种二者择一的环节纳入一种关联中。给伊尔玛注射的梦中就包含了对此的一个经典例子。在这个梦的隐性梦意念中显然意味着：我在伊尔玛持续疼痛上是无辜的；责任**或者**在她抗拒接受解决办法，**或者**在于，她生活于我无法改变的不利的性条件下，**或者**其疼痛根本不是癔症性的，而是器质性的。梦却完成所有这些几乎相互排斥的可能性，对给梦愿望增添第四种此类解决方案不反感。我就在解梦后把这种或者——或者用到梦意念的关联中。

但在再现梦时，讲述者想使用或者——或者之处：或者是一座园子，或者是一间居室等，在梦意念中出现的绝非一种二者择一，而是一种“和”的关系、一种简单的排列。我们大多借助或者——或者描写一个梦要素上尚可消除的模糊性。适用于此情况的解梦规则是：表面上二者择一的各环节可以彼此等同，通过“和”联系起来。例如我较长时间徒劳地等待我那在意大利逗留的友人（弗利斯）的地址之后，梦见我接到电报，告知我这个地址。我看见地址用蓝色印刷字体写在电报的长字条上：

第一个词模糊。

也许是经过[①]，或者别墅[②]。

或者甚至（住宅）[③]。

第二个词清晰：Sezerno

第二个词听上去像意大利名字，让我想起我们的词源学谈话，也表示我的气恼，他如此长久地在我面前对其逗留地保密；但对第一个词的三重建议的每个环节都可以在分析时断定为意念链接的独立、平等的出发点。

在家父葬礼的前夜，我梦见一块印字的牌子、一张招贴画或者布告纸——大约如铁路候车室里宣布禁烟的牌子，上面可以读到的或者是：

人家请求闭上眼，

或者 **人家请求闭上一只眼，**

我习惯于以如下方式来表现：

人家请求闭上眼$\frac{\text{双}}{\text{一只}}$眼

两个版本中的每一个都具有特殊意义，在解梦中引向特殊的途径。我尽可能简单地选择了礼仪，因为我知道，逝者对此类活动的想法是怎样的。其他的家人却不同意如此清教徒式的简单；他们以为，会不禁在丧礼来宾面前羞愧。因而，梦的一个字句请求，“闭上一只眼”，亦即宽容。我们用“或者——或者”描写的模糊性的含义在此特别容易把握。梦工作没有成功

---

① via——译注

② Villa——译注

③ Casa，意大利文，意为房子、房屋、住宅。——译注

地为梦意念建立一种统一的、但后来模棱两可的字句。这样，两个主要意念特征在梦境上就彼此分离。[①] 在一些情况下，梦两分成两个同样大小的片断，表示难以表现的二者择一。

最为引人注目的是梦对**对立**与**矛盾**这个范畴的态度。矛盾简直被忽略了，对梦而言，"不"似乎不存在。[②] 对立被带着特别的偏爱集合成一个统一体或者在一件事中得到表现。梦的确也擅自通过其愿望的对立来表现任意一个要素，使得人起先不知能有对立物的要素，它是正面还是负面地包含在梦意念中。[③] 在上次提及的一个梦里，我们已经解释过其前置句（"因为我是这样的出身"），做梦的女人跨下栏杆，手里拿着一根开花的枝条。因为她由这幅图景想起，在圣母玛丽亚领报的图画上，天使如何手持百合茎，白衣小姑娘如何在基督圣体节行列仪式时行进，而街道被饰以绿枝，所以梦中开花的枝条完全肯定是影射性贞洁。枝条却密布**红**花，每朵都与茶花相似。梦中继续说，她走到尽头，花已经相当凋零；然后跟着不会明白无误的对月经的影射。这样，同一根枝条，像一朵百合那样被拿着并且像由一名贞洁的少女拿着，同时是对《茶花女》的一种影射，正如人所共知的，茶花女始终戴着一朵白色茶花，在经期却戴一朵红的。同一根开花枝条（歌德《磨坊女的背叛》中关于磨坊女的歌曲中"少女之花"）表现性贞

① 弗洛伊德在 1896 年 11 月 2 日致弗利斯的一封信中就报告了此梦（参见弗洛伊德，《精神分析肇始》，1950 年，信件第 50 号。）彼处却说明在葬礼之后的夜里梦到此梦。

② 可在后面找到对该论断的限制。

③ （1911 年补充）从 K. 阿贝尔的一篇论文《原始话语的相反意义》（1884 年）（参见我的评论，《论原始话语的相反意义》，1910 年），我获悉令人吃惊、也由其他语言研究者证实的事实，最古老的语言在这点上与梦的表现完全相似。它们开始只有一句话用于一个质量——或者活动系列的尽头的两种对立（强弱、老幼、远近、分合），只是间接地通过对共同原始话语的轻微修正才并构成分别的名称用于两种对立。阿贝尔在很大程度上证明了古埃及语中这些状况，也指出了在闪米特语和印度日耳曼语言中相同发展的明显残余。

洁，亦表现其反面。同一个梦也是表达喜悦，她成功地不受玷污地经历生活，这个梦在若干处（如在花凋零处）也透出对立的思路，她犯下了违反性纯洁的若干罪孽（也就是童年时）。我们可以在分析梦时明显区分两种思路，其中安慰性的思路显得肤浅，充满指责的思路显得更深刻，它们彼此直接背道而驰，其相同却对立的要素通过相同的梦要素得到表现。[①]

成梦机制在最高程度上让逻辑关系中唯一一种逻辑关系得益。这是相似、协调一致、切合的关系，也就是**"如同"**的关系，其他任何关系都没有像它那样在梦中能够以最多种多样的手段得到表现。[②] 梦材料中存在的屏蔽或者"如同"的情况的确是成梦最先的支撑点，而梦工作的一处并非微不足道的片断在于，如果现在的屏蔽因为阻抗审查而不能入梦，就创造新的此类屏蔽。梦工作的压缩努力帮助表现相似关系。

通过集合成一个**统一体**，梦对**相似、协调一致、共性**加以普遍表现，这个统一体或者在梦材料中已经被发现或者重新构成。前一种情况，可以称为**认同**，第二种可以称为**混合构成**。涉及人员时，认同得到应用；在物成为汇集的材料之处，也还是由人员建立混合构成。对待地方常常对待像人员一样。

认同在于，只有一个因共性而相连的人员在梦境中得到表现，而对梦而言，第二个或者其他人员似乎受压抑。这个屏蔽性的人员却在梦中进入由其或者由那些被屏蔽人员所引出的所有关系与情境。在包括人员的混合构成上，梦象中已经有特征，为人员所特有但并非共有，通过汇集这些特征肯定出现一个新的统一体、一个混合人。可以由不同途径形成混合本身。或者梦中人具有其关联人之一的名字——我们于是以类似于清醒时所知的一种方式得知，指的是这个或者那个人，而视觉特征属于另一人；或者梦

① 此梦在下面得到完整的报告。

② （1914 年补充）比较亚里士多德对解梦者资格的评论。

象本身由现实中分布在两人身上的视觉特征组成。不通过视觉特征，第二人的部分也可以通过人家归在其名下的表情、人家让其说的话或者人家将其置于其中的情境来代表。在后一种标记方式上，认同与混合人构成之间的鲜明差异开始消散。① 但也可能出现的是，没有成功地形成这样一个混合人。于是梦的场景被归在一个人名下，而另一人——通常更重要——作为以前无动于衷地在场者同时走入。比如，做梦者讲述：家母也在（斯特克）。梦境的这样一种要素就可以与象形文字的限定词相比，后者并非用来发音，而用于解释另一种符号。

共性表明把两人集于一体是正确的、亦即促成此事，这种共性可能在梦中得到表现或者缺乏。通常，认同或者混合人的构成同样用于避免表现这种共性。不是重复：A 对我有敌意，B 也是，我在梦中用 A 和 B 构成一个混合人或者我想象 A 处于不同的行动中，它为我们刻画 B 的特性。这样获得的梦中人在梦中以某种新的联系迎向我，而他既意味着 A 也意味着 B，我就从该事态中获得了资格，把两者的共性、即与我的敌对关系用到解梦的相关地方。以此类方式，我经常达到对梦境完全异乎寻常的压缩；我可以避免直接表现与一个人关联的相当错综复杂的情况，如果我在此人之外又发现另一人，他有同样的资格获得这些关系的一部分。容易理解的是，通过认同，这种表现也在什么程度上可以用于回避阻抗审查，阻抗审查把梦工作置于如此严厉的条件之下。审查的起因可能恰恰在于材料中与一个人相连的那些想象；我就发现第二个人，他同样与受指摘的材料有关，但只与一部分材料有关。在那个并非无审查的要点上的切合现在给我了权利，去构成一个混合人，无关紧要的特征朝着双方面刻画了此人。这种混合人或者认同人就作为无审查而适合纳入梦境，而我通过应用梦压缩而满足了

① 关于混合人的主题，亦参见前面。——下面三句于 1911 年补充。该段末句于 1914 年补充。——“认同”在该段显然在不同于前面的意义上得到探讨。

梦审查的要求。

在梦中也有两人的一种共性得到表现之处，在彼处，这通常是一种提示，要寻找另一种被掩盖的共性，通过审查使对其的表现变得不可能。此处，在某种程度上为了可表现性而发生涉及共性的移置。梦里对我显示具有一种无关紧要共性的混合人，由此，我该推断出梦意念中另一种绝非无关紧要的共性。

据此，认同或者混合人的构成在梦中服务于不同目的，首先服务于表现两人的一种共性，其次服务于表现一种**被移置的**共性，其三，还为了表示只是**所希望的**共性。因为期待两人之间的共性常常与**混淆**两人重合，所以，在梦中也通过认同来表示这种关系。我在给伊尔玛注射的梦中希望，把该患者与另一人调换，也就是希望另一人会是我的患者，正如这一个是我的患者一样；梦考虑了这种愿望，它给我显示叫伊尔玛的一个人，她却以一种姿态接受检查，我只在另一人身上有机会看见过这种姿态。在叔父梦里，这种混淆成为梦的中心点；我认同自己为部长，不比他更好地对待我、评判我的同事们。

有一种经验，对此我没有发现例外，即每个梦都对待本人。梦绝对是利己主义的。[①] 梦境中并非我的自我，而只是一个陌生人出现之处，我就可以放心假设，我的自我通过认同而隐藏在那个人身后。我可以补充我的自我。我的自我在梦中显现的其他时候，自我所处的情境对我表明，通过认同，在自我后面隐藏着另一个人。梦就会提醒我，在解梦时要把附在此人身上的东西、被掩盖的共性转到我身上。也有些梦，其中我的自我连同其他人出现，他们通过解除认同又揭穿自己是我的自我。我就该借助这种认同把某些想象与我的自我汇集，审查反对接纳这些想象。我就可以在一

---

① （1925 年补充）对此参见前面的注释。

个梦里多次表现我的自我，一次直接，另一次借助与生人认同。借助若干此类认同，可以压缩非同一般丰富的意念材料。[①]自身的自我多次并且在不同地方的包含在一个有意识的意念中或者包含在其他关系中，与之相比，自身的自我在一个梦里多次出现或者以不同的形态露面，其实不会更加令人诧异，例如在这个句子中：如果**我**想到，**我**曾是怎样健康的孩子。[②]

比起在人员上，认同的解除在以专名表示的地方上安排得更加透明，因为此处取消了因在梦中占优势的自我的干扰。在我的一个罗马梦里，我所处的地点叫罗马；我却惊异于一个街角德文招贴画的数量。后者是一种遂愿，对此，我马上想起布拉格；愿望本身可能源自如今已经跨越的青年时期的德意志民族主义阶段。[③]在我做梦的时光前后，预计在布拉格与我的友人（弗利斯）会见；把罗马与布拉格认同就由一种所希望的共性来解释；我宁愿在罗马而非布拉格碰到我的友人，为这次会面把罗马与布拉格调换。

创造混合构成，这种可能性首先在那些特征中，后者如此频繁地赋予梦以一种非凡的印记。通过这些特征，把从未可能成为知觉对象的要素引入梦境。梦中混合构成的心理过程显然是同一个，好像我们在清醒时想象或者仿造一个半人半马的怪物或者龙。差异只在于，在清醒时的非凡创造上，想要的新产物的印象本身是权威性的，而梦的混合构成由在其形态之外的一种因素、梦意念中的共性决定。可以用极多种多样的方式实施梦的混合构成。在最无艺术技巧的实施中，只表现一个事物的特性，而这种表现伴以一种知识，即它也适用于另一客体。一种较细致的技巧把一个及另

---

① 如果我怀疑，我该在梦中出现的哪个人身后寻找我的自我，我就遵守如下规则：有人梦中受制于我作为睡眠者感觉到的一种情绪，此人掩盖了我的自我。

② 此句（从“自身的自我……”起）于 1925 年补充。

③ 参见前面的“革命梦”。

一个客体汇集成一幅新图景，一边灵巧地使用，例如在现实中存在的两个客体之间的相似性。根据组成时材料与才智所促成的情况而定，新构成之事可能完全荒唐或者甚至显得成功非凡。如果要压缩成一个统一体的这些客体实在太不同类，则梦工作常常满足于创造具有一个较明显核心的混合产物，给该核心附上较不明确的规定。汇集成一幅图景在此仿佛不成功；两种表现彼此覆盖，产生出某事如同视觉图像的一种竞争。如果想展示用独特的知觉图像构成一个概念，可能获得一幅图画中类似的表现。

当然梦中充斥着此类混合产物；在迄今为止分析过的梦里，我已经告知过一些例子；我就补充些别的。在前面的梦里，梦“通过花”或者“委婉地”描写女患者的生平，梦——自我手里拿着一根开花的枝条，如我们所获悉的，枝条同时意味着贞洁与性罪错。通过花的状态，枝条还让人想起**樱桃**花；花本身单独来说是**茶花**，外加整体还造成一种**异国情调的**植物的印象。由梦意念产生这个混合产物要素上的共性。开花的枝条由对馈赠的影射组成，通过馈赠，她被打动或者会被打动，表示满意。所以在童年是**樱桃**，在以后的岁月里是**茶花**梗；**异国情调**影射一名游历广泛的自然研究者，他想以一幅花的图画博得她的好感。另一名女患者在梦中给自己创造了一件中间物，由海滨浴场的**浴场更衣室**、乡间**户外厕所**间与我们城里住房的**阁楼间**组成。对前两个要素而言，与人的赤裸与裸露的关系是共同的；从用第三个要素组成可以推断，（在其童年）连阁楼间也是裸露的场所。一个做梦者[①]给自己创造了一个混合地点，由两个做“治疗”的地方组成，由我的诊病室和他在其中最初结识其妻子的公共场所组成。一名少女在哥哥允诺赠给她鱼子酱后，梦见这个哥哥的腿**布满黑色鱼子酱泡**。道德意义上的“**传染**”与对童年一次**斑疹**的回忆，斑疹让双腿显得布满**红色**而非黑色

---

① 此句于 1909 年补充。

小点，这些要素在此与**鱼子酱泡**汇集成一个新概念——“**她从其哥哥处得到什么**”的概念。人身的部分在此梦中像客体一样得到对待，正如在其他梦中也一样。在费伦茨所告知的一个梦里(《对梦的精神分析》, 1910 年)①，出现一个混合产物，由一名**医生**本人与一**匹**马组成，还穿着**睡衣**。睡衣被断定为影射一个童年场景中做梦女人的父亲之后，这三个组成部分的共性由分析产生。在所有这三种情况下，都涉及她性好奇的对象。她是儿童时，经常被其保姆带入军马场，她在那里有机会尽情满足其——那时尚未受阻的——好奇。

我刚才断言过，梦没有手段来非表达矛盾关系、对立关系、“不”。我着手首次反驳这种论断。②一部分可以概括为“对立”的情况干脆通过认同得到表现，正如我们所见，也就是如果一种调换、代替能够与对比相连。对此，我们一再提及例子。梦意念中另一部分对立大约属于“**颠倒、相反**”范畴，在梦中以如下奇怪、几乎可称为滑稽的方式得到表现。“颠倒”并非单独进入梦境，而是由此在梦材料中表示其存在，即已经构成的梦境中一个出于其他原因而明摆着的片断——仿佛事后——被**颠倒**。说明此过程要比描写它容易些。在“**上下**”的美梦里，对攀登的梦表现与梦意念中的蓝本颠倒，即都德的《萨福》的引子场景；梦中先难后易，而在攀登的场景中先容易，后来变得越来越难。连涉及兄弟的“上”与“下”在梦中也被颠倒地表现。这表明颠倒或者对立的一种关系，存在于梦意象材料的两个片断之间，我们在其中发现它，即在做梦者的童年幻想中，他由其乳母背着，与小说中主人公背着情人相反。连我关于歌德攻击 M 先生的梦也包含这样一种“颠倒”，在能够获得解梦之前，必须先矫正这种颠倒。梦中，歌德

---

① 该段的结尾于 1911 年补充。

② 弗洛伊德在后面再次反驳这种论断。

攻击一名年轻人 M 先生；现实中，正如梦意念所包含的那样，一位著名人物、我的友人（弗利斯），受到一个不知名的年轻著作者攻击。梦中，我估计歌德的死亡日期；现实中，由麻痹症患者的出生年份开始计算。梦材料中权威性的意念作为与此的矛盾而产生，即该这样对待歌德，似乎他是疯子。反之，梦说，如果你不理解此书，你就是弱智，而非著作者。在关于颠倒的所有这些梦里，我觉得还包含涉及轻视的说法（“**背**向某人”）（**萨福**梦中涉及兄弟的颠倒）。还值得注意的是[①]，恰恰在注入受压抑的同性恋冲动的梦中多么频繁地使用颠倒。

颠倒[②]、变成反面，还是梦工作最受喜爱、能够最多方面使用的表现手段之一。它起先服务于，顶着梦意念的一个特定要素使遂愿获得影响。要是颠倒就好了！经常最佳地表达了自我对一部分难堪回忆的关系。变得特别珍贵的却是颠倒服务于审查，颠倒在一种程度上完成对有待表现者的歪曲，这种程度起先简直使对梦的理解瘫痪。因此，如果一个梦顽固拒绝其意义，人就可以每次敢于尝试颠倒显性梦境的特定片断，随即，并非罕见地，一切都变得清楚了。

除了内容上的颠倒，不可忽视时间上的颠倒。梦歪曲的一种较常见技巧在于，把事件的结局或者思路的结论表现成梦的开头，在梦的尽头增补结论的前提或者事情的原因。有谁未想到过梦歪曲的这种技术手段，就无计可施地面对解梦的任务。[③]

---

① 此句于 1911 年补充。

② 该段与下一段于 1909 年补充。

③（1909 年补充）癔症发作有时使用时间上颠倒的这同一种技巧，以对目睹者掩盖这种发作的意义。例如，一名癔症少女在一次发作时会表现一部小说，她在铁路上一次偶遇后在潜意识中幻想过。有关者如何被她的美足所吸引，在她读书时与她攀谈，于是她如何跟他交游，经历暴风骤雨般的爱恋场景。她的发作以通过身体抽搐表现这种爱恋场景开始（此时嘴唇活动代表亲吻、臂膀交叉代表拥抱），接着，她赶入另一房间，坐到椅子上，提起连衣裙，以展示脚，做得好像她在读一本书，跟我攀谈（给我回答）。（在弗洛伊德《癔症发作一般原理》（研习版，第

的确，在某些情况下，只有根据不同关系，在梦境上实施了多重颠倒，才得到梦的意义。例如，在一个年轻的强迫性神经症患者的梦中，幼儿期对所敬畏的父亲的死亡愿望隐藏在如下字句后面：**他父亲骂他，因为他这么晚回家**。不过，心理分析治疗的关联与做梦者的闪念就证明，起先内容必定是：**他对父亲生气**，然后，对他来说，父亲无论如何**过早**（亦即过快）回家。他会宁愿父亲根本不回家，这与针对父亲的死亡愿望同一。因为做梦者是小男孩时，在父亲较长时间不在时对另一人犯了性攻击，被罚以威胁：那好，等到父亲回来！

如果想进一步追踪梦境与梦意念之间的关系，现在就最好把梦本身当作出发点，对自己提问，在涉及梦意念时，梦表现的某些形式特征意味着什么。这些形式特征在梦中必定引起我们注意，属于它们的主要有各个梦产物在感性强度上的差异与各个梦局部或者全部梦相互比较在清晰性上的差异。各个梦产物在强度上的差异包括一整套标尺，从特征的鲜明度直到一种令人恼怒的模糊性，即使不能担保——人们也倾向于让特征的鲜明度超越现实的鲜明度，宣布模糊性是梦的典型特征，因为它其实与我们偶然在现实客体上面察觉到的任何程度的不清晰性都无法完全相提并论。通常，我们还把我们从一个不清晰的梦对象处接受的印象称为“仓促”，而我们认为较清晰的梦象即使经过较长时间也经得起知觉。那问题就是，通过梦材料中的哪些条件，招致梦境各片断在生动性上的这些差异。

在此，首先得应对某些期待，它们如同不可避免地出现。因为睡眠期间的真实感觉也可能属于梦的材料，人家很可能假设，这些感觉或者由它们引出的梦要素在梦境中因特别强度而突出，或者反之，在梦中特别生动

6 卷，第 200 页）中也报告过此病例）（1914 年补充）对此，参见阿特米多鲁斯的评语：“阐释梦故事时，必须一次从始向终，另一次由终向始着眼……”

之事，将可以追溯到此类现实的睡眠感觉。我的经验却从未证实过这点。梦的要素、在睡眠期间现实印象（神经刺激）的衍生物，在其他源自回忆的要素前因生动性而出众，这不正确。就梦象的强度限定而言，现实性的因素失落了。

此外，人们可能坚持期待，即各梦象的感性强度（生动性）与梦意念中跟梦象相应的要素的心理强度有关系。在后者中，强度与心理价值重合；最强的要素无非是最意味深长的要素，构成梦意念的中心点。现在我们虽然知道，恰恰这些要素因为审查而大多未被纳入梦境。但还可能的是，它们的那些代表它们的最亲近的衍生物在梦中聚集了较高的强度，而它们不必因此构成梦表现的中枢。然而，通过对梦与梦材料作比较性观照，连这种期待也被摧毁。此间的要素强度与彼处的要素强度没有瓜葛；在梦材料与梦之间确实发生完全的“**一切心理价值的重估**”[①]。恰恰在匆匆飘散、被更浓烈的图景掩盖的梦的一个要素中，常常可以独一无二地发现在梦意念中过度占优之事的一个直接衍生物。

梦的要素的强度表现为由其他因素决定，而且由两种互不依赖的因素来决定。首先，容易看到，那些因素被特别强烈地表现，通过它们表达出遂愿。然后，分析却表明，连多数思路也从最生动的梦的要素出发，最生动的同时是最佳被决定的。如果我们以下列形式说出上一个经验地获得的句子：显示出最大强度的是梦的那些要素，其形成要求最尽力地**压缩工作**，意思不变。我们就可以期待，也可以用唯一的套话来表达该条件与遂愿的另一条件。

我现在讲述的这个问题、各个梦要素强度或者清楚性大小的原因，我

① 影射尼采攻击基督教的著名主题。

想防止它与另一个问题混淆，后者涉及整个梦或者梦的部分的不同清晰性。彼处有清晰性的对立面：模糊性，此处杂乱无章。然而，明白无误的是，在两种标尺中，质量的升降相伴出现。让我们觉得不清晰的梦的一个局部大多包含强烈的要素；一个不清晰的梦正相反，由不怎么强烈的要素组成。不过，一个问题呈现从似乎清晰直至不清晰——杂乱无章的各种标尺，这个问题远比梦要素的生动性波动问题错综复杂；的确，出于以后要列举的缘故，前者在此还避开了探讨。在个案中，人们不无惊异地发觉，从一个梦接受的清晰或者不清晰的印象，对梦的架构根本不意味着什么，而是源自作为梦架构一个组成部分的梦材料。比如，我就回忆起一个梦，苏醒后让我觉得配合得特别好、完整无缺、清晰，使我还在睡意朦胧时就打算允许关于那些梦的一个新范畴，那些梦并未受制于压缩与移置机制，而是可以被称为“睡眠期间的幻想”。更详细的考察表明，这个稀有的梦与任何别的梦在其架构上表现出相同的裂纹与裂缝；我因此又放弃了梦想象的范畴。[①] 压缩过的梦境却是，我对我的友人（弗利斯）陈述双性恋的一种麻烦而久受青睐的理论，而这种理论（在梦中尚未得到告知）让我们觉得清晰与完备无缺，梦的遂愿力量要对此承担责任。那就是说，我觉得是对完成的梦的判断，是一个片断，而且是梦境的本质片断。梦的工作在此仿佛介入最初清醒的思维，对我转达梦材料的那个片断作为对梦的**判断**，梦的工作未成功地在梦中详细表现此片断。[②] 我曾在一名女患者身上经历过对此的一个完全配对物，她起初根本不愿讲述一个应该分析的梦，“因为它如此不清晰、杂乱无章”，经过一再抗议她的描述的可靠性，她终于说梦中出现若干人，她、她丈夫与她父亲，似乎她不知，她丈夫是她父亲，还是到底谁是她父亲，或者类似之事。把此梦与她治疗时的闪念汇集起来表明

---

① （1930 年补充）我至今不知，是否有理。

② 该主题在后面得到更详细的探讨。

无疑的是，事关一名女仆相当平凡的故事，后者不得不承认怀了孩子，现在听人怀疑，“究竟谁是（孩子的）父亲”。[①] 梦所显示出来的不清晰性，在此也就是出自激发梦的材料的一个片断。该梦境的一个片断以梦的**形式**得到表现。**梦的形式或者做梦的形式以全然令人意外的频度被用于表现被掩盖的内容。**[②]

对梦的评注、对梦似乎无伤大雅的评论常常用于以最精巧的方式掩饰被梦见之事的片断，而它们其实还是泄露了后者。例如，如果一个做梦者表示：此处梦**模糊了**，而分析表明对窥听一个人的一种幼儿期记忆恢复，此人排粪后净身。或者在值得告知的另一种情况下，一个年轻人有一个很清晰的梦，使其想起依旧清醒的其儿时的幻想：晚间，他身处一个夏季旅馆，弄错了房号，进了一个房间，里面有一位较年长的夫人及其两个女儿在解衣上床。他继续道：**“于是梦中有一些漏洞，那里缺点什么**，最终房间里有一个男人，他想把我赶出去，我不禁跟他扭打起来。”他徒劳地回忆那种孩子气的幻想的内容与意图，梦显然影射这种想象。但最终人们会注意到，已经通过关于梦的不清晰之处的表示而给出了所寻找的内容。“漏洞”是正在上床的女人们的生殖器孔：“那里缺点什么”描写女性生殖器的主要特征。在那些年轻岁月里，他因要看看女性生殖器这种求知欲而焦躁不安，还倾向于拘执于把阴茎归在女人名下这种幼儿期性理论。

另一个做梦者的类似记忆恢复以十分相似的形式表达出来。[③] 他梦见：**我跟 K 小姐走进大众花园餐馆**……然后来了一个模糊点、一处中断……**然后我身处一个妓院客厅，看见里面有两三个女人，一个穿着衬衫和短裤。**

分析：K 小姐是他先前老板的女儿，正如他自己承认的，是他妹妹的

① 伴发癔症病征：这些病人月经不来及情绪不佳、皮肤疾病（此梦在后面讨论）。

② 末句于 1909 年补充，下一段于 1911 年补充。

③ 该段与下面两段于 1914 年补充。

替代品。他只有很少的机会跟她说话，但一次，他们之间发生了谈话，其中“仿佛人认清自己的性别，似乎会说：我是男人，你是女人”。在所说的餐馆，他只有一次由其妹夫的妹妹、一个姑娘陪同，对他来说，后者无足轻重。另一次，他陪同有三名夫人的一伙人直至该餐馆的入口。夫人们是他妹妹、他的嫂嫂和已经提及的他妹夫的妹妹，对他来说，全部三个人极其无关紧要，但所有三人都属于姐妹之列。他只是很难得寻访妓院，一生中或许有两三次。

解梦依托梦中的“**模糊处**”“**中断**”并断言，在孩子气的求知欲中，他有几次，然而只是很难得检视过比他小几岁的妹妹的生殖器。几天后，出现对由梦暗示的无良行为的清醒回忆。

根据内容，同一夜全部的梦都属于相同的整体；把它们分成若干片断，其分组与数量，所有这些都富有意义，可以理解成出自梦的隐意的一部分告知。[①] 在解释由若干主要片断组成的梦或者尤其是属于同一夜的这类梦时，也不能忘记这种可能性，即这些不同的、相继的梦意味着同一件事，它们表达不同材料中的相同冲动。这些同源的梦中，时间上先行的就常常是更为走样、谨慎的，后继的是较放肆与较清晰的。

约瑟夫所解释的圣经里法老梦见谷穗与母牛的梦就是这一类。它在约瑟夫斯[②]《犹太古代史》第二编第 5 章与第 6 章那里比在圣经里得到更详细的报告。国王讲述了第一个梦后，说：“第一个梦之后，我不安地醒来，深思着，这个梦大概会意味着什么，不过逐渐又入睡了，就有了一个还要奇

---

① 此句于 1909 年补充。该段的其余部分以及下面三段于 1911 年补充。——弗洛伊德在其《精神分析入门讲座新系列》第 29 篇中再次处理该主题（1933 年，研习版，第 1 卷，第 468 页及下页）。

② 弗拉维厄奥·约瑟夫斯（37/38—100），犹太历史学家。——译注

异的梦，更加把我置于恐惧与困惑中。”聆听了对梦的讲述后，约瑟夫说：“哦，国王，从迹象看，你的梦可能是一个双重梦，不过两个幻境仅有一种含义。”

荣格在其《谣言心理学论稿》(1910年)中讲述过，一名在学女孩隐蔽的性梦被其女友们不经解释地理解了，略做改动地继续下去，他对这些梦的叙述之一评论道：“一长系列梦象的最终意念正好包含已经在这个系列的第一幅图景中试图表现之事。审查就通过一再更新的象征性掩饰、移置、转入无伤大雅等来尽可能长久地移走这个情结。”(《谣言心理学论稿》，第87页)舍尔讷很了解梦表现的这种特性，依据其关于器官刺激的学说，将这种特性描写成一种特殊规律(《梦的寿命》1861年，第166页)：“最终，幻想却在所有由特定神经刺激开始的象征性成梦中观察到普遍有效的规律，即在梦开始时，幻想只用对刺激客体最遥远与最自由的勾画来描摹，最终却在如画的遗精穷尽之处把刺激本身、或者说所涉及的器官或者其机能置于赤裸中，这样，梦自己标明了其器官性诱因，就到达其尾声……”

奥托·兰克在其论文《一个自解的梦》(1910年)中对这条舍尔讷的规律提供了出色的证实。他在彼处告知一个在学女孩的梦由一夜里两个时间上也是分开的梦组成，其中第二个以遗精结束。这个遗精梦使人有可能在很大程度上放弃做梦者的贡献，而细致入微地解梦，而两个梦境之间丰富的关系促成人认清，第一个梦谨慎表现的与第二个梦一样，使得后者、遗精梦帮助人完全澄清前一个梦。兰克由此例子出发，很有道理地探讨遗精梦对一般做梦理论的意义。

把梦的清晰性或者含混性重新解释为梦材料中的可靠性或者疑惑，据我的经验，人却只在很少情况下有此类能力。我以后会揭示迄今为止尚未提及的成梦时的因素，梦的这种质量等级根本上取决于该因素的作用。

有些梦进一步记录某处情境或者场景，在这些梦中出现中断，常以如下话语来描写：“后来却似乎同时是另一个地点，而在那里，发生这个那个。”以此类方式中断梦的主要情节，一会儿之后又可能继续，在梦材料中，中断梦的主要情节之事被证明是一个从句，是一个插入的意念。梦意念中的条件在梦中由同时性来表现（如果——何时）。

如此频繁地在梦中显现的运动受抑制的感觉意味着什么？它如此近乎焦虑。人家想走而动不了窝，想做点什么而不断遇上障碍。火车要开动，而人家赶不上；人家抬手以报复受辱，而手不中用等。我们已经在裸露梦里遭遇这种梦中感觉，却尚未尝试认真解释这些梦。睡眠中存在运动麻痹，因所提及的感觉而使人注意，这样回答方便却不充分。我们可以问：那为何不持续梦见此类受抑制的运动？而且我们可以预料，这种在睡眠中随时可以招致的感觉服务于某些表现的目的，只会通过梦材料存在的对这种表现的需求而唤起。

一事无成在梦中并非总是作为感觉，也干脆作为梦境的一部分而出现。我认为这样一种情况特别适合于对我们澄清这种梦必备品的意义。我会简略告知一个梦，我在其中好像被指不诚实。**地点是一家私人疗养所与若干其他场所的混合。一名仆人出现了，叫我去检查。梦中，我知道，丢失了什么，实行检查是因为怀疑我把遗失之物占为己有**。分析显示，检查应做两解，包括医学检查。**意识到我的无辜和我在这座楼里的会诊医师职能，我平静地跟仆人走。在一扇门边，另一名仆人迎接我们，指向我说：“您把他带来了，他的确是个正派人。”我就不带仆人，走进里面有机器的一个大厅，让我忆起带有其地狱般的惩罚任务的一个下界。在一台器械旁，我看见一名同事被夹着，他本该有万般理由关心我；他却不理会我。那就意味**

着，我现在可以走了。这时我找不到我的帽子，还是走不了。

我被承认为老实人，可以走了，这显然是梦的遂愿；在梦意念中，就必定存在各种材料，包含对此的异议。我可以走，是赦免我的信号；可见，如果梦最终带来一个事件，阻止我走，那大概容易推测，通过这一特征让受抑制的反对材料发挥作用。我找不到帽子，就意味着：你还不是老实人。梦的一事无成是一种**反对的表示**——一种“**不**”，据此就可以纠正先前的论断，即梦无力表示不。①

其他梦含有未完成的活动，不仅作为情境，而且作为感觉，在这些梦里，比起有一种相反意志抗拒它的一种意志来，通过活动受抑制的感觉更强烈地表示同样的反对。活动受抑制的感觉就构成**意志冲突**。我们以后会听说，恰恰睡眠中的运动麻痹属于做梦期间心理过程的基础条件。转到运动轨道上的冲动就无异于意志，而且我们肯定，睡眠中会把此冲动感受为受抑制，这样就完全使整个过程适合于表现**意欲**和与它对抗的“**不**”。按照我对焦虑的解释，也容易把握，意志受抑制的感觉如此接近焦虑，在梦中如此频繁地与它相连。焦虑是一种力比多冲动，由潜意识发出，受前意识抑制。②梦中抑制感与焦虑相连之处，必定事关一种意欲，它曾有能力生发力比多，事关一种性冲动。

---

① 通过如下中介作完整分析得出与童年经历的关系：——摩尔人尽了他的义务，摩尔人可以走了（用得着就让人干，用不着就打发人走——译注。）（席勒，《菲耶斯科》，第三幕第 4 场）于是就有诙谐谜语：摩尔人尽义务时多大？一岁，然后他就会走了。（据说我把如此多乱蓬蓬的黑发带到世上，使得年轻的母亲宣布我是摩尔人）——我找不到帽子，是多义使用的日间经历。我们那个在保管上很有天才的家庭女仆把它藏起来了。——这个梦结局后面，也隐含着拒绝悲哀的死亡意念：我还远未尽我的义务；我不能走。——生死如同不久前出现的关于歌德和麻痹病人的梦中一样。

② （1930 年补充）该句不再经得起较新的认识。

频繁在做梦期间出现的断语“这的确只是个梦”意味着什么[①]，应把它归在哪种心理力量名下？我会在别处探讨。我在此先说，它会服务于对所梦见之事的贬值。如果某一内容在梦本身中被称为“梦见”，由此表示什么，对这个近在眼前的有趣问题、“梦中梦”之谜，W. 斯特克(《解梦文集》，1909 年，第 459 页以下）通过分析一些令人信服的例子在类似的意义上解决了。梦“所梦见之事”又会贬值，被剥夺其现实性；从“梦中梦”苏醒之后继续梦见之事，梦愿望愿意让它代替抹去的现实。那就可以假设，**“梦见之事”**包含对现实的表现、确实的回忆，而延续的梦与之相反，包含对单纯由做梦者所愿之事的表现。把某项内容包括进一个“梦中梦”就可以等同于那种愿望，即如此被称为梦之事本不该发生。换言之：[②] 如果一个特定事件被梦工作本身置于一个梦中，这就意味着决定性地证实此事件现实性、对其最强烈的**肯定**。梦工作把做梦本身用作拒绝的一种形式，以此证明这种认识，即梦是遂愿。[③]

丁　顾及可表现性

我们迄今为止探究了梦如何表现梦意念之间的关系，却多次追溯到进一步的主题，即为了成梦的目的，梦材料究竟经历何种变化。我们就知道，梦材料被剥夺其大部分关系，遭受压缩，而同时其要素之间的强度移置迫使在心理上重估这种材料。我们所顾及的移置被证明是一种特定想象通过另一种与其在联想上以某种方式接近的想象来代替，而这些移置服务于压缩，以此类方式，不是两个要素，而是它们之间一种中间共性被接纳入梦。

---

① 此段（除了倒数第二句以及末句的一部分）于 1911 年补充。

② 此句的后半句于 1919 年补充。

③ 此句的后半部分，“拒绝”之后于 1919 年补充。

我们尚未提及另一类移置。从分析中却获悉，存在这样一类移置，它显示于对所涉及的意念**调换语言表达**。两次均涉及顺着一条联想链的移置，但同样的过程发生于不同的心理领域，而这种移置的结果是，有一次一种要素被另一种替换，而在另一种情况中，一个要素用其**措辞**调换另一种措辞。

成梦时出现的这第二种移置不仅具有巨大的理论益处，而且特别适合澄清幻想的荒诞性这种表象，梦以此来伪装自己。移置通常朝着那个方向发生，即梦意念的一种单调与抽象的表示换取一种形象与具体的表示。这种替代的益处、进而意图显而易见。对梦而言，形象**有表现能力**，可以插入这样一个情境，在那里，抽象的表示会给梦表现造成类似的困难，如同一篇政治社论给一张插图报纸造成的困难一样。但在这种交换中不仅可以获得可表现性，还可以赢得压缩与审查的益处。如果抽象表示无用的梦意念转型成一种形象的语言，则在这种新的表示与剩余梦材料之间比先前更容易产生切合与同一性，梦工作需要它们，在它们不存在之处创造它们，因为在任何语言中，具体的术语依据其发展都比抽象术语更富有联系。可以设想，成梦试图把分开的梦意念缩减到梦中尽可能简洁与统一的表示，以此方式、通过对各意念适当的语言转型而产生成梦时的一大部分中间工作。一个意念的表示也许出于其他缘故而确定，此时该意念分派性地并且选择性地影响另一意念的可能性，而这或许从头就开始，类似于在诗人创作时。如果要产生带韵的一首诗，第二行诗韵就受制于两个条件；它必须表达与其相宜的意义，而其表达必须找到与首行诗韵相同的音。最佳的诗大概是人家在其中未发觉寻找韵脚的意图，而是两个意念从一开始通过相互归纳而选择语言表达，这种表达可以借助轻松的事后处理而产生同音。

在一些情况下，调换表达还以较简洁的途径服务于梦压缩，它让人发现一种词语搭配，后者模棱两可地允许表达一个以上的梦意念。双关诙谐语的整个领域就服务于梦工作。不该惊讶于成梦时由话语所承担的角色。

话语作为多重想象的结点，可以说是前定的多义性，而神经症（强迫观念、恐惧症）与梦一样，大胆利用话语为了压缩与伪装而如此提供的益处。①很容易指明，在表达移置时，梦歪曲也一同得利。如果不是设定两个单义的词语，而是设定一个模棱两可的词，那的确误导人，而一种形象的表达方式替代日常平淡的表达方式妨碍了我们的理解，尤其因为梦从不表明，应在字面上还是在转义上来解释它带来的要素，会直接还是通过插入的惯用语的中介而涉及梦材料。②一般在解释任何梦要素时都成问题的是：

甲、应在正面还是负面意义上来看待它（对立关系）；

乙、是否应历史性地解释它（作为记忆恢复）；

丙、是否应该用象征手法利用它；

丁、是否应从原文出发来利用它。

尽管有这种多面性，还是可以说，梦工作所作表现**的确无意得到理解**，相信这种表现给解译者造成的困难并不大于象形文字书写者给其读者造成的困难。

只是通过表达的模棱两可性才把梦中表现集中起来，我已经列举过若干例子（注射梦中“嘴张得很开”，上一个梦中“我可不能走”等）。我会告知一个梦，分析此梦时，抽象意念的形象化起着较大的作用。总还可以清晰确定此类解梦与借助象征解梦的差异。用象征手法解梦时，由解梦者任

① （1909年补充）《诙谐及其与潜意识的关系》，1905年（尤其是第六章后面几部分），还有解开神经症病征时的“语言桥”。（例如见于弗洛伊德，《癔症分析断片》，1905年，研习版，第6卷，第157页以下，第二节末尾对“朵拉”第一个梦的综合，此时，弗洛伊德也说“变换”，还有弗洛伊德《关于一个强迫神经症病例的评论》，1909年，第一节中解开“鼠人”的老鼠——强迫观念）

② 该段的剩余部分于1909年补充。

意选择象征化表达的关键。在我们关于语言伪装的病例中，这些关键众所周知，由确定的语言练习提供。如果在恰当时机拥有适当念头，哪怕不依赖做梦者的说明，也可以完全或者片断性地解开此类梦。

与我交好的一位夫人梦见：**她身处歌剧院中。那是一场瓦格纳——作品演出，持续至早晨七点三刻。池座和底层上有桌子，桌上有人在用膳、宴饮。她那刚从结婚旅行归家的堂（表）兄弟连同其年轻的妻子坐在这样一张桌旁；他们旁边是一位贵族。据说年轻的妻子在结婚旅行时把此人带过来，很公开，就像结婚旅行时戴一顶帽子。池座中间有一座高塔，上面有一个平台，被一圈铁栅栏围住。那上面高处是带有汉斯·里希特**[1]**特征的指挥；他不断在其栅栏后面跑来跑去，汗出得吓人，从这个位置指挥下面围着塔基安排的乐队。她本人与一名**（我知晓的）**女友坐在一个包厢里。她妹妹想从池座里给她递上一大块炭，她可不曾知道，会持续这么久，现在想必冻得可怜。（似乎包厢在长时间的演出期间必须供暖）**

尽管梦还轻松达到一种情境，此梦可能足够悖理了。池座中间有塔楼，指挥由此指挥乐队；主要却是妹妹给她递上来的炭！我有意不要求分析此梦；凭借对做梦者个人关系的一些了解，我成功地独立解释梦的片断。我知道，她对一名音乐家多有好感，后者的生涯因精神疾病而提前中断。我就决定，对池座中的塔楼做**字面**理解。于是结果显示出，她希望看到代替汉斯·里希特的那个男子**远远**[2]高出乐队的其他成员。应把该塔楼称为**经由同位语的一个混合产物**；它以其下部结构表现该男子的伟大，以上面的栅栏表现他以后的命运，他在栅栏后面像犯人或者像笼中动物（影射不幸

① 汉斯·里希特（1843—1916），德国指挥家。——译注

② turmhoch，原义为像塔一样高。——译注

者的名字)[①]跑来跑去。“愚人塔”就该是这个词，两种意念可以在其中重合。

如此揭示梦的表现方式后，可以尝试用相同的秘诀解开第二件表面上的荒唐事，妹妹递给她炭这件荒唐事。“炭”想必意味着“暗恋”。

没有**火**，没有**炭**
能燃烧得如此炽热
如同**暗恋一般**
无人知晓。[②]

她本人及其女友**干坐着**[③]；还有望结婚的妹妹给她递上炭，“因为她可不曾知道，**会持续这么久**”。什么会持续这么久，梦中没说。在梦中，我们可以单独着眼于这个句子，宣布它模棱两可并且补充上“直至她结婚”。“暗恋”这种解释就会通过提及连同其妻坐在池座中的堂（表）兄弟来支持，并且通过给后者捏造的**公开的情事**得到支持。暗恋与公开的爱之间、她的爱火与年轻妻子的冷淡之间的对立支配着这个梦。这里跟那里一样还有个“高人”作为贵族与可以寄予厚望的音乐家之间的分词。[④]

凭借前面的探讨，我们终于揭示了第三个因素[⑤]，其在梦意念变成梦境中的份额不可低估：**顾及梦所使用的独特的心理材料中的可表现性**，也就是大多用视觉图像。在与根本的梦意念的若干次要联系中，偏爱那种允许视觉表现的，而梦工作不辞辛苦，例如先把干巴巴的意念重塑成另一种语

---

① （1925年补充）胡戈·沃尔夫（Hugo Wolf狼）。——译注。

② 民歌。

③ sitzen bleiben，德文亦指待字闺中。——译注

④ 此梦中荒谬因素在后面得到评论。

⑤ 前两种是压缩与移置。

言形式，只要这种形式促成表现并如此终结思维卡壳这种心理窘境，哪怕这种形式也是比较不同寻常的。这种把意念内容出空至另一种形式却可能同时服务于压缩工作，创建与另一意念的关系，这些关系在其他情况下不会存在。这另一意念可能例如甚至为了迎合而事先改变了其最初的表达方式。

海尔伯特·西尔伯勒（《关于唤起并观察某些象征性幻觉现象的一种方法的报告》，1909 年）[①] 指明了一条道路，如何能够直接观察成梦时发生的意念转成图像，进而孤立地研究梦工作的这一因素。如果他在疲劳与睡意朦胧的状况下强制自己思考，就会常常发生意念溜走，而出现一幅图像，他于其中就可以识别意念的替代品。西尔伯勒不尽相宜地称此替代品为"自我象征性"替代品。我在此再现出自西尔伯勒文章中的一些例子（出处同上，第 519 页至第 522 页），因为观察到的现象的某些特性，我还会在别处回到这些例子上来。

"**例 1.** 我想着，我计划修改一篇文章中不通顺的一处。

"**象征**：我看见自己刨平一块木头。"

"**例 5.** 我试图想象我正打算从事的某些形而上学研究的目的。我这样设想，该目的在于，在寻求存在根据时，钻研越来越高的意识形式或者存在层次。

"**象征：** 我带着一把长刀奔到一只蛋糕下面，像要取一块。

"**解梦：** 我带着刀运动意味着所说的"钻研"……对象征根据的解释如下：用餐时，切、上蛋糕偶尔由我承担，这是我用一把可弯的长刀来做的一件事，需要细致。尤其是干净利落地取出切好的蛋糕与某些困难相连；

---

① 该段与紧接着的西尔伯勒的引言于 1914 年补充。

必须小心地把刀子插到相关部分**下面**（缓慢的‘钻研’，以获得根据）。但图像中还有更多的象征。象征中的蛋糕就是焦糖花式蛋糕，也就是切刀通过若干**层**要钻入的蛋糕（意识与思维的层次）。”

“**例子 9**．我在思路中失去线索。我努力重新发现它，却不禁认清，我完全失落连接点。

“**象征**：一块排好的版，最后一行掉落了。”

鉴于诙谐语、引言、歌曲与成语在有教养者的思想生活中所起的作用，如果此类伪装会极其频繁地被用于表现梦意念，就会完全符合预期。例如，梦中每辆装满不同蔬菜的车意味着什么？这是“杂乱无章”、也就是“乱七八糟”的相反愿望，据此意味着“无序”。我感到惊异，人家只有一次对我告知过这个梦。[①] 只就少量材料而言，根据众所周知的影射与词语替换，形成了一种普遍有效的梦象征。这种象征的很大一部分还为梦与精神神经症、传说和民间风俗所共有。[②] 的确，如果看得仔细些，就不禁认清，凭借此类替代，梦工作根本未完成任何独特之事。为达到其目的，在此情况下是为了达到无审查的可表现性，它就只走它在潜意识的思维中发现已经开辟的道路，它偏爱对受压抑的材料的那些转换，它们作为玩笑与影射也可以被意识到，借助它们，神经症患者的所有幻想得到满足。此处就忽然呈现出对舍尔讷解梦的一种理解，我在别处为这些解梦的正确核心辩护过。对自己身体的幻想活动绝非梦独有或者表示其特征。我的分析对我表明，它在神经症患者的潜意识思维中是有规律的事件，溯源于性的好奇，对正在长成的少年或者少女而言，成为性好奇内容的是异性的生殖器，但也会是同性的。但正如舍尔讷（《梦的寿命》，1861 年）与伏尔盖特（《梦幻想》，

---

① （1925 年补充）我确实未再遇见过这种表现，使得我在解梦的合理性上变得糊涂了。

② 梦象征这个主题在下一节得到更详细的探讨。

1875年）正确强调的，房屋并非用于象征身体方面的唯一想象范围——在梦中与在神经症的潜意识想象中都不怎么是这种想象范围。我认识那些患者，他们却保留了身体与生殖器的建筑构造象征（可性的兴趣还是远超过外生殖器范围），对他们而言，支柱和间柱意味着腿（如同《雅歌》中一样），每扇大门让他们想起一个体孔（“洞”），每条水管让他们想起泌尿器官等。但人家同样愿意选择植物生命或者厨房这种想象范围以掩盖性的景象；[①] 在前一种情况下，语言惯用法反映了最古老时代幻想比较，它做了充裕的准备工作(《雅歌》中主[②]的“葡萄园”、“种子[③]”、姑娘的“园地”)。在表面上无伤大雅地对厨房里事务的影射中，可以想到、梦见性生活最丑恶与最隐秘的细节，而如果忘了，性象征可能隐藏在作为性生活最佳藏匿处的常见事物与不招眼事物后面，癔症的症状特征就变得简直不可解释。具有充分性意味的是，神经症儿童不愿看见血与生肉，遇到蛋与面条就呕吐，在神经症患者身上，人对蛇的天然恐惧得到异乎寻常的加剧，在神经症使用此类掩饰的任何地方，它走的是全人类曾经在古老的文化周期中走过的道路，如今还有语言惯用法、迷信与习俗证明存在这些道路，即使那些路稍有湮没。

我在此插入预告过的一个女患者的花梦，我在其中强调可在性方面作解释的一切。经解释后，这个美梦根本就再也不让做梦者满意。

甲、前面的梦：**她进厨房走向两个姑娘，指责她们对付不了“一点饭食”。此时，她看见有如此多倒翻的厨房器皿要擦干，粗糙的厨房器皿堆叠着。**后来补充：**两个姑娘去取水，一边不得不像跨入一条河里，这条河**

---

① （1914年补充）对此的丰富证明材料见于爱德华·福克斯的三册增补卷（《插图风俗史》，1909—1912年）。

② Herr，指上帝。——译注

③ Samen，亦指精液。——译注

一直伸展到房屋边或者院子里。[①]

乙、主梦[②]：**她从高处下来**[③]**，越过奇特的栏杆或者栅栏，它们联合成巨大的方形图案，由小正方形格子结构组成。**[④] **其实并非为攀爬而建；她总是担心要给她的脚找到位置，庆幸她的连衣裙攀爬时没挂在哪里，庆幸她行走时保持如此体面。**[⑤] **她一边手里拿着一根大树枝**[⑥]**，其实如同拿着一棵树，树密布红花，分杈展开。**[⑦] **此时有樱桃花这个念头，它们看起来却也像重瓣的茶花，后者当然不长在树上。走下来时，她先遇上一个人、然后突然有两个，后来又有一个。**[⑧] **她到下面时，下面的花已经差不多落叶了。到了下面，她就看见一名家仆，他给同样那么一棵树，她想说——梳理，就是说拉扯着木头那么厚的发束，像苔藓由树上垂下来。其他工人把这样的树枝从园子里砍下，扔到街上，它们乱放着，许多人拿了一些。她却问，这是否合适，是否人们也可以拿一根。**[⑨] **园子里站着一个年轻人**（她知晓的一个人、一个外人），**她走向他，要问他如何能把这样的树枝移栽到她自己的园子里。**[⑩] **他拥抱她，对此，她反抗并问他，他想起什么，究竟为什么这样拥抱她。他说，这并非不当，这是允许的。**[⑪] **他于是声明愿**

---

① 对这个应作“因果”来看待的前梦的解释见前面。

② 其生平。

③ 高贵的出身，与前面的梦相反的愿望。

④ 混合产物，联合两个地点，父宅的所谓顶楼，她在上面与兄弟、她后来幻想中的对象玩耍，还有一个糟糕的叔父的院子，他惯常逗弄她。

⑤ 与对叔父院子这样一种真实回忆相反的愿望，回忆即是她惯常裸睡。

⑥ 如同圣母领报时的天使拿着一根百合茎。

⑦ 对此混合产物的解释见前面：无辜、经期、茶花女。

⑧ 指有助于其幻想的人数之众。

⑨ 是否也可以拉一下，即手淫（见下面）。

⑩ 树枝早就代表男性生殖器，还包含对姓氏的一种相当明显的影射。

⑪ 与紧接着的事一样指涉对婚姻的慎重。

意跟她进另一座园子，以给她演示如何栽种，而且对她说了她不怎么明白的事：我反正少三米——（后来她说：立方米）**或者三寻地皮。似乎他会为了他的热心向她要求什么，似乎他会有意在她的园子里自我补偿，或者他想规避哪条法律，从中得益，而她不会受损。他是否于是确实给她展示什么，她不知道。**

前面因为其象征要素而被突出的梦应称为“传记性的”。此类梦常在心理分析中出现，但或许只是难得在心理分析之外。[①] 我当然恰恰在此类材料上绰绰有余，但告知它们会过深地引向对神经症状况的探讨。一切都导向同一结论，即无需假设心灵在梦工作时有特别的象征性活动，而是梦使用已经完善地包含在潜意识的思维中此类象征，此类象征因为其可表现性、大多也因为其无审查而更好地符合成梦的要求。

戊　梦中通过象征来表现
其他典型的梦[②]

对上一个传记性的梦的分析代表对此的证明，即我从一开始就认清了梦中的象征。但通过增多的经验并在 W. 斯特克的著作影响下（《梦的语言》，1911 年），我才逐渐充分评价梦中象征的规模与意义，此处适宜对这

---

① 此段于 1925 年补充。——（原来是对上一段的）注解出自 1911 年：一个相似的“传记性”梦是在关于梦象征的例子中第三个被告知的，还有兰克详告的《自解的梦》（1910 年）；另一个不得不“颠倒”解读的，见斯特克处（《解梦文集》，1909 年，第 486 页）。

② 除两段例外，本章戊节的内容在此书初版中无所包含。正如在“编辑导言”中所阐明的那样，材料的一大部分已经在 1909 年与 1911 年的版本中补充，不过，那时还在第五章（丁节）在《典型的梦》标题下。在 1914 年版本中，首次有了现在的戊节（后面章节的字母顺序相应作了变动），它部分由先前在第五章中插入的、部分由新材料组成。在后来的版本中，还补充了其他材料。鉴于这段错综复杂的形成史，本节中每段末尾用括号说明收录日期。迄今为止所说情况理所当然地表明，记在 1909 年和 1911 年名下的段落原初在第五章出现，1914 年才被移到现在的位置。

些著作发表意见。（1925年）

这位著作者或许对心理分析的损害与益处同样多，他提出了大量意外的象征移译，起初不被人相信，后来却大部分得到证实，不得不被接受。其他人的怀疑性保留不无道理，斯特克的贡献并未因此评论而被贬低。因为他的解梦所依托的例子经常不令人信服，而他使用一种方法，因为科学上不可靠而该摒弃。斯特克以直觉的途径发现其象征解释，借助他特有的直接理解象征的能力。但无法普遍假设有这样一种本领，其能力逃避任何批评，而其结果因而无资格得到可信性。类似于人家想把对传染病的诊断基于病床边的嗅觉印象，尽管无疑有那些门诊医生，在多数人那里退化的嗅觉给那些医生提供的东西多于给其他人所提供的东西，而那些医生确实能够根据气味诊断肠伤寒。（1925年）

心理分析进一步发展的经验让我们发现那些患者，他们以惊人的方式显示对梦象征的这样一种直接理解。他们常常是精神分裂症患者，使得有一阵子有这种倾向，怀疑如此理解象征的所有做梦者有此疾病。不过，这不合乎实际，事关个人禀赋或者特性，没有明显的病理学意义。（1925年）

如果熟悉了梦中可观地使用象征用于表现性材料，就不禁提出疑问，这些象征中是否有许多如同速记中的缩写符号带着一劳永逸确定的意义出现，人就发现自己面对诱惑，要按编码方法去拟定一本新的梦书。对此应说明：这种象征不属于梦本身，而是属于潜意识的想象，尤其是大众的潜意识想象，而且可以发现在民间创作，在神话、传说、俗语，在格言至理、在一个民族流传的笑话中比在梦中更完整。（1909年）

如果我们想要正确评价象征的意义，探讨与象征概念相连的众多大部尚未解决的问题，我们就得远远超越解梦这个任务。① 我们想在此局限于

① （1911年补充）参见布洛伊勒（《弗洛伊德的精神分析》，1910年）与其苏黎世的弟子梅德（《传奇、童话、习俗与梦中的象征》，1908年）、亚伯拉罕（《梦与神话；民族心理学研究》，

说，通过象征来表现属于间接表现，我们却通过各种迹象得到警告，尚不能在概念清晰性上把握这些区分性的标志时，不要不加区别地把象征表现与其他种类的间接表现堆在一起。在一系列情况下，象征与它所代表的本事之间的共性明显，在其他情况下隐蔽；对象征的选择就显得谜一般。恰恰这些情况必定能阐明象征关系的终极意义；它们暗示，这种象征关系具有演变性质。如今用象征手法相连之事，很可能在原始时代通过概念的同一性与语言的同一性联合起来。[①] 象征关系似乎是曾经的同一性的残余和标记。此时可以观察到，一些情况中的象征共性超出了语言共性，正如舒伯特（《梦的象征》，1814 年）已经声称过的。[②] 一些象征如同一般语言形成那么古老，其他的却于现在连续重新构成（如飞船、齐柏林飞艇）。（1914 年）

梦就使用这种象征以伪装性地表现其隐性意念。在如此使用的象征中，却有许多象征经常或者几乎经常会意味着同样的事。但愿人家依旧挂念心理材料的固有形象感。一种象征可能足够频繁地在梦境中不是象征性的，而应在其本义上得到解释；其他时候，一名做梦者可能用特殊的回忆材料取得权利，要把一般并非如此使用的一切可能之事用作性象征。为表现一项内容而有若干象征供其选择之处，他会选中那种象征，后者还表明与一

1909 年）和其他人关于象征的著作，还有他们所依据的非医生著作者（克莱因保尔，《民间迷信、宗教与传说中的生者与死者》，1898 年）与其他人。（1914 年补充）对该题目所作表示最中肯的见于奥·兰克与 H. 萨克斯的著作，《俾斯麦的一个梦》，1913 年，第一章。（1925 年补充）此外有 E. 琼斯（《象征理论》，1916 年）

① （1925 年补充）这种见解会在由汉斯·施佩贝尔博士阐明的学说中找到非同寻常的支持。施佩贝尔（《论性因素对语言的形成与发展的影响》，1912 年）认为，原始话语都指称性事，后来丧失这种性意味，它们转到与性事和性活动相提并论的其他事物与活动上。

② （第二个从句于 1919 年补充。——以下的注解出自 1914 年）所以比如在匈牙利做梦者的排尿梦中出现在水上行驶的船，尽管对这种语言来说，“乘船（schiffen 撒尿——译注）”这一名称用于“排尿”是陌生的。在法国人与其他操罗曼语的人的梦中，房间 Zimmer 用于象征性地表现妇人，虽然这些民族不了解与德语的“Frauenzimmer”（闺房，女流之辈——译注）的相似之处。

种其他的意念材料有实际关系，也就是除了典型有效的动机激发外，还允许个人的动机激发。（1909 年，末句于 1914 年）

如果自舍尔讷起对梦较新的研究不容拒绝对梦象征的肯定——即使哈·霭理士（《梦的世界》，1911 年，第 109 页）也声明，不可能怀疑我们的梦充满象征——则还应承认，梦中象征的存在不仅方便，而且妨碍了解梦任务。就梦境的象征要素而言，根据做梦者自由闪念解梦的技巧对我们不中用；解梦人随心所欲，在古代是这么做的。并在斯特克粗野的解释中似乎复活，出于学术批评的动机而排除这样回归至解梦人的随心所欲。这样，梦境中存在的、应得到象征性理解的要素迫使我们有组合的技巧，这种技巧一方面依托做梦者的联想，另一方面补上解梦者对象征的理解中所缺乏之事。解明象征时有批判性的谨慎，借助特别显而易见的梦例对象征做细致研究，两者必须重合，以反驳对解梦中任意性的指责。我们作为解梦人的活动还带有无把握性，部分源自我们不完善的认识，可以通过进一步深化而继续排除这种不完善的认识，这些无把握性的另外一部分恰恰取决于梦象征的某些特性。梦象征常常多义或者模棱两可，像在中国文字中一样，上下文才促成每次正确的见解。与象征的这种多义性相连的就是梦有资格允许过度解释，有资格在一项内容中，表现不同的、经常偏离其本性的意念产物与愿望冲动。（1914 年）

在这些限制与抗辩之后，我提出：皇帝与皇后（国王与王后）确实大多表示做梦者的父母，王子或者公主是其本人。（1909 年）皇帝还有大人物应当得到同样高的权威，因而在某些梦里，例如歌德作为父亲象征出现。（希奇曼，《歌德作为父亲象征》，1913 年）——所有伸长的物件、棍子、树干、伞（因为紧绷可与勃起相比）；（1909 年）所有稍长与尖形的武器：刀子、匕首、长矛（1911 年），都会代表阴茎（1909 年）。对它的一种经常出现、不甚明了的象征是指甲锉(因为摩擦与刮削)。罐子、盒子、箱子、橱柜、炉子与妇女躯体相应(1909 年),洞穴、船只与各种容器也是如此。(1919 年)——梦中的房间多为闺房,在这种解释上,描绘其不同入口与出口恰恰不会让人搞乱。(1909 年)[①] 房间"开着"还是"闭锁",在此关联中容易理解这种兴趣(参见《癔症分析断片》中的朵拉的梦[②])。哪把钥匙开房间,就无需明确说出;在《埃贝斯泰因伯爵》这首歌中,乌兰德[③] 把锁与钥匙的象征用作最优雅的黄色笑话。(1911 年)穿过一排房间的梦是妓院梦或者后宫梦。(1909 年)但如汉·萨克斯借助漂亮例子所表明的那样,(1914 年)它被用于表现婚姻(对立)。(1914 年)如果做梦者梦见两个房间,它们先前曾是一间,或者他看见,他所熟悉的一套住宅的一个房间在梦中分成两间或者反之,就会表明与幼儿期性探求的有趣关系。童年时,人们认为女性生殖器(屁股)是一个独一无二的房间(婴儿期泄殖腔理论)[④],后来才得知,这个身体部位包含两个分开的腔孔。(1919 年)楼梯、梯子、台阶或者说登上它们,而且既往上也向下,都是对性交的象征性表现。[⑤] 人们攀爬过平滑的墙壁,人们从上面落下来的房屋的立面——常常

---

① (1919 年补充)"一名住在膳宿公寓的患者梦见,他遇见服务人员中的某人,问她是几号;她令他吃惊地回答:14。确实,他与这名说到的姑娘建立了关系,也多次跟她在他的房间里有过会面。可以理解,她担心女店主怀疑她,就在梦前一天对他建议,跟她在无人居住的一个房间里见面。实际上,这个房间号码为 14,而在梦中,女人有此号码。几乎想不出一个更明确的证据来证明女人与房间同一。"(恩斯特·琼斯《妇人与房间》,1914 年)(参见阿特米多鲁斯《梦的象征》第二编第十章,由 F. S. 克劳斯翻译,维也纳,1881 年第 110 页:"所以,比如卧室意味着夫人,如果家里有这么一位成员。")

② 1905 年,研习版,第 6 卷,第 138 页与注 2 。

③ 路德维希·乌兰德(1787—1862),德国诗人。——译注

④ 参见弗洛伊德《性学三论》第二篇关于"生育理论"的章节(1905 年)。

⑤ (1911 年补充)我对此重复我在别处(《心理分析理论未来的机遇》,1910 年)做过的表示:"不久前,我得知,一名与我们较疏远的心理学家求助于我们中的一个,评论我们还是肯定高估了梦的隐蔽的性含义。他最经常的梦是上楼梯,而那背后肯定没有什么性意味。被该异议提醒,我们关注了梦中楼梯、台阶、梯子的出现,很快可以确定,楼梯(还有与其相似之物)构成

在强烈的焦虑情况下，它们相当于直立的人体，在梦中很可能重复对幼儿爬到父母与护理人员身上的回忆。“平滑的”墙是男人；人们并非罕见地在梦焦虑中紧抓房屋的“突出部分”。(1911 年)——桌子、摆好的桌子与木板同样是妇女，大概是因为此处取消身体隆起的这种对照(1909 年)。“木头”一般根据其语言关系似乎是女性材料(质料)的代表。Madeira 这个岛名在葡萄牙语中意为：木头(1911 年)。因为“桌与床”构成婚姻，只要涉及把性想象情结转移到饮食情结，梦中经常以桌代床。(1909 年)——衣物中，很频繁地肯定可以把女帽解释成生殖器，而且是男子的。大衣也同样，悬而未决的是，这种话语相似之处与这种象征运用中的哪部分相宜。① 在男子的梦中常见领带作为阴茎的象征，大概不仅因为它长长地下垂，表示男子的特征，而且因为可以根据自己的称心满意来选择，是一种自由，在这种象征的本原上被本性所阻止。② 梦中使用该象征者在生活中经常对领带极尽奢华，简直收藏它们。(1911 年)——在极大的概率上，梦的所有错综复杂的构造与结构是生殖器——通常为男性的(1919 年)——，在对它们的描写上，梦象征被证明自己与诙谐工作一样乐此不疲③。(1909 年)

较为肯定的交媾象征。不难发现相比的基础；以有节律的间歇，在呼吸困难加剧的情况下，人们上到一个高度，于是可以快速跳跃几下，又在下面了。这样，又可以在登楼梯中重新找到交媾的节奏。我们别忘了顾及语言惯用法。它对我们表明，“攀登 Steigen”直接用作对性行为的代称。人们习惯说，男人是“攀登者 Steiger”“追求 nachsteigen”。在法文中，台阶叫 la marche: “un vieux marcheur”与我们的“一个登山老手”完全重合。

① 参见弗洛伊德《精神分析入门讲座新系列》，1933 年，第 29 次讲座(研习版，第 1 卷，第 466 页)。

② (1914 年补充)参见《心理分析中央刊物》，第 2 卷，第 675 页(罗夏，《论蛇与领带的象征》，1912 年)，对一名 19 岁躁狂女子的描绘：一名男子有一条蛇当领带，它转向一名少女。还有“羞惭者”的故事(《人类繁衍》，第 6 卷，第 334 页)。一名夫人走进一间浴室，那里有一名先生，几乎没能穿上衬衫；他很害羞，却立即用衬衫的前部遮住脖子，说：“请原谅，我没打领带。”

③ 参见弗洛伊德关于诙谐的书(《诙谐及其与潜意识的关系》，1905 年)，他于其中引入“诙谐工作”这一术语(类似于“梦工作”)，以指称发明笑话的心理过程。

相当明白无误的还有，所有武器与工具被用作阴茎的象征：犁、锤、猎枪、手枪、匕首、马刀等。（1919 年）——同样如此的还有许多梦的风景，尤其是那些具有桥梁或者具有森林覆盖的山的风景，不难辨认为对生殖器的描写。（1911 年）马尔齐诺夫斯基（《画出来的梦》，1912 年）收集了一系列例子，其中，做梦者通过图画来说明其梦，这些图画会表现梦中出现的风景与场所。这些图画非常形象地区分梦中的显性与隐性意义。无邪念地来看，它们似乎带来图纸、地图，诸如此类，对更深入的探究而言，它们揭示自己是对人体、生殖器等等的表现，根据这种见解，它们才促成对梦的理解。对此比较普菲斯特[①]关于信手涂鸦与画谜的著作《对宗教符咒语言与自动信手涂鸦的心理学解谜》与《正常人身上的密语、信手涂鸦与潜意识画谜》遇上令人不解的新构词时，也可以想到由具有性意味的组成部分构成（1911 年）。——在梦中，连儿童也经常无非意味着生殖器，的确正如男人与女人习惯于将其生殖器昵称为其“小东西”。（1909 年）斯特克（《解梦文集》，1909 年，第 473 页）正确地把“小弟弟”识别为阴茎。（1925 年）与一名幼儿玩耍、打小孩等经常是关于手淫的梦表现。（1911 年）——对梦工作而言，光秃、剪发、掉牙与砍头用于象征性表现去势。如果常用的阴茎象征在梦中以双数或者多数出现，应理解成反对去势。[②]连梦中出现蜥蜴——一种断尾重长的动物——也具有相同意味。（参见上面蜥蜴梦）——在神话与民间传承中被用作生殖器象征的动物中，有若干也在梦中起作用：鱼、蜗牛、猫、鼠（因为生殖器长毛），但主要是阴茎最意味深长的象征——蛇。小动物、害虫是小孩，如不受欢迎的兄弟姐妹的代表；带有害虫经常可以等同于妊娠。（1919 年）——作为男性生殖器一个全新

---

① 奥斯卡·普菲斯特（1873—1956），瑞士福音新教神学家兼心理学家。——译注

② 该主题在弗洛伊德的文章《不可名状的恐惧》（1919 年）研习版，第 4 卷，第 258 页第二节中得到详细的论述。也可见于后面。

的梦象征，应提及飞艇，既因其与飞行的关系，偶尔也因其形状而证明这样的使用有道理。（1911 年）

斯特克说明并用例子证明了一系列其他的、部分尚未得到充分验证的象征。（1911 年）斯特克的著作、尤其是他的书《梦的语言》（1911 年）包含对象征解法最丰富的汇编，这些解法部分被敏锐地猜中，在检验时被证明是正确的，例如在关于死亡象征的章节中。著作者有缺陷的批评与其不惜任何代价泛化的倾向却使其别的解释可疑或者不可用，使人迫切建议在使用这些著作时要谨慎。我因而限于强调少数例子。（1914 年）

据斯特克的说法，应在伦理上理解梦中的**右与左**。“右道始终意味着正道，左道意味着犯罪的道路。所以，左道可能表现同性恋、乱伦、性倒错，右道可能表现婚姻、与一名少女交往等等。总是从做梦者独特的道德立场来评判”（斯特克，《解梦文集》，1909 年，第 466 页以下）。一般说来，**亲属**在梦中大多扮演生殖器的角色（出处同上，第 473 页）。此处，我只能证实儿子、女儿、妹妹有此含义，也就是在“小东西”应用范围所及之处[①]。而凭借确证的例子，识别**姐妹**是胸部的象征，**兄弟**是大半球的象征。斯特克把**赶不上**车解为对无法弥补的年龄差距的遗憾（出处同上，第 479 页）。人家带着旅行的**行李**是压迫人的罪孽负担（在上述引文中）（1911 年）。恰恰是行李却常常被证明是自己生殖器明白无误的象征。（1914 年）斯特克也给频繁在梦中出现的数字分配了固定的象征意义（出处同上，第 497 页以下），不过，虽然解释在个案中大多可以被承认为很有可能，这种解法还是既不充分确证，也不普通有效。（1911 年）数字三还是多方确证的男性生殖器的象征。[②] 斯特克提出的一项泛化涉及生殖器象征的双重含义。（1914 年）“何处会有一种象征——只要幻想有点允许——不会被男性

① 显然还有小弟，见上。

② 对数字九的研究见于弗洛伊德，《17 世纪魔鬼神经症》，1923 年第 3 节中。

与女性同时使用!”（斯特克，《梦的语言》，1911 年，第 73 页）插入的句子却大大收回了这一论断的可靠性，因为幻想就并非总是允许这样。我却仍认为并非多余的是，宣布依我的经验，斯特克一般的定理应让位于对一种较大多样性的承认。除了同样频繁代表男性及女性生殖器的象征外，存在那些偏重或者几乎只指称两性之一的象征，还有别的象征，其中只有男性或者只有女性意味为人所知。想象就是不允许把长形、坚实的物件与武器用作女性生殖器的象征，或者把空洞的（箱子、匣子与罐子等）用作男性生殖器的象征。（1911 年）

正确的是，双性地使用性象征，梦与潜意识想象的这种倾向透露出一种复古特征，因为童年时不知晓生殖器的差别，而认为同一生殖器为两性所有。（1911 年）但如果忘了在某些梦里作了普遍的性颠倒，用女性来表现男性并且反之，也可能被诱使错误地设想一种双性的性象征。例如，此类梦表示一名妇女的愿望，更愿当个男人。（1925 年）

生殖器也可能在梦中由其他身体部位来代表。阴茎用手或脚来代表，女性生殖器口用嘴、耳甚至眼来代表。人体分泌物——黏液、眼泪、尿、精液等——可以在梦中相互替代。W. 斯特克这种整体上正确的立论（《梦的语言》，1911 年，第 49 页）经受了 R. 赖特勒合理的批评性限制（《论生殖器象征与分泌物象征》，1913 年）。本质上事关用一种无关紧要之物代替意味深长的分泌物如精液。（1919 年）

这些高度不完整的勾勒可能足以刺激他人做更细致的收集工作。（1909 年）[①] 在我的《精神分析入门讲座》（1916/1917 年的第 10 讲）中，我尝试

① （1911 年补充）尽管舍尔讷对梦象征的见解与此处所阐发的见解有各种差异，我还得强调，舍尔讷应被承认为梦中象征的真正发现者，精神分析的经验使其被认为非凡的，很久之前（1861 年）面市的书籍事后得到好评。

过对梦象征作远为详细的解释。（1919 年）

我就将附加一些梦中使用此类象征的例子，它们会表明，如果不理睬梦象征，获得解梦变得多么不可能，但这样一种梦象征在许多情况下也不容拒绝地产生（1911 年）。在同一处，我却想明确警告，谨防高估象征对解梦的意义，如把解译梦的工作限于解译象征、放弃利用做梦者闪念的技巧。解梦的两种技巧必须相互补充；实践上与理论上，优先权却留给起先得到描写的方法，它赋予做梦者的表示以决定性的意义，而由我们所做的象征解译作为辅助手段加入。（1909 年）

一　帽子作为男人（男性生殖器）的象征（1911 年）①

（选自一名因诱惑焦虑而患广场恐惧症的少妇的梦片断）

---

① 此梦与紧接着的两个梦于《解梦补遗》这篇文章（1911 年）中首次公开。该著作由如下段落开篇，迄今为止尚未以德语重印：

《梦象征的一些例子》

“在对精神分析实践的许多异议中，最令人诧异、如果可以这样说：最无知的，我觉得是怀疑梦中与潜意识中象征的存在，因为从事精神分析工作者无人能够放弃对这样一种象征的设想，因为就梦而言，自古就通过象征来解明。而我们愿意承认，应特别严格地实行对这种象征的证明，以恰当处理此处起支配作用的多样性。

以下我汇编了出自我最近经验的一些例子，在这些例子中，我觉得通过一种特定象征来解决特别明了。梦就包含它在其他情况下绝不可能具有的意义，得以列入做梦者的意念关联中，被分析者本人承认为得到解释。

对技巧，我要说明，恰恰在梦的象征要素上，做梦者联想到的闪念惯常不中用，使得这种特性本身刺激人尝试做象征性解梦。在对少数所选的梦例的阐释中，我试图每次都严格区分我自己的介入与患者（兼做梦者）的独立工作。”

文章以一些较短的例子结束，它们在本章戊节（第二、三与四）中重印。在原初的文章中，它们这样开场：

《一些较罕见的梦表现》

“作为影响成梦的一个因素，我附加了‘顾及可表现性’。在一个意念变形至一幅视觉图像

“夏天，我在街上散步，戴一顶形状独特的草帽，中部上弯，侧面部分下垂（描写在此停顿），**而且一部分比另一部分深。我快活而情绪稳定，从一队年轻军官身边经过时，我想：你们都不能把我怎么样。”**

因为她对梦中的帽子产生不出闪念，我告诉她：帽子大概是男性生殖器连同其竖起的中部和两个下垂的侧面部分。帽子会是男人，或许奇怪，但人家的确也说：“戴兜帽[①]！”我有意放弃解释两个侧面部分不同程度下垂的那个细节，尽管恰恰此类细节在其对解释的决定上必定指明途径。我继续道：那如果她有个生殖器如此了不起的男人，她无须害怕军官，亦即对他们没什么愿望，因为否则基本上会因诱惑幻想而妨碍她没有保护与陪伴而行走。依据其他材料，我已经能够多次给出对她的焦虑的这后一种解释。

现在非常值得注意的是，做梦女人在这样解释后举止如何。她收回对帽子的描写，自称没说过两个侧面部分下垂。我对听见之事太肯定了，不会动摇，就坚持这一点。她沉默一会儿，鼓起勇气问，她男人身上一个睾丸比另一个低意味着什么，是否所有男子都如此。这就澄清了帽子的奇异细节，整个解释被她接受了。

女患者告知我此梦时，我早就知晓帽子象征。从其他的但不那么显而易见的病例中，我还可以推断出，帽子也可能代表女性生殖器。[②]

中，显示出做梦者的一种特殊能力，分析者只是很难得因猜中而接近这种能力，如果做梦者兼引起者通过直觉洞见对他说明此类表现的意义，他就相当满意。”

① unter die Haube kommen，德文指出嫁。——译注

② （1911年补充）参见基希格拉贝尔的告知中这样一个例子（《帽子作为生殖器的象征》，1912年）。斯特克（《解梦文集》，1909年，第475页）告知一个梦，其中帽子连同中间歪斜的羽毛象征（阳痿的）男子。

二　小东西是生殖器——被碾压是性交的一种象征（1911年）

（同一名广场恐惧症女患者的另一个梦）

她母亲把她小女儿打发走，让后者不得不独行。她就跟母亲坐上了火车，看见她的小女儿直接走向铁轨，使其注定被碾压。人家听见骨头咔咔响（此时有一种不快的感觉，但并非真正惊惶失措）。于是她从车窗里环顾，后面是否能看见那些部分。她就指责其母，让小女儿独行。

分析：在此不容易给出对梦的完整解释。此梦出自一组梦，只能在与其他那些梦的关联中完全得到理解。同样不易的是，足够孤立地得到证明象征所需的材料。病人起先发现，应从历史上解释乘火车，作为对乘车离开精神病院的影射，她当然爱上了院长。母亲把她从那里接走，医生出现在火车站，献给她一束花作别；令她不快的是，母亲不禁成了这种致敬的见证人。此处，母亲就作为干扰她爱的努力的人出现，严厉的母亲在她的少女岁月确实承担了这种角色。下一个闪念涉及这句话：她环顾，是否能从后面看见那些部分。在梦的表面，人们当然必定想到被压碎的小女儿的那些部分。这个闪念却指向截然不同的方向。她回忆起，她有一次在后面看见父亲在浴室里赤身，她说到性别差异并强调，在男人身上还能从后面看见生殖器，在女人身上却不能。在此关联中，她就自己解释，小东西是生殖器，她的小女儿（她有一个四岁的女儿）是她自己的生殖器。她指责母亲，说后者会要求她该这样生活，似乎她没有生殖器，又在梦开头的句子中重新发现这一指责：母亲把她小女儿打发走，以使其不得不独行。在她的幻想中，在街上独行意味着没有男人、没有性关系（coire= 同行），而她不喜欢这样。根据她所有这些说明，她确实在少女岁月苦于母亲因父亲对她偏爱而嫉妒。

从同一夜另一个梦中产生对此梦更深刻的解释，梦中，她将自己认同为弟弟。她确实是个男孩般的姑娘，常常不得不听说，她本该是个男孩。对这种与兄弟的认同，变得特别清晰的就是，“小东西”意味着生殖器。母亲以去势威胁他（她），这种去势无可能不过是对玩弄阴茎的惩罚，这样，这种认同就表明，她本人是孩子时手淫过，她的回忆只保留关于兄弟的。她后来失去对男性生殖器的一种认识，根据对第二个梦的说明，她必定当时早就获得了这种认识。此外，第二个梦表明幼儿期性理论，即男孩通过去势变成女孩（参见弗洛伊德,《论幼儿期性理论》，1908 年）。我对她阐明了这种儿童观点后，她立即在所了解的逸事中发现对此的证实，男孩问女孩：“割过了？”对此，女孩答道：“没有，还那样。”

第一个梦中打发小女孩，生殖器也就指涉去势威胁。最后，她迁怒于母亲没把她当男孩生下来。

“被碾压”象征性交，如果不从众多其他来源确知，在该梦中就不会明显。

三 通过建筑物、楼梯、井来表现生殖器（1911 年）[①]

（一名因父亲情结而受拘束的年轻男子的梦）

“他跟其父在一处散步，肯定是普拉特公园，因为人家看见圆形小室，它前面有较小的突出部分，装着系留气球，但显得相当松弛。其父问他，这一切为了什么；他对此感到惊奇，但给父亲解释了。后来他们来到一个院子，里面摊着一大块金属片。其父想扯下一大块，事先却环顾，是否会

---

① 弗洛伊德把此梦连同对其解释收入《精神分析入门讲座》（1916—1917 年），第 12 讲，Nr. 7。

有人发觉。他告诉其父，只消告诉看守人，那就可以直接拿了。院子里有台阶向下通向井里，井壁用软物充填，大约像皮扶手椅。井的尽头是较长的平台，于是开始新的井……"

分析：这个做梦者属于治疗上不利的病人类型，他们直到分析的某一点都根本不抗拒，但从那里开始就表明几乎难以接近。他几乎自己独立解释了这个梦。他说，圆形小室是我的生殖器，前面的系留气球是我的阴茎，我要抱怨它松弛。人家就可以更深入地翻译，圆形小室是臀部——经常被儿童算作生殖器——较小的突出部分是阴囊。梦中，父亲问他，这一切为了什么，亦即询问生殖器的用处与所做之事。明摆着的是，要把这个事态颠倒过来，使他成为发问方。因为其实从未发生过父亲的这样一种询问，就得把梦意念领会成愿望或者大约在身体条件上来理解："要是我请求父亲做性启蒙。"我们很快会在别处看到这种意念的延续部分。

里面摊开金属片的院子不应首先作象征性理解，而是出自父亲的业务场所。出于保密原因，我用"金属片"代替父亲用来交易的另一种材料，此外不改变梦的原文。做梦者参与父亲的业务，强烈反感于那些不如说不当的手法，赢利有一部分基于这些兵役法。因而，上述梦意念的延续部分可能是："（要是我问他，）他会骗我，就像骗他的客户那样。"对用于表现业务不诚实的**撕扯**，做梦者自己给出第二种解释，它意味着手淫。对此，我们不仅早就知晓（见上），而且与此很符合，即通过反面来表示手淫的秘密（的确可以公开做此事）。于是符合所有预期的是，又把手淫活动推到父亲身上，正如第一个梦场景中的询问一样。他立即依据井壁装软垫把井解释为阴道。我从其他认识而补上，像在其他情况下上去一样，下来就会描写阴道里的性交（参见我的评论《精神分析疗法的未来机遇》，1910 年，见上）。

第一口井后面接着一个较长的平台，随后是一口新井，对这些细节，他自己作了传记性的解释。他有过一阵性生活，后来由于受拘束而放弃，希望现在借助治疗能重新开始。梦却在临近结束时变得不清晰，而让内行必定觉得可信的是，在第二个梦场景中，另一个主题的影响就起作用，父亲的业务、其欺骗性做法、首个被表现为井的阴道预示该主题，使得人家可以猜测与母亲的关系。[①]

四　通过人员象征男性生殖器、通过风景象征女性生殖器（1911 年）

（一名平民妇人的梦，其丈夫是警察，由 B. 达特讷告知）

“……于是有人闯进住宅，她充满恐惧地叫来警察。后者却带着两个‘青皮’一团和气地走进教堂[②]，有若干级台阶[③]上通至教堂；教堂后面是一座山[④]，上面有一片密林[⑤]。警察配有头盔、环状领带与大衣[⑥]。他有棕色络腮胡子。与警察和睦地同来的两个流浪汉腰上围着扎成袋状的围裙[⑦]。教堂前有一条道通向山。这条道两侧草与灌木连生，灌木变得越来越密，在山

---

① 此梦的初次公开（弗洛伊德，《释梦补遗》，1911 年）还包含如下段落：
“整体上，此梦属于并非罕见的‘传记性’梦这一类，做梦者在梦中以一种连续讲述的形式提供关于其性生活的概貌（参见《释梦》第二版第 249 页的例子）。建筑物、地方、风景多么频繁地被用于象征性表现身体、特别是一再表现生殖器，确实值得写一篇概括性、通过众多例子阐明的论文。”

② “教堂 = 阴道。”

③ “性交的象征。”

④ “Mons veneris 阴阜。”

⑤ “Crines pubis 阴毛。”

⑥ “根据一名专家的解释，穿着大衣、戴着兜帽的魔鬼具有男性生殖器性质。”

⑦ “阴囊的两半。”

巅变成一片森林了。”

五　儿童的去势梦（1919年）

（甲）“一名三岁五个月的男童，父亲从旧地归来让他明显不快，他一天早晨精神错乱、激动地苏醒，不断重复着问题：**为什么爸爸把头端在盘子上？今天夜里爸爸把头端在盘子上了。”**

（乙）“一名如今患严重的强迫性神经症的大学生回忆，他在六岁时反复有如下的梦：**他去理发师那里理发。这时一名面容严厉的高大妇人朝他走来，打掉了他的脑袋。他认出妇人是其母。”**

六　关于尿象征（1914年）

此处再现的图画出自一系列图片，费伦茨在一家匈牙利幽默报刊（Fidibusz）上发现它们，看出它们可用于图解梦理论。奥托·兰克把这页以“法国保姆的梦”为题的图片已经用在其关于唤醒梦之害的文章中（《唤醒梦的象征交叉及其在荒唐无稽思维中的再现》，1912年，第99页）。

最后一幅图包含保姆因孩子叫喊而苏醒，它才对我们显示，前面七幅表现一个梦的各个阶段。第一幅图确认会导致苏醒的刺激。男孩表示了需要，要求相应的帮助。梦却混淆了卧室中的情景与散步时的情景。第二幅图中，她已经把男孩放到一个街角，他小便，而她可以继续睡觉。唤醒刺激却持续着，甚至加强了；男孩发现自己不被理睬，号哭得越来越厉害。他越急切地要求其保姆苏醒并提供帮助，她的梦越加剧保证，一切都正常，她无需苏醒。此时，梦把唤醒刺激移译成象征的维度。排尿的男孩提供的水流越来越巨大。第四幅图中，梦已经有一条小船，然后是游艇、帆船，最后是一艘巨轮！固执的睡眠需求与不倦的唤醒刺激之间的斗争在此以最有才华的方式由一名恶作剧的艺术家做了图解。

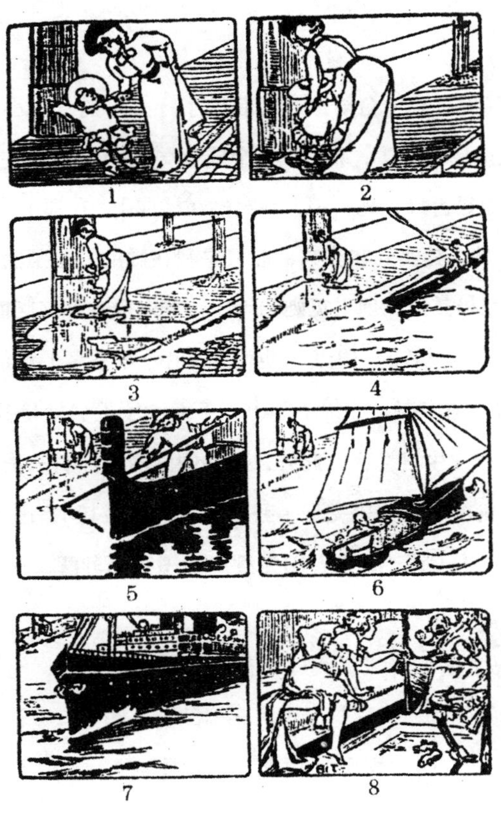

法国保姆的梦

七 一个楼梯梦(1911年)

(由奥托·兰克告知并解释)[1]

"(下面引用的[2])牙齿梦来自同一同事,我感谢他如下同样显而易见的遗精梦:

"在楼梯间里,我下台阶追赶对我做了什么事的一个小姑娘,要惩罚她。下面,在楼梯的尽头,有人(一个成年女人?)给我拦住了那孩子;我抓住她,却不知是否打了她。因为我突然在楼梯上,在那里我跟那孩子(仿佛在空中)交媾。其实并非交媾,而只是我在她的外生殖器旁摩擦我的生殖器,此时,我极其清晰地看见她的外生殖器以及她那向侧面后靠的头部。性行为期间,我看见我的左上方(也像在空中)挂着两幅小油画,风景画,表现绿地中的一幢房屋。一幅小画上,下面画家签名处是我自己的名字,似乎指明给我作为生日礼物。此外,两幅图画前还挂着一张字条,上面写着,还有更廉价的图画可供支配(我就看见自己极其不清晰地就如在上面在楼梯平台上一样躺在床上),因为潮湿的感受而苏醒,这种潮湿感受源于发生了遗精。

"解梦:做梦者做梦当日晚间曾在一家书商的店中,他在等待期间观看了一些展出的图画,表现与梦意象相似的基本图案。在让他特别中意的一幅小画处,他走近并留意画家的名字,却是他完全不熟悉的。

"同一晚,他后来在与一名波希米亚女仆做伴时听说,她自夸其非婚生孩子是'在楼梯上弄的'。做梦者探询了这一并非平常的事件的细节,获悉,这名女仆与其追求者回家进了她父母的住宅,那里本没有机会性交,

---

① 显然未在别处公开过。

② 弗洛伊德的提示。

而冲动的男人在楼梯上完成了交媾。做梦者对此以谐谑的影射表现了对造假酒的恶意说法：说孩子确实‘在地窖楼梯上长出来’。

“这是日间经历，相当烦人地存在于梦境中，由做梦者直接再现。他却同样轻松制造一段旧的幼儿期回忆，同样在梦中用上了。楼梯间是那座房屋，他在其中度过其大部分童年岁月，尤其最初有意识地熟悉了性问题。在这个楼梯间里，他经常玩耍，还骑马式沿着栏杆下滑，此时，他感觉到性冲动。梦中，他就同样非常迅捷地赶下楼梯，迅捷到他按自己清晰的说明根本不触及各档台阶，而是如人家常说的那样，‘飞下去’或者滑行。依据幼儿期经历，梦的这个开头似乎表现性冲动这种因素。在此楼梯间里与相关的住宅里，做梦者却也经常与邻家孩子玩性打斗游戏，此时，他以类似方式自渎，如梦中所发生的那样。

“如果人家从弗洛伊德的性象征研究（《精神分析疗法的未来机遇》，1910 年）知晓，梦中的楼梯与上楼梯几乎总是象征交媾，则这个梦变得完全显而易见。其内驱力具有纯粹的力比多性质，的确也正如其效果、遗精所表明的那样。在睡眠状态中，性冲动苏醒（在梦中由往下赶——滑行——越过台阶来表现），性冲动的施虐特征根据儿童追踪与征服中的打斗游戏得到暗示。力比多冲动加剧，催促人有性行为（梦中通过抓住孩子与其被送到楼梯中间来表现）。至此，梦就会是纯粹性象征性的，对训练不足的解梦者而言，完全看不透。但这种象征性本该保证宁静的睡眠，它满足不了过强的力比多冲动。冲动导致性高潮，进而整个楼梯象征被揭示为交媾的代表。——如果弗洛伊德把两种行为的节律性特征强调成在性方面使用楼梯象征的根据之一，此梦显得尤其清晰地说明这一点，因为根据做梦者明确的说明，其性行为的节奏、上下摩擦是整个梦中显示得最清晰的要素。

“对两幅图画还有一点说明，它们除了其现实意义外，在象征意义上也被视为‘女人形象’，已经由此看出，事关一幅大图与一幅小图，正如梦境中出现一个大（成年）姑娘与一个小姑娘。还有较廉价的图画供支配，引向娼妓情结，正如另一方面做梦者的名字在小画上，而这画用来给他过生日这一意念指向父母情结（在楼梯上出生等于在交媾中生产）。做梦者看见自己在上面躺在楼梯平台上并且感觉到潮湿，这个不清晰的结尾场景似乎超出幼儿期手淫，更深远地返回童年，估计以充满乐趣的尿床为蓝本。”

八　一个修改过的楼梯梦（1911 年）

我有一名患者、一名病重的禁欲者，其（潜意识的）幻想固着于其母，他反复梦见有母亲陪伴上楼梯，我对他说明，适度的手淫很可能比起他强求的节欲损害会小些。这种影响诱发了如下的梦：

“他的钢琴教师指责他荒疏了弹钢琴，没有练习莫谢莱斯[①]的《练习曲》以及克莱曼蒂[②]的《朝圣进阶[③]》。”

他对此补充说，Gradus 的确也是楼梯，而键盘本身是楼梯，因为它包含音阶。

可以说，没有一个想象范围会拒绝表现性的事实与愿望。

九　现实感与对重复的表现（1919 年）

一名现年 35 岁的男子讲述一个清晰回忆起来的梦，他自称 4 岁时做

---

① 伊格纳茨・莫谢莱斯（1794—1870），捷克钢琴家。——译注

② 穆齐奥・克莱曼蒂（1752—1832），意大利作曲家。——译注

③ *Gradus ad Parnassum*——译注

过此梦：**父亲的遗嘱存放在其处的公证员**——他 3 岁丧父——**带来两个大乳脂梨，他可以吃其中一个。另一个放在居室的窗台板上**。他苏醒了，确信所梦见之事有现实性，就固执地向母亲要第二个梨，说它还是放在窗台板上，母亲取笑此事。

分析：公证员是一位和蔼的老先生，如他以为回忆起来的那样，确实有一次带来梨。窗台板像他在梦中所见那样。对此，他想不起其他事，比如还有，母亲最近给他讲一个梦。有两只鸟趴在她头上，她自问，它们何时飞走，但它们不飞走，而是一只飞向她的嘴，从里面吮吸。

做梦者的闪念失灵给了我们权利，尝试通过象征解译来解释。两只梨——苹果或者梨——是母亲的乳房，喂养过他；窗台板是胸脯的突出部分，类似于房屋梦里的阳台。他苏醒后的现实感有道理，因为母亲确实奶过他，甚至远远超过常见的时间，而母亲的乳房总该可以得到。[①] 此梦应翻译为：母亲，再给我（看）以前吮吸过的乳房。“以前”由吃那一只梨来表现，“再”由要求另一只梨来表现。在梦中，一种行为**在时间上的重复**经常成为一个客体**在数量上增多**。

当然很引人注目的是，象征已经在一个 4 岁儿童的梦中起作用，但这并非例外，而是常规。可以说，做梦者**从一开始**就拥有象征。

一名现年 27 岁的夫人如下不受影响的回忆可以表明，即使在梦样状态之外，人多么早就使用象征：**她三四岁大。保姆把她、她那小 11 个月的弟弟和年龄在两人之间的一个堂（表）妹赶到厕所，让他们散步前在那里小解。作为老大，她坐到厕位上，另两人坐到便盆上。她问堂（表）妹：**

---

① 弗洛伊德也在其关于延森《格拉迪瓦》的研究第二章末的一处（《威·延森〈格拉迪瓦〉中的妄想与梦》，1907 年，研习版，第 10 卷，第 54—56 页）以及在其对“狼人”梦的最初评论中（《幼儿期神经症史》，1918 年，第四节，研习版，第 8 卷，第 153 页）坚持这点——即苏醒者对梦或者梦的一部分有一种特别强烈的现实感，这种现实感与潜在的梦意念有联系。

“你也有皮夹？瓦尔特有一根小香肠，我有一只皮夹。”表妹回答：“对，我也有皮夹。”保姆笑听，把这段谈话告诉妈妈，后者以严厉的训斥做出反应。

此处该插入一个梦，可以借助做梦女人的辅导来解释此梦漂亮的象征。

十 《关于健康人梦中的象征问题》（1914年）①

“精神分析的反对者经常——上一次也由哈夫洛克·霭理士（《梦的世界》，1911年，第168页）——提出的一项异议是，梦象征或许是神经症心理的产物，但绝不适用于正常心理。在正常与神经症的心灵生活之间，精神分析的研究根本不了解原则性的差异，而只了解数量差异，而在一些梦里，受压抑的情绪的确以相同的方式在健康人与病人身上起作用，对那些梦的分析表明机制与象征完全同一。甚至，健康者无拘无束的梦经常包含比神经症者的梦简单得多的、更显而易见、更典型的象征，在后者的梦中，由于更有效的审查和由此产生的广泛的梦歪曲，象征勉强、模糊而难以解释。如下告知的梦该用于对此事实的说明。它源自一个更确切地说本性古板而矜持的非神经症姑娘；谈话期间，我获悉，她订婚了，但结婚遇到了适宜于延迟结婚的障碍。她主动给我讲述了如下的梦：

“‘我用花布置桌子中央准备过生日。’她对疑问的说明是，她在梦中如同在其家里一样（她现在不拥有的家）并且感受到**幸福感**。

“‘流行的’象征使我得以给自己解译此梦。此梦是表示她当新娘的愿望：桌子连同中间部分的花象征她自己与生殖器，她已经忙于生孩子的意念，就表现其未来愿望，早就经历过婚礼了。

“我让她注意，‘桌子中央’是一种非同寻常的表达，她承认这点，我

---

① 阿尔弗雷德·罗比切克（1912年）。

此时却不能直接再问。我小心翼翼地避免对她暗示象征的含义，只是问她，对梦的各部分，她想到什么。在分析过程中，她的克制让位于对解梦的明显兴趣与谈话的严肃性所促成的坦率。是什么样的花，对我的这个问题，她起先回答：**'昂贵的花，人得为它们付出代价。'**后来答，是'lilies of the valley, violets and pinks or carnations'（铃兰，字面上是山谷中的百合、堇菜与石竹）。我猜测，**百合**一词在此梦中以其作为贞洁象征这种普遍意义出现，她证实了这一猜测，对'百合'，她想起了'纯洁'。'valley'、山谷，是常见的女性梦象征，这样，铃兰的英文名字中两种象征的偶然重合被用于梦象征、用于强调她珍贵的处女贞洁——**昂贵的花，人得为它们付出代价**——并表示期待，男人会知道赏识她的价值。正如所表现出来的那样，昂贵的花等等说明在三种花象征中的每一个上都有一种不同的意义。

"我试图——如我以为的那样相当大胆地——借助与法文'强奸①'的潜意识关系来解释表面上相当无性的'堇菜②'的隐蔽意义。令我意外的是，做梦女人联想到'violate'——英文的强暴这个词。堇菜与强暴偶然的巨大词语相似性——在英语发音中，它们只是通过末音节上的重音差异来区分——被梦使用，以'通过花'表达想到破贞（连该词也使用花象征）这种暴行，或许也表达姑娘的受虐狂特征。这是词语桥的一个漂亮例子，诸途径通过词语桥梁通往潜意识。**'人得为它们付出代价'**在此意味着她必须为成为妻子与母亲所付出的生活。

"在她后来称为'carnations'的'石竹'一词上，引起我注意的是该词与'肉体'的关系。她对此的闪念却是'colour'（色彩）。她补充道，carnations 是她从其未婚夫**经常大量**获赠的花。谈话结束时，她突然自发承认，她没对我说实话，她想起来的不是'colour'，而是我估计到的

---

① viol——译注

② violet——译注。

词‘incarnation’（化身）；此外，作为闪念，‘colour’并不冷僻，而是由carnation的含义——**肉色**，也就是由情结来决定。这种不真诚表明，此处阻抗最大，符合此事态，即象征在此最显而易见，力比多与压抑之间的斗争在这个男性生殖器主题上最为激烈。除了carnation的双关意义外，说这些花是未婚夫经常送的礼物，这一说明又是提示它们在梦中的阳具意义。送花的日间动因被用以表达关于性的馈赠与回赠的意念：她赠予其少女贞洁，为此期待丰富的性爱生活。此处，**‘昂贵的花，人得为它们付出代价’**也可能具有一种——大概现实的、经济上的意义。梦中的花象征也就包含少女贞洁的女性特征、男性象征和与强行破贞的关系。应该指出，性方面的花象征的确也一向广为传播，它用花朵、植物的性器官来象征人的性器官；爱人间送花或许确实有此潜意识含义。

“她在梦中准备的生日大概意味着生孩子。她与新郎认同，表现他，他如何为生育而打扮她，也就是交媾。潜在的意念可能是：如果我是他，我就不会等，而是不问新娘就给她破贞，使用暴力；violate的确也暗示这点。这样也表示出受虐的力比多组成部分。

“在梦的一个更深层次中，‘我安排等等’可能具有自体情欲、也就是幼儿期含义。

“她对其身体欠缺也有只在梦中可能的认识；她看见自己平得像张桌子；‘中心’（她另一次称为‘花的中心部分’）的珍贵性、其少女贞洁就越发得到突出。连桌子的水平性也可能对象征助了一臂之力。值得注意的是梦的浓缩；没有什么是多余的，每个词都是象征。

“她后来对梦做了补充：‘我用绿色、卷曲的纸来装饰花。’她补充道，那是‘装饰纸’，人家用它装扮通常的花盆。她继续说道：‘为了隐藏看起来会不美的不洁事物；花中间有一道缝隙、一小块间隙。’‘纸看起来像丝绒或苔藓’。对‘装饰[①]’，她联想到‘端庄有礼[②]’，正如我预计的。绿色占统治地位；她对此联想到‘hope’（希望），又是与妊娠的一种关系。在梦的这部分里，占统治地位的并非与男人的认同，而关于害羞与坦率的意念显出效果。她为他扮美，承认身体的缺陷，她羞于这些缺陷并试图纠正之。丝绒、苔藓这些闪念明显暗示事关阴毛。

梦表示姑娘的清醒思维几乎不了解的那些意念，那些意念忙于感官之爱和她的器官。她‘为生日而准备’，即交媾，表达出害怕破贞、或许还有强调情欲的忧患；她承认其身体缺陷，通过高估其少女贞洁的价值来对此过度补偿。耽于性感的确以孩子为宗旨，她的害羞以此为表现出来的耽于性感辩解。连对爱人们来说少见的物质上的考虑也得到表示。简单梦的情感——幸福感——显示，此处强烈的感情复合体得到了满足。”

费伦茨(《一无所知者的梦》，1917 年)很有道理地让人注意，恰恰“一无所知者的梦”多么容易让人猜出象征的意义与梦的含义。（1919 年）

我在此插入如下对我们时代一个历史人物的梦的分析，因为在这个梦里，通过一种补充限定最清晰地表明一个物件是阳具象征，它在其他情况下也会适宜于代表阴茎。马鞭的“无限延长”除了表示勃起外，很难有别的含义。此外，这个梦提供了一个漂亮的例子，严肃与远离性事的意念如何通过幼儿期——性的材料得到表现。（1919 年）

---

① decorate——译注

② decorum——译注

十一　俾斯麦的一个梦（1919 年）

（来自汉斯·萨克斯博士《俾斯麦的一个梦》，1913 年）

“俾斯麦在其《思考与回忆》（普及本第 2 卷，第 222 页，1898 年，第 2 卷，第 194 页）中，告知他于 1881 年 12 月 18 日写给威廉皇帝的一封信。此信包含如下一段：‘陛下的通知鼓励我讲述 1863 年春在冲突最严重的日子里的一个梦，人眼看不出那些日子有可行的出路。我做了梦，早晨就立即告诉我妻子和其他见证人，我在一条狭窄的阿尔卑斯式牧场小径上骑马，右边是深渊，左边是山崖；小径变窄了，马抗拒着，折回和下马因为缺乏场地而不可能。这时，我用左手里的马鞭击向光滑的悬崖峭壁并祈求上帝；马鞭变得无限长，悬崖峭壁像布景一样坠落，开启一条宽阔的道路，可眺望如在波希米亚的丘陵与林地景色，普鲁士部队举着旗帜，我尚在梦中就有意念，如何能够急速向陛下呈报。此梦应验了，我庆幸而精神振作地从梦里苏醒……’

“梦的情节分成两段：第一部分中，做梦者陷入窘境，他于是在第二部分中以奇妙的方式得救。梦中骏马和骑士所处的困境表现了这名国务活动家的危急处境，他在做梦前的晚上深思着其政治问题，可能对此危急处境感到特别痛苦。借助得到表现的譬喻式转折，俾斯麦本人在上面复述过的书信段落里描述了他当时的无望境况；这种无望对他而言就是明摆着完全熟悉的。此外，我们面前大概还有西尔伯勒的‘功能现象’的一个漂亮例子（见后面）。做梦者在每个由其意念所尝试的解决办法上都遇上无法逾越的障碍，却依然无法、不得让其思想脱离对问题的思考，骑手既无法向前亦无法向后，相当确切地给出做梦者思想中的过程。自尊心禁止他想到让步或后退，这种自尊心在梦中通过‘折回或者下马……不可能’这些话表达出来。作为始终紧张的干事者为他人幸福操劳，在这种身份上，就俾斯麦而言，容易想到自比为一匹马，而他也在有不同机会时这么做了，例如在其名言中：‘一匹好样的马死于劳作’。如此来解释，‘马抗拒着’这些话无非意味着过劳者感受到需要避开目前的忧虑，或者换言之，他正准备通过睡眠与梦来摆脱现实原则的羁绊。遂愿于是在第二部分如此强烈地发话，于是，此处也就由‘阿尔卑斯式牧场’一词来做前奏。俾斯麦当时大概已经知道，他下次会在阿尔卑斯山——也就是在加斯泰因度假；把他置于彼处的梦就一下子让他摆脱所有烦人的国务活动。

“在第二部分里，做梦者的愿望以双重方式——不加掩饰、触手可及地，同时还象征性地——被表现为兑现。因碍事的山崖消失，取而代之显出宽阔的道路——也就是所寻求的最舒适形式的出路——这是象征性的，因望见推进的普鲁士部队而不加掩饰。要解释这种预言式的幻景，完全无需构建神秘的关联；弗洛伊德的遂愿理论完全够用了。俾斯麦当时就盼望与奥地利开战得胜，作为摆脱普鲁士内部纠纷的最佳结局。如果他看见普鲁士部队在波希米亚、也就是在敌国举着自己的旗帜，那如弗洛伊德所假设的那样，梦就由此对他表现此愿望实现了。个人意味深长的只是，我们在此研究的做梦者不满足于梦应验，而是还会强求现实的圆梦。一个特征必定引起精神分析解释技巧的每个行家注意，就是变得‘无限长’的马鞭。鞭子、棍棒、长矛与类似之物作为阳具象征为我们所熟悉；但如果这根鞭子还具有阳具最瞩目的特性——膨胀能力，那几乎就不可能有疑问了。通过延长至‘无限’来夸大现象似乎暗示幼儿期的解译。[①] 把鞭子拿在手里是明显暗示手淫，当然不该想到做梦者的当前处境，而应想到远在过去的童年情欲。在此十分珍贵的是由斯特克博士（《解梦文集》，1909 年，第 466

---

① 萨克斯显然只在“额外投注”的意义上使用此概念，而非在弗洛伊德在后面赋予它的特殊意义上。

页以下）所发现的解释，据此，**左**在梦中意味着不当、禁事、罪孽，可以很好地用于违反禁令所行的儿童手淫。在这个幼儿期的最深层与忙于国务活动家日间安排的最上层之间，还可以证明与另两层有关的一个中间层。通过击向山崖奇妙地摆脱困顿连同延请上帝当帮手，这整个过程显眼地让人忆起一个《圣经》中的场景，即摩西如何为以色列口渴的儿童从岩石中打水。我们可以直截了当地估计，出自相信《圣经》的新教之家的俾斯麦详知这一段。身处冲突时代的俾斯麦不难自比领头人摩西，他想解放的民众对他报以反抗、憎恨与不知感激。由此却会有对当前愿望的借鉴。另一方面，《圣经》段落包含某些细节，可以很好地用于手淫幻想。摩西违反上帝的禁令而抓起棍子，主为了这种逾规而惩罚他，对他宣布，他得死，不得踏上迦南。禁止握起——梦中无歧义的阳具——棒，通过以此击打制造液体与死亡威胁——这样，我们积有幼儿期手淫的所有主要因素。有意思的是，那种处理通过《圣经》段落的中介把那两幅异质图画结合起来，其一源自一位天才的国务活动家的心理，另一幅出自原始的儿童心灵的冲动，那种处理成功地抹去了所有尴尬的因素。握住棍棒是一种受禁、叛乱行为，这点更多通过发生此事时所用的‘左’手象征性地得到暗示。在显性梦境中，此时却呼唤上帝，像是为了极富挑衅性地拒绝想到任何一种禁令或者一种隐秘的意念。上帝对摩西有两项允诺，他会看见天国，但不能进入。其一相当明显地被表现为兑现（‘眺望丘陵与林地’），另一项至为难堪的允诺根本未提及。水很可能成为继发性整合的牺牲品，而山崖自行坠落，那种整合卓有成效地追求该场景与前一个场景统一。

“幼儿期手淫幻想中有禁令动机，我们必定会如此预期此幻想的结尾，即儿童希望其周围的权威人物对发生之事一无所知。梦中，该愿望被相反物——即刻把发生之事向国王呈报这种愿望所代替。这种颠倒却极好而相当不引人瞩目地衔接包含在梦意念的最上层和一部分显性梦境中的胜利幻想。这样一种胜利梦与征服梦常常是一种性爱征服愿望的外衣；梦的各个特征，例如反抗侵入，使用延长的鞭子后却显出一条宽阔的道路，可能预示它们还不足以从中探究一个特定的、贯穿梦的意念方向与愿望方向。我们在此看见一种完全成功的梦歪曲的范例。有失体统之事得到加工，使得任何地方都不超出作为防护罩盖在上面的织物。其后果是，可能阻挠任何对焦虑的解除。这是不损害审查情况下成功遂愿的一种理想情况，使得我们可以领会，做梦者从这样的梦中‘庆幸而精神振作地’苏醒。”

我做总结用的最后一个梦如下。

十二　一名化学家的梦（1909 年）

这是一名年轻人的梦，他努力以跟女人性交来放弃其手淫习惯。

预备报告：做梦前的日间，他给一名学生说明格尼亚反应，遇有此反应时，镁在催化的碘作用下溶于绝对纯的乙醚中。两天前，遇上相同反应时有过一次爆炸，一名工人烧伤了手。

梦　**（一）他得制造苯基溴化镁，特别清晰地看见整套设备，却用自己替换了镁。他就处于波动得奇怪的状况，总是说：“对了，行了，我的脚已经化了，我的膝盖变软了。”于是他向那里抓去，摸索他的脚，在此期间（他不知如何）将其脚从烧瓶中拿出来，又对自己说：“这不可能。——肯定是，做对了。”此时他部分苏醒，对自己重复这个梦，因为他想给我讲述。他简直害怕梦消散，在这种半睡半醒期间相当激动，不断重复：“苯基、苯基。”**

（二）他与其全家在一个名称结尾为“ing”的地方，应在 11 点半与那位夫人在苏格兰人城门约会，却在 11 点半才醒来。他对自己说：“现在太

晚了，等你到了，就是12点半了。”下一瞬间，他看见全家聚在桌旁，特别清晰的是母亲和拿着汤锅的女仆。他就对自己说：“好吧，既然我们已经吃了，我就的确再也走不了了。”

分析　他肯定第一个梦就与他约会的夫人有关（所期待的会面前的夜里梦见此梦）。他为之提供说明的学生是一个特别恶心的家伙。他告诉后者：这不对，因为镁还完全未触动，而那人回答起来似乎原因根本不在其身上：这就是不对。那个学生必定是他自己——他就这样无所谓地对待其**分析**，就像那人对其**合成**一样——梦中完成操作的那个他，却是我。他以其对结果的无所谓让我觉得多恶心！

另一方面，他是以此做到分析（综合）的那东西。事关治疗的成功。梦中的腿让人忆起昨晚的印象。他在舞蹈课时与他想征服的一名夫人相遇；他就那么把她紧贴着自己，使她一下子叫起来。他停止压她的腿时，感觉到她有力地反压到他的小腿上直至膝盖以上，在梦中提及的部位。在此情境下，女人就是蒸馏罐里的镁，最终成了。他对我女里女气，就像他对女人有男子气概一样。如果与夫人成了，那治疗也成了。摸索自己与在他膝盖上的知觉暗示手淫，与他前一天的疲倦相应。约会确实约定在11点半。他要睡懒觉、耽于家里的性客体（即手淫）这种愿望相当于他的阻抗。

关于重复苯基这个名字，他报告道：以“yl”结尾的所有这些基[①]总是让他很喜欢，它们用起来很舒服：苄基、乙酰基等等。这没解释什么，但我对他提出“Schlemihl”[②]这个舌根音[③]时，他大笑，讲道他夏天时读过普雷沃的一本书，书中在《被爱情摒弃者》一章中却说到“Schlemiliés”，在描述之时，他对自己说：这就是我的情况。要是他错过了约会，也是倒霉

① Radikal，亦称原子团。——译注

② 来源于希伯来语的该词义为“倒霉鬼、不灵巧的人”。

③ Radikal。——译注

的家伙。

似乎性的梦象征已经得到了直接的实验性证实。经 H. 斯沃博达建议，K. 施勒特博士 1912 年在深度催眠者身上通过一项暗示性的任务制造了梦，这种任务确定了一大部分梦境。如果暗示带来任务，要梦见正常或者变态的性交，则梦执行这些任务，它使用由精神分析解梦而为人所知的象征来代替性材料。例如，暗示要梦见与一名女友同性性交，暗示后，在梦中，这名女友手里拿着一只破旧的**旅行袋**出现，上面贴着一张条子，印着“女士专用”这些话。据说从未对做梦女人告知过关于梦中象征与解梦的什么东西。可惜，施勒特博士此后很快以自杀了断，对这项意味深长的探究的估价因这个不幸的事实而受到干扰。报道其梦实验的只有《精神分析中央刊物》上的暂时通报（施勒特，《实验梦》1912 年）。（1914 年）

1923 年，劳芬施泰因博士公布过类似的结果。显得尤其有意思的却是贝特尔海姆与哈特曼所做的实验，因为实验时排除了催眠。这些著作者（《论遇有柯萨科夫精神病时的错误反应》，1924 年）对具有此类混乱的病人讲述粗俗性内容的故事并且注意复述时出现的走样。情况表明，此时，由解梦而为人所知的象征显露出来（登楼梯、刺和射击作为交媾的象征，刀子与卷烟作为阴茎的象征）。一种特殊的价值被赋予楼梯这个象征的出现，因为正如著作者们不无道理地说明的，“对一个有意识的歪曲愿望来说，这种此类象征是不可及的”。（1925 年）

我们评价了梦中的象征后，才能继续前面中断的对**典型梦**的处理（1914 年）。我认为有理的是，把这些梦粗分成两类，分成确实每次具有相同意义的那类梦。其次，分成尽管内容相同或相似、但必须得到迥异解释的那类梦。在第一类典型梦里，我已经深入处理过考试梦了。（1909 年）

因为情绪印象相似，值得把未赶上火车的梦列入考试梦。澄清它们就表明这种接近是正确的。那些是安慰梦，针对另一种在睡眠中感受到的对死亡焦虑的焦虑冲动。“上路”是最频繁、最好说明理由的死亡象征之一。梦就安慰性地说：冷静些，你不会死（上路）。正如考试梦所抚慰的：什么也别怕；你这次也不会遇上什么。理解两类梦时的困难来源于焦虑感受恰恰与表示安慰的词语相连。（1911 年）

我经常必须在我的患者身上分析“牙齿刺激梦”①，这些梦的意义长时间被我忽略，因为令我意外的是，经常有过大的阻抗阻挡对这些梦的解释。

最终，过大的显而易见性不容对此有怀疑，即在男人那里，无非是青春期的手淫欲望充当这些梦的内驱力。我想分析两个这样的梦，其一同时是“飞行梦”。两者均源自同一个人、一个年轻男子，同性恋强烈，但在生活中受抑制：

他置身于歌剧院正厅前排《费德里奥》的演出中，在 L 身旁，后者是让他有好感的人，他愿意赢得后者的友谊。突然，他斜着飞过正厅前排直至末尾，然后把手伸进嘴里，拔出两颗牙齿。

他自己描写这种飞行，似乎他被“抛”入空中。因为事关《费德里奥》的演出，容易想到作家的话：

有谁争得妩媚的女人——

但争得哪怕最妩媚的女人也不属于做梦者的愿望。两行其他的诗与这

① 该段和下面几段出自 1909 年。

些愿望更相配：

有谁大获成功[①]，

成为一名友人的朋友……[②]

梦就包含这种“大获成功”，这种“大获成功”却不仅是遂愿。它后面还隐藏着难堪的考虑，他对友情的追求已经如此经常不幸，“被扔出去”，还有惧怕，这种命运可能在他在其身边欣赏《费德里奥》演出的年轻男子那里重复。与之相连的就是对这名敏感的做梦者而言羞耻的供认，在被一名友人拒绝后，他曾经出于渴望两次相继在性冲动中手淫过。

另一个梦：**两名他认识的大学教授代替我给他治疗。一个在他的肢体上做了点什么，他害怕手术。另一个用一根铁棍捅他的嘴，使他失去了一两颗牙。他被四块丝巾绑住。**

此梦的性意味大概无可怀疑。丝巾相当于认同他认识的一名同性恋者。做梦者从来没有实施过交媾，也从未在现实中尝试过与男人性交，他根据他曾熟悉的青春期手淫样板来想象性交。

我以为，即使对典型的牙齿刺激梦做常见的修改，例如另一人给做梦者拔牙和诸如此类的事，也因相同的澄清而变得可以理解[③]。显得谜一般的却可能是，为何“牙刺激”会获得这种含义。我在此提醒注意如此常见的

① der große Wurf，原意为掷骰子。——译注

② 席勒的诗《欢乐颂》第二节的起始行，由贝多芬在第九交响曲中谱曲。再上面由弗洛伊德引用的诗行其实是席勒这节诗的第三行，不过也是贝多芬的歌剧《费德里奥》结尾合唱最后部分的开始——他的歌剧的脚本作者剽窃了席勒。

③ （1914 年补充）由另一人拔牙大多可解释成去势（类似于由理发师理发，斯特克）。应区分牙齿刺激梦与一般的牙医梦，如科里亚（《牙医梦的两个典型性象征例子》，1913 年）所告知的那些牙医梦。

由下向上的迁移，它服务于性压抑[①]，由于性压抑，在癔症中，会在生殖器上发生各种感觉与意向，至少可能在无异议的别的身体部分上得到实现。如果在潜意识思维的象征中，生殖器被面容代替，也是此类迁移的一种情况。语言惯用法也在这方面参与，它承认“屁股”[②]是面颊的同源词，把“阴唇”与唇并称，后者包括嘴唇。在众多影射中，鼻子等同于阴茎，有些地方长毛完善着相似性。只有一个产物在任何比较的可能性之外，牙齿，而恰恰是一致与偏离的这种重合使牙齿适合于表现处于性压抑的压力下这一目的。

把牙齿刺激梦解释成手淫梦，我无法怀疑这种解释的合理性，我不愿声称，这种解释变得完全显而易见。[③]我对解释知道多少，就提供多少，不得不留下一点残余未及解决。但我也必须指明包含在语言表达中的另一种关联。在我们各地，对手淫行为有不雅致的名称：拔出或拉下。[④]我说不上来，这些说话方式从何而来，它们根据何种形象化，但“牙齿”很适合加在两者中的前者。

因为拔牙或者掉牙的梦[⑤]在民间迷信中预示一名亲属的死亡，精神分析却至多只能在上面略述过的讽刺模仿的意义上承认它们有此类含义，我在此插入由奥托·兰克提供的“牙齿刺激梦”。

“一段时间以来，一名同行开始对解梦问题比较感兴趣，他就牙齿刺

---

① 对此的例证见于“朵拉”的病史（弗洛伊德，《癔症分析断片》，1905年，研习版，第6卷，第106及下页与第152页注）。

② Hinterbacke，在德文中，hinter 意为在后面，Backe 是面颊、脸蛋、腮的意思。——译注

③ （1909年补充）根据卡·古·荣格的告知，牙齿刺激梦在妇女那里具有生育梦的含义。（1919年补充）E. 琼斯对此提供了一个良好的证明（《拔牙与生育》，1914年）。这种解释与上面主张的解释的共性在于，在两种情况下（去势——生育），事关有一部分从全身脱落。

④ （1911年补充）对此比较前面的“传记”梦。

⑤ 该段与下面兰克的引文首次出现于1911年的版本中。引文出自兰克，《论牙齿刺激梦的主题》，1911年。比较前面同一做梦者的楼梯梦。

激梦的主题让我得到如下报告：

“‘**我新近梦见，我在牙医那里，他给我钻空了下颌后面的一颗牙齿。他这么长时间地来回忙碌，直到牙齿变得没用。然后，他用钳子握住它，玩儿似地轻松把它拔出来，这种轻松让我惊奇。他说要我别介意，因为这根本不是本来要治的牙，就把它放到桌上，牙（我就觉得是一颗上门牙）裂成若干层。我从手术椅上起身，好奇地走近，感兴趣地提出一个医学问题。医生把白得扎眼的牙齿的各部分分开，用一件工具磨碎（粉碎），一边对我解释，这与青春期有关，牙齿只在青春期之前如此容易脱落；在妇女那里，对此的决定性因素是生育孩子**。

“‘我后来发觉（我相信在半睡醒状态），此梦伴随着遗精，但我不能有把握地把遗精编入梦的一处；我觉得它最可能还在拔牙时就出现了。

“‘然后，我继续梦见一个我再也记不起来的过程，它以此结束，**我怀着希望，人家会给我把衣服送来，就把帽子和外套留在什么地方（可能在牙医的衣帽间里），只穿着礼服大衣，急忙去赶要开走的火车。我也在最后一刻成功地跳上后面的车厢，已经有人站在那里。可我再也不能进入车厢内部，而不得不以一种不舒服的姿势经受旅行，我尝试着让自己摆脱这种姿势，最后成功了。我们驶经一条大隧道，此时，反方向有两列火车如同从我们的火车中驶过，似乎它是隧道。我像是从外面透过车窗看进去。**

“‘前一天的如下经历与意念表明是解释此梦的材料：

“‘一、我确实近来在治牙，做梦时下颌的牙齿持续疼痛，梦中在钻牙，医生实际上也已经忙来忙去，比我预想的时间要长。做梦日的上午，我再次因疼痛而在医生那里，他劝我拔除同一颌骨在治的牙齿以外的另一颗牙，疼痛很可能来自它。事关同样顶出来的一颗‘智齿’。我趁机也对他的医学良知提出一个与此相关的问题。

“二、同一天上午，我被迫为我因牙痛而来的恶劣情绪请求一名夫人谅解，对此，她告诉我，她害怕被人拔掉牙根，其冠齿几乎全部脱落。她以为，如果是上颚犬齿，拔除就会特别痛而危险，尽管另一方面，一个熟人告诉过她，要是上颚的牙齿（在她身上就是这么颗牙）就容易些。这名熟人还对她讲，曾在麻醉状态下被拔错了牙，这一告知只是增加了她对必要手术的胆怯。她就问我，是否该把上颚犬齿理解成臼齿或犬齿，关于它们，什么是已知的。我一方面让她注意所有这些意见中的迷信特点，却不忘强调某些民间观点的正确核心。对此，她懂得报告一种据其经验非常古老而人所共知的民间迷信，它声称：**如果一名孕妇牙痛，她就生男孩。**'

“三、顾及由弗洛伊德在其《梦的解析》（第 2 版，第 193 及下页）中所告知的牙齿刺激梦作为手淫替代的典型含义，这句俗话让我感兴趣，因为的确在民谚中，牙齿与阴茎（小男孩）被扯上某种关系。我就在同一天晚上在《梦的解析》的相关处查阅，在彼处还发现以下复述的论述，其对我的梦的影响像前面提及的两次经历一样容易识别。对牙齿刺激梦，弗洛伊德写道：‘在男人那里，无非是**青春期**的手淫乐趣充当这些梦的内驱力。’此外，他还写道：‘我以为，即使是对典型的牙齿刺激梦作常见修改，例如另一人给做梦者拔牙与诸如此类之事，因同样的澄清而变得可以理解。但可能显得谜一般的是，为何牙齿刺激能获得这种含义。我在此提醒注意如此频繁的**由下向上的迁移**（在眼前的梦中，也是由下颌移到上颌），它服务于性压抑，由于性压抑，在癔症中，会在生殖器上发生感觉与意向，至少能在无异议的其他身体部分得到实现。但我也必须指明包含在语言表达中的另一种关联。在我们各地，对手淫行为有不雅的名称：拔出或拉下。’早在少年时代，这种表达就作为手淫的名称而为我所熟悉，由此，训练有素的解梦者不难发现通往此梦作为根据的童年材料的通道。我只是再提及，梦中牙齿在拔出后变成一颗上门牙，牙齿脱离的那种容易劲让我记起我童年时光的一次事故，当时我一颗松动的**上门牙**轻松而无痛地**自行脱落**。如今我仍能清晰地记起这一事件的所有细节，这一事件属于同一早期，在我身上最初有意识的手淫尝试追溯至此（屏蔽性记忆）。

“弗洛伊德提示卡·荣格有一项告知，据此告知，牙齿刺激梦在妇女那里具有**生育梦**的含义（《梦的解析》第2版，第194页注），以及关于在孕妇那里牙痛含义的民间迷信推动梦中的女性含义对男性（青春期）含义的对照。对此，我记起一个以前的梦，我从一名牙医那里治疗离开后，梦见我刚镶入的金牙套掉出来，对此我在梦中十分生气，因为费用可观，我当时尚未完全想开。鉴于某种经历，与任何形式中经济上更不利的客体爱相比，现在我可以理解此梦是夸耀手淫的物质优点（金牙套[①]），而我相信，那名夫人告知牙痛在孕妇那里的意义，在我身上再度唤醒了这些思路。’

“这就是直接明白易懂之事，我相信，也是同行没有异议的解释，对此，我能补充的无非是如指明梦的第二部分很有可能的意义，梦的这个部分通过词语桥：牙齿——（拔——火车[②]；拉——旅行[③]）好像表现做梦者在困难中完成的从手淫到性交（火车在不同方向上驶进驶出的隧道）的过渡以及性交的危险（怀孕；礼服大衣）。

“而我觉得这种情况在理论上两个方向都有意思。其一证明由弗洛伊德揭示的关联，即梦中在拔牙这一行为时发生射精。我们还是被迫把遗精看作手淫式满足，无论手淫可能以何种形式出现，不借助机械刺激而完成这种满足。还有，在此情况下，遗精式满足并非像其他情况下借助一个哪怕只是想象的客体而发生，而是无客体，如果可以这么说，是纯粹自体情欲的，至多让人识别轻微的同性恋特点（牙医）。

“我觉得值得强调的第二点如下：说在此完全多余地试图提出弗洛伊

① Goldkronen，亦指金冠、金币。——译注

② ziehen，“拔、拉”的动词形式，Zug，“拔、拉”的名词形式，亦指火车。——译注

③ reißen，“撕、扯”的动词形式，reisen，“旅行”的动词形式，两词发音相近。——译注

德之见，这种异议明摆着，因为仅前一日的经历可就完全足以让我们理解梦的内容。在牙医处就诊、与夫人谈话和阅读《梦的解析》足以解释，夜间因牙痛而不安的睡眠者也会制造此梦；如果一定要，甚至是为了排除干扰睡眠的疼痛（借助想象去除痛牙同时用力比多来盖过所害怕的痛感）。但甚至在此方向上做最大程度的让步时，人家也就会不愿认真持这种主张，即阅读弗洛伊德的解释会建立拔牙与做梦者身上手淫行为的关联，或者，如果不像做梦者本人承认的那样（'拔一下'）早就事先形成这种关联，也只能让这种阅读起作用。其实，在除与夫人谈话之外，什么活跃了这种关联，做梦者后来的告知表明了这点，出于可以领会的缘故，他在阅读《梦的解析》时不愿真正相信牙齿刺激梦的这种典型含义，他抱有愿望想知道，这是否切中所有此类的梦。梦就至少对他本人证实了这点，就这样对他表明，为何他不禁怀疑这点。即使在此方面，梦也是遂愿，即确信这种弗洛伊德之见的作用程度与站得住脚。"

属于第二类典型梦的包括人在其中飞行或者飘浮、落下、游泳，诸如此类的梦。这些梦意味着什么？这无法统而言之。正如我们会听到的，它们在每种情况下都意味着不同之事，只有它们所包含的感觉材料总是出自同一来源。（1909 年）

人们通过精神分析得到情况，从这些情况中必定推断出，即使这些梦也重复童年时光的印象，即涉及对儿童具有如此非同寻常吸引力的运动游戏。哪个伯（叔）父没有让儿童飞过，他伸展双臂，与后者赶过房间，或者跟后者玩下落，在膝盖上摇晃后者，突然伸腿，或者把孩子举高，突然做得好像他要收回对后者的支撑。孩子们于是欢呼，乐此不疲地要求重复，尤其如果此时有些惊恐与眩晕时；后来，几年后，他们在梦中完成了重复，却在梦中略去抓住他们的手，使得他们就自由飘浮、下落。所有幼儿偏爱此类游戏与偏爱荡秋千和跷跷板一样为人所知；他们后来在马戏场看见体操技艺时，记忆就会得到重温。在某些男孩那里，只是由于再现他们以巨大的灵巧而完成的此类技艺而导致癔症发作。并非罕见的是，在这些本身无伤大雅的运动游戏时也唤起性感受。用我们常用的、涵盖所有这些活动的话来说：是童年的“追赶”，它重复关于飞行、下落、眩晕诸如此类的梦，这种追赶的快感现在反转成焦虑。但正如每个母亲所知，儿童的追赶其实足够频繁地以纷争和哭泣收场。（1900 年）

我就有很好的根据拒绝这种解释，即睡眠期间我们皮肤感觉的状况、我们肺部运动的感觉诸如此类招致关于飞行与下落的梦。我发觉，这些感觉本身由梦所涉及的回忆再现，它们就成为梦境而非梦来源。[①]（1900 年）

这种同类并且出自同一来源的关于运动感受的材料就用于表现最多种多样的梦意念。关于飞行或者飘浮的梦大多强调乐趣，需要迥异的解释，在一些人那里需要十分特殊的解释，在其他人那里需要甚至典型性质的解释。我的一名女患者惯于很频繁地梦见她飘浮到街道之上到某一高度，而不接触地面。她长得很小，怕与人交往而弄脏自己。她的飘浮梦满足她的两个愿望，它把她的脚从地面抬起，让她的头突出到较高的部位。在其他的做梦女人那里，飞行梦具有渴望的含义：如果我是一只小鸟。其他人就这样在夜里成为天使，日间少有人被这样称呼。飞行与对鸟的想象的联系使人明白，飞行梦在男子那里大多具有何等粗俗的感官含义。我们也不会惊讶于听到，这个或者那个做梦者每次都对其能够飞行很骄傲。（1909 年）

保罗·费德恩博士（维也纳）说出了迷人的猜测[②]，这些飞行梦的很大

---

① （1930 年补充）因上下文的缘故，在此重复关于运动梦的一段（其实是上两段）。（前面有一些补充说明）。

② 在维也纳精神分析协会的一次聚会上。参见费德恩随后发表的关于该主题的文章（费德恩，《论两种典型的梦感觉》，1914 年，第 126 页）。

一部分是勃起梦，因为勃起这种现象值得注意、让人的幻想不断忙碌，作为对重力的抵消必定令人印象深刻（对此比较古典时期有翅膀的阳具）。（1911 年）

值得注意的是，冷静、其实反感任何解释的梦实验者莫里·沃尔德同样支持用性爱来解释飞行（飘浮）梦。他称性爱是“飘浮梦最重要的动机”，引证伴随这些梦的体内强烈振动感，并引证此类梦经常与勃起或者遗精有联系。（1914 年）

下落的梦更常具有焦虑性质。在女子那里，解释这些梦不会遭受困难，因为她们几乎常常接受对下落的象征性使用，下落是委婉表达对一种性爱诱惑的迁就。我们尚未详尽阐述下落梦的幼儿期来源；几乎所有儿童都偶尔掉下过，然后被扶起、爱抚；如果他们夜间从小床上掉下，会被其护理人员带到后者的床上。（1909 年）

频繁梦见**游泳**、怀着巨大惬意破浪等的人通常曾是尿床者，就在梦中重复他们很久以来学会放弃了的一种乐趣。我们很快会借助一个或者别的例子来获悉，关于游泳的梦容易呈现什么用来表现。

解释关于**火**的梦证明儿童室禁令有理，这项禁令不让儿童“玩火”，以便他们不会夜间把床尿湿。因为这些梦也以对童年岁月夜遗尿的记忆恢复为根据。在《对一个癔症病例的分析片段》（1905 年）[①]中，在与做梦女人病史的关联中，我提供了对这样一个火梦的完整分析与综合并表明，这种幼儿期材料可用于表现成熟一些的岁月里的哪些冲动。（1911 年）

如果把大量“典型的”梦理解成同一显性梦境在不同的做梦者那里频繁再现这个事实，还可以列举大量“典型的”梦，例如：关于走过窄巷的

---

① 第二节，“朵拉的”第一个梦。

梦，关于走过一整排房间的梦，关于夜盗的梦，神经质者临睡前的预防措施针对夜盗，关于被发狂动物（公牛、马）追逐的梦或者关于被用刀、匕首、长矛威胁的梦，对受焦虑之苦者的显性梦境而言，后两者是典型的，诸如此类。专门对此材料的探究将会十分值得称道。取而代之的是，我得提供两项[①]说明，它们不仅仅涉及典型梦。（1909 年）

从事解梦越多，就不禁越乐意承认，成人的多数梦处理性材料并表达性爱愿望。谁只有确实分析梦，即从相同的梦的显性梦境钻研到隐性梦意念，才能对此形成判断，谁只满足于记录显性梦境（如奈克在其关于性梦的著作中），就绝不可能对此形成判断。让我们即刻确定，此事实没给我们带来意外之处，而是与我们的解梦原则一致。自童年起，没有任何别的内驱力像具有其众多组成部分的性驱力这样不得不经历如此多的压抑[②]，任何别的内驱力都没有余下如此多、如此强烈的潜意识愿望，这些愿望就在睡眠状态中起制造梦的作用。解梦时绝不能忘记性情结的这种意义，当然也不能把它夸大至排他性。（1909 年）

在许多梦上，若仔细解释就可以确定，甚至可对它们作双性理解，它们得出不容驳回的过度解释，在这种过度解释中，这些梦实现同性的、即与做梦人正常的性活动对立的冲动。但如 W. 斯特克[③]和阿尔弗莱德・阿德勒[④⑤]所声称的那样，说所有梦都可作双性解，让我觉得既是不可证明

① 这个“两”是 1909 年和 1911 年版本的残余，在这两版中，关于“典型”梦的全部考虑合并到第五章。在后来的版本中，这些段落却通过补充新材料而得到极明显扩展。在 1909 年版本中，“两项”说明总共只占约 5 页，而 1930 年有 42 页。

② 参见笔者的《性学三论》，1905 年。

③ 《梦的语言》，1911 年（第 71 页）。

④ 阿尔弗莱德・阿德勒（1870—1937），奥地利精神病科医生、心理学家。——译注

⑤ 《生活中与神经症中的心理两性体》（1910 年）与后来在《精神分析中央刊物》上的文章，

又是不可能的泛化，我不想支持它。我尤其不会去除这个表面印象，即有众多的梦、饥渴梦与舒适梦等满足的并非最广义上的性爱需求。“每个梦后面都能发现死亡文句”（斯特克《梦的语言》，1911 年，第 34 页），每个梦都让人识别“从女性路线进展到男性路线”（阿德勒，《生活中与神经症中的心理两性体》，1910 年），连类似的立论也让我觉得远远逾越了解梦中允许的尺度。（1911 年）——**所有的梦都需要性方面的解释**，文献中对此主张乐此不疲地论战，对我的《梦的解析》而言，这种主张是陌生的。在该书的七个版次中找不到这种主张，它与书的其他内容明显矛盾（1919 年）。①

我们已经在别处断言过并且可以通过众多新的例子来证实，引人注目的**无伤大雅**梦全部代表粗俗的性爱愿望。但也有许多显得无关紧要的梦，人们不会在任何方向上觉察出特别之处，分析之后，它们追溯至常为意外种类、无疑是性的愿望冲动。例如，谁会在解梦工作之前猜测如下的梦里有性的愿望？做梦者讲述：**两座雄伟的宫殿之间有些靠后地立着一间小房，大门都锁着。我妻子在街上带我一段直到小房，推门而入，于是我迅捷而轻松地溜进一座斜着上升的院子内部。**（1909 年）

有谁在对梦的解译上做过一些练习，却会立即被提醒，闯入狭窄的空间、打开闭锁的门属于最常用的性象征，此人会容易发现此梦里表现背后性交尝试（在女体的两片臀部之间）。斜着上升的狭窄通道当然是阴道；把提供帮助归因于做梦者妻子，这迫使人解释，实际上只是对妻子的顾及才导致远离这样一种尝试。探询还表明，做梦当天，有一个年轻姑娘进入做梦者的家，她激起了他的欢愉，给他留下印象，似乎她不会很抗拒此类接近。两座宫殿之间的小房子取自对在布拉格的布拉格堡的记忆恢复，进而

第 1 卷（1910—1911）。

① 弗洛伊德在前面对这点论述得更详细。

暗示出自这座城市的同一个姑娘。（1909 年）

如果我对患者强调与自己母亲性交这种俄狄浦斯梦的频繁程度，就会得到回答：我记不起这样一个梦。对此马上浮现对另外一个无法辨认而无关紧要的梦的回忆，它在当事人那里频繁重复，而分析表明，这是一个内容相同的梦，即又是俄狄浦斯梦。我可以保证，乔装打扮的关于与母亲性交的梦比坦率的梦频繁许多倍。[①]（1909 年）

---

① （1911 年补充）我在《精神分析中央刊物》第 1 期上公布过这样一个乔装打扮的俄狄浦斯梦的典型例子（弗洛伊德，《乔装打扮的俄狄浦斯梦的典型例子》，1910 年；现在刊登于本注脚的末尾）；另一个例子带有奥·兰克详细的解释（《乔装打扮的俄狄浦斯梦的例子》，1911 年）。——（1914 年补充）关于别的乔装打扮的俄狄浦斯梦，其中显露出眼睛的象征，参见兰克（《俄狄浦斯梦尚未得到描写的形式》，1913 年）。就在彼处还有埃德（《眼睛梦》，1913 年）、费伦茨（《论眼睛象征》，1913 年）、赖德勒（《论眼睛象征》，1913 年）关于"眼睛梦"和眼睛象征的文章。俄狄浦斯传说中与别处的瞎眼作为去势的代表。——（1911 年补充）古人对不加掩饰的俄狄浦斯梦的象征性解释也不陌生。比较奥·兰克《自解的一个梦》，1910 年，第 534 页："这样，关于尤利乌斯·凯撒有一个与母亲性交的俄狄浦斯梦流传，解梦者把它解释成占有土地（大地——母亲）的吉兆。同样为人所知的是提供给塔奎尼乌斯们的预言，罗马的统治权将落到他们中最先亲吻母亲的那个人身上，布鲁图理解成对大地——母亲的暗示（"布鲁图……亲吻……大地，当作所有尘世人的共同母亲。"由 C. F. 克莱贝尔翻译）。——（1914 年补充）对此比较希罗多德第四卷第 107 页的希庇亚斯的梦："希庇亚斯前一夜有如下梦象后却把野蛮人引向马拉松：他觉得睡在自己的母亲身边。从此梦中，他就推断，他会回到雅典，再度得到其统治权，在他暮年死在祖国。"（1911 年补充）这些神话与解释暗示正确的心理认识。我发现，知道自己被母亲偏爱或者称赞者，在生活中表现出那种对自己的信心、那种不可动摇的乐观主义，并非罕见地显得英勇并且强求确实的成功。在其著作《出自〈诗与真〉的一段童年回忆》（《选自精神分析工作的一些性格类型》，1917 年）中，弗洛伊德提及歌德作为母亲最宠爱的孩子生活成功的例子（研习版，第 10 卷，第 265—266 页）。

在本注解开头提及的弗洛伊德的短文（《乔装打扮的俄狄浦斯梦的典型例子》，1910 年）从 1925 年的版本开始重印，跟在此处：

一个乔装打扮的俄狄浦斯梦的典型例子：

一个男子梦见：他与一名夫人有秘密关系，另一人想娶后者。他担心那另一人可能发现这种关系，使得婚事泡汤，因此就对那个男子很温柔；他紧贴着后者，亲吻后者。——做梦者生活中的事实只在一点上切合梦的内容。他与一名已婚妇女保持秘密关系，他跟其丈夫友善，后者做一种多义的表示，在他身上激起怀疑，后者可能觉察到什么。但实际上还有其他事起作用，梦中避免提及，可只有这事提供理解此梦的关键。那个丈夫的生命受一种器质性疾病的威胁。其妻对他暴死的可能性有准备，而我们的做梦者有意识忙于此意图，在那个丈夫谢世后娶年轻的寡妇为妻。通过这种外在的情境，做梦者发现自己被置身于俄狄浦斯梦的状况中，他的愿望有关于风景或者地方的梦，梦中还强调有把握：我已经到过那里（1909年）。这种“似曾相识、既视感”却在梦中具有特殊意义[①]。（1914年）这种地方就总是母亲的生殖器；事实上，对其他任何地方，人都不能如此肯定地声称，“已经到过那里”。（1909年）唯一一次，一个强迫性神经症患者因告知一个梦而置我于窘境，梦中据说他去看一套他已经到过**两次**的住宅。恰恰是这个病人却在较长时间之前给我讲述了他六岁时的事情，他当时曾与母亲共床，乘机把手指插入正在睡觉的母亲的生殖器。（1914年）

频繁充满焦虑的大量梦经常以通过狭窄的房间或者在水中逗留为内容，基于对子宫内生活、在子宫内停留和生育行为的幻想。以下我复述一个年轻男子的梦，他在幻想中已经利用子宫内的机会来偷窥父母之间的交媾。（1909年）

“他置身于一口深井中，里面有一扇窗户像在塞默灵隧道中。通过这扇窗户，他先看见空荡荡的地形，然后他编进去一幅图画，这幅图画也就马上在那里了，填补了空白。图画表现一块耕地，被工具深翻过，而好空气、这时缜密工作的想法、蓝黑土块造成美好的印象。他就继续向前，看见一本教育学的书打开……惊异于其中对（儿童的）性感觉已经给予如此多的关注，此时他不禁想到我。”（1909年）

一名女患者漂亮的水梦如下，它在治疗中得到特别使用：

在她夏季在海滨逗留时，她坠入灰暗的水中，那里苍白的月亮映在水中。此类梦是生育梦；如果颠倒显性梦里告知的事实，就得到对它们的解

可能杀死丈夫以赢得女子为妻，他的梦以虚伪的变形表达这种愿望。梦不是以与另一人结婚开始，而是另一人才想娶她，这与他自己的秘密意图相应，而对丈夫的敌意愿望隐藏在外露的温存后面，这些温存出自对其童年与父亲交流的记忆。（虚伪的梦在前面得到探讨）

① 该主题在后面再次提及。

释，即并非坠入水里——而是从水里出来，亦即生出来。[1]如果想到法文中“月亮”恶作剧的意义，就会辨出人生出来的地方。苍白的月亮就是白屁股，孩子很快就猜出由此而来。那女患者希望在其夏季逗留时“被生出来”意味着什么？我询问做梦女人，她不加犹豫地回答：“我通过治疗不是如同**新生**吗？”这样，这个梦就成了邀请，要在那个夏季逗留地继续治疗，亦即到那里给她出诊；它或许还包含对自己要成为母亲这种愿望的一种非常羞怯的影射。[2]（1909 年）

另一个生育梦，我从 E. 琼斯的一篇文章（《弗洛伊德的梦理论》，1910 年）[3]中取来此梦连同对它的解释：“**她站在海岸上，照管似乎是她的一个小男孩儿，而他在蹚水。他蹚水到了这种地步，直到水覆盖了他，使得她只能看见他的头，他在水面上下移动。场面后来变成旅馆满是人的大厅。其夫离开她，而她跟一个生人开始交谈。**”

在分析时，梦的后半部分直截了当地揭示为表现逃避其夫并与第三者建立暧昧关系。梦的第一部分是明显的生育幻想。在梦中与在神话中一样，从羊水中分娩孩子通常借助颠倒被表现成孩子入水。除了许多其他例子外，阿窦尼[4]、俄塞里斯[5]、摩西和巴古科斯[6]的出生都对此提供了广为人知的例证。脑袋在水中的上浮下隐让女患者马上记起她在其唯一一次妊娠期间了

① （1914 年补充）关于水中生育的神话意义，参见兰克《英雄诞生的神话》。

② （1909 年补充）关于子宫中生活的幻想和潜意识的意念的意义，我后来才学会评价。它们既包含澄清会被活埋这种如此多人奇特的焦虑，也包括对相信死后永生作最深刻的潜意识说明，永生只是表现这种产前不可名状的生命投射到未来。生育行为还是首次焦虑经历、进而是焦虑情绪的来源与蓝本。（比较《抑制、病征与焦虑》第八章开头不远一段中对此梦有晚得多的探讨）

③ 此段和后面两段于 1914 年补充。

④ 原本为叙利亚的植物神，后作为年轻美男与阿佛洛狄忒的情人被纳入希腊神话。——译注

⑤ 一译“奥西里斯”。埃及宗教中的王室丧葬神、死神的主宰。——译注

⑥ 狄俄尼索斯的拉丁文名字，希腊罗马宗教中丰产与植物之神，亦是酒与狂欢之神，宙斯与塞墨勒之子。——译注

解的胎动的感受。想到入水的男孩，唤起一种梦幻，她在其中看见自己把他从水中拉出来，把他带入儿童室，给他洗涤、穿衣，最后带到她屋里。

梦的后半部分就表现涉及离开的那些意念，这种离开与隐蔽的梦意念的前半部分有关；梦的前半部分符合第二部分的隐性梦境、生育幻想。除了先前提及的颠倒外，其他的颠倒在梦的两半中都占据位置。在前半部分，孩子**入水**，然后，他的脑袋在摆动；在作为基础的梦意念中，胎动才浮现，然后孩子**离**水（一种双重颠倒）。在后半部分，她丈夫离开她；在梦意念中，她离开其夫（由奥·兰克翻译）。

亚伯拉罕[①]讲述了一个盼望其首次分娩的少妇的另一个生育梦（《梦与神话；民族心理学研究》，1909 年，第 22 页以下[②]）。房间地面上有一条地下渠道直接通入水中（产道——羊水）。她在地面上揭起一个盖子，立即出现一个裹在浅棕色毛皮里面的家伙，几乎与海豹相同。此人原来是做梦女人的弟弟，她跟他向来有如母子般的关系。（1911 年）

兰克（《唤醒梦的象征交叉及其在荒唐无稽思维中的再现》，1912 年）借助一系列梦表明，生育梦与尿刺激梦使用相同的象征。性爱刺激在这些梦中被表现成尿刺激；这些梦中的意义分层符合自童年起象征的意义变迁。（1914 年）

此处，我们可以追溯到我们中断过的主题，追溯到干扰睡眠的器质性刺激对成梦的作用。在这些影响下形成的梦十分坦率地对我们展示的不仅是遂愿趋势，还很频繁地展示完全显而易见的象征，因为并非罕见的是一种刺激导致苏醒，**在梦中已经徒劳地尝试过以象征性的表达来满足这种刺激**。这适用于遗精梦和由尿急和大便急迫而引起的梦。“遗精梦的真正特

① 卡尔·亚伯拉罕（1877—1925），德国精神病学家。——译注

② 在“人类自然性（Conditio Humana）”系列的亚伯拉罕版本中，1969 年、1971 年，第 1 卷，第 280 页。

点不仅使我们有可能直接揭示某些已经被识别为典型的、却仍争论激烈的性象征，而且能够使我们确信，某些表面无伤大雅的梦情境也只是一个粗俗的性场景的象征性前奏，这种场景却大多只在相对罕见的遗精梦中得到直接表现，而它足够经常地突变成一个焦虑梦，后者同样导致苏醒。”（兰克，出处同上，第 55 页。）（1919 年）

尿刺激梦的象征尤其显而易见，历来被猜中。希波克拉底（《古老医术》，1962 年，第 259 页）就已经持此见解，即如果梦见喷泉与井，就意味着膀胱障碍（哈・霭理士，《梦的世界》，1911 年，第 164 页）。舍尔讷（《梦的寿命》，1861 年，第 189 页）研究了尿刺激象征的多种多样性，也已经主张，“较强烈的尿刺激总是骤变成性范围的刺激及其象征性产物……尿刺激梦常常同时是性梦的代表”。（出处同上，第 192 页）（1919 年）

我在此遵循奥・兰克在其关于《唤醒梦的象征分层》（1912 年）的文章中的阐述，他使之很有可能的是，大量“尿刺激梦”其实由性刺激引起，后者起先试图以尿道性欲的幼儿期形式上的退行这种途径来满足自己（出处同上，第 78 页）。尤其富有教益的就是那些情况，其中如此制造的尿刺激导致苏醒并导致排尿，尽管如此，此后梦却继续，而其需要就以不加掩饰的性爱图景表现出来。[①]（1919 年）

肠刺激梦以极相似的方式揭示相关的象征，同时也证实人种心理学上得到充裕证明的**金子**[②]与**粪便**[③]的关联。[④]例如，一名妇人因为肠障碍而在

---

① （1919 年补充）“相同的象征表现，在幼儿期意义上作为膀胱梦的基础，它们在‘最近的’意义上以突出的性意味出现：水 = 尿 = 精液 = 羊水；船 Schiff = ‘撒尿 schiffen’（urinieren）= 生殖窠（橱柜）；变湿 = 遗尿 = 交媾 = 妊娠；游泳 = 尿充盈 = 未出生者逗留；雨 = 泌尿 = 受精象征；旅行 =（行驶 = 下车）= 起床 = 性交（‘行驶’、新婚旅行）；泌尿 = 性排泄（遗精）。”（兰克，《唤醒梦的象征交叉及其在荒唐无稽思维中的再现》，1912 年，第 95 页。）

② Gold。——译注

③ Kot。——译注

④ 参见弗洛伊德（《性格与肛欲》，1908 年）；兰克（《唤醒梦的象征交叉及其在荒唐无稽思维

接受医生治疗，她就梦见一名掘宝人，他在看起来像一个乡间**厕所**的一座小木屋附近埋**宝**。梦的第二部分作为内容的是，她如何给其孩子、一个**弄脏了**的小姑娘**擦屁股**。（兰克，《唤醒梦的象征交叉及其在荒唐无稽思维中的再现》，1912 年，第 55 页）（1919 年）

与**生育梦**做伴的是关于**"拯救"**的梦。如果是一名妇人梦见拯救、尤其是从水里救起来，拯救与生育同义，但如果做梦者是一名男子，却修改这种意义（参见在普菲斯特 1909 年《采用精神分析的精神关怀与精神治疗一例》处的这样一个梦）。——关于"拯救"这个象征，参见我的报告：《精神分析疗法未来的机遇》（1910 年）以及《性爱生活心理学文集 I；论男子选择目标的特别类型》（1910 年）。（1911 年）①

人们上床前害怕强盗、夜间闯入者与鬼怪，他们偶尔也造访睡眠者，这些人物源自同一种幼儿期记忆恢复。正是夜访者把孩子从睡眠中唤醒，把他们置于便盆上，以使其不尿湿床，或者掀起被子，仔细查看其睡眠期间手怎么放。从对一些这样的焦虑梦的分析中，我还能够验明夜访者本人。强盗每次都是父亲，鬼怪大概更多相当于穿着白色睡衣的女人。（1909 年）

中的再现》，1912 年）；达特讷（《金子与粪便》，1913 年）；赖克（《金子与粪便》，1915 年）。（也参见弗洛伊德《民间创作中的梦》，1957 年）

① （1914 年补充）还有兰克《拯救幻想例证》，1911 年；赖克《论拯救象征》，1911 年。（1919 年补充）兰克《梦与创作》，《梦与神话》，《梦与创作中的"生育拯救幻想"》1914 年。

己　例子——梦中计算与言语[①]

在我把控制成梦的第四个因素置于其应有的位置之前，我想从我的梦汇编中提出一些例子，它们部分能够解释三种我们所知的因素的共同作用，部分能够为自说自话的论断增补证明或者从中阐明不容驳回的结论。对我而言，的确在上面对梦工作的说明中变得相当困难的是，要借助例子来证明我的结论。适用于各项定理的例子只在解梦的语境中才有证明力；脱离语境，它们就丧失其美，而哪怕不怎么深入的解梦也很快会变得如此广博，让人失去探讨的线索，它本该服务于这种探讨。只是通过与前面一节的文本的关系而集中起来的各种事物，如果我将其罗列在一起，这种技巧动机可以作为辩解。（1900 年）

首先是梦中具有极其独特表现方式或者具有非同寻常表现方式的一些例子。一名夫人的梦中据说如此：**一名女仆站在梯子上像是要擦窗户，身边有一只黑猩猩**[②] **和一只大猩猩猫**（后来纠正成：**安哥拉猫**）。**她把动物甩向做梦女人；黑猩猩紧贴后者，而这很恶心**。此梦通过一种至为简单的手段达到其目的，即它按字面意义对待习语，按其原文来表现。“猴子”像一般动物名一样是詈词[③]，而梦情境所说无非是“**向周围乱甩骂人的话**[④]”。这同一种汇编很快将为在梦工作上应用这种简单的窍门带来其他例子。

① 如在戊节中的情况一样，本节前半部分一大部分在该著作后来的版本中才补充。相应地，每段首次出现的日期也在括号中标明。本节后半部分出自初版。——带有梦分析例子的另一处汇编见于弗洛伊德的《心理分析入门讲座》（1916—1917）第 12 篇。

② Schimpanse。——译注

③ Schimpfwörter。——译注

④ mit Schimpfworten um sich werfen。——译注

（1900 年）

另一个梦行事也极相似：**一名妇人带着一个孩子，后者有个畸形得扎眼的头颅；她听说，这孩子因在母体中的位置而变成这样。医生说，可以通过压迫法使头颅形状更好，只是这会损伤大脑。她想，因为是男孩，对他损伤会少些**。——此梦包含对“**儿童印象**”这一抽象概念的形象表现，在对治疗做解释时，做梦女人听说过这个概念。（1900 年）

梦的工作在如下例子中选取一条略有不同的道路。梦包含对前往格拉茨附近的希姆湖一次远足的回忆：**外面天气很可怕；一家寒酸的旅馆，墙上滴着水，床是潮湿的**（梦境的后一部分没有我说的那么直接）。梦意味着“**多余**”。梦意念中出现的抽象名词先是被强行弄得歧义了，如用“溢出”来代替，或者用“流动[①]并且多余[②]”来代替，然后用一大堆同类印象来表现。外面是水，里面墙上是水，水是床上的潮气，一切流动并过于流动（1900 年）。为了表现的目的，在梦中，正字法大大让位于词语的响音，比如，如果韵脚允许类似的自由，不怎么会让我们惊异。在一个详尽的由兰克告知并且深入分析的一个年轻姑娘的梦里，讲述她在田地间散步，她在那里割开大麦**穗**和谷**穗**[③]。一个青年朋友迎面向她走来，而她想避免遇见他。分析表明，事关**尊敬之吻**（《自解的一个梦》，1910 年，第 482 页）。穗子不会被扯下，而是被割开，在梦中作为穗子本身并且因为它们被**尊敬**[④]**、敬意**[⑤]来浓缩，用于表现一整个系列其他（潜在的）意念。（1911 年）

为此，语言在其他情况下让梦很轻松地表现其意念，因为语言拥有一

---

① flüssig——译注

② überflüssig——译注

③ Ähren——译注

④ Ehre——译注

⑤ Ehrungen——译注

整个系列话语，后者原初指的是形象而具体的意思，眼前在淡化、抽象的意义上得到使用。梦只需把原先完整的意义还给这些话或者在词语的意义变迁中再下降一点。例如某人梦见其兄弟待在一只**箱子**里；解梦工作中，箱子由一只“**柜子**”[①]替代，而梦意念就是，该兄弟要“**约束**”[②]自己，也就是代替他。[③]（1909年）另一个做梦者登上一座山，他在山上具有远得非同寻常的**远景。**[④]他此时与一个兄弟认同，后者出版一份《评论[⑤]》，该刊研究与**远**东的关系。（1911年）

在《绿衣亨利》[⑥]的一个梦里，一匹忘情的马在最美的燕麦中打滚，每颗麦粒却是“一颗甜蜜的杏仁核、一颗葡萄干和一个新的芬尼”，“一起裹在红绸里，用一小段猪鬃捆扎着”。作家（或者做梦者）立即给我们提供了对这种梦表现的解释，因为马觉得痒得舒服，它就喊道：**我飘飘然了。**[⑦]（1914年）

古北欧语时期的萨加文学特别丰富地使用习语梦与双关诙谐语梦（根据亨岑《论北欧萨加文学中的梦》，1890年），这种文学中几乎找不到没有双关意义或者文字游戏的一个梦例子。（1914年）

搜集此类表现方式并根据作为其基础的原则来整理，该会是一项特殊的工作。（1909年）几乎可把这些表现中的某些表现称为滑稽。人们的印象是，如果做梦者不懂得告知它们，人家自己绝不会猜中：

---

① Schrank——译注

② einschränken——译注

③ 此例与下一个例子（连同略有不同的评论）也包含在《精神分析引论讲座》第7与第8篇（1916—1917年，研习版，第1卷，第135页与第142页）中。

④ Aussicht。——译注

⑤ Rundschau，德文意为环顾，环视，四顾；评论。——译注

⑥ 戈特弗里德·凯勒所作，第四部分，第六章。

⑦ Der Hafer sticht mich，德文字面意思为“燕麦刺痛我了”，指得意忘形、忘乎所以、飘飘然。——译注

1．一个男子梦见，**人家问他一个名字，他却记不起来**。他自己解释道，这就是说：**我在梦里想不起来**。（1911 年）

2．一名[①]女患者讲述了一个梦，梦中**所有行动者都特别高大**。她补充道，这就是说，必定事关我的童年早期的一个事件，因为那时我当然觉得所有成人都如此高大得非同寻常。她本人在此梦境中未出现。

移置入童年在其他梦中也有不同的表示，方法是时间被转成空间。人家看见当事人与场景如同远在一条漫长的道路的尽头，或者这样，似乎人家用方向颠倒的一副观剧望远镜看到的那样。（1911 年）

3．一个男子在清醒状态时倾向于用抽象与不确定的表达方式，素有幽默的天分，在某种关联中梦见，**他上火车站，正好一列火车到达。随后，却让站台接近停着的火车**，也就是对现实过程的一种荒诞颠倒。此细节也无非是一种标志，提醒人梦境中会颠倒不同的事。对同一个梦的分析引向对图画书的回忆，书中有些画表现那些男子头朝下倒立，用手走路。（1911 年）

4．同一个做梦者另外一次报告一个短梦，此梦几乎让人想起画谜的技巧。**他叔父在汽车**[②]**里给他一个吻**。他直接给出了我绝不会想到的解梦，这就会意味着：**自体情欲**[③]。清醒时的一次戏谑可能也是这样。[④]（1911 年）

---

① 此例与后面两例第一次是在一篇短文——《解梦补遗》（弗洛伊德，1911 年）中公开。

② Automobil——译注

③ Autoerotismus——译注

④ 在《精神分析引论讲座》第 15 篇（1916—1917 年，研习版，第 1 卷，第 237 页）中也以略

5. 做梦者**在床后面拉出一个妇人。**[①] 这意味着：他给予她以优先权[②]。[③]（1914 年）

6. 做梦者**作为军官在桌旁与皇帝对坐**[④]：他与父亲**对立。**[⑤]（1914 年）

7. 做梦者**治疗骨折**[⑥] **的另一人**。分析表明此骨折是对**通奸**[⑦] 之类的表现。[⑧]（1914 年）

8. 在梦境中，日间时间非常频繁地代表童年这个人生阶段。例如，在一名做梦者那里，晨间五点一刻意味着五岁三个月这个年纪、一个小弟弟出生在这样一个重要时刻。（1914 年）

9. 梦中对**人生阶段**的另一种表现：**一名妇人与两个相差 15 个月的小女孩同行**。做梦女人在她所熟识的家庭中没有发现一家与此事切合。她

有不同的表述报告过此梦。

① Zieht eine Frau hinter dem Bett hervor。——译注

② Vorzug，字面上亦可理解为“拉到前面”的名词形式。——译注

③ 此梦也在《精神分析引论讲座》中被引用，而且在讲座第 7 篇中，出处同上，第 135 页。现有的例子系列中第五、第六、第八和第九中的梦第一次是在弗洛伊德 1913 年《精神分析经验与例证》中公开。

④ Sitzt als Offizier an einer Tafel dem Kaiser gegenüber.——译注

⑤ Bringt sich in Gegenssatz.——译注

⑥ Knochenbruchen——译注

⑦ Ehebruch——译注

⑧ 弗洛伊德在其《精神分析引论》第 11 篇（出处同上，第 183 页）中涉及此例子，他在彼处一个脚注中描写证实有关解梦的“症状治疗”。

自己解释，两个孩子表现她本人，而梦提醒她，她童年的两起创伤事件相距相同。(3 岁半与 4 岁 9 个月)(1914 年)

10. 不足为奇的是，接受心理分析治疗中的人员经常梦见这种治疗，不禁在梦中表达这种治疗所激发的所有意念与期望。为治疗所选择的图片通常是行驶的图片，大多在**汽车**中，汽车作为一个新型、错综复杂的阀门；在暗示汽车迅捷中，被治疗者的嘲讽就如愿以偿。如果“**潜意识**”作为清醒意念的要素在梦中得到表现，则它完全合乎目的地通过“**地下的**”地方来代替，这些地方在其他时候与分析治疗全无关系，曾经意味着女体或者母体。“**下面**”在梦中非常频繁地指涉生殖器，相反的，“**上面**”指涉脸、嘴或者胸。梦工作通常以**野兽**象征热情的内驱力，既是做梦者的也是其他人的热情内驱力，做梦者害怕他们，也就是那些人自己，带有极微小的移置象征，他们是这些热情的载体。由此，离听起来像图腾崇拜的通过恶兽、狗、野马来表现所惧怕的**父亲**就不远了。① 可以说，野兽用于表现自我所惧怕的、通过压抑来制服的力比多。连神经症本身、“病人”也常常被做梦者分裂，作为独立的人在梦中形象化。(1919 年)

11. (汉・萨克斯《论梦的表现技巧》，1911 年)“我们从《梦的解析》中知道，梦工作了解不同的途径，以感性——直观地表现一句话或者一句习用语。例如，它能利用要表现的表达方式模棱两可这种情况，把双关含义用作‘道岔’，不采纳在梦意念中出现的第一种意义而把第二种纳入显性梦境。

“这发生在下面告知的小梦里，而且把对此合适的最近日间印象巧妙

---

① 参见弗洛伊德《图腾与禁忌》(1912—1913)第四章第三节。

地用作表现材料。

“我做梦当日患了感冒，因此晚上决定，只要可能，夜间就不离床。梦表面上只让我延续我的日间工作；我忙于把剪报粘到一本书上，当时我努力给每段剪报分配一个合适的位置。梦的内容是：

“‘**我努力把一段剪报粘到书中；它却不到引起我巨痛的那一页去**。’

“我苏醒了，不禁察觉，梦的疼痛作为真实的身体疼痛而持续，也就强迫我背离我的意图。作为‘睡眠的守护者’，梦通过表现‘它却不到那一页去’这些话对我假装实现了我待在床上的愿望。”（1914 年）

简直可以说，为了对梦意念作视觉表现，梦工作使用了所有可它用的手段，无论后者是否显得允许清醒批评，而它由此遭受所有那些只是听说过解梦、并未自己从事过解梦者的怀疑与嘲弄。尤其是斯特克的书《梦的语言》（1911 年）富于此类例子，不过我避免由彼处提取证据，因为著作者的不加批评与技巧上的任意性也让不囿于偏见者对书的内容产生怀疑。（1919 年）

12. 选自 V. 陶斯克的一篇文章《服务于梦表现的衣服与色彩》（1914 年）：

甲梦见，**他看见其早先的家庭女教师穿着黑色的发光衣服**①，**臀部以上紧绷在身上**。——这就是说，他宣称此妇人**贪欲**。②

丙在梦中**看见公路上有一个姑娘，被白色的灯光环绕，穿着一件白**

① Lüsterkleid——译注

② lüstern——译注

色[1] **罩衣**。做梦者在那条公路上与一名**魏斯**[2]小姐初步亲热过。

丁女士梦见，她看见**年老的布拉瑟尔**[3]（**一名** 80 **岁的维也纳戏剧演员**）**全副武装**[4]地**躺在长沙发上。然后，他跳上桌椅，抽出剑，一边在镜中看着自己，用剑在空中来回乱舞，似乎他在跟想象中的敌手战斗。**

解梦：做梦女人有**陈旧性膀胱疾患**[5]。分析时，她躺在长沙发上，每当她在镜中看见自己，就不顾其年龄与其疾病仍暗自想象自己**相当硬朗。**[6]（1914 年）

13. 梦中的“巨大成就”。

男性做梦者看见自己**作为妊娠的女人躺在床上。对他而言，情况变得相当麻烦。他喊道：“那我还宁可……”**（分析时，他在回忆一名护理人员后补充道：敲石头）。**他床后挂着一张地图，其下沿由板条来固着。他在两端抓住板条，把这个板条扯下来，它却不是横着折断，而是碎裂成纵向的两半。这样，他就轻松了，也促进了分娩。**

他把不经帮助就扯下**板条**[7]解释成一项巨大的“**成就**[8]”，由此，他摆脱了其（在治疗中）不快的处境，他脱离了其女性的胎位……板条不仅折断，而且沿着长度碎裂，这一怪诞的细节得到解释，做梦者回忆起，加倍与摧毁一起包含对去势的影射。在固执的相反愿望中，梦相当频繁地通过

---

① weiß——译注

② Weiß——译注

③ alten Blasel——译注

④ Rüstung——译注

⑤ altes Blasenleiden——译注

⑥ rüstig——译注

⑦ Leiste——译注

⑧ Leistung——译注

两个阴茎象征的存在来表现去势。“腹肌沟[①]”的确也是接近生殖器的体区。于是他把解释拼合起来，说他克服了把他置于女性胎位的去势威胁。（1919年）[②]

14. 在一次由我用法语实施的分析中，要解一个梦，我在其中作为象出现。我当然得问，我怎么会得到这种表现。“您在愚弄我[③]”，做梦者回答（trompez= 象鼻）。（1919 年）

通过牵强地利用相当疏远的关系，梦工作也常常成功地表现相当难以塑造的材料，如专有名词。在我的一个梦里，**老布吕克对我提出了一项任务。我制作了一份标本，从里面拣出点东西，看起来像揉皱的锡纸**[④]（关于此梦，以后还有更多）。不易发现的闪念对此得出：“Stanniol”[⑤]，我就知道，我指的是作者名字 Stannius，我早年带着敬畏考察的一篇关于鱼的神经系统的论文用此名。我的教师（布吕克）对我提出的首项学术任务确实涉及一种鱼——鳃鳗幼体的神经系统（弗洛伊德，《论鳃鳗幼体脊髓中后神经根的起源》，1877 年）。后者的名字在画谜中显然根本不能用。（1900 年）

我不愿放弃在此再插入一个具有特别内容的梦，它也作为儿童梦值得注意，通过分析很容易澄清。一名夫人讲述道：“我能够回忆起，我是孩子时反复梦见，**亲爱的上帝头上有一顶弄尖的纸帽**。因为人家惯常在吃饭时

---

① Leiste——译注

② 此例最初以略为详细的文本作为独立的文章发表（弗洛伊德《对梦中“巨大成就“的表现》，1914 年）

③ Vous me trompez——译注

④ Silberpapier。——译注

⑤ Silberpapier = Zinnfolie 锡纸；Stanniol 由 stannium = 锡派生而来。

把这样一顶纸帽给我戴上，让我不能张望其他孩子的盘子，看他们得到了多少相关的菜。因为我听说，上帝无所不知，所以这个梦意味着，我尽管被戴上帽子也知晓一切。”[①]（1910 年）

梦工作的内容是什么[②]，它如何对待其材料、梦意念，可以用富有教益的方式借助梦中出现的数字与演算来表明。对迷信而言，所梦见的数字还被视为特别富有希望。我就会从我的汇编中找出一些此类例子。

一

选自一名夫人的梦，在治疗结束前不久：

她想给什么东西付钱；其女儿从她钱袋中拿出 3 弗罗林 65 克朗；她却说：“你干吗？那可只要 21 克朗。”由于做梦女人的状况，不经她进一步澄清，我就能理解这一小段梦。夫人是个外地人，她把其女安置在一所维也纳教育机构，只要其女留在维也纳，她就能继续接受我的治疗。三周后，其女的学年就结束了，这样治疗也结束了。做梦前一天，机构领导对她摆明，她是否能够决定让孩子在后者处再留一年。她显然就暗自朝那个方向接续此提议，即她在此情况下也可以把治疗延长一年。梦就涉及此事，因为一年等于 365 天，至学年与治疗结束时的三周可以用 21 天替代（即使没有同样多的治疗时数）。在梦意念中取决于时间的数字在梦中附加了货币价值，并非没有表达更深的意义，因为“时间就是金钱”，时间具有货币价值。365 个十字币当然就是 3 个古尔登 65 个十字币。梦中出现的金额小是明显的遂愿；愿望缩小了治疗费用与在教育机构中学年的费用。

① 此梦也在弗洛伊德的《精神分析引论讲座》（1916—1917 年，第 7 篇讲座，研习版，第 1 卷，第 132 页）中得到讨论。

② 除第四个例子外，该节（己节）的剩余部分已经包含在 1900 年的初版中。

二

另一个梦中的数字导致错综复杂的关系。一名结婚已经有些年头的少妇获悉，一名与她几乎同龄的熟人——埃莉泽·L. 刚订婚。于是，她梦见：**她与其夫坐在剧院里，正厅前排的一侧完全无人。其夫告诉她，埃莉泽·L. 与其新郎本也想来，但只得到差座位，1 弗罗林 50 克朗 3 个座位，他们的确不能要这些座位。她以为，这也不是不幸。**

这 1 弗罗林 50 克朗源何而来？来自前一日其实无关紧要的诱因。她的小姑从她丈夫处得到 150 弗罗林作为礼物，赶着脱手，为此买了一件首饰。我们要说明，150 弗罗林比 1 弗罗林 50 克朗 100 倍还要多。何来这取决于剧院座位的 3 呢？为此，只得出一种联系，新娘比她小同样多的月份数——**3 个月**。正厅前排一侧空着，导致解梦的就是探询梦中的这个特征可能意味着什么。这个特征是未作变动地影射一件小事，此事给她丈夫提供了很好的理由来打趣。她打算去看预告过的本周的一次剧院演出，她有备在先，提前好几天要了票，为此，她得支付预购费。他们后来进剧院时，发现剧院的一侧几乎是空的；她本**不必如此匆忙**。

我现在会用梦意念来代替梦：“如此早婚可是**不明智的**，我本**不必如此匆忙**。以埃莉泽·L. 为例，我发现，我总还能找到丈夫。而且，只要我**等**（与小姑的**匆忙**相反），会找个强上**百倍**的（丈夫、财宝）。我都能用钱（嫁妆）买来三**个**这样的丈夫！”我们注意到，比起先前讲述过的梦来，此梦中，数字改变意义与关联的程度高得多。梦的转换与变形工作在此更可观，我们解释为，这些梦意念直至其表现要克服程度特别高的内心阻抗。我们也不要忽视，此梦中包含一个怪诞的要素，即**两个**人会要三**个**座位。如果我们提出，梦境这个怪诞的细节要表现最为强调的梦意念：如此早婚是**不明智的**，我们就延伸至对梦中怪诞性的解释。3（年龄上相差 3 个月）包含在两个相比的人很无关紧要的关系中，就巧妙地被用于制造梦所需的不明智。实际的 150 弗罗林缩小至 1 弗罗林 50 克朗，符合做梦女人被压抑的意念中对丈夫（或者财宝）的**轻视。**[①]

三

另一例子给我们演示了梦的计算术，这种计算术曾给梦带来如此多蔑视。一名男子梦见：**他坐在 B 那里**……（他的故知中一个家庭）**并说："您没把马利给我，真是不明智。"随后，他问那姑娘："您究竟贵庚几何？"回答："我生于** 1882 **年。"——啊，那您** 28 **岁了。**

因为梦发生于 1898 年，显然算得很差，而做梦者的计算缺陷如果不能得到别的澄清，可以与麻痹症患者的计算缺陷相提并论。我的那名患者属于那些人，他们的意念放不下任何他们看见的女流之辈。在我的诊室，他后面的人累月通常是他遇到的一名少妇，他频繁地打听她，想对她绝对殷勤。正是这名少妇，他估计其年龄为 28 岁。对表面上的计算结果的澄清就这么多。1882 年，却是他结婚的年份。他不能错过也与在我这里遇见的两名别的女性开始谈话，那两个绝对不青春年少的姑娘，她们惯常交替给他开门，他觉得姑娘们不怎么亲切时，就对自己解释道，她们大概以为他是较年长的"**老成持重的**"先生。

四[②]

另一个数字梦因显而易见的决定或者不如说多因性决定而突出，对此梦连同对其解释，我感谢 B. 达特讷先生：

---

① 此梦在弗洛伊德的《精神分析引论讲座》（1916—1917）若干处得到更详细的分析，尤其在第 7 篇末与第 14 篇讲座中（研习版，第 1 卷，第 136—138 页、第 223—224 页和第 227—228 页）。

② 此例于 1911 年补充。

“我的房主、市府机构的安全警卫人员梦见，他在街上站岗，这是遂愿。这时，一名督察朝他走来，领牌上用的号码是 22 **和** 62 **或者** 26**。但无论如何，上面有若干个二。”**

复述梦时，2262 这个数字分开就已经可以让人推断，这些组成部分分别具有意义。他想起来，他们昨天在机关里谈论其服务时间的长短。起因是一名督察，他 62 岁时退休。做梦者才服务 22 年，要得到 90% 的退休金，还需 2 年 2 个月。梦先是佯装满足一个夙愿，以督察级别来蒙蔽他。领子上带有 2262 的上级是他本人，他在街上履职，也是至爱的愿望，服役满他那 2 年 2 个月，就能像 62 岁的督察那样以全额退休金离职。①

如果我们聚合这些与类似的（以后跟进的）例子，我们可以说：无论正确还是错误，梦工作根本不计算；它只以计算的形式拼合那些数字，那些数字在梦意念中出现并能用作影射一种不可表现的材料。它此时以完全相同的方式把数字用作表达其意图的材料，就像对待所有别的想象，对待名字与可以识别为词语想象的话语。

因为梦工作也不可能新造话语。尽管梦中出现如此众多的话语与答语，本身可能无意义或者无理性，分析每次都对我们表明，在这方面，梦只从梦意念中选取确实做过或者听见过的讲话的片断，极其任意地处理它们。梦不仅使这些片断脱离上下文并肢解它们，吸收一块，摒弃一块，而且经常重新拼合，使得显得相关的梦话在分析时分解成几块。在这种重新利用时，梦经常把言辞在梦意念中具有的意义置于一旁并且从原文中找出全新的意义。②如果细看，会在梦话上把较清晰的、严密的组成部分与其他的

---

①（1914 年补充）对其他数字梦的分析参见荣格（《论对数字梦的认识》，1911 年）、马尔齐诺夫斯基（《数字中的三篇小说》，1912 年）与其他人。这些梦常常假设十分错综复杂的数字运算，却由做梦者以令人惊愕的可靠性完成。也参见琼斯（《潜意识的数字运算》，1912 年）。

②（1909 年补充）与梦行事方式相同的还有神经症。我认识一名女患者，她患的病是，她不由自主或不情愿地听见歌曲或者歌曲的片断（幻觉），而不能理解它们对她心灵生活的意义。她

区别开来，后者用作黏合剂，很可能得到补充，就像我们在阅读时补充遗漏的字母与音节。梦话就具有角砾岩的结构，其中不同材料的较大碎块通过硬化的中间团块得到黏结。

但只对梦中的那些话语而言，这种描写在完全严格意义上是正确的，那些话语具有话语的一些感性特征，被描写成“话语”。其他的没有仿佛被感受成听见或者说过（梦中没有在听觉上或者运动性上一同得到强调），就是意念，就像它们出现于我们清醒时的思维活动中并且不做变动地转入许多梦中。对梦那被视为无关紧要的话语材料而言，似乎连阅读也充当富有流动性而难以追踪的来源。但在梦中作为话语而以某种方式凸显的一切，经历溯源至实际的、自己做过的或者听见的讲话。

为了其他目的，我们告知过一些梦，在分析这些梦时，我们已经发现过此类梦话寻源的例子。例如在“无伤大雅的市场梦”中，其中**再也得不到这个了**这样的话语用来让我与屠夫认同，而其他话语的另一部分：**我不了解这个，我不要**，简直履行要让梦无伤大雅的任务。因为做梦女人在前

还肯定不是偏执狂。分析就表明，她借助某些不拘一格而滥用这些歌曲的歌词。“轻轻地，轻轻地，虔诚的曲调 Weise。”（韦伯的《自由射手》中阿加特的歌曲）。这对她的潜意识意味着：虔诚的孤儿 Waise，而她本人是孤儿。“哦，你这有福者，你这欢愉者”是一首圣诞歌曲的开头；她没有把歌曲延续到“圣诞时光”，她把它变成一首新娘歌曲，诸如此类。这同一种变形机制还可无幻觉地在单纯的闪念中得以实现。为何我的一名患者被对（普拉滕的）一首诗的回忆袭扰，他年轻时必定学过这首诗：

“夜间在布森托 Busento 河畔低吟……”

因为他的幻想满足于这句引文的一部分：

“夜间在胸脯 Busen 上。”

为人所知的是，模仿诗文的幽默没有放弃这雕虫小技。《飞叶》曾经在其对德国“经典大家”的插图中对席勒的《庆祝胜利》也登载了一幅画，引文提前结束。

“对新夺来的女人
阿特柔斯 Atrid 感到高兴，就缠绕。”
续文：为了胴体的刺激
把他的双臂极度幸福地缠绕起来。

一天用话驳回了其厨娘的不知什么过分要求：我不了解这个，**请您品行端正些**，就从这段话语中把听上去无关紧要的第一部分拿到梦里，以用它影射后面的部分，后面的部分很适合梦作为基础的幻想，但也会暴露这种幻想。

用一个类似的例子代替的确得出同一结果的许多例子：**有一个大院子，里面在焚烧尸体。他说："那我走了，这我看不下去。"**（不清晰的话语）**此后，他遇上两个肉铺徒工并问："喂，味道好吗？"一人回答："咳，不好。好像是人肉似的。"**

此梦无伤大雅的诱因如下：晚餐后，他与其妻拜访了规矩但绝非**灵秀可爱的**[①]邻人。好客的老夫人正在用晚饭，**强劝**他（男人之间戏谑地用一个具有性意味的复合词代替之）尝尝。他拒绝了，说他再也没胃口了。"**去您的吧**，您会吃得下"或者类似的话，他就不得不品尝了，然后在她面前称赞："**这可真好**。"他又跟其妻单独在一起时，他就既骂女邻居缠人又骂品尝过的饭食的质量。"这我看不下去"，这即使在梦中也并非以真正的话语出现，是一种意念，涉及请吃饭的夫人身体刺激，可以解译成他不渴望看到此人。

分析另一个梦会变得更富有教益，我就在此处告知此梦，因为构成其中心的话语很清晰，但在评价梦中情绪时才会解释清楚此梦。我很清楚地梦见：**我夜间走入布吕克的实验室，轻轻的一记敲门声后，我给**（逝去的）**弗莱施尔**[②]**教授开门，他与若干生人走进来，说了几句话后，就坐到他的桌旁**。此后跟着第二个梦：**七月，我的友人** Fl（弗利斯）**不引人注目地来**

---

① appetitlich，德文原义为鲜美的，引起食欲的，美味可口的。——译注

② 见后面对所提及人员的解释。

到维也纳；我在街上遇见他，在与我（逝去）的友人 P 交谈，我跟他们到某个地方去，他们在那里像是在一张小桌旁对坐，我在小桌狭长一侧前部。Fl 讲到其姐（妹），说 3 刻钟后她死了，后来是诸如“这是一道槛”的话。因为 P 没听明白他的话[①]，Fl 转向我，问我究竟把多少他的事告诉了 P。对此，我被奇怪的情绪攫住，想告诉 Fl，P（根本什么都不可能知道，因为他）根本没活着。我却说“Non vixit”，自己都注意到这个错误。于是我盯着 P 看，在我的目光下，P 变得苍白、模糊，他的眼睛变成病态的蓝色——最终，他消散了。我对此极为喜悦，现在明白，连恩斯特·弗莱施尔也只是一个幻象、一个亡灵[②]，发现完全可能的是，这样一个人只如人家所喜欢的那样长时间存在，通过别人的愿望能够被排除。

这个美梦聚合了如此众多在梦境上谜一般的特点——做梦期间就批评，说我自己发觉错误，说Non vixit而非Non vivit（这意味着，“他没活过”而非“他没活着”），与逝世者无拘无束地交往，梦本身宣告他们已经逝世，结论荒诞，还有，此结论引起我高度满足——我“拿我的命换也愿意”告知对这些谜的完全破解。在现实中，我却不能做到这点——也就是我在梦中做的事——顾及如此亲爱的人而要去牺牲我的虚荣心。但若遇任何遮掩，我熟知的梦的意义就会破坏。所以，我就满足于先在此、再在以后的段落拿出梦的一些要素来解释。

构成梦的中心是一个场景，其中，我用一瞥消灭了 P。他的眼睛此时变得如此奇怪，蓝得不可名状，然后他消散了。这个场景是明白无误地复制一个实际经历过的场景。我曾是生理研究所的解说员，上早班，而布吕克得知，我有几次到学生实验室太晚了。于是，他有一次准时来开门，静等着我。他说的话寥寥而明确，但关键根本不是话语。压倒性的事物是可

① 此细节在很后面得到分析。

② Revenant——译注

怕的蓝眼睛，他用它们看着我，我在它们面前几乎丧失知觉——如梦中的P，他换错了角色，让我轻松。谁直到高龄还能够想起大师异常美丽的眼睛并且曾见过他发怒，就将能够容易设想当时青春年少的罪人的情绪。

但我就是长期怎么也不能成功地推导出我在梦中用来执法的那个“Non vixit”，直至我明白，这两句话并非作为听见或者喊出的，而是作为**看见的**话在梦中具有如此高的清晰性。于是我立即知道，它们从何而来。在维也纳霍夫堡宫内的约瑟夫皇帝纪念碑基座上可以读到漂亮的话：

Saluti patriae vixit

Non diu sed totus.①

由此碑文，我挑出的是适合我的梦意念中那个有敌意的意念系列并且应该意味着：这家伙的确没什么可插嘴的，他的确根本没活着。我就不禁回忆起，位于大学拱廊的弗莱施尔纪念碑揭幕②后没几天做了此梦，揭幕时我又见到了布吕克的纪念碑并（在潜意识中）不禁带着遗憾掂量，因过早死亡，我那天分极高、完全献身于科学的友人P而失去其在这些空间中立碑这样有理由的资格。所以我在梦中给他立碑；我的友人P名字叫约瑟夫。③

按照解梦的规则，我就总是无理由地把我所需要的non vivit用non

---

①（“他活得并不长久，但完全为其国家的兴旺而活过。”——1925年补充）

正确的碑文：Saluti publicae vixit

Non diu sed totus.

维特尔斯（《西格蒙特·弗洛伊德：其人、学说、学派》，1924年，第86页）很可能切中地猜出了失误的动机是patriae代替了publicae。

② 1898年10月16日。

③ 作为对多因性决定的贡献：我为我来得太晚的辩白内容是，在漫长的夜间工作后，我早晨得走远路从约瑟夫皇帝街到韦林街。

vixit 来代替，对约瑟夫纪念碑的回忆把后者供我支配。梦意念的另一要素必定因其贡献而促成了这点。一些东西就让我注意到，在梦的场景中，对我的友人 P，一股敌意的与一股温柔的意念相遇，前者肤浅，后者被掩饰，而且在 Non vixit 这些相同的话中得到表现。因为他为科学做出了贡献，我为他竖碑；但因为他有恶意的愿望①（在梦的末尾表达出来），因此我消灭了他。我就造了个具有很特别响音的句子，在这个句子上，必定有一个蓝本影响我。只是何处能找到一个类似的对偶——对同一人两种相反的反应的这样一种并列？两种反应都会有资格声称完全有理由，而彼此不会干扰。在唯一一处，却使读者深刻铭记；在莎士比亚的《尤利乌斯·凯撒》中布鲁图的辩解词中（第三幕第二场）："因为凯撒爱过我，我为他哭泣；因为他曾幸福，我就喜悦；因为他勇敢，我尊敬他，但因为他有统治欲，我就杀死他。"这难道不是与我所揭示的梦意念中相同的句子构造与意念对立？我就在梦中扮演布鲁图。只要我能在梦境中对这种意外的细枝末梢的联系找到别的一点证实性踪迹！我想，这可能如下：我的友人 Fl 在**七月份**来到维也纳。这个细节在现实中根本找不到依据。据我所知，我的友人**七月**从来不在维也纳。但七月②这个月份根据尤利乌斯·凯撒③命名，很可能因此代表我所寻求的对中间意念的影射，即我扮演布鲁图。④值得注意的是，我就确实曾经扮演过布鲁图。在一群儿童听众面前，我表演过选自席勒的诗⑤的布鲁图与凯撒的场景，而且是作为十四岁的男孩与小一岁的侄

---

① 该细节在很后面还得到更详细的解释。

② Juli——译注

③ Julius Cäsar——译注

④ 还有 Cäsar 凯撒——Kaiser 皇帝。

⑤ 确实，这是一首对话体的诗，在席勒的《强盗》早期版本第四幕第五场中，卡尔·摩尔吟咏它。

子联手，他当时从英国来我们这里——这样也是一个**归来者**[①]——因为那是我最初的童年岁月的玩伴。随着归来者的出现，那个玩伴又冒了出来。直到我满三岁，我们都分不开，互爱又互斗，而正如我已经略提过的那样，这种儿童关系决定了我与同龄人交往中所有后来的感情。我的侄子约翰从那时起得到许多具体化，复活了在我潜意识的记忆中不可磨灭地固着的他那种本质的显露出这一面或那一面来。他必定有时对我很差，而我必定对我那暴虐者显示过勇气，因为在后来的岁月里，常常有人对我复述一段简短的辩解词，我父亲——他的祖父——责问我：“为何你打约翰？”我以此为自己辩护。用尚不足两岁者的语言，它的原话是：“**我打他，是因为他打我**。”这幕童年场景必定把 non vivit 转移至 non vixit，因为在后来的童年岁月的语言中，打的确叫作痛打；梦工作不拒绝使用此类关联。我的友人 P 在多方面优于我，因而也能够充当童年玩伴的新版，在现实中对他怀有如此没来由的敌意，肯定溯源至与约翰错综复杂的幼儿期关系。[②]我还会回到此梦上。

庚　怪诞的梦——梦中的智力表现[③]

迄今为止，我们解梦时如此频繁遇见梦境中的**怪诞性**这个要素，使得我们再也不愿拖延，要探究这个要素来自何方，它大致意味着什么。我们的确记得，梦的怪诞性给反对评估梦的人提供了一个主要论据，把梦看作无异于一种缩减与破碎的精神活动的一个无意义产物。

---

① Revenant——译注

② 梦话主题在前面与后面都提及。

③ 除一些特地用各自后来的日期标明的段落外，以下直到本书末尾的一切都已经包含在初版（1900 年）中。

我以一些例子开始，其中梦境的怪诞性只是表象，若更好地深入梦的意义，这种表象马上消失。正如人们起先以为的那样，是偶然涉及死去父亲的一些梦。

一

六年前丧父的一名患者的梦：**父亲遭遇巨大的不幸。父亲坐夜车，这时发生脱轨，座位碰到一起，他的头被横向压扁了。于是他看见父亲躺在床上，左眉框上方带着纵向的伤。他惊异于父亲遇难**[①]（他在讲述时补充道，**因为父亲可是已经死了**）。**眼睛如此明亮**。

根据对梦的主流评判，本该如此澄清此梦境：做梦者设想其父的事故时，起先忘了，后者已经在坟墓中安息了几年；做梦的进一步过程中，这种回忆醒来了，导致他甚至一边做梦一边惊异于自己的梦。分析却表明，采取此类解释尤其多余。做梦者在一名艺术家那里预订了父亲的一尊**胸像**，做梦前两天，他察看过胸像。正是这尊胸像让他觉得**失败**。[②]雕塑家从未见过做梦者的父亲，他根据交给他的照片工作。做梦前那一天，这名孝子打发一名老家仆去了工作室，看是否会对大理石的头部下相同的判断，也就是在太阳穴之间，**头部横向太瘦削**了。随之而来的就是回忆材料，促成了此梦的结构安排。如果业务上的担心或者家中难事折磨父亲，他习惯用双手按住太阳穴，似乎想把会让他觉得太宽的头压扁——一把意外上膛的手枪走火染黑了父亲的眼睛（**眼睛如此明亮**）时，我们的那个做梦者在场，他当时是四岁孩子——在梦显示的父亲伤口处，他生前深思或者悲哀时，就会显出深深的横向皱纹。这道皱纹在梦中由一处伤口替代，表明梦的第二个起因。做梦者给小女儿拍了照；感光板从他手中落下，他捡起时，显

① verunglückt——译注

② verunglückt——译注

出一道裂缝，像一道垂直的皱纹经过小女孩的额头，直至眉弓。他就不能抗拒迷信的预感，因为母亲死前一天，照相感光板连同照片都裂了。

可见，梦的怪诞性只是语言表达不严谨的结果，这种表达不会区分胸像、照片与本人。我们都习惯于这么说："你不觉得很像父亲？"当然，此梦中怪诞的表象本该容易避免。如果人们可以根据唯一的经验来判断，那可能会说，这种怪诞的表象是得到允许的或者是想要的一种表象。

二

第二个十分相似的例子选自我自己的梦（我于 1896 年丧父）：

父亲死后在马札尔人[①]**那里扮演一个政治角色，把他们在政治上联合起来**，对此，我看见一幅不清晰的小画面：**一群人像是在帝国议会，一个人站在一把或两把椅子上，其他人围着他。我回忆起来，他在停尸床上看上去如此像加里波第**[②]**，这一预兆还是成真了，我很高兴。**

这可足够怪诞了。做梦的时候正是匈牙利人因议会**阻挠议事**[③]而陷入无视法律的状态并且经受了那场危机，科洛曼·塞尔把他们从危机中解放出来。[④]梦中所见场景由如此小的画面组成，这个微不足道的情况对澄清这一要素并非没有意义。梦通常用视觉来表现我们的意念，这种梦表现产生图像，这些图像大致给我们留下生动的印象；我的梦象却是再现一幅插在一段图解奥地利历史的文本中的木刻，这幅木刻表现玛丽亚·特蕾西

---

① 匈牙利人口最多的一个民族。——译注

② 朱塞佩·加里波第（1807—1882），意大利自由斗士、政治家。——译注

③ Obstruktion——译注

④ 通过在塞尔领导下组成联合政府，克服了 1898—1899 年间匈牙利的一场急迫的政治危机。

亚[①]在普雷斯堡[②]的帝国议会上，“Moriamur pro rege nostro”（我们誓死效忠国王）的著名场景。[③]正如玛丽亚·特蕾西亚在彼处一样，梦中，父亲就这样被人群围绕着；他却站在一把或两把椅子[④]上，也就是当**判官**[⑤]（他使他们**取得一致**：此处起中介作用的是习语：我们不需要**判官**[⑥]）。他在停尸床上看上去如此像加里波第，我们站在周围的人都确实发觉了。他**死后**体温升高，他的脸颊烧得越来越红……我们不由自主地继续道：

在他后面，在无本质的表象中，

有着羁绊我们大家的平凡。[⑦]

这种对我们意念的提高（在分析梦时）让我们意识到，我们恰好会与“平凡”有关。“死后”升温符合梦境中“**他死后**”这样的话。他的疾病最折磨人的是最后几周完全的肠麻痹（**梗阻**[⑧]）。与此相连的是各种不恭敬的意念。我的一个同龄人还是文理中学学生时就丧父，因此我就深受震动地对他表示我的友谊，他有一次讥诮地对我讲述一名女亲戚的痛苦，她父亲在街上死去并被送回家，家里后来在给尸体脱衣时发现，死亡的瞬间或者**死**

---

① 玛丽亚·特蕾西亚（1717—1780），奥地利女大公、匈牙利女王、波希米亚女王、罗马帝国弗兰西斯一世的皇后。——译注

② 布拉迪斯拉发的旧称。——译注

③ 玛丽亚·特蕾西亚于1740年登基后请求匈牙利贵族支持奥地利王位继承战时，他们喊出“为我们的女王而活”。我再也不知道，我在哪个著作者那里发现过提及一个梦，其中群集异常小的人物，被证实其来源的是雅克·卡洛的版画之一，做梦者日间观察过它们。这些版画当然包含无数小人物；这些版画中有一个系列是表现三十年战争的恐怖。

④ Stuhl——译注

⑤ Stuhlrichter——译注

⑥ Richter——译注

⑦ 这些诗行源自对席勒的《钟之歌》的后记，歌德于1805年8月10日为这位友人的葬礼而写。

⑧ Obstruktion——译注

后发生过**排便**[①]。女儿对此深感不幸，这一可憎的细节不由得干扰了她对父亲的回忆。在这一点上，我们就深入在此梦中体现的愿望。**他死后以纯粹而伟大的形象出现在其子女面前**，谁不愿这样呢？此梦的怪诞性落入何处？这种怪诞性的表象只是由此形成，即一句完全允许的习语在梦中得到表现，在这句习语上，我们习惯于忽视可能存在于其组成部分中的怪诞性。即使在此，我们也不能拒绝这种印象，即怪诞性的表象是人们想要的、有意引起的。[②]

在梦中，死人以那种频率[③]如活着般出现、行动并与我们往还，这种频率招致不当的惊讶，产生特别的解释，从这些解释中，我们对梦的理解十分突出地清晰起来。不过，对这些梦的澄清是相当显而易见的。我们多么频繁地能够考虑：**如果**父亲还活着，他会对此说什么？梦只能通过临在于一个特定情境中来表现这种**如果**。例如，一个年轻男子，其祖父给他留下一大笔遗产，他有一次梦见被责备支出款项巨大，他梦见祖父又活着了，要求他解释。人可是已经死了，我们对此知道得更详细，我们认为是对梦的反对意见，因我们知道得更详细而提出的异议其实是欣慰的意念，即逝世者不必再经历此事，或者是满足于他不用再插嘴。

另一类怪诞性，可在关于死去亲属的梦中发现，它并不表示讥笑和嘲讽[④]，而是用于极端的拒绝，表现一种受压抑的意念，人们愿意把此意念说成最不可想象的意念。只有人们还记得，梦在所希望之事与现实之间不构成差别，此类梦才显得可解。例如，一名男子护理了病中的父亲并深受丧

---

① Stuhlentleerung，“椅子”与“大便”在词形上完全相同。——译注

② 此梦还在后面得到论述。

③ 该段于 1909 年补充。

④ 此段于 1911 年补充。首句暗指，在早先的段落中，弗洛伊德已经用梦意念的“讥笑和嘲讽”解释了梦中的怪诞。不过，情况并非如此；不如说在此节很后面才做出这种解释，弗洛伊德在彼处概括了其关于怪诞梦的理论。可能因疏忽而在此处而非在后面一处添加本段。

父之苦。一段时间之后，他做了下面这个荒唐的梦：**父亲又活着了，像往常一样跟他说话，但**（这是奇怪之处），**他可是死了，只是不知道这点**。如果在“他可是死了”后面插入“**由于做梦者的愿望**”并对“他不知道”补充：做梦者有此愿望，就理解此梦。儿子在护理病人期间多次希望父亲死去，亦即有过其实充满怜悯的意念，但愿死神倒是最终结束这种折磨。在父亲死后的悲哀中，连这种同情的愿望都成为潜意识的自责，似乎他因这种愿望真的促成缩短病人的生命。要激发最早幼儿期对父亲的感情冲动，才可能把这种自责表达为梦，但恰恰因为梦刺激源与日间意念之间有广泛的对立，此梦必定如此怪诞。①

关于所爱的死者的梦，尤其对解梦提出了困难的任务，对这些任务的解决之道并非总是令人满意的成功。可能得在特别突出的矛盾感情中寻找缘由，这种矛盾感情控制了做梦者与死者的关系。相当通常的是，在此类梦中，逝世者先是被当作活着来对待，后来突然说他死了，而在梦的延续部分，他可是还活着。这让人糊涂。我最终猜出，这种生死更替应是表现做梦者的**无所谓**（“他活着还是死了，对我都一样”）。当然，这种无所谓并非真的，而是所希望的，它会帮助否认做梦者十分强烈、经常对立的情感态度，这样就成为用梦表现其**矛盾心态**。对人在其中与死者往还的其他梦而言，如下规则经常起定位作用：如果梦中不提醒，死者——死了，则做梦者与死者等同，他梦见自己死亡。可是，这人的确早已死了，突然在梦中出现这种思索或惊讶，是反对这种认同并否定它对做梦者意味着死亡。但我承认此印象，即解梦远未从这种梦境的梦中诱导出所有秘密。

---

① （1911 年补充）对此比较《关于心理事件两原则的表述》（1911 年），该书末尾处探讨了同一个梦。——一个十分相似的梦（作为第 3 号）在弗洛伊德《精神分析入门讲座》第 12 篇中（1916—1917 年，研习版，第 1 卷，第 193 页以下）中得到分析。——下一段于 1919 年补充。

三

在我现在展开的例子中，我可以在此方面逮住梦工作，它如何有意制造在材料中根本没有契机的怪诞性。此例出自我在假日旅行前邂逅图恩伯爵而导致的梦。“**我坐进单驾马车，发令驶往火车站。他提出异议，似乎我让他过度疲劳，‘在铁路区段上我当然就不能与您同行了’，我说。此时似乎我已经与他走了人家平常都坐火车走的一段。**”对这段混乱而无意义的故事，分析给出如下澄清：我日间要了单驾马车，应把我送往多恩巴赫的一条背街。他却不认路，按这种好人的方式一直走下去，直到我发觉并给他指路，一边不免嘲弄他几句。从这个车夫那里接上了与贵族的一种联想，我后来还会遇见这种联想。暂时只是提及，贵族会由此让我们平民注目，他们偏爱坐在车夫的位置上。图恩伯爵的确也驾驶着奥地利的国车。梦中下一句却涉及我兄弟，我就把他与单驾马车夫同一了。我今年回绝跟他同游意大利（“在铁路区段上我不能跟您同行”），而这种回绝是对他平素抱怨的惩罚，他说我惯于让他在这些旅行时过于疲劳（未做变动地入梦），我苛求他迅速改换地点——一日内看太多美景。这天晚上，我兄弟陪我去火车站，但在快到站时在西火车站那个市区铁路站跳下车，坐市区铁路前往普克斯多夫[①]。我对他说，他本可以跟我再待一阵子，他不用坐市区铁路，而坐西线铁路前往普克斯多夫。这事入了梦，我坐**马车**走了**人家平常坐火车走的**一段。现实中颠倒过来（“**反方向也走**”）；我告诉我兄弟：“你坐市区铁路走的区段，也可以跟我做伴在西线铁路上走。”我由此招致整个梦的混乱，我不是把“市区铁路”——而是把“马车”用到梦中，这当然为把车夫与我兄弟扯到一起帮了大忙。于是我在梦中弄出点无意义的事，这在解释时显得几乎不可厘清，几乎与我先前的话矛盾（“**在铁路区段上我不能与您**

① 维也纳森林中的下奥地利城市，东与维也纳相依，为休养地。——译注

同行”)。但因为我根本无须混淆市区铁路与单驾马车，我就必定在梦中有意如此安排了这整段谜一般的故事。

但意图何在呢？我们就会获悉，梦中的怪诞性意味着什么，出于哪些动机允许或者创造它。现在这个例子中的解密如下：我在梦中需要一种怪诞性和与“**行驶**”相连的不解之事，因为我梦意念中，我有某种要求得到表现的判断。那位好客而富于才智的夫人在同一个梦的另一场景中作为“女管家”出现，一天晚上在她那里，我听到我无法解开的两个谜。因为聚会的其他人知晓它们，我无果地努力找到答案，成了有点可笑的人物。那是两个带有“Nachkommen①”和“Vorfahren②”的双关语。我以为它们如下：

主保佑它
车夫做它，
人人有它，
坟墓里安息着它。(Vorfahren)

第二个谜有一半与第一个谜同一，让人糊涂：

主保佑它，
车夫做它，
并非人人有它，
摇篮里静卧着它。(Nachkommen)

我看见图恩伯爵如此强有力地**前行**时，陷入费加罗——情绪，这种情

① 做名词时意为“后裔”，做动词时意为“跟上”。——译注

② 做名词时意为“先祖”，做动词时意为“前行”。——译注

绪于此中发现大人先生们的功绩，即他们努力出生（成为**后裔**），这两个谜就成为梦工作的中间意念。因为人们可能容易把贵族与车夫混淆，以前曾经在我们各州对车夫以“Schwager[①] 先生”相称，所以，压缩工作能把我兄弟纳入同一种表现中。其后起作用的梦意念却是：**为先祖骄傲无意义，我宁愿自己是先祖、宗主**。因为有这种判断——没意义，也就是梦中无意义。现在大概连这梦的那个模糊之处的最后谜团也解开了，我跟车夫已经**先走了**[②]，跟他已经**先行了。**[③]

如果在梦意念中，作为内容的要素之一，出现这种判断：这**是无意义**，如果批评与嘲弄确实激发做梦者潜意识的某个思路，就把梦变得怪诞了。怪诞进而成为梦工作由此来表现矛盾的手段之一，还有颠倒梦意念与梦境之间的材料关系，还有对运动抑制感的利用。梦的怪诞之处却不能用一个简单的“不”来移译，而应再现梦意念那种同时带着矛盾来讥诮或嘲笑的倾向。只有以此意图，梦工作才提供可笑之事。梦工作在此又变**一部分隐性内容为显性形式**。[④]

其实我们已经遇见过一个令人信服的例子具有怪诞梦的此类意味。那个不经分析就得到解释的关于瓦格纳演出的梦，演出持续至早晨 7 点 3 刻，

---

① 意为“邮政车夫；姐夫，妹夫，内兄，内弟，大舅子，小舅子，连襟，大伯子，小叔子”。——译注

② vorher gefahren——译注

③ vorgefahren——译注

④ 梦工作就炫耀对它而言被称为可笑的意念，它创造了与此意念有关的可笑之事。海涅想嘲弄巴伐利亚国王糟糕的诗行时，行事就如此类似。他用更糟糕的诗行来做此事：

路德维希先生是个大诗人，
而他一唱，阿波罗就倒地
双膝跪在他面前求饶，
“打住吧，否则我会死的，哦。”
（《路德维希国王颂歌》，Ⅰ）

演出时，从一座塔上指挥乐队等，那个梦显然想说明：这是个**扭曲的**世界、一个**疯狂的**社会。谁理应得到，就挨不上，而谁满不在乎，就有报应，她以为其命运与其堂（表）姐妹相比就是如此。作为梦的怪诞性的例子，首先呈现给我们的是这些关于亡父的，也绝非偶然。此处以典型方式汇聚了创造怪诞梦的条件。父亲特有的权威很早引出孩子的批评；他提出的严格要求促使孩子为了轻松而敏锐地注意父亲的任何弱点；但对我们的思维而言，围绕着父亲本人尤其在其死后的孝加剧了审查，审查把这种批评的各种表示从意识中排挤出去。

四

关于亡父的一个新的怪诞的梦：

我从出生的城市的乡镇代表大会得到一封函件，事关1851年我因为发病而必须住院的支付费用。我对此取笑，因为首先，1851年我还没出生呢。其次，可能涉及的家父已经死了。我进邻室走向他，他躺在床上，我就告诉他此事。令我意外的是，他想起来，他1851年时曾喝醉过，不得不被关起来或者看管起来。似乎他为T商号工作。我问："那你也喝了。随后不久你结婚了？我计算着，我的确生于1856年，让我觉得这事紧随其后。"

此梦流露其怪诞性，带有那种纠缠不休的劲头，在刚才的探讨之后，我们只会把那种纠缠不休的劲头解译成梦意念中一处特别激烈而狂热争论的迹象。我们却带着更大的惊讶发觉，此梦中公开争论，把父亲标成被当作取笑目标的那个人。这样的公开性似乎违反我们关于梦工作时审查的前提。有助于澄清的却是，此处父亲只是一个假托的人，而与另一人争吵，后者在梦中通过唯一的影射而露面。在其他情况下，梦涉及反对别人，父亲隐身在这些人之后，而此处颠倒了；父亲成为掩盖他人的稻草人，而梦可以因此不加掩饰地忙于其平素神化的人，因为此时有可靠的认识一同起作用，即并非真的指父亲。人家从梦的诱因获悉这种实情。一名较年长的同事的判断被视为毋庸置疑，他表示轻蔑并且惊讶的是，我的患者之一在我这里现在已经把精神分析工作持续**至第五年**，在我听说此事之后，就出现了这个梦。梦开头的句子以显而易见的掩饰来暗示，该同事有一阵子承担了父亲再也不能履行的义务（**支付费用、住院**）；我们的友好关系开始瓦解时，我陷入相同的感受冲突，在父子不和的情况下，因父亲的角色和先前的功绩，这种感受冲突会被强加于人。我**没有更快地进展**，梦意念就激烈地抗拒这种指责，这种指责也就从对该患者的治疗延伸到其他事情上。难道他认识某人能够更快地做此事吗？他不知道，此类状况在其他情况下根本不可治愈而且持续终生吗？**四到五年**和终生的时间相比算什么，尤其是病人在治疗期间已感觉比以前轻松很多了？

怪诞性的烙印在此梦中有很大一部分由此造成，从梦意念的不同领域不经中介过渡就排列句子。比如“**我进邻室走向他**”这个句子离开从中取来前面句子的那个主题，忠实再现我在什么样的情况下告知父亲我擅自订婚。此句就想提醒我，老人当时表现出来高贵的无私，把这种无私与另一人——一个新的人的举止相对照。我在此说明，梦可能之所以嘲弄父亲，是因为他在梦意念中被全盘肯定地推到别人前面作为榜样。原因在于任何审查的本质，对未经允许的事情，可以说的更多是不真实之事而非真相。他想起来“**有一次喝醉了，因而被关起来**”，下面这一句，再也不包含现实中涉及父亲之事。在此，被他掩盖的人并非小人物，而是伟大的——迈讷特[①]，我带着如此高度的敬仰跟随其足迹，而在短暂的优待后，他对我的态度骤变成不加掩饰的敌意。梦让我忆起他自己的告知，说他在年轻岁月

---

① 特奥多尔·迈讷特（1833—1892）是维也纳大学精神病学教授。

里曾经沉溺于**以氯仿麻醉**自己这种癖好，因而不得不**进戒毒所**，梦还让我忆起我在他死前不久与他的第二次经历。在男性癔症事宜上，我与他有过一场激烈的笔战，他否认有男性癔症，而我去看望垂死的他并询问其健康状况时，他耽于描述其状况，以这些话作结："您知道，我始终是男性癔症最好的病例之一。"令我满足并令我惊讶的是，他就这样承认他如此长久固执地反对之事。在梦的这一场景中，我却能够用家父来掩盖迈讷特，其缘由并非在于所发现的两人之间的相似，而是梦意念中对一个条件句简短却完全足够的表现，这个句子详细的原话是："对，如果我是第二代、一名教授或者枢密官的儿子，那我当然迅速有进展。"梦中，我就让家父成为枢密官与教授。梦最粗俗与最扰人的怪诞性在于对 1851 这个年份数字的处理，它让我觉得与 1856 根本无甚分别，**似乎五年的差距根本不意味着什么**。恰恰这点却从梦意念中得到表达。**四至五年**，这是一个时期，其间我享有开始时提及的那名同事的支持，但也是一段时间，其间我让我的新娘等着结婚，而因为偶然的、梦意念喜欢充分利用的重合，这也是一段时间，其间我现在让我最亲密的患者等待痊愈。"**五年有什么？**"梦意念问。"**这对我不是时间，这不在考虑之列**。我前面有足够的时间，正如您也不愿相信的那事最终也成了，我也会完成此事。"但此外，"51"这个数字还不一样，它脱离世纪的数字，而且在相反的意义上得到决定；它因而也多次在梦中出现。"51"是男子显得特别受威胁的年纪，在这个年纪，我看见同事猝死，其中有一个在长久期待后几天前被任命为教授。[①]

五

另一个怪诞梦玩弄数字。

---

① 这无疑是影射弗利斯的周期学说。51 即男性及女性的周期相加。——51 这个数字多次出现，后面会指明此事实。对梦的分析在后面继续。

在一篇文章中，我的一个熟人，M 先生被歌德而非小人物抨击，我们都以为，程度极为猛烈而不公。M 先生因此攻击当然受到沉重打击。在一次餐叙时，他苦涩地抱怨此事；他对歌德的敬仰却未因这种个人经验而受损。我试图给自己对我觉得不可能的时间状况稍作澄清。歌德死于 1832 年；因为其对 M 的攻击当然必定发生得更早，所以 M 先生当时是很年轻的人。我觉得可信的是，他 18 岁。我却不确知，我们目前写下的是哪年，所以整个计算就陷于混沌。抨击还包含在歌德著名的文章《自然》中。

我们手里很快有手段来说明此梦胡闹得有道理。我因一次**餐叙**而认识 M 先生，他不久前要求我给他弟弟做检查，后者身上**麻痹性精神障碍**的症状引人注意。猜测是正确的；这次出诊时发生了尴尬事，病人没有任何诱因在谈话中因影射其兄弟的**年轻孟浪**而让后者出丑。我向病人询问其出生年份，促使他重复做小小的计算，以澄清其记忆力减弱；他还相当不错地通过了检验。我已经发觉，我在梦中举止像麻痹症患者（**我不确知，我们写下的是哪年**）。梦的其他材料源自另一个近期的经历。一个相当**年轻**而不怎么有判断力的鉴定人撰写了一篇评论文，对我在柏林的友人 Fl（弗利斯）最近的一本书至为不宽容，是“**毁灭性的**”，一名与我友善的医学杂志编辑将它收入其杂志。我相信有权掺和，就质问编辑，他对采纳这篇评论文很是遗憾，但不愿承诺补救。于是，我与这家杂志断绝关系，在我的绝交信中，我强调期望**我们个人的关系不会因此事件而受损**。此梦的第三个来源是当时一名女患者刚讲述其兄弟的心理疾患，他喊着“自然、自然”而陷入躁狂。医生们以为，叫喊源自阅读那篇漂亮的**歌德的文章**，叫喊表明患病者在其自然哲学研究上劳累过度。我宁愿想到性意味，在此意义上，文化较差者也说到“自然天性[①]”，而那个不幸者后来自残生殖器，至少让

---

① Natur，德文中也有“生殖器，阴部”之意。——译注

我觉得不承认我无理。出现那种躁狂发作时，这名病人的年龄是 18 **岁**。

如果我再补充，我那位友人受到如此严厉批评的书（另一名批评者这样表示“人家自问，是作者疯了还是自己疯了”）研究生命的**时间状况**，把**歌德**的寿命也追溯到对生物学意味深长的数字的许多倍，就容易看出，我在梦中代替了我那友人（**我试图给自己对时间状况……稍作澄清**）。我的举止却像瘫痪病人，而梦沉浸在怪诞中。这就是说，梦意念嘲讽地说：**“自然，**他（我的友人 F）是愚人、疯子，而诸位（批评者）是天才，懂得更多。但或许还是颠倒了？”而这种**颠倒**就在梦境中大量存在，歌德抨击年轻人，这很怪诞，而一个相当年轻的人如今也还可能轻易抨击不朽的歌德，我从歌德的**卒年**开始计算，而我让瘫痪病人从其**生年**开始计算。①

我却也允诺过要表明，没有一个梦不是被利己冲动促成的。所以我不得不辩白，我在此梦中把我友人的事当成我的事并且代替他。我在清醒时的批判性信念对此不够用了。但 18 岁病人的故事与对其呼喊“**自然**”的不同解释就影射那种对立，因为我那精神神经症有性方面的病因这一论断，我使自己与多数医生对立。我可以告诉自己：就像你的友人，你也会遇到批评，你已经部分有此境遇，而我就可以用一个“我们”来代替梦意念中的“他”。“对，你们有理，我们俩是愚人。”“**这是我的事**”，强烈提醒我的是提及歌德的那篇漂亮得无与伦比的短文，因为正是在一次通俗讲座上朗读的这篇文章敦促我这个摇摆不定的高中毕业生学习自然科学。②

六

我依旧该做而未做的是，从我的自我未在其中出现的另一个梦来表明，

---

① 参见前面已经提及此梦之处。

② 此梦在后面继续得到探讨。——根据裴斯泰洛齐的说法，《关于自然的断想》一文确实出自瑞士作者 G. C . 托布勒；歌德因记忆错误而把该文列入自己的作品。

梦是利己主义的。我在前面提到一个短梦，M 教授说：“**我的儿子，那个近视眼……**”我说明，这只是另一个梦的前梦，在另一个梦中，我扮演一个角色。此处是缺少的主梦，它给我们提供怪诞而令人不解的构词用于澄清：

因为罗马城中不知哪些事件而有必要帮助孩子们逃遁，这事也发生了。场景就在一座大门前、古典样式的双道门（位于锡耶纳的罗马门，我在梦中就知道）。我坐在井沿，很忧郁，都快哭了。一个女人——女看守、修女——把两个男童带出来，把他们交给父亲，不是我。两个男童中那个年长的明显是我家大儿子，我看不见另一个人的脸；带领男童的女人告别时要求他吻一下。她因为红鼻子而显得突出。男童拒绝吻她，却在告别时一边向她伸手一边说“Auf Geseres**”，又对我们俩（或者对我们中的一个）说“**Auf Ungeseres**”。我的念头是，后者意味着优先。**

此梦基于一群意念，因在剧院中看了戏剧《新犹太聚居区》而激发。犹太人问题、对子女未来的担忧，人们无法给子女一个祖国，担心这样教养他们可能让他们变得不羁，这些在相关的梦意念中容易识别。

“**我们坐在巴比伦的水边哭泣**。”锡耶纳像罗马一样因其漂亮的井而闻名：对罗马，我不得不在梦中从已知的地点给自己寻找随便什么替代物。在锡耶纳的罗马门附近，我们看见一座灯火通明的大房子。我们获悉，那是 Manicomio——疯人院。做梦前不久，我听说，一名教友不得不放弃其费力获得的在一家国立疯人院的职位。

唤起我们兴趣的是 Auf Geseres 这句话，根据梦中保留下来的情境，不禁估计是“再见”，再有就是其完全无意义的反义词 Auf Ungeseres。

根据我从文字学者那里得到的答复，“Geseres”是一个纯正的希伯来词，来源于动词 goiser，最好用“指定的痛苦、厄运”来翻译。根据该词在切口中的使用，人家会以为，它意为“抱怨与悲叹”。Ungeseres 是我最独特的构词，最先引起我注意，却最先让我没了主意。Ungeseres 意味着对 Geseres 的优先，梦结尾处这个小小的说明为闪念，进而为理解开启了门户。在鱼子酱上的确发生这样一种关系：**未加盐的**比**加盐的**更受重视。给大众的鱼子酱——“高雅的嗜好”，其中隐含对我家一个人的戏谑影射，我希望比我年轻的她会小心对待我孩子的未来。与此相称的就是，我家另一个人——我们顺从的保姆——可能明显由梦表现成女看守（或者修女）。在加盐—不加盐和 Geseres—Ungeseres 这一对之间却还缺乏中介性的过渡。这个过渡可在“**发酵**与**未发酵**”中找到；在以色列的孩子们逃也似的迁出**埃及**时，他们没有时间让其面包团变熟，为了纪念此事，时至今日还在复活节时吃未发酵的面包。此处，我也能安插我在做这段分析时突发的闪念。我想起，在上次**复活节**日子里，我们在我们陌生的城市布雷斯劳[①]街上来回漫步，是来自柏林的友人和我。一个小姑娘问我去某条街道的路；我不得不致歉，说我不知道，于是对我友人表示：“但愿小女孩以后在生活中在挑选引导她的人时表现出更多的敏锐目光。”不久后，一块牌子映入我眼帘：**赫罗德斯**大夫，接诊时间……我以为：“但愿这名同行并不恰好是儿科医生。”我的友人在此期间发挥了他对**两侧对称**的生物学意义的观点，以这个开场白给一个句子开头：“如果我们像独眼巨人[②]那样在额头中间有一只眼睛……”这就导致前梦中教授的话：**我的儿子——那个近视眼**[③]。我就被带到 Geseres 的主要来源那里。M 教授的这个儿子如今是独立的思考者，许多年前，他还坐在**学校椅子**上时，他患了医生宣布为令人担忧的一种眼部疾患。他以为，只要保持在**一侧**[④]，没什么大碍，但如果它也蔓延到**另一只**

① 弗罗茨瓦夫。——译注

② Zyklop——译注

③ Myop——译注

④ einseitig——译注

眼，那就严重了。疾患在一只眼上不致伤地痊愈了；随后不久，却真的出现了第二只眼患病的迹象。惊慌的母亲立即让医生来到其乡间逗留地的荒凉处所。他现在却敲**另一侧**。“**您在做什么** Geseres？”他训斥母亲。“如果一侧变好了，另一侧也会变好。”情况也是这样。

现在是与我和我家人的关系。**学校椅子**，M 教授的儿子在那上面学会其最初的智慧，这把椅子因母亲赠送而转为我家大儿子所有，我在梦中把告别词塞到他嘴里。愿望可以与这种转移相连，其中一个愿望就容易猜出。这把学校椅子却也会因其构造而防止儿童变得**近视**与**片面**。[①] 因而，梦中有近视（其后是独眼巨人）和关于**两侧**的探讨。对片面性的担心是多义的；它除了身体一侧也可能指智力发展。的确，不觉得梦场景在癫狂中恰恰反驳了这种担心吗？孩子朝**一侧**说他的告别词，朝**另一侧**喊出其相反物，像是为了建立平衡。**他行事仿佛在注意两侧对称！**

所以，梦在它显得最癫狂之处常常最有深意。在所有时代，有什么要说而不能无危险地说的那些人，惯常愿意戴上愚人帽。遭禁的话是给听者的，如果他能够一边笑一边用这种判断来迎合自己，即不爱听的话明显是蠢话，他就更愿意容忍这些话。梦行事完全像在现实中一样，在戏剧中，不得不假扮愚人的王子也这样行事，因而，哈姆雷特在用滑稽——令人不解的条件代替真正的条件时所声称之事也可以来说梦：“我只是在有北、西北风时癫狂；如果风从南方吹来，我就能区分鹭与鹰。”[②]

我就把梦的怪诞性的问题解决到此程度，即梦意念从不怪诞——至少精神健康者的梦不怪诞——而梦工作如果在梦意念中有批评、嘲笑和讽刺

---

① einseitig——译注

② 《哈姆雷特》，第二幕第 2 场。——此梦也给普遍有效的定律提供了一个良好的例子，即同一夜的梦，即使在记忆中被分开，也在相同的意念材料基础上形成。我让我的孩子们逃出罗马城，这个梦情境还由于回涉一个类似的、属于我童年的事件而变形。含义是，我羡慕我的亲属，他们在多年前就有机会将其子女置于另一个立足点上。

作为表现形式来表现，它就制造怪诞的梦与具有各项怪诞要素的梦。[①]我只关心要表明，梦工作尤其通过三种提及的因素[②]的共同作用——还有第四种还会提及的因素而得到详尽阐述。除此之外，它完成的无非是在重视四项对它规定的条件的情况下移译梦意念，而心灵在梦中是以其全部智力来工作还是只是以其中一部分来工作，这个问题提偏了，不当地从实际状况中推导出来。但因为有足够的梦，其内容得到评判、批评与承认，在这些梦中，出现对梦的单个要素的惊奇，做了解释的尝试，做了辩论，我不得不借助选出的例子来解决由此类事件推导出的异议。

我的反驳是：**作为表面上实现判断功能而在梦中存在的一切，绝不能理解成梦工作的思维成就，而属于梦意念的材料，由彼处作为完成的产物进入显性梦境**。我起先还能超过我的这条定律。即使在**苏醒后**对记起的梦所下的判断、对此梦的再现在我们身上唤起的感受中，也有很大一部分属于隐性梦境，应补入解梦中。

一

我已经为此引用过一个引人注目的例子。一名女患者不愿讲述其梦，因为它**过于不清晰**。她在梦中看见一个人，不知道**那是丈夫还是父亲**。后面跟着第二个梦片断，其中出现一只“粪桶”，紧接着的回忆与它相连。作为年轻的家庭主妇，她有一次在与家里来往的一个年轻的亲属面前戏谑地表示，她下一个担心必定是置办一只新粪桶。次日早晨，她得到送来的这

---

① 梦中怪诞性的主题也在弗洛伊德论诙谐的书的第六章中（《诙谐及其与潜意识的关系》，1905年，参见研习版，第4卷，第164页）得到讨论。——在“鼠人”病史第一节临近结尾处（《关于一个强迫性神经症病例的说明》，1909年），弗洛伊德在一条脚注中说明，相同的机制也在强迫性神经症上得到使用。

② 即压缩、移置和对可表现性的顾及。

样一只粪桶，但满是铃兰。这部分梦用来表现“不是我自己搞出来的[①]”这句俗语。如果补齐分析，就会获悉，梦意念中涉及青年时代听说过的一个故事的后果，一个姑娘有了一个孩子，**不清楚的是，究竟谁是父亲**。梦表现在此就跨入清醒思维，让清醒时对整个梦所下的判断来代表梦意念的要素之一。

二

一个相似的病例：我的一名患者有一个梦，让他觉得有意思，因为他在苏醒后直接对自己说：“**我得将此告诉大夫**。”梦得到了分析，表明对一种关系最清楚的影射，他在治疗期间开始了和某个女人的关系，关于这种关系，他曾打算**对我什么也不讲。**[②]

三

出自我自己经验的第三个例子：

我与P穿过出现房屋与园地的一个地带，走入医院。一边有念头，我已经多次在梦中见过这个地带。我不是很熟悉；他给我指了一条路，那条路穿过一个角落通往一家餐厅（大厅，并非园子）；在那里，我打听多尼女士，听说她跟三个孩子住在后面一个小房间里。我走去，先前就遇上一个不清楚的人带着我的两个小姑娘，我跟她们站了一阵子之后，就带上她们。这是对我妻子的一种责备，说她把她们留在那里。

苏醒时，我就感到巨大的**满足**，我以此来说明这种满足的动机，即我

---

① Nicht auf meinem eigenen Mist gewachsen，原意为“不是在我自己的粪堆上长出来的”。——译注

② （1909年补充）尚包含在梦中的提醒或者意图：我得将此告诉大夫，在精神分析治疗期间的梦中经常符合极力抗拒告知梦，并非罕见地跟着对梦的遗忘。

现在会从分析中得知，这意味着什么：**我已经梦见过此事了。**[①] 对此，分析却没向我证明什么；它只是对我表明，满足属于隐性梦境而不属于对梦的判断。那是**对此满足，即我在我的婚姻中得到了孩子**。P 是一个人，在生活中，我与其在同一条道路上走过一段，然后其在社会地位与物质上远远超过我，但在其婚姻中依旧无子女。梦的两个诱因能够通过一次完整的分析来代替证明。之前的白天，我在报上读到一名女子（**多娜** A……y）的讣告（我用来变成**多尼**），她在**产褥期**死去；我从我妻子处听说，死者与她由同一个助产士护理，我妻子在生我们两个最小的孩子时由那个助产士护理。多娜这个名字引起我注意，因为我不久前在一本英文小说中首次发现它。梦的另一个诱因由梦的日期而产生；那是我家老大生日前的夜里，他似乎是有诗人天分的男孩。

四

父亲在其死后在马札尔人那里扮演政治角色，在我从这个怪诞的梦中苏醒后，留存着这同一种满足，那种感受伴随着梦的最后一句，通过延续那种感受，那种满足说明了动机：**“我回忆起来，他在停尸床上看上去如此像加里波第，我很高兴，这一预兆成真了……”**（**再加上已经遗忘的后续部分**）从分析中，我就能够插入应该放在梦的空缺处的东西。那是提及我的第二个男孩，我给他起了个伟大的历史人物的名字（克伦威尔），此人在我的少年时光，尤其是从我在英国逗留期间强烈地吸引过我。我在期待的那年立意，如果是个儿子，就用此名字，我高度**满足地**用它迎接刚诞生者。容易看出，父亲受压抑的当大人物瘾在其意念中转移到子女身上；的确，人家会愿意相信，这是途径之一，以此发生生活中变得必要的对当大人物

① （同上）一个主题，对此，《哲学评论》（1896—1898）在过去几个发行年度中开始广泛的讨论（梦中的记忆错误）。

瘾的压抑。小家伙有权被纳入此梦的关联中，他由此得到这种权利，即他当时遭遇弄脏衣物这同一种意外——在孩子与在死者身上容易原谅。对此比较“**判官**”这种影射与梦的愿望：在其子女面前显得**伟大**与**纯洁**。

五

那些判断表示留存在梦本身中，没有延续到清醒时或者没有移到那里，如果要我现在把那些判断表示找出来，那我会感受大为轻松的是，我对此可以使用已经在别的意图上告知过的那些梦。关于抨击 M 先生的歌德的梦似乎包含悉数判断行为。**我试图对我觉得不可能的时间状况给自己稍作澄清**。这难道不像对那种胡话的一种批判性冲动，即歌德会在文学上抨击我熟悉的一个年轻人？“**让我觉得可信的是**，他 18 岁。”这听上去可是完全像一种当然弱智计算的结果；而“**我不确知，我们写下哪年**”，该是梦中无把握或者怀疑的一个例证。

现在我却从对此梦的分析中知道，这种表面上在梦中才完成的判断行为在其原文上会允许另一种见解，通过这种见解，判断行为对解梦变得必不可少，同时避免任何怪诞。“**我试图给自己对时间状况稍作澄清**”，我以此句代替我的友人（弗利斯），他确实试图澄清生命的时间状况。这个句子就此丧失一种判断的意义，这种判断抗拒前面那些句子的无意义。“**我觉得不可能**”，这个插入成分与后面的“**让我觉得可信**”配套。大致以相同的话语，我回答对我讲述其兄弟病史的那位夫人：“**我觉得不可能的是**，‘自然、自然’这种叫喊与歌德有关：**让我觉得更可信的是**，它有您所知晓的性意味。”此处当然下了判断，但并非在梦中，而是在现实中，在具有被梦意念所忆起并使用的诱因时。梦境把这一判断据为己有，就像对梦意念的任何一个别的碎片。

梦中的判断无意义地与 18 这个数字联系起来，这个数字还保留着实际判断所脱离的那个关联。最后，“**我不肯定，我们写下哪年**”，要实现的无非是我与瘫痪病人的认同，在对后者的检查中，确实得出过这个线索。

在解明梦的表面判断行为时，可以让人提醒自己开头给出的实施解梦工作的规则，即要把梦中建立的梦的各组成部分的关联作为一种非本质的表象置于一旁，让每个梦要素本身经受追溯。梦是混杂物，为了探究的目的要再弄碎。但另一方面，要让人注意，梦中表现出一种心理力量，它建立这种表面的关联，也就是通过梦工作赢得的材料经受**继发性整合**。此处，我们面前有那种威力的表现，我们以后会把它们评价为参与成梦的第四个因素。

六

我在已经告知过的梦中寻找判断工作的其他例子。在关于乡镇委员会函件的怪诞梦中，我问道：“**你随后很快就结婚了？我算计着，我的确生于 1856 年，让我觉得紧接着那年出生的**。”这完全用一种**推理**的形式来表达。父亲发病不久后于 1851 年结婚；我的确是老大，1856 年生；这就对了。我们知道，这种结论被遂愿歪曲，梦意念中占统治地位的句子是：“**四或五年，这不是时期，这没法算**。”但按内容及形式，应从梦意念中对这种推理的每个片断做不同的决定：正是那名病人想着结束治疗后就结婚，同事抱怨那名病人的耐心。我与父亲在梦中交往的方式，让人忆起**盘问**或者**考试**，进而想到一名大学教师，在登记听课时，他惯常记录完整的个人情况：“出生，何时？”——“1856 年。”——“父亲？”接着，人们用拉丁文结尾说出父亲的名字，而我们学生认为，这个学究从父亲的名字中得出**结论**，被登记听课者的名字不会每次让他有这些结论。这样，梦**得出结论**只是对**得出结论**的重复，这种得出结论作为一部分材料在梦意念中出现。我们由此获悉新意。如果在梦境中出现一个结论，那它的确肯定来自梦意念；它却可能作为一部分被忆起的材料而包含在梦意念中，或者它可能作为逻辑纽带把一系列梦意念联系起来。无论如何，梦中的结论构成出自梦意念的结论。[1]

在此该继续对此梦的分析。与教授的盘问连接的是回忆（我那时候用拉丁文撰写的）大学生的目录。此外，还回忆起我的学习过程。对学医所规定的**五年**对我又太少了。我不在意地又加了五年，在我的熟人圈子里，人家都以为我虚度光阴，怀疑我会"**完了**"。于是我**迅速**决定，参加考试，而我还完成了：**尽管延期了**。这是对那些梦意念新的增强，我要对我的批评者提出这些意念。"尽管你们也不愿相信，因为我从容不迫；我还是会完成的，我还是**结束**了。经常就是这样。"

同一个梦在其开始部分包含一些句子，人家不那么容易否定它们有辩论的性质。而这种辩论一点都不怪诞，它同样可以归入清醒思维。**我在梦中取笑乡镇委员会的函件，因为首先，我 1851 年尚未在世；其次，它能够关涉的我父亲已经死了**。这两条不仅本身正确，而且与我在有此类函件的情况下会使用的真正论据完全符合。我们从先前的分析中知道，此梦形成基于深为震怒与浸淫着嘲讽的梦意念；如果我们还可以假设审查的动机相当强烈，那我们就会理解，梦工作有万般理由，依照梦意念中包含的样板**无可指责地反驳一种无意义的苛求**。分析却对我们表明，梦工作在此可未被加以自由的仿造，而出自梦意念的材料不得不做此用。似乎在一个代数方程式中，除了数字外，出现一个＋和－、一个×和一个√，抄下这个方程式的某人，没有理解它就把运算符号与数字拿到其抄件中，随后却把两者搞混了。（梦境中的）两个论据可以追溯到如下材料上。我很尴尬地想到，我把某些前提作为我对心理神经症的心理解决办法的基础，如

---

① 这些结果在若干点上纠正了我先前关于逻辑关系表现的说明。这些说明描写梦工作的一般举止，却没有顾及其最细微、最细致的表现。

果它们变得为人所知，会引人不相信、发笑。所以，我必须声称，出自两岁、偶尔也出自一岁的印象就已经在后来患病者的情感生活中留下持久的痕迹——尽管回忆多有歪曲与夸张——可能是癔症病征的最初与最深的根据。我在适当之处对那些患者分析这点，他们惯常戏谑地模仿新获得的解释，宣布愿意从**他们尚未活着的时候**中寻找回忆。根据我的预期，得到类似反应的是揭示那种出乎意料的角色，在女性病人那里，**父亲**在最早的性冲动中扮演此角色（比较前面的分析）。而根据我有充分根据的信念，两者都是真的。为了确证，我想到个例，在那些例子中，父亲之死恰在子女幼年，而后来那些无法解释的事件证明，子女还是在潜意识中保留了对那个对其来说如此早消失者的回忆。我知道，我的两个断言都基于人家会挑战其有效性的**结论**。**我担心这些结论受指责**，如果为了制造无可指责的结论，梦工作恰恰使用**这些结论**的材料，那就是完成遂愿。

七

在我迄今为止只是一带而过的一个梦里，开头明显说出惊奇于冒出的主题。

“老布吕克必定对我提出了一项任务；足够奇特的是，它涉及展示我自己的下盘、骨盆与腿，我看见下盘在我眼前如同在解剖室里，不过没有感觉到身体上的缺陷，也没有一丝恐惧。路易丝·N.**站在那里，跟我一起工作。骨盆被取出来，人家忽而看见其上面，忽而看见其下面，混在一起。可以看见肉色红的厚块（看见它们，我在梦中还想到痔疮）。还肯定有在那上面的什么东西被仔细地挑出来，像捏皱的锡纸**[①]**。后来，我又有了腿，在城里穿行，却（因为疲倦）要了一辆马车。令我惊讶的是，马车驶入一**

---

① Stanniol，影射 Stannius 斯坦尼乌斯，《鱼的神经系统》，参见上述引文。

处宅门，宅门打开，让车穿过一条巷子，巷子在尽头拐弯，最终远远通往野外。[①] **最后，我带着一名阿尔卑斯向导漫游，他背着我的东西，穿过变换的风景。在一段路上，他顾及我疲乏的腿而背我。地面泥泞，我们从边上走过去；人们坐在地上，他们中有一个姑娘，像印第安人或者是茨冈人。先前我在湿滑的地上自己继续移动，一直惊奇自己经历解剖后还能够走得这么好。终于，我们到了一座小木屋，尽头是敞开的窗户。在那里，向导把我放下，把两块准备好的木板放到窗台上，以这样渡过要从窗户开始逾越的深渊。我现在真的为我的腿害怕了。没有预期中的越过，我却看见两个成年男子躺在小屋墙壁上的木凳上，好像有两个孩子睡在他们旁边。似乎并非木板，而是孩子会促成越过。我带着意念中的惊恐而苏醒。**”

有谁只要曾经对梦压缩的可观性有过充分的印象，就会容易想象，详尽分析此梦得占多少页。幸好，就此上下文而言，我从此梦却只借用梦中惊奇的一个例子，这种惊奇表现在插入“**足够奇怪**”。我深入分析梦的诱因。那是那位路易丝·N. 女士有一次来访，她在梦中也协助工作。“借我点东西读。”我给她提供了赖德·哈格德[②]的《她》。“一本**奇特的**书，但充满隐晦的意义，”我想给她分析，“永恒的女性、我们情感的不朽……”这时，她打断我：“我已经知道这点了。你没什么自己的东西吗？”——“没有，我自己的不朽作品尚未写就。”——“那你所谓最后的解释何时出版？你保证过，对我们来说也易读。”她有些挖苦地问。我现在发觉，另一个人通过她的嘴在提醒我，我就沉默。我想到我付出的克己，哪怕只是公开我关于梦的文章，我在其中不得不如此多地牺牲自己的隐秘本性。

> 你能够知道的最佳之事，

---

① 我住宅过道的地形，那里停着住户的童车；此外却是多因决定。

② 亨利·赖德·哈格德爵士（1856—1925），英国作家。——译注

可不能告诉小子。

梦中布置我**在自己身上**解剖的任务，就是与告知这些梦相连的**自我分析**[①]。老布吕克不无道理地为此到来；早在学术工作著作的这头几年里就发生过，我搁置一项发现，直到他坚决布置任务逼迫我公开发表。但与跟路易丝·N. 商谈相连的其他意念挖得太深，意识不到；它们因材料而转移，在我身上还是因提及赖德·哈格德的《她》而唤起这种材料的。“**足够奇特**”这一判断面向此书与同一作者的第二本书《世界的心》，而此梦的众多要素取自这两部离奇的小说。把人背过泥泞的地面，要借助带来的板子而跨越的深渊，都源自《她》；印第安人、姑娘、木屋源自《世界的心》。两部小说中，一名妇女是向导，两部小说中涉及危险的漫游，在《她》中涉及进入未知、几乎未曾有人涉足的冒险道路。根据我在做梦时发现的记录，双腿疲乏是那些日子的真实感觉。很可能与疲乏双腿相应的是倦怠的情绪与疑问：我的腿还会支撑我多久？在《她》中，冒险以此告终，女向导并非为自己与他人取得不朽，而是在充满神秘的地心烈火中身亡。在梦意念中明白无误地激起这样一种焦虑。“**木屋**”肯定也是**棺材**，也就是坟墓。但在通过一种遂愿表现所有意念中这个最非人所愿的意念时，梦工作完成其杰作。因为我已经一度在墓中，但那是奥尔维耶托附近一处清空的伊特拉斯坎人的坟墓，一个狭窄的墓室，墙上有两条石凳，上面存放着两个成人的骷髅。梦中木屋内部看上去同样如此，只是石头被木头代替。梦似乎在说：“如果你已经该在坟墓中安息，那就是伊特拉斯坎人的坟墓。”而随着这种强加于人，它把最悲哀的预期变成相当符合期望的。[②] 可惜，正如我们会

① 发表《梦的解析》之前那些年，弗洛伊德的自我分析是其致弗利斯的信件的主题之一（弗洛伊德，《精神分析肇始》，1950 年）。

② 弗洛伊德把此细节作为图解用于其《错觉的未来》第三章中（1927 年）。

听到的，它能颠倒成反面的只是伴随情感的想象，并非总是情感本身。我后来就这样带着“**意念中的惊恐**”醒来，因为那个念头强求表现，即或许子女们会实现父亲一直干不好之事，这是重新影射那部奇特的小说，其中通过两千年的代际顺序记录一个人的身份。①

在另一个梦的上下文中，同样可以找到表示惊异于梦中经历之事，但连接一种如此引人注目、牵强附会、几乎充满机巧的解释尝试，使我只是为此而不得不让整个梦经受分析，即使梦并不会再有适合于我们兴趣的两个吸引点。我于 7 月 18 日到 19 日夜间在南部铁路区段上旅行，在梦中听见**通报：“豪尔图尔恩②，十分钟。”我立即想到霍洛图琳**③—— 一家自然博物馆——此处是一个地点，勇敢的男子在此无果地反抗过国君的强势。——的确，奥地利的反宗教改革！——似乎是在施泰尔马克或者蒂罗尔的一个地方。现在我隐约看见一座小博物馆，里面保存着这些男子的遗物**或者新发现之物。我想下车，却迟疑着。有妇人拿着水果站在月台上，她们蹲在地上，如此吸引人地把篮子伸出去。——我们是否还有时间，我出于这种怀疑而踟蹰，现在我们还站着。——我突然在另一间包房，里面皮革座位和座位如此狭窄，背部直接碰到靠背。④我惊异于此，但我的确可能在睡眠状态下换乘了。有若干人，其中有一对英国兄妹（姐弟）；一排书显眼地在墙上的书立上。我看见《国富论》和克拉克·麦克斯韦⑤的《物质与运动》，很厚，用亚麻布装订。男子向姐（妹）询问席勒的一本书，问她是否忘了。那些书忽而像是我的，忽而像是他俩的。此时，我想证实性或者支**

---

① 此梦在后面会得到进一步分析。

② Hollthurn——译注

③ Holothurien——译注

④ 对我自己来说，也不能理解这种描写，但我遵循原则。要以我在记录下来时想起来的话再现梦。话语的文本本身是梦表现的一部分。

⑤ 詹姆士·克拉克·麦克斯韦（1831—1879），不列颠物理学家。——译注

持性地参与谈话——我醒来，全身冒汗，因为所有窗户都关着。火车停在马堡。

记录时，我想起记忆想略过的一个梦片断。**我对那对兄妹（姐弟）说到某本书：它来自**[①]……却纠正自己说：它由[②]……男子对姐（妹）说："他的确说对了。"[③]

梦以想必未完全唤醒我的站名开始。我用豪尔图尔恩代替叫马堡的这个名字。我在第一次通报、或许后来的一次通报时听见马堡，证明梦中提及席勒，他的确生于马堡，即使不生于施蒂里亚。[④]这次我在相当不适的情况下旅行，尽管是在一等车厢。火车太挤，在包房内，我遇上一名先生与一名夫人，他们显得相当傲慢，没有处世之道，或者认为不必费力怎么掩盖他们对闯入者的不快。我礼貌的问候没有得到回应；尽管男子与女子并排坐着（逆着行车方向），女子还是赶忙在我眼前用一把伞占住她对面窗边一个位置；门立即被锁上了，他们示威性地就开窗之事交谈着。很可能人家很快看出我渴望空气。那是一个炎热的夜晚，到处锁上的包房内的空气很快让人窒息。根据我的旅行经验，一种如此无所顾忌冒犯的举止表明他们未买票或者只买了半票。列车员进来而我出示我那高昂代价换来的车票时，从夫人的嘴里发出的声音令人难以接近，似乎在威胁：我男人有证明。她是具有不快特征的魁梧人物，年龄离女性色衰的时间不远；男人根本说不出话，他一动不动地坐在那里。我试着睡觉。梦中，我对我不可爱的旅伴做了可怕的报复；人家不会料到，在梦的前半部分支离破碎的片断

① It is from.——译注

② It ist by.——译注

③ 对这个梦片断的分析在后面继续。

④ （1909 年补充）席勒并非生于马堡，而是生于马尔巴赫，每个德国文理中学学生都知道，我也知道。这又是那些迷误之一，它们作为对有意作伪的替代而在别处潜入，我在《日常生活的心理病理学》（1901 年，第五章第一节）中尝试澄清它们。

后面隐藏着怎样的辱骂与羞辱。这一需求得到满足后，要换包房这第二个愿望起作用。梦如此频繁地变换场景，而对变化没有一丝反感，如果我即刻用出自我记忆的更宜人的旅伴来代替，丝毫不会引人注目。此处却出现一个情况，有什么事指摘变换场景，认为有必要解释这种变换。我如何突然进了另一间包房？我可想不起来换乘过。那只有一种解释：**我必定在睡眠状态下离开了车厢**，一个罕见的事件，但神经病理学的经验还是对此提供了例证。我们知道有人在昏昏沉沉的状态下坐火车，而没有因什么症状显露其非正常状态，直至在旅行的某一站完全苏醒过来，于是惊异于其记忆中的空缺。我还在梦中就宣布对这样一种**觉醒游行症**病例为我的病例。

分析使人有可能提供另一种解法。如果我不禁把那种解释尝试记在梦工作名下，它会让我如此惊讶，那种解释尝试并非原创，而是从我的一个患者的神经症中抄袭的。我已经在别处讲过一个教养很高、在生活中软心肠的男子，在其父母死后不久，他开始谴责自己有谋杀倾向，现在就苦于他为了防范这些倾向而不得不采取的预防措施。这是一个在完整保持洞见的情况下具有严重强迫观念的病例。起先，过街时让他败兴的是那种强迫，即要就所有相遇者做出报告，他们消失于何方；如果有一人突然脱离了他追踪的目光，他身上就留着难堪的感觉与意念中的可能性，即他可能除掉了此人。后面还有杀弟幻想，因为“尽人皆兄弟”。因为不可能完成此任务，他放弃了散步，关在其四壁间度日。但通过报纸，不断有关于在外面发生的谋杀行为的消息进入其房间，而其良知想以怀疑的形式让他明了，他就是要找的谋杀者。几周来，他的确未曾离开过其住宅，这种确信有一阵子防止他有这些指责，直至有一天，那种可能性在他脑中闪念，即**他在无意识的状态下离开房子**，可能这样行凶，而对此一无所知。从那时起，他锁上宅门，把锁匙交给年老的女管家，强烈禁止她让钥匙到他手里，哪怕不答应他的要求。

我在无意识状态下换乘，这种解释尝试就来源于此——它从梦意念的材料中完善地记入梦中，在梦中显然要用于让我与那名患者认同。在我身上，由明摆着的联想而唤起对他的回忆。事前几周，我与此公做了上一次夜游。他被治愈了，陪我进外省去其亲属那里，他们聘请我；我们自己有一间包房，让所有窗户整夜开着，只要我醒着，我们就聊得好极了。我知道，他童年在性背景下对其父的敌意冲动是其疾患的根源。我就与他认同，想对自己承认类似之事。梦的第二个场景也确实化为放纵的幻想，我那两个老气的旅伴之所以对我排斥，是因为因我的到来而妨碍了他们本来打算的相互温存。这种幻想却追溯至一个早年的童年场景，其中一个儿童很可能被性好奇驱动闯入父母的卧室，被父亲强令赶出来。

堆砌其他例子，我认为多余。它们只会证实我们从已经列举的例子中推断之事，即梦中的判断行为只是重复出自梦意念的样板。多为欠妥，在不当的关联中插入的重复，偶尔却正如在我们最近的例子中那样，是用得如此巧妙的重复，人家起先能够得到梦中独立思维活动的印象。由此，我们可以把我们的兴趣转向那种心理活动，它虽然似乎并不有规律地配合成梦，但在它这么做之时，努力按其来源没有矛盾。富有意义地融合不同类的梦要素。我们事先却还觉得紧迫的是，研究梦中出现的情感表现，并把这些情感表现与分析在梦意念中所揭示的情感相比较。

辛　梦中的情感

施特里克（《意识研究》，1879 年，第 51 页）一条感觉敏锐的评语提醒我们注意，梦的情感表现不允许有轻蔑的了结方式，我们苏醒后惯常以此方式甩掉梦境："如果我在梦中害怕强盗，则强盗虽然是想象中的，但恐惧是真实的。"如果我在梦中愉快，情况相同。根据我们感受的证明，与清醒时所经历的具有相同强度的情感相比，梦中经历的情感绝非劣质，而梦因其情感内容比其想象内容更有力而提出要求，要被纳入我们心灵的现实经历中。我们清醒时就未完成这种列入，因为除了与一处想象内容相连，我们不懂得在心灵上评价这种情感。如果情感与想象按种类与强度不相合，那我们的清醒判断也变得迷乱。

在梦上面，总是激起惊异，即想象内容并不带来我们在清醒思维时会估计为必然的情感作用。施特吕姆普尔（《梦的本性与形成》，1877 年，第 27 页及以下）表示，在梦中，想象被剥夺其心理价值。梦中却也不乏相反的事件，即强烈的情感表现出现于一项内容上，这项内容似乎不给免除情感提供任何契机。我在梦中处于一个可怕、充满危险、令人恶心的情境，同时却感觉不到任何恐惧或者厌恶；而其他时候，我惊愕于无伤大雅之事，对孩子气的东西感到高兴。如果我们从显性梦境转到隐性梦境，或许没有什么别的梦之谜像梦的这个谜这样突然、这样完全从我们这里消失。我们会与解谜毫无关系，因为谜再也不存在了。分析对我们表明，**想象内容经历了移置与替代，而情感保持不动**。不足为奇，被梦歪曲所改变的想象内容于是不再适合保存下来的情感；但如果分析把恰当的内容放入其先前之处，也不再奇怪①。

一种心理情结经历了阻抗性审查的影响，在此情结上，情感是抗拒部分，它只能给我们提供指点来做恰当补充。这种关系在精神神经症上比在做梦时揭示得更明显。情感在此总是有理，至少按其质量来说；其强度的

① （1919 年补充）如果我没有大错，那我从我那 20 个月大的孙子处能够获悉的第一个梦表明此事实，即梦工作成功地将其材料转变成一种遂愿，而与此相关的情感即使在睡眠状态也未做变动地得到认同。孩子在其父要开赴战场那天之前的夜里，剧烈啜泣地喊道：爸爸、爸爸——宝宝。这只能意味着：爸爸与宝宝待在一起，而哭泣则承认摆在面前的告别。孩子当时很可能能够表达分离的概念。“离开 fort”（由一个独特强调的、拖长的 oooh 来代替）是他最初的话语之一，而他在这第一个梦之前的几个月以其所有玩具表演“离开”，这溯源至早先成功的自制，即让母亲离开。（关于该孩子的另一篇报告见于《远离愉悦原则》第二章）

确可以通过移置神经症的注意力来抬升。如果癔症患者惊异于他竟害怕如此小事，或者有强迫观念的男子惊异于一件无谓小事给他形成了如此难堪的指责，那两人都错了，他们把想象内容——小事或者无谓小事当作本质之事，而他们使这种想象内容成为其思维工作的起始点，则抗拒无果。精神分析就给他们指明了正确的途径，精神分析反其道而行之，承认情感合理，寻找属于情感的、被一种替代所压抑的想象。此时的前提是，情感免除与想象内容不构成那种不可解的有机统一体，我们惯于把那种统一体当作这样处理，而是两个片断可能铆接在一起，可以通过分析而把它们彼此分离。解梦表明，事实上是这种情况。

我先带来一个例子，此例中，分析在一项想象内容上澄清了表面的情感缺位，这一想象内容要强求摆脱情感。

一

她在一片荒漠上看见三只狮子，其中一只在笑，她却不怕它们。后来，她还是不禁害怕它们了，因为她想爬上树，却发现其身为法语教师的堂（表）姐（妹）已经在上面了等。

对此，分析带来了如下材料：她英语作业的一个句子成了对梦无关紧要的诱因：鬣毛是**狮子**的饰物。她父亲蓄着这样一种胡子，像一丛鬣毛把脸围起来。她的英语女教师叫**莱昂斯**[①]小姐（lions= 狮子）。一个熟人给她寄过关于**狮子**的叙事谣曲。那就是三只狮子；为何她要害怕它们呢？——她读过一篇小说，其中有一个黑人煽动其他人起义，被人用寻血犬追赶，他爬上树得救。后面以最放纵的情绪跟着记忆碎块，如如何捕狮的指导，

① Lyons——译注

出自《飞叶》：要选取一片荒漠并筛选，于是剩下狮子。此外是极其滑稽但并非相当正经的关于一名官员的逸事，他被问到，究竟为何他不努力争取其上司的宠爱，而他给出回答，说他很努力地拍马钻营，但他前面的人**已经在上面了**。如果得知夫人在做梦当天接待了其夫的上级来访，整个材料就变得可以理解了。他对她很有礼貌，吻她的手，而**她根本不怕他**，尽管他是个相当的"大人物[①]"，在她国家的首都扮演"**社会头面人物**[②]"的角色。这只狮子就堪比《仲夏夜之梦》中的狮子，暴露面目为施诺克——那个木匠，所以大家都是梦中狮子，人家不怕它们。

二

我拿出那个姑娘的梦作为第二个例子，她看见其姐的幼子躺在棺材里，我现在补充，她当时却感觉不到痛苦与悲哀。我们从分析中得知了原因所在。梦只是掩盖她要再见所爱的男子那个愿望；情感必定与愿望协调一致，而非与掩盖愿望协调一致。所以根本没有悲哀的诱因。

在一些梦里，情感至少还与那种想象内容相连，那种想象内容替代与梦适应的想象内容。在其他梦里，情结继续松动。情感似乎完全脱离其相关的想象，发现自己被安置于梦中别的什么地方，它在那里适应对梦要素新的安排。那就类似于我们在梦的判断行为上已经获悉之事。如果在梦意念中有一个意味深长的结论，则梦也包含这样一个结论；但梦中结论可能被移置到另一种材料上。这种移置并非罕见地按照对立性原则而发生。

我借助下面的梦例来解释后一种可能性，我让此例经受了最详尽的分析。

---

① großes Tier，原义为大动物。——译注

② Löwe der Gesellschaft，原义为社会的狮子。——译注

三

海滨有一座城堡，后来它不直接位于海滨，而是位于入海的一条狭窄的运河旁。一位 P 先生是总督。我跟他站在一座巨大的三窗大厅里，前面墙体突出部分像要塞雉堞一样耸立。我大约作为志愿海军军官被分派到驻防部队。我们担心敌方战舰抵达，因为我们处于战争状态。P 先生有意离开；他给我下达指示，在所担心的情况下该做什么。他的病妻与孩子们在受威胁的城堡中。如果开始轰炸，要清空大厅。他呼吸沉重，想离去；我拦住他问，必要时我该以何方式让他得到消息。对此，他还说了什么，随后却立即倒地身亡。我大概毫无必要地用问题累着他了。他的死没有再给我留下印象，他死后，我的念头是，遗孀是否将留在城堡内，我是否该向总司令部报告死讯并作为下一个有指挥权者接管城堡。我就站在窗边，端详着驶过的船只；那是商船，在昏暗的水域上疾驶而过，一些船带有若干烟囱，其他的带有膨胀的甲板（整体类似于未讲到的前面梦中车站建筑）。**后来，我兄弟站在我身边，我俩从窗户望着运河。看见一艘船时，我们吃惊了，喊道：那边来了战舰。但情况表明，只是我已经了解的同一批船返回。这时来了一艘小船，切割得很滑稽，在横向上到头；甲板上看得见奇特的杯状或者罐状物品。我们异口同声喊道：这是早餐船。**

船只迅速运动，水域上极暗的蓝色，烟囱的褐色烟雾，这一切加在一起产生一种高度紧张、阴暗的印象。

此梦中的地方由到**亚得里亚**海滨的若干次旅行汇集而成（米拉马雷、杜伊诺、威尼斯、阿奎莱亚①）。在做梦前没几周，有一次与我兄弟前往**阿奎莱亚**做短暂却充满享受的复活节航行，我还记忆犹新。连美国与西班牙

① 阿奎莱亚，往内地几公里，通过一条小运河与潟湖相连，格拉多位于潟湖上面的一个岛上。亚得里亚海的这个北端直至 1918 年属于奥地利。

之间的**海战**和与之相连的为我在美国生活的亲属忧虑也一同起作用。在此梦的两处，突显了情感作用。一处缺乏一种可以预期的情感，着力突出的是，总督之死没给我留下印象；在另一处，我以为看见战舰，我**吃惊**并在睡眠中觉察到惊吓的所有感觉。在这个构造良好的梦里如此实行对情感的安排，避免了任何引人注目的矛盾。的确无理由的是，我在总督死时要吃惊，可能适当的是，作为城堡的指挥官，我在看见战舰时吃惊。但分析就证明，P 先生只是我自己的自我的替代者（梦中我是他的替代者）。我是突然死去的总督。梦意念涉及我过早死亡后我家人的未来。梦意念中找不到别的难堪的意念。梦中惊吓与看见战舰的景象相铆接，这种惊吓必定脱离彼处而放到此处。反之，分析表明，战舰取自梦意念的区域，该区域充满最开朗的记忆恢复。那是前一年在威尼斯，在好得迷人的一天，我们站在斯拉沃尼亚人河上我们房间的窗边，看着蓝色的潟湖，如今湖中可以比以前发现更多的活动。正在等待会得到隆重接待的英国船只，突然我妻子像个孩子般地朗声喊道："**那儿来了英国战舰！**"梦中，我在听见相同的话时吃惊；我们又看见，梦中的话语源自生活中的话语。我会即刻指明，对梦工作而言，连此话语中"**英国的**"这一要素也未丢失。我就在此于梦意念与梦境之间把高兴转为惊吓，只消略提，我借助这种转变本身表达了一部分隐性梦境。例子却证明，听任梦工作自由处置的是，让情感诱因脱离其在梦意念中的联系，而在梦境中随意插入别处。

我把握顺便呈现的机会，让"**早餐船**"经受较详细的分析，它在梦中的出现如此无意义地结束了一个得到合理记录的情境。如果我更好地观察梦客体，我事后注意到，它是黑色的，因其在这一端最大宽度上切割而取得与一个物品广泛的相似，这一物品在伊特拉斯坎人城市里的博物馆里对我们来说变得有意思。这是由黑陶制成的一只长方形杯子，有两个把手，上面放着如咖啡杯或者茶杯的东西，与我们现代用于**早餐桌**的一套餐具并非完全不像。询问后，我们获悉，这是一位伊特拉斯坎人贵妇的梳妆台，上有脂粉盒；而我们自己戏谑说，给主妇带这么件东西会不赖。梦客体也就意味着——**黑色妆饰**、悲哀，而直接影射一起死亡事件。梦客体用另一端提醒人具有词干 νέχνς（“尸首”）的“轻舟”，正如我那语言上博学的朋友告诉我的，从前把尸体放在那上面，付于海葬。与此相连的是为何梦中船只返回。

静静地，在得救的船上，老翁飘入港口。[①]

那是船舶失事后返航，早餐船的确如同横向折断。但何来“早餐船”这个名字呢？此处，“英语”就得到使用，我们在战舰上省略了它。早餐的德语单词（Frühstück）等于英语的breakfast、破斋[②]。**破**[③]又属于船舶**失事**[④]，**斋**[⑤]与黑色妆饰相连。

在这艘早餐船上，却只有名字是由梦新造的。有过这样的事，提醒我上次旅行最开朗的时刻。我们不相信在阿奎莱亚的膳食，从格尔茨带了食品，在阿奎莱亚采购了一瓶最出色的伊斯特里亚葡萄酒，小邮轮穿过德尔梅运河缓慢进入荒凉的潟湖地段驶向**格拉多**时，我们这些唯一的乘客以最开朗的心情在甲板上进早餐，以前难得有一顿早餐像这次有滋味。这就是“**早餐船**”，恰恰在对最高兴的生活享受的这种记忆恢复后面，梦隐藏着对未知与让人莫名害怕的未来的最令人忧郁的想象。[⑥]

---

① 席勒，《讽刺短诗补遗》，《期待与满足》；这一诗行结束关于生死的一则比喻。

② Fastenbrecher——译注

③ Brechen——译注

④ Schiffsbruch——译注

⑤ Fasten——译注

⑥ 此梦在后面再次被提及。

想象群导致摆脱情感，情感被这些想象群所接替，这是情感在成梦时遭遇的最显眼之事，但在从梦意念到显性梦的路上，这既非情感所遭受的唯一，亦非最本质的变化。如果比较梦意念中的情感与梦中的情感，则有一点立即变得清晰：梦中找得到一种情感之处，在梦意念中也找得到这种情感，但反之就不是。梦一般比心理材料更缺乏情感，梦来自对心理材料的处理。如果我重建了梦意念，那我就忽略了它们中经常有最强的心灵冲动在力争有效，大多在与尖锐相对的其他心灵冲动的争斗中。如果我随后回顾梦，就发现它并非罕见地无色彩，没有任何较强烈的感情色调。正是通过梦的工作，不仅我的思维的内容，而且其感情色调也常常被置于无关紧要的水平上。我可以说，通过梦的工作完成了**对情感的抑制**。以关于植物学专著的梦为例。在思维中，与它相应的是为我的自由做热情洋溢的辩护，我有自由要像我行事的那样行事，要像让我觉得独一无二正确的那样安排生活。由此产生的梦听上去无动于衷：我写了一本专著，它放在我面前，配有彩图，干缩的植物附在每份标本中。就像停尸场的宁静；再也感觉不到战役的激烈。

也可能有不同的结果，可能有活跃的情感表现进入梦本身；但我们想先停留于不可否认的事实，即有如此众多的梦显得无动于衷，而没有深受触动就绝不可能设想置身于梦意念中。

对梦工作期间这种情感压抑，在此无法提供完全的理论解释；这种解释要以细致钻研情感理论并探究压抑机制为前提。我只想在此提及两个意念。对摆脱情感，我——出于其他理由——被迫把它想象成一个离心的、对准身体内部的过程，类似于运动的与分泌的神经支配过程。① 正如在睡眠状态下，似乎取消对外界发送运动冲动，也可能因睡眠期间的潜意识思

① 从心理结构来观察，摆脱情感（尽管对准身体内部）被称为“离心的”。——关于弗洛伊德对“神经支配”这一术语的使用，见后面的注解。

维而妨碍对情感的离心唤醒。梦意念过程期间完成的情感冲动，本身就会是弱冲动，因而，入梦的也不会更强。根据此思路，“对情感的压抑”就根本不是梦工作的成果，而是睡眠状态的一个结果。情况可能是这样，但不可能都是这样。我们也必须想到，任何组合起来的梦也揭示为心理力量冲突的妥协结果。一方面，构成愿望的意念要抵抗审查机构的异议；另一方面，我们经常看见，在潜意识思维自身中，每一条思路都与其矛盾的对立面并驾齐驱。因为所有这些思路都具有情感能力。所以，如果我们把情感压抑理解成抑制的结果，这种抑制使彼此对立并审查由它所压抑的追求，那我们大体上几乎不会误入歧途。**情感抑制就会是梦审查的第二个成果，如同梦歪曲是其第一个成果一样**。

我想插入一个梦例，其中梦境无动于衷的感受基调可以由梦意念中的对立性来澄清。我得讲述如下短梦，每个读者都会带着厌恶获悉此梦。

四

有一个高地，上面有点像是野外茅厕，一条很长的凳子，尽头是很大的茅坑。整个后角密密麻麻被小堆的大小、新鲜程度各异的粪便所占据。凳子后面是灌木丛。我朝凳子上小便；一条长尿线冲净了一切，粪便污渍轻松脱落，落入开口。似乎尽头还余下什么。

为何我在这个梦上感觉不到厌恶?

因为正如分析所表明的那样，在此梦的形成上，最舒适与最令人满足的意念共同起了作用。在分析时，我立即想起赫拉克利斯清扫的**奥吉亚斯牛圈**。这个赫拉克利斯就是我。高地与灌木丛属于奥塞，我的孩子们现在待在那里。我揭示了神经症的童年病因，由此保护我自己的孩子免于患病。凳子（当然除了粪坑）是对一种家具最忠实的模仿，一名亲近的女患者把它作为礼物送给我。凳子提醒我，我的患者们多么尊敬我。甚至人的排泄物的展览品也能够得到让人心悦的解释。尽管我对那里感到恶心，梦中是对那个美丽国度意大利的记忆恢复，在其小城市里，众所周知，厕所的布置没有二致。冲净一切的尿线，是明白无误地影射大人物。格列佛就这样在里里普特人那里灭了大火；他由此却招致了最小的王后的不快。但高康大、大师拉伯雷笔下的超人，也这样报复巴黎人，他骑行着在巴黎圣母院上把尿线对准该城。我恰好昨天睡前翻到加尼埃为拉伯雷所作插图。而奇怪的是又有一个证据，即我是超人！巴黎圣母院的平台是我在巴黎最喜爱的逗留之地；每个无事的下午，我惯常在教堂塔楼上，在那里的怪物与鬼脸之间爬来爬去。所有粪便因尿线而如此迅速消失，这是警句：**他一吹，它们就散了**，我会给关于癔症疗法的章节加此标题。

现在是梦的真实诱因。那是夏天一个炎热的下午，我晚间就癔症与性倒错的关联作了讲座，而我擅长讲的一切让我如此彻底失败，让我觉得被剥夺了一切价值。我疲倦了，没有对我困难工作的丝毫乐趣，渴望离开这种在人性污物中的挖掘，渴想我的孩子们，还渴念意大利的美景。在这种情绪中，我从大教室走进一家咖啡馆，以在那里在自由的空气中用点小吃，因为食欲离我而去。但我的听者之一与我同行；他请求允许坐在一旁，而我喝着咖啡，被小面包噎住了，他开始对我说恭维话。他说在我这里学到了多少，他现在以不同的眼光看待一切，我清除了神经症学说中迷误与成见的**奥吉亚斯牛圈**，简而言之，我成了相当伟大的人物。我的情绪极不适应他的赞歌；我与厌恶做着斗争，提早回了家，以让自己解脱，睡前还翻阅拉伯雷，阅读孔·费·迈耶[①]的小说《一个少年的苦难》。

由此材料产生了那个梦。迈耶的小说还带来了对童年情景的回忆（比较关于图恩伯爵的梦，最后一幅图景）。日间厌恶与厌倦的情绪在梦中得

① 孔拉特·费迪南特·迈耶（1825—1898），瑞士作家。——译注

到认同，它几乎可以为梦境提供全部材料。但夜里，有力、甚至过度自我强调、与它对立的情绪变得活跃，它取消了前者。梦境必定如此安排，使得它在同样的材料里促成表达微小妄想与高估自己。遇有这种妥协产物时，产生一种模棱两可的梦境，但通过对立物的相互抑制也产生无动于衷的感受基调。

根据遂愿的理论，在厌恶的思路之外，如果没有加入对立虽然受压抑但带着愉悦得到强调的自大狂这一对立思路，就不会促成此梦。因为难堪之事不应在梦中得到表现；出自我们日间意念的难堪之事如果同时对遂愿予以表达，才能争得入梦。

除了允许梦意念的情感或者把它们压低至零，梦的工作对它们还可以有不同的行事方法。它可以把它们**颠倒至其反面**。我们已经熟悉解梦规则，即对解梦而言，梦的每个要素也可以表现梦的反面，就像表现自身一样。人们事先从不知道，是否应设定这个要素或另外一个要素；只有上下文关联才对此做决定。显然，民众意识不禁产生对此事态的预感；梦书在解梦时经常根据对照原则来处理。通过紧密的联想式链接而促成此类转为反面，在我们的思维中，这种链接把对一事物的想象与对其对立物的想象捆绑起来。正如任何其他移置一样，它服务于审查目的，却也常成为遂愿的成果，因为遂愿的确无非在于用反面来代替一个令人不快的事物。与事物想象相同，梦意念的情感在梦中也可能显得颠倒至反面，而很可能的是，这种情感颠倒大多由梦审查办到。**情感抑制**与**情感颠倒**的确在社会生活中也主要用于**伪装**，社会生活对我们表明了常见的与梦审查的相似之处。如果我与我在其面前不得不加以顾忌的人口头交往，而我想对其说有敌意的话，则几乎更重要的是，我在其面前隐藏我的情感的表示，而非我减弱对我意念的话语表达。如果我对其说并非无礼的话语，但伴以一种憎恨与蔑视的眼光或者表情，则我在此人身上取得的效果不甚有别于我把我的蔑视毫不顾惜地扔到其脸上。审查就是叫我首先压抑我的情感，而如果我是伪装的大师，我会佯装相反的情感，在我想盛怒时微笑，在我想毁灭时假装温柔。

我们已经了解，梦中此类情感颠倒服务于梦审查有一个突出的例子。在“我叔父的胡子”的梦里，我对友人 R 表现出巨大的温情，然而梦意念责骂他是笨脑瓜。从关于情感颠倒的这个例子中，我们取得了对存在梦审查的最初提示。在此也不必假设，梦工作完全新创一种此类相反情感；它通常发现后者放在梦意念的材料中，只是用抗拒动机的心理力量提高后者，直到后者就成梦而言能够占上风。在适才提及的叔父梦中，温柔的相反情感很可能源自幼儿期（如梦的接续部分让人明了的），因为，由于我最早的童年经历有特殊性质，叔侄关系在我身上变成所有友情与所有憎恨的来源。

由费伦茨报告的一个梦（《梦中情感混淆》，1916 年）提供了这样一种情感颠倒的出色例子[①]：“一名年长的先生夜间被其妻唤醒，说他在睡眠中如此抑制不住地大笑，她对此感到害怕。丈夫后来讲述做了如下的梦：**我躺在自己床上，一名熟识的先生走进来，我想拧亮灯，却做不到，一再尝试——可是徒劳。于是，我妻子起床要帮我，但连她也办不到；但她在那名先生面前因为穿着晨服而害羞，她最终放弃了，又躺到床上；这一切如此滑稽，我不禁笑得要命。妻子说：‘你笑什么，笑什么？’我却只是接着笑，直到我苏醒。**”——次日，这名先生极其垂头丧气，头痛——他以为是笑多了，让我震撼。

“从分析上来观察，梦看起来不那么有趣。在隐性梦意念中，进来的‘熟识的’先生是前一天唤醒的死神作为‘厉害的生人’的图景。患动脉硬化症的老先生前一天有理由想到死。抑制不住的笑代表那种境况，即一想到他肯定要死了这个念头就哭泣。他再也不能拧亮的是生命之光。这个悲

① 该段与下一段于 1919 年补充。

哀的意念可能联系着不久前有意尝试同房却失败，在做那些尝试时，连穿着晨服的其妻的帮助也无济于事；他发觉，他已经走下坡路了。梦工作善于把关于阳痿与死亡的悲哀念头转成一个滑稽的场景，把哭泣转成大笑。”

有一类梦①，特别有资格被称为“虚伪的”梦，让遂愿理论经受严格考验。博士 M. 希尔弗丁女士在《维也纳心理分析协会会刊》上提出讨论以下刊登的罗泽格尔的梦报告时，我注意到这类梦。

罗泽格尔（在《森林故乡》第二卷中）在“离开”这个故事中（第 303 页）说道：“我素喜健康的安睡，但我某些夜里失去安宁，除了我那简朴的学生兼作家的存在外，我还长年拖着一种名副其实的裁缝生活的影子，如同一个幽灵，无法摆脱它。

“我日间会在意念中如此频繁而活跃地潜心于我的过去，这不符合事实。蜕去市侩外壳的一个冲天者、冲击世界者有别的事要干。但无忧无虑的小子也几乎不会想到其夜梦；后来我惯于沉思一切时，或者市侩在我身上又开始有些蠢蠢欲动时，我才注意到，究竟为何我——如果我确实做梦——每次都是裁缝伙计，我这样已经在我师傅那里无偿在作坊里工作了那么久。每当我坐在他边上，缝纫、熨烫，我很清楚，我其实再也不属于那里，我作为城里人要管别的事；可我始终有假期，始终去消夏，这样我就坐在师傅那里帮忙。我甚至经常不快，我惋惜失去的时间，我本该懂得在此时间中忙得更好、更有益。如果有什么未完全按照尺寸与纸样，我就得间或容忍师傅一顿训斥；可根本从未说到周薪。我弓着背在黑暗的作坊里那么坐着时，我常常打算辞工，让自己离开。一次，我甚至这么做了，可师傅不理会。不久，我还是又坐在他边上缝纫。

“经过如此无聊的时刻后，苏醒让我多么幸福！我就决定，如果这个

① 此段及下面的罗泽格尔的引文连同对此梦例的讨论于 1911 年补充。彼得·罗泽格尔（1843——1918）出身于贫穷的农家。

咄咄逼人的梦再次出现，就坚决把它从我身上扔掉并高喊：那只是变戏法，我躺在床上，要睡了……次日夜里，我还是又坐在裁缝作坊里。

“情况就这样以不可名状的规律性延续了几年。有一次我们——师傅和我，在阿尔彭霍费尔那里干活，在我曾拜他为师的那个农民那里，我师傅对我的活计表现得特别不满。‘我只想知道，你的念头在哪儿？’他说着，有些阴沉地注视着我。我想，最明智的该是，我现在起身，向师傅暗示，我只是出于好意在他这里，然后我就走开。但我没这么做。师傅收了一个个学徒，命令我给此人在凳子上让座，我容忍了。我挪到角落里缝纫。当天，还收了一个伙计，假仁假义的，那是伯姆，十九年前，他在我们这里干过，那时在从客栈来的路上落入溪中。他想坐下时，没有位置了。我探询地看着师傅，而他对我说：‘你可的确不是当裁缝的材料，**你可以走了，你被开除了**。’——我对此的惊吓如此结结实实，我就苏醒了。

“曙色从明亮的窗户闪进我的安乐窝。艺术品环绕着我；在有格调的书柜里期盼我的是永恒的荷马、巨人般的但丁、无可比拟的莎士比亚、享有盛名的歌德——都是光鲜不朽者。从邻室传来孩子们响亮的童声，他们醒了，与他们的妈妈打趣。我似乎找回这种田园般甜蜜、这种和睦温和与富有诗意、很有思想的生活，我在其中如此经常而深切地感受到静观默想悠闲的人类幸福。而还是让我恼火的是，我没有抢在师傅之前辞工，而是被他辞退了。

“而对我来说奇怪的是：师傅‘开除’我的那个夜里，我享受着宁静，不再梦见我远在往昔的裁缝时光，那是虽然简单快乐的日子，但也在我以后的岁月中投下了一道长长的阴影。”

在年轻时当过裁缝伙计的诗人的梦系列中，难以辨别遂愿的存在。一切喜人之事都在日间生活中，而梦似乎拖着一段终于消除了的、令人不快的、那幽灵般生存的影子。我自己的一些类似的梦使我能够对此类梦提供一些澄清。作为年轻医生，我长时间在化学研究所工作过，而无法在那里所要求的本领上有所成就，因而在清醒时从不愿想到我学习时这段无所收获、其实令人蒙羞的插曲。而在我身上成为一个再现的梦的是，我在实验室里工作、做分析、经历杂事等等；这些梦与考试梦类似，令人不快，从未很清晰。在解这些梦之一时，我终于注意到“**分析**”，它给我提供了理解的关键。我的确从那时起成了“分析师”，做很受赞许的分析，然而是**精神分析**。我现在懂了：如果我日间对此类分析感到骄傲，想自誉我到了哪一步，夜间梦就把其他那些不成功的分析拿到我面前，我无理由对此骄傲；那是对发迹者的惩罚梦，正如对裁缝伙计的惩罚梦，他成了受赞扬的作家。但在暴发户的骄傲与自我批评之间的冲突中，梦如何可能服务于后者、以理性的警告而非未经允许的遂愿作为内容呢？我已经提及，对此疑问的回答造成困难。我们可以推断：首先，忘乎所以的虚荣心幻想构成梦的基础；代替它的却是对其的抑制与羞愧入梦。可以忆起，心灵生活中有受虐倾向，可以把这样一种颠倒记在这些倾向名下。如果把此类梦作为**惩罚梦**与**遂愿梦**隔开，我没什么可反对的。我不会把它视作限制迄今为止所持的梦理论，而只看成在语言上迎合那种见解，这种见解觉得对立物的重合很异样。[①] 更详细地逐个深入这些梦却还可以看出别的东西。我在一个实验室梦的模糊次要东西上恰恰拥有那个年纪，把我置于我的医生生涯中最阴暗、最不成功的年份中；我还没有职位，不知该如何维持生活，但同时突然发生的是，在我该娶的几个女子之间，我有选择！我就又年轻了，主要是她又年轻了，那个与我分担所有那些艰难岁月的女子。这样，正在变老的男子的一个不停折磨人的愿望就显露为潜意识的梦刺激源。虚荣与自我批评之间在其他心理层次上激烈的斗争虽然决定了梦境，但根源更深的青

---

① 前面两段于 1919 年补充。

春愿望让它只作为梦才有可能。人有时在清醒时也对自己说：如今的确很好，曾有过一段艰难时光；但当时还是很好；你那时的确还曾如此年轻。[①]

有另一组梦[②]，我在自己身上频繁发现它们并识别为虚伪，它们以与人和解为内容，与这些人的友好关系早就断绝了。分析就经常揭示一种诱因，它可能要求我把对这些曾经的友人的顾忌的最后剩余置于一旁，像生人或者像敌人一样对待他们。梦却扬扬自得于描摹对立的关系。

在评判一个作家所告知的梦时，可以足够经常地假设，他把感受为烦人、看作非本质的梦境的细节从告知中排除了。他的梦就给我们出了谜，在精确再现梦境时才会很快解开。

奥托·兰克也让我注意，在关于勇敢的小裁缝的格林童话或者《一箭七雕》中，讲了一个完全相似的发迹者的梦。裁缝成了英雄和国王的女婿，一夜，他在公主——他的夫人那里梦见他的手艺；这公主变得多疑，次夜就安排了武士，要他们聆听梦里说的话并逮捕做梦者本人。但小裁缝得到了警告，现在知道把梦纠正过来。

通过取消过程、撤销过程与颠倒过程，梦意念的情感终于成了梦的情感，这些过程错综复杂，可以借助适当综合得到完整分析的梦来很好地通观。我想在此再列举处理梦中情感冲动的一些例子，它们也许证实了一些讨论过的例子。

---

① （1930 年补充）自从精神分析把人分解成自我与超我（《大众心理学与自我分析》，1921 年；还有《自我与本我》，1923 年），就容易在这些惩罚梦中识别超我的遂愿。（见后面）

② 该段于 1919 年补充，似乎误放在此处。或许它该放在紧接着的两段后面。那两段出自 1911 年，就像前面关于罗泽格尔梦的讨论，那两段明白无误地与该讨论相连。下面又注明为 1900 年。——关于虚伪的梦的其他一些说明见于弗洛伊德关于女性同性恋一个病例的文章（《论女性同性恋一个病例的心理发生》，1920 年）第三节临近末尾处。

五

老布吕克给我提出奇特的任务，要我解剖我自己的骨盆，在这个梦里，**我在梦本身中发现没有流露出恐惧**。这就是不止一种意义上的遂愿。解剖意味着自我分析，我仿佛通过公开发表梦书而完成自我分析，现实中，自我分析让我如此尴尬，使我把印行已经杀青的手稿推迟了一年。现在蠢蠢欲动的是此愿望，即要我摆脱这种碍事的感受，因而我在梦中感受不到**恐惧**。对其他意义上的“**恐惧**①”，我也愿意发现它不在；我已经着实害怕了，而这种头发的**灰色**②同样提醒我，别再克制。我们的确知道，在梦的结尾，念头得到了表现，我得听任孩子们在困难的漫游时到达目标。

两个梦把表达满足移入紧接着苏醒后的瞬间，在这两个梦里，一次是这种满足用期待来说明动机，即我现在会获悉，什么叫“我已经梦见了”，其实指涉头生孩子的出生。另一次这种满足用信念来说明动机，即现在会出现“通过一种预兆而预告过的事”，而这种满足就是那时迎来次子的满足。此处梦中留有在梦意念中占优势的情感，但大概在任何一个梦里，情况都不会如此简单。如果稍稍深入两处分析，就会获悉，这种不经受审查的满足从一个来源得到增援，这个来源会害怕审查，而其情感如果不与出自经允许的来源、一般获准的同类满足情感重合，仿佛潜入其后面溜进梦中，这个来源的情感就会激起异议。可惜我不能借助梦例本身证明这点，但出自其他范围的一个例子会让我的意见易懂。我设定如下情况：我周围有我憎恨的一个人，我身上形成一种活跃的冲动，如果其遭遇什么事，会让我高兴。但我本质中的道德不屈服于这种冲动；我不敢表示这种愿人不

① Grauen——译注

② Grau——译注

幸的念头，在其无辜地遇上什么事后，我压抑自己对此的满足，逼迫自己有遗憾地表示同情。人人都肯定身处过这种境地。现在发生的却是，所憎恨的人因逾矩而招致理所当然的麻烦；于是，我可以让自己对此的满足放任自流，即此人受到公正的惩罚，而我在这件事上表现得与不偏不倚的其他许多人一致。我却能够观察到，我的满足比其他人强烈；它从我的憎恨来源得到增援，这种憎恨到那时为止都被内心审查阻止提供情感，在改变了的情况下却再也阻止不了。在引起反感的人或者一个不受欢迎的少数派的成员犯下过失之时，这种情况在社会上普遍切合实际。对其惩罚通常就与其过错不相应，而是给过错增加了迄今为止对那些人无效的心怀恶意。惩罚者在这时无疑犯下不公；他们却因满足而妨碍了对这种不公的察觉，取消在其内心长期保持的压抑给他们造成这种满足。在此类情况下，情感依其质量虽然有理，却无度；而在一点上安然的自我批评却太容易忽略对第二点的检验。一旦开了门，就很容易挤入更多的人，多于原先打算放入的。

神经症性格有瞩目特征，即有情感能力的诱因在它那里取得效果，这种效果在质量上有理，在数量上过分，只要这种特征确实允许心理学的解释，可以以此方式解释。这种过剩却来自一直是潜意识的、直到那时被压抑的情感源，这些情感源可能与真实的诱因建立联想关系，为了使情感源脱离情感，无异议地与获准的情感源开辟受欢迎的道路。我们就会这样被提醒注意，在受压抑与压抑人的心灵审查机构之间，我们不能只着眼于相互抑制的关系。同样值得多注意的是那些情况，其中两个审查机构通过协作、通过相互增强而实现病理效果。为了理解梦的情感表示，要利用关于心理机理的这些暗示性意见。一种满足在梦中显示出来，当然，随即在其于梦意念中的位置上可以找到它，仅通过这种证明无法总是完整地澄清这种满足。通常要为它在梦意念中寻找第二个来源，审查的压力压在这第二个来源上，第二个来源在这种压力之下得出的不会是满足，而是相反的情感，但由于存在第一个梦来源，第二个梦来源能够让其满足情感摆脱压抑，并且作为增援与出自其他来源的满足会合。所以，梦中情感似乎由若干支流合并而成，在梦意念的材料上由多因决定；**能够提供相同情感的情感源在梦工作时为形成情感而相聚。**①

通过分析**"他没活过"**在其中构成中心的那个美梦，得以略微瞥见这些纠结的状况。在此梦中，具有不同质量的情感表示挤在两处显性梦境。敌意的与难堪的冲动（在梦中本身叫"被奇怪的情感攫住"）重叠于我以两句话毁了敌对的友人之处。梦的末尾，我非常高兴，于是肯定地评判清醒时被识别为怪诞的可能性，即存在只通过愿望就能除掉的亡灵。

我尚未告知此梦的诱因。它是一个本质的诱因，深入对梦的理解。我从我在柏林的友人（我称为 Fl，这是弗利斯）处得到消息，他要接受手术，生活于维也纳的亲属会给我提供关于他健康状况的其他情况。术后的初步消息听起来不可喜，让我担心。我最好自己动身去他那里，但我恰好那时痛症缠身，任何运动对我都成为折磨。我就从梦意念中获悉，我为珍爱的友人的生命担忧。据我所知，他唯一的姐（妹）年轻时生病不久后去世了，我从未认识她（梦中：Fl. **讲到其姐（妹），说：三刻钟后，她死了**）。我不禁幻想，他自己的体质并不更有抵抗力，我就幻想，因为有更为糟糕的消息，我现在终于还是动身了——而且来得**太晚**，对此我可能永远自责。②因来得太晚而责备成为梦的中心，却呈现在一个场景中，其中我学生岁月尊敬的大师布吕克以其蓝眼睛的可怕目光责备我。什么完成了场景的这种

① （1909 年补充）类似地，我解释了有倾向性的玩笑异常强烈的逗乐作用。（参见《诙谐及其与潜意识的关系》，1905 年，临近第四章末，研习版，第 4 卷，第 127 页）

② 正是出自潜意识梦意念的这种幻想——专横地要求 non vivit 他没活着而非 non vixit 他没活过。"你来得太晚，他不在了。"连梦的显性情境也针对 non vivit，在前面得到说明。

转移，很快会得出结果；梦不可能再现我经历过的场景本身。梦虽然允许另一人保留蓝眼睛，但它给我一个毁灭性的角色、一种颠倒，显然是遂愿的杰作。忧虑友人的生命，指责我没有动身去他那里，我羞愧（他“**悄悄地**”——到我这里——**前来维也纳**），我需要认为自己因生病而有借口，这一切现在组成感情风暴，它在睡眠中明显被感觉到，在梦意念的那个区域闹腾。

在梦的诱因上却还有别的东西，对我有过截然相反的作用。手术头几天，有不好的消息，我还接到警告，别与任何人说起整个事件，这一警告伤害了我，因为它以不必要地怀疑我的缄默为前提。我虽然知道，这一委托并非出自我的友人，而是与中间人的不灵活或者过分害怕相应，但我很尴尬地被隐晦的指责触动，因为它并非全无道理。众所周知，“有那么回事的”其他指责本身不负责任，无力让人激动。虽然并非在我友人的事情上，但早先在年轻得多时有过一次，有两位友人，让我荣幸的是，他们也愿意这样称呼我，我在他们之间不必要地抖搂了一人说另一人的话。我也没有忘记我当时听到的指责。我那时在两位友人之间成了不和的制造者，他们两者中一人是弗莱施尔教授，另一人可以用约瑟夫这个名来代替，在我梦中出现的友人兼对手 P 也用此名。①

我无力对什么秘而不宣，在梦中，诸要素**不显眼地**证明这种指责，证

① 为更好地理解下文，应提及由贝恩费尔德（《弗洛伊德最早期的理论与赫尔姆霍茨学派》，1944 年）告知的一些事实。自 1876 年至 1882 年，弗洛伊德在维也纳心理学研究所工作（“布吕克的实验室”），其领导人是恩斯特·布吕克（1819—1892）；他在弗洛伊德时期的两名助手是西格蒙特·埃克斯纳（1846—1925）与恩斯特·弗莱施尔·冯·马克索夫（1846—1891），两者均比弗洛伊德年长十岁。弗莱施尔在后来的岁月里罹患一种严重的器质性疾病。在同一家研究所，弗洛伊德遇见约瑟夫·布罗伊尔（1842—1925）、比他年长得多的《癔症研究》的合著者（1895 年）；此人是这个分析中第二个约瑟夫。第一个——弗洛伊德早逝的“友人兼对手 P.”——是约瑟夫·帕内特（1857—1890），成为弗洛伊德在心理研究所的继任者。——参见厄尼斯特·琼斯的弗洛伊德传记第一卷（1960 年）。

明此指责的还有 Fl 的疑问，**我究竟把多少关于他的事告知了** P。但正是这种（对当时泄密及其后果的）回忆的介入，把“来得太晚”这种指责从眼下移入我在布吕克实验室里的时间，我用一个约瑟夫代替梦的毁人场景中的第二人，我不仅让此场景表现一种指责，即我来得太晚，而且表现被压抑更强烈地涉及的指责，即我保守不了秘密。梦的压缩与移置工作及其动机在此引人注目。

别泄露（Fl 的）任何事情，眼前对这种警告的轻微气恼却从在深处流动的来源得到增援，如此膨胀成针对现实中所爱者的敌意冲动的河流。提供增援的来源在幼儿期流动。我已经讲过，我对同龄人热情的友谊与我的敌意追溯至我与一个年长一岁的侄子的童年交往，在交往中，他是优越者，我很早就学会自卫，我们不可分离地共同生活并相亲相爱，如年长者证明的那样，我们在此期间扭打并且——**告状**。在某种意义上，我所有的朋友都是“早先曾经在阴郁的目光前露过面”① 这第一个人物的化身、**幽灵**。我侄子本人在少年岁月时归来，而当时我们的举止如同凯撒与布鲁图。对我而言，一个密友兼憎恨的敌手是我感情生活始终必需的要求；我懂得始终重新给自己谋得这两者，而且童年理想并非罕见地确立到了那一步，敌友重合于一人，当然不再同时或者多次重复交替，而最初的童年岁月里可能是这种情况。

在遇有如此存续的关联时，情感的一种最近诱因能够以何种方式追溯至幼儿期情感，以通过幼儿期情感代替情感作用，我在此不想关注此事。它属于潜意识思维心理学，会在对神经症的心理解释中找到其位置。让我们为了解梦的目的而假设，出现一段童年回忆，或者幻想性地形成这样一种回忆，内容大致如下：两个孩子为一样东西彼此争吵——哪样东西，

① 歌德，《浮士德》，献词。

让我们把它置于一旁，尽管回忆或者回忆错觉眼中有一样完全确定的东西——每个人都声称，**他先来**，也就有优先权；发生了打斗，强权先于权利；根据梦的暗示，我可能知道，我无理（**自己发觉错误**）；这次我却坚持做强者，坚守战场，战败者赶去父亲或者祖父那里告我的状，而我用因父亲讲述而知晓的话为自己辩护：**我打他，是因为他打了我**。这种回忆或者更可能是幻想就是这样，在我分析此梦期间——它不能为其他的事担保，我自己都不知道怎么了[①]——不禁产生，它是梦意念的一个中心部分，这个中心部分集中了在梦意念中起主宰作用的情感冲动，就像贮水池集聚所输送的水流。由此，梦意念以如下途径流动：你不得不给我让位，你完全活该；为何你想挤掉我的位置？我不需要你，我肯定会得到跟我玩的一个人，诸如此类。于是开辟了途径，这些意念以这些途径再度汇入梦表现。我当时不禁用这样一种“**你走开，这里是我的位置**”指责我逝去的友人约瑟夫（P）。他踩着我的脚印作为申请人进入布吕克的实验室，但那里的晋升很费时。两名助手中无人挪地方，青年人不耐烦了。我的友人知道寿命有限，他与其上司没有亲密关系，有时就张扬地表达他的不耐烦。因为这个上司（弗莱施尔）是个重病号，要知道通过提升而排除他，可以打消这个愿望了，也允许对这个愿望做有失体统的附加解释。当然，要占据空出来的一个位置，几年前这相同的愿望在我身上强烈得多；只要世界上有等级与提升存在之处，的确就为需要压抑的愿望而开辟了道路。莎士比亚笔下的王子哈尔甚至不能在病父的床边摆脱诱惑，要试一试王冠怎么跟他相配。[②]但正如可以领会的，梦没有在我身上惩罚这种无所顾忌的愿望，而

---

① 这点在后面得到讨论。

② 《亨利四世》第二部，第四幕第二场。

是在他身上。[①]“因为他有统治欲，所以我打死他。”[②]

因为他不能等到另一人给他让位，因此，他自己被除掉了。我在大学里出席为别人所立的纪念碑揭幕典礼后，就怀有这些意念。我在梦中感觉到的满足中有一部分就可以解释成：公正的惩罚，你活该。

在这位友人（P.）的葬礼时，一名年轻人做了显得不当的评论：讲演者这么说，似乎现在世界没有这一个人就再也不能存在了。在他身上活跃着诚实者的反抗，人家因夸张而扰乱了他的悲痛。但与此谈论相连的是梦意念：确实无人不可替代；我已经把多少人送进坟墓；我却还活着，我比他们活得都长，我守住了位置。那一瞬间有这样一种意念，当时我担心，如果我动身去我那朋友（弗利斯）那里，就再也不能在生者中遇见他，这种意念只会允许进一步发展，即我很高兴又比某人活得久，不是**我**死，而是**他**，我像当时在幻想出来的童年场景中那样保住了位置。我保住位置，出自幼儿期的对此事的这种满足覆盖了被纳入梦中的情感的主要部分。我活下来，我对此感到高兴，我以夫妻之间那桩逸事中的幼稚利己主义来表示这点：“如果我们中间有一人死了，我就移居巴黎。”就我的期望而言，如此理所当然的是，并非我是那一个死去的人。

无法对自己隐瞒的是，解自己的梦并告知自己的梦的，这需要困难的自我克制。必须揭示自己是所有高尚者中唯一的坏蛋，人们与这些高尚者共同生活。我就觉得完全可以领会的是，**幽灵**的存在只会如人家所喜欢的那么久，而它们可以通过愿望被排除。这就是我的友人约瑟夫为此受罚之事。幽灵却是我的童年朋友前后相继的化身；我一再代替此人，我对此也

---

① 引人注目的是，约瑟夫这个名字在我的梦中起着如此巨大的作用（参见叔父梦）。在叫此名的这个人背后，我在梦中的自我特别容易隐藏，因为连出自《圣经》为人所知的解梦者也叫约瑟夫。

② 莎士比亚的《尤利乌斯·凯撒》中的布鲁图，第三幕第 2 场。

感到满足，而对我现在正要失去的人，肯定会找到替代者。无人不可替代。

但此处梦审查何在呢？为何它不对这种最粗鲁的利己主义的思路提出最坚决的异议，不把附着于此的满足转成严重的无兴趣呢？我以为，因为关于同一些人的其他无异议的思路同样以满足而结束，以他们的情感覆盖了出自被禁的幼年来源的情感。在另一层意念上，我在那次隆重的纪念碑揭幕仪式上对自己说：我失去了这么多珍爱的友人，一些人因为死神，别的人因为友情消散；不过，美好的是，他们自己对我做了弥补，我赢得了这一个人，比起其他人能够做到的事来，他对我意味着更多，而我现在于不再轻易缔结友情的年纪会始终坚守他。我为失去的友人找到了这个替代品，我可以不受干扰地把这种满足带入梦中，但在它后面潜入了出自幼儿期来源的敌意满足。幼儿期的柔情肯定有助于增强如今有理的柔情，但连幼儿期的憎恨也开辟了其得到表现的道路。

梦中，却还含有对另一条思路的明显提示，这条思路可能延伸至满足。不久前，我那友人（弗利斯）在经过长久的等候后得了个小女儿。我知道他对其早逝的姐（妹）有多痛惜，就写信给他，要他把对姐（妹）感受到的爱转移到这个孩子身上；这个小姑娘最终会让他忘却不可替代的失落。

这样，该系列也与隐性梦境的中间意念相连，由此，各条道路朝着相反的方向分岔：无人不可替代。看哪，只有**幽灵**；失去的一切又再来，这样，梦意念充满矛盾的组成部分之间的联想纽带因此事态而拉得更紧，即我那友人的小女儿与我自己的少年小玩伴名字相同，后者是我那最老的友人兼敌手与我同龄的姐（妹）。我带着**满足**听到“保利娜”这个名字，为了影射这种重合，我在梦中用一个约瑟夫代替另一个约瑟夫，发现不可能压下弗莱施尔与Fl.这些名字中相同的开头音。由此，就有一条思路流向给我自己的孩子取名。我注重的是，不按今日时尚来选择他们的名字，而是要通过对珍爱者的纪念来决定他们的名字。孩子们的名字使他们成为“**幽灵**”。

最终，对我们大家而言，有孩子不也是通往“**不朽**”的唯一通道吗？

关于梦的情感，我只再由另一视角添加少数意见。在睡眠者的心灵中，一种情感倾向——我们称为情绪——可能作为主导的要素包括在内，于是共同决定着梦。这种情绪可能源自日间的经历与思路，它可能具有躯体来源；在两种情况下，它伴有与它相应的思路。梦意念的这种想象内容是原发性地决定情感倾向，还是继发性地由躯体上可以解释的感情素质唤醒，对成梦来说都无所谓。成梦每次都处于限制中，即它只能表现成为遂愿之事，而它只能从愿望中借用它自己的心理内驱力。当前存在的情绪会得到的处理与睡眠期间现实出现的感觉一样，后者或者被忽略，或者在遂愿的意义上得到重新解释。睡眠期间的尴尬情绪成为梦的内驱力，它们唤醒梦会实现的坚决愿望。它们所附着的材料会得到如此长久的重新加工，直至可用于表达遂愿。梦意念中尴尬情绪这个要素越强烈、越占主导地位，遭受压抑最强烈的愿望冲动就越肯定会利用得到表现的机会，因为当前存在无兴趣，它们在其他情况下会不禁自行产生这种无兴趣，通过这种无兴趣的当前存在，它们发现要让自己得到表现这种工作的困难部分已经了结，而随着这些探讨，我们再度触及焦虑梦的问题，这些梦会被证明是梦功效的边缘病例。

壬　继发性整合

我们想最终着手突出参与成梦的诸因素的第四个因素。

如果继续以刚才的方式探究梦境，审核梦境中引人注目事件在梦意念中的来历，那也会遇见那些要素，解释它们需要全新的假设。我回忆起那些病例，人在梦中惊讶、生气、反抗，而且是针对梦境的一个片断本身。

梦中这些批评的冲动多数并非针对梦境，而是被证明是梦材料被采纳并得到恰当使用的那些部分，我借助适当的例子阐述过。这一类的有些部分却不适合这种推导；梦材料中无法找到相关事物。例如，这的确只是个梦吗？梦中并非相当罕见的这种批评意味着什么？这是梦的一种现实批评，我在清醒时也可能做此批评。根本不罕见的是，它也只是苏醒的前导；更常见的是，一种尴尬的感觉先于它本身，这种感觉在发觉做梦状态后平息下来。睡眠期间，“这的确只是个梦”这个意念想要的却是它在舞台上奥芬巴赫笔下美丽的海伦娜口中想说的话①；它想贬低刚才经历之事的意义并促成对下一步的容忍。它用于麻痹某个审查机构，该机构在给定的瞬间有各种理由冲动并禁止延续梦或者场景。但更舒适的是，继续睡眠并容忍梦，“因为它可只是个梦”。我设想，如果从未完全睡着的审查觉得自己被已经获准的梦突然袭击，梦中就会出现轻蔑的批评：这的确只是个梦。要压抑梦已经太晚了，所以审查以那种评语对付由于梦而出现的焦虑或者尴尬的感受。这是心理审查表示**事后想到的反驳的话**。

借助此例，我们却有了一项无可争辩的证据，证明并非梦包含的一切都源自梦意念，而是与我们的清醒思维无法区分的一种心理机能能够对梦境提供帮助。问题就是，这只是很例外地出现，还是平素只作为审查而活动的心理机构经常参与成梦？

必须毫不犹豫地选中后者。无疑，审查机构也对插入并增多梦境负有责任，我们至今只在梦境中的限制与忽略中看出审查机构的影响。这些插入常常容易识别；它们被迟疑地告知，以“似乎”开始，本身没有特别高的生动性，始终被置于那些地方，在它们能够用于连接两部分梦境、开辟两个梦局部之间关联之处。比起梦材料的原真衍生物来，它们显示出梦中

① 在《美丽的海伦》第二幕中帕里斯与海伦娜的爱情二重唱中，在这一幕的末尾，墨涅拉俄斯夫妇受惊。

记忆的可靠性较小；如果梦被遗忘，首先就取消这些插入，而我抱有强烈的猜测，即我们经常抱怨说我们做了这么多梦，其中多数被遗忘，只保留了碎片，这种抱怨恰恰是由于这些接合意念即刻被取消。在完整分析时，有时由此泄露出这些插入，即在梦意念中找不到插入的材料。不过，仔细审核之下，我不得不把此情况称为较罕见的情况；插入意念大多总还可以溯源至梦意念中的材料，但这种材料既不能因其特有价值，亦不能因多因决定而有资格被纳入梦中。看来，我们现在观照的成梦时的心理机能只在极端情况下抬升为新的创造；只要还有可能，它就利用它在梦材料中能够挑出的适用之物。

梦工作的这一片断所标明、泄露之事[①]，是它的倾向。这种机能行事类似于作家恶意声称的哲学家的样子：它用其碎片与补丁来填补梦的结构上的漏洞。[②]它努力的后果是，梦失去怪诞与无关联的那种表象，接近一种可以理解的经历的样板。但努力并非每次都圆满成功。那些梦就这样完成了，就表面观察而言，它们可能显得无可指责地符合逻辑与正确；它们从一种可能的情境出发，让它经历无异议的变化而继续下去，虽然至为罕见，还是获得并不令人诧异的结局。这些梦通过与清醒思维相似的心理机能得到最深刻的整合；它们似乎有了意义，但这种意义与梦的实际含义也离得最远。如果分析它们，则人们确信，此处对梦的继发性整合最自由地对待材料，最少保留材料的联系。这就是那些梦，在我们清醒时让它们经受解

① 弗洛伊德在别处说明，严格说来，“继发性整合”不属于梦工作。

② 影射出自海涅的诗《归乡》中的一些诗行：

以其睡帽和晨服碎片
他填补世界结构的漏洞。

弗洛伊德在其《精神分析入门讲座新系列》最后一集逐字引用这些诗行（1933年，研习版，第1卷，第588页）。

释之前，它们就可以说已经得到了解释。[①] 在其他梦里，这种倾向性整合的成功只是进了一步；在此范围里似乎掌握了关联，随后梦就变得无意义或者杂乱，或许在其过程中向周围再次抬升至有理智的表象。在其他梦里，整合根本就失灵了；我们就无助般地面对无意义的大堆内容碎块。

我不想否认塑造梦的这第四种威力，它的确很快会让我们觉得是一种已知的威力——在四个造梦者中，它确实是我们唯一在其他情况下也熟悉的威力——我就不想断然否认这第四个因素有能力创造性地为梦提供新的帮助。但无疑，如同其他因素的影响一样，这种威力的影响也主要表现在根据喜好挑选在梦意念中已经形成的心理材料。有一种情况，其中依旧对这种威力免除了仿佛给梦加建门面这项工作，较大部分是由于在梦意念的材料中发现这样一种产物已经完成，期待使用。对我所着眼的梦意念的要素，我惯常称为“**幻想**”；如果我立即查明**白日梦**是出自清醒状态的相似物，我或许就避开了误解。[②] 这个要素在我们的心灵生活中的作用尚未被精神病科医生充分认识到并揭示出来；M. 本尼迪克特[③] 以对这种要素的评价开了个让我觉得大有希望的头。[④] 白日梦的意义没有逃过作家的敏锐目光；众所周知的是那段描写，阿·都德在《总督》中对小说的一个次要人物的白日梦撰写了这段描写。对心理神经症的研究导致惊人的认识，这些幻想或者白日梦是癔症病征——至少是其中一整个系列——紧接着的预备阶段；癔症病征才不取决于回忆本身，而取决于基于回忆的幻想。频繁出现有意识的日间幻想使我们的认识接近这些形成物；但正如存在有意识的此类幻

---

① 参见后面列举的梦。

② Rêve, petit roman-day-dream, story.

③ 莫里斯·本尼迪克特（1835—1920），匈牙利裔奥地利神经症学家。——译注

④ 弗洛伊德本人后来有两篇文章致力于白日梦主题：《癔症幻想及其与双性恋的关系》，1908年；《诗人与幻想》，1908年。1921年，J. 瓦伦东克发表了《白日梦心理学》一书，弗洛伊德为此书撰写了引言。

想，过多地出现了潜意识的幻想，它们因其内容与来源于受压抑的材料而不得不依旧是潜意识的。更深入白日幻想的特性向我们证明，同一名字以多么充分的理由归这些形成物所有，我们的夜间思维产物用此名字——**梦**这个名字。这些形成物有一部分本质特性与夜梦相同；对其的探究本该能够为我们开辟通往理解夜梦的最近与最佳的通道。

与梦一样，它们是遂愿；与梦一样，它们在很大部分上基于幼儿期经历的印象；与梦一样，它们喜爱某种程度上减弱对其创造物的审查。如果探究其结构，就会觉察到，在它们的产物中，活动的愿望动机搞乱了构建它们的材料，重新整理并且拼合成一个新的整体。它们与源出于彼处的童年回忆所处的关系大致和罗马的某些巴洛克宫殿与古典废墟所处的关系相同，这些废墟的方石为现代形式的建筑提供了材料。

我们把“继发性整合”归入我们成梦的第四个对待梦境的因素，在“继发性整合”中，我们又发现了同一种活动，它可以不受其他影响的抑制而在创造白日梦时表现出来。我们可以直截了当地说，我们这第四个因素试图用献给它的材料塑造**如白日梦之事**。但在梦意念的关联中已经形成这样一个白日梦之处，梦工作的这个因素就会带着偏好攫住它，起作用让它进入梦境。有此类梦，只在于重复一种白日幻想，或许是依旧潜意识的幻想，例如那个男童的梦，他与特洛伊战争的英雄们坐在战车里。在我的梦“Autodidasker”里，至少第二个梦片断是忠实重复本身无伤大雅的对我与N 教授交往的白日幻想。它源自那些错综复杂的条件，梦在形成时必须满足这些条件，更经常的是，发现的幻想只构成梦的一个片断，或者只有一部分幻想渗入梦境。整体上，幻想就像隐性梦境的任何其他组成部分得到处理；它却经常在梦中还可以辨别为整体。在我的梦中，经常出现那些局部，它们因与其余局部不同的一个印象而突出。它们让我觉得像在流动，关联性更好，同时比同一个梦的其他片断更易逝；我知道，这是潜意识的幻想，在上下文中入梦，但我从未办到固定这样一种幻想。另外，这些幻想就像梦意念的所有其他组成部分一样被挪拢、压缩，一个被另一个叠加，诸如此类；但有过渡，从它们可以几乎不做变动地构成梦境或者至少梦的门面这种情况，直至相反的情况，即它们只由其要素之一或者对梦境中这样一种要素略微的影射来代表。显然，对梦意念中幻想的命运而言，依旧决定其命运的是，对审查的要求和强制压缩的要求，这些幻想能够提供哪些益处。

在我选择用于解梦的例子时，我尽可能避开潜意识的幻想在其中起明显作用的那些梦，因为介绍这种心理要素会需要广泛探讨潜意识思维心理学。即使在此上下文中，我也不能完全回避“幻想”，因为它经常完全入梦，而且更频繁地明显从梦境中透出微光。我大致还想列举一个梦，它似乎由两个对立而彼此在零星处重合的不同幻想组成，其一是表面的，另一个仿佛成为对前者的解释。[①]那个梦——它是我对此没有详细记录的唯一一个——大致如此：做梦者——一个未婚的年轻男子——坐在他那看起来正儿八经的固定客栈里；这时出现几个人要接他，其中有一个想逮捕他。他对同桌者说：“我回头付账，马上回来。”但他们讥笑着喊道：“我们都已经知道了这个了，人人都这么说。”一名客人还在后面冲他喊：“又有一个去那儿了。”他后来被带到一个狭窄的场所，他发现一名妇人胳膊上抱着一个孩子。他的伴送者之一说：“这是米勒先生。”一名警官，要不就是一名公职人员翻着一包字条或者呈文，一边重复：“米勒、米勒、米勒。”最终，

① （1909 年补充）这样一个因若干幻想重叠而产生的梦有一个良好的例子，我在《癔症分析片断》1905 年（第二节）中分析过。此外，我低估了此类幻想对成梦的意义，我一直偏重处理我自己的梦，它们较为罕见地以白日梦、大多以讨论和意念冲突为根据。在其他人那里，要证明夜梦与白日梦完全相似常常容易得多。在癔症患者身上，发病常常由梦来替代；于是容易确信，对两种心理形成物而言，白日梦幻想是紧接着的预备阶段。

这人对他提了个问题，他回答是。他后来向妇人张望，发觉她长了大胡子。

两个组成部分在此容易分开。表面的是**逮捕幻想**[①]，我们觉得它是由梦的工作新构成的产品。其后却可见**结婚幻想**[②]，作为被梦的工作轻微变形的材料，而两者可能共有的特征又如同在高尔顿的合成摄影术上一样特别清晰地凸显出来。迄今为止的单身汉答应再来探望同桌常客，因经历多而学乖了的酒友们不相信，在后面喊："又有一个去（结婚）那儿了。"即使对别的解释来说，这些也是容易理解的特征。对公职人员给出同意之语也一样。翻阅一沓文件，一边重复同一个名字，符合婚礼上一个从属性的、但足以辨别的特征——朗读成沓到达的祝福电报，它们的确都以同一个名字为内容。在此梦中新娘亲自露面中，结婚幻想甚至胜过与它重合的逮捕幻想。该新娘最终露出胡子，我可以通过探询来澄清——没有发生分析。前一日白天，做梦者与像他一样敌视婚姻的友人走过街道，提醒这名友人注意迎面向他们走来的一名褐色头发的美人。友人却说：是啊，但愿这些女人不会随着年纪增长而像她们的父亲一样有胡子。

当然，即使在此梦中也不乏那些要素，在那些要素上，梦歪曲做了更深入的工作。"我回头会付账"这话就可能针对岳父在嫁妆方面令人担忧的举止。显然，各种疑虑都没有妨碍做梦者带着欢愉沉溺于结婚幻想。结婚会失去自由，这些疑虑之一体现在转变成一个逮捕场景上。

如果我们愿意再次回到这点上，即梦的工作愿意使用一种被发现已经完成的幻想，而非由梦意念的材料才组成这样一种幻想，那我们或许以这种洞见解开了梦最有意思的谜之一。我在前面讲过莫里的梦，他被一块小板打中颈部，带着一个长梦——出自大革命时代的一段完整的离奇故事而

① Verhaftungsphantasie——译注

② Phantasie der Verheiratung.——译注

苏醒。因为梦被说成是连贯的，完全着眼于解释唤醒刺激，睡眠者对这种刺激的出现不可能有什么预感，所以似乎只剩下一种假设，整个丰富的梦必定在板子落到莫里的颈椎上与他被此击打强迫苏醒之间的短暂间隔中编排并发生。我们不会敢于把这样一种迅捷记在清醒时的思维工作名下，这样就得承认梦的工作值得注意的加速过程是特权。

对这种迅速变得普及的结论，新近的著作者们（勒洛兰、埃热还有别人）提出了强烈的异议。他们有的怀疑莫里的梦报告的准确性，有的试着阐明，我们清醒的思维效率的迅捷性并不落后于人们能够不加缩减地容忍梦工作所做之事。讨论展开了原则性的问题，我觉得解决它们并非近在眼前。我却不得不坦白，恰恰针对莫里的断头台梦的论证，例如埃热的论证没给我留下令人信服的印象。我会建议对此梦做如下解释：莫里的梦表现一种幻想，几年来完善地保留在他的记忆中，在他认识到唤醒刺激的那一瞬间被唤醒——我想说：得到**影射**，难道这如此不可能吗？要在此处供做梦者支配的极其短暂的时段里编排这么长的一段故事连同其所有细节，全部困难首先就会取消；这个故事已经编排好了。如果木板击中莫里的颈部是在清醒时，那就会有空间留给意念：这的确就好像被断了头。但因为他在睡眠中被木板击中，梦的工作就把到达的刺激迅速用作制造遂愿，**似乎**它会思考（这点完全可做形象的设想）：“现在是个好机会，让我在阅读时屡屡形成的愿望幻想成真。”梦见的离奇故事恰恰是这样一个，少年在大为激动的印象下惯常形成这种离奇故事，我觉得这点无可争辩。有谁觉得不会被迷住——尤其作为法国人与文化历史学家——由于出自恐怖时代的描绘，那个时代贵族、男男女女、民族的精华展示如何能够带着开朗的心情死去，坚守其清新的幽默与其生活方式的自由直至面对死亡？幻想自己置身其间，作为年轻男子中的一人，他们以吻手礼与贵妇告别，无所畏惧地登上断头架，多么诱人！或者如果虚荣心曾是幻想的主导动机，要把自己置身于那些强有力的个性人物之中，他们只是通过其意念的威力与其煽动性口才的威力统治城市，在那座城市中，当时人类的心在悸动，成千上万的人出于信念赴死，为欧洲的转变开辟道路，一边甚至不能保障他们的头颅，有朝一日把它们置于断头台的刀之下，例如设想自己置身于吉伦特派或者丹东这个英雄的角色中？莫里的幻想曾是这样一种虚荣的幻想，保留在回忆中的特征“由望不到边际的人群陪着”似乎指明了这点。

在睡眠期间，却也无需从头至尾经历这整个早就完成的幻想；可以说，“触及”它就足够了。我的意思如下：如果打了一些拍子，某人像在《唐璜》中一样对此说：“这出自莫扎特的《费加罗的婚礼》。”那在我身上一下子涌起回忆，从这些回忆中，下一瞬间不可能有零星之事被意识到。提示词常用作突破阶段，由此同时把一个整体置于冲动中。在潜意识思维中无须不同。通过唤醒刺激，刺激了心理阶段，它开辟通往整个断头台幻想的通道。这种幻想却并非尚在睡眠中就被从头到尾经历，而是在苏醒者的回忆中才被从头至尾经历。苏醒后，人现在回忆幻想的细节，幻想作为整体在梦中被触及。此时没有手段来保证确实忆起所梦见之事。事关完成了的幻想，它通过唤醒刺激而作为整体被激起，这同一解释还可用于其他因唤醒刺激而出现的梦，例如用于拿破仑因定时炸弹爆炸所做的战役梦。朱丝蒂娜·托博沃尔斯卡在她关于梦中表面持续时间的博士论文中收集了那些梦，我觉得其中最有证明力的是马卡里奥告知的一名剧作家卡齐米尔·邦茹的那个梦。[①] 此公一天晚上想出席他的剧作之一的首演，却疲乏得恰恰在大幕拉起的那一瞬间在幕后的座位上打盹儿。在睡眠中，他就经历了其剧作的全部五幕，觉察观众在各个场景表现出来的所有不同的激动迹象。演出结束后，他就极其幸福地听见在最热烈的喝彩表示中喊出他的名字。突然，他

---

① 除了末句已经包含在初版中，该段的剩余部分均于 1914 年补充。

醒来了。他既不敢相信自己的眼睛，也不敢相信自己的耳朵，演出没有超过第一场的最初几句台词，他睡觉不可能长于两分钟。大概不算太大胆的是，就此梦而言，声称度过剧本的五幕与重视观众在各段的举止都无需出自睡眠期间的新作，而是可能重复在所说的意义上已经完成的幻想工作。托博沃尔斯卡与其他著作者当作带有加速想象过程的梦的共性来强调的是，它们显得特别连贯，根本不像其他梦，而对它们的回忆更多是总括的而非详述的。这恰恰会是这类完成的、被梦的工作勾起的幻想必定得到的标志，却是著作者们没有得出的一个结论。我不愿声称，所有唤醒梦都允许这种解释或者以此方式完全可以清除梦中想象过程加速的问题。

不可避免的是，在此关心梦境的这种继发性整合与梦工作的因素之间的关系。成梦的因素，压缩的努力，避开审查的强迫，还有顾及梦的心理手段中的可表现性，首先用材料构成一个暂时的梦境，事后再变形，直至它尽可能满足第二个审查机构的要求，难道是这样吗？这几乎不可能。不如假设，这一机构的要求从一开始就充当梦必须满足的条件之一，而该条件就如压缩、阻抗与可表现性的条件一样，同时对梦意念的大量材料产生归纳性与甄选性的影响。在成梦的四个条件中，最后认识到的却无论如何是那一个，其要求对梦而言显得最不怎么能服人。对梦境实施所谓继发性整合，将此心理机能与我们清醒思维的工作认同，很有可能由如下考虑产生：我们清醒的（前意识的[①]）思维对待任意的知觉材料，完全像成问题的机能对待梦境。对我们的清醒思维而言，很自然的是，在这样一种材料中创造秩序、建立关系，把材料置于对一种可理解关联的期待中。我们在这点上不如说走得太远了；变戏法者的技艺愚弄了我们，它们依托我们的这

① 似乎弗洛伊德在前面首次使用该术语，它在后面得到解释。

种智力习惯。要把呈现的感官印象组合得可以理解，在这种追求中，我们经常犯下最不寻常的错误或者甚至伪造摆在我们面前的材料的真实性。归入此处的证据太众所周知，无需广征博引。我们跳过干扰感官的印刷错误，幻想正确之事。读者众多的一本法国期刊的一名编辑据说打赌，他会让人在一篇长文的每个句子中印入“从前面”或者“从后面”，而读者无一人会发觉。他赌赢了。几年前，在读报时，错误的上下文的一个滑稽例子引起我的注意。法国议会开会，会上，迪皮伊用“继续开会”这句果决的话抵消了由一个无政府主义者扔入大厅的炸弹爆炸引起的惊吓，那次会议之后，走廊里的访客被作为证人就其对行刺的印象接受讯问。他们中有两个外省人，其一讲道，讲话一结束，他就肯定听见了爆炸，但他以为，每次有一名演讲者结束时开一枪，在议会里是惯例。另一人很可能已经听过若干个讲演者讲话，他表露出相同的判断，不过略有变动，说此类射击是一种肯定，只在特别成功的讲话后才施行。

除了我们的正常思维，大概没有其他心理机构向梦境提出梦境必须易懂的要求，它让梦境经受初次解释，由此引来对梦境的完全误解。对我们的解释而言，保持不变的规则是，来历可疑时，在任何情况下都不理会梦中的表面关联，无论清晰还是杂乱，都选取溯源至梦材料这条相同的道路。

同时，我们却注意到，上面提及的梦的质量量表主要取决于杂乱性直至清晰性。让我们觉得清晰的是那些梦局部，在它们那里，继发性整合可能办到些什么，让我们觉得杂乱的是其他那些梦局部，在那里，这种成就的力量就失灵了。因为杂乱的梦局部如此经常也是特征不那么鲜明的，所以，我们可以得出结论，也无法让继发性梦工作负责对各个梦像的形象强度做出贡献。

梦的确定形态在正常思维的协助下产生，如果要我为梦的确定形态在某处寻找一个比较对象，则呈现在我面前的无非是那些谜一般的铭文，凭借它们，《飞页》如此长久地让其读者消遣。为了对比，某个句子属于方言并且具有尽可能古怪的含义，要为此句激起期待，即它包含拉丁文铭文。为此目的，把话语的字母要素脱离其组合而碎成音节并重新安排。有些地方形成一个纯正的拉丁词，在别处，我们以为面前是这些话的缩写，而在铭文的另外地方，因铭文局部剥蚀或者有遗漏这种假象，我们听凭自己对零散字母的无意义视而不见。如果我们不愿上此玩笑的当，就必须无视一处铭文的所有道具，着眼于字母，毫不关心呈现出来的编排而把这些字母组合成我们母语的话语。①

继发性整合②是梦工作的那种因素，它得到多数著作者的注意，其意义得到评价。哈·霭理士以明朗的直观描述了其成就（《梦的世界》，1911年，引言，第10页）：

“我们确实可以如此考虑此事，即睡眠意识对自己说：此处来的是我们的大师——清醒意识，它极为注重理性、逻辑，诸如此类。快点！着手事物，整理它们，在它进来之前，任何安排都足以占领舞台。”

德拉克鲁瓦特别明确地断言这种工作方式与清醒思维工作方式的同一性：

“此功能并非梦所特有；我们清醒时用于感觉的逻辑协调也是相同的工作。”

J. 萨利持相同意见（《作为启示的梦》，1893年，第355页及下页）。托博沃斯卡也同样：

“有了这一系列不连贯的幻觉，精神必须做与清醒时对感觉所做的相

---

① 前面列举过继发性整合过程在童话及在《俄狄浦斯王》中的作用的例子。前面提及过在强迫与恐惧症上的相同过程，在弗洛伊德的《精神分析入门讲座》第24页（1916—1917年，研习版，第1卷，第370页）提及在偏执狂上的相同过程。在《图腾与禁忌》（1912—1913年）第三章第四节中相当详尽地讨论了继发性梦整合与思维“系统”的结构之间的类比。

② 除了已经包含在初版中的最后一段外，本章的剩余部分于1914年补充。

同的工作。有了想象纽带，它把所有不连贯的想象重新聚合起来，填补发现的过大缺口。”

一些著作者让这种整理与解释工作还在做梦期间就开始，并在清醒时延续。例如波扬就是这样：

“然而，我经常想，或许梦被忆起时有某种变形，或许不如说改革……苏醒后，想象的系统化趋势可以很好地结束始于睡眠的概要。以此方式，由于想象苏醒而改善，思维速度在表面上增大。”

（贝尔纳——）勒鲁瓦与托博沃斯卡：

“正相反，在梦中，解释与协调不仅用梦所给定的目标，而且用苏醒的精神所给定之事构成。”

于是不可能落空的是，成梦的这个唯一得到认识的因素被高估了其意义，使得人家把造梦的整个成就都推给它。这种创造会在苏醒的瞬间完成，如戈布洛所猜测的，福柯所猜测的范围更广，他们把用睡眠中浮现的意念来成梦这种能力记在清醒思维名下。

（贝尔纳——）勒鲁瓦与托博沃斯卡对此见解说道：**“据认为梦能够被置于苏醒的瞬间，而他们记在清醒思维名下的机能是用睡眠思维中存在的想象来成梦。”**

在对继发性整合的评价之后，我接上对梦工作的一项新贡献的评价，海·西尔伯勒感觉细腻的观察指明了这种贡献。正如在别处提及的那样，西尔伯勒仿佛当场抓住意念到图景的转化，他在疲倦与睡眼惺忪的状态下逼迫自己做精神活动。于是，得到整合的意念从他身上消失了，取而代之出现的是一种幻象，它被证明是大多为抽象的意念的替代物。在这些尝试中发生的就是，显露出来的、可与另一梦要素等同的图景所表现的是与期待整合的意念不同之事，即疲倦本身、困难或者对此工作的无兴趣，也就是正在努力者的主观状态与功能方式，而非其努力的对象。西尔伯勒称这种在他身上相当经常出现的情况为“**功能性**现象”，以区别于期待中的“**实质性**”。

例如：“一日午后，我极其困倦地躺在沙发上，却强迫自己深思一个哲学问题。我就试图比较康德与叔本华关于时间的观点。由于睡眼惺忪，我没有成功地平行保持两者的思路，这本来为比较所需。若干次徒劳的尝试之后，我再次以全部的意志力铭记康德的推导，以把它随后应用到叔本华的哲学提问上。此后，我把自己的注意力引向后者；我现在想追溯至康德时，情况显示，他又从我这里消失了，我徒劳地想重新接他出来。要在我脑中即刻重新找到不知放在何处的康德档案，这种徒劳的努力在闭上双眼时突然如在梦象中一样对我呈现为直观形象的象征：**我向一名闷闷不乐的秘书要求答复，他弓身向着桌子，不让我的催促打扰他。他直起半个身子，不情不愿、拒绝地望着我。**”（西尔伯勒《关于引起并观察某些象征性幻觉现象的一种方法的报告》，1909 年，第 513 页及下页，由弗洛伊德用粗体强调）

其他例子涉及在睡眠与清醒之间的波动。

“第二号例子——条件：早晨苏醒时。在某个睡眠深度（昏沉状态）深思先前的一个梦，某种程度上温习此梦并梦醒，我觉得自己接近清醒意识，我却想还留在昏沉状态。

场景：**我一只脚迈过一条小溪，却随即又退回，希图留在这一边。**”（西尔伯勒，《苏醒的象征与一般门槛象征》，1912 年，第 625 页）

“第六号例子——条件如同在第四号例子中（他还想再稍稍躺一躺，而不睡过头）我想再稍稍沉湎于睡眠。

场景：**我与某人告别并与他（或者她）约定，不久再见他（她）。**”（出处同上，第 627 页）

西尔伯勒主要在入睡与醒来两种情况下观察“功能性”现象——“对状态而非具象的表示”。容易理解，对解梦而言，只有后一种情况在考虑之列。西尔伯勒借助良好的例子表明，苏醒与许多梦的显性梦境的末段直接相连，这些末段表现的无非是苏醒本身的决心或者过程。服务于这种意图的是：跨越门槛（“门槛象征”），离开一个空间，以踏入另一个，启程、归家、与陪伴者分离、沉入水中与其他。我却忍不住要说明，在自己的梦与由我分析的人的梦中，比起西尔伯勒的描述给人们留下的印象，我所遇见的应指涉及门槛象征的梦的要素罕见得多。

绝非不可想象或者不可能的是，对一个梦的上下文中某些要素而言，这种“门槛象征”也会是澄清性的，例如在事关睡眠深度波动与要中断梦的倾向之处。不过，尚未提供过出现此情况的确例。[①] 似乎更经常存在的是多因决定的情况，即梦有一处从梦意念的架构中取得其实质内容，这一处**还**被用于表现心灵活动的一些状态。

西尔伯勒很有意思的功能性现象招致许多滥用，该现象的发现者并无过错，抽象——象征性解梦的旧倾向模仿了这种现象。在某些人那里，对“功能性范畴”的偏爱走到那一步，只要在梦意念的内容中出现智力活动或者感情过程，他们就说是功能性现象，尽管这种材料比起一切其他材料来不多不少，正好有权作为日间残留物深入梦。

我们愿意承认，西尔伯勒的现象构成清醒思维对成梦的第二个贡献，比起第一个在“继发性整合”名下得到介绍的贡献来，它却不那么恒定与有意义。情况表明，即使在睡眠状态期间，日间活动的注意力的一部分也依旧专注于梦，督导、批评它并保留打断它的威权。我们可想而知的是，把这个保持清醒的心灵审查机构识别为审查者[②]，它得到对梦的塑造如此强

① 参见弗洛伊德在后面的注解。

② 弗洛伊德在其他情况下几乎总是使用“审查”一词，而非此处与好些行数后面所用的人称

烈的抑制性影响。西尔伯勒的观察另外提供的是此事实，即也许一种自我观察同时在活动，为梦境做贡献。这一自我观察的审查机构可能尤其在哲学人物身上变得紧迫，关于该审查机构与内心知觉、与观察妄想、与良知和与梦审查者可能的关系，适于在别处处理。①

我现在着手总结关于梦工作的广泛探讨。我们发现问题，心灵是将其不受阻拦地发挥的所有能力用到成梦上，还是只使用效率受抑制的一小部分能力。我们的探究引导我们，将此提问根本就当作与情况不相称而摒弃。但在回答时，如果我们停留于疑问把我们逼到的那同一个基础上，则我们必定肯定两种表面上因对立而相互排斥的两种见解。成梦时的心灵工作分解成两项成就：建立梦意念并将其转变成梦境。梦意念完全正确，用我们所能的全部精力耗费而构成；它们属于我们未被意识到的思维，通过某种转换，也由这种思维产生自觉的意念。尽管在它们上面有如此多值得知道与谜一般之事，这些谜与梦还是没有特殊关系，不值得在梦问题中得到处理。②而要把潜意识意念转成梦境，那另一部分工作为梦样状态所特有，表示梦样状态的特征。这种真正的梦工作就远离清醒思维的样板，比起即使最坚决的对成梦时心理功能的贬低者所以为的要远得多。它绝非比清醒思维更漫不经心、更不正确、更健忘、更不完整；它在质量上是完全不同之

化形式“审查者”。

① （1914 年补充）《自恋引论》（1914 年）（第三节）。

② （1925 年补充）我先前一度觉得异常困难的是，让读者习惯区分显性梦境与隐性梦意念。从回忆所保持的未经解释的梦中一再汲取出论据与异议，不理会解梦的要求。现在，因为至少分析师习惯于为显性梦投入其经解释而被发现的意义，他们中许多人又犯有另一种混淆，他们同样顽固地拘执于这种混淆。他们一边在此隐性内容中寻找梦的本质，一边忽略了隐性梦意念与梦工作之间的差异。梦归根结底无非是我们思维的一种特殊形式，这种形式由睡眠状态的条件而促成。正是梦的工作确立了这种形式，只有它是梦的本质、对梦特性的解释。我说这话是为了评价梦那声名狼藉的“预见未来的趋势”。梦忙于尝试解决摆在我们心灵生活面前的任务，这不会比我们有意识的清醒状态如此忙碌更值得注意，对此，要补充的只是，这种工作即使在前意识中也可能实行，我们的确已经知晓这点了。

事，因而首先就与后者不可比。它根本不思考、计算、判断，而是限于变形。如果着眼于梦的工作的产物要满足的条件，梦的工作可以得到详尽的描写。这种产物——梦首先要逃脱**审查**，而为此目的，梦的工作使用**对心理强度的移置**直至重估一切心理价值；要只在或者偏重在视觉与听觉回忆痕迹材料中再现意念，而对梦的工作而言，由此要求产生了**对可表现性的顾忌**，它通过新的移置来符合之。（很可能）要建立更大的强度，大于在梦意念中夜间可用的，而服务于此目的的是对梦意念的组成部分所实施的尽量**压缩**。鲜有顾忌落到意念材料的逻辑关系上；最终，这些逻辑关系在梦的**形式**特性上得到隐蔽的表现。梦意念的情感比其想象内容遭受更小的变化。它们通常受压抑；在它们得到保存之处，脱离想象并且根据其同类性得到组合。梦工作在其规模上由部分唤醒的清醒思维做不稳定的加工，只有一部分梦工作大约适应那种见解，那些著作者想就成梦的整个活动提出此见解。①

① 此处在第四、第五、第六与第七版中（1914—1922 年）接续奥托·兰克《梦与创作》（1914 年）和《梦与神话》（1914 年）的两篇独立论文。从全集出版起，也就是在自 1925 年起的版本中，它们又被删去。参见“编者导言”。

第七章　论梦过程的心理学①

在我因他人告知而获悉的梦当中，有一个现在值得我们特别重视。它由一名女患者讲给我听，她在一次关于梦的讲座中了解它；我依旧不清楚其真正的来源。它却因其内容而给那名夫人留下了印象，因为她没有落下“温习”它，即在自己的梦里重复此梦的要素，以通过这种移情来表达在一个特定点上的一致。

这一样板梦的前提条件如下：一名父亲日夜守在他孩子的病榻旁。孩子死后，他进入邻室休息，却让门开着，以从其卧室望入停放孩子尸体的房间，大蜡烛围着孩子尸体。一名老叟被聘来守夜，他坐在尸体旁，嘟哝着祷文。睡了几小时后，父亲梦见，**孩子站在他床边，抓住他胳膊，充满责备地对他低语：“爸爸，你难道看不见，我烧焦了吗？”**他苏醒了，发觉来自灵堂的一道亮光，他就赶过去，发现年迈的守夜人蒙眬入睡，一根燃着的蜡烛落到珍爱的尸体上，烧焦了衣服与一条胳膊。

对这个动人的梦的解释足够简单，正如我的女患者所讲述的那样，也由陈述者提供了正确的解释。亮光穿过敞开的门射进睡眠者的眼睛，在他身上激起他作为清醒者也会得出的相同结论，是因为蜡烛翻倒而在尸体附

① 因弗洛伊德致威廉·弗利斯的信函（弗洛伊德，《精神分析肇事始》，1950 年）公开，本章尤其是后面几节的难点稍有厘清。参见《编者引言》。

近起火。或许甚至父亲把那种担忧带入睡眠中，即年迈的守夜人不能胜任其任务。

连我们也发现在这种解释上没什么可改的，除非我们增添要求，梦境必须多因决定，孩子的话语由其在活着时确实说过的话组成，它们在父亲身上与重要事件相连。例如，**“我烧焦了”**这种抱怨联系到孩子死于此的发烧，**“爸爸，你难道看不见”**这些话联系到我们所不知晓却富于情感的另一情况。

但我们把此梦断定为富有意义、可以插入心理事件的关联中的一个过程之后，我们就可能惊讶的是，在此类情况下，确实会形成一个梦，需要尽快苏醒。我们注意到，即使此梦也不乏遂愿。梦中，死去的孩子举止像活着时的孩子，他自己提醒父亲，来到其床边，拉后者的胳膊，很可能在那段回忆中，他是这么做的，梦从那段回忆中取来孩子说话的第一部分。为了此遂愿，父亲就将其睡眠延长了一瞬间。梦得到先于清醒时的考虑的优先权，因为它能够再次活生生地展现孩子。如果父亲先苏醒，就会得出把他引入灵堂的结论，他就仿佛把孩子的生命缩短了这一瞬间。

这个小梦通过何种独特性吸引我们的兴趣，对此不可能有疑问。我们迄今为止偏重关心，梦的隐秘意义何在，以何途径发现它，梦工作使用哪些手段来隐藏它。解梦的任务至今处于我们视野的中心。而现在，我们撞上了此梦，它没给解梦提出任务，其意义不加掩饰地存在，我们注意到，此梦依旧保持着本质的特征，一个梦因这些特征而明显偏离我们的清醒思维，激发我们对解释的需求。排除解梦工作所涉及的一切之后，我们才会发觉，我们的梦心理学依旧是多么的不完整。

但在我们以我们的意念选取这条新的道路之前，我们想止步并回顾，我们漫游至此是否没有理会重要之事。因为我们必须清楚，我们道路舒适而惬意的路段在我们身后。如果我没有大错的话，迄今为止，我们走过的所有道路都引入开朗、通往澄清、通向完全的理解；我们想更深入做梦时的心灵过程，从这一瞬间起，所有路径都汇入昏暗。我们不可能到那一步，把梦**澄清为**心理过程，因为解释意味着溯源至已知之事，而现在没有我们可以服从的心理学认识，可以从对梦的心理学检验中推断为解释根据。相反，我们被迫提出一系列新的假设，以猜测来触及心理系统的结构与其中活动的力量的角力，我们必定考虑这些假设，扩充别超过最初的逻辑补充太远，否则其价值不可确定。即使我们在推断中不犯错误，考虑所有符合逻辑地得出的可能性，我们仍面临的是，各要素的征兆中很可能不完整，完全失算。通过最细致地探究梦或者另一种**个别**的功效，不会获得关于心灵工具的结构与工作方式的启发，或者至少无法说明，而是为此目的必须集聚在对整个系列心理功效做比较研究时表明恒定所需之事。这样，我们从分析梦过程中汲取的心理学假设仿佛不得不在一个停车站等候，直至它们找到与其他探究结果的衔接车，那些探究想从另一个进攻点钻研至同一问题的核心。

甲　对梦的遗忘

我的意见就是，我们事先转向一个主题，由此导出一项迄今为止不受重视的异议，这种异议却还适合抽走我们围绕解梦努力的基础。不止一方指责我们其实根本不了解我们要解的梦，说得准确些，我们根本不担保了解实际发生的梦。

我们对梦的回忆与我们凭此来练习解梦术之事，首先因我们记忆的不忠而残缺不全，记忆似乎在极高程度上无力保留梦，或许恰恰丧失了梦境最意味深长的片断。如果我们想要注意我们的梦，那我们的确如此频繁地发现自己有理由抱怨，我们梦见的多得多，可惜，除了这样一个碎片，再也一无所知，甚至对这个碎片的回忆本身也让我们觉得没有把握得奇怪。其次，一切情况却说明，我们的回忆对梦的再现不仅有缺陷，而且不忠实并且作假。正如一方面怀疑，所梦见之事是否确实像我们记忆中那样不连贯而模糊，另一方面，可以得出怀疑，一个梦是否像我们所讲述的那样连贯，在尝试再现时，我们是否用任意选择的新材料填补不存在的或者因遗忘而造成的漏洞，粉饰、完善、修整梦，使得判断我们的梦的真实内容是什么变得不可能。的确，在一名作者（施皮塔，《人类心灵的睡眠与梦状态》，1882 年，第 338 页）处[①]，我们发现了推测，即成为秩序与关联的一切确实在尝试唤回梦时才被带入梦中。这样，我们就处于危险中，即人家从我们手里夺走我们试图确定其价值的对象本身。

迄今为止，我们在解梦时忽略了这些警告。的确，恰恰相反，在梦的最小、最不显眼与最无把握的内容组成部分中，我们发现解梦的要求可闻，并不亚于在梦的明晰而可靠地留存的内容组成部分中。在关于给伊尔玛注射的梦中是：我**迅速**叫来 M 大夫，我们猜测，这一补充如果不允许特别的推导，也不会入梦。我们就这样到了那个不幸的女患者的故事上，我“迅速”把那位较年长的同事召到她床边。这个表面荒诞的梦把五十一与五十六的差异当作**微量**来处理，在此梦中，五十一这个数多次被提及。我们没有认为这点理所当然或者无所谓，而是由此推断隐性梦境中通向五十一这个数字的第二条思路，而我们继续追踪的踪迹把我们引向担忧，这些担忧把五十一岁视为寿限，与夸耀岁数的主导思路尖锐对立。在“他没活过”这个梦里，作为我起初忽视的不显眼插入句，出现这样一处：**“因为 P 没听明白他的话，Fl 问我”**，等等。后来解梦停滞不前时，我回溯到这些话上，由它们发现通往儿童幻想的道路，这种幻想在梦意念中作为中

① （1914 年补充）在福柯与塔内里处一样。

间接点出现。这借助诗人的诗行而发生：

> 你们难得**理解**我，
> 我也难得理解你们，
> 只有我们发现自己在**粪便**中，
> 我们才马上理解”①

每次分析都可能以例子来证明，对解梦而言，恰恰是梦的那些最微小的特征不可或缺，后来才把注意力转向此类特征，就会延迟任务的完成。在解梦时，我们给予语言表达的任何细微差别以相同的评价，梦以这种语言表达摆在我们面前；的确，如果把无意义的或者不充分的词句放到我们面前，似乎把梦译成恰当的文本这种努力没有成功，那我们也尊重表达上的这些缺陷。简而言之，按著作者们的意见应是任意、在尴尬中匆忙调配的即兴创作，我们像一篇圣经经文一样处理了。这种矛盾需要澄清。

这种澄清听起来有利于我们，而不会因此说著作者们不对。从我们新获得的关于成梦的认识的立场来看，诸矛盾一点不剩地统一了。确实，我们在尝试再现时歪曲了梦；我们在其中重新找到我们称为由正常思维这个审查机构对梦做经常易被误解的继发性整合之事。但这种歪曲本身无非是整合的一部分，由于有梦审查，梦意念合乎规律地经受这种整合。著作者们在此预感到或者发觉梦变形的显性工作部分；这对我们益处不大，因为我们知道，可观得多的变形工作，不那么容易把握，已经从隐蔽的梦意念中把梦选作客体。著作者们弄错了的是，他们认为梦在回忆与以言语表达时的矫正是任意的，也就是认为不可再解，因而认为会在对梦的认识上误

① 出自海涅《歌集》。

导我们。他们低估了心理上的多因决定。那里没什么任意之事。一般会表明，第一条思路未确定的要素，第二条思路立即接管对它的确定。例如，我想任意地琢磨出一个数字，可这不可能，我想起的数字，由我身上的意念明确而必然地确定，这些意念可能远离我瞬间的意图。[①] 在清醒时所作编辑时，梦遭受的变动同样不那么任意。这些变动与它们取而代之的内容保持联想关系，用于给我们指明通往这项内容的道路，这条道路本身又可能是另一项内容的替代物。

在对患者进行梦分析时，我惯于对此论断做如下检验，从未徒劳无功。如果对一个梦的报告起先让我觉得难懂，我就请求讲述者重复。于是就很少用相同的言辞。但他改变表达之处，那些地方让我辨认为梦伪装的弱点，它们对我的益处如同齐格弗里德的衣服上所绣标记对哈根的用处一样。彼处可以开始解梦。讲述者因我的要求而得到告诫，我想要特别努力以解梦；在阻抗的压迫下，他就迅速保护梦伪装的弱点，他用一个绕远的表达来代替暴露真相的表达。他这样就让我注意到他放弃的表达。从用来抵御解梦的努力中，我也可以推断给梦编织外表的那份细致。

我们的判断以怀疑来对待说梦，如果那些著作者给予这种怀疑如此多的空间，他们就不那么有理。因为这种怀疑缺乏理智担保；我们的记忆根本没有保证，可比起客观上合理的来，我们还是频繁得多地遭受强迫，要相信记忆的说明。怀疑对梦或者各项梦资料的正确再现，这又只是梦审查的衍生物、阻抗梦意念渗入意识的衍生物。[②] 这种阻抗并非总是因其实施

---

① （1909 年补充）比较《论日常生活心理病理学》(《论日常生活心理病理学》，1901 年，第七章(甲)，第二至第七项)。

② 关于癔症病例时怀疑的相同机制参见“朵拉”病史的第一节中的一段(《癔症分析断片》，1905 年，研习版，第 6 卷，第 95—96 页)。

的移置与替代而耗尽，它随后还作为怀疑而附着于被放行之物上。绝不攻击梦的强烈要素，而只攻击虚弱与模糊的要素，比起怀疑所需的这种谨慎来，我们更容易错认这种怀疑。我们现在已经知道，梦意念与梦之间发生了对所有心理价值的完全重估；只有经抽取价值才可能变形，它经常表现在抽取价值中并且偶尔满足于抽取价值。如果在梦境的一个模糊要素外再增添怀疑，那我们可以遵循指点，把怀疑断定为遭排斥的梦意念的较直接的衍生物。以此就像在古代或者文艺复兴时一个共和国里经历巨大变革之后一样。先前统治的高贵与强权的家族现在被驱逐，所有高位由发迹者占据；城里容忍的只有赤贫者与无权无势的成员或者被推翻者疏远的支持者。但即使这些人也享受不到完全的市民权，他们不被信任，受到监视。在我们的情况中，代替例子中不信任的是怀疑。因此，我在分析梦时要求，摆脱可靠性估计的整个量表，把梦中出现此类或那类事的最微小可能性当作完全肯定来处理。只要有人在追踪一个梦要素时未决定放弃这种顾忌，分析就在此停顿。在被分析者那里，对相关要素的轻视具有心理作用，使其对相关要素后面的非人所愿想象什么也想不起来。此类作用其实并非理所当然；不会悖理的是，有人说：梦中包含这个或那个，我不确知；但我想起如下之事。他从未这么说，而恰恰怀疑所起的这种干扰分析的作用把怀疑揭露为心理阻抗的衍生物与工具。精神分析有理由不信任。其规则之一是：**始终干扰继续工作之事，是一种阻抗。**①

只要不同时把心理审查的威力用于解释对梦的遗忘，对梦的遗忘就依

---

①（1925 年补充）此处如此不容置辩地提出的定律“始终干扰继续工作之事是一种阻抗”，可能容易被误解。对分析师而言，它当然只有技术规则、告诫的意义。不应否认的是，分析期间可能发生不同事件，无法归咎于被分析者的意图。患者没有杀害父亲，后者也可能死去，也可能爆发战争而终结分析。但在那个定律明显的夸张背后，还隐藏着一种新的良好意义。即使干扰性的事件是现实的，与患者无关，承认它有多少干扰性作用还是经常只取决于患者，而阻抗明白无误地表现在乐意过分利用这样一种机会。

旧高深莫测。一夜做了许多梦，只记住其中很少部分，这种感受可能在一系列病例中有其他意义，例如梦的工作彻夜明显地发生，只留下一个短梦。否则不可能怀疑苏醒后一再遗忘梦这个事实。尽管勉为其难地努力记住梦，还是经常遗忘。我却以为，正如通常高估遗忘的范围一样，人们也高估与梦的残缺不全相连的对梦的认识的丧失。在梦境上的遗忘所付出的一切经常可以通过分析再补回来；至少在大量病例中，从个别留下的碎块虽然不能找到梦——但在梦上的确也没什么，可是梦意念都能找到。分析时需要多花费注意力与自制；就这些，它却表明，遗忘梦时不乏（由阻抗发出的）敌意。①

从对遗忘的准备阶段的评价中做分析时，获得一种令人信服的证据，证明对梦的遗忘有服务于阻抗的倾向性本性。② 根本不罕见的是，在解梦

---

① （1919 年补充）梦中的怀疑与无把握有意义，同时梦境萎缩至单项要素，我从我的《精神分析引论讲座》（1916—1917 年，第七讲，研习版，第 1 卷，第 132 页及下页）中摘引如下的梦作为例子，经过短暂的拖延后，对此梦的分析还是成功了：

"一名多疑的女患者有一个较长的梦，其中出现一些人给她讲我那本论'诙谐'的书，对它多有称赞。后来提及关于'海峡'的事，或许是另一本书，其中出现海峡，或者有海峡的其他什么事……她不知道……的确很模糊。

"您现在就肯定倾向于相信，'海峡'这个要素逃脱了解释，因为它本身如此不确定。您有理由猜测有困难，但并非因为不清晰而困难，而是出于另一缘由而不清晰，这同一缘由也给解释造成困难。做梦女人对海峡想不起什么；我当然也不会有什么可说的。过了一阵子，其实是次日，她讲道，她想起或许属于此中的什么事，也就是她听说的一则笑话。在多佛尔与克莱斯河之间的一艘船上，一名知名作家与一个英国人聊天，后者在某种上下文中引用这个句子：从崇高到可笑只有一步。作家答道：是，加来海峡，他想以此说的是，他认为法国了不起而英国可笑。加来海峡可是一条海峡——英吉利海峡，也就是 Canal la Manche。我是否以为，这种闪念与梦有些干系？当然，我以为，它确实提供了对谜一般的梦要素的解答。还是您会怀疑，在做梦之前，这则笑话作为'海峡'这一要素的潜意识已经存在，您可以假设，事后另外找到它？因为闪念证明了在她身上隐藏于烦人的佩服后面的多疑，而阻抗大概是两者共同的缘由，既是她的闪念来得如此踌躇的缘由，也是相应的梦要素如此不确定的缘由。请您在此看看梦要素与其潜意识的关系。它如同这种潜意识的一小片断，如同对其影射；因为对其隔离，变得全然不可理解。"

② 关于一般遗忘的意图，参看我在《精神病学与神经病学月刊》上关于"健忘的心理机制"的小论文（1898 年）。（1909 年补充）（后来经修改成为 1901 年《日常生活心理病理学》的第一章）

工作中，突然冒出梦的一个被遗漏的片断，被称为遗忘至今。从健忘中抢救出来的这个梦的部分每次都是最重要的；它以最短的途径通往解梦，因而遭受的阻抗最多。我在这篇论文的上下文中加进的梦例中，一次碰巧我得事后插入这样一部分梦境。[①] 那是一个旅行梦，它报复两个不可爱的旅伴，因为其部分内容粗俗下流，我几乎让它不加解释。遗漏的部分是：我就席勒的一本书说："它来自……"，但自己发觉错误就自纠道："它由……"那个男人于是对其姐（妹）说："他的确说对了。"[②]

让某些著作者觉得如此奇异的梦中自纠，可能不值得我们花时间。我宁可为梦中的语言错误而指出出自我回忆的样板。十九岁时，我初次到英国，在爱尔兰海海滩一天之久。我当然沉醉于捕捉被潮水留下的海洋动物，正忙于一只海星（梦以豪尔图尔恩–霍洛图琳开始），这时一个迷人的小姑娘走向我，问我："这是海星吗？活的？"[③] 我回答："是的，他还活着。"[④] 随后却为语法不正确而羞愧，并正确地重复了这个句子。在我当时犯下语言错误之处，梦就用德国人同样容易犯的一个错误来替代。"这是席勒的书"，不应用 from……而应用 by……来翻译。梦的工作完成了这种替代，因为 from 由于与德语形容词**虔诚的**[⑤] 同音而促成出色的压缩，我们听说了梦工作的意图与其在选择手段时的无所顾忌这一切之后，这事不再让我们惊异。但在梦的上下文中，对海滩的无伤大雅回忆想说什么呢？

---

① 另一例在前面；还有一例包含在对"朵拉"第二个梦的分析中（弗洛伊德，《对一个癔症病例的分析片段》，1905 年，研习版，第 6 卷，第 167 页与注解 2）。

② （1914 年补充）梦中使用外语时，此类纠正并非罕见，却较频繁地推到生人身上。莫里曾经在他学习英语的那段时间梦见，他用这样的言辞告知另一人，昨日拜访过后者：I called for you yesterday. 另一人回答得正确，叫作：I called on you yesterday.

③ Is it a starfish? Is it alive?——译注

④ Yes he ist alive.——译注

⑤ fromm——译注

它借助一个尽可能无辜的例子来解释，我在不当之处用了**冠词**[①]，也就是把**性别词**[②]（**他**[③]）放到不当之处。这却是解梦的一个关键。有谁还听见过书名《物质与运动[④]》的推导（莫里哀在《无病呻吟》中：La matière est-elle laudable？[⑤]——肠部运动[⑥]），他就会容易补充所缺之处。

对梦的遗忘大多是阻抗造成的，我还能通过**眼前指示、远方指示与幻想中指示**来完成证明。一名患者讲述，他做了梦，但把梦忘得踪迹全无；于是，它就被认为没有发生过。我们继续工作，我遇上阻抗，对病人说明些什么，通过劝说并催促抵消某个不快意念来帮他，这事还没成功，他就叫出来："现在我又知道我梦见什么了。"那天干扰他工作的相同阻抗也让他忘记了梦。通过克服这种阻抗，我帮助病人回忆起梦。

同样，患者到达工作的某处，可能忆起一个梦，它发生于三四天或者更多天前，至那时为止停留在遗忘中。[⑦]

对梦的遗忘更多取决于清醒与睡眠状态之间的阻抗，而非如著作者们所以为的那样取决于清醒与睡眠状态之间的生疏，为此，精神分析的经验还给予我们另一个证据。[⑧]在我以及其他分析师和接受此类治疗的人员身上，并非罕见地发生的是，如我们想说的那样，我们被一个梦从睡眠中唤醒，随后直接完全拥有我们的思维活动而开始解梦。在此类情况下，我经

---

① Geschlechtswort，Geschlecht 意为性别，Wort 意为词语。——译注

② das Geschlechtliche.——译注

③ he——译注

④ Matter and Motion.——译注

⑤ "排泄正常吗"的古老医学表达。

⑥ a motion of the bowels.——译注

⑦ （1914 年补充）厄·琼斯（《被遗忘的梦》，1912 年）描写了频繁出现的类似病例，即分析一个梦时忆起同一夜的第二个梦，至那时为止被遗忘，甚至根本没有猜想到。

⑧ 此段于 1911 年补充。

常直至获得对梦的完全理解才罢休，不过可能发生的是，我苏醒后一样完全忘却解梦工作与梦境，尽管我知道，我做过梦并且解过梦。频繁得多的是，梦把解梦工作的结果一同拖入遗忘，而不是精神活动成功地为回忆而保留梦。在这种解梦工作与清醒思维之间，却不存在那种心理鸿沟，那些著作者们愿意通过它来排他性地解释对梦的遗忘。——虽然莫顿·普林斯①（《梦的机理与解释》，1910 年，第 141 页）反对我对梦的遗忘的解释，说那只是遗忘症在心灵分裂状态时的特殊情况，而不可能把我对这种特殊遗忘症的解释套用到其他类型的遗忘症上，这种不可能性也使这种解释即使对其下一步意图也无价值，所以，他提醒读者，在其对此类分裂状态的所有描写中，他从未尝试过为这些现象找到动态的解释。否则他必定会发现，压抑（或者由它造成的阻抗）就其心理内容而言既是这些分裂的原因也是遗忘症的原因。

梦像其他心灵行为一样不怎么被遗忘，在附着于记忆方面，它们可不加削减地与其他心灵功能相提并论，我在撰写本书底稿时能够有的体会对我表明这点。我在自己的笔记中大量保存了自己的梦，当时出于某种原因，我对这些梦得解释都很不完整，或者根本无法解释。一两年后，我尝试过解释它们中的一些梦，意在使自己取得材料来证明自己的论断。这种尝试让我无一例外地成功了；的确，我想声称，如此长时间之后，解梦比起梦还是新鲜经历时来得更容易，对此我想作为可能的解释来说明的是，我从那时起跨越了当时干扰我的内心的阻抗。在此类事后解梦时，我把梦意念上当时的结果与如今的大多内容丰富得多的结果相比，在当今之事中找回当时之事。我很快就不再感到惊异了，我思忖着，的确，在我的患者那里，我早就练习让人解释他们偶尔讲给我听的出自较早岁月的梦，似乎它们是

① 莫顿·普林斯（1854—1929），美国精神病学家、心理学家。——译注

出自昨夜的梦，按照相同的做法，具有相同的成果。讨论焦虑梦时，我会告知两个这样迟到的解梦例子。我初次这样尝试时，引导我的是合理期待，即梦在这点上的表现也只会像一种神经症病征一样。因为如果我借助精神分析治疗精神神经症患者，例如癔症，我就必须为其痼疾早就消除的最初病征取得解释，如同为如今尚存、把他带到我这里的那些病征取得解释一样，我就发现，前一项任务只会比如今迫切的任务更易完成。在 1895 年就出版的《癔症研究》[①]中，我就能够告知对一次癔症首次发作的解释，那名年逾四十的妇人在她十五岁时首次癔症发作。[②]

在松散的排列中，我在此想再指出一些我就解梦要说明的话，对想通过再处理自己的梦来考查我的读者来说，这些话或许会提供引导。

无人可以期待，对其梦的解释会毫不费力地对其投怀送抱。要察觉内心现象与其他通常逃脱注意的感觉，就需要练习，尽管没有心理动机反抗这类觉察。捕获“非人所愿想象”困难得多。有谁要求这点，就会不得不以在本文中激发的期待来满足自己，就会遵守此处给定的规则，力求在工作期间抑制自己身上的任何批评、任何先入之见、任何情感上或者理智上的偏袒。他会依旧顾念克洛德·贝尔纳[③]为生理实验室的实验员制定的这种规定：**像野兽般地忍耐**，就是说坚忍，但也不关心结果。有谁遵循这些建议，却不再会觉得任务艰巨。也并非总是一口气解一个梦；如果追踪成串的闪念，觉得自己技穷就并非罕见了，梦在这一天不再告诉人什么；中

① 布洛伊尔与弗洛伊德，1895 年。这名女患者是采齐莉·M 女士，在 V 的病史临近末尾处提及。

② （1919 年补充）在最初童年岁月发生的梦，并非罕见地经历几十年而充满感性新鲜劲儿地保存在记忆中，对理解做梦者的发育与神经症而言，这些梦几乎总是获得重大意义。分析这些梦使医生抵御迷误与无把握，这些迷误与无把握在理论上也可能使医生困惑。（此处，弗洛伊德无疑首先想到“狼人”的梦《幼儿期神经症史》，1918 年）

③ 法国生理学家（1813—1878）。

断并在次日恢复工作就会做得好。于是，另一部分梦境把注意力引到自己身上，人会发现通往新一层梦意念的通道。可以将此称为“分级”解梦。

最困难的是说动初学者在解梦时承认此事实，即便他手里有完整的解梦，富于意义、连贯并且对梦境的所有要素提供情况，其任务并未充分完成。对同一个梦还可能有另一种解释——他漏过的过度解释。确实不容易的是，在我们思维中大量潜意识的、争取得到表达的思路中做出想象，相信梦工作有采用多义表达方式这种熟巧，每次仿佛童话中的裁缝伙计一举击中七只苍蝇。读者会始终倾向于指责著作者，说他滥用诙谐；有谁自己取得经验，就会发现自己改弦易辙。

另一方面[①]，我却不能附和最初由海·西尔伯勒（如《神秘主义及其象征问题》，1914 年，第二部分第五节）提出的论断，即每个梦——或者哪怕只是众多某些类型的梦——需要甚至有固定关系的两种不同的解释。这些解释中的一种，西尔伯勒称为**精神分析**解释，它给梦赋予一种随意的、大多幼儿期的性意味；另一种较意味深长的解释，被他叫作**神秘**解释，揭示更严肃、经常更深邃的意念，梦工作把这些意念吸纳为材料。西尔伯勒没有通过告知一系列他本该朝两个方向分析的梦来证明这种诊断。我不禁对此提出异议，不存在这样一种事实。多数梦可是不需要过度解释，尤其无力做神秘解释。一种倾向想掩饰成梦的基本情况并把兴趣从其内驱力根源上引开，在西尔伯勒的理论上，这种倾向的参与不怎么会被错认，就像过去几年里在其他理论上的努力一样。就一些病例而言，我可以证实西尔伯勒的说明；但分析却随后对我表明，梦工作发现的题目是，要把一系列相当抽象并且无力直接表现的意念从清醒状态变成一个梦。它试图解开这道题目，它强占了另一份意念材料，后者与抽象意念有较松散、常可被称

---

① 此段于 1919 年补充。

为**寓意的**关系，同时给表现造成的困难较小。由做梦者直接提供对如此产生的梦的抽象解释；必须以已知的技术手段来寻求正确解释强加的材料。[①]

是否每个梦都能得到解释，此疑问该用“否”来回答。别忘了，在做解梦工作时，有心理威力反对自己，它们对梦的变形负有责任。这样就产生力量状况的疑问，人是否能以其理智兴趣、自制能力、心理学知识与其在解梦上的熟练而主宰内心的阻抗。再进一步总是可能的，至少要获得那种信念，即梦是意义丰富的产物，而要获得对此意义的预感，大多也是可能的。紧接着的一个梦相当常见地使人有可能确保并继续针对第一个梦而假定的解释。一整个系列梦经周累月，常常基于共同的基础，后来要有关联地经受解释。从相继的梦上，经常可以发觉，一个梦用作中心点的元素，是在下一个梦中只在外围暗示过的，反之也是，这样，两者也互补用于解梦。我已经通过例子证明了，同一夜不同的梦应该很普遍地由解梦工作当作一个整体来处理。

在解得最好的梦里，必定让一处留在模糊处，因为在解梦时发觉，那里起了一团梦意念，怎么也解不开，但对梦境也无进一步的帮助。这就是梦的要害，在这一处，它紧贴未及认识之事。解梦时遇上的梦意念，必定很普遍地依旧没有结尾，朝各个方向流入我们思想境界的网状纠结中。从这种编结物的一个较密处就突起一个梦愿望，如同真菌从其菌丝体中突起。

让我们回到对梦的遗忘那些事实上。因为我们耽误了从中得出一个重要的结论。如果清醒状态表现出明白无误的意图，要遗忘夜间形成的梦，或者就在苏醒之后作为整体遗忘，或者在日间部分遗忘，而如果我们把心灵对梦的阻抗断定为遗忘时的主要参与者，这种阻抗在夜间就做了其对梦

① 弗洛伊德也在其文章《对梦学说的元心理学（后设心理学）补充》（1917 年）的一个长注脚中探讨这点。

的反对之事，那问题就明摆着，究竟什么顶着这种阻抗确实促成了梦？让我们取最显眼的情况为例，其中清醒状态再度排除了梦，似乎梦根本不曾发生过，如果我们此时考虑心理力量的角力，那我们必定会说，如果阻抗夜间像日间一样主宰，则根本未形成梦。我们的结论是，阻抗在夜间丧失其部分威力；我们知道，它未被抵消，因为我们在梦变形中证明它参与成梦。但我们不禁想起这种可能性，即它夜间减小，通过阻抗的这种减弱，才可能成梦，而我们如此轻松地理解，苏醒时，阻抗恢复其全部力量，立即又清除它在虚弱时不得不允许之事。描述心理学的确教会我们，成梦的主要条件是心灵的睡眠状态；我们就可以增添解释：**睡眠状态促成成梦，它降低内心审查**。

把此结论看成出自梦的遗忘的那些事实中的唯一可能的结论，由它生发出关于睡眠与清醒的精力状况的进一步推断，我们肯定处于这种诱惑中。但我们却想暂时停止此事。如果我们对心理学深入一步，就会获悉，也可能对促成梦有别的想象。存在阻抗来反对了解梦意念，或许可以回避这种阻抗而不会降低阻抗本身。也容易理解的是，经睡眠状态而同时促成有利于成梦的两个因素，降低以及回避阻抗。我们在此打住，过一会儿继续。

针对我们解梦时的做法，存在另外一系列异议，我们现在不得不关心这些异议。我们行事的确如此，即我们放弃平素主宰深思的目标想象，把我们的注意力对准一个单项梦要素，然后记下，在对该要素的非人所愿意念上，让我们想起什么。然后，我们着手梦境的下一个组成部分，在它那里重复相同的工作，让我们不管意念飘忽的方向而由意念继续引导，此时我们——如人家惯常所说——离题万里。此时，我们满怀期待，即最终我们完全不参与，就会遇上梦，由此产生那些梦意念。对此，批评大约就会有如下异议：从梦的一个单项要素到达某处，并非奇异之事。有东西可以联想性地与任何想象相连；在这个无目标与任意的意念过程中，恰恰会遇上梦意念，这可太值得注意了。很可能这是一种自欺；人家从一个要素出发追踪联想链，直至发觉它出于任一缘故中断了；如果随后重拾第二个要素，联想的这种原初无限性现在会经受限制，这可太自然了。人家还记着先前的意念链，因而在分析第二个梦想象时更容易遇上各种闪念，后者与出自第一条链子的闪念也有什么共性。于是，人家自以为找到了一个意念，它构成两个梦要素之间的结点。因为人家平素允许任何思路的自由，其实只排除在正常思维时生效的从一个想象到另一个的过渡，所以终究不难的是，用一系列“中间意念”中调制出什么，称为梦意念而没有任何担保，因为它们平素不为人知，人家把它说成梦的心理替代物。但一切都是任意，同时是显得滑稽的对偶然事件的利用，而对任何一个梦，经受这种白费劲的任何人都可能由此途径冥思苦想出对他来说任意的一种解释。

如果此类异议确实摆到我们面前，为了辩护，我们就可以引证我们解梦的印象，引证与其他梦要素令人意外的联系，在追踪各种想象期间产生这些联系，我们还可以引证那种不可能性，即可以用别的方式获得某事，像我们的一种解梦那样如此详尽地覆盖并澄清梦，不用追踪先前确立的联系。我们也可以提出用作我们的辩白的是，解梦时的做法与消解癔症症征时的做法同一，在后者那里，在需要时，通过病征的出现与消失来保障做法的正确性，也就是在插入的说明上，对文本的解释找到依据。通过追踪任意地与无目标地继续编结的意念链，为何能够到达一个先存在的目的地，我们却无理由绕开此问题，因为我们虽然不能解决此问题，但完全能够排除它。

因为可以证明为不正确的是，如果我们如同在解梦工作时那样放弃我们的深思并且让非人所愿想象浮现，我们就沉醉于一个无目标的想象过程。可以表明，我们始终只能放弃我们已知的目标想象，而随着这些目标想象的停止，未知的——如我们语焉不详所说的：潜意识的——目标想象立即得势，它们现在决定非人所愿想象的过程。通过我们自己影响我们的心灵，根本无法确立没有目标想象的一种思维；但我也不清楚的是，在心理错乱的哪些状态下会确立这种一种思维。①精神病科医生在此过早放弃了心理构架的牢固性。我知道，一种不受调控、缺乏目标想象的意念过程在癔症与偏执狂范围内不怎么会出现，如同成梦时或者解梦时一样。它或许在内源的心理情感上根本不出现；根据勒雷富于见解的猜想，甚至错乱者的谵妄也富有意义，并且只是由于遗漏而对我们来说不可理解。在给我提供观察机会时，我获得了相同的信念。谵妄是审查所为，审查再也不费力掩饰其主宰，不是对一种不再有失体统的修改给予协助，而是肆无忌惮地抹去它对其提出异议之事，剩余之事由此变得不连贯。这种审查行事完全类似于俄国边境上的报纸检查，它只让遍布黑杠杠的外国报纸到达有待保护的

① （1914年补充）后来才让我注意到，在这个心理学要点上，爱德华·冯·哈特曼持有相同观点："在探讨潜意识在艺术创作中的作用时（《潜意识的哲学》，1890年，第1卷，第二部分第五章），爱德华·冯·哈特曼以清晰的言辞宣布了由潜意识目标想象所引导的联想规律，不过，没有意识到此规律的影响范围。因而，对他来说，关键是证明，'感性想象的任何组合如果不听任偶然事件处理，而应引向一个特定的目标，就需要潜意识的帮助'（出处同上，第1卷，第245页）。而对潜意识而言，对一种特定的联想有意识地感兴趣是一种动力，要从无数可能的想象中找出符合目的的想象。'正是潜意识按照兴趣的目的来选择：而这适用于在抽象思维作为感性想象或者艺术组合上'与在滑稽闪念上的联想（出处同上，第1卷，第247页）。因而，要把联想限于在纯粹联想心理学意义上引发或者被引发的想象，这无法维持下去。这样一种限制'要在实际上得到辩白，只有在人生中出现那些状况，人在其中不仅脱离任何有意识的目的，而且脱离任何潜意识兴趣、任何情绪的宰制或者协助。这却是一种几乎不会出现的状况，因为即便人似乎将其意念顺序完全交给偶然事件，或者即便人完全沉湎于幻想的非任意梦中，在那一时刻主宰的始终还是其他的主要兴趣、气质中权威性的感情与情绪，不同于另一时刻的，而这些总会对联想施加影响'（出处同上，第1卷，第246页）。在半潜意识的梦里，始终只出现此类想象，符合眼前的（潜意识的）主要兴趣（在上述引文中）。即使从哈特曼心理学的立场出发，突出感情与情绪对自由的意念顺序的影响就让精神分析有条理的做法也显得完全有理。"（N.E. 波霍里莱斯，《爱德华·冯·哈特曼关于由潜意识目标想象所引导的联想的规律》，1913年）我们徒劳地回想的一个名字，常常意外地又忽然想起，迪普雷尔由该事实推断，存在一种潜意识的却对准目标的思维，其结果就进入意识（《神秘主义哲学》，1885年，第107页）。

读者手中。

依照任意的联想链，想象在自由地角力，这或许显露在破坏性的器质性智力过程中；有什么在遇有精神神经症时被视为此类角力，总可以由审查对一个意念系列的影响来澄清，这个意念系列被一直隐蔽的目标想象推至前台。[①] 如果浮现的想象（或者图景）显得通过所谓肤浅联想的纽带而相连，也就是通过半谐音、言辞模棱两可、时间上的重合而没有内在意义关系，通过我们在玩笑和文字游戏上允许自己使用的所有联系，人家就将此视为摆脱了目标想象的那种联想的一个确实标记。这种标志适用于那些联想，那些联想把我们从梦境的要素带到中间意念处，并从中间意念带到真正的梦意念；我们在做许多梦分析时发现了对此的例证，这些例证不禁激起我们的诧异。没有一种联系过于松散，没有一种笑话过于可鄙，会使得它不能构成从一个意念到另一个的桥梁。但对此类宽容的正确理解并非遥不可及。**每当有一个心理要素与另一个要素通过有失体统与肤浅的联想而相连时，这两者之间也存在一种正确而深刻的联系，这种联系遭受审查的阻抗。**[②] 审查的压力，而非取消目标想象是对肤浅联想占上风的正确说明。如果审查让这些正常的联系途径不可行，肤浅的联想就在表现中代替深刻的联想。似乎有一种普遍的交通障碍，例如洪水泛滥，在山脉中让宽阔的大路变得难以通行；于是在不舒适而陡峭的人行小道上得以维持交通，平素只有猎人走这些路。

在此可以把本质上同一的两种情况彼此分离。或者审查只针对两个意念的关联，这两个意念彼此脱离，逃脱异议。随后，这两个意念相继进入

① （1909 年补充）对此比较卡·古·荣格通过在精神分裂症上的分析而提供的对此论断出色的证明(《论精神分裂症心理学》，1907 年）。

② 在本书中，弗洛伊德在其他情况下到处都倒过来说“阻抗的审查”。后来在《讲座新系列》第 29 篇（1933 年，研习版，第 1 卷，第 458 页及下页与第 461 页以下），“阻抗”与“审查”这两个概念之间的关系进一步得到澄清。

意识；其关联依旧隐蔽；但对此，我们想起两者之间的表面联系，我们在其他情况下本不会想到这种联系，它通常发端于想象复合体的另一个角落，而非被压抑，但本质的联系作为出发点的那个角落。抑或两个意念本身因为其内容遭受审查；于是两者不以真正的、而以修改过的、被替代的形式显现，而两个替代意念经受这样的挑选，使得它们经由一种表面的联想再现本质联系，被它们替代者处于此联系中。**在审查的压力下，此处两种情况中，发生从一种正常、严肃的联想到一种表面的、显得怪诞的联想的移置**。

因为我们知道这些移置作用，我们在解梦时也毫无疑虑地信赖这种表面的联想。①

随着放弃有意识的目标想象，对想象过程的宰制转到隐蔽的目标想象，表面的联想只是受压抑的更深刻的联想的一种移置替代物，遇有对神经症进行精神分析时，这两条定律的使用最为可观；精神分析甚至把这两条定律抬升成其技巧的支柱。如果我嘱咐一名患者放弃一切深思，向我报告，于是他总是想到什么，那我就坚持那种前提，即他不能放弃对治疗的目标想象，而且我认为有理由推断，他对我报告的表面上最无伤大雅与最任意之事与其病情有关。患者一无所知的另一种目标想象是我本人的目标想象。因此，完全承认以及深入证明这两种解释就属于把精神分析技巧表现为疗法。我们在此达到衔接之一，在这些衔接上，我们有意放弃了解梦这个主

---

① 同样的考虑当然也适用于那种情况，即梦境中表面的联想被揭露，例如在由莫里告知的两个梦里（pélerinage 朝圣之旅—Pelletier 佩尔蒂埃—pelle 铲；Kilometer 公里—Kilogramm 千克—Gilolo 吉洛洛岛—Lobelia 半山莲—Lopez 洛佩斯—Lotto 盖牌游戏）。从治疗神经症患者的工作中，我知道，何种记忆恢复喜爱如此表现。那是查阅百科全书（一般词典），多数青春期好奇者的确从中满足了其解开性之谜的需求（对此的一个例子见于对“朵拉”的第二个梦的分析，弗洛伊德，《癔症分析断片》，1905 年，第三节，研习版，第 6 卷，第 166 页以下）。

题。[1]

在诸异议中，只有一件事是正确的并继续有效，就是我们无须把解梦工作的所有闪念也置于夜间的梦工作中。我们的确在清醒状态解梦时开辟了一条道路，从梦要素倒回梦意念。梦工作取了相反的道路，而根本不可能的是，这些道路在相反方向上可行。情况其实表明，我们日间通过新联想来打井，它们忽而在此处、忽而在彼处遇见中间意念与梦意念。我们可能看见，日间的新鲜意念材料如何插入解梦行列，很可能连自夜间起出现的阻抗加剧也迫使人走新的更远的弯路。但我们这样在日间编织的侧支如果只把我们指向通往所寻求的梦意念的道路，这些侧支的数量或者种类在心理学上就毫无意义。

乙　退行

因为我们反对异议或者至少显示了我们用来防御的武器何在，我们就再也不能拖延开始心理学探究，我们早就准备好做心理学探究了。我们汇集我们迄今为止探究的主要结果。梦是一种分量十足的心理行为；其内驱力每次都是一种有待满足的愿望；它不被辨认为愿望，其许多特异性与怪诞性源自心理审查的影响，它在成梦时经受了这种影响；除了被迫逃脱这种审查，参与成梦的还有被迫压缩心理材料，顾及象征中的可表现性还有——哪怕并非有规律地——顾及梦象的一种合理与理智的外表。道路从这些定律的每一条继续通往心理学假设与推测；应探究愿望动机与这四个条件的相互关系以及这些条件之间的彼此关系；应把梦列入心灵状态的关联中。

---

① （1909 年补充）此处陈述的当时听起来极不可能的定律后来经由荣格及其弟子的“诊断性联想研究”得到了实验性的辩护与利用（荣格，《诊断性联想研究》，1906 年）。

我们把一个梦置于本部分（章）的前头，以提醒我们其答案尚空缺的那个谜。即使并未在我们所说的意思上完整地提供解释，解孩子烧焦那个梦并未给我们造成困难。我们自问，究竟为何此处做梦，而非苏醒，我们断定做梦者的一个动机是想象孩子活着的那种愿望。此时还有另一愿望起作用，我们会在稍后的探讨中看清。目前就是遂愿，睡眠的思考过程为了它变成一个梦。

如果取消这种遂愿，那就只剩余一种特性，它把两类心理事件相分离。梦意念本该是：我看见一道光亮出自灵堂。或许是一根蜡烛翻倒了，孩子烧着了！梦未做变动地再现了这种考虑的结果，但在这样一个情境中得到表现，此情境临在而且能借助感官像清醒时的一次经历那样得到把握。这却是做梦最普遍、最引人注目的心理特性；一个意念，通常是如人所愿的意念，在梦中会被客体化，被表现成场景或者如我们所以为的那样被人经历。

该如何解释梦工作的这种典型特性或者——表达得简朴一些——把它插入心理过程的关联中？

如果细看，大概会发觉，在此梦的表现形式上，突出两种彼此几乎无关的特征。其一是表现为临在情境，略去“或许”；另一个是把意念转化成视觉图景与话语。

在梦意念中得到表达的期待被置于现在，梦意念由此经历的转换或许恰恰在此梦中显得不甚引人注目。这与遂愿在此梦中特殊的、其实无关紧要的作用有关。让我们先处理另一个梦，其中梦愿望并未脱离把清醒意念延续至睡眠中，如关于给伊尔玛注射的那个梦。此处，得到表现的梦意念是希求式：但愿奥托对伊尔玛患病有过错！梦压抑了希求式，代之以一个简单的现在时：的确，奥托对伊尔玛患病有过错。这就是第一个变换，连摆脱变形的梦也对梦意念做了变换。在梦的这第一个特性上，我们不会久留。我们通过指明潜意识的幻想、指明同样对待其想象内容的白日梦来解决这种特性。如果都德笔下的 M. 茹瓦约斯[①]因失业而在巴黎的街道上瞎跑，而其女儿们想必相信，他有个职位，坐在其办公室里，他就必定梦见会帮他得到保护并得到职位的那些事件，同样用现在时。梦就像白日梦一样以相同的方式使用现在时，有相同的权利。现在时是时态，愿望以此时态被表现为得到满足。

但第二种特征是梦区别于白日梦而特有的，即想象内容不是想出来的，而是转换成感性图景，人家相信这些图景，以为经历这些图景。让我们马上补充，并非所有梦都表现出从想象转至象征；有的梦只由意念组成，因而，人家还不会否认这些意念有梦的本质。我的梦："Autodidasker——对 N 教授的日间幻想"就是这样一个，几乎不再有感性要素介入其中，似乎我在日间想好了其内容。在每个较长的梦里也有些要素，未曾经受转至感性，它们就是被想到或者为人所知，如我们清醒时所习惯的那样。此外，让我们在此立刻想到，想象这样转成象征不仅适宜于梦，而且同样适宜于幻觉、幻象，它们大致独立地在健康状况中出现或者作为精神神经症的病征。简而言之，我们在此探究的关系朝任何方向都不是排他的关系；但继续存在的是，梦的这种特征在它出现之处，让我们觉得是最值得注意的，使得我们无法想到把它从梦样状态中拿走。理解它却需要铺陈的探讨。

在著作者们那里能够找到的对做梦理论的所有意见中，我想强调一下，有一位的观点值得一提。伟大的古·特·费希纳在其《心理物理学》(《心理物理学原理》，1889 年，第 2 卷，第 520 页及下页）中，于其致力于梦的若干探讨的上下文中表达了那种猜测，即**梦的舞台不同于清醒的想象状**

---

① 在《总督》中。

态的舞台。任何其他假设都不会使人有可能把握梦样状态的异常特性。

如此提供给我们的想法是**心理场所**的想法。我们想完全置于一旁的是，此处涉及的心理结构也作为解剖标本为我们所知，我们想小心翼翼地躲开例如在人体结构上确定心理场所这种诱惑。我们停留于心理学基础上，只打算遵循那种要求，即我们把服务于心灵功能的工具大致想象成合成的显微镜、照相机等等。心理场所就相当于一种装置内部的一个位置，在那里形成图景的一个预备阶段。在显微镜与望远镜上，这众所周知地部分成为精神的场所、地带，其中没有那种装置可把握的组成部分。为这些与所有类似图景的不完整求得原谅，我认为多余。这些比喻只会在一种尝试上支持我们，它着手让我们理解心理功能的错综复杂，我们分解这项功能并把单项功能分配给该装置的各组成部分。要由此类分解猜出心灵工具的组成，据我所知，尚未有人敢做此尝试。我觉得这种尝试无伤大雅。我以为，只要我们保持冷静的判断，不把框架当成建筑物，我们就可以放任我们的猜测。因为我们所需无非是辅助想象以初步接近未知之事，所以，我们将暂且偏爱最粗略、最可把握的假设，先于所有其他的假设。

我们就把心灵结构想象成一种合成的工具，我们想把其组成部分称为**审查机构**，或者为了直观性而称为**系统**。于是我们形成期待，即这些系统或许互相有恒定的空间定位，就像望远镜不同的透镜系统前后相继。严格说来，我们无需假设心理系统有确实的**空间**秩序。如果由此建立一种固定的顺序，使得某些心理过程中，诸系统以一种特定的**时间**顺序经历刺激，那就让我们满足了。在其他过程中，顺序可能遭受轻微改动；我们愿意搁置这样一种可能性。从现在起，为了简短起见，我们想把这种结构的组成部分说成“φ—系统”。

引起我们注意的第一件事就是，这种由 φ—系统组成的结构有一个方向。我们所有的心理活动由（内部或外部的）刺激出发，结束于神经支配。[①]这样，我们把一个可感觉的、一个运动机能的末端记在这个结构名下；在可感觉的末端上有一个接收知觉的系统，在运动机能的末端上有另一个系统，打开运动力的闸门。心理过程一般从知觉末端到运动力末端。心理结构最普遍的图式也就本该有如下外观（图 1）：

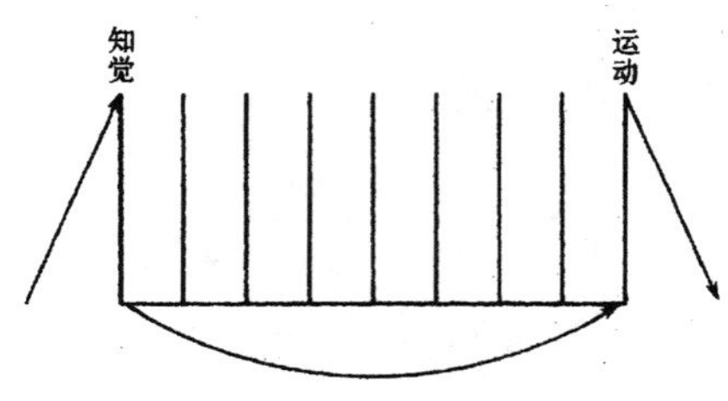

图 1

这却只是满足我们早就熟悉的要求，即心理结构要建得如同一个反射系统。反射过程依旧是所有心理功能的样板。

我们就有理由让可感觉的末端出现首个分化。在挨近我们的知觉中，在我们的心理结构中只剩下一种痕迹，我们可以称为“回忆痕迹”。涉及这种回忆痕迹的功能，我们可以称为“记忆”。如果我们认真实施意图，要把心理过程与诸系统挂钩，则回忆痕迹只能在于诸系统要素上留存的变化上。如果同一系统会在其要素上保持与变化相符，然而始终新鲜而有接受能力地对待变化的新诱因，那就正如已经从另一方面阐述过的那样[②]，显然会带

---

① 神经支配这个术语绝非一清二楚。它常常意指结构，于是意味着在一个有机体或者体区中，神经在人体结构上的安排。在朝一个神经系统或者（如在上面的情况下）尤其朝一个传出系统输送能量的意义上，弗洛伊德经常（不过并非仅仅）使用它——以描写一个专注于能量释放的过程。

② 由布洛伊尔在其对布洛伊尔与弗洛伊德 1895 年《癔症研究》的理论文章第一节中一个脚注

来麻烦。根据引导我们尝试的原则，我们就会把这两项功能分布到不同的系统上。我们假设，该结构最前面的一个系统接受知觉刺激，但对它们什么都不保存，也就是没有记忆，这个系统后面有第二个系统，它把第一个系统的瞬间刺激转化成持续痕迹。这就该是我们心理结构的图景（图 2）：

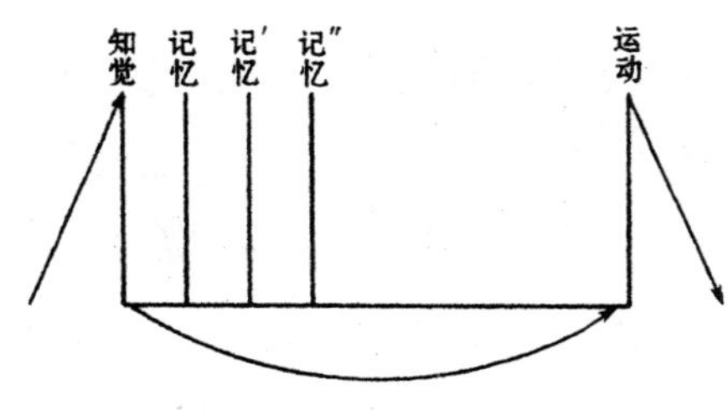

图 2

已知的是，从影响知觉系统的知觉中，我们还持久留存了不同于其内容的其他东西。我们的知觉也被证明在记忆中彼此相连，而且尤其在它们曾在同时性上重合后。我们称此为**联想**的事实。清楚的就是，如果知觉系统根本没有记忆，也不可能保留用于联想的痕迹；如果针对一种新的知觉，会有先前联系的一种残余起作用，各个知觉要素在其功能上就会受阻得不堪忍受。我们就得相反把回忆系统假设成联想的基础。联想的事实就在于，由于阻抗减小并由**回忆**要素之一铺平道路，刺激传播至第二个而非第三个**回忆**要素。

如果进一步探讨，就产生一种必然性，要假设并非一个，而是若干个此类**回忆**要素，其中，通过知觉要素传播的同一种刺激经受不同的固着。这些回忆系统的第一个当中，无论如何会包含经由**同时性**的联想固着，在

中阐述，他还在彼处写道：“反射望远镜的镜面不可能同时是照相底版。”

离得更远的回忆系统中，同一种刺激材料按照其他种类的重合得到编排，使得相似性的关系等会由这些后来的系统来表现。想用话语来说明这样一种系统的心理学意义，当然会是多余的。这样一种系统的特征会在于其与回忆原料要素的密切关系，亦即如果我们想指明一种更深刻的理论，该系统的特征就在于根据这些要素而对传导阻抗分级。

在此应该插入一种一般性质的意见，或许它指明意味深长之事。知觉系统无力保留变化，也就是没有记忆，对我们的意识而言，它产生感性质量的全然多样性。反之，我们的回忆不排除我们最深铭刻的回忆，它们本身是潜意识的。它们能够被意识到；但毫无疑问的是，它们在潜意识状态中发挥其全部作用。我们称为我们的性格之事，的确基于我们印象的回忆痕迹，而且恰恰对我们有过最强烈影响的印象是我们最初青年时代的印象，这些印象几乎从未被意识到。但如果回忆再度被意识到，那它们并未表现出感性质量，或者较之于知觉，表现出很微不足道的感性质量。如果可以证实，**针对意识的记忆与质量在** φ—系统上彼此排斥，则大有希望洞察神经刺激条件。①

迄今为止，我们在可感觉末端上对心理结构的组成所假设之事，未经顾及梦和可由它导出的心理学解释而实现。就认识这种结构的另一片断而言，梦却成为我们的证明源。我们看见，如果我们不敢假设两个心理审查机构，其一让另一个的活动遭受批评，作为其结果得出的是被意识排除，我们就不可能解释成梦。

我们推断过，比起被批评的机构，批评性机构与意识维持更亲近的关

① （1925 年补充）我后来以为，意识简直代替回忆痕迹而形成。（最后见于《关于“神奇本子”的笔记》，1925 年）对此也参见《远离愉悦原则》中的第四章那里做出相同的论断。如果查阅弗洛伊德提及的后来的阐述中相应的两段，上面关于记忆的整个探讨就变得更易理解。然而，它在弗洛伊德早先考虑的眼光中更清楚，在他致弗利斯的信函中发现了这些考虑。

系。它在被批评机构与意识之间像护罩。我们还发现了依据，把批评性机构认同为引导我们的清醒状态并决定我们的任意、有意识行动之事。如果我们用诸系统代替在我们假设的意义上的这些机构，则通过最后提及的认识，批评性系统被移至运动机能末端。我们就把这两个体系记入我们的图式中，以赋予它们的名称来表达它们与意识的关系（图 3）：

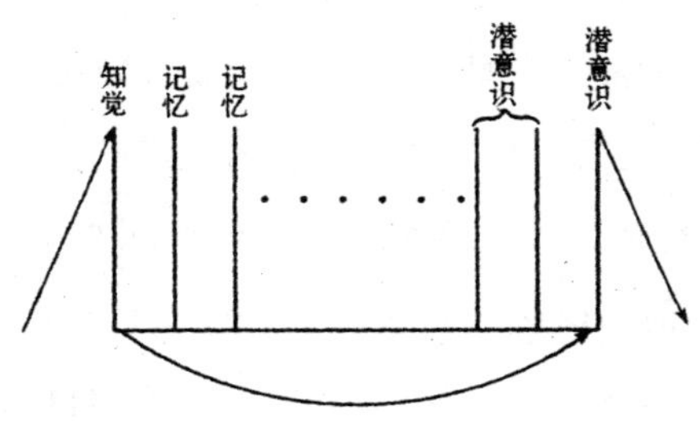

图 3

运动机能末端上诸系统的最后一个，我们称为**前意识**系统，为的是指出，如果还满足某些条件，例如达到某种强度，人家会称为注意力的那种功能有某种分布，诸如此类，此系统中的刺激过程就能够不受进一步阻挡而到达意识。同时正是该系统担当了通往任意运动能力的关键。我们把其后的系统称为**潜意识**系统，因为它没有通往意识的通道，**除非通过前意识系统**，在通过前意识系统时，潜意识系统刺激过程不得不容忍稍作变动。[①] 我们把成梦的推动力置于这些系统中的哪一个呢？为了简化，置于**潜意识**

① （1919 年补充）进一步阐述这个线性展开的图式要估计到那种假设，即接续前意识的系统是我们不得不把意识记在它名下的那个系统，也就是知觉 = 意识。（见很后面。较详细的讨论见于弗洛伊德关于梦的元心理学著作《对梦学说的元心理学补充》，1917 年。）弗洛伊德后来在《自我与本我》（1923 年）第二章中对心灵结构作图式表现，也在《讲座新系列》1933 年，第 31 讲，研习版，第 1 卷，第 515 页中，他也“有所变动地”提供这种表现，更多强调作为功能的结构）。

系统中。我们虽然会在以后的探讨中听到，这并非完全正确，成梦被迫与属于前意识系统的梦意念相连。如果我们论及梦愿望，我们却还会在别处获悉，梦的内驱力由**潜意识**提供。而因为这个要素，我们想把潜意识系统假设为成梦的出发点。这种梦刺激就如所有其他意念产物一样表现出追求，要延伸入**前意识**并由此赢得通往意识的通道。

经验教会我们，日间，这条道路穿过前意识引向意识，通过阻抗审查截住了梦意念的去路。夜间，梦意念设法得到了通往意识的通道，但提出的疑问是，以何途径，多亏哪些变化。如果促成梦意念这么做是由于夜间在潜意识与前意识之间守界的阻抗降低，那我们在我们的想象材料中得到梦，这些想象没有显示出现在让我们感兴趣的幻觉特征。

在**潜意识**与**前意识**这两个系统之间的审查降低，只能给我们解释Autodidasker 这一类成梦，却不能解释如关于**孩子烧焦**的梦，我们将此梦作为问题置于这些探究的开始。

在幻觉梦中发生什么，我们能够描写的无非是说：刺激选取了**可逆**路。它并非延伸靠近运动机能末端，而是延伸靠近可感觉末端，最终到达知觉系统。心理过程按那个方向从潜意识延伸至清醒状态，如果我们称此方向为**进行方向**，那我们可以说梦具有**退行**特征[①]。

这种退行于是肯定是梦过程的心理学特性之一；但我们别忘了，它不仅归做梦所有，连有意回忆与我们正常思维的其他部分过程也相当于心理结构中从任一错综复杂的想象行动倒退到回忆痕迹的原料上，倒退以这些

① （1914 年补充）对退行这个因素的最初提及在大阿尔伯图斯（阿尔伯图斯·马格努斯）处就可见到。这个因素在他那里叫作想象，用保存下来的显而易见的客体的图景造梦。过程完成得与在清醒时相反（据迪普根，《梦与解梦作为中世纪医学——自然科学问题》，1912 年，第 14 页）。霍布斯说（见《利维坦》，1651 年，第一部分第二章）：“总之，我们的梦是我们清醒想象的反向，我们醒着时，运动开始于一端；我们做梦时，运动开始于另一端。”（据哈·霭理士《梦的世界》，1911 年，第 112 页）

回忆痕迹作为根据。但清醒期间，这种追溯从未超越回忆图像；它无力引起用幻觉来复苏知觉像。为何这点在梦中不一样呢？我们说到梦的压缩工作时，不能回避的假设是，通过梦工作，附着于诸想象上的强度从一个完全转到另一个。很可能正是惯常的心理过程的这种略作变动促成在与意念相反的方向上投注知觉系统直到感性完全活跃。

我希望，我们远没有错误估计这些探讨的影响规模。我们做的无非是给一个无法解释的现象命名。如果在梦中，想象倒变成它不知哪次源自于此的感性图景，我们称它为退行。连此步骤却也需要申辩。如果没教会我们什么新东西，为何命名？好吧，我以为，由于把我们已知的事实与具有方向的心灵结构的图式相连，“退行”这个名称就对我们有益。在此却初次值得提出这样一种图式。因为成梦的另一特性不经新的考虑，仅凭图式就会令我们信服。如果我们把梦过程视为在我们假设的心灵结构内部的退行，那对我们而言，凭经验确定的事实立即得到解释，即梦意念的所有思维关系在梦工作上丧失或者只得到费力的表达。根据我们的图式，这些思维关系并非包含在最初的回忆诸系统中，而是包含在远在前面的那些回忆系统中，必定在退行至知觉图像时丧失其表达。**梦意念的构架在退行时消解于其原料中**。

但通过哪些变化促成日间不可能的退行呢？此处，我们想只做猜测。想必事关各系统的能量投注中的变化，就刺激的过程而言，通过这些变化，这些系统变得可以通行或者难以通行；但在每个此类结构中，通过不止一种这样的略微变化，可以对刺激途径实现相同的效果。人家当然立即想到睡眠状态与它在该结构的可感觉末端招致的投注变化。日间有从知觉的 ϕ 诸系统到运动力的连续流动；这种流动在夜间结束，不再可能给刺激回流造成障碍。这会是“与外界隔绝”，它在一些著作者的理论中要解释梦的心理学特征。然而，在解释梦的退行时，必须顾及在病态清醒状态下形成的那些别的退行。在这些形式上，当然刚才提供的情况就失灵了。尽管进行方向上有不间断的可感觉流动，还是发生了退行。

对癔症幻觉、偏执狂的幻觉、精神正常者的幻象，我可以提供解释，它们实际相当于退行，亦即变成图景的意念，只有此类意念经历这种转变，这些意念与受压抑或者依旧潜意识的回忆密切相关。例如我最年轻的癔症患者之一、一名十二岁男孩，因**“红眼绿脸”**而妨碍入睡，他对它们感到震惊。这一现象的来源是遭压抑的，但曾有意识的对一名男孩的回忆，他四年前经常看见后者，后者对他呈现出许多儿童顽劣举止的一幅图景，其中也有那种手淫的恶习，他自己现在事后自责。妈妈当时说，那个没教养的小子面色**淡绿**，眼睛**红红**（亦即**眼眶红红**）。因而有此凶神恶煞，它还只用于让他忆起妈妈的另一预言，说此类小子会变痴，在学校什么也学不会并且早死。我们的小患者让一部分预言应验了；正如查问其不情愿的闪念所表明的那样，他在文理中学没有进展，他极害怕第二部分预言。然而，短时间后，治疗有了成果，他睡着了，其胆怯消失，以优等成绩单结束学年。

此处，我可以对一种幻象的消解串联起来，一名四十岁的癔症女患者讲述出自其健康时日的那种幻象。一日早晨，她睁开眼，看见其兄在房间里，她知道，他可是在精神病院里。她的小儿子睡在她旁边的床上。为了让孩子看见**舅舅**时不**吃惊**并**陷入痉挛**，她拉起**被子**盖到孩子身上，于是现象消失了。幻象是对这名夫人童年回忆的修改，它虽然被意识到，但与她内心的所有潜意识材料关系最为密切。她的保姆告诉她，早逝的母亲（她本人在死亡事件时才一岁半）患过癫痫性或者癔症性**痉挛**，而且是自兄弟（我的女患者的**舅舅**）由此给她造成的一次**惊吓**起，他以头上蒙着**被子**的幽灵身份出现。幻象与回忆一样包含相同的要素：兄弟的出现、被子、惊吓及其作用。这些要素却被排列成新的关联并转到其他人身上。幻象的明显动机、由幻象代替的意念是那种担忧，即她的小儿子与他舅舅在身体上如何相似，可能共有其命运。

两个在此引用的例子均未脱离与睡眠状态的各种关系，因而或许不适合做我需要它们做的证明。我就提请注意我对一名产生偏执狂的女患者的分析[①]，提请注意我对精神神经症心理学尚未公开的研究结果[②]，为的是强调，在退行性意念转变的这些病例中，不可忽视受压抑的或者依旧潜意识的回忆——大多为幼儿期回忆——的影响。这种回忆把与之有联系、被审查阻止表达的意念拖入退行，仿佛拖入那种表现形式，它本身以此形式在心理上存在。我可以在此作为对癔症研究的结果来引用的是[③]，如果成功地使人意识到幼儿期的场景（无论它们究竟是回忆还是幻想），它们就会在幻觉中被人看见，在告知时才去掉这种特征。也为人所知的是，即使在平素于回忆中不可见者身上，最早的童年回忆也把感性鲜活的特征保留至以后的岁月。

如果回忆起，在梦意念中，幼儿期的经历或者基于它们的幻想承担何种角色，它们的片断多么频繁地在梦境中重现，如何频繁由它们导出梦愿望本身，那即使就梦而言，也不能否定那种概率，即意念转变成视觉图景可能同是那种**引力**的后果，追求复兴、在视觉上得到表现的回忆对争取表达、被意识封锁的意念施加这种引力。根据这种见解，梦也可以描写成**由于转到近事而改变的幼儿期场景的替代物**。幼儿期场景无法实施其更新，它不得不满足于作为梦再现。

指明幼儿期场景（或者对其幻想性的重复）对梦境具有某种样板性的

---

① 《关于防御性精神神经症的进一步说明》，1896 年，第三节。

② 在此标题下没有出版物。

③ 参见《关于癔症的研究》，布洛伊尔与弗洛伊德，1895 年——例如在布洛伊尔关于“安娜·O”的病史中。

意义，这使得舍尔讷及其追随者关于内部刺激源的假设之一成为多余。舍尔讷（《梦的寿命》，1861 年）假设，如果梦让人识别其视觉要素的一种特殊生动性或者这些要素上的一种特别丰富性，就有一种“面部刺激”状态、视觉器官内部兴奋的状态。我们无需抗拒这种假设，大致可以满足于把这样一种兴奋状态只是确定为视觉器官的心理知觉系统，但我们要提出，这种兴奋状态是因回忆而建立的状态，温习那时是当前的眼见者的兴奋。我手边没有出自自身经验的良好例子用于幼儿期回忆的此类影响；比起我不得不重视的别人的梦的感性要素来，我的梦在感性要素上根本不那么丰富；但在过去这几年中这个最美、最生动的梦中，我轻松地把梦境的幻觉清晰性溯源至近来与不久前发生的印象的感性质量上。我在前面提及一个梦，其中水的深蓝色、出自船上烟囱的烟的褐色与我看见的建筑物较暗的褐色与红色给我留下了深刻的印象。如果有一个梦，则此梦必定会被解释成面部刺激。而什么把我的视觉器官置于这种刺激状态中呢？一种近来的印象，与一系列早先的印象重合。我看见的色彩起先是石块建筑积木的，在我做梦前一天日间，孩子们用此积木修建了大型的建筑物，为的是让我佩服。这里相同的较暗的红色可见于大积木上，而蓝褐色见于小积木上。结伴的还有上次意大利之旅的色彩印象、伊松佐河与潟湖漂亮的蓝色、卡斯特[①]的褐色。梦的色彩之美只是重复在回忆中所见色彩之美。

让我们概括我们对梦将其想象内容转注成感性图景的这一特性获悉了什么。我们绝没有解释梦工作的这种特征并追溯至心理学的已知定律，而是把这种特征挑出来表明未知的状况，通过“**退行性的**”特征这个名称来突出之。我们以为，这种退行大概在其出现之处均是阻抗的作用，这种阻

① 的里雅斯特后面的石灰岩高原。

抗对抗意念以正常途径深入意识，退行大概同时还是引力的作用，作为强感性存在的回忆对意念施加这种引力。[①]做梦时，或许会为了方便这方面的退行而停止感官的进行性日间流动，在退行的其他形式上，必定通过增强其他退行动机来弥补这种辅助手段。我们也别忘了要记住，在退行的这些病理情况中，与在梦中一样，能量转移的过程可能不同于在正常心灵状态的退行时，因为通过此过程，促成了知觉系统的幻觉投注。在分析梦工作时，我们描写成“顾及可表现性”之事，可能涉及被梦意念触及、视觉上得到回忆的场景的**选择性吸引**。

关于退行，我们还要说明[②]，它在神经症病征形成理论中所扮演的重要角色不亚于在梦的理论中。我们区分退行的三重类型：（甲）在此处展开的ф一诸系统图式意义上的一种**局部**类型；（乙）只要涉及追溯到较老的心理形成物，有一种**时间**类型；（丙）如果原始的表达方式与表现方式代替了惯常的，有一种**形式**类型。全部三类退行归根结底却是一件事，在多数情况下重合，因为时间上较老的同时是形式上原始的，在心理图式上接近知觉末端。

我们也不能离开梦中的退行这个主题[③]，而对一种印象不置一词，我们已经一再不禁产生此印象，在深入研究精神神经症之后，它会重新更强地再现：做梦在整体上是退行至做梦者先前状况的一部分，复苏其童年，复苏童年时曾占统治地位的驱动力冲动与曾经可支配的表达方式。在这种个

---

① （1914年补充）在阐述压抑学说时应阐明，一个意念通过两个影响它的因素的共同作用而陷入压抑。它被一方（意识的审查）推开，被另一方（潜意识）吸引，也就是类似于到达大金字塔顶尖。（1919年补充）（参见《压抑》一文，1915年）

② 此段于1914年补充。

③ 此段于1919年补充。

人的童年后面，我们就渴望了解种系发生的童年、了解人类的发展。在人类的发展中，个人的发展确实是缩短了的、受偶然的生活状况影响的重复。我们预感到，弗里·尼采的话多么确切，梦中“继续练习一部分古老的人性，人家以直接的途径几乎不再能到达这部分人性”，我们有理由期待，通过分析梦来认识人的远古遗产，识别人身上心灵中与生俱来之事。似乎梦与神经症给我们更多保留了心灵上的古物，多于我们能够猜测的，使得精神分析可以要求在那些科学中有一个高位，那些科学努力重建人类之初最古老与黑暗的阶段。

也许可能的是，我们对梦的心理学利用的这第一部分并非让我们自己特别满意。我们的确被迫潜心于超越模糊，让我们以此自慰。如果我们没有完全陷入迷误，那我们必定从另一出发点落入大致相同的地带，我们于是或许会在其中更好地理出头绪。

丙　关于遂愿

放在前面的关于孩子烧焦的梦给我们提供了一个受欢迎的契机，来评价关于遂愿的学说所遇见的困难。我们大家肯定都表示诧异的是，梦据说无非是遂愿，绝非仅仅因为由焦虑梦所引发的矛盾。梦后面隐藏着意义与心理价值，最初的那些解释通过分析教会我们这点之后，那我们的期待就绝不会准备对该意义做如此明确的规定。根据亚里士多德正确但简单的界定，梦是（只要人睡眠）延伸入睡眠状态的思维。如果我们的思维日间完成如此不同的心理活动，判断、推断、反驳、期待、决心，诸如此类，我们的思维何以夜间被迫只限于制造愿望？相反，难道没有大量梦，把别样的心理活动转成梦形态，例如担忧，放在前面的、特别显而易见的父亲的梦不恰恰是这样一个吗？由于在睡眠时，光线也落入他的眼帘，他得出忧虑的推论，即一支蜡烛翻倒，可能点燃尸体；他用一个一目了然的情境来表达这个推论，给它穿上现在时的外衣，把这一推论转成一个梦。此时，遂愿起什么作用，难道由清醒延续而来的或者因新的感官印象而激发的意念的优势会在其中以某种方式被错认吗？

这一切都有道理，逼迫我们深究遂愿在梦中的作用与延伸入睡眠的清醒意念有何意义。

恰恰遂愿已经促使我们把梦分成两类。我们发现了经常公开表现为遂愿的梦；我们发现了其他的梦，其遂愿无法辨认，经常用一切手段来藏匿。在后面那些梦中，我们看出了梦审查的成就。我们主要在孩子们身上发现未变形的愿望梦；**短**而坦诚的愿望梦**似乎**——我强调这种保留——也在成人身上出现。

我们就会问：在梦中实现的愿望每次从何而来？但我们用此“从何”指涉何种对立或者何种多样性呢？我以为，指涉被意识到的日间生活与依旧潜意识的心理活动之间的对立，这种心理活动夜间才可能使人觉察。我发现一个愿望的来历有三重可能性：（1）日间被激发，由于外部状态而不能得到满足；于是为夜间留下一个得到承认、未了结的愿望。（2）它可能在日间冒出来，但被摒弃；于是给我们留下一个未了结却受压抑的愿望。（3）它可能在与日间生活的关系之外，属于夜间才脱离被压抑之事而在我们身上变得活动起来的那些愿望。如果我们着手我们的心理结构图式，那我们把第一类愿望定位于**前意识**系统；对第二类愿望，我们假设，它从**前意识**系统被退回入**潜意识**，如果确实如此，只在彼处保存了自我；而对第三类愿望冲动，我们相信，它根本无力逾越**潜意识**系统。那出自这些不同来源的愿望对梦有相同价值、有相同威力来激发梦吗？

概览为回答此问题而供我们支配的那些梦，首先提醒我们，要补充为梦愿望第四个来源的是当前的、夜间发生的愿望冲动（例如因口渴刺激、性需求）。此后，对我们变得很可能的是，梦愿望的来历在激发梦的能力上没什么改变。我忆起小女儿的梦，它继续日间中断的航海，我忆起附记的儿童梦；它们由一个未及满足却受抑制的日间梦得到解释。一个日间受抑制的愿望在梦中发泄，对此可以指出极充裕的例证。我可以在此添补一个最简单的此类例子：一名有些爱嘲弄人的夫人，其较年轻的女友订婚了，夫人日间回答该熟人的询问，她是否了解新郎，她对他有何评价，她答以无限赞美之词，在这些赞美之词上，她对自己的判断施以沉默，因为她本愿说实话：**他是个平常人**。夜间，她梦见对她提出同一个问题，就答以套语：**补订时说明号码就够了**。在遭受变形的所有梦里，愿望源自潜意识，而在日间不可获悉，终于，我们获悉这点作为众多分析的结果。所以，起先所有愿望似乎对成梦具有相同的价值与相同的威力。

我在此不能证明，情况其实还是不同，但我很倾向于假设梦愿望有较严格的制约性。儿童梦的确让人不容置疑的是，一个日间未及了结的愿望可能是梦刺激源。但不能忘记，这就是儿童的愿望，具有幼儿期特有强度的愿望冲动。对我而言，完全可疑的是，一个日间未及满足的愿望在成年人身上是否足以塑造一个梦。我其实觉得，随着我们通过思维活动进一步掌握我们的内驱力状态，我们愈益放弃形成或者保持孩子有所体验的如此强烈的愿望，认为它们无益。此时个体差异的确可能起作用，一个人保持心灵过程的幼儿期类型长于另一人，正如因为削弱原本明显的视觉想象，的确也存在此类差异。但我相信，一般在成人身上未及满足的日间残余愿望不足以塑造一个梦。我愿意承认，源自意识的愿望冲动会有助于激发梦，但很可能也不再是了。如果前意识的愿望不会从别处得到增援，梦就不会形成。

那就是从潜意识中。**我想象，有意识的愿望只有成功地唤醒一个措辞相同的潜意识愿望，通过后者使自己增强，它才成为梦刺激源**。根据出自对神经症的精神分析的迹象，我认为，如果给这些潜意识的愿望提供机会，与出自意识的一种冲动结盟，把自己的巨大强度转到后者较低微的强度上，这些潜意识的愿望就始终活跃、随时准备表达。[①] 于是必定导致那种假象，似乎只是有意识的愿望在梦中实现；只有在此梦形态上的一个小小的显眼处会成为对我们的提示，要追踪出自潜意识的强力帮助者。我们潜意识中这些始终活跃、可以说不朽的愿望让人忆起传说中的巨人，自远古以来，沉重的山岭压在他们身上，以前，这些山岭由获胜的诸神推到他们身上，在他们肢体的抽搐下，山岭现在还时不时地颤动。我说，这些处于压抑中的愿望本身却有幼儿期来历，正如我们通过对神经症的心理学研究而获悉的那样。梦愿望来历无所谓，我就想去除先前宣布过的这条定律而代之以另一条，它是：**梦中得到表现的愿望必定是幼儿期的一个愿望**。它在成人身上就源自**潜意识**；在儿童身上，还没有或者逐渐才确立**前意识**与**潜意识**之间的分类与审查，在儿童身上有清醒状态未及实现、不受压抑的愿望。我知道，这种观点无法得到普遍证明；但我坚持，即使在不会猜测此事之处，它也经常可以得到证明，而且无法笼统反驳。

对从有意识的清醒状态中剩余的愿望冲动，我就为了成梦而让其退居其次。除了例如承认睡眠期间当前感觉上的材料对梦境有作用外，我不愿承认这些愿望有其他作用。如果我现在考虑其他心理冲动，它们由日间生

---

① 它们与所有其他真正潜意识的、亦即仅属于潜意识系统的心理活动共有这种不可摧毁的特征。这些心理活动是一劳永逸开辟的途径，只要潜意识的冲动再度投注它们，它们就从不荒芜，一再把冲动过程引向释放。让我使用一个比喻：对它们而言，除了奥德赛下界的幽灵，没有其他类型的毁灭，这些幽灵只要饮了血就苏醒获得新生。依赖前意识系统的那些过程在截然不同的意义上可以摧毁。对神经症的心理治疗基于这种差异。

活剩余而并非愿望，我就保持这条思维给我规定的路线。如果我们决定探访睡眠，我们可能成功地暂时终结我们清醒思维的能量投注。谁能精于此道，他就是良好的睡眠者；据说拿破仑一世是这一类型的典范。但我们并非总是成功，并非总是完全成功。未及解决的问题、烦人的忧虑、印象的优势即使在睡眠期间也继续思维活动，在我们称为前意识的系统中保持心理过程。如果对我们来说，事关划分这些延伸入睡眠的思维冲动，那我们可以提出如下类别：（1）日间因偶然受阻而未结束之事；（2）因我们的思维能力麻痹而未及了结之事、未解决之事；（3）日间遭回绝与压抑之事。与此做伴的是强力的第四类，因前意识的工作，日间在我们的**潜意识**中变得活跃，最终，我们可以附加为第五类的是：无关紧要，因而依旧未及了结的日间印象。

无需低估通过日间生活的这些残留物被引入睡眠状态的心理强度，尤其是对出自未及解决之事那一类的心理强度。即使在夜间，这些冲动也肯定争取表达，而我们可以同样肯定地假设，睡眠状态使前意识中对冲动过程的惯常延续变得不可能，并且不可能由于意识到而终结这种延续。只要我们能够以正常途径意识到我们的思维过程，哪怕在夜间，我们就没睡。睡眠状态在**前意识**系统中招致什么样的变化，我无法说明①；但无疑的是，恰恰可以在该系统的投注变化中寻找睡眠的心理学特色本质，该系统也掌控通向睡眠中麻痹的运动力的通道。与此相反，我不知有出自梦心理学的任何诱因会让我们假设，在**潜意识**系统状况中，睡眠不是继发性地改变什么。留给**前意识**中的夜间冲动的途径无非是愿望冲动从**潜意识**中所取的道路；前意识中的夜间冲动必须从**潜意识**中寻求增援，同走潜意识冲动的弯路。但前意识的日间残留物对梦取何态度呢？无疑，它们大量渗入梦中，

---

①（1919 年补充）在《对梦学说的元心理学补充》（1917 年）一文中，我尝试过进一步探究对睡眠状态状况与幻觉条件的认识。

利用梦境以便即使在夜间也强加于意识；它们甚至偶尔主宰梦境，逼迫它继续日间工作；肯定的还有，日间残留物同样可能具有任何其他特征，正如愿望的特征一样；但此时看见日间残留物不得不服从何种条件以被纳入梦中，这极其富有教益并且对遂愿学说简直是决定性意义的。

让我们挑出以前的梦例中的一个，例如使我让友人奥托带着巴塞多氏病的征候出现的那个梦。那天日间我产生了担忧，奥托的外表给了我担忧的诱因，而忧虑正如涉及此人的一切那样使我伤心。我可以猜测，忧虑也随我进入睡眠。我想探究他很可能得了什么病。夜间，这种忧虑在我告知的梦中得到表达，梦境一无意义二不符合遂愿。我却开始追查，日间感受到的担忧何来不恰当的表达，通过分析，我发现一种关联，我把他与L男爵认同，却把我自己与R教授认同。为何我偏偏不禁选择日间意念的这个替代物，为此只有一种解释。我必定在**潜意识**中始终准备与R教授认同，因为通过这种认同实现不朽的儿童愿望中的一个——过大人物瘾的愿望。可憎的、日间肯定被摒弃的针对我的友人的意念利用机会混入表现，但连日间的忧虑也通过梦境的一个替代物得到一种表达。日间意念本身并非愿望，而相反是一种担忧，必定通过某种途径谋得接续一个幼儿期的、现在潜意识与受压抑的愿望，即使严重受损，日间意念随后让此愿望为意识而“产生”。这种忧虑越占优，待建立的联系就可能越强横；在愿望内容与担忧内容之间根本无需存在关联，在我们的例子中也不存在。

或许合乎目的的是[①]，也以探究的形式处理这同一个问题，如果在梦意念中给梦提供与遂愿完全矛盾的一种材料，也就是有根据的忧虑、痛苦的斟酌、难堪的认识，梦会有何举止。多种多样可能的结果就可以划分如下：

---

① 以下6段于1919年补充。

（甲）梦工作成功地用相反的想象来代替难堪的想象，压抑与此相关的不乐意的情感。这就产生一个纯粹的满足梦和一种可把握的“遂愿”，似乎没什么可进一步探讨的。（乙）难堪的想象或多或少略有变动，还是足可辨认，进入显性梦境。正是这种情况唤醒对梦的愿望理论的怀疑，需要进一步探究。此类梦境难堪的梦或者被感受为无关紧要，或者也带来十分难堪的情感，这种情感似乎因其想象内容得到辩白，或者此类梦甚至在生发焦虑的情况下导致苏醒。

分析后来证明，即使这些无趣梦也是遂愿。一个潜意识的与受压抑的愿望，做梦者的自我对满足该愿望的感受不可能异于难堪，这个愿望利用因难堪的日间残留物依旧被投注而给它提供的机会，给予这些日间残留物以支持，通过这种支持使日间残留物能够做梦。但在**甲**的情况下，潜意识的愿望与有意识的愿望重合，而在**乙**的情况下，揭露出潜意识与意识——受压抑者与自我——之间的二分，实现关于仙女准予那对夫妻三个愿望的童话情境。对实现受压抑愿望的满足可能如此巨大，它在取决于日间残留物的难堪情感上保持平衡；尽管梦一方面是遂愿，另一方面是一种担心应验了，它就在其感情基调上冷淡了。或者可能发生的是，正在睡眠的自我更大量地参与成梦，对完成的满足受压抑的愿望，睡眠的自我以激怒做出反应，甚至在焦虑中终结梦。也就是说，不难识别，在理论意义上的无趣梦与焦虑梦如同四平八稳的满足梦一样是遂愿。

无趣梦也可能是“**惩罚梦**”。应该承认，通过肯定它们，在某种意义上给梦理论增添了新意。通过它们实现之事，同样是一种潜意识的愿望，做梦者因一种受压抑的未经许可的愿望冲动而希望受罚。就此而言，梦服从此处所持要求，即必须由属于潜意识的一个愿望来提供成梦的内驱力。一种更精细的心理学剖析却让人看出与其他愿望梦的差异。在**乙**类的情况下，潜意识的、成梦的愿望属于受压抑者，在惩罚梦那里，同样是一种潜意识愿望，我们却不能把它算作受压抑者，而必须把它算作“自我”。惩罚梦就暗示自我可能更广泛地参与成梦。如果用“自我”与“受压抑”的对立来代替“意识”与“潜意识”的对立，成梦的机制就确实远为透明。这不可能不顾及精神神经症的过程而发生，因而在本书中没有实施。我只说明，惩罚梦并非普遍与难堪日间残留物的条件相连。不如说，它们最容易在相反的前提下产生，即日间残留物是具有令人满足性质的意念，这些意念却表达未经许可的满足。这些意念中，就没有什么进入作为其直接对立物的显性梦，类似于在**甲**类梦中的情况。惩罚梦的本质特征就依旧会是，在这些惩罚梦那里，从受压抑者（**潜意识**系统）变为成梦者的并非潜意识的愿望，而是反对它的、属于自我的、哪怕是潜意识的（亦即前意识的）惩罚愿望。①

我愿意借助一个自己的梦来解释在此提出之事，主要是梦工作对难堪期望的日间残留物的行事方式：

“模糊的开始。**我对我妻子说，我有个消息要告诉她，很特别的事。她很吃惊，什么都不想听。我对她保证，相反，是会让她很高兴的事，我就开始讲述，我们儿子的军官团送来一笔钱（5000 克朗？）……有表彰之意……分配……我一边跟她走进一个小房间，像是一间储藏室，要找出什么。突然，我看见我儿子出现，他没穿制服，而确切地说，穿着紧身的运动服（像海豹？），戴着小帽子。他跨上箱子旁边的一只篮子，像是要把什么放到这只箱子上。我呼唤他，没有回答。我觉得他包扎着脸或者额头，他在嘴里收拾什么，插进什么。他的头发也有褐色闪光。我想：难道他如此精疲力竭？他有假牙了？**在我能再呼唤他之前，我不带焦虑地苏醒，但

① （1930 年补充）此处是插入后来被精神分析认识到的超我之处。一些梦不遵循遂愿理论，即遇有创伤性神经症的梦，弗洛伊德在《脱离愉悦原则》（1920 年）第二章中与《精神分析引论讲座新系列》第 29 讲最后几页（1933 年，研习版，卷 1，第 469 页以下）上讨论此类范畴的梦。

带着心跳。我的夜钟指向的时刻是两点半。”

告知一次完整的分析，这次也不可能了。我限于突出一些关键点。日间烦人的期待提供了梦的诱因；关于那个在前线战斗者，又一次长于一周没有消息。容易看出，梦境中表达出确信他负伤或者阵亡了。梦的开头，人们发觉全力要用对立物来代替难堪的意念。我有令人狂喜之事要告知，关于送钱、表彰、分配的事（钱数源自诊所里一个令人高兴的事件，根本就是要离题）。但这种努力失败了。母亲预感到可怕之事，不想听我说。伪装也太稀薄了，到处透着与应该被压抑之事的关系。如果儿子阵亡了，其战友会送回他的家当；我会把他的遗物分配给兄弟姐妹与其他人；常常在军官“英勇战死”后对其予以表彰。梦就着手直接表达它起先想否认之事，此时，遂愿的倾向还由于变形而引人注意（梦中地点的变迁大概可以理解为据西尔伯勒（《苏醒象征与一般门槛象征》，1912 年）的门槛象征。我们当然没料到，对此所需内驱力赋予梦什么。儿子却并非以一个“倒下”[①] 者出现，而是作为一个“上升”者。他的确也曾是个勇敢的登山者。他未着制服，而是穿着运动服，亦即代替现在所担心的事故出现的是他在运动时遭遇的一次先前的事故，当时他在越野滑雪时摔倒，摔断了大腿。但他穿衣的方式像海豹，立即令人想起一个更年轻者——想起我们逗人的小外孙；褐色头发让人记起他那被战争大伤元气的父亲——我们的女婿。这会是什么意思？不过这说够了；地点是一间食品储藏室，他想从中取什么（梦中放上去什么）的箱子，这明白无误地影射我自己招致的一起事故，当时我两岁多，尚不足三岁。[②] 我在食品储藏室里爬上小板凳，要给自己取点放在箱子或者桌子上的好东西。板凳翻倒，棱角击中了我的下颌后面。我满口牙齿都要打掉了。此时显露出一种警告：你活该，就像对一名勇敢

---

① 德语中“阵亡 fallen”与“倒下 fallen”词形相同。

② 参见前面。或许对苏醒时钟点的回忆导致对此年龄的联想。

的武士有敌意冲动。深入分析就让我发现隐蔽的冲动，它可能借助所担心的儿子出事而得到满足。那是对青年的妒忌，衰老者在生活中觉得彻底扼杀了这种妒忌，而明白无误的是，如果确实发生这样一种不幸，恰恰是这种痛苦触动的强度为缓解而追踪到了这样一种被压抑的遂愿。

我现在可以清晰地表明，潜意识的愿望对梦意味着什么。我愿意承认，有一整类梦，其中，**冲动**主要或者甚至仅仅源自日间生活的残留物，而我以为，如果不是为我友人的健康担心由日间而来仍在活跃，即使是我最终成为副教授的愿望那天夜间也本该能让我安睡。但这种担忧本来不会成梦；梦所需的**内驱力**必定由一种愿望提供；给自己弄来这样一种愿望作为梦的内驱力，这是担忧所做之事。用一个譬喻来说：很可能的是，一个日间意念对梦扮演**企业主**的角色；但如人家所说，企业主有意念，渴望落实意念，可没有资本还是什么也干不成；他需要负担费用的一个**资本家**，而无论日间意念会是什么，为梦提供心理花费的这个资本家每次都不可避免是**出自潜意识的一个愿望。**[①] 其他时候，资本家本人是企业主；对梦而言，这甚至是更惯常的情况。正是通过日间工作激发了一个潜意识的愿望，而后者就造成了梦。即使就在此用作例子的经济状况的所有其他可能性而言，诸个梦过程仍旧是平行的；企业主本人可以带来少量资本；若干企业主可能求助于同一资本家；若干资本家可能共同掌管企业主所需之事。所以也有的梦由不止一个梦愿望承载，还有更多相同的变体容易被忽略，不再给我们提供兴趣。在关于梦愿望的这一探讨上尚不完整之事，我们以后才能补充。

---

① 弗洛伊德在对“朵拉”第一个梦的分析末尾处全文引用了这一段（《癔症分析断片》，1905年，第二节，研习版，第6卷，第155页及下页）。他还说明，此梦证明了他所有的假设。

此处所用比喻的**共同之处**、以定额供自由支配的数量[①]，还允许更精细地用于阐明梦结构。如前面所阐述过的那样，在多数梦中，可以辨认出具备特殊感性强度的一个中枢。这通常是直接表现遂愿，因为，如果我们取消梦工作的移置，我们会发现梦意念中的要素的心理强度由梦境中的要素的感性强度替代。临近遂愿的要素与遂愿的意义经常毫无关系，而被证明是与愿望背道而驰的难堪意念的衍生物。通过常常是人工建立的与中心要素的关联，它们却分得如此多的强度，变得有能力表现。遂愿的表现力就这样扩散到此关联的某个范围，在此范围内，哪怕本身是贫瘠的，所有要素都被抬升用来表现。遇上具有若干驱动性愿望的梦时，容易成功地划清各遂愿的界限，常常也容易成功地把梦中的漏洞理解成边缘地带。

如果我们也用前面的评论限制了日间残留物对梦的意义，那还值得费力再给予它们一些关注。每个梦也在其梦境上使人识别出与一个最近的日间印象的联系，经常是最无关紧要的那类印象，如果体验此事实会让我们吃惊，则日间残留物必定还是成梦的必要成分。我们尚不能看清这种补充对梦混合物的必要性。只有坚持潜意识愿望的作用，然后向神经症心理学询问情况，才会产生这种必要性。从这种神经症心理学中获悉，潜意识想象本身根本无力进入前意识，而它在彼处只能表现出一种作用，它与一种无伤大雅的、已经属于前意识的想象相联系，将其强度转到后者身上，让后者来覆盖自己。这是**移情**[②]的事实，对神经症患者心灵生活中如此众多

---

① 病例中的资本数量，做梦时心理能量的数量。

② 在以后的著作中，弗洛伊德使用“移情”这一表达通常只用于描写一个略有不同、哪怕相近的心理过程，他最初在精神分析治疗实践中发现了此过程——即原初面向一个幼儿期客体的（而且潜意识上也总还是针对该客体的）感情“移情”到一个临在的客体上的过程（参见例如弗洛伊德，《癔症分析断片》，1905 年，第四节，研习版，第 6 卷，第 180—184 页）。该词在后一种意义上也在本卷中出现。

引人注目的事件而言，它含有解释。移情可能不做变动地保留出自前意识的一种想象，想象由此达到一种大得不相配的强度，或者移情可能通过待移情的想象的内容强加给这种想象以一种修正。请原谅我倾向于使用出自日常生活的譬喻，但我想说，就受压抑的想象情况而言，情况就像在我们的祖国对美国牙医来说一样，如果他不使用**循例**获得的一个医学博士作为招牌与法律面前的挡箭牌，他就不得行医。正如并非偏偏是最忙的医生与假牙技工达成此类联盟一样，即使在心理上，也并非那些前意识的或者有意识的想象被选为一种受压抑的想象的挡箭牌，那些想象自身充分地引来了在前意识中活动的注意力。潜意识以其联系主要包裹前意识的那些印象与想象，那些印象与想象或者因无关紧要而一直不受重视，或者因摒弃而迅即再度剥夺对它们的这种重视。出自联想学说的一条知名定律经所有经验证实，即朝另外一个方向建立密切联系的想象对待全部类型新的联系的态度如同拒绝；我曾尝试过把癔症麻痹的一种理论建筑在这条定律之上。

分析神经症时教会我们了解要从受压抑的想象出发来移情这种需求，如果我们假设，这同一种需求在梦中也起作用，那也一举解开梦的两个谜，即任何梦分析都证明交织着一个最新印象，而且这个最近的要素经常具有最无关紧要的性质。我们补充我们已经在别处学会之事，即这些最近与无关紧要的要素作为出自梦意念中最久远的要素的替代物，之所以如此频繁地进入梦境，是因为它们最不用怎么担忧阻抗审查。但免于审查只给我们解释了对普通要素的偏爱，而最近要素的恒定性让人看透移情的强迫性。受压抑者要求还是无联想的材料，两类印象满足这一要求，无关紧要的印象，因为它们没有提供充分联想的诱因，最近的印象，因为对此还缺乏时间。

我们这样看，我们现在可以把无关紧要的印象算作日间残留物，日间残留物如果赢得成梦的份额，它们不仅从**潜意识**借用什么，即受压抑的愿望所拥有的内驱力，而且它们给潜意识提供不可或缺之事——对移情的必然固着。如果我们想在此深入心灵过程，那我们必须更清晰地阐明前意识与潜意识之间冲动的角力，可能研究精神神经症逼人如此，但恰恰梦不提供依据。

对日间残留物只再做一评语。无疑，它们是睡眠真正的干扰者，而非梦，梦其实说努力守护睡眠。我们以后还会回到这点上。

我们迄今为止追踪了梦愿望，把它从**潜意识**领域推导出来，剖析它与日间残留物的关系，这些日间残留物可能是愿望，或者是任一其他种类的心理冲动，或者干脆是最近的印象。我们这样就为那些要求创造了空间，人家为了多种多样的清醒思维工作在成梦上的意义而可能提出那些要求。根本不可能的是，我们基于我们的意念系列本身而澄清那些极端情况，在那些情况中，梦作为日间工作的延续者把清醒状态未及解决的问题引向美满的结局。我们只是缺乏一个此类例子，以通过对其分析来揭示幼儿期的或者受压抑的愿望来源，顾及此愿望来源如此卓有成效地增强了前意识活动的努力。我们却没有离谜底更近一步，为何潜意识在睡眠中能够提供的无非是朝向遂愿的内驱力？回答此疑问必须阐明愿望的心理本性；借助心理结构的图式应该给出这种回答。

我们不怀疑，即使这种结构也是经过一种漫长发展的途径才达到其如今的完满。让我们尝试将它重置至其能力的一个更早的阶段。应该以别的方式来说明的假设告诉我们，这种结构起先遵循这种努力，要尽可能无刺激地自我持存①，因而在其最初结构中采纳反射结构的图式，这种图式允许它随即以运动途径释放由外部抵达它的敏感冲动。但生活的急需干扰了这

① 这是所谓“恒定原则”，在《远离愉悦原则》这篇论文（1920年）头几页上得到讨论。作为奠基性假设，它却在弗洛伊德最早的一些心理学论文中就出现了。参见“编辑导言”。

种简单的功能；要进一步形成这种结构的推动力也归因于生活的急需。生活的急需起先以巨大的身体需求的形式走近这种结构。由内心需求所设置的冲动会寻求流入运动力，人家可以将此称为“内心变动”或者“感情活动的表达”。饥饿的儿童会无助地叫喊或者手脚乱动。情境却依旧未变，因为由内心需求发出的冲动并不相当于一种瞬间冲击力，而是相当于持续生效的力量。只有以任一途径，在儿童身上通过外人施救而体验抵消内心刺激的**满足经历**，才可能出现转折。这种经历的一个本质组成部分是出现某种（例如对食物的）知觉，其记忆像从现在起一直与需求冲动的记忆痕迹相连。只要这种需求下次出现，由于建立了联系，就会产生心理冲动，会再度投注那种知觉的记忆像并再度唤起知觉本身，其实也就是会重建最初满足的情境。这样一种冲动是我们称为愿望之事；知觉再现是遂愿，而从需求冲动来对知觉完全投注是遂愿的最短路径。对我们毫不妨碍的是，假设心理结构的一种原始状况，其中确实走此路径，也就是愿望通向幻觉。这种最初的心理活动也就旨在**知觉一致**①，也就是旨在重复与满足需求相连的那种知觉。

一种较为痛苦的生活经验必定把这种原始的思维活动改变成更符合目的、次级的思维活动。以回归的短途径在结构内部建立知觉一致，在别处并未导致与从外部投注同一种知觉相连的后果。满足并未出现，需求在延续。为了使内部投注与外部投注同值，必须持续维持内部投注，正如在幻觉精神病与饥饿幻想中也确实发生的那样，幻觉精神病与饥饿幻想在**拘执**于所希望客体中穷尽其心理能力。为了达到对心理力量更符合目的的使用，有必要阻止完全的回归，使其不超越记忆影像，而能够从记忆影像出发寻找其他途径，这些途径最终导致由外界建立所希望的同一性。② 这种抑制

① 亦即旨在被感知为与“满足经历”同一之事。

② （1919 年补充）换言之：使用“现实性审核”被断定为必然。

以及随之而来的对冲动的转移成为第二个系统的任务，该系统掌握任意的运动力，亦即为先前记起的目的而使用运动力才与该系统的能力挂钩。但所有错综复杂的思维活动，从记忆图像续编至通过外界建立知觉一致，还只是构成因经验而变得必然的**通往遂愿的弯路。**[①] 思维无非是幻觉愿望的替代物，而如果梦是遂愿，这同样变得理所当然，因为无非是梦能够驱动我们的心理结构去工作。梦以回归的短途径满足其愿望，以此只给我们保存了对心理结构**初级的**、因不符合目的而被抛弃的工作方式的检验。似乎被驱逐至夜间状态的是曾在清醒状态中主宰之事，当时心理状态尚年轻而效能不高，如我们在儿童寝室中重新发现成年人类放下的原始武器——弓箭。**做梦是已经克服的儿童心理状态的一部分**。在精神病中，这些平素在清醒时遭压抑的心理结构的工作方式又会强求效果，于是暴露其无力满足我们对外界的需求。[②]

潜意识愿望冲动显然在日间也力求生效，而移情的事实以及精神病教会我们，它们想以此途径穿过前意识系统渗透至意识并掌握运动力。梦简直把**潜意识**与**前意识**之间的审查假设强加给我们，我们就把这种审查断定并尊为我们精神健康的卫士。他夜间减少活动，让受压抑的**潜意识**的冲动得到表达，又促成幻觉回归，这难道不是卫士的不慎？我想不是，因为如果严厉的卫士去休息（我们有证据，他可没有沉睡），那他也就关上了通往运动力的大门。不论哪些出自平素受压抑的**潜意识**中的冲动也可能在活动场所戏耍，人们都可以听其自便，它们依旧无伤大雅，因为它们无力使运动结构动起来，只有运动结构能够一边改变一边影响外界。睡眠状态保障

---

① 勒洛兰不无道理地称赞梦的遂愿：“没有严重的疲劳，没有被迫求助于那种漫长而顽强的斗争，穷尽并消磨找出的愉悦。”

② （1914 年补充）我在别处（《对心理事件两原则的表述》，1911 年）进一步阐述这条思路，把愉悦原则与现实性原则称为两项原则（该思路还在很后面得以继续）。

待守卫的要塞的安全。如果不是通过严格的审查在夜间减弱力量消耗，而是通过病态地削弱严格的审查或者病态地增强潜意识冲动而确立力量的移置，只要前意识投注而通往运动力的大门敞开，情况的发展就不那么有害。于是，卫士被制伏，潜意识冲动使**前意识**屈服于自己，从前意识来控制我们的言行或者强求幻觉性回归，借助那种引力来驾驭并非为它们准备的结构，知觉对我们心理能量的分配施加那种引力。我们称此状况为精神病。

我们就处于继续构造心理架构的最佳途径上，我们曾在插入**潜意识**与**前意识**这两个系统时离开过此架构。我们却还有足够的动机，盘桓于把愿望尊为适合于梦的唯一心理内驱力。我们接受了这种解释，即梦之所以每次都是遂愿，是因为它是**潜意识**这个系统的成就，该系统工作的宗旨无非是遂愿，除了愿望冲动的力量，该系统没有别的力量。我们哪怕只想长久一点地坚持那种权力，即从解梦开始来阐述如此广泛的心理学推测，那我们就有义务表明，我们通过这些推测把梦列入一种关联，这种关联也可能包含别的心理产物。如果有一个**潜意识**系统——或者就我们的探讨而言与它类似之事——存在，梦就不可能是其唯一表现；每个梦都可能是一种遂愿，但除了梦，必定还有遂愿的其他变态形式。确实，所有精神神经症病征的理论在那一个定律上达到顶点，**即使这些病征也必须被理解成潜意识的遂愿。**[①] 经过我们的澄清，梦只是成为对精神病医生极富意义的一个系列中的第一环，理解此系列意味着完成精神病学任务纯粹的心理学部分。[②] 在这一遂愿系列的其他环节中，例如在癔症病征中，我却了解一个本质特

---

① （1914 年补充）说得更正确些：病征的一部分相当于潜意识的遂愿，另一部分相当于反对这些潜意识遂愿的反应产物。

② （1914 年补充）休林斯·杰克逊表示过："如果你们发现梦的本质，你们就会发现人对精神错乱可能知晓的一切。"（由厄尼斯特·琼斯《梦与精神神经症病征的关系》引述，他本人听到过休林斯·杰克逊的这一表示）

征，我发觉梦还少了此特征。因为我在撰写本文过程中经常提及的探究中知道，要形成一种癔症病征，我们心灵生活的两股潮流必定重合。病征不仅表达一个已经实现了的潜意识愿望；必定还出现出自前意识的一个愿望，通过同一病征得到满足，使得病征**至少**由两重因素决定，各由一个处于冲突中的系统来决定。对另一种多因决定——与在梦上相似——没有设限。据我所见，并非源自潜意识的多因决定经常是针对潜意识愿望的反应的思路，例如一种自我惩罚。我就可以笼统地说，**一种癔症病征只形成于两种对立的遂愿可能在一种表达中重合之处，每种遂愿都源自另一心理系统**（对此参见我在 1908 年《癔症幻想及其与双性恋的关系》一文中对癔症病征形成的最后表述①）。例子在此会无甚效果，因为只有完全揭示存在的并发症才能够唤起确信。我因此只停留于断言，提供例子只是因为它有直观性而非它有证明力。一名女患者身上的癔症性呕吐就一方面被证明是满足出自青春期岁月的一种潜意识幻想，即满足一种愿望，要持续不断地妊娠、得到多得无数的子女，后来出现扩展：和尽可能多的男人生孩子。对这种不羁的愿望，出现了强力的防御冲动。但因为女患者可能因呕吐而丧失其丰盈与美丽，使得再没有一个男人对她有兴趣，所以病征也适合于惩罚性的思路，可以得到双方允许而成为现实。这是接受遂愿的同一种方式，帕提亚女王对三执政之一克拉苏喜爱用这种方式。她以为，他出于黄金欲而做了远征；所以，她让人把熔化的金子注入尸体的喉咙，说到："你就有了所愿之物。" 关于梦，我们迄今只知，它表达潜意识的一种遂愿；似乎支配性的前意识系统给遂愿强加某些变形后，就听任这种遂愿。人确实也无力笼统地证明与梦愿望对立的思路，该思路如同其对手一样在梦中得以实现。我们只是间或在梦分析中遇上反应杰作的征兆，如在叔父梦中对友人

① 加括号的句子于 1909 年补充。

R 的柔情。我们却可以在别处找到此处觉得缺少的出自前意识的补充。在经过各种变形后，梦可以表达出自**潜意识**的一个愿望，而支配性系统退至**要睡眠的愿望**，通过在心理结构内部建立该愿望可能的投注改变来实现此愿望，总算在整个睡眠期间坚持此愿望。①

要睡眠，前意识这一得到坚持的愿望现在就普遍对成梦产生放松的作用。让我们想想那个父亲梦，出自灵堂的光亮刺激他得出结论，说尸体可能着火。那个愿望把梦中所想象的孩子的生命延长了一刻，我们指明它是心理力量之一，这些力量决定了父亲在梦中得出此结论，而非由光亮唤醒。其他出自被压抑之事的愿望很可能躲开了我们，因为我们无法分析此梦。但作为此梦的第二种内驱力，我们可以再取来父亲的睡眠需求；正如通过梦，孩子的生命延长一刻，连父亲的睡眠也延长了一刻。这种动机就是，让梦自便，否则我必定苏醒。正如在此梦上一样，即使在所有其他梦上，睡眠愿望也给予潜意识愿望以支持。我们在前面报告了那些梦，它们明显表明自己是舒适梦。其实，所有梦有资格得到这种名称。唤醒梦如此处理外部感官刺激，使得外部感官刺激与继续睡眠兼容，唤醒梦把外部感官刺激编织入一个梦，以剥夺它作为对外界的提醒而可能提出的要求，在那些唤醒梦上，最容易识别要继续睡眠这一愿望的效果。这同一愿望却必定同样参与允许所有其他那些梦，那些梦只能由内部作为唤醒者动摇睡眠状态。如果梦闹得太过分，**前意识**在某些情况下告知意识：还是算了吧，继续睡，那的确只是个梦，即使不张扬，这话也很笼统地描写我们支配性的心灵活动对做梦的态度。我不禁得出结论，**我们在整个睡眠状态期间同样确知我们做梦，正如我们知道我们睡眠一样**。完全有必要轻视对此的异议，即我们的意识从未被引到对一事的知晓上，只是在遇到审查觉得如同被突袭时

① 我从催眠研究激发者的睡眠理论中借用该意念。

这种特定契机时，我们的意识才被引到对另一事的知晓上。与此相反[①]，有人坚持他们夜间知晓他们睡眠、做梦，在他们身上，这种知晓变得很明显，他们就觉得引导梦样状态这种有意识的能力很独特。例如，这样一个做梦者就不满于梦所做转折，他不醒来就打断梦，并重新开始梦，以对梦做不同的延续，完全如同一名当红作家按要求给其戏剧以一个更幸福的结局。或者另一次，梦把他置于一个性冲动的情境时，他想："我不想再梦见此事，让自己在遗精中精疲力竭，而是宁可为一个真实的情境保留此事。"

德埃尔韦侯爵[②]声称赢得了对其梦的这样一种威力，即他能够随意加速梦的过程并给梦提供对他来说任意的一个方向。似乎在他身上，要睡眠的愿望让位于另一个前意识的愿望了，也就是他希望观察他自己的梦并感到享受。睡眠与这样一种决意的愿望兼容，就如同与一种保留作为苏醒的条件（保姆睡眠）一样兼容。也为人所知的是，在所有人身上，对梦的兴趣明显提高苏醒后记起的梦的数量。

关于驾驭梦的其他观察，费伦茨说（《论可驾驭的梦》，1911 年）："梦从各方面处理恰恰让心灵生活忙碌的意念，面临遂愿不成的危险时，放弃一个梦象，尝试新的解决方式，直到它最终成功地完成让心灵生活的两个审查机构妥协性地满足的遂愿。"

丁　通过梦唤醒、梦的功能、焦虑梦

自从我们知道，前意识夜间准备迎合要睡眠这种愿望，我们就能带着理解继续追踪梦过程。我们却先总结我们迄今为止对梦过程的认识。据说清醒工作余下日间残留物，能量投注无法完全摆脱日间残留物。或通过日

① 该段的剩余部分于 1909 年补充。

② 最后两段于 1914 年补充。

间的清醒工作，潜意识之一变得冲动，或者两者重合；我们已经探讨过此处可能的多样性。早在日间或者随着睡眠状况的确立，潜意识愿望才开辟了通往残留物的途径，完成它对它们的移情。于是形成移情至最近材料上的愿望，或者受压抑的最近愿望因来自潜意识的增援而重新活跃。该愿望就想以意念过程的正常途径通过**前意识**而深入意识，它凭借一个组成部分而的确属于前意识。但它遇上还存在的审查，而它现在遭受审查。在此，它接受变形，已经通过对近期印象的移情而为变形铺平道路。到现在为止，它就逐渐成为类似于强迫观念、妄想，诸如此类之事，亦即一个因移情而增强、因审查而在表达上变形的意念。但前意识的睡眠状态就不允许进一步深入；很可能该系统通过降低其冲动而防止侵入。梦过程就选取退行的途径，恰恰因睡眠状态的独特性而开辟了此途径，梦过程此时追随记忆组对其施加的吸引力，这些记忆组有的部分自身只作为视觉投注，并非作为转成以后诸系统的符号而存在。梦过程以退行的途径争得可表现性。我们以后会论及压缩。梦过程现在走过其多次曲折过程的第二部分。第一部分进行性地从潜意识场景或者幻想编织至前意识；第二部分从审查界限又奔向知觉。但如果梦过程变成知觉内容，它就仿佛绕开了由审查与睡眠状态在**前意识**中给它设置的障碍。它成功地把注意力拉到自己身上，被意识注意到。因为意识对我们意味着适用于把握心理质量的一种感官，在清醒时，由两处可刺激意识。首先由整体结构的末梢——知觉系统；此外由愉悦冲动与无趣冲动，这些作为在结构内部能量转换时几乎唯一的心理质量而产生。此外，Φ 系统中所有过程，连在**前意识**中也是，缺乏任何心理质量，因而，只要它们不给意识提供愉悦或者无趣用于知觉，它们就并非意识的客体。我们不禁决意假设，**这些免除愉悦与无趣自动调控投注过程的经过**。但后来表明有必要为了促成更精细的成就而更加不依赖无趣征兆来塑造想象经过。为此目的，**前意识**系统需要自身质量，这些质量能够吸引意识，前意识系统极可能通过把前意识过程与语言符号并非无质量的回忆系统相联系来得到这些质量。通过该系统的质量，意识现在也成为适用于一部分我们的思维过程的感官，意识先前只是适用于知觉的感官。现在仿佛有两个感官界面，其一专注于知觉，另一个专注于前意识的思维过程。

我不禁假设，比起针对知觉系统的感官面来，意识专注于**前意识**的感觉界面因睡眠状态而变得远为不易激动。放弃对夜间思维过程的兴趣的确也符合目的。思维应该停下来，**前意识**要求睡眠。但一旦梦变成知觉，它就可能通过现在获得的质量而刺激意识。这种感官刺激完成其功能确实以此为内容之事；它指挥一部分在**前意识**中可支配的投注能量作为对令人激动之事的注意。这样，就不得不承认，梦每次都**唤醒**，把**前意识**一部分静止的力量置于活动中。它从这种力量处经受了那种影响，我们称其为顾及关联与可理解性的继发性整合。这就是说，梦被这种力量当作任何其他知觉内容来处理；只要梦的材料恰好允许这些想象，梦就经受同样的期待想象。只要在梦过程的这第三部分上可以考虑一个进程方向，又是进行性的进程方向。

为预防误解，就这些梦过程的时间特性说一句话大概是适合的。戈布洛显然受莫里的断头台梦中那个谜的刺激，他的一条相当吸引人的思路试图阐明，梦要求的时间无非是睡眠与苏醒之间过渡期的时间。苏醒需要时间，梦发生于这段时间里。人们以为，梦的最后图景强烈到迫使人苏醒。实际上，它之所以强烈，是因为我们在它那里已经如此接近苏醒。**“梦是苏醒的开始。”**

杜加斯已经强调，戈布洛必定排除了许多实情，以笼统地维持其命题。也有些梦，人家不从中苏醒，例如有某些梦，人在其中梦见做梦。根据我们对梦工作的认识，我们不可能承认，梦工作只在苏醒期持续。相反，对我们而言，必定变得很可能的是，梦工作的第一部分已经在日间——还在前意识的统治下——就开始了。梦工作的第二部分，即因审查而改变、受潜意识场景吸引、深入知觉，这可能整夜继续，就此而言，如果我们说明我们做了整夜梦那种感受，哪怕我们说不出梦见什么，我们也可能总是有理。我却不相信有必要假设，直至被意识到，梦过程都确实遵守我们描写过的时间顺序；说先有遭移情的梦愿望，后来经由审查而发生变形，随后退行方向改变等。在描写时，我们不得不建立这样一种演替；其实大概更多涉及在时间上检验这些与那些途径，涉及冲动的来回波动，直至最终因这种冲动的积聚符合目的，恰恰是一种分类成为持久的分类。我自己根据个人经验愿意相信，梦工作所需不止一日一夜来提供其结果，此时，非同寻常的造梦的艺术就失去了一切神奇。按我的意见，在梦把意识吸引到自己身上之前，甚至对可理解性的顾忌作为知觉事件也会生效。由那时起，该过程却得到加速，因为梦现在得到的对待的确如同别的被感知之事。如同对待烟火，准备几小时之久，后来于一瞬间点燃。

通过梦工作，梦过程或者赢得足够强度，以把意识吸引到自己身上并唤醒前意识，完全不依赖睡眠的时间与深度；或者梦过程的强度不足以如此，而它必须时刻准备，直至就在苏醒之前，变得灵活的注意力迎向它。多数梦似乎以相对微小的心理强度在工作，因为它们静候苏醒。但也可以这样解释，如果人家突然把我们从沉睡中拖出来，我们通常是感知梦见之事。此时第一眼如同在自发苏醒时一样，切中由梦工作创造的知觉内容，第二眼随后切中由外界给定的知觉内容。

较大的理论兴趣却转向在睡眠中能够唤醒人的梦。可以想想平素处处可证明的目的性并自问，为何允许梦，也就是潜意识的愿望保留威力去干扰睡眠，也就是前意识愿望的实现。这想必在于能量关系，我们缺乏对这些关系的洞见。如果我们拥有这种洞见，那我们很可能就会发现，对梦而言，听凭梦自便与耗费某种孤立的注意力构成节省能量，防止潜意识夜间会与日间一样受限制这种情况。正如经验所表明的，做梦哪怕一夜间多次打断睡眠，也依旧可以与睡眠协调一致。人苏醒一瞬间，立即再入睡。好似边睡边赶走苍蝇；人**为此**苏醒。如果人又入睡，就排除了干扰。如已知的保姆睡眠等诸如此类的已知例子所表明的，满足睡眠愿望与朝一个特定方向维持对注意力的某种耗费很好地协调一致。

此处，异议却要求得到聆听，它立足于对潜意识过程更佳的认识。我们自己把潜意识的愿望称为始终活跃。尽管如此，据说它们日间强烈得并不足以使人获悉。但如果睡眠状态存在，而潜意识的愿望表明有力量去成梦并且以梦来唤醒前意识，为何梦被人获悉之后，这种力量枯竭了呢？难道梦不会反之，持续更新，恰恰如扰人的苍蝇喜爱被驱赶后一再返回？我们有何权利声称梦排除睡眠障碍？

甚为正确的是，潜意识的愿望始终保持活跃。一定量的冲动一使用它们，它们就构成始终可行的途径。甚至成为潜意识过程一种突出特性的是，它们一直不可摧毁。在潜意识中，无物可以终结，无物消逝或者被遗忘。在研究神经症，尤其是癔症时，人们对此得到最强烈的印象。如果积聚了足够的冲动，导致发病时爆发的潜意识的思路就又可行了。三十年前发生伤害，在谋得通往潜意识情感源的通道后，它在全部这三十年间所起作用如同新近的伤害。只要勾起对它的回忆，它就又复活，表明自己有冲动投注，这种冲动在发作时谋得运动释放。恰恰心理治疗应在此介入。其任务是，为潜意识过程完成了结与遗忘。因为我们倾向之事、认为理所当然之事、宣布为时间对心灵的回忆残留物的一种原发影响之事、回忆褪色与不再新近印象的情感削弱，这其实是继发性改变，通过充满艰辛的工作而完成。正是前意识完成此项工作，**而心理治疗能选取的途径无非是让潜意识经受前意识的统治**。

对单个潜意识冲动过程而言，就有两个结局。或者它依旧放纵自己，然后它终于在某处突破，这一次让其冲动做到流入运动力。或者它遭受前意识的影响，而其冲动**受制**于前意识而非通过前意识**得到释放**。**后者却在梦过程中发生**。因为投注受意识兴奋引导，**前意识**迎合成为知觉的梦而投注，投注约束梦的潜意识冲动，使其作为干扰而无伤大雅。如果做梦者有一刻苏醒，他就确实赶走了即将威胁睡眠的苍蝇。我们现在可以预感，比起在睡眠的整段时间也控制潜意识来，确实更合乎目的、更物美价廉的是，听凭潜意识的愿望自便，对它开放通往退行的道路，以使它成梦，然后通过少量耗费前意识工作来约束并了结此梦。的确可以期待，梦哪怕原初并非合乎目的的过程，它在心灵生活的角力中也会夺取一项功能。让我们看看此功能为何物。梦承担了任务，要把潜意识得到释放的冲动再度置于前意识的统治之下；此时，它释放**潜意识**的冲动，充当潜意识的阀门，同时凭守卫活动的微小花费来保证前意识的睡眠。这样，完全如同其行列的其他心理产物，梦自己作为妥协同时服务于两个系统，只要它们相容，它就满足两者的愿望。放眼前面告知的罗伯特的“排除理论”(《梦被解释成自然必然性》，1886 年)，就会表明，在主因上、在确定梦的功能上，我们不得不认为该著作者正确，而我们在梦过程的前提与评价上与他相悖。[①] **只**

---

① （1914年补充）这是我们能够承认的梦的唯一功能吗？我不知别的。A. 梅德虽然尝试过(《论梦的功能》，1912 年)为梦要求别的“继发性”功能。他从正确的观察出发，即某些梦包含对冲突的解决尝试，这些解决尝试后来确实得到实施，也就是表现得如同守卫活动的预习。他因此把做梦与动物和儿童的游戏同等看待，应把游戏理解成与生俱来的本能的预习活动，并理解成为以后严肃行为做准备，他就提出做梦的游戏功能。在梅德前不久，也由阿尔弗雷德・阿德勒(《关于阻抗学说文集》，1911 年，第 215 页注)强调了梦的“预先思考”功能。[在一篇由我于1905 年公开的分析中(《癔症分析断片》，第二节，见研习版，第 6 卷，尤其是第 136—139 页)，一个应当作为意图来把握的梦夜夜重复直至得到实施。]

只是，稍作考虑就必定对我们说明，在解梦框架内，梦的这种“继发性”功能不应得到承认。预先思考、打定主意、草拟解决之道的尝试，这些尝试后来可能在清醒状态时得以实现，这些与许多其他事是思想的潜意识与前意识活动的成就，作为“日间残留物”继续至睡眠状态，后来可能为成梦而与一个潜意识的愿望聚合。梦的预先思考功能就不如说是前意识清醒思维的一项功能，而通过分析梦或者还有其他现象，这项功能的结果可能泄露给我们。如此长久地让梦与

要两个愿望相容，这种限制包含对可能情况的提示，在这些情况中，梦的功能归于失败。梦过程起先作为潜意识的遂愿得到允许；如果这种尝试过的遂愿强烈动摇了前意识，使得这种前意识不再能保持其平静，梦就打破了妥协，不再完成其任务的另一部分。它立即中断，被完全苏醒代替。其实，如果梦，这个平素睡眠的守护者不得不作为梦的干扰者出现，在此也并非梦的过错，它无需让我们反感其合乎目的性。这并非有机体中的唯一情况，即一个平素合乎目的的机构在其形成条件上有些变动，它就变得不合乎目的、有干扰性，于是，干扰至少服务于新目的，要显示变化并唤醒有机体的调控手段来反对之。我当然着眼于焦虑梦的情况，无论我在何处遇上这个违反遂愿理论的证人，我都避开它，为了不承认这种表象有理，我愿意至少借助简述来接近对焦虑梦的解释。

一个心理过程生发出焦虑，因而还可能是一种遂愿，对我们而言，这个心理过程早就不含有矛盾了。我们知道对自己如此解释此事件，即愿望属于一个系统——**潜意识**，而**前意识**系统摒弃并抑制此愿望。① 即使在心

其显性梦境重合之后，现在也必须谨防把梦与隐性梦意念混淆。

① （1919 年补充）“非专业人士同样会忽略第二个远为重要与深远的因素，是如下因素。一种遂愿肯定带来愉悦，但也有问题是给谁。当然给有愿望者。关于做梦者，我们却知晓，他与其愿望保持一种十分特殊的关系。他摒弃愿望，审查它们，简言之，他不喜欢它们。满足愿望不可能给他带来愉悦，而只带来愉悦的对立物。经验就表明，这种尚待解释的对立物以焦虑的形式出现。做梦者在与其梦愿望的关系上就只能等同于还是由一种强烈共性而相连的两人之和。我不再做任何进一步阐述，而是给诸位送上一则熟悉的童话，诸位会在其中重新发现相同的关系：一名善良的仙女答应一对穷人——丈夫与妻子，满足他们头三个愿望。他们快乐至极，着手细心挑选这三个愿望。妻子却被邻近小屋的烤肠香气所吸引，要这样一对小香肠。它们也飞快地在那里了；这是第一次遂愿。丈夫就生气了，恼怒中希望香肠会挂在妻子的鼻子上。这事也发生了，无法把香肠从其新的位置上拿开；这就是第二次遂愿，却是丈夫的愿望；妻子对此遂愿相当不快。诸位知道，童话中后来如何。因为两人——丈夫与妻子归根结底还是一致的，第三个愿望必定是，要香肠离开妻子的鼻子。我们还可以在其他上下文中多次使用该童话；此处，它只对我们充当对可能性的形象说明，即如果两人不相一致，一人遂愿可能导致另一人无趣。”（弗洛伊德《精神分析入门讲座》，1916—1917 年，第十四讲）

理完全健康时，**潜意识**被**前意识**征服也并非彻底的征服；这种抑制的尺度产生了我们心理正常性的程度。神经症病征对我们显示，两个系统处于彼此冲突中，它们是这种冲突的妥协结果，使冲突暂时终结。它们一方面允许**潜意识**有条出路用于释放其冲动，它们充当其门户，可另一方面给**前意识**提供可能性，在一定程度上去统治**潜意识**。富有教益的是例如考虑癔症恐惧症或者广场恐惧症的含义。据说一名神经症患者无力独自过街，我们有理由将此作为“病征”来引证。逼迫他采取他以为力所不能的行为，就会消除此病征。随后发生焦虑发作，正如街上的恐怖发作也经常成为确立广场恐惧症的诱因。这样，我们获悉，形成病症为的是防止焦虑爆发；恐惧症如同边界要塞被置于焦虑面前。

如果我们不深入情感在这些过程的作用，我们的探讨无法继续，这在此却只能是不完整的。就让我们提出定理，对**潜意识**的抑制之所以变得必要，是因为对自己放任的想象过程在**潜意识**中会生发一种情感，这种情感原本具有愉悦的特征，但自从**抑制**的过程起带有无趣的特征。压抑旨在防止产生无趣，但也成功了。压抑包括**潜意识**的想象内容，因为由想象内容可能发生摆脱无趣。关于情感生发的性质的一种完全确定的假设在此作为基础。[①] 这种情感生发被视为运动功能或者分泌功能，对此，神经支配的关键在于**潜意识**的想象。通过**前意识**的统治，这些想象仿佛被堵塞，在发送生发情感的冲动上受阻。如果**前意识**方面停止投注，危险就在于，潜意识冲动摆脱此类情感，这种情感——由于先前发生的压抑——只能作为无趣、作为焦虑被感觉到。

这种危险由于听凭梦过程而引起。这种危险成为现实的条件在于出现了压抑，受压抑的愿望冲动能够变得足够强烈。它们就完全处于成梦的心

① 关于此假设参见前面。

理框架之外。如果不是我们的主题因这一个因素、睡眠期间摆脱**潜意识**而与焦虑生发这个主题相关，我可能放弃谈论焦虑梦，在此使自己免除所有与之相连的模糊之处。

正如我重复宣布过的，焦虑梦的学说属于神经症心理学。我们指明其与梦过程主题的触点之后，与它再无瓜葛。我只能再做一件事。因为我声称过，神经症焦虑出自性来源，我可以让焦虑梦经受分析，以证明其梦意念中的性材料。[①] 出于充分的理由，我在此放弃神经症患者给我大量提供的所有例子，而偏爱年轻人的焦虑梦。

几十年来，我本人再没做过真正的焦虑梦。我回忆起七八岁时的这样一个梦，大约三十年后让它接受解梦。它相当生动，对我显示**所爱的母亲带着安睡得独特的面部表情，由两（或三）有鸟喙的人抬入房间，放到床上**。我哭喊着苏醒，干扰了父母的睡眠。装饰独特——带有鸟喙的过长形象，我取自**菲利普松**[②] 圣经的插图；[③] 我相信，那是一处埃及墓雕里带有雀鹰头的诸神。此外，分析却提供给我对一个没教养的房屋管理员小子的回忆，他惯常跟我们这些孩子在房前草地上玩耍；而我想说，他叫**菲利普。**[④] 于是我觉得我从那个男孩那里先听来了指性交的粗话，有教养者只有用一个拉丁词——用“coitieren”来代替它，通过选择雀鹰头却足够清晰地表明了这句粗话。我想必从那个见多识广的师傅的表情上猜出了此词的性意味。母亲在梦中的面部表情是从外公的神情上复制来的，他死前几天，我看见他在昏迷中打鼾。对梦中继发性整合的解释想必就是，**母亲**死了，连墓雕

---

① 在如下的观察中，有一些鉴于弗洛伊德后来对焦虑的见解而必须得到修正。

② Philippson——译注

③ 以色列圣经、希伯来语和德语的旧约版本，莱比锡 1839—1854 年（1858 年第 2 版）。摩西五经第 4 章中一处脚注中包含埃及神祇的木刻，其中一些有鸟首。

④ Philipp。——译注

也与此相称。在这种焦虑中，我苏醒了，一直不肯罢休，直到唤醒父母。我忆起，我看见母亲时，突然安静下来，似乎我需要安静：那她就没死。这种继发性解梦却早在生发出的焦虑的影响下发生了。并非因为我梦见母亲死去而害怕，而是我在前意识整合中如此解梦，是因为我已经处于焦虑的统治之下。焦虑却可以借助抑制而回溯至模糊的、明显是性方面的欲望，在梦的视觉内容中得到良好的表达。

一名27岁的男子一年来严重受苦，反复梦见11岁与13岁之间处于严重的焦虑之下，**一名男子拿着斧子紧追他；他想跑，却如同麻痹一样，动不了**。这大概是相当普通的，在性方面无可怀疑的焦虑梦的一个良好范本。分析时，做梦者起先想起从时间上来看是他叔父后来的讲述，说后者在街上被一个可疑的个体夜袭，他本人从此闪念推断，他做梦时可能听说了一段类似的经历。关于**斧子**，他忆起，他那时有一次用**斧子**劈柴时伤了手。他后来直接想起与其弟的关系，他惯常虐待并摔倒弟弟，他尤其记得有一次，他用靴子踢中弟弟的头，弟弟流血了，母亲于是表示：我怕他还会杀了他。在他这样显得拘执于**暴行**这个主题时，突然出自9岁的回忆对他冒了出来。父母回家晚了，在他装睡时，他们上了床，而他就听见一阵喘息和其他声响，让他觉得不可名状，他也可以猜出双亲在床上的姿势。他进一步的意念表明，他在父母的这种关系和他与弟弟的关系之间建立了一种类比。他把父母那里发生之事归入**暴行**与**扭打**的概念之下。对他来说，这种见解的证据是他经常发觉**母亲床上的血迹**。

成人性交让发觉此事的儿童觉得不可名状，在他们身上激起焦虑，我想说，是日常经验的结果。我为这种焦虑给出解释，事关性冲动，对其的理解没有解决之，也大概因此而遭遇拒绝，因为父母纠缠于其中，它因而变为焦虑。正如我们听说过的，在一个更早的生活阶段，对父母当中异性一方的性冲动尚未遭遇压抑而且自由表现。

我会把同一种解释毫无疑虑地用到在儿童身上如此频繁地伴有幻觉的夜间恐怖发作（**夜惊**）。也可能在那里只涉及未得到理解与遭拒绝的性冲动，如果把它记录下来，也很可能会表明时间上的周期性，因为既可能通过偶然激发的印象也可能通过自发的、阵发性出现的发展过程而产生性的力比多的加剧。

我缺乏所需的观察材料来做此解释。[①] 而儿科医生似乎缺乏那种视点，它只允许既朝躯体方面也朝心理方面理解整个系列现象。因医学神话而障眼，可能会与对此类病例的理解近在咫尺而失之交臂，作为这么个滑稽的例子，我想引用我在德巴克关于**夜惊**的命题中发现的病例。

一名体弱的十三岁男童开始变得害怕、沉溺于梦幻，其睡眠变得不安，几乎每周一次被伴有幻觉的严重焦虑发作而打断。对这些梦的回忆始终相当清晰。他能够讲述，魔鬼冲他大喊：现在我们抓到你了，现在我们抓到你了，于是闻起来像沥青与硫黄，火就烧焦了他的皮肤。他就从此梦惊起，起先喊不出来，直至放声，人家听见他清晰地说："不，不，别抓我，我的确什么都没干。"或者还有："求求你们，别，我再也不做了。"有几次，他也说："阿尔贝没干。"他后来避免脱衣，"因为只要他脱了衣服，火就攫住他"。这些魔鬼梦将他的健康置于危险之中，他被打发下乡，脱离这些梦，一年半期间在那里休养，后来，十五岁时，他有一次承认：**"我不敢承认，但我不断觉得局部刺痒与过度兴奋，最终，我对自己厌倦得几次想把自己从寝室窗户里扔出去。"**

不难猜出：（1）男童早年手淫，很可能否认之，被威胁因其恶习而受重罚。他表白：**我再也不想干了**；他否认：**阿尔贝从来不干**。（2）在青春期的冲击下，手淫的诱惑在生殖器的痒感中复苏。（3）但现在一场压抑之

① （1919 年补充）此后由精神分析文献大规模提供这种材料。

战在他身上爆发，它压抑力比多，将其转为焦虑，这种焦虑事后吸收了当时威胁要处以的惩罚。

与此相反，让我们听听我们这个著作者的推论吧：

（1）青春期的影响在一名体弱男童的身上可能招致严重虚弱的状况，此时可能导致**相当显著的脑缺血。**

（2）这种脑贫血产生一种性格变化，魔附幻觉与相当厉害的夜间或许还有日间的焦虑状况。

（3）男童的魔附妄想与自责追溯至在孩提时对他起作用的宗教教育的影响。

（4）由于在乡间逗留较长时间，通过身体锻炼与青春期过后精力的恢复，所有现象都消失了。

（5）或许可以认为遗传与父亲旧有的梅毒对在孩子身上形成脑部状况有素质敏感影响。”

结语：**“我们将此病例归入虚弱不发热谵妄档案，因为我们把此症状与大脑局部缺血挂钩。”**

戊　初级过程与次级过程：压抑

我敢于尝试深入梦过程心理学，就承担了一项艰难的任务，连我的阐述才能也几乎不能胜任此任务。要通过一种描写时的相继来再现如此错综复杂的关联的同时性。同时，在每次立论上要显得无前提，这对我的力量而言太难了。我在阐述梦心理学时无法遵循我的观点的历史沿革，这就是对我的报复。前面关于神经症心理学的文章给我提供了视点来把握梦，我在此不该引证这些文章，却不得不一再引证，而我想在反方向上行事并且由梦达致与神经症心理学的衔接。我了解由此对读者所产生的所有不适；

但我不知道用何种手段来避免。

不满足于此事态，我愿意盘桓于另一视点，它似乎抬升我的努力的价值。我发现一个主题，它被著作者们意见中的最尖锐矛盾所支配，正如第一节中的引言所表明的那样。我们处理了梦问题之后，为这些矛盾的多数创造了空间。说梦是无意义的过程与躯体过程，我们自己只有对表达出来的这两种观点不得不坚决反驳；除此之外，我们却可以在棘手的上下文的某一处承认所有彼此矛盾的意见有道理并且能够证明它们找出了正确之处。通过揭示隐蔽的**梦意念**，证明为很普遍的是，梦延续清醒状态的冲动与兴趣。梦意念只忙于让我们觉得重要并让我们极感兴趣之事——梦从不纠缠于小事。但我们也承认对立观点，即梦拾起日间无关紧要的琐事而无法攫取巨大的日间兴趣，直至这种兴趣在一定程度上摆脱清醒工作。我们发现这适用于**梦境**，后者对梦意念给予因变形而改变的表达。我们说过，梦过程出于联想机理的原因更容易夺取新鲜或者无关紧要的想象材料，后者尚未被清醒的思维活动配上护片，而出于审查的原因，梦过程把心理强度由意味深长之事，还有有失体统之事移情到无关紧要之事上。梦的记忆增强与对童年材料的支配成为我们学说的支柱；在我们的梦理论中，我们把成梦不可或缺的动力作用记在源自幼儿期的愿望名下。我们当然想不起来要怀疑实验证明的睡眠期间外部感官刺激的意义，但我们把该材料置于与梦愿望相同的关系中，如同日间工作余下的意念残留物。我们无需争辩，梦按错觉方式解释客观感官刺激；但我们补充了由著作者们使之保持不确定的这种解释的动机。就这样实行解释，即被感知到的客体对睡眠障碍变得无伤大雅，可用于遂愿。似乎由特朗布尔·莱德(《视觉梦心理学文集》，1892 年）证明了睡眠期间感官的主观冲动状态，我们虽然不承认它为特殊的梦来源，却懂得通过回归性地复活在梦后面起作用的回忆来解释。在我们的见解中，也给很喜欢被取作解梦枢纽的内部感官感觉留有一种哪怕较微小的角色。它们下落、飘浮、受阻的感觉对我们构成随时准备好的材料，一有必要，梦的工作为了表达梦意念就使用此材料。

梦过程是迅速、瞬间的过程，就通过意识感知预先形成的梦境而言，我们觉得这是正确的；就梦过程的前面部分而言，我们很可能发现了一个缓慢、起伏的过程。对过于丰富、在最短瞬间被压缩的梦境这个谜团，我们做了贡献，即此时事关抓住已经完成的心理生活产物。梦被回忆变形并肢解，我们觉得确实但无妨，因为这只是由成梦开始就起作用的变形工作最后的显性部分。心灵生活夜间是睡眠还是如同在日间一样支配其所有能力，在这种激烈而表面上无法和解的争执中，我们可以认为双方均有理，却无法认为任何一方完全在理。在梦意念中，我们发现一种极其错综复杂、用心灵结构几乎所有手段工作的智力功能的证据；不过，不可否认，这些梦意念于日间产生，必然要假设心灵生活存在一种睡眠状态。这样，甚至关于局部睡眠的学说也发挥作用；但我们发现睡眠状态的特征并非在于心灵关联的瓦解，而在于日间主导的心理系统迎合要睡眠的愿望。对我们的见解而言，被外界分心也保持其意义；哪怕不是作为唯一的因素，它也帮助促成梦表现的回归。放弃对想象过程的任意驾驭无可争辩；但心理生活并不因此变得无目标，因为我们听说，放弃所希望的目标想象之后，非人所愿的目的想象获得统治权。我们不仅承认梦中松散的联想联系，而且给其统治权分配了比能够预感的大得多的范围；我们却发现，对正确与富有意义的另外一种联想联系而言，它只是强求来的替代物。当然，我们也称梦为荒诞；但例子能够教会我们，梦假装荒诞时，它有多聪明。没有什么矛盾把我们与赋予梦的功能分开。梦像阀门一样给心灵减负，根据罗伯特的表达（《梦被解释成自然必然性》，1886 年，第 10 页以下），通过梦中想象而使各种有害之事无害，这些不仅与我们关于通过梦有两重遂愿的学说严丝合缝，而且对我们来说，甚至按其原话比在罗伯特那里更易懂。心灵在其诸能力的角力中自由行动，在我们这里重现于通过前意识活动听凭梦自便。“梦中回归心灵生活的胚胎位置”与哈夫洛克·霭理士的评语（《成梦的材料》，1899 年，第 721 页）——梦是“**具有大量情感与不完整思想的一个无序世界**”，让我们觉得是对我们那些阐述的完满抢先，那些阐述让**原始的**、日间受抑制的工作方式参与成梦；萨利（《作为革命的梦》，1893 年，第 362 页）断言，“梦送回了我们先前继时性发展的个性、我们看待事物的旧方式、我们长久之前掌握过的冲动与反应方式”，我们可以使此论断全盘成为我们的；[①] 正如在德拉热处一样，在我们这里，“**受抑制之事**”成为做梦的动力。

我们全盘承认舍尔纳（《梦的寿命》，1861 年）记在梦幻想名下的作用与舍尔纳本人的解释，但必须仿佛给它们指定问题中的另一处。并非梦构成幻想，而是潜意识幻想活动对梦意念的形成起到最大作用。我们依旧应当感激舍尔纳指明梦意念的来源；但他记在梦工作名下的几乎一切均应算作日间活跃的潜意识的活动，这种活动对梦产生的刺激不亚于对神经症病征的刺激。我们必须把梦工作与作为截然不同之事、远为受限之事的这种活动隔离。最终，我们绝没有放弃梦与心灵障碍的关系，而是更坚实地给它奠定新的基础。

我们梦学说的新颖之处就在于，它形成了一种更高统一的整体，我们就发现著作者们迥异、最为矛盾的结果嵌入我们的体系中，某些结果转向别处，只有少数被全盘摒弃。但连我们的结构也尚未完成。除了我们因深入心理学内幕而招致许多不明晰之处外，似乎还有一种新的矛盾使我们压

---

① 该句从“萨利断言”直至“成为我们的”部分于 1914 年补充。

抑。我们一方面通过完全正常的精神工作让梦意念形成，另一方面却在梦意念中并且由它们到梦境处发现了一系列极不正常的思维过程，于是我们在解梦时重复这些思维过程。我们称为“梦工作”的一切，似乎远离作为正确而为我们所知晓的过程，使得著作者们对做梦低下的心理效能最严厉的判断也必定会让我们觉得是恰当的。

在此，我们或许只有通过再进一步深入才会做到澄清与补救。我想举出导致成梦的一种情况：

我们获悉，梦代替了一定数量的意念，后者源自我们的日间生活并且完全符合逻辑地得到接合。我们因此不能怀疑，这些意念源自我们正常的精神生活。我们高度评价我们思路的特性，通过所有这些特性，我们的思路表明自己是具有高度秩序的错综复杂的效能，我们在梦意念上找回这些特性。但不必假设，睡眠期间完成这种意念工作，这会严重动摇我们迄今为止固守的对心理睡眠状态的想象。这些意念不如说很可能源自日间，从起意开始，未被我们的意识发觉，它们就延续下来，后来在入睡时以完形而存在。如果要我们从此事态中推断什么，那至多是证明，**没有意识的协作，可能有最错综复杂的思维效能**，我们反正从对癔症病人或者具有强迫观念者的精神分析中必定会获悉此事。这些梦意念本身想必没有意识能力；如果它们日间没有被我们意识到，这可能有若干缘由。意识到什么，这与一项特定心理功能、注意力的专注相关，注意力似乎只在特定数量上使用，可能由其他目标从相关思路上引开。[①] 如何可能对意识隐瞒此类思路，另一种方式如下：我们由我们有意识的深思而得知，我们在运用注意力时谋求一条特定的途径。如果我们在此途径中遇上经不起批评的一种想象，那我们就中止，我们放弃注意力投注。似乎开了头又被抛弃的思路如果不在

① “注意力”这一概念在弗洛伊德后来的著作中不起中心作用，而它在他的《心理学提纲》（弗洛伊德，1950 年）中占据突出位置。

一处达到特别高的强度强求注意力，注意力不再专注于它，它就能够继续编织。一个思维过程不被意识发觉而延续至入睡，原因可能是经判断认为不恰当或者不适用于思维行动的当前目的，开头大约有意识地由判断来摒弃。

让我们总结一下，我们把这样一种思路称为**前意识的**思路，认为它完全正确，它既可能是单纯被忽略的，也可能是中止的、被压抑的思路。让我们也坦率地说出来，我们以何方式对自己形象地说明想象过程。我们相信，由一种目标想象出发，我们称为“投注能量”的某个冲动量沿着由此目标想象选择的联想途径被移置。一条“被忽略的”思路没有得到这样一种投注；这样一种投注又被从一条“被压抑的”或者“被摒弃的”思路撤回；两者均听凭自己的冲动。在某些条件下，有目标投注的思路能够把意识的注意力吸引到自己身上，于是通过意识的中介得到“过度投注”。我们稍后将不得不阐明我们关于意识的性质与效能的假设。

如此在前意识中冲动的思路可能自发消散或者自己保存下来。我们这样想象前一个结局，其能量朝着由其出发的各个联想方向扩散，把整个意念链置于一种冲动状态中，此状态持续一阵子，随后却渐渐消退，需要释放的冲动变成平静的投注。如果出现这第一种结局，则该过程对成梦再无意义。但在我们的前意识中潜伏着其他目标想象，源自我们潜意识的、始终活动的愿望。这些目标想象能够夺取对自己放任的意念范围中的冲动，在这个意念范围与潜意识的愿望之间建立联系，把潜意识愿望特有的能量**移情**到该意念范围，从现在起，被忽略或者压抑的思路能够自我保存，尽管它因这种增强而无权要求得到通往意识的通道。我们可以说，迄今为止前意识的思路被**拉入潜意识中**。

其他导致成梦的情况会是，前意识的思路从一开始与潜意识的愿望相连，因此遭遇占统治地位的目标投注的拒绝，或者一种潜意识愿望出于其他（如躯体的）缘故变得活跃，得不到迎合地寻求移情至**前意识**未投注的心理残留物上。全部三种情况最终在一个结果上重合，即在前意识中形成一条思路，它被前意识投注抛弃，从潜意识愿望得到投注。

由此开始，思路遭受一系列变迁，我们不再承认这些变迁为正常的心理过程，它们产生一个令我们诧异的结果、一种心理病理学产物。我们想突出并排列这些变迁：

各种想象的强度按其总量变得能够释放，从一种想象过渡到另一种，构成具有巨大强度的各种想象。此过程多次重复，一整条思路的强度最终集聚于一个唯一的想象要素上。这是我们在梦工作期间了解到的**压缩**或者**凝缩**这种事实。它对梦令人诧异的印象负主要责任，因为我们全然不知晓有什么与它类似之事出自正常的、意识可通达的心灵生活。我们在此也有想象，它们作为整个意念链的结点或者最终结果具有巨大的心理意义，但这种价值没有表现在任何就内心知觉而言**显著**的特征上；因此，在内心知觉之中得到想象之事不会以任何方式变得更强。在压缩过程中，所有心理关联变成想象内容的**强度**。这是同一种情况，仿佛我在一本书中让人疏排一个词或者印成粗体，我为了把握文章而赋予该词以一种突出价值。在讲话时，我会大声而缓慢地说同一个词并着力强调。前一个比喻直接导致从梦工作中借用的例子（在给伊尔玛注射的梦中的三**甲胺**）。艺术史家提醒我们注意，最古老的历史雕塑遵循一种相似的原则，它们通过塑像大小来表达所表现者的级别大小。国王被塑造成其随从或者手下败将的两三倍大。为了相同目的，出自罗马时代的图画作品使用更精细的手段。会把皇帝这个人物置于中间，显示他高高在上，特别细致地全面塑造其形象，把敌人置于其脚下，但不再让他显得是侏儒中的巨人。而在我们中间，下属在其上司面前鞠躬如今仍是那种古老表现原则的余响。

一方面通过梦意念正确的前意识关系，另一方面通过潜意识中视觉回忆的吸引力，确定梦的工作朝此进展的方向。压缩工作的成果取得突破知觉系统所需的那些强度。

又通过强度的可移情性并服务于压缩而构成**中间想象**，仿佛是妥协（参见众多例子）。同样，正常想象过程中有些闻所未闻之事，在此想象过程中，主要取决于选择并坚持“正确的”想象要素。而如果我们为前意识的意念寻找语言表达，就极其频繁地产生混合产物与妥协产物，并且会被列举为“口误”的种类。

想象将其强度相互移情，这些想象处于**最松散的关系**中，通过这些种类的联想而相连，这些联想被我们思维鄙弃，只听任诙谐效果来充分利用。尤其是同音联想与原文联想被视为与其他的联想等值。

相互矛盾的意念不追求彼此抵消，而是并存，经常**似乎没有矛盾**存在，而组成压缩产物或者构成妥协，我们绝不会原谅我们的思维有这些妥协，在我们的行动中却经常称好。

这会是一些最瞩目的变态过程，在梦工作过程中，先前合理构成的梦意念经受这些过程。人家断定这些过程的主要特征是，最重视使投注的能量活动起来并且**能够释放**；这些投注所附着的心理要素的内容与自身意义变成次要之事。人家还可以认为，如果事关把意念转成图景，则只为服务于退行而发生压缩与妥协。不过，分析——更清晰地说是综合——缺乏退行至图景的此类梦，例如“Autodidasker——与 N 教授谈话”这个梦，得出与其他的梦相同的移置过程与压缩过程。

所以，我们就不能隐瞒这种认识，即有两种本质迥异的心理过程参与成梦：其一创造完全正确、与正常思维等值的梦意念；另一过程以极其令人诧异、不正确的方式处理梦意念。我们已经在第六节（章）中把后一个过程作为真正的梦工作分离出来。我们现在为了推导这后一个心理过程究竟要提出什么呢？

如果我们不对神经症，尤其是癔症心理学深入一步，在此就无法给出答案。我们从这种心理学中却获悉，相同的不当心理过程——还有其他未列举的——控制了癔症病征的确立。即使在癔症上，我们起先也发现一系列完全恰当、与我们有意识的意念完全等值的意念，我们却无法得知这些意念以此形式存在，事后才重建这些意念。如果它们在某处渗透至我们的知觉，那我们从对所形成的病征的分析中看出，这些正常意念遭受了不正常的对待，**借助压缩，形成妥协，通过表面联想，在掩盖矛盾的情况下，可能以退行的途径被转入病征**。如果梦工作的特性与呈现出精神神经病的病征的那种心理活动的特性完全一致，我们认为有权把癔症病迫使我们得出的结论移到梦上。

我们从关于癔症的学说中得出这样的定律，**只有为把一个源自幼儿期并处于压抑中的潜意识的愿望移情而形成一条正常思路，才会出现对正常思路的此类不正常心理处理**。为了该定律，我们让梦的理论基于此假设，即驱动性的梦愿望每次均源自潜意识，我们自己承认，这点即使无法反驳，它也无法得到普遍证明。但为了能说什么是我们已经如此频繁玩弄其名称的“**压抑**”，我们必须在我们的心理学架构上再建一部分。

我们埋头于虚构一个原始的心理结构，对其工作的调控是力求避免冲动集聚并尽可能保持无冲动。因而该结构根据反射结构的图式而建；运动力、首先是通往身体内部变化的途径是供该结构支配的释放道路。我们于是探讨一次满足经历的心理后果，同时本已能够插入第二个假设，即冲动的集聚——根据某些不让我们担心的形态——被感受为无趣，使该结构活动起来，以再度招致满足经历，遇有此经历时，冲动的减少被感觉为愉悦。这样一种从无趣出发、旨在愉悦的结构中的涌动，我们称为愿望；我们说过，除了一种愿望，没有什么能够使该结构运动起来，而通过对愉悦与无趣的知觉会自动调控该结构中冲动的过程。最初的小愿望可能是满足回忆的一种幻觉投注。但如果这种幻觉不会坚持到衰竭，它却被证明没能耐引起终止需求，也就是与满足相连的愉悦。

这样，第二项活动——用我们的表达方式是第二个系统的活动——就变得有必要了，它不允许回忆投注深入知觉并由彼处结合心理力量，而是把由需求刺激发出的冲动引导到一条弯路上，这条弯路最终通过任意的运动力改变了外界，使得对满足客体的实际知觉可能出现。我们遵循心理结构的图式已经至此地步；两个系统是我们作为**潜意识**与**前意识**投入完全成型的结构之物的萌芽。

为了能够合乎目的地通过运动力改变外界，需要积聚回忆系统中大量经验并多样化地固着由不同目标想象在此回忆材料中所造成的关系。我们就在我们的假设中继续前行。第二系统中多重摸索的、发出投注并再度开始的活动一方面需要自由支配一切回忆材料；另一方面，如果它把巨大的投注数量送到各条思路上，这些思路就会不合乎目的地流走并减少改变外界所需的数量，那就会是多余的花费。为了合乎目的，我就假定，第二系统成功地让能量投注较大部分保持平静，只把较小部分用于移置。我完全不熟悉这些过程的机理；有谁想认真对待这些想象，就必须找出物理类比性，开辟形象说明遇有神经元冲动时运动过程的途径。我只坚持此想象，即第一个 Φ 系统专注于**冲动量自由流出**，而第二个系统通过由它发出的投注导致对此流出的**抑制**变成平静的投注，大概在提高水平的情况下。我就假设，在第二个系统的统治下，冲动过程所衔接的机理状况完全不同于在第一个系统的统治下。如果第二个系统结束其试验性思维工作，则它也取消了对冲动的抑制与郁积，让这些冲动流走，通往运动力。

如果着眼于经由第二系统的这种流走抑制与经由无趣原则[①]调控的关系，就产生有趣的思路。让我们寻找初始满足经历的对立物——**外部惊吓经历**。假设某种知觉刺激影响原始结构，成为疼痛刺激的来源。于是会长久出现无序运动表现，直至这些表现之一摆脱知觉结构并同时摆脱疼痛，而这一表现会在知觉再度出现时立即得到重复（例如作为逃避），直至知觉再度消失。但此处不会余下那种倾向，要幻觉般地或者以其他方式再度投注对疼痛源的知觉。不如说，在初始结构中存在那种倾向，如果这种难堪的回忆像以某种方式被唤醒，就要再度立即离开它，因为的确其冲动溢出到知觉会导致（更确切地说是“开始导致”）无趣。回忆只是重复对知觉曾经的逃避，由此会方便避开回忆，即回忆不像知觉具有足够的质量来激发意识并由此吸引新的投注。心理过程这种毫不费力、经常发生的避开对以前难堪之事的回忆，给我们提供了**心理压抑**的样板与首个例子。众所周知，这种避开难堪之事（鸵鸟策略）有多少还可资证明地留存在成人的正常心灵生活中。

依照无趣原则，首个 Φ 系统就根本无力把不快之事拖入思维关联。该系统能做的无非是希望。如果依旧如此，第二个系统的思维工作就受阻，该系统需要支配所有在经验中记录下来的回忆。现在就开辟了两条道路；或者第二个系统的工作完全脱离无趣原则，继续其道路，而不关心回忆无趣；或者它懂得以此方式投注无趣回忆，即此时避免免除无趣。我们可以驳回第一种可能性，因为无趣原则也被证明是第二个系统冲动过程的调控者；这样，我们就被指点到第二种可能性，即该系统如此投注一种回忆，阻止从回忆中释放，也就是连与运动神经支配可比的流走也用来生发无趣。投注通过第二个系统同时构成对释放冲动的抑制，我们就从两个联系点上

① 在后来的著作中，弗洛伊德把此因素说成“愉悦原则”。

被引向此假设，从顾及无趣原则并（如同在前一段所阐述的）从最小的神经支配花费原则上。但让我们坚持——这是压抑学说的关键，**第二个系统只有能够抑制由一种想象发出的无趣生发时，才能投注想象**。有什么也许会摆脱这种抑制，即使对第二个系统而言也依旧难以企及，依照无趣原则会被即刻抛弃。对无趣的抑制却无须完整；必须允许开始抑制，因为对第二个系统显示出来的是回忆的天性，大约还有回忆对思维所寻求的目的而言，回忆缺乏资质。

我现在把只有第一个系统所允许的心理过程称为**初级过程**；把在抑制第二个系统情况下产生的过程称为**次级过程**。[①] 我还能在另一点上指明，第二个系统为何目的而不得不纠正初级过程。初级过程追求释放冲动，以凭借如此积聚的冲动值来建立（与满足经历的）**知觉一致**；次级过程抛弃了这种意图，取而代之吸收另一意图，要取得**思维一致**。整个思维只是从被当作目标想象的满足回忆到对同一回忆做相同投注的歧路，要通过运动经验再度达到此回忆。思维必定对想象之间的联系途径感兴趣，而不为这些想象的强度所动。但清楚的是，对想象、中间产物与妥协产物的压缩有碍于达到这种一致目标；它们用一种想象代替另一种，使之脱离本该从前一种想象继续的道路。在次级思维中就小心避免此类过程。也不难看出，无趣原则也给思维过程在谋求思维一致上设置了障碍，无趣原则平素给思维过程提供最重要的支撑点。思维的趋势必定就是，越来越多地摆脱经由无趣原则的单独调控并把经由思维工作的情感生发限于还可用作信号的最

---

① 初级与次级系统之间的区分与心理在它们中以不同方式起作用的这种假设，均属于弗洛伊德最重要的基本假设。与它们（如前面和下一段开头说明的）相连的是此假设，即心理能量以两种形式出现：作为“自由的”与“活动的”（如在潜意识系统中）和作为“受约束的”或者“静止的”能量（如在前意识系统中）。无论弗洛伊德在其后来的著作中在何处探讨该主题（例如在《潜意识》一文中，1915 年，第五节末尾；还有在《远离愉悦原则》中，1920 年，第四章），他都把这后一种区分记在布洛伊尔在他们合著的《关于癔症的研究》（1895 年）中的特定思路名下。

低值。[①] 通过意识所传递的重新过度投注，要取得效能的这种精致化。我们却知道，这种精致化甚至在正常的心灵生活中难得完全成功，我们的思维依旧可经由无趣原则干涉而受歪曲。

但并非这是我们心灵结构的机能健全上的缺陷，由于此缺陷，呈现为次级思维工作结果的意念沉溺于初级心理过程，借助这种表达方式，我们现在能够描写导致梦并导致癔症病征的工作。这种不足的情况因出自我们发展史的两个因素重合而产生，其一完全归于心灵结构并对两个系统的关系施加决定性的影响，另一因素以变易不定的数量发挥作用并把来源于器官的内驱力引入心灵生活。两者源自孩童生活，是那种变化的反映，我们的心灵与躯体机体自幼儿期起经历了那种变化。

如果我把心灵结构中的心理过程称为**初级**过程，那我这么做并不只顾及等级与效能，也可能让时间状况在命名时参与意见。虽然据我们所知，不存在只拥有初级过程的一种心理结构，就此而言是一种理论虚构；但这点是确实的，即这种心理结构中的初级过程从一开始就给定了，而次级过程在生命过程中才逐渐形成，它们抑制初级过程并与之重叠，或许在生命高峰时才达到对初级过程完全的统治。由于次级过程这种晚到，我们本质的核心由潜意识的愿望冲动构成，对前意识而言，它依旧不可把握、不可抑制，前意识的作用永远限于给源自潜意识的愿望冲动指定最合乎目的的途径。对所有较晚的心灵追求而言，这些潜意识的愿望构成一种强迫，它们必须服从这种强迫，例如它们可以努力推导这种强迫并引导到更高的目标上。由于这种迟到，对前意识投注而言，大片回忆材料领域依旧难以企及。

---

① 最小无趣量用作“信号”，以防止更大的无趣，弗洛伊德几年后重拾这个意念并用于焦虑问题。参见《抑制、病征与焦虑》（1926 年，第六章，甲节，研习版，第 6 卷，第 298 页以下）。

在这些源自幼儿期、不可摧毁、不可抑制的愿望冲动中，也有这类愿望冲动，满足它们就进入与次级思维的目标想象的矛盾关系中。满足这些愿望不再会导致愉悦情感，而是会导致无趣情感，**而就是这种情感变迁构成我们称为“压抑”之事的本质**。以何途径、通过哪些内驱力可能发生这样一种变迁，我们在此只消触及的压抑问题就在于此。[①] 在发展过程中出现这样一种情感变迁（只要想想孩童生活中出现起初缺少的厌恶），它与次级系统的活动相连，坚持这点对我们来说就足够了。潜意识愿望由那些回忆出发导致情感免除，对**前意识**而言，那些回忆从未可企及；因而也不能抑制那些回忆的情感免除。就因为这种情感生发，这些想象现在也不能由前意识的意念来企及，这些想象将其愿望力量移情到了潜意识意念上。不如说，无趣原则生效并促使前意识避开这些移情意念。这些移情意念会放任自己、“受压抑”，这样，存在一种幼儿期的、从一开始就脱离**前意识**的回忆宝藏就成为压抑的前提条件。

在最有利的情况下，一取消对**前意识**中的移情意念所作投注，无趣生发就终止，而这种成果标志着无趣原则的介入是合乎目的的。但如果受压抑的潜意识愿望得到一种器质性增强，它能够赋予其移情意念以这种器质性增加，它由此可以使移情意念有能力以它们的冲动去尝试突破，即使它们被**前意识**的投注所抛弃，情况就会不同。于是发生防御战，前意识增强针对受压抑意念的对立物（反投注[②]），进一步导致移情意念以经由形成病征的某种妥协形式来突破，这些移情意念是潜意识愿望的载体。但从受压抑的意念被潜意识愿望冲动强力投注、而被前意识投注抛弃那一瞬间起，它们就受制于初级心理过程，它们只是旨在运动释放，或者，如果道路通

---

① 该主题此后在弗洛伊德《压抑》（1915 年）一文中得到的论述详细得多；他后来对此的观点见于《讲座新序列》第 32 讲（1933 年，研习版，第 1 卷，第 519—529 页）

② 此词于 1919 年补充。

畅，它们就旨在幻觉般地活跃所希望的知觉一致。我们先前凭经验发现，所描写的不当过程只演示处于压抑中的意念。我们现在把握此关联的又一部分。这些不当过程是心理结构中的**初级**过程；它们到处出现在想象被前意识的投注抛弃，放任自己并能够以来自潜意识的未受抑制的、追求释放的能量来自我实现之处。一些其他观察补充进来，它们支持这种见解，即这些被称为不当的过程并非确是对正常过程的歪曲、思维错误，而是摆脱了抑制的心理结构的工作方式。这样，我们就看见，前意识的冲动转到运动力上按照相同的过程而发生，前意识的想象与话语的联系容易表明相同的、记在漫不经心名下的移置与混杂。最后，在抑制这些初级进展方式时必然增加工作，这种工作增加的证明可能由此事实而产生，即**如果我们让思维的这些进展方式深入意识**，我们就取得一种**滑稽**效果，应通过**笑**来释放的过剩。①

精神神经症的理论以排他的可靠性声称，只可能有出自幼儿期的性愿望冲动，它们在童年发展期遭受了压抑（情感变迁），在后来的发展期中于是能够更新，无论是由于的确原初的双性恋所形成的性素质，还是由于性生活的不利影响，这样就产生适用于所有精神神经症病征形成的内驱力。②只有通过引入这些性力量，才能排除压抑理论中尚可揭示的漏洞。我想搁置是否可以就梦的理论而提出性与幼儿期的要求；我让梦的理论在此未完成，因为我已经通过梦愿望每次源自潜意识这一假设进一步超越了可证之事。③我也不想进一步探究，成梦时与形成癔症病征时心理力量角力的差

---

① 该思路在论诙谐的书（《诙谐及其与潜意识的关系》，1905 年）第五章中得到详细论述。参见研习版，第 4 卷，尤其是第 138—142 页。

② 弗洛伊德在其《性学三论》（1905 年）中进一步完善这一句的主题。

③ 此处就像在别处一样有我有意保留的论述主题时的漏洞，因为填补漏洞一方面会需要巨大的花费，另一方面会需要倚仗对梦而言陌生的材料。所以，我就比如避免说明，我用来与“受压抑”一词相连的意义是否不同于与“潜抑”一词相连的意义。不过，可能变得清晰的是，后

异何在；对此，我们的确缺乏对应于比较的诸环节中一环的更详细的认识。但我注重另一点并且先发表声明，我只是因为这点才在此记下关于两个心理系统、其工作方式与压抑的所有探讨。因为现在关键并非我对所说的心理学状况做过近乎正确的把握，或者像在如此困难事物上很可能的那样，做了走样的、有缺陷的把握。无论对心理审查、对恰当与不正常处理梦境的解释可能怎么变化，依旧有效的是，此类过程在成梦时起作用，它们在本质上表现出与在癔症病征形成时识别出的过程最大的类比性。梦就不是病理现象；它不以心理平衡的障碍为前提；它没有留下对效能的削弱。我的梦与我的神经症患者的梦无法推断出健康人的梦，这种异议大概可以不作评价地驳回。如果我们因此从现象推断其内驱力，那我们会认识到，并非通过攫住心灵生活的病态障碍才创造出神经症所利用的心理机制，而是在心灵结构的正常构造中准备好了。两个心理系统、它们之间的过渡审查、一项活动由另一项抑制并重叠、两者与意识的关系——或者有什么可能取而代之得出对实际状况较为正确的解释；这一切均属于我们心灵工具的正常构造，而梦给我们指出通往认识这同一种构造的途径之一。如果我们愿意满足于最小值的完全得到保障的认识增长，那我们会说，梦对我们证明，

者比前者更强调对潜意识的归属性。我未深入明摆着的那个问题，即为何梦意念在此情况下也遭受审查的歪曲，即梦意念放弃进行性延续至意识，而选择退行之路，还有更多诸如此类的放弃。我觉得关键是，要唤醒对那些问题的印象，对梦工作的解剖导致这些问题，还要提及其他主题，这一问题与这些主题在途径上重合。该在何处中断关注，这种决断对我就变得并非总是轻松。——我并非详尽地论述性想象生活对梦的作用，避免解释具有明显性内容的梦，这基于与读者的期待或许不符的一种特殊的动机激发。恰恰完全违背我在神经病理学中所持的我的观点与学术意见的是，把性生活视为既不会让医生也不会让学术研究者操心的阴部。我也觉得那种义愤可笑，翻译出自达尔迪斯的阿特米多鲁斯的那名译者因为对《梦的象征》感到义愤而被说动，压下在彼处包含的关于性梦的章节，不让读者了解。对我而言，只有这种洞见是决定性的，即在解释性梦时，我不得不深陷尚未澄清的性倒错与双性恋问题，这样我就给自己省下这种材料用于另一关联。

此外，《解梦》的译者——F. S. 克劳斯在其杂志《人类繁衍》上后来自己公开了略去的章节，弗洛伊德在前面引用过该杂志。

受抑制之事也在正常人身上存续并依旧能够有心理效能。梦本身是这种受压抑之事的表示；根据理论，它在所有情况下是这样，根据可把握的经验，至少在大量数目中是这样，这些数量恰恰最为清晰地显露了梦样状态的醒目特征。心灵上受压抑之事在清醒状态中因对**矛盾的相反了结**而在表达上受阻并与内心知觉隔断，在夜间生活中并在妥协产物的统治下发现手段与途径来不禁产生意识。

"Flectere si nequeo superos, Acherronta movebo." ①

解梦却是认识心灵生活中的潜意识的王道。

我们追踪对梦的分析，就进一步洞见这种最为神奇、最为神秘的工具的组成，当然只是进了一小部分，但这就开始从其他——应称为病理学的——形成物上深入对该工具的解剖。因为疾病——至少不无道理地被称为官能症——不以破坏这种结构、在其内部确立新的分裂为前提；应通过角力组成部分的增强与削弱对疾病做**动态**澄清，官能正常期间，如此众多的作用被这种角力掩盖。在别处还可能表明，该结构由两个审查机构组成如何也使人有可能把正常效能精细化，这对唯一一个审查机构而言该是不可能的。②

① "若我不能使上界的威力屈服，我可就推动下界。"弗洛伊德在全集第 3 卷（1925 年）第 169 页的一处注脚中说明，维吉尔的这行诗（《埃涅阿斯记》，第七卷，第 312 页）"要暗示受压抑的驱力冲动的追求"。他也把它作为对全书的题词。——下一句于 1909 年插入。

② 梦并非允许把心理病理学建立在心理学基础上的唯一现象。在《精神病学与神经病学月刊》一个小型的、尚未结束的文章系列中（《论健忘的心理机制》，1898 年；《论屏蔽性回忆》，1899 年），我试图把一定数量的日常心理现象解释成相同认识的依托。（1909 年补充）这些与关于遗忘、口误、拿错等与其他文章此后结集出版为《日常生活心理病理学》（1901 年）。

己　潜意识与意识：现实

如果我们细看，结构的运动末梢附近并非存在**两个系统**，而是存在**两种过程**或者**冲动进程种类**，通过前面几节的心理学探讨使我们明了对它们的假设。这对我们来说会是一样的；因为如果我们相信自己有能力通过更接近未知实际之事来代替我们的辅助想象，我们就必须始终准备放弃我们的辅助想象。让我们现在尝试纠正一些观点，只要我们心目中想到在最接近、最粗略的意义上的两个系统是心灵结构内部的两个地方，就可能易被误解地形成那些观点，那些观点在“压抑”与“穿透”这些表达中留下其表现。如果我们因此说，一个潜意识意念追求转入前意识，为的是随后渗入意识，那我们的意思并非会形成第二个、位于新处的意念，仿佛一种改写，原文在旁边继续存在；而说到渗入意识，我们也想小心地让任何主意远离地点的改换。如果我们说，一个前意识意念受压抑，于是被潜意识吸收，那我们可能被这些从领域之争的想象范围中借用的图景所吸引来假设，确实在一个心理场所中有一种安排被消解，被另一场所中的一种新安排所代替。我们支持这些比喻，这似乎更符合实情，即一种能量投注被移到一种特定的安排上，或者从后者处撤回，使得心理产物陷入一种审查机构的统治或者摆脱之。我们在此又用一种动态想象方式代替一种图式想象方式；我们觉得心理产物并非活动之物，而是其神经支配。[①] 尽管如此，我认为合乎目的与合理的是，继续维护对两个系统的直观想象。如果我们记起，想象、意念、心理产物一般根本不得定位于神经系统的器质要素中，而可以说**在它们之间**，在阻抗与开辟道路形成与它们相应的相关事物之处，我

---

① （1925 年补充）把与词语想象残留物的联系认定为一种前意识想象的本质特征后，这种见解经历润色与微小变动（《潜意识》第七节，1915 年）。正如在彼处所注明的，这点已经在本著作初版中提及。

们就会避免对这种表现方式的任何滥用。能够成为我们内心知觉对象的一切都是**视觉的**，如同望远镜中通过光线的运动而给定的图景。但那些系统本身不是什么心理上的事，从未对我们的心理知觉开放，我们有理由假设它们如同望远镜的透镜，勾画出图景。在对此比喻的延续中，两个系统之间的审查会相当于过渡进入一个新介质时的光线折射。

我们迄今为止各自从事心理学。现在是时候了，该环顾支配当今心理学的学术意见并检验它们与我们立论的关系。按李普斯的论断来说(《心理学中潜意识的概念》，1897 年)，心理学中的潜意识问题不怎么是**一个**心理问题，更多是心理学的问题。只要心理学用话语解释来了结此问题，说"心理"就是"意识"，而"潜意识心理过程"是明显的悖理，就一直排除在心理学上利用医生能够在变态心灵状态上获得的观察。只有医生与哲学家承认潜意识心理过程是"合乎目的、很合理地表达一个确定的事实"，那时两者才重合。医生所能做的无非是以耸肩来反驳"意识是心理不可或缺的特征"这种保证，也许还有，如果他还足够尊重哲学家的言论，他会假设，他们处理的并非相同客体，并非从事相同的科学。因为哪怕只对一名神经症患者的心灵生活仅做一次充分理解的观察、仅仅做一次梦分析，也必定让他不禁产生不可动摇的信念，即使不激发人的意识，也可能发生最错综复杂、最恰当的思维过程，人家可不会拒绝给它们心理过程之名。[①] 无疑，这些潜意识过程在对意识产生一种允许告知或者观察的作用之前，医生不

---

① （1914 年补充）我很高兴能够指明一位作者，他从对梦的研究中得出关于有意识活动与潜意识活动关系的相同结论。

迪普雷尔说："何谓心灵这个问题显然需要预先探究，意识是否与心灵同一。恰恰这个预备性问题就被梦做了否定答复，梦表明，心灵概念超出了意识概念，大致像一颗恒星的引力超出其亮度"。(《神秘主义哲学》，1885 年，第 47 页)

"无法足够明确强调的一个真相是，意识与心灵并非具有维度的概念。"（出处同上，第 306 页）

会得到关于这些潜意识过程的消息。但这种意识效应可能表现出完全偏离潜意识过程的一种心理特征，使得内心知觉不可能断定一个过程是另一个的替代物。医生必须为自己保持权利，要通过一个**推理过程**从意识效应深入潜意识心理过程；他以此途径获悉，意识效应只是潜意识过程的一种遥远心理作用，而潜意识过程即使也存续过、起过作用，而没有以某种方式再对意识暴露自己，它也并未被人意识到是这样一个过程。

从高估意识特性回归，成为正确认识心理过程不可或缺的前提条件。按李普斯的表达（《心理学中潜意识的概念》，1897 年，第 146 页及以下），潜意识必须被假设成心理状态的普遍基础。潜意识是包含意识这个较小圈子的较大圈子；一切意识都有一个潜意识准备阶段，而潜意识可能停留于此阶段，可还能要求拥有心理效能的全部价值。潜意识是真正现实的心理，**依其天性与外界的现实一样不为我们所知，通过意识的资料同样不完整地提供给我们，如同通过我们感官的说明把外界提供给我们。**

如果由于把潜意识心理置于其应有的地位，有意识状态与梦样状态的旧对立被贬值，就会甩掉让较早的著作者们还深入研究过的一系列梦问题。比如对在梦中完成某些效能可能感到惊异，这些效能就不应再算在梦身上，而应算在即使日间也在工作的潜意识思维上。如果按舍尔讷的说法（《梦的寿命》，1861 年，第 114 页及以下），梦似乎玩弄对身体的象征性表现，那我们就知道，这是潜意识幻想的效能，这些幻想很可能屈服于性冲动，不仅在梦中，而且在癔症恐惧症与其他病征中得到表达。如果梦延续并了结日间的工作，自己曝光充满价值的闪念，那我们对此只有揭去梦的伪装，作为梦工作的效能，作为心灵深处不明威力施救的标志（参见塔尔蒂尼奏鸣曲梦中的魔鬼[①]）。智力成就本身落在日间完成所有此类成就的相同心灵

① 据说作曲家兼小提琴家塔尔蒂尼（1692—1770）曾经梦见，他将其灵魂出卖给魔鬼。于是，魔鬼抓起一把小提琴，用完美的技巧演奏了一曲极其美妙的奏鸣曲。据说塔尔蒂尼苏醒时立即

力量上。我们很可能在过高程度上倾向于高估了甚至智力与艺术创造中的有意识特征。从一些高产者如歌德与亥姆霍兹的告知中，我们倒是获悉，其创作的本质与新意闪念般地赋予他们，几乎完备地得到他们的感知。在所有精神力量都努力的其他情况下，有意识活动的协助没什么令人惊异之处。但有意识活动多被滥用的优先权正是，无论有意识活动在何处协助，它可能对我们掩盖所有其他活动。

几乎不值得努力提出梦的历史性意义作为一个特殊的主题。例如一个头人通过梦被确定做一次大胆的行动，行动的成果对历史有变革性的影响，只有把梦当作异端威力与其他更熟悉的心灵力量对照，才会产生新问题，如果把梦视为那些冲动的**一种表达形式**，就不再会产生新问题，日间有一种阻抗压在那些冲动上，那些冲动夜间会从深藏的冲动源取得增援。[①] 在古老民族那里，对梦的尊重却是基于正确的心理预感、对人的心灵中放荡不羁与不可摧毁之事、对魔力致敬，魔力献出梦愿望，而我们在我们的潜意识中找回魔力。

我并非无意地说，**在我们的潜意识中**，因为我们如此称谓之事，与哲学家们的潜意识不重合，与李普斯的潜意识也不重合。在彼处，它只指称意识的对立物；在有意识的过程之外还有潜意识的心理过程，是被热烈争辩并坚决捍卫的认识。在李普斯那里，我们听说更广泛的定律，即一切心理作为潜意识的而存在，其中一些于是也作为有意识的。但我们提出了梦的现象与癔症病征形成现象，并非为了证明**该**定律；对正常日间生活的观察就足以超越一切怀疑来确定该定律。分析心理病理形成物，单单分析其首个环节，梦就教会我们的新意在于，潜意识——也就是心理——作为两

记下了他还能记起之事，这样就产生他那著名的《魔鬼的颤音——奏鸣曲》。

① （1911 年补充）对此参见前面告知的亚历山大一世在包围推罗时的梦（Σὰ Τύρος）。

个分别的系统的功能出现，在正常心灵生活中就已经如此出现。那就有**两种潜意识**，我们发现尚未由心理学家区分之。两者是心理学意义上的潜意识；但在我们所说的意义上，我们称为**潜意识**的那一个**也无法有意识**，而另一个，即**前意识**，之所以被我们如此命名，是因为其冲动虽然也在遵守某些规则之后，或许在挺过新审查的情况之下才会到达意识，但还是并非不顾及**潜意识**系统而能够到达意识。为了获得意识，冲动要经历一种不可变更的顺序、一种审级，由于审查对这些冲动所作变更而对我们暴露出这种审级，这一事实给我们用来提出出自空间性的比喻。我们描写两个系统彼此的关系和与意识的关系，我们说，**前意识**系统如同潜意识系统与意识之间的护板。**前意识**系统不仅封锁通往意识的通道，它还控制通往任意运动力的通道，支配灵活投注能量的发送，这种投注能量的一部分作为注意力为我们所熟悉①。区分**上意识**与**下意识**在精神神经症的较新文献中变得如此受喜爱，我们也必须远离这种区分，因为恰恰它似乎强调心理与意识的同等地位。

在我们的阐述中，留给曾经万能、掩盖其他一切的意识何种作用呢？无非是**用来感知心理质量的一种感官的作用**。根据我们图解式尝试的基本意念，我们只能把意识知觉作为一个特殊系统的特有效能来把握，缩写名称 Bw 适用于该系统。我们想该系统在机理特征上类似于知觉系统 W，也就是可以通过质量激发而无力保持变动的踪迹，也就是没有记忆。对**意识知觉**的感官而言，以诸知觉系统的感官转向外界的心理结构本身是外界，

---

① （1914 年补充）对此参见我的《对精神分析中潜意识概念的说明》（1912 年）（英文载于《心理研究学会公报》第 26 卷第 312 页），其中把多义的“潜意识”一词的描述性、动态与系统性的含义区分开来。[根据弗洛伊德后来的见解，整个主题的总合于《自我与本我》（1923 年）第一章中得到探讨]

对意识知觉的目的论辩护基于这种关系。审级的原则似乎掌控结构的构造，在此再次与我们相遇。冲动的材料从两方面流向**意识知觉**——感官，从知觉系统，该系统受制于质量的冲动很可能经历新的整合，直到成为有意识的感受，还有从结构内部本身，该结构的数量过程如果在某些变化时被触及，就被感受为愉悦与无趣的质量系列。

哲学家领悟到，即使没有意识相助，也可能有恰当的与高度组合的意念形成物，那些哲学家认为把行事记在意识名下是难事；这事让他们觉得是完善的心理过程多余的反映。我们的**意识知觉**系统与诸知觉系统的类比性让我们摆脱了这种尴尬。我们看到，经由我们感官的知觉具有的后果是，把注意力投注引导到那些途径上，到来的感官冲动朝那些途径散布；**知觉**系统的质量冲动给心理结构中的灵活数量充任排出冲动的调控器。我们可以把这同一种行事用于**意识知觉**系统的重叠感官。这种感官感知新的质量，它为驾驭并合乎目的地分配灵活的投注数量做出新贡献。借助愉悦知觉与无趣知觉，它影响在平素潜意识地并通过数量移置而工作的心理结构内部的投注过程。极有可能无趣原则首先自动调控投注的移置；但很可能这些质量的意识添加了第二种更精细的调控，这第二种调控甚至可能抗拒第一种调控并完善该结构的效能，这第二种调控使该结构逆着其原初的素质而能够承受投注与整合，这也与免除无趣相关。人们从神经症心理学中获悉，在结构的机能活动上，给经由感官的质量激发的这些调控安排了巨大的作用。初级无趣原则的自动统治和与此相连的对效能的限制因敏感的调控而打破，这些调控本身又是自动动作。人们获悉，压抑原初合乎目的，却以有害地放弃抑制与心灵统治告终，在回忆上比在知觉上轻松得多地完成压抑，因为在回忆时，因心理感官的冲动而不得不停止投注增长。如果一个应予防御的意念一方面没有被意识到，因为它遭受压抑，它在其他时候就只能受压抑，因为它出于其他缘故被剥夺了意识知觉。这是治疗所使用的提示，以取消完成的压抑。

通过**意识知觉**感官对灵活数量的调节性影响而确立过度投注，在目的论语境中要阐明过度投注的价值，最好莫过于通过创造新的质量系列，进而创造新的调控，这种调控构成人先于动物的优先权。因为除了伴随思维过程的愉悦冲动与无趣冲动，思维过程本身无质量，这些冲动的确应该作为对思维可能的干扰而受到限制。为了赋予思维过程以质量，它们在人身上因词语回忆而得到联想，这些词语回忆的质量残留物足以把意识的注意力吸引到自己身上，由意识出发把新的灵活投注倾注到思维上。

在解剖癔症思维过程时，才能综观意识问题的整个多样性。于是得到这种印象，连从前意识到意识投注的过渡也与一种审查相连，类似于**潜意识**与**前意识**之间的审查①。连这种审查也在某个数量界限上开始，使得不怎么强烈的意念形成物逃脱审查。在限制情况下妨碍意识以及渗透至意识的所有可能情况集中出现于心理神经现象框架内；它们全都暗示审查与意识之间密切的双边关联。我想以告知两个此类事件来结束这些心理学探讨。

去年一次会诊把我引向一个聪明、眼神无拘无束的姑娘。其打扮令人诧异；在女人服装一向直至最后一道皱褶都有灵气之处，她却穿着下垂的长筒袜，衬衫的两颗纽扣敞开着。她主诉一条腿疼，未经要求就露出小腿肚。她的主诉原话却是：她体内有一种感觉，似乎里面有什么东西**会在里面藏着**，**动来动去**，完完全全**震撼**了她。有时，她全身变得**僵硬**一般。我那一同在场的同事一边看着我；他觉得主诉不会令人误解。让我俩觉得奇怪的是，病人的母亲在这件事上没想到什么；她必定多次置身于其孩子描写的情境中。姑娘自己对其话语的利害关系没概念，否则她不会把这话语挂在嘴上。此处成功地遮住了审查，使得平素在前意识中剩余的幻想如同

---

① 在弗洛伊德以后的著作中只是很少说到前意识与意识知觉之间的审查。它却在他的《潜意识》一文（1915 年）第六节中得到详尽论述。

无伤大雅般地以主诉的面具获准通往意识。

另一个例子：我开始对一名十四岁男童做精神分析治疗，他患**面肌抽搐**、癔症呕吐、头痛，诸如此类，我对他保证，他闭上眼后会见到图景或者得到闪念，他告诉我这些就行。他以图景作答。他来我这里之前的最后印象在其回忆中以视觉复活。他与其叔父玩棋戏，现在看见棋盘在眼前。他研究了不同的局势，有利还是不利，研究不能下的招法。于是他看见棋盘上放着一把匕首，那是其父拥有的一个物件，但他的幻想将它置于棋盘上。后来，一把镰刀放在棋盘上，后来加进了长柄大镰刀，现在出现了一个老农的形象，他用镰刀在遥远的故乡房屋前面割草。没几天后，我获得了对图景这样排列的理解。令人不快的家庭状况让男孩激动。一名严厉、暴躁的父亲，与母亲不睦，其教养手段就是威胁；父亲与温柔的母亲离异；父亲再婚，一天把一名年轻女子带回家，是新妈。此后头几天，十四岁男孩发病了。正是压抑着的对父亲的盛怒把那些图景组合成易懂的影射。出自神话的记忆恢复提供了材料。镰刀是宙斯用来给父亲去势的，长柄大镰刀与农民的图景描绘克洛诺斯，那个残暴的老爷子，吞下了其子女，宙斯如此不孝地对他做了报复。父亲的婚事是一个机会，把孩子先前曾从父亲那里听到的指责与威胁还给他，因为孩子**玩弄**生殖器（棋戏；禁止的招法；可以杀人的匕首）。此处有久受压抑的回忆及其依旧潜意识的衍生物，它们以**表面上无伤大雅的**图景从对其开放的弯路潜入意识。

这样，我就会在关于心理学知识的文章与对理解精神神经症所做的准备中寻找研究梦的理论价值。有谁能够预知，哪怕我们知识的当今水平使人有可能顺利地在治疗上影响精神神经症本身可治疗的形式，全面了解心灵结构的构造与效能还会上升至何种意义？我听人问，这种研究对了解心灵、揭示个人隐蔽的性格特征有实际价值吗？难道梦所显露的潜意识冲动没有心灵状态中实际威力的价值？正如受压抑的愿望创造了梦，它们有朝一日会创造别的，难道要低估这些愿望的伦理意义？

我自觉无权回答这些疑问。我的意念没有进一步追踪梦问题的这一面。我只是以为，无论如何，罗马皇帝不对，他让人处死一名臣仆，就因为此人梦见谋杀了皇帝。他本该先关心的是，此梦意味着什么；很可能并非梦所显示之事。即使一个梦有所不同，会有这种叛君意味，想想柏拉图的话也还会是适宜的，即有德行者满足于梦见恶人在生活中所做之事。我就以为，最好对梦放行。是否该判定潜意识愿望有**现实性**，我没法说。当然应否认所有过渡意念与中间意念有现实性。如果面前有潜意识愿望得到了最后与最真实的表达，那必定可以说，**心理**现实是一种特殊的存在形式，不该与**实质性**现实混淆。[①] 如果人抗拒为其梦的不道德性承担责任，就显得无理。通过评价心灵结构的作用方式与洞见意识与潜意识之间的关系，我们梦样状态与幻想状态的悖伦之处大多就消失了。

“梦在与当下（现实）的关系上对我们表明之事，我们于是也想在意识中寻找，如果我们后来重新发现在分析的放大镜下看见的巨兽是纤毛虫，我们不该惊奇。”（汉·萨克斯《解梦与知人》，1912 年，第 569 页）

就判断人的性格这一实际需求而言，行动和有意识表现出来的思想态度大多足够了。尤其应把行动置于头一排，因为许多渗透至意识的冲动还是在它们汇入行动之前被心灵状态的现实威力抵消了；的确，它们因此在其道路上不会遭遇心理障碍，因为潜意识确信这些冲动会有其他方面的妨碍。无论如何，依旧富有教益的是，去了解挖掘透了的基础，我们的德行自豪地在上面凸显。人的性格错综复杂，朝各个方向动态活动，这种错综复杂极其罕见地由一种简单的二者择一来了结，像我们年代久远的道德学

① 此句于 1914 年以现有形式补充。不过在彼处说的不是“实质性”，而是“事实性”现实。“实质的”出自 1919 年。——该段剩余部分与下一段于 1914 年补充。

说所想要的那样。[①] 那梦对认识未来的价值呢？对此当然不用考虑。取而代之要使用：对认识往昔。因为在任何意义上，梦都源自往昔。梦给我们指明未来，虽然这一古老的信念并不完全缺乏真理的内涵。梦向我们展示一个愿望已经实现，梦却把我们引入未来；但这种由做梦者当作当下的未来由不可摧毁的愿望塑造成那种往昔的翻版。

① 在 1911 年版中，但只在该版中，此处增添了如下注释："恩斯特·奥本海姆教授（维也纳）借助民俗学材料对我表明，有一类梦，民众也为此放弃对未来意义的期待，它们以完全正确的方式被追溯至睡眠期间出现的愿望冲动与需求。他最近会就这些大多被作为"笑谈"而讲述的梦提交详细的报告。"——参见由弗洛伊德与奥本海姆共同撰写的关于《民间创作中的梦》的文章。（1911 年）

附　录

弗洛伊德偏重或者相对详细论述梦主题的著作

几乎可以不夸张地说，弗洛伊德大量著作涉及梦。下列（意义不同的）书单或许还有一些实际效用。每项内容开头日期说明相关著作写就的年份，末尾说明出版年份。部分内容涉及身后出版的著作。

1895　Entwurf einer Psychologie（Abschnitte 19, 20 und 21 des I. Teils）.（1950 a.）

《心理学纲要》（第一部分第十九、二十与二十一节）

1899　Traumdeutung.（1900a.）

《释梦》

1899　Eine erfüllte Traumahnung.（1941c.）

《应验了的梦预感》

1901　Über den Traum.（1901a.）

《论梦》

1901 Bruchstück einer Hysterie–Analyse. [Ursprünglicher Titel: Traum und Hysterie.]（1905 e）《癔症分析断片》（原标题:《梦与癔症》）

1905 Witz und seine Beziehung zum Unbewußten（VI. Kapitel）.（1905 c.）

《诙谐及其与潜意识的关系》（第六章）

1907 Der Wahn und die Träume in W. Jensens Gradiva.（1907 a）

《W. 延森的〈格拉迪娃〉中的妄想与梦》

1910 Typisches Beispiel eines verkappten Ödipustraumes.（1910 l.）

《伪装的俄狄浦斯梦的典型例子》

1911 Nachträge zur Traumdeutung.（1911a）

《对释梦的补遗》

1911 Die Handhabung der Traumdeutung in der Psychoanalyse.（1911 e.）

《精神分析中解梦的使用》

1911 Träume im Follore（mit D.E.Oppenheim）.（1957 a.）

《民间创作中的梦》（与 D.E. 奥本海姆合著）

1913 Traum als Beweismittel.（1913 a.）

《作为证据的一个梦》

1913 Märchenstoffe in Träumen.（1913 d.）

《梦中的童话素材》

1913 Erfahrungen und Beispiele aus der analytischen Praxis.（1913 h.）

《出自精神分析实践的经验与例子》

1914 Darstellung der großen Leistung " im Traum".（1914 e.）

《梦中表现“伟大成就”》

1914 Aus der Geschichte einer infantilen Neurose（Abschnitt IV）.

（1918 b.）

《幼儿期神经症史》（第四节）

1916 Vorlesungen zur Einführung in die Psychoanlyse（II. Teil）.（1918 b.）

《精神分析入门讲座》（第二部分）

1917 Metapsychologische Ergänzung zur Traumlehre.（1917 d.）

《对梦学说的元心理学补充》

1920 Ergänzungen zur Traumlehre.（1920 f.）

《对梦学说的补充》

1922 Traum und Telepathie.（1922 a.）

《梦与心灵感应》

1923 Bemerkungen zur Theorie und Praxis der Traumdeutung.（1923 c.）

《对解梦理论与实践的说明》

1923 Josef Popper–Lynkeus und die Theorie des Traumes.（1923 f.）

《约瑟夫·波佩尔－林考伊斯与梦理论》

1925 Einige Nachträge zum Ganzen der Traumdeutung.（1925 i.）

《对解梦整体的一些补遗》

1929 Brief an Maxime Leroy: "Über einen Traum des Cartesius"（1929 b.）

《致马克西姆·勒鲁瓦信函：谈笛卡尔的一个梦》

1932 Meine Berührung mit Josef Popper–Lynkeus.（1932 c.）

《我与约瑟夫·波普尔－林考伊斯的切合之处》

1932 Neue Folge der Vorlesungen zur Einführung in die Psychanalyse（Vorlesungen 29 und 30）.（1933 a.）

《精神分析入门讲座新系列》(第29与第30讲)

1938 Abriß der Psychoanalyse (V. Kapitel).(1940 a.)

《精神分析概要》(第五章)